数学的创造

THE CREATION OF MATHEMATICS

● 吴振奎　吴旻　编著

 哈尔滨工业大学出版社
HARBIN INSTITUTE OF TECHNOLOGY PRESS

内 容 简 介

这是一本论及数学方法的著述.它从数学中的推广、反例及不可能问题三方面入手(也涉及了数学中的某些未解决问题),讨论了学数学、教数学、做数学的方法与论题.本书也是《数学中的美》的姊妹篇.

本书适合大学、中学师生及数学爱好者.

图书在版编目(CIP)数据

数学的创造/吴振奎,吴旻编著. —哈尔滨:哈尔滨工业大学出版社,2011.2
ISBN 978-7-5603-3173-7

Ⅰ.①数… Ⅱ.①吴…②吴… Ⅲ.①数学-普及读物 Ⅳ.①O1-49

中国版本图书馆 CIP 数据核字(2011)第 012886 号

策划编辑	刘培杰　张永芹
责任编辑	唐　蕾
出版发行	哈尔滨工业大学出版社
社　　址	哈尔滨市南岗区复华四道街10号　邮编150006
传　　真	0451-86414749
网　　址	http://hitpress.hit.edu.cn
印　　刷	哈尔滨市石桥印务有限公司
开　　本	787mm×1092mm　1/16　印张 26.5　插页 1　字数 502 千字
版　　次	2011年2月第1版　2011年2月第1次印刷
书　　号	ISBN 978-7-5603-3173-7
定　　价	48.00元

(如因印装质量问题影响阅读,我社负责调换)

新版小记

眼下"数学文化"甚为风靡.何谓"数学文化"？愚以为(笼统或概括地讲)它(主要)至少应包括以下三方面内容:数学之美、数学方法和数学史.

关于数学史的著述颇多,其中不乏经典之作,然而论及数学方法(不仅仅是解题方法)的著述不丰.作为《数学中的美》姊妹篇的《数学的创造》正是关于数学方法的小册子.该书从数学中的推广、反例及不可能问题三方面入手(也涉及了数学中的某些未解问题),讨论了学数学、教数学、做数学的方法与论题.

此书出版已逾二十载,承蒙读者不弃不离,令笔者深感受宠.然盛名之下,其实难副.自愧学识与功力不济,我们只有加倍小心、加倍努力.这次小作修订再次推出此书,绝非附庸风雅,只为抛砖引玉而已.

感谢刘培杰数学工作室又给了我们一次机会、一个希望、一片天地,在此深表谢忱.

窗外鞭炮声震耳,又是一年开始了.

吴振奎
2010 年除夕

重版小记

十几年前,母亲走了,留给我极大悲哀.好在我还不老,有精力也有体力伏案解算题、做文章打发时光,寄托哀思.

眼下时过境迁,中年时代的魄力与锐气几乎荡然无存,岁月的磨难又留给我许多说不出的苦楚,所幸我还能思维、还在思维.

一个人的痛苦莫过于他不能从事他喜欢的事业、发挥他自认为的专长(当年做这些事竟被认为是不务"正业"的雕虫小技);莫过于他道不清他的感受,因而无人能理解他.

我不甘心,因为这与我巨大的付出极不谐调,人们迟早会重新审视它,我曾坚信.

果然,台湾地区九章出版社孙文先生又给了我一次机会、一个希望,趁机也对全书作了较大修订,但愿这一次不会使他失望.

上海教育出版社叶中豪先生的真诚支持与关爱,使得本书简体字本得以在内地推出,感激之情溢于言表.

还要谢谢张鸿林先生,谢谢他的帮助和劳动.

我怕,毕竟心老了.

吴振奎
2001年清明节

前言

数学家们的共同(思想)特点就是寻找各种关系,并由此去探索、扩充某种思想的途径,这种扩充之一便是推广.

推广是从一个给定的对象集合进而去考虑包含这个集合的更广集合中情形的一种方法(因而原来的对象只是这个更广对象的特殊情形,即特例).

综观数学发展的全史,无不与推广有关.说得狭隘点,数学的发展正是由数学中某些概念的推广和由此而引发的新内容、新概念、新方法、新问题的出现而导致的(比如"数"概念的推广就是如此).

无论是初等数学学习,还是高等数学研究,人们总会遇到某些推广问题.

试问:怎样去推广?这当然是大家所关心的问题.与此同时,我们还应当把推广当做一种机会、一个手段、一次希望,以便证明某些新东西或推翻旧的结论(两种情况都会使人们有所收获),从中也会有所发现,有所发明,有所创造,有所前进.

一位哲人曾说过,例子比定理更重要.而反例在数学中的地位尤甚.人们也知道:要证明一个命题,需考虑全部情形和所有可能,而要推翻某个命题,只需举出一个反例(这显然也是对严谨数学中的不甚严谨结论的修正或挑战).

数学史上有许多著名的反例(多出自著名数学家之手),这些反例背后的故事,以及拟造、发现它们的艰辛,也让人们体味数学发展的曲折.其中有些既巧妙深刻,又生动有趣.应该看到反例对数学发展起到监督、修正、完善的功效(因其容不得半点瑕疵),这样一来了解它们对数学学习同样会有大益.

数学中还有一类意味深邃的问题,即以尺规作图"三大难题"为代表的所谓不可能问题.人们在解决它们之前,往往是千百人(包括许多著名数学大师)倾注过大量心血而进展不大或者毫无进展时,才从反面悟及它们的不可能性.然而这种进程有时也是艰难的,因为这其中的有些问题貌似简单或存在可能.几何中尺规作图三大难题不可能性的彻底解决,花费了大约两千年的光景,当然,解决它们的同时也得到许多意想不到的收获——新的数学概念、方法出现了,新的数学学科、分支诞生了(它们已远远超越了传统几何学范畴).

这本书讲的正是关于数学中的推广(作用、方法及某些例子)、反例和不可能问题.就其内容来讲它也是属于"方法论"范畴的(偶尔也涉及数学史).

我们已经看到也即将还能看到,数学推广、反例等为我们发现数学、创造数学提供了很多难得的机会与线索,认识它,把握它,你也许就能有更新、更深、更高的数学创造.探索研究数学中的不可能问题,我们会有同样的斩获.

学习数学、学好数学、研究数学、探讨数学、发现数学、创造数学,……这正是人们希望、想往和期待的.

笔者撰写本书是希望它对青年教师和学生能有所裨益,尽管书中的观点不尽成熟,书中的论题难免"挂一漏万".

俗说"无知者无畏",这也正是笔者敢于推出它的"理由",但书中的观点能否真的为大家认可则另当别论了.无论如何,仍然期盼着读者朋友们的批评与指教.

吴振奎

1984 年 10 月一稿

1985 年 10 月二稿

目录

引言 // 1

上编　数学中的推广 // 15
　一、推广在数学发展中的作用 // 17
　二、即使推广失败了 // 52
　三、推广的方式、方法 // 66
　四、几个典例 // 68
　五、一些初等的或简单的例子 // 102
　六、反馈 // 175
　参考文献 // 193

中编　数学中的反例 // 198
　一、数学史上一些有名的反例 // 201
　二、几个较为简单或初等的反例 // 252
　参考文献 // 264

下编　数学中的不可能问题 266
　一、一些较著名的不可能问题 // 268
　二、某些较简单的不可能问题 // 282
　三、可能与不可能 // 298
　参考文献 // 305

附编　数学中的未解决问题 // 306
　一、初等数学中的未解决问题 // 312
　二、数论中的几个未解决问题 // 318
　三、希尔伯特问题中的未解决问题 // 341
　参考文献 // 351

附录 // 353

　　附录一　数学中的悖论 // 353
　　附录二　希尔伯特数学问题及其解决简况 // 367
　　附录三　数学中的巧合、联系与统一 // 376
　　附录四　数学命题推广后的机遇 // 388
　　附录五　运筹学中的转化思想 // 399
　　附录六　无约束优化中几种算法间关系的一点注记 // 402

引言[①]

刚刚过去的 20 世纪,数学的发展可谓突飞猛进.一项项崭新的概念被提出;一个个划时代的成果被挖掘,这其中为适应数学发展而创立的新学科,几乎影响着全部数学乃至人类生活.模糊数学诞生的背景蕴含着计算机(确切地讲为人工智能)发展的需求,但它的出现却使得家电产品(当然还有其他高科技产品)引发一场革命;分形理论的创立,原本是想从大千世界中奇形怪状、扑朔迷离的纷杂事件里找出其隐蔽的内在规律,如今,其研究已遍及诸多科学技术领域.

加之诸如集合论、解析数论(比如费马(Fermat)大定理的获证)、群论、拓扑学等学科的发展,使得数学乃至整个科学世界面貌为之一新.

20 世纪前 50 年科学在向纵深发展之际,使得分支越来越多、越来越细,有离开学科原始意图和领域之嫌,同时也威胁着数学自身的统一;而后半世纪,则是学科互相渗透、彼此结合的交叉协同发展,使数学成为一个不可分割的有机整体(这是因数学自身的特性使然).

试想:数学中某些貌似风马牛不相及分支学科的诞生、发展过程有无内在渊源?它又能给人们何种启示以及怎样给人们的启示?我们还是先来看几个事实(当然这儿述及的仅是冰山一角,但也只能管中窥豹).

[①] 本文以"分(碎)形的思考"为题,发表在台湾地区《数学传播》(季刊)杂志 27 卷第 1 期.

1. 数的扩充

人们对于数的认识经历了漫长的历程.

我国甲骨文中的"数"字,左边象征打结的绳,右边象征一只手,表示古人用绳结记数

文字产生之前的远古时期,数概念已经形成,当时人们用实物(石子、树棍、竹片、贝壳等)表示数,此外还用绳结记数,我国古籍《易经》上就有结绳记数的记载(上古结绳而治,后世圣人,易之以书契)[1],在国外亦然(如南美印加人及秘鲁、希腊、波斯、日本等也均有实物或记载).

西班牙描绘的秘鲁人结绳

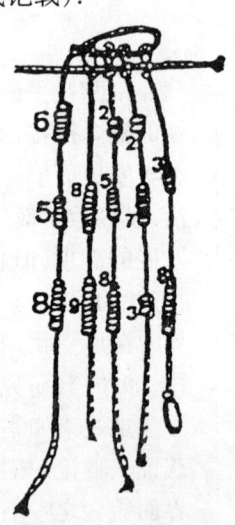

现藏于美国自然史博物馆的印加记数基谱

当然,人们还用泥板及刻骨方法记数.

藏于巴黎人类博物馆的秘鲁印第安人绳法

现藏美国哥伦比亚大学图书馆的古代巴比伦的泥板文书(记数表格)

 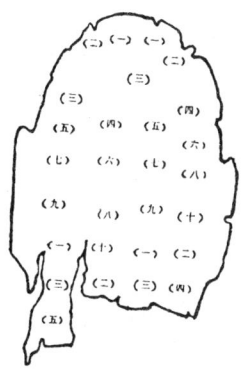

我国出土的一块甲骨及其上的数字(右图为今译)

这些用数形结合去对抽象"数"的诠释或描述的做法,曾启发毕达哥拉斯(Pythagoras)学派的学者们用"形数"概念去研究数的性质,且至今仍影响着人类的思维(比如代数性质的几何解释等正是这种思维的延伸).

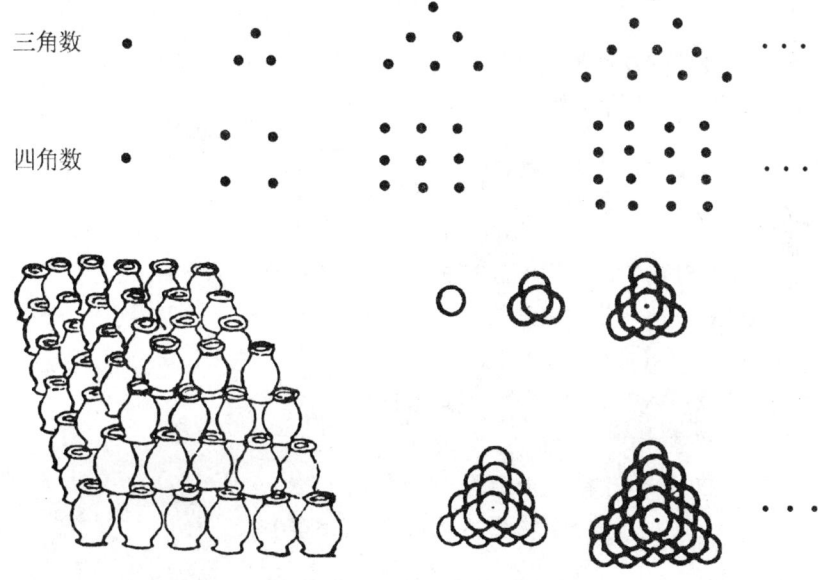

我国宋代沈括发明"隙积术",考虑了平头楔形中有空隙的酒坛堆垛问题等的计算,其中正方垛给出的算法相当于

$$1^2 + 2^2 + \cdots + n^2 = \frac{1}{6}n(n+1)(2n+1)$$

公式即自然数平方和公式

我国元代朱世杰精心分析了堆垛问题,给出底层每边为 $1 \sim n$ 的 n 个三角垛堆合成的"撒星形"积垛,相当于今天的计算公式

$$S = 1 + (1+3) + (1+3+6) + \cdots + \left[1 + 3 + 6 + \cdots + \frac{1}{2}n(n+1)\right] = \frac{1}{24}n(n+1)(n+2)(n+3)$$

由于分配(当一件或几件物品多人去分时)而引发出了"分数"概念,它的出现是数学史上令人振奋的一件大事.

古埃及人就研究过分子是1的分数(单位分数)的诸多性质,后人称之为埃及分数.

分数在我国出现的年代不详,但在不少古籍,如《管子》、《墨子》等书中均已有记载.

无理数的发现曾付出过沉重的血的代价.古希腊毕达哥拉斯学派的学者们一致认为,任何数皆可表为两整数比的形式(即分数或有理数).但学派成员希帕亚斯(Hippias)却发现了边长为1的正方形(单位正方形)其对角线长无法用分数表达(或说它与边长不可公度).他的发现不仅没能得到学派的褒奖,哪怕认可,反而招来杀身之祸(据传他被抛入大海而葬身鱼腹).然而无理数最终还是未能被封杀,它被人们认识、研究而载入史册.

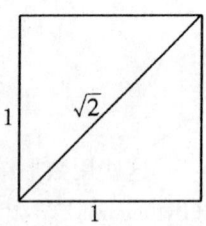

随着无理数的发现加之其后的负数概念引入,人们完成了对于数的一个阶段性认识,这一点可归纳为:

$$\text{实数}\begin{cases}\text{有理数}\begin{cases}\text{整数(正整数,零,负整数)}\\\text{分数(正、负分数)}\end{cases}\\\text{无理数(无限不循环小数)}\end{cases}$$

如今人们对数的认识在不断扩张(幂指数扩张亦然)[2] 如:

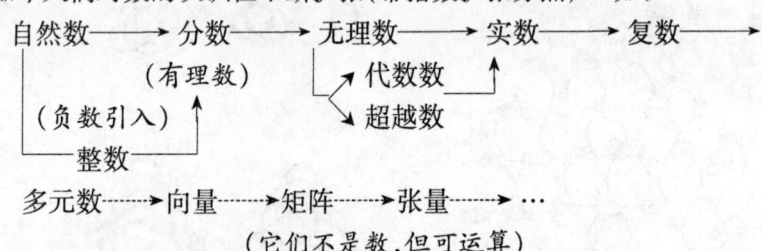

2. 分数阶积分与微分

微积分的发明是数学史上最重要的事件之一.

在数学分析里,我们通常遇到的求函数微分、积分问题中,微分的阶数、积分的重数皆为整数,如3阶导数(3次微分)、2重积分等.然而就在微积分刚刚出现不久,法国数学家刘维尔(J.Liouville)等人已开始着手将微、积分阶数(重数)推广到分数情形的研究工作[14]:

若$f(x)$在$[a,b]$上可积,设$I_a^n f(x)$为$f(x)$在$[a,x]$上的积分,而算子

$I_a^\alpha f(x)$ 为 $I_{\alpha-1}^a f(x)$ 在 $[a,x]$ 上的积分，$\alpha = 2,3,\cdots$，则

$$I_a^\alpha f(x) = \frac{1}{\Gamma(\alpha)}\int_a^x (x-t)^{\alpha-1}f(t)\mathrm{d}t, a \leqslant x \leqslant b \qquad ①$$

其中 $\Gamma(\alpha) = (\alpha-1)!$ 是 Γ 函数.

式①定义了 $f(x)$ 以 a 为始点的 α 阶(分数阶)积分，这是刘维尔据黎曼(B. Riemann)积分性质于 1832 年给出的，又称黎曼-刘维尔(Riemann-Liouville)积分，它又被称为第一类欧拉(L. Euler)变换. 这类积分有性质

$$I_0 f(x) = f(x), I_\alpha(af(x) + bg(x)) = aI_\alpha f(x) + bI_\alpha g(x)$$

其中 $a,b \in \mathbf{C}$.

顺便提一下，有时柯西(A.L.Cauchy)公式

$$\underbrace{\int_0^t \mathrm{d}t \int_0^t \mathrm{d}t \cdots \int_0^t}_{n\text{重}} f(t)\mathrm{d}t = \int_0^t \frac{(t-\tau)^{n-1}}{(n-1)!}f(\tau)\mathrm{d}\tau$$

当重数 n 推广到非整数时，也用来定义分数阶积分.

对于复参数 z，算子 I_z^a 曾被黎曼于 1847 年研究过，该算子是线性的且有半群性质

$$I_\alpha^a[I_\beta^a f(x)] = I_{\alpha+\beta}^a f(x)$$

由此，分数阶积分的逆运算分数阶微分也被定义：

若 $I_\alpha f = F$，则 f 为 F 的 α 阶分数阶导数.

马尔采特(Marchaut)在 $0 < \alpha < 1$ 时给出分式

$$f(x) = \frac{\alpha}{\Gamma(1-\alpha)}\int_0^\infty \left\{\frac{F(x)-F(x-t)}{t^{1+\alpha}}\right\}\mathrm{d}t$$

1832 年刘维尔特别研究了算子 $I_\alpha^{-\infty} = I_\alpha, \alpha > 0$

$$I_\alpha f = \frac{1}{\Gamma(\alpha)}\int_{-\infty}^x \frac{f(t)}{(x-t)^{1-\alpha}}\mathrm{d}t$$

1917 年外尔(H.Weyl)对有 2π 为周期，且在周期上是零均值的函数

$$f(x) \sim \sum_{|n|>0} c_n \mathrm{e}^{\mathrm{i}nx} = \sum{}' c_n \mathrm{e}^{\mathrm{i}nx}$$

定义 f 的 $\alpha(\alpha > 0)$ 阶外尔积分

$$f_\alpha(x) \sim \sum{}' \frac{c_n \mathrm{e}^{\mathrm{i}nx}}{(\mathrm{i}n)^\alpha} \qquad ②$$

及 f 的 $\beta(\beta > 0)$ 阶导数 f^β

$$f^\beta(x) = \frac{\mathrm{d}^n}{\mathrm{d}x^n}f_{n-\beta}(x) \qquad ③$$

这里 $n = \lfloor \beta \rfloor$，即 β 下取整，亦即大于 β 的最小整数.

在广义函数论中周期广义函数 $f \sim \sum{}' c_n \mathrm{e}^{\mathrm{i}nx}$ 的分数阶积分 $I_\alpha f = f_\alpha$ 的运算仿式②且对一切 $\alpha \in \mathbf{R}$ 实现.

此后,里斯(M.Riesz)又将分数阶积分推广到 n 维空间 $X \subset \mathbf{R}^n$ 中,且称该积分为里斯位势型积分

$$R_\alpha f(x) = \pi^{\alpha - \frac{n}{2}} \Gamma(\frac{n-\alpha}{2}) / \Gamma(\frac{\alpha}{2}) \cdot \int_X \frac{f(x)}{|x-t|^{n-\alpha}} dt$$

而 R_α 的逆运算称为 α 阶里斯导数.

至此,微分、积分阶数已由整数推广到了实数情形(包括 n 维空间里的微分、积分).

3. 连续统假设

集合论(用公理化或朴素的直观方法研究集合性质的数学分支)是关于无穷集合和超穷数的数学理论,它的出现是现代数学诞生的一个重要标志.

由于数学分析的研究需要,高斯(C.F.Gauss)、傅立叶(J.B.J.Fourier)等大师们的工作为集合论产生做了大量铺垫.

1870年德国数学家海涅(H.E.Heine)证明了:

若 $f(x)$ 连续,且其三角级数展式一致收敛,则展式唯一.

接着他又问道:当 $f(x)$ 有无穷个间断点时,上述唯一性能否成立?

为了说明无穷多个例外值分布的条件,德国数学家康托尔(G.Cantor)引入了聚点、导集概念,它们的建立以承认无穷多个点作为整体存在性为前提.

在此基础上康托尔又总结了前人关于无穷的认识,汲取黑格尔实无穷(限)的思想,以无穷集合的形式给出的实无穷的概念.

康托尔正是研究此问题时萌发了创立集合论的思想,集合论的诞生以1874年康托尔发表《关于一切代数实数的一个性质》一文为标志.文中康托尔以"一一对应"的关系,提出集合相等(等势)与否的概念,且提出可数、集合基数(或势)等概念.

1877年康托尔在写给狄德尔(Dieuder)的信中提出:

n 维空间的点集与不同实直线上的点集一一对应(等势).

此外,他还证明了:

(1) 区间 $[a,b]$ 上的点不可数.

(2) 超越数比代数数多.

1879~1884年,康托尔发表了《关于无穷的线性点集论》等六篇论文,提出超穷数概念

$\aleph_0, \aleph_1, \aleph_2, \ldots$

($\aleph_0$ 是自然数的个数,$\aleph_1$ 是大于 $\aleph_0$ 的最小基数或势,$\aleph_2$ 是大于 $\aleph_1$ 的最小基数或势,等等)

1891年康托尔在《集合论的一个根本问题》

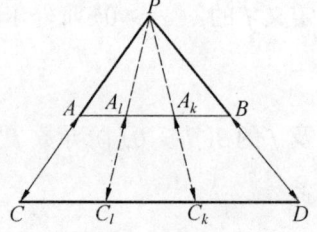

从一一对应观点看,线段 AB 与 CD 上点的个数一样多

中引入幂集(集合子集全体所构成的集),且指出幂集的基数(或势)大于原集合的基数(或势),同时他还构造了基数(或势)一个比一个大的无穷,进而又提出:

(1) 实数不可数(设其基数(或势)为 c).

(2) 定义在区间 $[0,1]$ 上实函数集的基数(或势)为 f,则 $f > c$.

这样,若自然数全体的基数为 $\aleph_0$,则其幂集的基数 $2^{\aleph_0} = c$,且 $2^c = f$.

康托尔做出如下假设:$c = \aleph_1$(即可数基数 $\aleph_0$ 后面紧接着便是实数基数 c,换言之 $\aleph_0$ 与 c 之间无其他集合的基数(或势)存在),它被称为连续统假设(简记 CH).

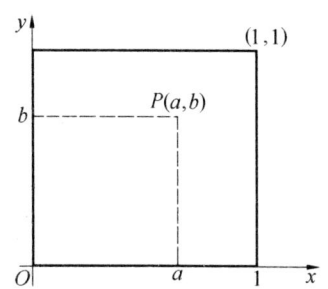

将单位正方形内任一点 $P(a,b)$ 中的 a,b 分别写成无限小数 $a = 0.a_1a_2a_3\cdots$,$b = 0.b_1b_2b_3\cdots$ 则 $0.a_1b_1a_2b_2a_3b_3\cdots$(它与 (a,b) 一一对应)对应 $[0,1]$ 上一点,这样单位正方形内点的个数与线段 $[0,1]$ 上点个数一样多(方法可推广至 n 维空间)

集合的基数(或势)

集　合	基数(或势)
$1,2,3,4,5,\cdots$ 或 $1, \dfrac{1}{2}, \dfrac{1}{3}, \dfrac{1}{4}, \cdots$	$\aleph_0$ (整数或有理数个数)
├──┤ 或 □ 或 ▢ $\cdots$	$\aleph_1$ (线,面,体上几何点个数)
⌒ ○ ∿ $\cdots$	$\aleph_2$ (所有几何曲线或定义在某区间上的全部函数的基数)

1900 年 CH 也被希尔伯特(D. Hilbert)列入"20 世纪初数学中未解决的 23 个问题"中的第一个.直至 1963 年,该问题才由美国数学家科恩(P. Cohen)证明它不能用世所公认的策墨罗(E. F. F. Zermelo)公理体系(ZF)证明其对错(CH 在 ZF 系统是不可证明的).

正像欧几里得(Euclid)几何体系中由第五公设而引发的非欧几何的诞生后,在认可的相容性前提下,该公设是独立(不可证明)的一样.

试想当初人们对康托尔推出集合论时的非难情形,一切皆随时间的推移和数学的进展而烟消云散.

希尔伯特认为集合论的产生是"数学思想最惊人的产物,是纯粹理性范畴中人类活动的最美表现之一."

哲人罗素(B. A. W. Russell)也称康托尔的工作"可能是这个时代所能夸耀的最宏大工作".

4. 模糊数学的产生

经典集合论中确定某元素是否属于某集合时用"是"或"非"表示,即可用"1"或"0"数值去描述.

然而现实生活中诸多事物往往无法用简单的是或非去回答,比如高个子、胖子等概念,当你去判断某人是否是高个子时,是或非的简单回答显然是不准确的,原因是"高个子"概念本身不是确切的,换言之它是一个"模糊"概念.比如规定 180 cm 以上身高的人为高个子,那么对于身高是 179 cm 的人来讲,说他不是"高个子"显然过于粗糙或武断.此外,不同地点、不同场合下"高个子"概念也会随之变化.

运算速度可达每秒数千亿次的计算机在某些方面(甚至是顶简单的,比如让它去区分某人是中国人还是外国人这种连幼儿园小朋友都会的问题)不如人的原因,就是计算机只使用了"0"或"1"这两个数值去生硬地刻画、描述原本多彩的现实世界的结果(因而过于死板,比如上面例子中让电子计算机判断 179 cm 高的人会认为他不是高个子).

1965 年美国加州伯克莱分校的计算机教授扎德(L. A. Zadeh)发表了《模糊集合》一文,引入"隶属度"来描述处于中介过渡的事物对差异一面所具有的倾向性程度,从亦此亦彼中区分出非此非彼的信息,是精确性对模糊性的一种逼近.它成功地用数学方法刻画了模糊现象即由事物的中介过渡性所引起的概念外延的不分明性及识别判断的不确定性.这也是特定人群在特定历史条件下对特定概念的反复认识升华或结晶.模糊数学从此诞生.

与传统的集合论相较:在逻辑判断中,同一律、矛盾律、排中律是传统集合论必须遵循的定律,且把排中律破坏称为二律背反.模糊数学则是将取值区间 [0,1] 纳入以区别传统的二值(仅取"0"或"1")的逻辑.

说得通俗点:模糊数学是将逻辑值由"0"或"1"两个取值转向区间 [0,1] 中的无穷多个取值,由取值离散转向连续取值的一种变革.

这样人们在判定某些模糊概念,比如高矮个时,就不会出现 179 cm 身高的人仍不能算"高个子"的武断了,此时人们可以说:他有 0.9 的资格(隶属度)称为"高个子".

身高与"高个子"概念的隶属度表

身 高	180 cm 以上	175 cm	170 cm	165 cm	…
隶属度	1	0.9	0.7	0.4	…

尽管人们对模糊数学的出现产生过相左的意见,但其在诸多领域(如家电新品开发、经济管理、决策分析等)的成功应用已是个不争的事实.

5. 分　形

我们生活的(或能够感受的)世界俗称 3 维空间,数学上称平面为 2 维空间,直线被叫做 1 维空间,这样线段和正方形分别被称为 1 维和 2 维图形.

从前,你也许不会相信 0.6309 维、1.2618 维图形的存在,可如今它已是千真万确的被人们挖掘出来(其实它们早已在现实世界中存在).

1967 年美籍立陶宛裔数学家曼德布罗特(B.B.Mandelbrot)引用英国气象学家理查森(Richardson)在测量英国海岸线长时,对"英国海岸线到底有多长"进行思考时发现的一个怪异现象:这个长度是不确定的.

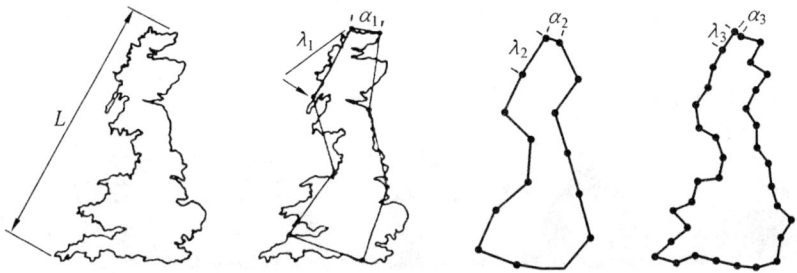

测量时若不断提高其标尺精度(如尽量多地设置测量点,相邻点间长用联结它们的折线替代)时,所得海岸线长就会随之不断增长(且随测量点的增加无限地增长).

随着过程的延续最终结论是:海岸线长是一个无穷大量.

这多少有些出乎人们的预料,没想到它却给那些颇有心计、又慧眼识金的数学家提供一个"发现"的机会.其实此前数学家们对数学中这些"病态"的怪异早已是熟视无睹(有些甚至是他们"造"出的).

所谓柯赫(H.Von Koch)曲线(由瑞典数学家柯赫 1906 年给出)便是其中一例:

取一条线段,在其中间 1/3 段作一个正三角形凸起,然后再在每一段(注意此时已有 4 段)上重复上述步骤,如此下去,所得曲线称为柯赫曲线(右图).

当然如果图形从正三角形每边开始分别作出相应的柯赫曲线,便产生了"雪飞六出"的雪花图案.

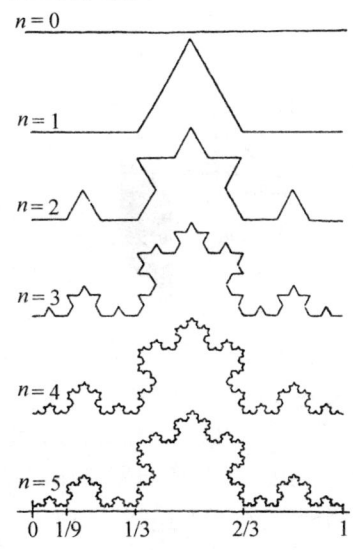

如果开始的正三角形边长是 1,可以算得不断变化的雪花曲线所围面积最终(极限)是 $2\sqrt{3}/5$;但另一方面,该曲线边界长却是一个无穷大量.

早在 1915 年,波兰数学家谢尔品斯基(W.Sierpiński)曾制造出下面的曲线:

将一个单位正三角形一分为四且挖去中间的一个小正三角形,然后再在剩下的三个小正三角形中重复上述步骤,如此下去,极限图形产生一种曲线——人称谢尔品斯基衬垫.

可以算出:若初始三角形面积为 S_0,则上述过程所剩部分图形面积分别为

$$\frac{3}{4}S_0,\quad \frac{9}{16}S_0,\quad \frac{27}{64}S_0,\quad \cdots,\quad \left(\frac{3}{4}\right)^n S_0,\quad \cdots$$

它的极限是 0;另一方面图形边界(曲线)长随着变换变得越来越大,最后趋向无穷.

这种曲线还可推广到 3 维空间,从单位立方体出发依下面方式构造的曲面称为谢尔品斯基海绵(体积为 0 但表面积无穷大的曲面):

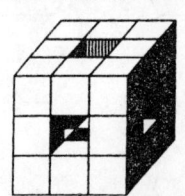 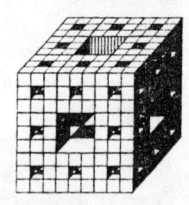 

此外还有"康托尔粉尘"、"皮亚诺(G.Peano)曲线"等,这些"病态怪物"(详见本书后文,它们都有着乍看上去似乎反常的性态)被曼德布罗特识"破"看"穿"了,它们均不能用欧几里得几何去描述.

1975 年曼德布罗特在《分形图:形状、机遇和维数》中,提出分数维数概念(分形),给了上述诸"怪物"一个满意的解释. 试想(依传统思维):当图形中的线段(边或棱)增加 1 倍时,线段的长度、正方形面积、正方体的体积分别扩大到原来的 2 倍、4 倍、8 倍,或 2^1 倍、2^2 倍、2^3 倍,那么这里的指数 1,2,3 恰好代表该图形的维数.

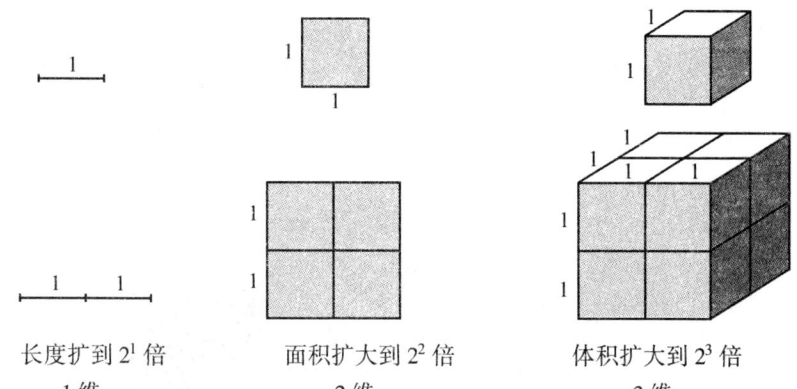

长度扩到 2^1 倍　　面积扩大到 2^2 倍　　体积扩大到 2^3 倍
　　1 维　　　　　　　　　2 维　　　　　　　　　3 维

柯赫曲线用 1 维尺度量长度为无穷,用 2 维尺度量面积为 0,前者太粗、后者过细.曼德布罗特仿上令 l 为图形独立方向(长度或标度)上扩大的份数(倍数),N 为图形在独立方向扩大后其测度扩大的倍数(或得到 $N = l^D$ 个原来图形),则图形维数(相似维数)

$$D = \ln N / \ln l$$

这样经计算知英国海岸线的维数为 1.25,柯赫曲线的维数是 1.26,谢尔品斯基垫的维数是 1.5850,谢尔品斯基海绵的维数是 2.7268,等等.

此前早在 1919 年,德国数学家豪斯道夫(Hamsdorff)就提出过适用集合的维数概念,它当然不限于整数.

6. 思　考

著名数学家希尔伯特说过:"数学科学是一个不可分割的有机整体,它的生命力正在于各个部分之间的联系."[8]

有人曾指出下面四个貌似各异的问题的内在联系(等价性或同构)来[5]:

(1)(微积分问题)求积分

$$I = \int_0^{2\pi} \cos(m_1 x)\cos(m_2 x)\cdots\cos(m_n x) \mathrm{d}x$$

的极大值,这里 $m_i \in \mathbf{Z}^+$ ($i = 1, 2, \cdots, n$).

(2)(数论问题)若 $m_i \in \mathbf{R}^+$ 且 $a_i = \pm 1 (1 \leqslant i \leqslant n)$.讨论方程 $\sum_{i=1}^{n} a_i m_i = 0$ 解 $\{a_i\}$ 的最大个数.

(3)(组合问题)把一个含有 n 种质量的质点组,划分为彼此平衡的两个质点组,共有多少种分法?

(4)(集合论问题)若集 S 有 n 个元素,$\mathscr{F}$ 是具有下述性质的子集族:① 对所有的 $A \in \mathscr{F}$,其余集 $\complement_S A \in \mathscr{F}$;② 对所有的 $A, B \in \mathscr{F}$,有 $A \not\subset B$.求 $\mathscr{F}$ 中元素最

大个数(最大容量).

再如英皇家学会会员,剑桥大学三一学院院长(菲尔兹(J.C.Fields)奖得主)阿蒂亚(M.F.Atiyah)在1976年11月19日就任伦敦数学会主席的题为"数学的统一性"演讲中,举了三个乍看上去"互不相干"的例子:[7]

高斯整数环$Z[\sqrt{-5}]$(即由元素$a+b\sqrt{-5}$构成的环,a,b是整数)中的因子分解问题(代数问题).

麦比乌斯(A.F.Möbius)带的性质(几何问题).

麦比乌斯带　　　　　　　　八卦鱼形

有人甚至认为我国"易经"中的太极图是麦比乌斯带在平面上的投影

由核函数$a(x,y)$确定的线性微分 – 积分方程

$$f'(x) + \int a(x,y)f(y)\mathrm{d}y = 0$$

的性质(分析问题).

接着他揭示了这三个问题的深刻内在联系:

麦比乌斯带的存在和多项式环$R[x,1-x]$的因子分解不唯一相联系.

若核函数满足$a(x,y) = -a(y,x)$,则上述微分 – 积分方程相当于斜伴随算子A,而A的奇偶性恰好与麦比乌斯带的拓扑性质相一致.

笔者也曾在文献[9]中指出杨辉(贾宪)三角、斐波那契(L.Fibonacci)数列与黄金数$0.618\cdots$间的联系:

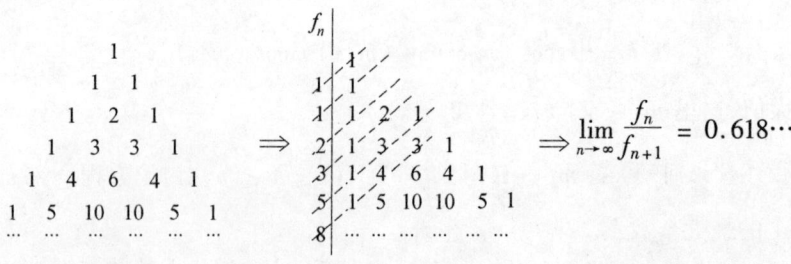

杨辉三角　　　　杨辉(贾宪)三角改写后,诸斜　　　斐波那契数列中相
　　　　　　　　线"/"上的数的和恰好构成斐　　　邻两项比的极限为
　　　　　　　　波那契数列$\{f_n\}$的诸项　　　　黄金数$0.618\cdots$

再回到我们前面考察的几个问题,见下表.

内　　容	结　论　或　问　题
数的扩充	整数 → 分数 → ⋯
微分 - 积分阶数(重数)	整数阶(重)微积分 → 分数阶(重)微积分
集合势(基)的假设 (连续统假设)	$\aleph_0$ 与 $2^{\aleph_0}$ 间有无其他集合基数
模糊数学隶属度	将传统集合逻辑取值 0 或 1 拓展到区间 [0,1]
分形	将图形维数由 $0, 1, 2, 3, \cdots$ 拓展到正实数

上述诸多问题(分支)看上去似无干系,但你若再仔细品嚼一下会发现:它们沿同一思路、循同一轨迹、按同一方法进行延拓(这也正是大多数数学分支发展所走的历程).它们产生的背景竟有着惊人的相似,将概念或取值从整数拓展到分数、小数……将离散推向连续,其实这正是一种概念推广过程.

自然界的发展有其规律,数学当然也不例外.因而我们可以循其规律去寻觅、去发现、去总结,甚至可以预测它的前景与未来.

这样我们有理由认为(类比地):数学的许多概念也许可遵循上面的思路去延拓(纵然是失败了),比如我们可以预示:1.5 阶微分方程, $\sqrt{3}$ 重积分方程等会出现,尽管眼下人们尚无愿望和需求,但这或许是迟早的事情,我们深信①.

不久前,当人们解决了费马大定理后,有人考虑定理在有理指数 $\frac{n}{m}$ 情况下的允许有复根的推广.

若将 $a^{\frac{n}{m}} + b^{\frac{n}{m}} = c^{\frac{n}{m}}$ 改写成 $(a^{\frac{1}{m}})^n + (b^{\frac{1}{m}})^n = (c^{\frac{1}{m}})^n$,问题可为:

对正整数 a, b, c 的哪些 m 次方根 $\bar{a}, \bar{b}, \bar{c}$,以及什么样的满足 $(m, n) = 1$ 即 m, n 互质且 $n > 2$ 的 n,有 $\bar{a}^n + \bar{b}^n = \bar{c}^n$?

毕内特(C. D. Bennett)等人[15]给出:

(1) 设 $(m, n) = 1$,且 $n > 2$,则 $a^{\frac{n}{m}} + b^{\frac{n}{m}} = c^{\frac{n}{m}}$ 有正整数解 a, b, c 仅当 $a = b = c$,及 $6 \mid m$ 且使用 3 个相异的复 6 次方根时才有可能.

(2) 设 $(m, n) = 1$,且 $n > 2$. $S_m = \{z \in \mathbf{C} \mid z^m \in \mathbf{Z}, z^m > 0\}$ 的数 a, b, c 中满足 $a^n + b^n = c^n \Leftrightarrow 6 \mid m$ 且 a, b, c 是同一实数的不同复 6 次根.

历史曾经并还将继续给我们很多机会,一旦把握它们,你便可大获成功.

物理学家说过:存在于实验现象与数学结构之间的密切联系,正被近代物

---

① 不出所料,实数 α 阶微分方程已有人研究,且取得了一些成果.

理的发现,以一种全然出乎人们意料的方式完全加以证实.

不是吗?数学往往是超前的.

参考文献

[1] 梁宗巨.世界数学通史(上)[M].沈阳:辽宁教育出版社,1993.
[2] 吴振奎.数学中的美——数学美学初探[M].天津:天津教育出版社,1996.
[3] 李学数.数学和数学家的故事[M].北京:新华出版社,1999.
[4] 吴振奎.漫话分形[J].中等数学,1998(3):25-27.
[5] 刘德铭.数学与未来[M].长沙:湖南教育出版社,1987.
[6] 张奠宙.数学的明天[M].南宁:广西教育出版社,2000.
[7] 阿蒂亚 M F.数学的统一性[J].胡作玄,译.数学译林,1980(1):36-43.
[8] KAPUR J N.数学家谈数学本质[M].王庆人,译.北京:北京大学出版社,1989.
[9] 吴振奎.巧合?联系?统一?[J].辽宁教育出版社:数理化信息,1986(2):450-458.
[10] 胡作玄,邓明立.20世纪数学思想[M].济南:山东教育出版社,1999.
[11] 波尔金斯基 B L,叶夫莱莫维奇 B A.漫谈拓扑学[M].高国士,译.南京:江苏科学技术出版社,1983.
[12] 瓦西里也夫 H G,库金马赫尔 B N.趣话曲线[M].张克,译.福州:福建人民出版社,1982.
[13] 楼世博,孙章,陈化成.模糊数学[M].北京:科学出版社,1983.
[14] 数学百科全书编译委员会.数学百科全书(1~5卷)[M].北京:科学出版社,1994~2000.
[15] CURTIS D,BENNETT.有理指数的 Fermat 大定理[J].数学译林,2004(4):297-302.

数学中的推广

> 什么是好的教育？系统地给学生自己发现事物的机会.
>
> ——斯佩塞尔（H. Spencer）
>
> 无论如何请你记住：（数学）推广有两种类型，一种是价值不大的，另一种是有价值的.推广之后冲淡了是不好的，推广之后提炼了是好的.
>
> ——波利亚（G. Pólya）

数学命题由条件（前提）和结论两部分组成.一般来讲，条件改变了，结论也随之发生相应的变化.将命题从特殊引向一般；从低维拓向高维；改换某些条件（包括去掉某些条件），加强命题的结论；考虑命题的反问题等，都可看做是将命题推广.

推广，可使人们对问题认识深化，不仅有举一反三、触类旁通之效，还可培养人们观察、分析、判断、比较、归纳、总结直至发现的素养，从而可启迪人们的智慧，培养人们的科学研究能力，发挥人们的创造精神，这对数学学习、研究以至将来的工作，无疑都是十分重要的.

任何事物都是从简单到复杂，从低级向高级发展的，数学也不例外，它也是在从简单、特殊情形推向一般、复杂情形过程中，不断完善、不断深入、不断拓展，因而得以发展的.

推广推进了数学发展的事实在数学史上是不乏其例的.就拿"数"的概念来讲，它正是遵循下表所示的过程扩充、完善、发展的（前文我们已有叙述）：

上编

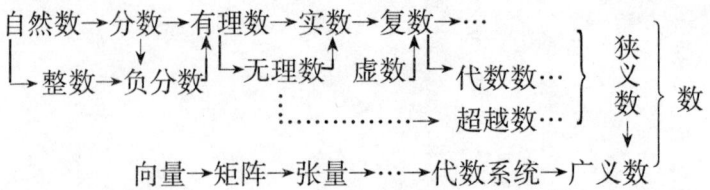

数概念的每一种扩充也正是一种推广,它无疑促使人们逐步对数认识的深化,当然也相应的促进了数学自身的发展.

当然,人类的活动并非完全独立的.事实上,它们以复杂的形式相互影响、相互作用.数学研究包括数学分支的诞生也是如此,比如,抽象代数的起源可从下面诸关系中看出其脉络[170]:

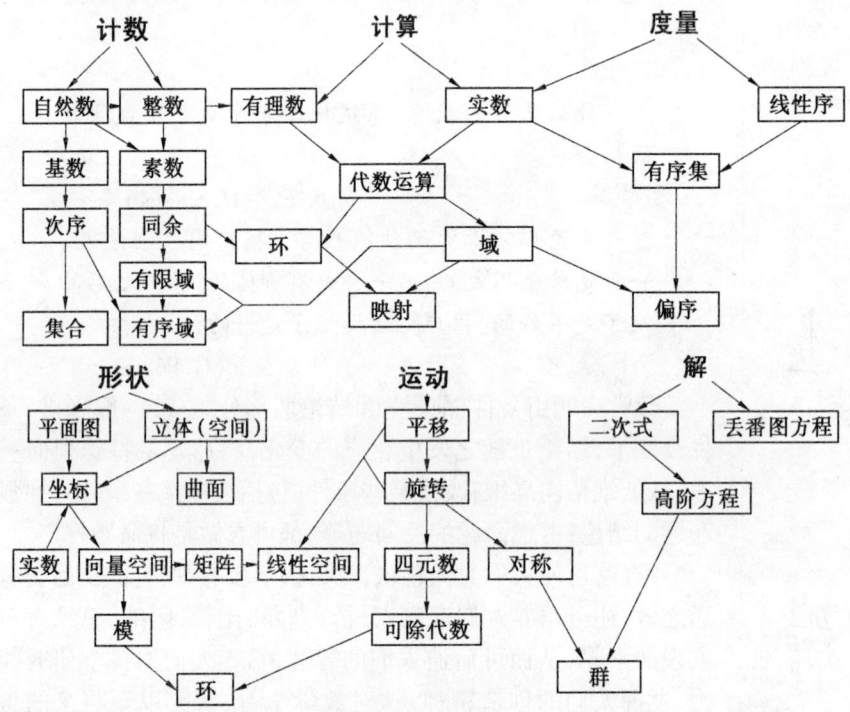

顺便说一句:数学起源于人类各种不同的实践活动,这些活动提供了对象和运算,同时导致了不断嵌入的形式公理系统的各种概念.人类的活动,如计数、度量、计算、证明等或多或少直接导致某些概念和数学分支诞生,具体的讲:

计数导致算术和数论;**度量**导致实数、演算和分析,**形状测量**导致几何学、拓扑学;**造型设计**导致对称性、群论;**估计**导致概率、测度和统计;**运动**导致力学、微积分;**计算**导致代数、数值分析;**证明**导致逻辑;**谜题(游戏)**导致组合论、阶论;**分组**导致组合论、集合论,等等.

一、推广在数学发展中的作用

综观数学的发展,人们会意识到推广在数学发展的作用.先从大的方面来看,数学发展中大致流程是:

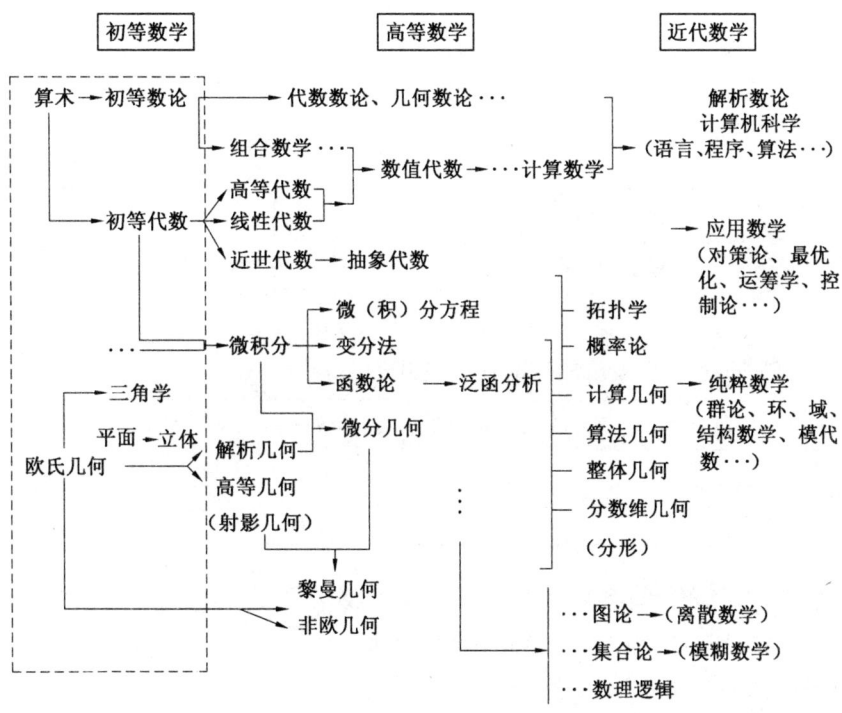

这其中的每一箭头均蕴含大量的推广内容.

下面我们来谈几个稍微具体一点的例子.

1. 一个数论中的问题

两千多年前,古希腊毕达哥拉斯学派常把某些整数描绘成沙滩上的点或小石块,他们按照点或小石块能排列的形状对数进行分类,比如,形如

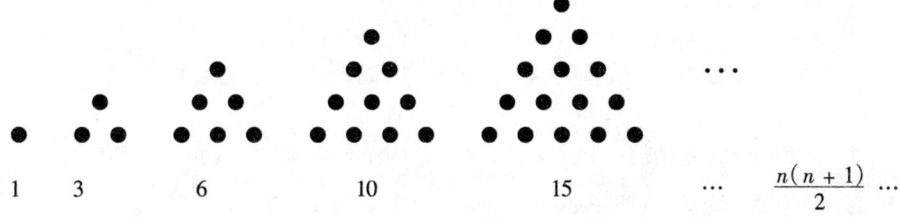

的叫做三角(形)数,又如形如

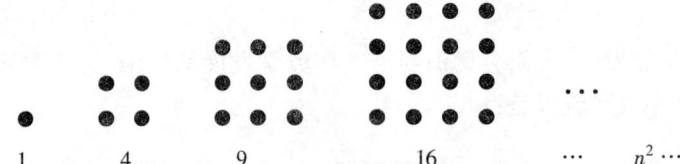

的叫做正方形数或四角形数.此外他们还定义了五角形数,六角形数,$\cdots$,n角形数等:

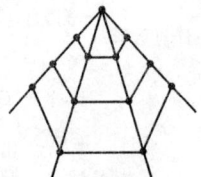 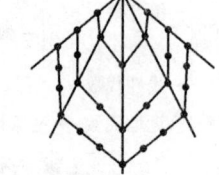

五角形数 通项 $(3n^2-n)/2$ 　　六角形数 通项 $2n^2-n$

我们容易算得这些多角形数的通项公式如下表所列:

多角形数	三角形数	四角形数	五角形数	六角形数	$\cdots$	k 角形数
通项公式	$\dfrac{n(n+1)}{2}$	n^2	$\dfrac{3n^2-n}{2}$	$2n^2-n$	$\cdots$	$n+\dfrac{(n^2-n)(k-2)}{2}$

人们曾发现(我们也容易看到)这些多角形数有许多有趣的性质,比如:

每一个四角形数必是某两个相邻三角形数和;

每一个偶完全数①必定是一个三角形数(1575年);

每一个 k 角形数均为一个 $k-1$ 角形数与一个三角形数之和,说得具体点,我们若把第 r 个 k 角形数记为 P_k^r,则

$$P_k^r = P_{k-1}^r + P_3^{r-1}$$

对于正整数 n,若它满足 $8n(k-2)+(k-4)^2$ 是一个完全数,则它是一个 k 角形数;

……

更有趣的是有人发现任何自然数均可以用一些 k 角形数和表示(堆垒问题)的结论.

1796年7月10日,被誉为"数学王子"的高斯在日记上写到

---

① 所谓完全数是指其所有真因子与1之和等于它本身的整数,如 $6=1+2+3$,和 $28=1+2+4+7+14$ 等.古希腊的欧几里得已证明:若 2^p-1 为质数,则 $2^{p-1}(2^p-1)$ 为完全数.这样的数必定是偶数,故称偶完全数(注意:形如 2^p-1 的质数叫梅森(Mersenne)质数).详见后文.

$$\text{EYPHKA!} \quad num = \triangle + \triangle + \triangle$$

EYPHKA 是希腊文"找到了"、"发现了"的意思,这正是据传当年古希腊学者阿基米德(Archimedes)在浴池中发现"浮力定律"后,赤身跑到希拉可夫大街上狂喊的话语.高斯引用它可见他当时心情是多么激动!

到底是什么使得这位学者如此兴奋?原来就在这一天,高斯找到了"自然数可以表示为三个三角形数和"的证明(num 是西文数的缩写,△ 表示三角数).

这个结果是他在研究三元二次型问题时得出的,与之同时他也证明了:

自然数可以表示为四个四形角(完全平方)数和.

这类问题的研究,据说从古希腊的丢番图(Diophantus)就已经开始了(但他未能将此作为命题叙述出来).

文献载,1621 年法国人巴契特(Bachet)从 1 ~ 325 的自然数逐个验算,发现了它们至多只须用四个完全平方数(即四角形数)和即可表示.解析几何的创立者法国数学家笛卡儿(R.Descartes)刚一接触这个问题便感叹道:"它实在太难了,以至于我不敢动手去考虑."

1730 年,数学大师欧拉(L.Euler)开始了这个问题的研究,13 年后他仅找到了公式

$$(a^2 + b^2 + c^2 + d^2)(r^2 + s^2 + t^2 + u^2) =$$
$$(ar + bs + ct + du)^2 + (as - br + cu - dt)^2 +$$
$$(at - bu - cr + ds)^2 + (au + bt - cs - dr)^2$$

此公式即说:能表示成四个完全平方数和的两个整数之积,仍能由四个完全平方数和来表示.

其实,此前印度人婆罗摩笈多(Brahmagupta)在其所著《婆罗摩修正历数书》中已给出公式

$$(a^2 + b^2)(x^2 + y^2) = (ax - by)^2 + (ax + by)^2$$

此意即可表为两整数平方和的两数之积,仍可表为两整数平方和.

然而接下来的情形,即表成三整数平方和的推广却使人失望,人们发现

$$(a^2 + b^2 + c^2)(x^2 + y^2 + z^2) =$$
$$(ay + bx)^2 + (az + cx)^2 + (bz - cy)^2 + (ax - by - cz)^2$$

换言之:能用三个整数平方和表示的数的乘积,一般需用四个整数平方和表示.

这样一来,有了欧拉公式的发现,对于整数表为平方和问题,人们只须研究质(素)数表为完全平方和的问题即可,因为任何整数均可分解有限个质数之积.

1770年,数学家拉格朗日(J.L.Lagrange)依据欧拉的工作给出了:自然数可表示为四个完全平方数的和的第一个证明.

1773年,66岁的欧拉(尽管已失明)也给出了另外一种证法.

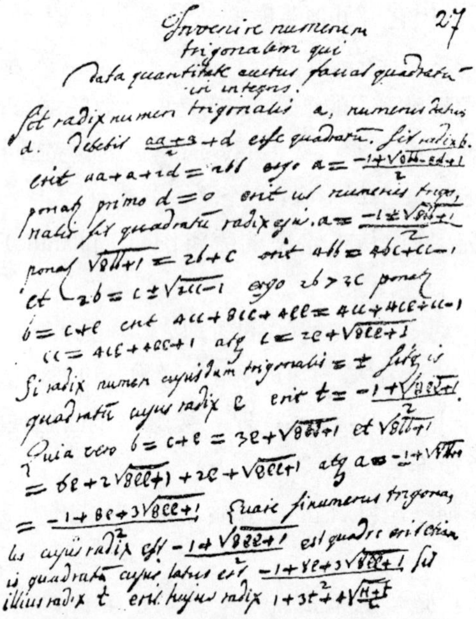

欧拉手迹

大约一百多年后,德国数学家雅可比(C.G.J.Jacobi)又给了一个新的证明.

尔后,图兰(G.Turán)对此问题进一步研究发现:

自然数 n 表成两两互质的整数平方和时,四个是不够的,比如 $n = 8k$ 或 $n = 6k + 5$ 型整数(指正整数,下同)便是.

尔后,弗罗毕格(B.Froberg)和里塞尔(Riesel)证明了:

$n \leq 188$ 时,有31个整数不能用四个不同整数的平方和表示,且124和188须用六个不同整数平方和才能表示.

同时他们还证明了:

$n > 188$ 时,n 总可以用五个两两互质的整数平方和表示.

(有人还证明:除了256个例子外,每个整数皆可表为五个合数平方之和.)

此外人们还研究了自然数表示为 k 个平方和的种类问题.若用 $r_k(n)$ 表示将 n 表示成 k 个平方数和的表示方法(或种类)数(即不定方程 $x_1^2 + x_2^2 + \cdots + x_k^2 = n$ 的整数解的个数),人们给出了下面的一些结果:

k 的 值	$r_k(n)$ 的给出者
2,4,6,8	雅可比(C.G.J.Jacobi) （1828 年）
3	狄利克雷(P.G.L.Dirichlet)
5,7	艾森斯坦(F.G.M.Eisenstein) 史密斯(H.Smith) 闵可夫斯基(H.Minkowski)
10,12	刘维尔 （1864 年,1866 年）
14,16,18	戈莱沙尔(Glaisher)(1907 年)
20,22,24	拉马努金(S.Ramanuja)(1916 年)
9,11,13,15,17,19,21,23	道马兹(Домадзе)(1949 年)

显然该问题可视为四平方和问题的某种推广.

证明了这些之后,人们开始考虑:自然数能否表示为五个五角形数和六个六角形数和,…,k 个 k 角形数和?

(据说这早被法国业余数学家费马猜测过.)

1831 年,法国数学家柯西在巴黎科学院宣读的一篇论文中证明了:

自然数可以表示为 k 个 k 角形数之和.

上述问题的 3 维推广,便是自然数表为"棱锥形数",即表为形如 $\frac{1}{6}n(n-1)(n+1)$ 的数和问题.

1928 年杨武之证明了自然数至少要 9 个棱锥形数和表示.

1952 年,沃森(G.N.Watson) 将结论改进为 8 个.

1968 年,萨尔茨(Salzer)用电子计算机进行核验时发现:当 $n \leqslant 452479659$ 时,除 261 以外,皆可用 5 个棱锥形数和表示.

1993 年,杨振宁、邓越凡将 n 的上界推至 10^9,即 $n \leqslant 10^9$ 时,除 261 外皆可用 5 个棱锥形数和表示.

然而问题并没有结束,人们研讨了自然数用 k 角形数及棱锥形数和表示问题后便想到:自然数能否用某些高次幂和表示?

1770 年华林(E.Waring) 在《代数沉思录》一书中提出:

自然数可用九个立方数和、十九个四次方数和 …… 表示.

这便是著名的"华林问题".拓而广之即:

自然数至少可用多少个整数 k 次方和表示?

对于表为立方和的问题,朗道(E.G.H.Landau) 曾证明:

除 23 和 239 以外(此两数系由瑞士数学家雅各布·伯努利(Jacob Bernoulli)

给出的关于自然数表示整数立方和数表中开列的,须用 9 个整数立方和表示的数),每个自然数皆可表为 8 个非负整数立方和.

同时他还证明了:

从某一个大数(这个大数很大)起,任何自然数均可用七个立方数和表示.

但这儿的"大数"是令人生畏的,以至对小于它的整数无法一一验证.

1893 年,梅莱(E. Maillet)证明自然数皆可用 21 个非负整数立方和表示.

直到 1909 年,威弗里茨(A. Wieferich)终于证明了自然数可用九个立方数和的表示问题.

如前所述,此前,德国数学家雅可比的助手达斯曾编出一张表明自然数可用最少立方数和表示的个数表,在此表里,12000 以内的数中,只有 23 和 239 两个数要用九个立方数和表示,其余的数只须少于九个就可以了.

至于表为四次方和问题,法国数学家刘维尔最先找到了公式

$$6(x_1^2 + x_2^2 + x_3^2 + x_4^2) =$$
$$(x_1 + x_2)^4 + (x_1 + x_3)^4 + (x_1 + x_4)^4 + (x_2 + x_3)^4 +$$
$$(x_2 + x_4)^4 + (x_3 + x_4)^4 + (x_1 - x_2)^4 + (x_1 - x_3)^4 +$$
$$(x_1 - x_4)^4 + (x_2 - x_3)^4 + (x_2 - x_4)^4 + (x_3 - x_4)^4$$

接着,他又把任何自然数 n 均表为 $n = 6x + r$,其中 $r = 0,1,2,3,4,5$. 我们已经介绍过任何整数 x 均可用四个完全平方数和表示,即可设

$$x = a^2 + b^2 + c^2 + d^2$$

仍用上面的结论可有

$$a = a_1^2 + a_2^2 + a_3^2 + a_4^2, b = b_1^2 + b_2^2 + b_3^2 + b_4^2$$
$$c = c_1^2 + c_2^2 + c_3^2 + c_4^2, d = d_1^2 + d_2^2 + d_3^2 + d_4^2$$

把它们代入 $n = 6x + r$ 及前面的等式可知:

$6x$ 最多可用 $4 \times 12 = 48$ 个四次方数和表示.

又知 $r = 0,1,2,3,4,5$ 时,它们用四次方幂和表示的最多个数是 5.

这样,自然数只须 $48 + 5 = 53$ 个四次方数之和表示即可.

53 距 19 还有不少的距离,以后这个数不断被压缩到 47,45,41,39,38,最后仍是由威弗里茨把它压缩到 37.

英国数学家哈代(G. H. Hardy)和利特尔伍德(J. E. Littlewood)从另一个角度考虑该问题,他们证得:

从某个大数 N 起,任何自然数可表为 19 个四次方数和. 但这个 N 很大,以致对小于 N 的数的全部验证十分困难.

时至 1986 年,问题终有转机,三位美国数学家联手,一举攻下此命题:

自然数皆可表示成 19 个四次方数和.

20世纪初,德国数学家希尔伯特给出下面更一般的结论:

自然数总可以表示为若干个立方数,四次方数,$\cdots$,k 次方数和,只是个数随 k 的增大而增大.

关于这种个数最小的估计,不仅引起数学家们的极大兴趣,研究过程本身也推动了"数论"分支的发展.

有人曾证明了:对于充分大的 N,当 $n > N$ 时,自然数表示整数 k 次方和的最少个数 $G(k)$ 满足

$$4 \leqslant G(k) \leqslant 17, k \geqslant 2$$

顺便说一句,这种"堆垒"的思想,也影响着"数论"中其他课题的研究,比如,"哥德巴赫猜想"(见后文)等.

注 关于平方和问题,人们还做了下面的推广工作:

若 a_i, b_i 均为实数($i = 1,2,3,4$),则下面结论成立:

结论 1 $(a_1^2 + a_2^2)(b_1^2 + b_2^2) = c_1^2 + c_2^2$,这里 c_i 是 $a_i, b_i (i = 1,2)$ 经过加、减、乘三种运算得到的数.

结论 2 $(a_1^2 + a_2^2 + a_3^2 + a_4^2)(b_1^2 + b_2^2 + b_3^2 + b_4^2) = c_1^2 + c_2^2 + c_3^2 + c_4^2$,这里 c_i 是 $a_i, b_i (i = 1,2,3,4)$ 经过加、减、乘三种运算得到的数.

进而人们猜测:对任意的自然数 k 及实数 $a_i, b_i (i = 1, 2, \cdots, 2^k)$ 是否恒有

$$\left(\sum_{i=1}^{n} a_i^2\right)\left(\sum_{i=1}^{n} b_i^2\right) = \sum_{i=1}^{n} c_i^2 \qquad (*)$$

这里 $n = 2^k$,且 c_i 是由 $a_i, b_i (i = 1, 2, \cdots, 2^k)$ 经过有限次加、减、乘运算得到的数.

对于结论(1),(2)只须注意到下面的行列式关系

$$a_1^2 + a_2^2 = \begin{vmatrix} a_1 & a_2 \\ -a_2 & a_1 \end{vmatrix}$$

$$a_1^2 + a_2^2 + a_3^2 + a_4^2 = |x_1|^2 + |x_2|^2 = \begin{vmatrix} x_1 & x_2 \\ -\overline{x_2} & \overline{x_1} \end{vmatrix}$$

其中 $x_1 = a_1 + ia_3, x_2 = a_2 + ia_4$.

再利用行列式乘法规则即可证得(这里 $\overline{x}$ 表示复数 x 的共轭).

对于式($*$)猜想中当 $k = 3$ 的情形,1818年由丹麦数学家德甘(Degan)在俄国数学杂志上给出.结论也可利用八元数概念(见下一小节内容)去证明.

但当 $k \geqslant 4$ 时,胡尔维茨(L. Hurwitz)在1993年给出了否定性的证明.此前,1848年柯克曼(T. P. Kirkman)曾给出 $n = 4$ 的情形不真的证明.

1965年,菲斯特(Physter)运用矩阵技巧证明了上面猜想的修正结论:

对任意的自然数 k 及实数 $a_i, b_i (i = 1, 2, \cdots, 2^k)$ 恒有

$$\left(\sum_{i=1}^{n} a_i^2\right)\left(\sum_{i=1}^{n} b_i^2\right) = \sum_{i=1}^{n} c_i^2 \qquad (**)$$

这里 $n = 2^k$,且 c_i 是由 a_i, b_i 经过加、减、乘、除四种运算后得到的数(注意增加了除的运算).

2. 四元数、n 元数、超复数、广义数

前面我们已经谈了数概念的推广问题,复数的引进,使数概念又一次推广. 复数概念能否再推广?

1843年10月16日,爱尔兰数学家哈密顿(W.R.Hamilton)在都柏林提出"四元数"即超复数概念:它是由1和另外三个单位 i, j, k 构成,使每一个四元数
$$q = a + xi + yj + zk$$
均为一个标量 a(实数)和一个向量 $xi + yj + zk$ 之和,这里

$$i^2 = j^2 = k^2 = ijk = -1$$
$$i \cdot j = k, \quad j \cdot k = i, \quad k \cdot i = j$$
$$i \cdot j = -j \cdot i, \quad j \cdot k = -k \cdot j, \quad k \cdot j = -i \cdot k$$

顺便指出,后面两行的运算规则可用下图表示(图中小圆里的 $+, -$ 号是指按图中箭线指向相乘后得数的符号).

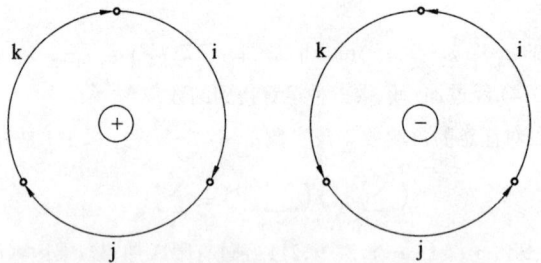

当然,上面的运算及结果也可用下表表示.

i, j, k 乘法表

×	i	j	k
i	-1	k	-j
j	-k	-1	i
k	j	-i	-1

这一发现曾使得哈密顿兴奋不已,因为此前他已为寻找此类数思考了15个年头. 就在他发现这种数的桥头,人们树立了一块石碑以纪念那一时刻、那一发现.

四元数有广泛的应用,它可描述三维空间中的旋转变换,在数论、群论、二次曲面、刚体运动、量子力学和相对论等领域均有重要应用.

四元数出现后,人们又引申出更一般的问题:是否可构造具有某种性质的更多单位(元)的多元数?

哈密顿本人提出"拟四元数"概念,凯莱(A.Cayley)提出"八元数"概念(格

拉维斯(J.T.Graves)也做了同样的工作),但此时该类数已不满足乘法结合律.

1848 年,柯克曼(T.P.Kirkman)证明不存在 16 个单元的超复数.

尔后,高斯曾猜测:保持复数基本性质的数系不能再扩张下去.这一点后来被外尔斯特拉斯(T.W.Weierstrass)、戴德金(J.W.R.Dedekind)所证实.

此前(1870 年)美国人皮尔斯(B.Peirce)也认为:满足某些条件的超复数系统扩张不能是无限的.

1878 年,德国数学家弗罗比尼乌斯(F.G.Frobenius)给出更强的结论:

具有有限个单元的、有乘法的实系数线性结合代数系统,且服从结合律的,只有实数、复数和四元数.

换言之:四元超复数是除了乘法交换律之外,所有其他代数定律均成立的唯一超复数域.虽然此前伦敦大学的数学、力学教授克利福德(W.K.Clifford)给出了 n 元数:$a_0 + a_1 e_1 + a_2 e_2 + \cdots + a_{n-1} e_{n-1}$,其中 $a_k (k = 0,1,2,\cdots,n-1)$ 是实数,$e_k (k = 0,1,\cdots,n-1)$ 是虚数单位,且 $e_i^2 = -1, e_i e_j = -e_j e_i (i \neq j)$,但它已不再能服从数运算的某些定律了.

1958 年,鲍特(R.Bott)、米尔诺(W.J.Milnor)和克尔威尔(Kervaire)曾证明:实数域上能在 $+,-,\times,\div$ 运算下封闭的数系维数仅有 $1,2,4,8$.

所有这些其实形成了"超复数"域新概念,显然,它与空间向量的表示法及其运算问题有关.

有了多元数的概念,我们可以把它和复数一起称为狭义数;相对于狭义数,人们又引进广义数,比如,向量、矩阵、张量,以及带有某种"运算"的"数"的集合即代数系统(像群、环、域)等均为广义数.数概念更为广泛了.

多元数虽然抽象,但它与我们的时空世界是谐调的,特别是四元数,因任一物理点须用三个实数描述其空间位置即坐标,第四个数表示事件发生的时间.关于时空,爱因斯坦(A.Einstein)创立的**相对论**已证明:

时间和空间是相互关联的,它们彼此不能分离而存在.

3. 代数方程的求根公式

早在三千多年前,古埃及人已开始研究某些方程问题,并把它们(用当时的数学语言)记在纸草(一种可用来书写的草)上,如下图所示.

这些图形表示方程(用当今数学语言表示)

$$x\left(\frac{2}{3} + \frac{1}{2} + \frac{1}{7} + 1\right) = 37$$

据载,古巴比伦人也已知道某些特殊的一元二次和三次方程的解法.

我国两千多年前的数学书《九章算术》中也有"方程"一章,专门研究一次(线性)联立方程组.

一元二次方程的一般解法,即求根公式是9世纪中亚的学者阿尔·花拉子米(Al-Khowarizmi)给出的.

人们在探得一元二次方程求根公式后,便着手于三次、四次,甚至更高次方程求根公式的寻求.

1545年,意大利人卡尔达诺(G.Cardano)在其所著数学书《大法》中给出了一元三次方程的求根公式(常称之为卡尔达诺公式)[①].

周公作九章之法,以教天下图

卡尔达诺的学生费拉利(L.Ferrari)沿用他老师的方法给出了一元四次方程的求根公式.

此后人们便开始寻求一元五次或五次以上方程的求根公式(这是人们在找到二、三、四次方程求根公式后的自然之举).

三百年过去了,人们仍是一无所获,其间不少知名的数学家都为此付出了自己的劳动和汗水,当人们从正面努力而未获得结果时,有人开始怀疑它的存在性.这请见本书后文.

4. 线性方程组与行列式、矩阵

对于线性方程组的研究,恐怕当属我国最早.前面我们已经谈到,在古算书《九章算术》中已经开始了对线性方程组及解法的研究.

对于二元一次方程组

$$\begin{cases} a_{11}x_1 + a_{12}x_2 = b_1 \\ a_{21}x_1 + a_{22}x_2 = b_2 \end{cases}$$

的解 $x_1 = \dfrac{a_{22}b_1 - a_{12}b_2}{a_{11}a_{22} - a_{12}a_{21}}$, $x_2 = \dfrac{a_{11}b_2 - a_{21}b_1}{a_{11}a_{22} - a_{12}a_{21}}$,由于引入记号(注意 D_1, D_2 是将 D 中第 1,2 列元素换成常数列所得)

$$D = \begin{vmatrix} a_{11} & a_{12} \\ a_{21} & a_{22} \end{vmatrix} = a_{11}a_{22} - a_{12}a_{21}$$

$$D_1 = D_{x_1} = \begin{vmatrix} b_1 & a_{12} \\ b_2 & a_{22} \end{vmatrix} = a_{22}b_1 - a_{12}b_2$$

[①] 关于这个公式的发明权,还有过一番争论(详见数学史),据说这是卡尔达诺从一位名叫塔塔利亚(N.Tartaglia)的人那里骗来的.

$$D_2 = D_{x_2} = \begin{vmatrix} a_{11} & b_1 \\ a_{21} & b_2 \end{vmatrix} = a_{11}b_2 - a_{21}b_1$$

则解的公式可简单地表示为

$$x_1 = D_1/D \text{ 或 } D_{x_1}/D, \quad x_2 = D_2/D \text{ 或 } D_{x_2}/D$$

如此一来就引入了 2 阶(行或列数)行列式概念.

当然,拓而广之,人们又去探讨三元一次方程组

$$\begin{cases} a_{11}x_1 + a_{12}x_2 + a_{13}x_3 = b_1 \\ a_{21}x_1 + a_{22}x_2 + a_{23}x_3 = b_2 \\ a_{31}x_1 + a_{32}x_2 + a_{33}x_3 = b_3 \end{cases}$$

的解的公式,因而引入了 3 阶行列式: $\begin{vmatrix} a_{11} & a_{12} & a_{13} \\ a_{21} & a_{22} & a_{23} \\ a_{31} & a_{32} & a_{33} \end{vmatrix}$,它(展开式)的值为

$$a_{11}a_{22}a_{33} + a_{12}a_{23}a_{31} + a_{32}a_{21}a_{13} - a_{13}a_{22}a_{31} - a_{11}a_{23}a_{32} - a_{12}a_{21}a_{33}$$

这样一来就使三元一次方程组的求解公式从形式上得以形式化(仿照二元方程组解的构造将常数项列分别置换到该 3 阶行列式第 1,2,3 列可得 D_1, D_2, D_3,其余算法与上类同).它整齐,易记,但不一定好算.

一个自然的想法是把这种记号或运算推广到 n 阶去.

该项工作是 1693 年由莱布尼茨(G. W. Leibniz)开始的,而用行列式去解线性方程组,则是 1729 年的事了,它是由马克劳林(C. Maclaurin)开创的,并发表在他的遗作《代数论》一书中.

1750 年,克莱姆(G. Cramer)也把某些成果发表在他的著作《线性代数分析导论》中.范德蒙(A. T. Vandermonde)是第一个对行列式理论作出系统、逻辑阐述的人.

1772 年,拉普拉斯(P. S. Laplace)对行列式理论作了补充和改进(著名的行列式展开定理正是以他命名的).

关于行列式的具体名称与记号,则是出自数学家柯西与凯莱之手.

有了行列式的理论,人们不仅将它用于解线性方程组,而且还用来处理二次型、多元高次方程组等问题.

二次型 $a_{11}x_1^2 + a_{22}x_2^2 + a_{33}x_3^2 + 2a_{12}x_1x_2 + 2a_{13}x_1x_3 + 2a_{23}x_2x_3$ 的化到主轴问题(即化为典式)最早出现在欧拉的著作中,它涉及了正交不变量、半不变量(见后文)和特征方程

$$\begin{vmatrix} a_{11} - \lambda & a_{12} & a_{13} \\ a_{21} & a_{22} - \lambda & a_{23} \\ a_{31} & a_{32} & a_{33} - \lambda \end{vmatrix} = 0$$

(二次型的特征根有其具体的几何意义,它对判断二次型的几何类型是至关重要的.)

拉普拉斯和拉格朗日又把上述概念用到了线性微分方程组中去.

此外,牛顿(I. Newton)还曾把行列式用于解多元高次方程组——即所谓"结式"的概念.后来欧拉等人又进行了更为深入的研究.

当然矩阵这个现代数学中强有力的工具的引入(首先西尔维斯特(J. J. Sylvester)提出这个概念,凯莱首先进行了研究),在某种程度上讲也与行列式概念有关(关于矩阵我们后文还要叙及).

此外,人们还从另外的角度对于二元一次方程(一次不定方程)$ax + by = 1$ 的研究作了如下推广,比如研究

$$x^2 - dy^2 = 1 (佩尔(Pell)方程)$$

$$y^2 = x^3 + k (莫德尔(Mordell)方程或椭圆方程)$$

解的性质,且由此引出一大堆课题(佩尔方程研究以1770年拉格朗日的论文而告终结),特别是后者.

5. 微积分的产生与发展

牛顿和莱布尼茨是微积分的奠基人,他们分别从物理和几何两个不同的角度引入微积分概念(说穿了积分"$\int$"只是将级数求和"$\sum$"从离散的向连续的一种过渡或推广,积分符号$\int$不过是和记号S的一种伸长变形而已).微积分的产生是欧几里得几何之后,全部数学的一个最大创造.

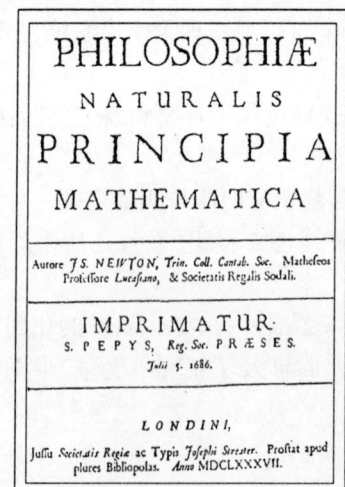

牛顿的《自然哲学之数学原理》一书扉页　　《自然哲学之数学原理》首页

牛顿、莱布尼茨对于微积分的最重要的成就还有创立了牛顿 – 莱布尼茨公式：$F(x)$ 是 $f(x)$ 的一个原函数,则

$$\int_a^b f(x)\mathrm{d}x = F(b) - F(a)$$

一元微积分的产生,使人们自然想到把它们推广到二元、三元、多元函数的情形;此外又从重数上推广到二阶导数(二重积分)、三阶导数(三重积分),…,n 阶导数(n 重积分);由于变元个数的增多,人们又引进偏导数、方向导数……而后又出现曲线积分、曲面积分,甚至出现了实数阶积分等.

积分概念的另外一种补充,是1894年由斯蒂吉斯(T.J.Stieltjes)在他的《连分数研究》一文中提出的,他推广了由黎曼、达布(G.Darboux)等人所进行的系统、深入的积分研究,发明了斯蒂吉斯积分(这种积分是由研究连分数的收敛性及定积分与发散级数的联系而引入的).

柯西等人证明了连续函数必定可积,黎曼指出可积函数不一定连续(他同时给出判断积分存在的准则).然而并非所有函数都可积.

在探讨这种可积性问题上(它与斯蒂吉斯积分推广的路子不同)的积分概念的另一推广是勒贝格(H.L.Lebesgue)积分的建立.

勒贝格是波雷尔(A.Borel)的学生,他的思想是在《积分,长度与面积》中第一次阐述的(他的积分是建立在他的关于点集的测度概念之上的,而它可用到 n 维空间的点集上).

勒贝格积分比黎曼积分的意义更广远,比如:

若函数 $f(x)$ 是黎曼可积的,则它必定是勒贝格可积的,且两个积分值相同;但反之不一定成立.

例如,在 $[a,b]$ 上的狄利克雷(P.G.L.Dirichlet) 函数①

$$f(x) = \begin{cases} 1, & x \text{ 为有理数} \\ 0, & x \text{ 为无理数} \end{cases}$$

因为该 $f(x)$ 处处不连续,故它不是黎曼可积的,但却是勒贝格可积的,且积分值为0.

又如勒贝格积分可推广到无界函数中,$f(x)$ 在某区间上勒贝格可积但无界,则积分绝对收敛;但积分区间上的无界函数却不是黎曼可积的.

把斯蒂吉斯积分和勒贝格积分总括(综合)起来的积分叫勒贝格 – 斯蒂吉斯(Lebesgue-Stieltjes)积分,它是兰登(J.Landen)提出的,这种推广不仅使它适用的范围扩大了,即它统一了 n 维欧氏空间点集上的不同积分概念,而且还可

---

① 该函数又可写成极限形式 $\lim\limits_{n\to\infty}\{\lim\limits_{n\to\infty}(\cos n!\pi x)^m\}$.

将之扩展到像函数空间等更普遍的空间中去.

此外,积分重数、导数(微分)阶数也可整数推广到实数域(如前文所述).

6. 从韦达(F. Vieta)定理到求无穷级数和

数学家欧拉曾注意到(其实这是在欧拉去世后 14 年即 1797 年由高斯给出的) n 次多项式

$$p(x) = a_0 + a_1 x + a_2 x^2 + \cdots + a_{n-1} x^{n-1} + x^n$$

有 n 个复根 $\alpha_i (i = 1, 2, \cdots, n)$,则 $p(x)$ 可写成

$$p(x) = (x - \alpha_1)(x - \alpha_2)(x - \alpha_3) \cdots (x - \alpha_n) \qquad (*)$$

比较等式两边 x^{n-1} 的系数,可有

$$a_{n-1} = -(\alpha_1 + \alpha_2 + \cdots + \alpha_{n-1} + \alpha_n)$$

若令 $n \to \infty$(有限维推广到无限维),欧拉希望能以此计算无穷和. 他先将式($*$)改写,即两边同除 $a_0 = \prod_{i=1}^{n} (-\alpha_i)$,这样

$$p(x) = a_0 \left(1 - \frac{x}{\alpha_1}\right)\left(1 - \frac{x}{\alpha_2}\right) \cdots \left(1 - \frac{x}{\alpha_{n-1}}\right)\left(1 - \frac{x}{\alpha_n}\right)$$

由此可见 $p(x)$ 中 x 项的系数 a_1 是个有限和

$$a_1 = -a_0 \left(\frac{1}{\alpha_1} + \frac{1}{\alpha_2} + \cdots + \frac{1}{\alpha_{n-1}} + \frac{1}{\alpha_n}\right)$$

如是,若令 $n \to \infty$,只要 $a_0 \neq 0$,即可求得一个无穷多项式

$$p(x) = a_0 + a_1 x + a_2 x^2 + a_3 x^3 + \cdots$$

当然希望能将它分解线性因子的无穷乘积①

$$p(x) = a_0 \left(1 - \frac{x}{\alpha_1}\right)\left(1 - \frac{x}{\alpha_2}\right)\left(1 - \frac{x}{\alpha_3}\right) \cdots$$

若能做到这一点,则可期望 $p(x)$ 中 x 的系数 a_1 满足

$$a_1 = -a_0 \left(\frac{1}{\alpha_1} + \frac{1}{\alpha_2} + \frac{1}{\alpha_3} + \cdots\right)$$

因而我们的任务是找一个无穷多项式,用它的根 $\alpha_1, \alpha_2, \alpha_3$ 去计算无穷和

---

① 对于无穷多项式

$$1 + x + x^2 + x^3 + \cdots = \frac{1}{1-x}$$

或

$$1 + x + \frac{x^2}{2!} + \frac{x^3}{3!} + \cdots = e^x$$

根本没有根,故不能进行分解,又如

$$1 + \sqrt{2} x + \frac{\sqrt{2}(\sqrt{2}-1)}{2!} x^2 + \frac{\sqrt{2}(\sqrt{2}-1)(\sqrt{2}-2)}{3!} x^3 + \cdots = (1+x)^{\sqrt{2}}$$

虽然有根 $x = -1$,但它也不能写成线性因式之积.

$$\frac{1}{1^2} + \frac{1}{2^2} + \frac{1}{3^2} + \frac{1}{4^2} + \cdots$$

欧拉选用了 $\sin x$,因为它可由函数展开写成无穷多项式

$$\sin x = x - \frac{x^3}{3!} + \frac{x^5}{5!} - \frac{x^7}{7!} + \frac{x^9}{9!} - \frac{x^{11}}{11!} + \cdots$$

且它的根为 $0, \pm \pi, \pm 2\pi, \pm 3\pi, \cdots$.

但这里的常数项 $a_0 = 0$,为此欧拉又用 x 去除这个式的两边

$$\frac{\sin x}{x} = 1 - \frac{x^2}{3!} + \frac{x^4}{5!} - \frac{x^6}{7!} + \frac{x^8}{9!} - \frac{x^{10}}{11!} + \cdots$$

当然它的根仍然是(注意没有 0) $\pm \pi, \pm 2\pi, \pm 3\pi, \cdots$,这样

$$\frac{\sin x}{x} = 1 \cdot \prod_{k=1}^{\infty} \left(1 - \frac{x}{k\pi}\right)\left(1 + \frac{x}{k\pi}\right) = \prod_{k=1}^{\infty} \left(1 - \frac{x^2}{k^2\pi^2}\right)$$

如此一来可将上式视为 x^2 的无穷多项式,注意到 x^2 的系数是 $-\frac{1}{3!}$,这样有

$$-\frac{1}{3!} = -\left(\frac{1}{\pi^2} + \frac{1}{2^2\pi^2} + \frac{1}{3^2\pi^2} + \cdots\right)$$

即

$$\frac{\pi^2}{6} = \prod_{k=1}^{\infty} \frac{1}{k^2}$$

当然,这里欧拉运用了类比方法大胆地将"有限"空间中的结果推广到"无穷"过程中去,尽管这里面还有不少"漏洞",但这种思想对后来的无穷级数理论的发展,产生很大影响(其实他所得到的结果或数值是正确的,这一点已被后人严格证明).

7. 代数方程与其他方程

方程概念我们在前面已经叙及过,在很长的时间里(至少在 19 世纪以前),解方程几乎成了代数学的代名词.

然而开始人们研究的只是整代数方程,随着人们对于数的认识的扩大,即随着分数、无理数等概念的引入,人们又开始研究分式方程和无理方程(这是数概念推广后的自然类比).

由于指数、对数等概念的出现,指数方程、对数方程自然也就列入了人们的研究对象.

类比地,人们在三角学分支中又提出三角方程的问题.

微积分出现后,随着对它研究的深入,微分方程(包括常微分方程、偏微分方程)、积分方程也成了人们研究的课题,并逐渐发展成了一门新的学科.

当然,"函数论"的出现与发展,必然会涉及函数方程的研究.

此外,"数论"中还探讨了不定方程(丢番图方程)等其他类型的方程.

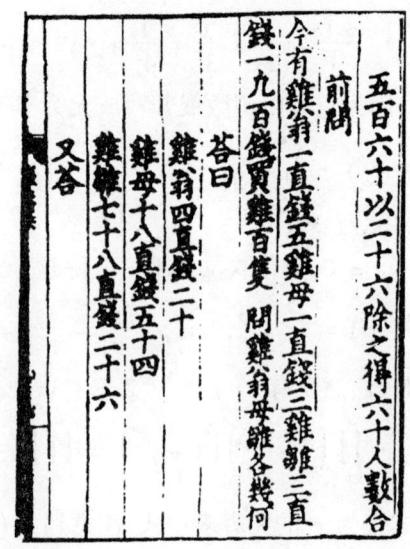

我国一千多年前的古算书《张丘建算经》中已涉及不定方程问题

8. 七桥问题、四色定理和图论、拓扑学

哥尼斯堡七桥问题(详见"下篇"中的例)是欧拉在思考一则游戏问题时归纳出来的,他在 1736 年证明这个问题是不可能问题(先将它抽象为数学问题后),而由此引发的某些问题及其抽象、推广,催生一门新的学科——"图论"的诞生,而欧拉在证明七桥问题时所用的方法,竟是后来"拓扑学"研究使用的方法,因而欧拉本人也成为"拓扑学"创立的先驱.此外欧拉还利用这种方法证明了关于简单多面体面数(F)、顶点数(V)、棱数(E)间的著名公式——欧拉公式

$$V + F - E = 2$$

(这里 $V + F - E$ 称为欧拉示性数)

人们可根据这个公式证明:空间正多面体(各个面均为全等的正多边形的几何体)即柏拉图(Plato)多面体(它们也是以古希腊学者柏拉图命名的多面体)仅有五种:正四、六、八、十二和正二十面体.

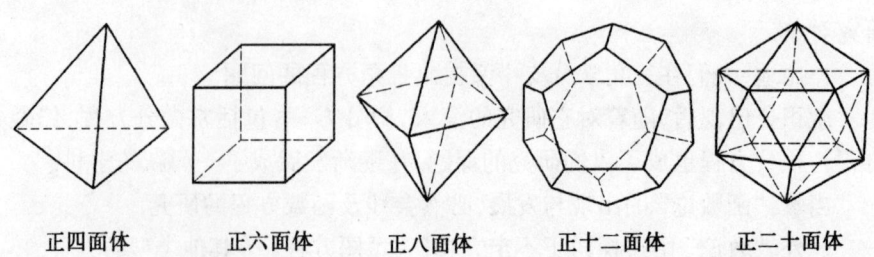

正四面体　　正六面体　　正八面体　　正十二面体　　正二十面体

它们各自的顶点、棱、面数见下表.

名　称	V	E	F	$V-E+F$
正四面体	4	6	4	2
正六面体	8	12	6	2
正八面体	6	12	8	2
正十二面体	20	30	12	2
正二十面体	12	30	20	2

著名数学家陈省身先生说:欧拉示性数 $V-E+F$ 是大量几何课题的源泉和出发点.

当然,谈到"图论",人们不能不想起所谓地图着色的"四色定理"来.平面或球面上的地图只须四种颜色,便可使得其任何相邻两区域着上不同的颜色(从而将它们彼此区分),这个事实是 1852 年由一位英国大学生古特瑞(F. Guthrie)发现的.后来这个问题转到德国数学家德·摩根(A. de. Morgen)那儿,而他又写信给英格兰的数学家哈密顿,但他们都未能给出这个貌似简单问题的证明.

1872 年,英国著名数学家凯莱把该问题正式向伦敦数学会提出,不到一年,一位名叫肯普(A. B. Kempe)的会员提交一篇论文,声称问题获证.可是 18 年后,即 1890 年,希伍德(P. J. Heawood)指出了肯普文章中的证明有误.尽管如此,肯普的思路及方法,成为人们解决这个问题的借鉴和工具.

进入 20 世纪,人们只是在国家数目有限的情况下证得这个结论,比如下表列举了关于这个问题研究的部分成果.

时　间 (数学家)	1939 年 P. Franklim	1950 年 Winn	1968 年 O. Ore	1975 年 Stemple
国家数	22	35	39	52

到了 1976 年 6 月,美国伊利偌斯州的两位学者阿佩尔(K. Appel)和哈肯(W. Haken),借助大型计算机 IBM-360,花了 1200 小时(机上时间),检查了 2000 多个构形且证明了不可避免集中总共 1482 个构形的可约性,进行了大约 60 亿个逻辑判断,终于证得了这个绵续一百多年的"四色猜想"(1977 年,有人宣布简化了他们的证明,在机器上花了 50 个小时已证得结论).

然而问题的意义远非如此,它不仅证得了"四色定理",同时也为计算机的用途开辟了新的前景."机器证明"及其更进一步"人工智能"的研究便应运而生(当然也有一些新的问题和分歧产生——对于它们作出结论尚为时过早).

这些方面(机器证明)我国著名数学家吴文俊做了大量开拓性的工作,取得了举世瞩目的成果,也因此荣获国家科学技术特等奖.

提到"拓扑学",人们会想到麦比乌斯带、克莱因(F. Klein)瓶(见"中篇"的例),此外人们也会想到"哈密顿游戏".

1859年,爱尔兰数学家哈密顿提出一个有趣的数学游戏(据说在当地市场上公布的):

一个旅行家打算作一次周游世界的旅行,他选择了地球上20个城市,每个城市均有三条航线与其毗邻的城市相连,试问:能否找到一条路线,使他(不重复地)游览了每一个城市后再回到他的出发点?

这个问题使不少人大伤脑筋,然而却均未能获解,哈密顿本人则是十分"巧妙地"解决了这个问题:

他先把二十个城市想象为正十二面体的二十个顶点(下图(a)),然后他又把这个正十二面体想象为橡皮绳做的,这样他将该正十二面体沿其中某个面拉开、铺平,成为一个平面图形(下图(b)).

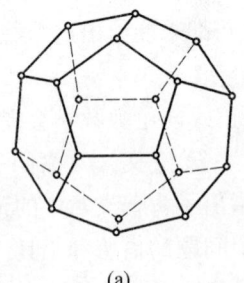 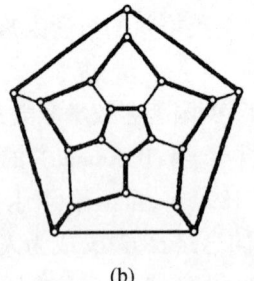

(a)　　　　　　　　　　　(b)

由此他就很容易从该平面图形中找出他所求的旅行路线(图中粗线所示,当然不止图中的一条).

这个方法也是欧拉证明七桥问题时使用过的,如前所述它后来也为"拓扑学"的研究所使用.

问题还不止于此,与周游世界相联系的另外的问题:"邮递路线问题"、"货郎担问题"(上述问题赋权或赋值后的问题)都是现在最优化理论(确切地讲是运筹学)中的热门问题,特别是货郎担问题,它是这样叙述的:

货郎要去若干个村庄售货(村与村间的路长或边的权数已知),他不仅要经过每个村庄,而且还要使他所走的总路程最短.

想不到当村庄个数 n 较大时,这个问题的复杂程度(计算量)使当今运行最快的计算机也望尘莫及.

1979年,苏联学者哈奇扬(Л.Г.Хачиян)提出与该问题有关的线性规划问题的第一个多项式算法(一个问题的算法步数的上界是输入长度的多项式函数,此算法称为多项式算法,又称其为"好"算法,否则称为"不好"或"坏"的算法.之前有人造出一个使解线性规划问题极为有效的单纯形法失效的例子(见后文),从而说明单纯形法不是"好"算法.因而寻求解线性规划问题的"好"算法曾经成为运筹学研究的重要课题)—— 椭球算法;1980年,他又将椭球算法推广到分式线性规划(分子、分母皆为线性式的分式数学规划)中,这些曾轰动了数学界 —— 尽管后来发现其中的报导有些言过其实(如美国《科学新闻》).

哈奇扬的成就在于他第一个证明了线性规划问题存在多项式算法即"好"算法(过去人们对此问题的看法是怀疑或否定的).

1984年,卡尔马卡(K.Karmarkar)又给出线性规划问题射影变换法的多项式算法.

然而实算结果又使人们感到困惑,如"为什么单纯形法不是多项式算法,但它解决具体问题又往往很有效"等问题后来陆续提出并先后被解决.

斯梅尔(C.E.Smale)证明:使单纯形法是"坏"算法的例子出现的概率是0.

1982年,博格瓦特(K.H.Borgwardt)指出:单纯形迭代次数的数学期望不高于$O(mn^4)$,这里n为变元个数,m为某常数.

1983年,斯梅尔又证得:单纯形法运算次数期望值是多项式次的.

9. 杨辉三角、二项式展开与组合论

关于二项式展开的研究,当属我国最早,人们熟知的"杨辉(贾宪)三角"便出自宋代杨辉的《详解九章算法》一书(右图),图中诸数均所谓"组合数",它们也是二项式展开的系数(杨辉还用此表用作开方运算,故又称"开方作法本源"图,又称"古法七乘方图").

国外人称此图为"帕斯卡(B.Pascal)三角",其实他的发现比我国至少要晚三百年.

关于二项式展开,牛顿在1665年给出了公式

$$(a+b)^n = a^n + C_n^1 a^{n-1} b + \cdots + C_n^{n-1} ab^{n-1} + b^n$$

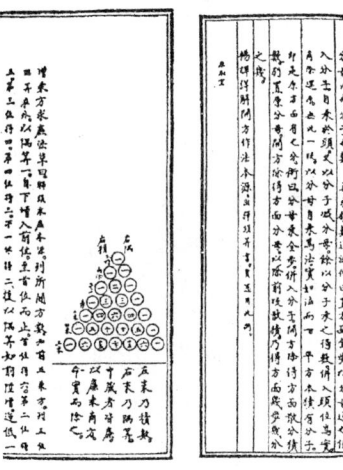

杨辉《详解九章算法》中的"开方作法本源"

接着牛顿把指数 n 推广到了分数及负数的情形(进而可推广到实数范围),这时的展开式已成为无穷级数.

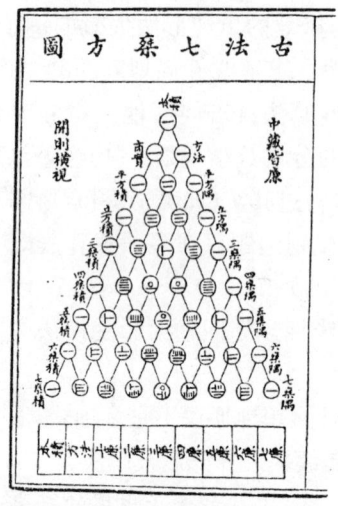

古法七乘方图

1527年出版的阿皮亚奴斯(P.Apianus)的书《Rechnung》的内封页,上面也标有数字三角形

1774年,欧拉对于推广后的二项公式给出一个不完整的证明.

1812年,高斯给出该公式的第一个完整证明.

而后,阿贝尔(N.H.Abel)又在《纯粹与应用数学杂志》上将公式推广为

$$(x+y)^r = \prod_{r=1}^{k}\binom{r}{k}x(x-kz)^{k-1}(y+kz)^{r-k}$$

其中 $x \neq 0$, r 是非负整数, $z \in \mathbf{R}$.

这里顺便提一句:1695年莱布尼茨曾类比二项式展开公式给出两函数乘积的 n 阶导数公式

$$(uv)^{(n)} = \sum_{k=0}^{n}\binom{n}{k}u^{(k)}v^{(n-k)}$$

二项式展开系数起先与组合数无关,是牛顿公式把它们联系起来(当然排列、组合问题也同概率论研究有关).电子计算机的出现,使人们对组合数计算越来越感兴趣,作为"离散数学"一个重要部分的"组合数学"的出现与发展势在必行.

提起"离散数学",我们不能不说说"抽屉原理",它形式上看似简单、容易,然而用它却能解决许多复杂问题.原理是这样叙述的:

$m+1$ 件物品放进 m 个抽屉里,则总有一个抽屉里所放物品的件数不少于2.

稍稍推广一下,即是:

$mr+1$ 件物品放进 m 个抽屉里,则总有一个抽屉里所放物品的件数不少于 $r+1$.

再加推广便是:

$q_1+q_2+\cdots+q_m+1$ 件物品放进 m 个抽屉里,不管如何放,下述 m 个事件中总有一个成立:第一个抽屉里至少有 q_1+1 件物品,第二个抽屉里至少有 q_2+1 件物品,$\cdots$,第 m 个抽屉里至少有 q_m+1 件物品.

以上这些便是"抽屉原理"及其推广形式,该原理又称狄利克雷原理.它们的证明并不难,只须用反证法考虑即可.利用它们可以解决的问题很多,有的看上去还很难,比如:

(1) 任何 367 人中必有两人的生日相同(生日问题).

(2) 任何六个人中必可选出三个人,使他们要么彼此都相识,要么彼此都不相识(六人问题).

"六人问题"也是抽屉原理的推广——图论分支中拉姆齐(P.F.Ramsey)定理的特例.这个定理的简化情形是这样的:

设有 n 个点(无三点共线),每两点间涂以红色或蓝色,这样对于任意 $q \geq 2$,只要点数 n 充分大就一定存在 q 点,使它们之间的一切连线都具有相同颜色.

当然上面命题仍然只是拉姆齐定理的简化或特殊情况,它的一般情形可以从"集合论"或"图论"两个不同角度叙述,请参阅"图论"和"离散数学"方面的论著.

10. 最速下降线、变分法

我们知道空间两点的距离以它们所联的线段长为最短,但有些时候直线不一定是最短距离.比如,光线从一种介质进入另一种介质时,它所走的路是一条折线,且满足(如图,v_1, v_2 分别为光在两种介质中的速度)

$$\sin \alpha : \sin \beta = v_1 : v_2,$$

然而它却是光的最速行线.

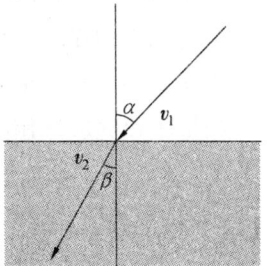

牛顿最先研究水中运动所受阻力最小的物体形状(它在今日船舶、潜艇和飞机设计中均有应用),这里涉及一类极值问题.

1696 年 6 月约翰·伯努利(Johann Bernoulli)在《数学教师》杂志上提出著名的最速下降线问题:

物体从定点 A 到 B(B 不在 A 的正下方)运动,当它沿何种曲线路径(最速下降线)运动时所需时间最少?

这之前,意大利学者伽利略(G.Ga-lileo)也曾探讨过此问题,且错误地认为这条曲线是圆弧.

伯努利、牛顿、莱布尼茨等人均给出正确解答:

最速下降线是一条上凹的悬链线.

其中伯努利的解答最富启示性,从他的解答中展示了这条最速下降线和光线在具有适当选择过的变折射率

$$\eta(x,y) = c/\sqrt{y-x}$$

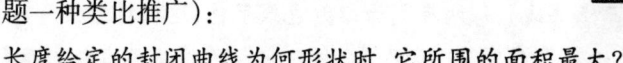

的介质中行走的路径相同(c 为光在真空的速度).

他把介质分成若干层,首先逐层讨论;然后将层数越分越细,当层数趋于无穷时的极限便是要求的答案.

这之后他又潜心于"等周问题"的研究(这是对前述问题一种类比推广):

长度给定的封闭曲线为何形状时,它所围的面积最大?

答案是圆(一般的,涉及平面区域面积 S 和周长 l 间不等式为 $4\pi S \leq l^2$. 对于 n 维空间 $\mathbf{R}^n (n \geq 2)$ 中有 $n^n v_n V^{n-1} \leq F^n$,这里 V 为某区域的体积,F 为其边界的 $n-1$ 维超曲面面积,v_n 是 n 维单位球体积,其中 $n=2$ 时证明于1882年由伊德尔(F.Edler)给出;$n=3$ 由施瓦兹(H.A.Schwarz)于1890年给出;一般的 n 的证明分别由柳斯切尼科(Л.А.Люстерник)和史密斯(E.Schmidt)于1935年和1939年给出).

伯努利的哥哥雅各布·伯努利[①]在回答上述问题时与弟弟发生争论,然而弟弟的解答错了.雅各布进而(推广地)又提出:

从定点以初速度 v 滑向定直线 l 上任何一点,何时时间最少?

答案是一条与 l 正交的悬链线.

研究上述问题所用的数学方法是相近的,这些方法后经欧拉等人的工作,写入《寻求具有某种极大或极小性质的曲线的技巧》一书中,这也使一门新的数学学科"变分法"诞生了.

---

① 伯努利是瑞士巴塞尔的一个极有威望的数学大家族,其子孙四代出了数十位颇有声望的数学家.

11. 圆环的翻转、不动点理论

一个圆形铁环,当你从地上拿起然后翻转一下放回原来位置时(注意不能转动),圆环上至少有一点在原来的位置上——它叫不动点.

当球面绕球心的任一转动时,球面上至少有一个不动点.

两张同样的地图,当你把其中的一张揉皱后放在另一张(铺平的)地图上时,两张地图至少有一个点所代表的地区重合,它也是一个不动点.

数学家把它们抽象概括为:若 $f(x)$ 表示一点 x 在某种变换(映射)下的像点,则称满足 $f(x) = x$ 的点 x 为不动点.

例如,映射 $f(x) = x^2 - x + 1$,则称满足 $x^2 - x + 1 = x$ 的点为映射或变换 $f(x)$ 下的不动点(即 $x = 1$).

鉴于上述思想,早在 20 世纪初,荷兰数学家布劳威尔(L.E.J.Brouwer)就以《曲面上一一对一的映为自身的连续映射》为题,发表了一系列论文,创立了不动点理论:

n 维单形到它自身的连续映射,至少有一个不动点.

对于 3 维的情形可述如:球体到自身的连续映射 $f:B \to B$,必有不动点,即 B 中定有一点 x 使 $f(x) = x$.

赫希(M.Hirsch)利用反证法给出这个定理的一个简洁证明.证明大意为(反证法):

假设上述映射没有不动点,即 $f(x)$ 和 x 总不重合,那么从 $f(x)$ 可以画唯一的射线经过 x,到达球体的边界 S 上的一点 $g(x)$.

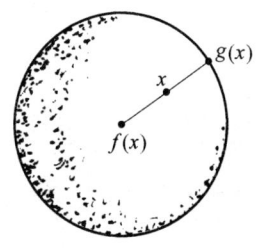

这样就可以得到从球体 B 到其边界(球面)S 的一个连续映射 $g:B \to S$.

但这不可能,因为数学家早先已经证得了一个与几何直观相当吻合的事实:

球体 B 只要不撕破(裂),就不可能收缩为它的边界(球面)S.

但连续映射是不允许撕裂的,故 B 中没有不动点的假设不成立,从而 B 中一定有点 x 使 $f(x) = x$.

不动点定理曾震动了整个数学界,它的假设甚少,可结论却十分明确、内涵十分丰富,因而它在数学中的应用也越来越广泛.

数学上把一些方程求解问题化为求映射不动点,且可用逐次逼近法来求解.这是代数方程、微分方程以及计算数学中一个十分重要的方法.

此外,它还广泛应用在物理、力学乃至经济学等的研究上.

其实早在18世纪,达朗贝尔(J.L.K.D'Alembert)就证明:刚体绕定点的任一运动,均可由它绕通过定点的某轴线所作的一转动而得到(这是不动点思想在运动学中的表现).

1923年,美国数学家莱夫谢茨(S.Lefschtz)继续了不动点理论的研究,发现了更深刻的不动点定理.1927年,丹麦数学家尼尔森(N.Nielsen)又开创了不动点类理论的研究.

12. 孪生质数

在质数研究(这是一个古老而又颇具生命力的话题)中,人们又发现了$(3,5),(5,7),(11,13),(17,19),\cdots$,这类相差为2的相继出现的质数对,人称"孪生质数".

1894年,波林那克(Bolingnak)曾猜测:

孪生质数有无穷多对.

这是一个至今尚未获证的问题.

300以内的孪生质数对

(3,5)	(5,7)	(11,13)	(17,19)	(29,31)
(41,43)	(59,61)	(71,73)	(101,103)	(107,109)
(137,139)	(149,151)	(179,181)	(191,193)	(197,199)
(227,229)	(239,241)	(269,271)	(281,283)	

孪生质数极为稀少,这一点可从1919年布朗(G.Brown)证明的结论

$$\sum_{质数p为孪生} \frac{1}{p} = \left(\frac{1}{3}+\frac{1}{5}\right) + \left(\frac{1}{5}+\frac{1}{7}\right) + \left(\frac{1}{9}+\frac{1}{11}\right) + \cdots = 1.9021\cdots$$

中看到(注意:级数$\sum_p \frac{1}{p}$当p遍历质数时发散).

人们经过实算后发现:

10^5以内有1224对孪生质数;

10^6以内有8164对孪生质数;

3.3×10^7以内有152892对孪生质数;

10^{10}内有17412679对孪生质数.

1959年,莱默(D.H.Lehmer)和里塞尔(H.Riesel)分别独立地给出一对大孪生质数:$9 \times 2^{211} \pm 1$.

而后,克拉达尔(R.E.Crandall)和潘克(M.A.Penk)给出更大的 5 对,它们的位数分别是 64,136,154,203 和 303.

1978 年,维利亚斯(H.C.Williams)给出孪生质数:$156 \times 2^{202} \pm 1$.

同年,拜里叶(Baillie)找到 $297 \times 2^{546} \pm 1$.

到 1979 年人们发现的最大孪生素数有 703 位,它们是

$$694503810 \times 2^{2304} \pm 1, 1159142985 \times 2^{2304} \pm 1$$

(由亚特金(A.O.L.Alkin)和里凯特(N.W.Rickert)共同发现)

1990 年帕拉德(B.K.Parady)找到三对更大的孪生素数,它们分别是

$$663777 \times 2^{7650} \pm 1, 571305 \times 2^{7701} \pm 1, 1706595 \times 2^{11235} \pm 1$$

1993 年迪布奈尔(H.Dubner)宣布了他的新发现,他也找到一对有 4030 位的孪生质数

$$2^{4025} \times 3 \times 5^{4020} \times 7 \times 11 \times 13 \times 79 \times 223 \pm 1$$

即
$$1692923232 \times 10^{4020} \pm 1$$

1998 年,1999 年和 2002 年又分别将记录改写为

$$835335 \times 2^{39014} \pm 1 \quad (11751\text{ 位})$$

$$361700055 \times 2^{39020} \pm 1 \quad (11755\text{ 位})$$

$$2409110779845 \times 2^{60000} \pm 1 \quad (18072\text{ 位})$$

而最新的纪录(至 2006 年底)是

$$4648619711505 \times 2^{60000} \pm 1$$

人们将"孪生"概念推广,便有所谓三生、四生等质数问题.此外,人们还研究了下面质数分布问题(显然是对孪生质数概念的推广):

(1) 质数算术数列(级数)

仅由质数组成的算术数列(级数)最多有多少项?有人认为这个项数可为任意大.但它至 2006 年以前一直未解决.

更一般的情形,爱尔特希猜测:

若 $\{a_n\}$ 为任意的整数无穷序列,且 $\sum \dfrac{1}{a_n}$ 发散,则该序列包含项数任意多的算术数列.

高里波夫(V.A.Golubev)等人给出了项数为 12~21 的质数算术数列,具体

资料或数据见下表.

某些质数算术数列

项数 n	首项 a	公差 d	发现者	时间
12	166601	11550	E. Karst	1967
	110437	13860		
	152947	13860		
	23143	30030	V. A. Golubev	1958
	1498141	30030	E. Karst	1968
	188677831	30030	S. C. Root	1969
	805344823	30030		
	409027	90090	W. N. Seredinskii	1966
	802951	90090	E. Karst	1969
	862397	90090		
13	4943	60060	W. N. Seredinskii	1965
	766439	510510		
14	46883579	2462460		
15	115453391	4144140		
16	53297929	9699690		
	2236133941	223092870	S. C. Root	1969
17	3430751869	87297210	S. Weintraub	1977
18	4808316343	717777060		
19	8297644387	4180566390		
20	214861583621	18846497670		
21	5749146449311	26004868890		

2006 年前后,年青的澳籍华裔数学家、菲尔兹数学奖得主陶轩哲证明了:
存在任意长度(项数)的算术(等差)素(质)数列.
此结论令人惊叹和震撼!

(2) 相继质数算术数列

人们研究发现:在素数中,有相继质数组成的质数算术数列,比如,587,593,599(公差为 6) 等.

有人猜想:由三个相继质数组成的算术数列有无限多个.

肖夫拉(S. Chowla)指出在不限制"相继"条件下结论真.

此后人们又找到项数为 4 的相继质数算术数列

$$251, 257, 263, 269 \text{(公差为 6)}$$

$$1741, 1747, 1753, 1759 \text{(公差为 6)}$$

琼斯(M.Jones)于 1967 年找到由 5 个相继质数组成的算术数列

$$10^{10} + 24493 + 30k, \quad k = 0, 1, 2, 3, 4$$

同年,兰德尔(L.J.Lander)和帕金(T.R.Parkin)也找到了项数为 5 的相继质数算术数列

$$9843019 + 30k, \quad k = 0, 1, 2, 3, 4$$

且证明它是此类数列中数值最小的一组.另外他还指出:

在 3×10^8 以内的整数中,项数为 5 的相继质数算术数列还有 25 组.

同时他还找到了项数为 6 的相继质数算术数列

$$121174811 + 30k, \quad k = 0, 1, 2, 3, 4, 5$$

(3) 库宁海姆(Cunningham)链

库宁海姆链是指形如 $\{a_{k+1} = 2a_k + 1\}$ 的数列中质数链,它与质数判定方法有关.1965 年,莱默找到三条项数为 7 的库宁海姆链:

1122659, 2245319, 4490639, 8981279, 17962559, 35925119, 71850239;

2164229, 4328459, 8656919, 17313839, 34627679, 69255359, 138510719;

2329469, 4658939, 9317879, 18635759, 37271519, 74543039, 149086079.

莱默还找到首项为 10257809 和 10309889 长度为 7 的另外两条.

人们猜测:不存在项数为 8 的这种质数链(莱默估计,倘若它存在,其首项至少在 10^9 附近).

此外,有人还对库宁海姆链作了推广:

若 p_0 为不等于 5 的奇质数,数列 $\{p_{n+1} = 2p_n \pm p_0\}$ 中的质数链称为广义库宁海姆链.人们猜测:

对于 $\{C_n^+\} = \{p_{n+1} = 2p_n + p_0\}$ 中质数链长,多数不大于 7;

对于 $\{C_n^-\} = \{p_{n+1} = 2p_n - p_0\}$ 中质数链长,一般亦不大于 7.

2002 年,徐百顺找到的长是 9 的 $\{C_n^-\}$ 链.

在 1~99991 的 9592 个质数中,$\{p_{n+1} = 2p_n - p_0\}$ 型的链长为 7 的有 5 条,其中一条为:283, 563, 1123, 2743, 4483, 8913, 17923(这里 $p_0 = 3$).而链长为 9 的仅有 1 条,它是:41, 71, 131, 251, 491, 971, 1931, 3851, 7691(这里 $p_0 = 11$).

继而有人又猜测:在上述形式的质数链中,链长不超过 9.(详见文献[128])

13. 分数维几何(分形)

这个问题我们已在本书的引言中谈及过,这里再花费点笔墨介绍它.

大千世界,造化无穷,千姿百态,传统几何所描绘的平直、正则、光滑的曲线,在自然界可谓鲜有.无论是起伏跌宕的地貌,弯曲迂回的河流,还是参差不齐的海岸、光怪陆离的山川;无论是袅袅升腾的炊烟,变幻飘忽的白云,还是杂乱无章的粉尘,无规则运动的分子、原子……刻画所有这一切,传统几何已无能为力,人们需要新的数学工具.

微积分发明之后,数学家们为了某种目的(如构造连续但不可微函数、周长无穷而所围面积为零的曲线等)而臆造的曲线,长期以来一直被视为数学中的"怪胎".然而,这一切却被某些慧眼识金的数学家看做珍稀(因而从某些角度考虑它们又被看成数学中的"美"),经过加工、提炼、抽象、概括而创立了一个新的数学分支 —— 分形.

(1) 海岸线长

20 世纪 60 年代,英国《科学》杂志刊载美籍立陶宛裔数学家曼德布罗特的文章《英国海岸线有多长?》这个看似不成问题的问题,却让人们大吃一惊:人们除了能给出如何估算的方法性描述外,却得不出肯定的答案 —— 海岸线长会随着度量标度(或步长)的变化而变化.气象学家理查森在绘制英国地图时率先发现这一点:海岸线随比例在变小或变长.

因为人们在测量海岸线长时,总是先假定一个标度,然后用它沿海岸线步测一周得到一个多边形,其周长可视为海岸线的近似值.

显然,由于标度选取的不同,海岸线数值不一,且标度越小(细密),海岸线长数值越大.确切地讲,当标度趋向于 0 时,海岸线长并不趋向于某个确定的值.

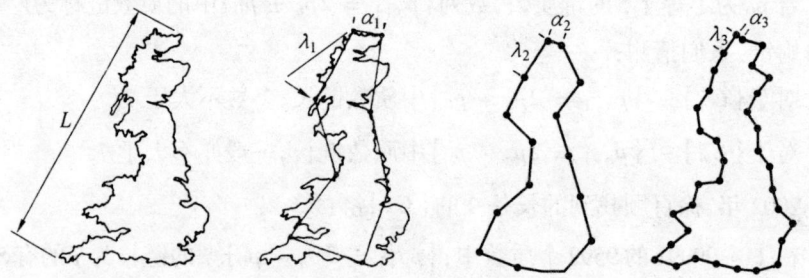

其实,在数学中这类问题许多年前已为人们所研究.

(2) 柯赫曲线

人们常用"雪飞六出"来描述雪花的形状,其实雪花并不只是六角星形,这是由于它们在结晶过程中所处环境不同而致.

仔细观察六角雪花会发现它并非呈一个简单的六角星形,用放大镜去看,形如下图.

1906年,数学家柯赫在研究构造连续而不可微函数时,提出了如何构造能够描述雪花的曲线 —— 柯赫曲线.

将一条线段去掉其中间的1/3,而用等边三角形两条边(它的长为所给线段长的1/3)去代替.不断重复上述步骤可得所谓的柯赫曲线.

如果将所给线段换成一个等边三角形,然后在等边三角形每条边上实施上述变换,便可得到柯赫雪花图案.

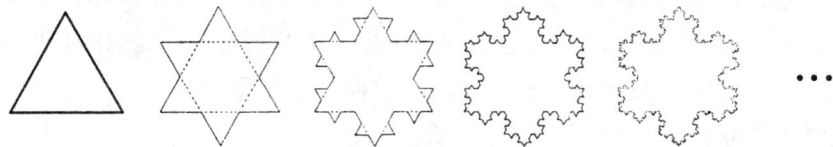

这是一个极有特色的图形.设原正三角形边长为 a,可算出上面每步变换后的柯赫(曲线)雪花的周长和它所围的面积分别是

$$3a, \frac{4}{3} \cdot 3a, \left(\frac{4}{3}\right)^2 \cdot 3a, \cdots \to \infty$$

$$S_0 = \frac{\sqrt{3}}{4}a^2, S_0 + \frac{1}{3}S_0, S_0 + \frac{1}{3}S_0 + \frac{1}{3}\left(\frac{4}{9}\right)S_0, \cdots \to$$

$$(由无穷级数计算) \frac{8}{5}S_0 = \frac{2}{5}\sqrt{3}a^2$$

这就是说,柯赫雪花不断实施变换"加密",其周长趋于无穷大,而其面积却趋于定值.

(3) 康托尔粉尘集

其实,数学中产生上述怪异现象的例子由来已久,集合论的创始人康托尔为了讨论三角级数的唯一性问题,于1872年曾构造了一个奇异的集合——康托尔(粉尘)集.

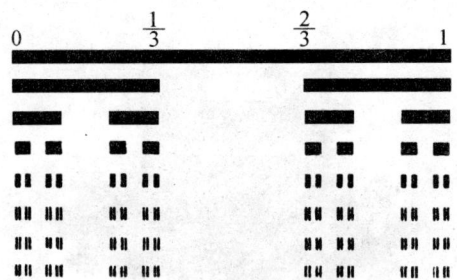

将一个长度为1的线段三等分,然后去掉其中间的一段;再将剩下的两段分别三等分后,各去掉中间一段;如此下去,将得到一些离散的细微线段的集合——康托尔集:

这个集合的几何性质难以用传统术语描述,它既不是满足某些简单条件的点的轨迹,也不是任何简单方程的解集.

康托尔集是一个不可数的无穷集合.它的大小用通常的测度或长度来度量已不适宜,而用合理定义的长度去度量它时,其长度总和为0.

(4) 皮亚诺曲线

在我们通常的认识中,点是0维的、直线是1维的、平面是2维的、空间是3维的……(这实际上是由确定它们的最少坐标个数而定).但是,1890年,意大利数学兼逻辑学家皮亚诺却构造了能够填满整个平面的曲线——皮亚诺曲线,具体的构造不难从下面的图示中看出.

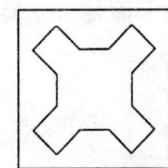 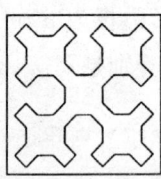 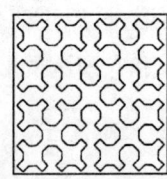 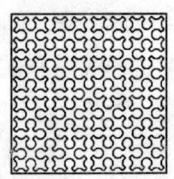 ...

这显然也是一条"怪异"的曲线:它是一条曲线(故面积为0)但却可以填满一个正方形(显然面积不为0).

(5) 谢尔品斯基衬垫和地毯

1915年,波兰数学家谢尔品斯基制造出两件绝妙的"艺术品"——衬垫和地毯.

把一个正三角均分成四个小正三角形,挖去其中间一个,然后在剩下的三个小正三角形中分别再挖去一各自四等分时的中间一个小正三角形.如此下去可得到谢尔品斯基衬垫.

容易看到,无论重复多少步总剩下一些小的正三角形,而这些小正三角形的周长越来越大而趋于无穷,它们的面积和却趋于0.

从某种意义上讲,上述衬垫也可视为康托尔粉尘集在二维空间的推广.

此外,谢尔品斯基还用类似的方法构造了谢尔品斯基地毯.

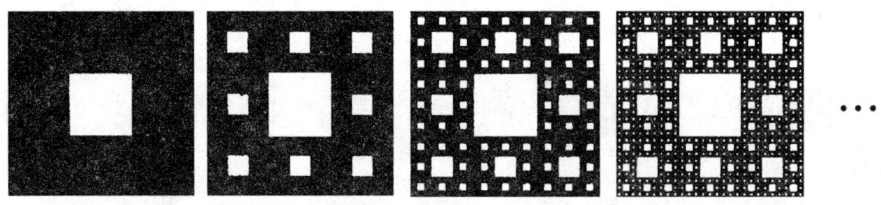

将一个正方形九等分,然后挖去其中间的一个;再将剩下的八个小正方形各自九等分后分别挖去其中间的一个小正方形;重复上面的步骤,由此得到的图形(集合)称为谢尔品斯基地毯.同样,它的面积趋向于0,而周边长度趋向于无穷.

(6) 谢尔品斯基海绵

谢尔品斯基还将它的杰作推向了3维空间.

将一个正方体每个面九等分,然后将正方体沿此裁分,这样它被等分成27个小正方体,挖去体心与面心处的7个小正方形;然后对剩下的20个小正方体中的每一个实施上述操作,如此下去……

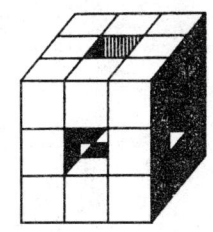 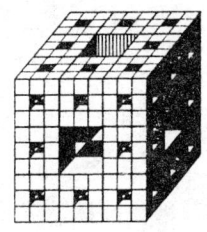 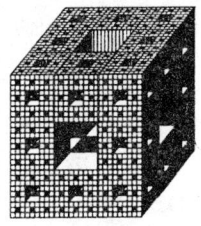

人们把这个"千窗百孔"的正方体(它正像日常生活中见到的海绵)称为谢尔品斯基海绵,它的表面积趋向于无穷大,而它的体积趋向于0.

(7) 阿波罗尼斯圆垫

我们再来看看所谓阿波罗尼斯(Apollonian)圆垫:三圆彼此相切,挖去三圆,留下部分生成一个曲边三角形.在该曲边三角形内作一圆与三大圆都相切,挖去新作的圆,这样又可得到三个小曲边三角形,再在每个小曲边三角形内作圆,使其与每个小曲边三角形的三圆都相切,挖去新作的圆.重复上述步骤,如此下去,便产生一个阿波罗尼斯圆垫.

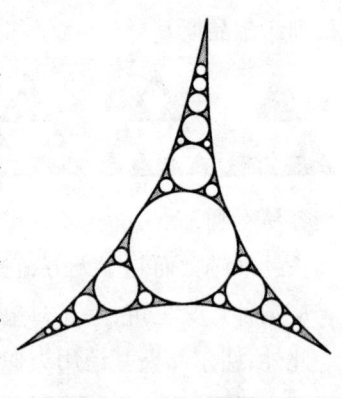

不在所有这些圆内部的点(即挖去一个个圆后大曲边三角形剩下的部分)形成一个面积为 0 的集合,它的测度多于一条直线,但少于一张平面.

(8) 分数维

以上我们已经罗列了数学中种种病态"怪物",你也许除了惊异外不会想到它们的另一面,即共性的一面,如果你把握了它们,或许会孕育着新概念的产生.

20 世纪 70 年代中期,曼德布罗特在《自然界的分形几何》一书中率先提出挑战,是他第一次完整地给出"分形"及"分数维"的概念(后者最早由豪斯道夫(F. Hausdorff))于 1919 年提出,他认为空间维数可以连续变化,不仅可以是整数,也可以是分数),同时提出分数维数的定义和算法,这便诞生了一门新的数学分支——分形几何.

如前所述,我们通常把能够确切描述物体的坐标个数称为维数,如点是 0 维的、直线是 1 维的、平面是 2 维的……

那么,分数维数如何定义呢?我们以柯赫曲线为例说明,这里主要介绍与分形关系较密切但最易理解的所谓相似维数(前文已有介绍).粗略地讲:若某图形是由 a^D 个全部缩小至 $1/a$ 的相似图形组成的,则 D 被称为相似维数.

设经过 n 步变换的柯赫曲线的每条长为 $\delta = \left(\dfrac{1}{3}\right)^n$,故 $n = -\dfrac{\ln \delta}{\ln 3}$,而此时曲线总长为 $N(\delta) = 4^n = 4^{-\ln 4/\ln 3}$. 这样

$$\ln N(\delta) = -\dfrac{\ln \delta}{\ln 3} \ln 4 = -\dfrac{\ln 4}{\ln 3} \ln \delta = \ln \delta^{-\ln 4/\ln 3} = \ln \delta^{-D}$$

从而,$D = \dfrac{\ln 4}{\ln 3} \approx 1.2619$ 称为柯赫的曲线维数.

大致地讲,若 k 为图形放大倍数,而 l 为(线性)边长(或称独立方向)放大倍数,则 $D = \dfrac{\ln k}{\ln l}$.

人们熟知:对于任何一个有确定维数的几何体,若用与之相同维数的"尺子"去度量可得一个确定的数值;若用低于它维数的"尺子"去度量,结果为 ∞;若用高于它维数的"尺子"去度量,结果为 0. 这样用普通的标尺去度量海岸线

显然不妥了(海岸线的维数大于 1 而小于 2).

仿上我们可计算出前述诸图形(集合)的维数.

曲线	康托尔粉尘	柯赫曲线	皮亚诺曲线	谢尔品斯基衬垫	谢尔品斯基地毯	谢尔品斯基海绵	阿波罗尼斯圆垫
维数	0.6309	1.2619	2	1.5850	1.8928	2.7268	约 1.3

从上表易想象出,维数 1~2 的曲线维数表示它们的弯曲程度和能填满平面的能力;而 2~3 维曲面维数表示它们的复杂程度和能填满空间的能力.

另外,分数维数显然也是对传统几何图形维数的一种推广.

分形从创立到现在不长的时期里已展示出其美妙、广阔的前景,它在数学、物理、天文、生化、地理、医学、气象、材料乃至经济学等诸多领域均有广泛应用,且取得了异乎寻常的成功,它的诞生使人们能从全新的视角去了解自然和社会,从而成为当今最有吸引力的科学研究领域之一.

1993 年,以曼德布罗特为名誉主编的杂志《分形》创刊,这无疑会对该学科发展起到推波助澜的积极作用.

14. 模糊数学

这个问题我们在本书引言中已有介绍,这里不再赘述.

我们想强调的是:它的诞生背景是将仅取 0 或 1 的二值逻辑向取值为区间 [0,1] 的自然推广.

15. 连续统假设

这个问题我们也已介绍过,它的产生背景无非也是类比于整数向分数的推广,而试图寻找基数(或势)$\aleph_0$ 与 $\aleph_1$ 之间有无其他集合的基数(或势).这一点我们在后文还将介绍.

当然,从某种意义上看,连续统假设是在将无穷大按另一种分类时遇到的难题,然而就其出现的缘由来讲,依然是"数"概念推广的一种类比必然.当然它的背景要复杂得多,它的内涵也丰富得多.

在微积分中,无穷大的级是按"阶"划分的,这当然也是一种比较,然而在集合论中,这个无穷大被视为某种集合的势或基数,显然这要广泛得多、抽象得多.

集合论的产生、发展(前文已述,详见后文)与几何学的诞生、发展历程有着惊人的相似,这些你只需从下表开列的内容即可清楚地看到(这也说明数学分支间原本的内在联系,它也为我们发现、创造数学提供了清晰的脉络和极好的机会).

几何学中发现者	发展阶段(历程)	集合论中发现者
奈利斯(Nenlis) 毕达哥拉斯	首批定理的直觉基础 ⇓	康托
芝诺(Zeno)	发现悖论 ⇓	罗素(B.A.W.Russell)
欧多克斯(Eudoxus) 欧几里得	标准理论的公理化基础 ⇓	策墨略(E.zermelo) 弗兰克
笛卡儿 希尔伯特	证明标准理相对一致 ⇓	哥德尔(K.Gödel)
高斯、黎曼	发现几何非标准理论 (理论统一) ⇓	近期一些学者
闵可夫斯基 爱因斯坦	应用非标准理论 ⇓	?
⋮	⋮	⋮

例子我们先举到这里,从这些事实中,我们已经看到推广在数学发展上的作用,我们再简单地回顾一下其中的某些问题(用图表示,其中"→"表示推广、类比等含义):

(1) 多角形数问题

(2) 方程问题

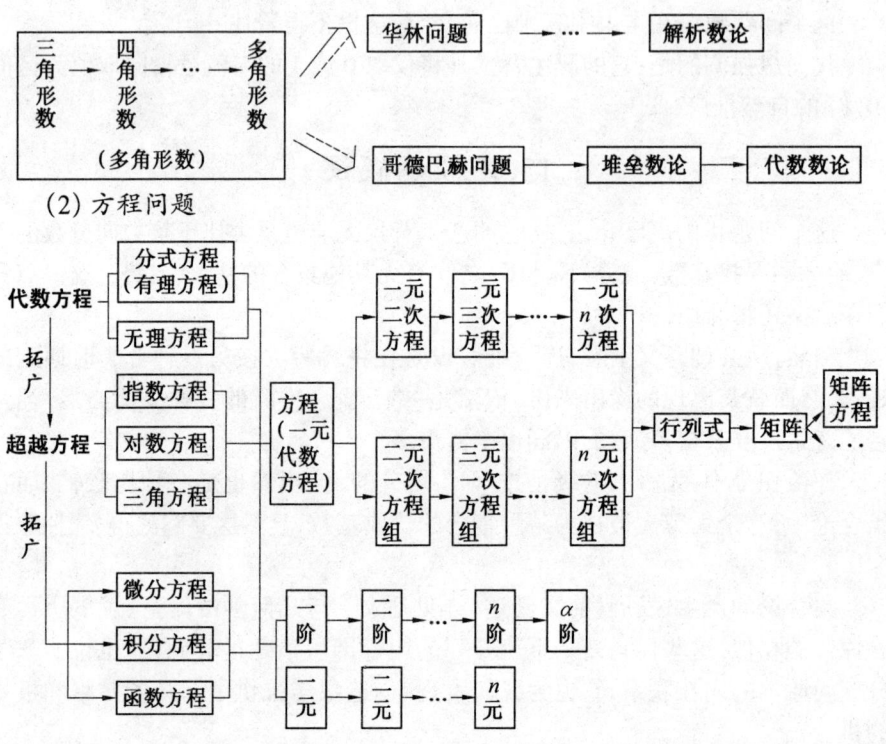

数学的创造

50

(3) 微积分

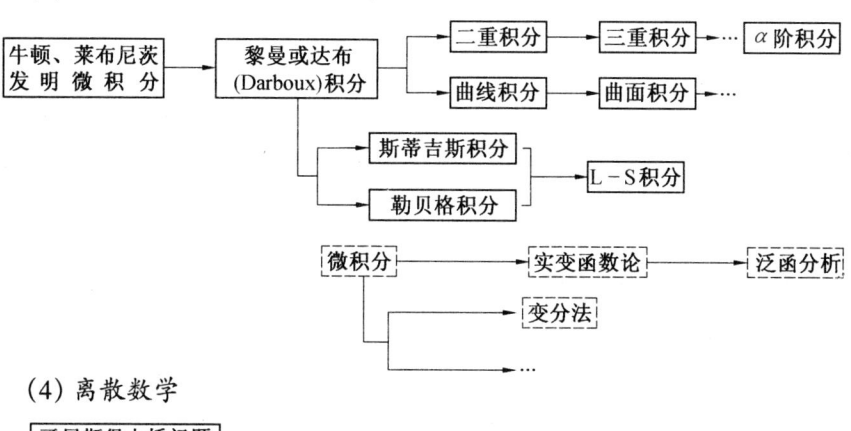

(4) 离散数学

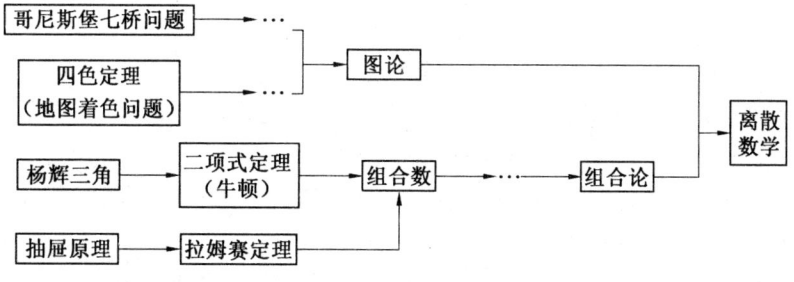

(5) 分形、连续统假设、模糊数学

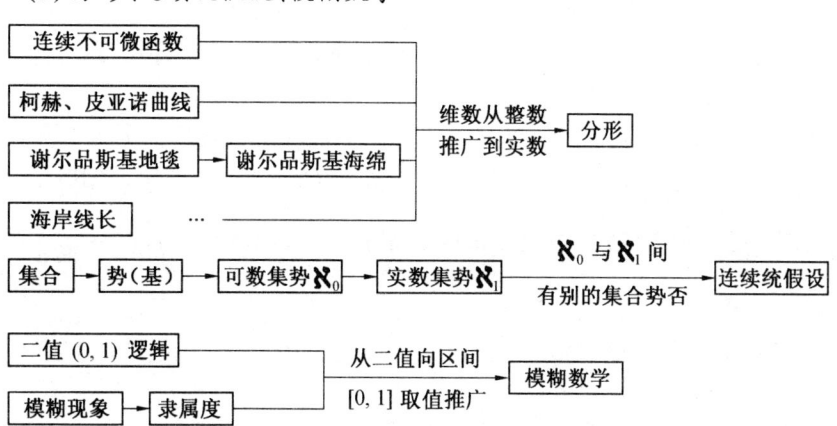

当然,这些事实的回顾使我们想到,推广在数学发展中的作用模式,可用下面的图概括.

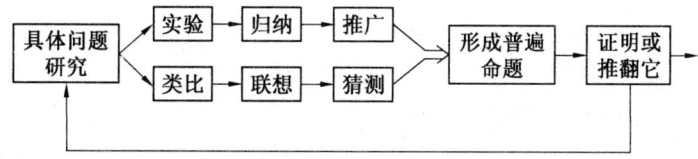

二、即使推广失败了

推广常常是通过不完全归纳法去猜测或估计后,再通过严格证明而完成的,因而有些推广的猜测往往不成立. 即便如此,这有时也会给我们带来另一些课题、另一些机会、另一些发现.

我们先来看两个简单的例子.

例1 一个质数的猜想. 注意下面等式

$$3! - 2! + 1! = 5$$
$$4! - 3! + 2! - 1! = 19$$
$$5! - 4! + 3! - 2! + 1! = 101$$
$$6! - 5! + 4! - 3! + 2! - 1! = 619$$
$$\vdots$$

算到这里你会发现:上面式右诸数均为质数,而式左均呈现一定规则,即

$$m! - (m-1)! + (m-2)! - \cdots + (-1)^{m+1} \cdot 1!$$

一个自然的猜想是,上面的规律能否推广到任何正整数的情形?

实算的结果却令人失望,当 $m = 7,8$ 时,它们仍为质数,但当 $m = 9$ 时它的值为 326981,这个数可分解为 79×4139,显然它已不再是质数(直到 $m = 10$ 和 19 时,它方又给出两个质数 3301819 和 15578717622022981).

但接下来人们又转向 $n! + 1$ 这类数中的质数问题研究. 有人问:

$n! + 1$ 中的质数是否有无穷多个?

当 $n \leqslant 230$ 时,n 为 $1,2,3,11,27,37,41,73,77,116$ 和 154 时,$n! + 1$ 是质数. 其他情况不详($n!$ 的计算会随 n 的增大而变得越来越困难,即便是用电子计算机来完成. 请记住斯特林(J. Stirling) 公式:$n! \approx \sqrt{2n\pi}\left(\dfrac{n}{e}\right)^n\left(1 + \dfrac{1}{12n}\right)$,当 $n \gg 1$ 时).

接下来人们又在探索 $n! - 1$ 及 $1 + \prod\limits_{k=1}^{n} p_k$ (p_k 为质数) 中的质数个数问题.

人们验证了当 $p_n = 2,3,5,7,11,31,379,1019$ 和 1021 时,$1 + \prod\limits_{k=1}^{n} p_k$ 是质数,其他情形见后文.

爱尔特希又曾问道:是否存在无穷多个质数 p,使得对于每个自然数 k(这里 $1 \leqslant k! < p$)均有 $p - k!$ 是合数?

由之引发人们对与阶乘有关的质数的研究.

例2 一个不等式的推广猜测.

我们知道 $|a + b| \leqslant |a| + |b|$,因而 $|a| + |b| - |a + b| \geqslant 0$. 注意到

$$(|a|+|b|-|a+b|)(|c|-|a+b|+|a+b+c|)+$$
$$(|b|+|c|-|b+c|)(|a|-|b+c|+|a+b+c|)+$$
$$(|c|+|a|-|c+a|)(|b|-|c+a|+|a+b+c|)=$$
$$(|a|+|b|+|c|-|a+b|-|b+c|-|c+a|+$$
$$|a+b+c|)(|a|+|b|+|c|+|a+b+c|)$$

注意到上式式左 $\geqslant 0$,从而可有

$$|a|+|b|+|c|-|a+b|-|b+c|-|c+a|+|a+b+c| \geqslant 0$$

这显然是把开头的不等式从两个变元推广到了三个变元的情形. 变元个数能否往下再推广?遗憾的是 $n \geqslant 4$ 时,下面的结论却不成立

$$\sum_{i=1}^{n}|a_i|-\sum_{i<j}|a_i+a_j|+\sum_{i<j<k}|a_i+a_j+a_k|-\cdots+$$
$$(-1)^{n-1}|a_1+a_2+\cdots+a_n| \geqslant 0$$

后面的例子也许更为精彩,它出自微积分的发明者之一莱布尼茨.

例3 德国数学家莱布尼茨证明了:对任何自然数 n 皆有

$$3\mid(n^3-n),\quad 5\mid(n^5-n),\quad 7\mid(n^7-n)$$

这里"|"表示整除. 由此他便将此结论加以推广:

对任何奇数 k 和正整数 n,均有 $k\mid(n^k-n)$.

但不久他又发现:$2^9-2=510$,而 9 却不能整除 510,从而否定了自己的结论.

类似的例子我们后面还会看到. 有一点这里想强调一下:举反例是推翻命题的强有力手段!这即是说:我们不仅要善于将命题推广,同时也要注意(特别是某些结论未经证实时)使它不成立的反例(也即为检验推广能否成立的重要手段). 反例的构造极富有技巧性和创造性,举反例有时也是一件很困难的事. 反例往往是一些极端的情形,但有时也有例外,这一点我们后文还要详述.

当然还有许多许多推广(包括某些猜想)问题,人们既未能证明它,也没有反例去推翻它,这类例子是屡见不鲜的. 诸如著名的孪生质数(相差为 2 的质数)猜想(见前文)、$3x+1$ 问题(见后文)、哥德巴赫猜想(大于 4 的偶数均可表为两个奇质数之和)等.

当然,这里我们想说的不是这些,我们要指出的是:即使推广失败了,有时也会给数学的发展带来机会、课题、希望或提供线索,甚至促进数学的发展.

我们来看几个这方面的问题.

1. 费马数

法国的那位喜欢在书的空白处记下自己发现的业余数学家费马(P. de Fermat),一生有过许多著名的发现和猜想(它们大都是由归纳、猜测、推广而得

到的),比如他验证了当 $n = 0,1,2,3,4$ 时 $2^{2^n} + 1$ 的值分别为 $3,5,17,257,65537$,它们均为质数. 费马便猜测到:

对任何自然数 n,数 $F_n = 2^{2^n} + 1$ 均为质数.

而后,欧拉(1732年)首先发现:$n = 5$ 时,$F_5 = 2^{2^5} + 1 = 641 \times 6700417$ 已不再是质数,这便推翻了费马的猜测.

然而问题并没有结束,人们又在想:$n = 6,7,\cdots$ 时,F_n 是质数还是合数?

进而人们又问:在费马数中是否有无穷多个质数?又是否有无穷多个合数? 这些请见本书"中篇"里的例子.

顺便说一句:德国数学家高斯曾给出了利用尺规作正十七边形的方法(17是一个费马质数),后来他又潜心于正多边形的尺规作图问题研究,并且证明了下面的结论(他是将"几何问题"化为"代数问题",即求 $x^n - 1 = 0$ 的根而着手研究的):

若 F_n 是质数,则正 F_n(包括 F_n 的 2^k 倍及 $2^k F_1 F_2 \cdots F_n$,这里 $F_1, F_2, \cdots, F_n$ 皆为费马质数)边形可用尺规作出.

更为有趣的是,利用递推式(可用数学归纳法证明)

$$\prod_{k=0}^{n-1} F_k = F_n - 2, \quad n \geq 1$$

可以证明"质数有无穷多个",这是因为 F_m 和 $F_n (m \neq n)$ 两两互质(素). 事实上,设 r 是 F_m 和 F_n 的因子$(m < n)$,则 $r | 2$,从而 $r = 1$ 或 2,但 $r = 2$ 不可能,因 F_n 均为奇数.

此外,F_n 还与所谓海伦(Heron)三角形(边长为连续整数且面积亦为整数的三角形. 后来人们将边长与面积皆为整数的三角形亦称为海伦三角形) 有关:

若 $a \leq b \leq c$ 为海伦三角形的三条边,且 a,b,c 均为素数幂,则 $(a,b,c) = (3,4,5)$ 或 $(8,5,5)$ 或 $(F_m, F_m, 4(F_{m-1} - 1))$,这里 F_m 为质数,$m \geq 2$.

2. 梅森质数

梅森,法国业余数学家,原是一位天主教米尼玛派教士,但他酷爱数学,因而数学成了他的第一业余爱好. 他一生编辑出版了不少数学著述,且与当时不少数学家保持通信联系,被誉为有定期数学杂志之前的数学信息交流站. 他的著名发现是由研究质数表达式而引起的.

1644年(即在他逝世前四年),他向世人宣称(发表于1644年出版的《物理学与数学的深思》又译《物理数学随感》一书,此前他曾与友人讨论过该问题):

当 $p = 2,3,5,7,13,17,19,31,67,127,257$ 时,$2^p - 1$ 是质数(下记 M_p,且称

它们为梅森数,其中质数称梅森质数).

显然,若 n 是合数,则 2^n-1 亦是合数;反之,若 n 是质数,则 2^n-1 未必是质数.

当人们真的认真核验后,发现梅森上述结论有误(据称,梅森本人仅验算了前七个).

1903 年,科尔(F.N.Cole)发现 $p=67$ 时,M_{67} 不是质数,这是他在一次科学报告会上披露的,他仅算出 $2^{67}-1$ 的值和它的分解式

$$193707721 \times 761838257287$$

便赢得经久不息的掌声,因为他发现了梅森的一个错误(此前人们对此似乎笃信不疑).此后,人们却发现 $p=61$ 时,即 M_{61} 是质数(梅森漏掉了).

1911 年,鲍维尔(R.E.Power)又发现 M_{89} 是质数.三年后他又发现 M_{107} 亦为质数.

1922 年,克莱希克(M.Kraitchik)指出 M_{257} 不是质数.这件事曾在波兰数学家斯坦因豪斯(H.D.Steinhaus)于 20 世纪 50 年代出版的名著《数学一瞥》中这样论述(极富挑战性):

78 位数 $2^{257}-1=231584178474632390847141970017375815706539969331281128078915168015826259279871$ 是合数,可以证明它有因子,尽管人们尚未找到它.

另一个梅森数 $2^{251}-1$ 的分解,直到 1984 年初才由美国桑迪国家实验室的科学家们完成,它的因子是:27271151,178230287214063289511,6167688219869525750136,1207039617824989303969681.

这样,梅森质数应修正为:$p=2,3,5,7,13,17,19,31,61,89,107,127$ 时,$M_p=2^p-1$ 是质数(共 12 个).

$p=2,3,5,7,13,17,19,31$ 时,M_p 是质数的证明(核验)由数学大师欧拉于 1775 年完成.而 M_{127} 是质数的验证则由法国数学家鲁卡斯(Anatole Lucas)实现,它有 39 位,其值为:170141183460469231731687303715884105727.

在计算机出现之前,验算梅森质数是一项十分艰苦的工作,仅凭手算,人们难免会有差错.当电子计算机出现之后,情况得以好转,同时它也为人们寻找梅森质数带来方便与希望.

1953 年 6 月,美国国家标准局的数学家鲁滨逊(Robinson)等利用 SWAC 计算机一举找出五个新的梅森质数:$M_{521},M_{607},M_{1279},M_{2203},M_{2281}$.

此后的几十年间,即截至 2005 年,人们利用大型电子计算机先后找到 25 个梅森质数.至此总共找到 42 个梅森质数,其发现时间及发现者资料见下表.

编号	年份	发现数者	p 值	M_p 位数
18	1957	H. Riesel	3217	969
19	1961	A. Hurwitz	4253	—
20	1961	同　上	4423	1332
21	1963	D. B. Gillies	9689	—
22	1963	同　上	9941	—
23	1963	同　上	11213	3376
24	1971	B. Tucherman	19937	6002
25	1978	L. C. Noll 等	21701	6533
26	1979	同　上	23209	6987
27	1979	H. Nelson 等	44497	13395
28	1982	D. Slowinski	86243	25962
29	1988	W. N. Colquitt 等	110503	—
30	1983	D. Slowinski	132049	39751
31	1985	同　上	216091	65050
32	1992	同　上	756839	227832
33	1993	同　上	859433	258716
34	1995	同　上	1257787	378632
35	1996	[法]阿芒戈(J Armengand) 等	1398269	420921
36	1997	沃特曼(C. F. Woltman) 等	2976221	895932
37	1998	克拉克森(R. Clarkson)	3021377	909526
38	1999	哈依拉瓦拉(N. Hajratwala) 等	6972593	2098960
39	2001	卡麦伦等	13466917	4053946
40	2003	芬德利	20996011	6320430
41	2004	同上	24036583	7235733
42	2005	[德]马丁·诺瓦克	25964951	7816230
43	2005	[德]马丁·诺瓦克	30402457	—
44	2006	C. Cooper	32582657	9808358
45	2008.9	[德]埃尔费尼希	37156667	11185272
46	2008.8	E. Smith	43112609	12978189

顺便讲一句:上表中的发现多是运用鲁卡斯 – 莱默(Lucas-Lehmer)原理进行的,它是说:

鲁卡斯数列:$L_0 = 4, L_1 = L_0^2 - 2 = 14, L_2 = L_1^2 - 2 = 194, \cdots, L_n = L_{n-1}^2 - 2, \cdots$ 中的项 L_{p-2},若能被 $2^p - 1$ 整除,则 $2^p - 1$ 即为质数.

纵然人们已研究出每秒可运算数千亿次的大型电子计算机,尽管人们已发现许多先进的计算方法(如快速傅里叶变换),然而,随着 p 的增大,验算 M_p 的工作越来越艰难.

同样想指出,早在1647年有人曾猜测:p 是 $2^k \pm 1$ 或 $4^k \pm 3$ 型质数时,则 M_p 是质数.

20世纪90年代初,当因特网(Internet)在世界掀起热潮且广泛应用之际,有人提议利用因特网上极为丰富的个人电脑资源来寻找新的更大的梅森质数.

短短几年,"Internet 梅森质数大搜寻"(英文缩写 GIMPS)已硕果累累,人们又先后找到8个新的梅森质数:

$M_{1398269}$(1996年末发现),$M_{2976211}$ 和 $M_{3021377}$(该数于1998年1月找到,它有909526位,是美国加州大学的学生克拉克森(Clarkson)发现的).

1999年,哈依拉瓦拉(Hajratwala)等三人给出质数 $M_{6972593}$(它有2098960位).

2001年11月,卡麦伦(M.Cameron)等又给出质数 $M_{13466917}$(它有4053946位).

而后,2003年11月17日,美国密歇根州立大学学生芬德利(Josh Findley)等利用因特网(GIMPS)发现 $M_{20996011}$(它有6320430位).

2004年5月30日,芬德利等人又找出梅森质数 $M_{24036583}$(它有7235733位);

2005年2月18日,德国眼科医生马丁·诺瓦克(M.Nowake)经50多天运算又给出更大的梅森质数 $M_{25964951}$(它有7816230位).

至2005年初,人们已找到42个梅森质数.随后几年,人们又陆续找到4个此类质数(详见上页表中资料).

20世纪90年代有人预言:到20世纪末,人们可把 M_p 的搜索工作推进到 $p < 10^6$,这已成为事实.

关于梅森质数个数的估计,1964年吉利斯(D.B.Gillies)给出如下猜测:小于 x 的梅森质数个数约为 $\dfrac{2\ln \ln x}{\ln 2}$.

梅森质数的搜寻不应视为一种计算机游戏,一方面它是计算机软硬件的综合水平评判,另一方面其自身背景有着深刻的历史渊源和丰实的数学积淀.

例如,利用梅森数也可证明"质数有无穷多个"的结论,这可用反证法.

若不然,设质数只有有限多个,令 p 为其中最大的,下证 $2^p - 1$ 的每个因子皆大于 p.

设 $q \mid (2^p - 1)$,则 $2^p \equiv 1 \pmod{q}$.因 p 是质数,可知域 $\mathbf{Z}_q$ 的乘法群 $\mathbf{Z}_q / \{0\}$ 中元素2的阶是 p,该群有 $q - 1$ 个元素.

据群论中拉格朗日定理"设 G 是有限乘法群，U 是 G 的子群，则 $|U|$ 整除 $|G|$，这里 $|U|$，$|G|$ 分别表示群 U，G 的阶"可知：群中每个元素的阶数都整除该群元素的个数，即 $p \mid (q-1)$，从而 $p < q$，矛盾.

注 关于质数有无穷多个的证明方法很多，除了反证法外，有人(S. Michael 和 H. Robert)还利用构造法证明了质数的无限性(有无穷多个)，他们构造了一对序列

$$\{a_n\}: 0, 1, 2, 3, 5, 13, 49, 529, 21121, \cdots$$
$$\{b_n\}: 1, 1, 1, 2, 3, 10, 39, 490, 20631, \cdots$$

即 $a_0 = 0, b_0 = a_1 = b_1 = 1$，则对 $i \geq 1$ 有

$$b_{i+1} = a_i b_{i-1}, a_{i+1} = b_{i-1} + b_i$$

可以证明，这样产生的序列 $\{a_i\}$ 全部是质数(它比 Dirichlet 算术级数增长得快，比 Fermat 数增长得慢)，从而知质数有无穷多个.

此外，梅森质数还与所谓"完全数"有关，这里先简单介绍一下它(后文我们还会再谈).

两千多年前，古希腊学者欧几里得在其所著《几何原本》中有这样一段话：

在自然数中，恰好等于其全部真因子(包括1)和的数叫"完全数".

如 6, 28, 496 等均为完全数. 但是完全数与整数相比少之又少，这一点曾使尼可马霍斯(Nicomachus)由于悟及完全数的稀少及该类数自身的美妙而感慨道："世界上善和美寥寥可数，恶和丑却比比皆是."(尽管此言值得商榷)

完全数有许多奇妙的性质，比如：

(1)(偶) 完全数是 2 的连续方幂(指数相继)和，比如

$$6 = 2^1 + 2^2, \quad 28 = 2^2 + 2^3 + 2^4, \quad 496 = 2^4 + 2^5 + 2^6 + 2^7 + 2^8, \cdots$$

(2) 除 6 之外，它们是相继奇数的立方和，比如

$$28 = 1^3 + 3^3, \quad 496 = 1^3 + 3^3 + 5^3 + 7^3, \cdots$$

此外，欧几里得还给出(偶) 完全数的判定法则：

若 $2^p - 1$ 为质数，则 $(2^p - 1)2^{p-1}$ 是完全数.

我们容易看到：上述命题所给出的完全数皆为偶数，人们称之为"偶完全数". 此外，命题实际上也告诉我们：

找到一个 $2^p - 1$ 型质数，即找到一个偶完全数，而 $2^p - 1$ 型质数恰好为梅森质数. 因而可以这样讲：发现一个梅森质数，即相当于找到一个偶完全数.

如此一来，由于人们至今仅找到 46 个梅森质数，因而也就至少找到 46 个偶完全数.

我们或许会问：偶完全数是否都是 $(2^p - 1)2^{p-1}$ 型？回答是肯定的.

1730 年，数学家欧拉证明了下面结论：

偶完全数必可表为 $(2^p - 1)2^{p-1}$，其中 p 与 $2^p - 1$ 皆为质数.

至此人们终于发现：梅森质数与偶完全数一一对应着，这也许正是人们(包括梅森本人)不惜花大气力去寻找梅森质数的另一个因由.

有无奇完全数存在？这是一个至今尚未被解开的谜(后面我们还会再谈这

个问题).不过人们对于奇完全数的研究有了一些结果,比如欧拉曾证明:奇完全数形式一定是 $p^{4K+1} \cdot m^2$,其中 p 是 $4n+1$ 形质数.此外还有人证明:

若奇完全数存在,则它是 $12m+1$ 或 $36m+9$ 型整数.

1976 年,有人曾宣称证明了结论:若奇完全数存在,则它将大于 10^{36}.

1989 年,布伦特(R.P.Brent)指出:若奇完全数存在,则它须大于 10^{160}.

迄今为止,人们已在电子计算机上核验了小于 10^{300} 的整数中不存在奇完全数.此即说:奇完全数若存在则它至少大于 10^{300}.

此外,20 世纪 80 年代前后,S.Brandstein 证明了奇完全数最大因子大于 $5 \cdot 10^5$,P.Hagis 证明了次大因子大于 10^3,G.L.Cohen 证明了奇完全数含有一个大于 10^{20} 的素数幂因子,M.D.Sayers 证明了奇完全数至少有 29 个质因子(可以相同).

尽管看上去奇完全数存在的可能越来越渺茫,但人们仍无法肯定它不存在,这也正是人们在试图寻找奇完全数及研究奇完全数存在与否的魅力所在.

是否存在无穷多个梅森质数(进而是否存在无穷多个完全数)?人们尚不得知.

3. 正交拉丁方的猜想

据说,一次普鲁士菲德烈大帝在阅兵时问欧拉:"从三个不同的兵团各抽出三名不同军衔的军官,能否把这九个人排成一个方阵,使每行每列都有各兵团、各军衔的代表?"

这个问题不难回答,我们用 a,b,c 表示兵团标号,而 A,B,C 表示军衔标号,显然按照右图方式的布列,即为所求.

对于兵团、军衔种数为 4,5 的情形,人们不难找出符合上面要求的布阵方式.

Aa	Cb	Bc
Bb	Ac	Ca
Cc	Ba	Ab

三阶正交拉丁方

aD	bA	cB	dC
cC	dB	aA	bD
dA	cD	bC	aB
bB	aC	dD	cA

四阶正交拉丁方

aA	cD	dE	eB	bC
dC	bB	eA	cE	aD
eD	aE	cC	bA	dB
bE	eC	aB	dD	cA
cB	dA	bD	aC	eE

五阶正交拉丁方

如果兵团和军衔的类数推广为6,情况又如何?这便是著名的36个军官问题,欧拉于1779年开始研究.

因为欧拉是用拉丁字母表示兵团、军衔种类,因而它又称为欧拉拉丁方问题,而所提要求:每行每列均有各兵团、军衔的代表,这在数学上称为"正交",因而这样的问题又称正交拉丁方问题,而兵团、军衔种类数称为该正交拉丁方的阶.

欧拉在经过一些研究和尝试后曾宣布(猜测):

$6, 10, 14, \cdots$,一般的 $2(2k+1)$ 阶正交拉丁方不存在 $(k \in \mathbf{N})$.

1901年,塔里(G. Tarry)用穷举法证明了6阶正交丁方不存在,这也增加了人们对于欧拉猜想的信任度.

此后60多年,一切相安无事,直到1959年,情况发生了突变,有人居然造出了10阶正交拉丁方,关于它可见后文("中篇"里的例).

然而对于正交拉丁方的研究并没有白费力气,这些方法和成果,已被用在数理统计中的试验设计上,成为一种节约人力、物力、时间的重要的科学试验方法 —— 正交试验法.

4. 质数的表达式

自古以来,人们对质数就有着特殊的感情. 古希腊学者欧几里得就曾经证明过:

质数有无限(无穷)多个.

他采用的方法是反证法,且证明过程极巧妙(本书前文也曾给出过不同证法).

既然质数有无穷多个,到底有无办法将它们表示出来?人们一直在寻求质数的表达式.

1772年,数学大师欧拉指出:二次三项式 $f(x) = x^2 + x + 41$,当 $x = 0, 1, \cdots, 38, 39$ 时,$f(x)$ 的值均为质数[①].

[①] 一次函数 $f(n) = kn + p$ 产生质数的问题有下面结果(或见前文).

公式	$30n + 7$	$210n + 199$	$223092870n + 2239133941$	$4180566390n + 8297644387$
产生质数的 n 值	$0 \sim 5$	$0 \sim 9$	$0 \sim 15$	$0 \sim 18$

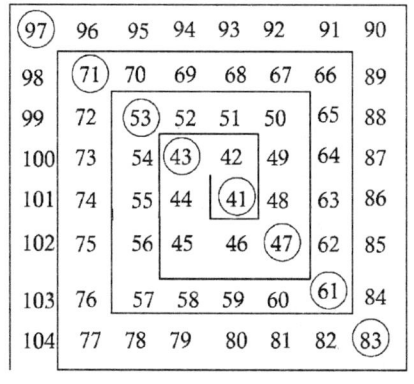
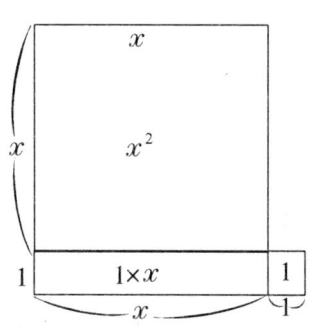

$x^2 + x + 41$ 产生质数   几何解释

由于 $f(x-1) = f(-x)$,这样有
$$f(0) = f(-1), f(1) = f(-2), f(2) = f(-3), \cdots$$
此即说:$f(x)$ 对 x 从 -40 到 39 的所有整数,都使得 $f(x)$ 的值是质数①.

从 -40 到 39 相继 80 个数都使一个二次多项式产生质数,这对于二次三项式来讲至今仍是一个纪录保持者②(二次三项式 $x^2 - 2999x + 2248541$ 对于 x 从 1460 到 1539 这 80 个数也产生质数).

此前,1793 年勒让德(A.M.Legendre)发现 n 的(缺少一次项的)二次三项式
$$f(n) = 2n^2 + 29$$
当 $n = 0 \sim 28$ 时皆产生质数.

人们也许在试图打破这个纪录并希望得到一个更一般的结论,然而结果却令人失望:

1933 年,莱默证明:对于二次多项式 $x^2 + x + a$(这里 $a > 41$)而言,要使 $x = 0, 1, 2, \cdots, a-2$ 都产生质数,则 a 至少要大于 $25 \times 10^7 + 1$.

1934 年,有人指出,这种 a 若存在,则至多有一个.

20 世纪 60 年代末的结论告诉人们:这样的 a 不存在.

这种试图虽然失败了,但人们又在想:

对于任给自然数 n,能否有一个整系数 n 次多项式 $f(x)$,使当 $x = 0, 1, 2, \cdots, n$ 时,$f(x)$ 均取质数?

回答是肯定的.

但是有没有一个次数大于 1 的多项式,对于无限多的自然数 x 都使它的值是质数(注意并非所有自然数 x 都使它产生质数,也不是产生全部质数)?

---

① 对于 $f(n) = 60n^2 - 1710n + 12150$,当 $n = 1 \sim 20$ 时,$f(n) + 1$ 与 $f(n) - 1$ 都给出质数.
② 在华罗庚教授的《数论导引》(1956 年版)中提到:Beeger 算出 $n^2 - n + 72491$ 当 $0 \leq n \leq 11000$ 时皆为质数.然而此结论有误,有人指出:$f(0) = 72491 = 71 \times 1021, f(5) = 72511 = 59 \times 1229, f(9) = 72563 = 149 \times 487.$

这一点尚不得知①,可下面的事实已经获证:

① $f(x) = x^2 + x + a$,当 $a > 41$ 时,不存在有 $a - 1$ 个相邻值皆使 $f(x)$ 为质数的 $f(x)$ 存在.

② 任何多项式,不可能对每个自然数都给出质数来.

尽管如此,可是研究质数表达式的工作没有中止,诸如:

米尔斯(W.H.Mills)指出:存在实数 a,使 $[a^{3^n}]$ 对 n 取每个自然数都给出质数,这里 $[x]$ 表示不超过 x 的最大整数.

1961 年塔尔曼(Tarman)给出下面一个表示质数的公式

$$p = \frac{P_n}{p_i p_j \cdots p_m} \pm p_i p_j \cdots p_m, \quad 1 \leq i, j, m \leq n$$

其中 P_n 表示前 n 个质数 $p_1, p_2, \cdots, p_n$ 之积,$p_i, p_j, \cdots, p_m$ 是前 n 个质数中的一些. 这样若 p 比第 $n + 1$ 个质数的平方小,则它就是质数.比如

$$p = \frac{2 \cdot 3 \cdot 5 \cdot 7 \cdot 11 \cdot 13 \cdot 17 \cdot 19 \cdot 23}{2 \cdot 3 \cdot 11 \cdot 13 \cdot 17} - 2 \cdot 3 \cdot 11 \cdot 13 \cdot 17 = 709$$

而 $709 < 29^2$,则它是质数.

1963 年布瑞迪翰(B.M.Bredihin)证得:

$f(x, y) = x^2 + y^2 + 1$ 对无穷多对整数 (x, y) 都产生质数,且能给出所有的质数,而每个质数(2 除外)恰好各取一次.

(注意:并不是所有整数对 (x, y) 都使 $f(x, y)$ 产生质数,这里只是讲有无穷多对.)

而后,洪斯贝格尔(R.Honsberger)又给出下面的公式[163]:

二元函数

$$f(x, y) = \frac{y - 1}{2}[|A^2 - 1| - (A^2 - 1)] + 2$$

这里 $A = x(y + 1) - (y! + 1)$,当 (x, y) 为自然数对时,只产生质数,且给出所有质数,同时每个质数(2 除外)正好各取一次.

它的证明可借助于数论中著名的威尔逊(J.Wilson)定理

$$p \text{ 为质数} \iff p \mid [(p-1)! + 1]$$

去完成.有兴趣的读者可查阅相关文献.

---

① 人们也从某些 n 值对产生质数的 $f(n)$ 进行核验,得下表.

公式 $f(n)$	验算范围	质数产生的百分率	核　算　者
$n^2 + n + 41$	$1 \sim 10^7$	47.5%	
$4n^2 + 170n + 1847$	$1 \sim 10^5$	46.6%	[美]乌拉姆(1983 年)
$n^2 + 4n + 59$	$1 \sim 10^5$	43.7%	[美]乌拉姆(1983 年)

5. 图形的面积相等与组成相等

几何图形的长度、面积、体积等用抽象数学术语称谓它们都是一种测度,在欧氏几何学中,面积是在人们规定了面积单位(即 1×1 的正方形)之后,对一般几何图形范围大小的一种度量.

面积相等的几何图形叫等积形.

三角形可以和三角形等积,也可以和四边形,…,n 边形等积,甚至还可以同圆或其他规则、不规则图形等积.

古希腊著名学者希波克拉底(Hippocrates)曾证明下右图中弯月图形(阴影部分)面积与图中直角三角形面积相等.

利用等积变换,人们可以证明许多几何定理,比如,勾股定理的证明就有许多种是利用等积变换去进行的.

图形除了面积相等概念外,还有一种所谓"组成相等"的概念.

若把图形 A 经过有限次切割后可以拼成图形 B,则称图形 A 与 B 组成相等,且记为 $A \simeq B$.

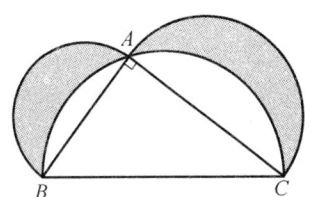

希波克拉底弯月

"面积相等"与"组成相等"是两个不同概念,当然组成相等的图形,一定面积相等;但反过来则不一定成立.例如,等积的圆与正方形就不可能组成相等.

对于直线形来讲,情况有些不同.匈牙利数学家波尔约(J.Bolyai)和德国数学家盖尔文(Gerwien)几乎同时发现下面的结论(定理):

任意两个多边形 A,B,只要它们面积相等,则它们一定组成相等.

一个自然的想法是:能否把平面图形的性质推广到空间(立体)图形上去?

这便是著名的希尔伯特第三问题①,它已被希尔伯特的学生戴恩(M. Dehn)在 1900 年否定地解决(详见本书中篇的叙述).

顺便讲一句,新的"化圆为方"问题:即用曲线将圆分割成有限块,然后用它们拼成正方形的问题(圆与正方形的组成相等问题),答案也是否定的,这一点于 1963 年由杜宾(L.Dubins)等人解决.

但是,1925 年波兰数学家巴拿赫(S.Banach)等人在"集合论"概念基础上,提出的另一种形式的"化圆为方"问题:

在集合论域,圆形能否与一个等积的正方形"组成相等"?

注意,这里的组成相等意即:若集合 A 能剖分成有限多个互不相交的子集 A_i,这些 A_i 各经某一运动(变换)后组成集合 B,则称集合 A 与 B 组成相等.

塔斯基(A.Tarski)此前已知道(在集合论域):

面积小于或大于单位圆(即与单位圆不等积)的正方形不能与单位圆组成相等.

---

① 详见后文及本书附录二.

1990年,匈牙利数学家拉兹科维奇(M.Laczkovich)又证明了(从集合论观点):

面积相等的圆与正方形组成相等(在集合论域).

(单位圆分成若干子集 A_i 后,只须经过平移即可组成与之等积的正方形)

然而上述问题在三维空间中的结论与平面迥然不同:

在集合论域,三维空间中任意两个几何体都组成相等(Banach-Tarski悖论).

(试想:从一一对应观点看,平面上任意两条线段上点的个数都一样多,与之不是有"异曲同工"之妙吗?)

6.由第五公设证明所引起的

欧几里得几何源于埃及尼罗河泛滥之后的重新测量,后经历不少学派,诸如毕达哥拉斯、希波克拉底等人的工作,最后由欧几里得完成了这一学科的划时代经典代表作《几何原本》.

两千多年来,它一直成为数学教科书惠泽世人.

《几何原本》的逻辑结构或内容编排上是在给出23个定义之后,接着给了5个公设(公理),其中第五公设是:

若一直线与两直线相交,且若同侧所交两内角之和小于两直角,则两直线无限延长后必相交于该侧的一点.

该公设不像其他公设那么显而易见,于是有人问道:它是否可以证明呢(组成公理体系的公理应减少到最少或不能再少,倘若做到了这一点,说明该公理体系加强了,或者说问题推广了)?

古希腊学者托勒密(Ptolemy)曾经给出第五公设的证明,但后来被人指出了其中的错误,因为托勒密证明它时采用了一条与之等价的公设"平面上两条不相交的直线彼此间的距离是有限的".

阿拉伯的天文学家纳西尔丁(ad-Dīn Nasīr)在试图证明第五公设时用到"三角形三内角和等于两直角"的命题,它实际上与第五公设等价.

尔后不少人也试图证明它,然而,结果都失败了.

第五公设可否用欧几里得的其他公设去证明?若用另一公设代替第五公设,将会有怎样的结果?

俄国数学家罗巴契夫斯基(Н.И.Ловачевский)和匈牙利数学家波尔约各自独立地从利用其他公设代替第五公设推得一套新的几何体系,它自身无逻辑上矛盾,又与欧氏几何体系不同,它被称做非欧几何,随后又产生了其他几何学(详见本书"下篇"内容).

这也许正如物理学家莫里(C.Morleg)说的那样:浅显的真理,反面是虚假的,而深邃的真理,反面还是真理.

爱因斯坦的"相对论"的产生,正是借助非欧几何体系这一工具,因为在爱因斯坦看来,我们所处的时空的性质看做非欧几里得的比欧几里得的更为合理.

《几何原本》希腊、拉丁文对照本

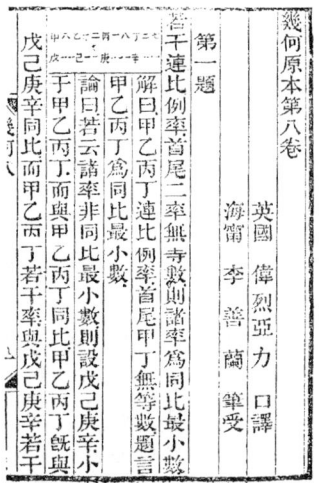
《几何原本》李善兰译本

《几何原本》阿拉伯文译本
1350年,手抄本

《几何原本》印刷本的首页
威尼斯,1482年

好了,说到这里我们再回味一下,推广不仅可直接推进数学向纵深的发展,即使推广失败了,人们往往能从失败中总结教训,悟出新的道理,一方面加深了对于数学概念本身的理解,另外,在诠释这些现象时甚至可以悟出乃至创造出全新的东西来.

我们知道:相对于原命题或结论而言,推广的命题或结论证明起来往往会增加难度.

但是对于推广而言,我们也会看到另外一种情形:推广了的反而容易证明

(而原来结论却至今未果).比如,哥德巴赫猜想在多项式环上已获解,但在整数环上至今未获证.又如庞加莱猜想(原本在 3 维空间讨论)推广到 n 维后,对 $n \geq 4$ 的情形结论获证,但 $n = 3$ 的情形至今未获解决(详见本书附录四).

三、推广的方式、方法

如何去推广?数学命题或结论的推广,基本上可遵循下面几条路子或途径:

$$
\text{推广}\begin{cases} \text{向高维推广} \begin{cases} \text{从 1,2,3 到 } n \\ \text{从平面到立体} \\ \text{从一维空间到二维},\cdots,n \text{ 维空间} \end{cases} \\ \text{向问题的纵深推广(弱化条件,强化结论)} \\ \text{类比、横向推广} \\ \text{反向推广(寻找充要条件)} \\ \text{联合推广} \end{cases}
$$

推广的最初阶段(寻找规律、猜测结论)所常用的方法是:类比法、归纳法. 下面我们先来粗略地谈谈这些路子和方法.

1. 向高维推广

在代数中,常常用到的推广方式是:

在维数或变元个数上从 $1,2,\cdots \Rightarrow n$(比如,方次,变元个数 ……).(这里符号 $\Rightarrow$ 表示推广之意,下同)

在几何中,常常用到的推广是:

三角形 $\Rightarrow$ 四边形 $\Rightarrow \cdots \Rightarrow n$ 边形.

直线形(或圆) $\Rightarrow$ 多面体(或球),即平面(二维) $\Rightarrow$ 立体(三维) $\Rightarrow \cdots \Rightarrow n$ 维空间.

在三角学中,常常遇到的推广是:

两角和(差)(或二倍角)问题 $\Rightarrow$ 三个角和(差)(或三倍角)问题 $\Rightarrow \cdots \Rightarrow n$ 个角和(差)(或 n 倍角)问题.

在微积分中,常常遇到的推广是:

一元 $\Rightarrow$ 二元 $\Rightarrow \cdots \Rightarrow n$ 元.

一阶(重) $\Rightarrow$ 二阶(重) $\Rightarrow \cdots \Rightarrow n$ 阶(重).

……

2. 向纵深推广

比如结论成立的范围(或命题成立的条件)可作如下推广.

在代数(或分析)中,结论成立范围的推广方向:

自然数 $\Rightarrow$ 整数 $\Rightarrow$ 有理数 $\Rightarrow$ 实数 $\Rightarrow$ 复数 $\Rightarrow \cdots$.

在几何中,结论成立范围的推广方向:

特殊直线形(直角三角形、等腰三角形、等边三角形、…、正方形、…)⇒ 一般直线形(一般三角形、…、一般四边形、…).

圆 ⇒ 椭圆 ⇒ 圆锥曲线 ⇒ 其他曲线.

在三角学中,结论成立范围的推广方向:

特殊角 ⇒ 小于 360° 的角 ⇒ 大于 360° 的角 ⇒ 负角 ⇒ ….

在微积分中,比如微分中值定理的推广如:

罗尔(M.Rolle)定理 ⇒ 拉格朗日定理 ⇒ 柯西定理 ⇒ … ⇒ 麦克劳林(C.Maclaurin)展开 ⇒ 泰勒(B.Taylor)展开.

微分中值定理 ⇒ 积分中值定理 ⇒ ….

向问题的纵深推广,还包括弱化命题条件、强化命题结论这样一个内容.

从某种意义上讲,前面所述的情况,也是"弱化条件"一说,此外再如不等式改进(加强、隔离、除去等号等):

⩾(或⩽)⇒ >(或 <).

⩾ a(或 ⩽ c)⇒ ⩾ b(或 ⩽ d),这里 $a < b(c > d)$.

将结论成立的条件削弱,如微积分中函数可积条件改进:

连续 ⇒ 有限个间断点 ⇒ 可数个间断点 ⇒ ….

命题对特殊函数成立 ⇒ 结论对一般函数成立等.

3. 类比、横向推广

这类推广又可分为两种:①同学科(分支)间的类比;②不同学科(分支)间的类比.

比如,在欧氏几何学中平面图形与几何体间(或平面几何与立体几何间)的类比可如:

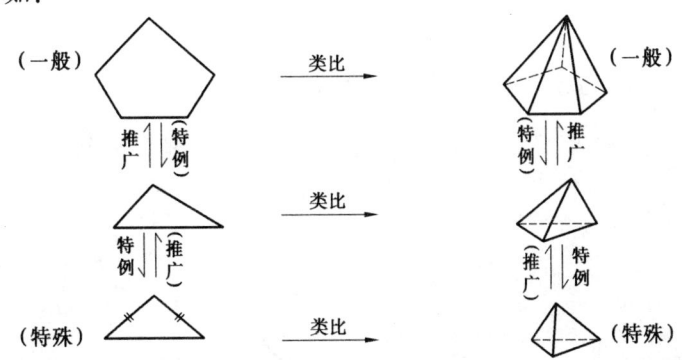

不同学科如代数、几何、三角间的类比如:

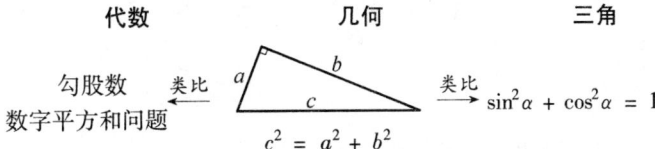

又如代数、三角、几何、积分、…中等式或不等式间：

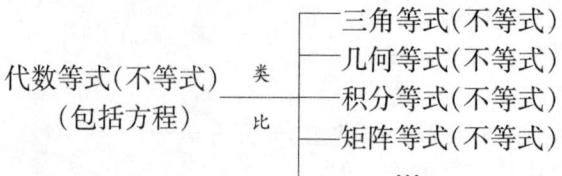

此外还有物理与数学的模仿或类比(依某些自然、物理现象,推测一些数学结论或方法,如计算方法中的"淬火算法"是依据热处理学的),甚至生物学与数学间的类比或借鉴(如计算方法中的"遗传算法"是仿生的算法),等等.

4. 反向推广(反问题)

我们知道:加与减、乘与除、乘方与开方、指数与对数、微分与积分等均互为逆运算,更一般的可看做互为反问题.反问题中当然包括逆命题(把命题的条件与结论互换而得到命题),这也便是所谓寻找命题成立的充要条件.

当然,反问题的思考也是现代的数学家们发现、研究数学问题时常用的一种重要思维方法.

此外,数学中还有所谓对偶问题(如三角函数中的正、余弦问题,又如运筹学中的线性规划及其对偶规划等)亦可视为同类.

5. 联合推广

是将上面各种推广的几种方式或手段部分或全部联合起来去推广.

四、几个典例

1. 勾股定理(毕达哥拉斯定理)及推广

勾股定理是初等(欧几里得)几何上一个重要的定理,它的证明,在西方最早见于欧几里得的《几何原本》(是毕达哥拉斯学派发现,故又称毕达哥拉斯定理).

 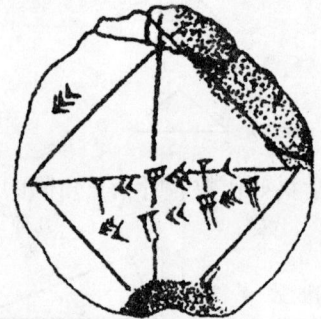

表现了"毕达哥拉斯定理"的古巴比伦黏土片

在我国则记载于赵君卿所注《周髀算经》中，在那有"勾股圆方图"一章，并利用"弦图"给出勾股定理的一种证明（这里用面积拼补法给出的．其实，它的证法很多，有几何的，也有代数的，据称至今已有400余种证法，但右图中的方法是较简的）．

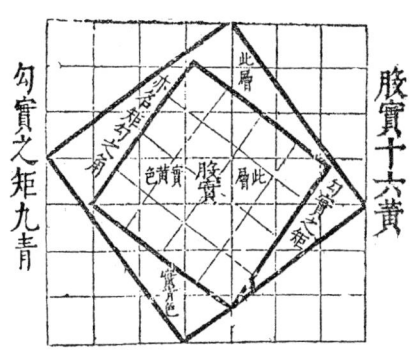

勾股圆方图

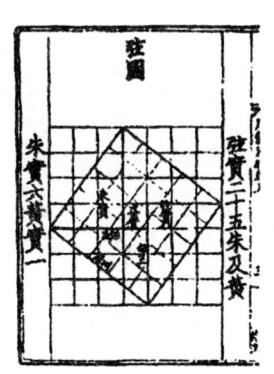

《周髀算经》中对勾股
（毕达哥拉斯）定理的图解

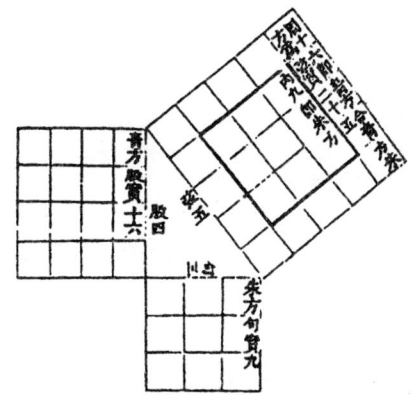

《九章算术》中对勾股
（毕达哥拉斯）定理的图解

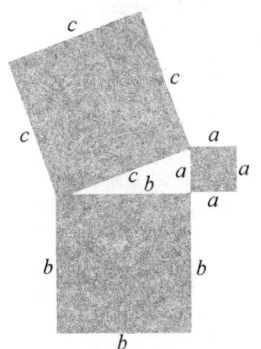 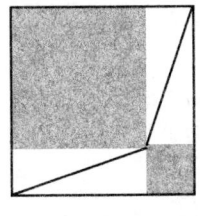 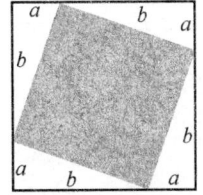

勾股定理的一个直观证法

勾股定理也是初等数学乃至高等数学中,一个十分重要且用途广泛的定理(它也曾被我国著名数学家华罗庚建议作为人类文明象征,让美国寻找外星文明的"先驱者"号飞船,带入宇宙空间),我们来看看这个定理在数学中已有哪些推广(下图).

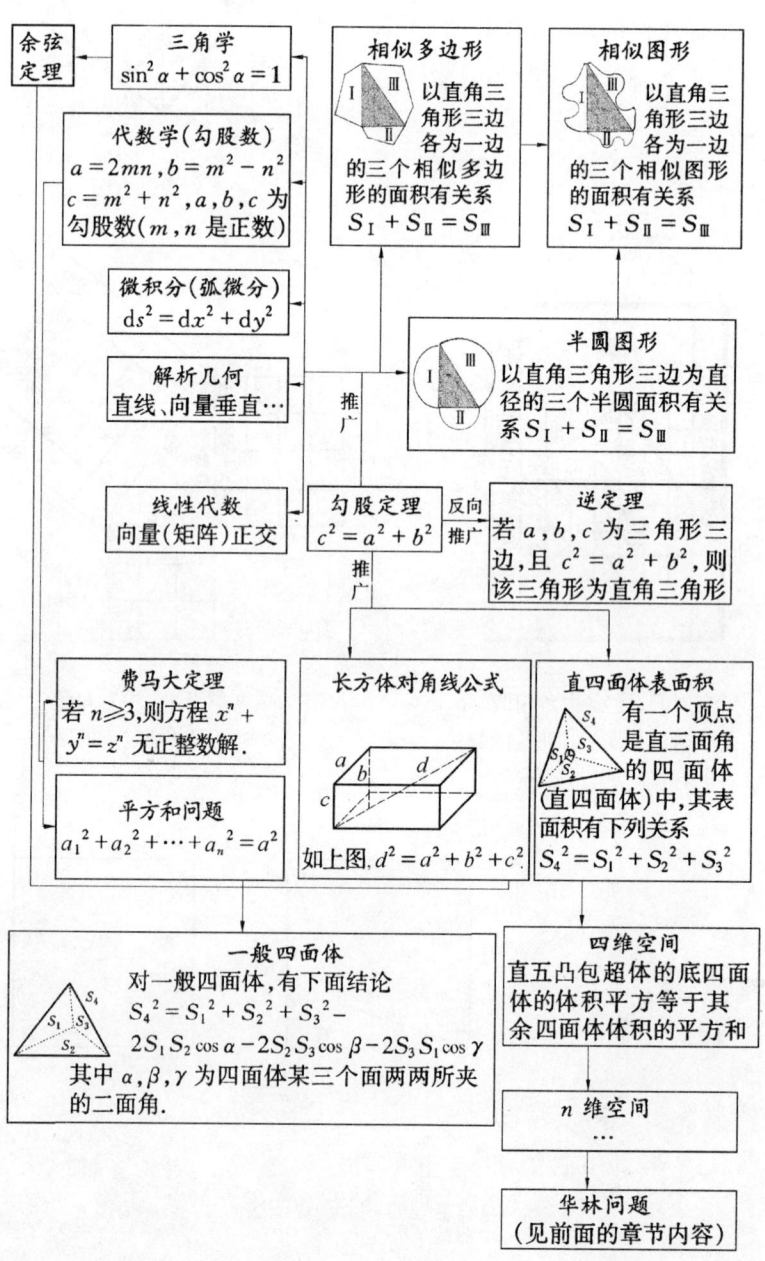

几点注记

(1) 勾股数

满足等式 $a^2+b^2=c^2$ 的正整数组 (a,b,c) 称为勾股数组,简称勾股数.

勾股数求法很多,除图中给出的一种方法外,它还可由下面式子去求

$$a=n, b=\frac{1}{4}\left(\frac{n^2}{mp}-mp\right)^2, c=\frac{1}{4}\left(\frac{n^2}{mp}+mp\right)^2$$

其中 $n>4$,且 p 为 n 的某一约数,$m=1$(n 是奇数时) 或 2(n 是偶数时).

再如对于奇数 n 来讲,$n,(n^2-1)/2,(n^2+1)/2$ 也给出勾股数.

此公式可以求出多组解(以同一 n 值却因其因子 p 的不同,可求出不同的勾股数).

当然,用下面的方法产生的勾股数亦很巧妙.

方法 1　由奇数前 n 项和公式

$$1+3+5+\cdots+(2n-3)+(2n-1)=n^2$$

有

$$1+3+\cdots+[(2n+1)^2-2]+(2n+1)^2=$$
$$1+3+\cdots+[2(2n^2+2n+1)-3]+[2(2n^2+2n+1)-1]=$$
$$(2n^2+2n+1)^2=(2n^2+2n)^2+2(2n^2+2n)+1=$$
$$(2n^2+2n)^2+(2n+1)^2$$

故

$$(2n^2+2n+1)^2=(2n^2+2n)^2+(2n+1)^2$$

方法 2　注意到下面的式子变形

$$(2n+1)^2=(2n^2+2n+1)+(2n^2+2n)=$$
$$(2n^2+2n+1)^2-(2n^2+2n)^2$$

这也给出了勾股数组.

此外利用复数、矩阵性质,甚至利用三角函数公式产生勾股数更为巧妙.

方法 3　若设 (a_1,b_1,c_1) 和 (a_2,b_2,c_2) 为两组勾股数,考虑复数积

$$(a_1+b_1\mathrm{i})(a_2+b_2\mathrm{i})=(a_1a_2-b_1b_2)+(a_1b_2+b_1a_2)\mathrm{i}$$
$$(a_1+b_1\mathrm{i})(b_2+a_2\mathrm{i})=(a_1b_2-b_1a_2)+(a_1a_2+b_1b_2)\mathrm{i}$$

由

$$c_1^2=a_1^2+b_1^2, c_2^2=a_2^2+b_2^2$$

又

$$|a_1a_2-b_1b_2|^2+(a_1b_2+b_1a_2)^2=(c_1c_2)^2$$

则 $(|a_1a_2-b_1b_2|,\ a_1b_2+b_1a_2,\ c_1c_2)$ 为一组勾股数.

同理 $(|a_1b_2-b_1a_2|,\ a_1a_2+b_1b_2,\ c_1c_2)$ 为另一组勾股数.

方法 4　若角的终边上的某些点的坐标是整数,只需将它加倍便可造出一组勾股数.

在直角坐标系 $\{O;X,Y\}$ 中,设 $P(x,y)$ 是一个整点,$\angle\alpha$ 终边过 P.那么

$$\sin 2\alpha = 2\sin\alpha\cos\alpha = 2\left(\frac{y}{\sqrt{x^2+y^2}}\right)\left(\frac{x}{\sqrt{x^2+y^2}}\right) = \frac{2xy}{x^2+y^2}$$

$$\cos 2\alpha = \cos^2\alpha - \sin^2\alpha = \frac{x^2}{x^2+y^2} - \frac{y^2}{x^2+y^2} = \frac{x^2-y^2}{x^2+y^2}$$

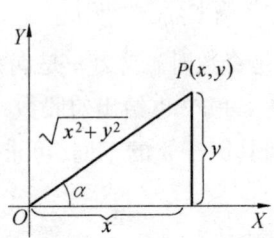 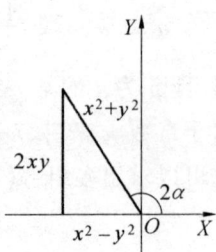

由 $2xy$, x^2-y^2 和 x^2+y^2 均为整数,注意到 $\sin^2 2\alpha + \cos^2 2\alpha = 1$,或者注意到它们是一个直角三角形的三条边,显然它们也构成一组勾股数.

勾股数组有许多有趣性质,比如,对 (a,b,c) 来讲,a,b 中必有其一:① 为 3 的倍数,② 为 4 的倍数,且 a,b,c 之一为 5 的倍数.

平方和问题 $x_{n1}^2 + x_{n2}^2 + \cdots + x_{nn}^2 = x_{n,n+1}^2$ 的一组正整数解 $(a_{n1}, a_{n2}, \cdots, a_{nn})$ 称为一组 $n+1$ 元勾股数.

比如,$x_{21} = a^2 - b^2$, $x_{22} = 2ab$, $x_{23} = a^2 + b^2$ 即为一组三元勾股数(这里 $a > b$ 且为互素的正整数).

由于 a,b 一奇一偶,故若设

$$x_{23} = 2k+1 = (k+1)^2 - k^2$$

且取 $a_1 = k+1, b_1 = k$,则

$$a^2 + b^2 = 2k+1 = a_1^2 - b_1^2$$

故 $(a^2-b^2)^2 + (2ab)^2 + [2k(k+1)]^2 = (a^2+b^2)^2 + (2a_1b_1)^2 =$
$$(a_1^2 - b_1^2)^2 + (2a_1b_1)^2 = (a_1^2 + b_1^2)^2$$

注意到 $k = (a^2+b^2-1)/2$,则四元数组

$$(a^2-b^2, 2ab, [(a^2+b^2)^2-1]/2, [(a^2+b^2)^2+1]/2)$$

即为四元勾股数组.

类似地可构造五元,六元,$\cdots$,n 元勾股数组.

具体地,比如,$a=2, b=1$ 得四元组 $(3,4,12,13)$.

由 $2k+1 = 13$ 得 $k = 6$ 及 $2k(k+1) = 84$ 有

$$3^2 + 4^2 + 12^2 + 84^2 = 85^2$$

即可得一组五元勾股数等.

又下面的诸数可视为广义勾股数组:

① $10^2 + 11^2 + 12^2 = 13^2 + 14^2$;
② $21^2 + 22^2 + 23^2 + 24^2 = 25^2 + 26^2 + 27^2$.

一般的,在 $2n+1$ 个连续整数(注意,这里是整数)中,其中间的数为 0 或 $2n(n+1)$ 时,则此 $2n+1$ 个数的前 $n+1$ 个数的平方和等于后 n 个数的平方和.

上面的①,②分别是 $n=2$ 和 $n=3$ 的情形;又 $n=1$ 时,得 3,4,5 三个数,此即为常义勾股数.

显然,自然数表示为平方数和问题亦可视为勾股数研究的推广(见前面的章节内容).比如:

在"数论"中,费马证得,每个形如 $4k+1$ 的质数,均可表为两个自然数的平方和.

再者,作为勾股数组的一种推广是所谓费马－卡塔兰(Fermat-Catalan)数.这类数有如下背景.

早在 300 多年前,费马曾就勾股数组的推广形式(指数上的推广)作了如下猜测:

若 $(a,b,c)=1$ 即它们互质,且 t,u,v 满足 $\frac{1}{t}+\frac{1}{u}+\frac{1}{v}<1$,则满足等式
$$a^t + b^u = c^v$$
的数组(费马－卡塔兰数组)只有有限组.

结论的证明是困难的,但其中的某些特解人们还是找到了.

至 1995 年,达曼(H.Darman)和格兰威伊(A.Granville)已找到 10 组解,它被人们称为费马－卡塔兰数组:

费马－卡塔兰数组

a	b	c	t	u	v
1	2	3	1	3	2
2	7	2	5	2	9
7	13	2	3	2	9
2	17	71	7	3	2
3	11	122	5	4	2
17	76271	21063928	7	3	2
1414	2213459	65	3	2	7
9262	15312283	113	3	2	7
43	96222	30042907	8	3	2
33	1549034	15613	8	2	3

(2) 费马大定理

这是一个享誉世界的著名数学难题,虽然希尔伯特没有把这个"数论"中的著名问题直接列入他的 23 个问题之中,但他却把它作为一个典型例子,说明追求一个难题的解决往往会使人闯进一个新的领域中.

费马是法国的一位业余数学爱好者,他曾把自己的许多建树写到他读过的书的空白处.费马一生有过不少的著名论断,如我们前面已经提到过的费马质数、费马小定理,再就是费马大定理又称费马猜想(在它获证前).

1637 年,费马在他读过的丢番图的《算术》书空白处写到:

将一个立方数分为两个立方数,一个四次方数分为两个四次方数……或者一般的将一个高于二次的幂分为两个同次幂,这是不可能的.关于此,我确信已发现一种美妙的证法,可惜这里空白太小,写不下它.

带有费马批注的巴歇译《亚历山大的丢番图算术》的封面

费马

这段话用现代数学术语来描述即:

不可能有正整数 x, y, z 满足 $x^n + y^n = z^n$,这里 $n > 2$ 的整数.

(严格地讲应为方程 $x^n + y^n = z^n$,$n > 2$ 时不存在非平凡即 $xyz \neq 0$ 的解.)

这个问题使许多数学家产生了兴趣:欧拉、高斯、阿贝尔、柯西、…… 对于某些特例情形,他们给出了解答:

1770 年,欧拉对 $n = 3, 4$ 的情形给出了证明($n = 4$ 的证明也出现在莱布尼茨 1678 年的手稿中).

1823 年,勒让德和狄利克雷证明了 $n = 5$ 的情形.

1840 年,拉梅(G. Lame)证明了 $n = 7$ 的情形.

1844 年,德国人库默尔(E. E. Kummer)证明除 37,59,67 以外所有小于 100 的 n 都成立.

1944 年尼可(C. A. Nicol)等人将 n 推进到小于 4002 的情形.

20 世纪 70 年代末,瓦格斯塔夫(S. Wagstaff)在大型电子计算机的帮助下验证:

当 $2 < n < 125000$ 时,$x^n + y^n = z^n$ 无(非平凡)整数解.

这个验证纪录到 1990 年已升至 $n \leqslant 10^6$ 的情形(该工作由 R. Crandall 完成).

但这距离问题的真正解决尚有很大距离,尽管法国科学院于 1816 年,1850 年两次悬赏(3000 法郎)征解此问题,1908 年德国也设下十万马克的"重金"奖赏,但过了很长时间问题仍未能解决.

1983 年,联邦德国一位 29 岁的大学讲师法尔廷斯(G. Faltings)在猜想的证明上取得了突破性的进展,他证明了:

$n \geqslant 3$ 时,$x^n + y^n = z^n$ 至多有有限组正整数解.

这一结果引起了国际数学界的轰动,人们认为这可能是"20 世纪解决的最重要的问题,至少对数论来讲,已达到 20 世纪的顶峰"(然而几年后却被另一人物的成功攀登所取代).他本人也因此于 1986 年获得数学最高奖 —— 菲尔兹奖.

他的结果也证明了英国数学家莫德尔(L. J. Modell)于 1922 年提出的关于二元有理系数多项式的解的个数的猜想①.

尽管如此,它距猜想的彻底解决仍有不小距离,然而这种突破或许会导致问题的最终解决.

此后又据报载:1988 年初,日本东京大学的宫冈洋一教授宣称已证得此猜想,然而却未能获数学界一致认可.

令人振奋的时刻终于到来了,1993 年 6 月,数学家怀尔斯(A. J. Wiles)在剑桥大学作了三次学术报告,题目是"椭圆曲线,模形式和伽罗华(E. Galois)表示",这些报告的宗旨是向人们宣称:貌似简单却令许多人久攻不下的数学难

---

① 1922 年莫德尔在《剑桥哲学会会报》上发表了一篇论文,文中就二元多项式方程的有理根个数提出有根据的猜想:一大类多项式在 (u,v) 平面(即代数域 K)上任一亏格大于等于 2 的有理系数曲线 $F(u,v) = 0$(即该曲线至少有两个"洞")最多只有有限个有理点(K 点).

对于一般函数情形,该猜想于 1963 年由苏联数学家马尼(Ю. И. Манин)证得.

题——"费马大定理"已被攻克.

不幸的是:同年12月怀尔斯本人发现了证明的漏洞(在此之前科蒂斯(J. Coates)在一次演讲中也指出怀尔斯的证明有瑕疵).

一年以后,修补漏洞的工作由怀尔斯本人和他的学生泰勒(R.Taylor)共同完成,1994年10月25日这一天,他们的论文预印本以电子邮件形式向世界各地散发.

1995年5月,《数学年刊》上刊出怀尔斯的"模椭圆曲线与费马大定理"和泰勒与怀尔斯共同撰写的"某些Hecke代数的环论性质"的论文,从而宣告困扰人们三个多世纪之久的费马大定理彻底解决.

其实,利用椭圆曲线(它是由求椭圆弧长的积分反演而来的,请注意:椭圆本身不是椭圆曲线.椭圆曲线在适当的坐标系内是三次曲线)的理论去证明大定理的思想,源于德国数学家弗雷(Frey),他曾于1986年提出:

从 n 是奇数时的费马方程的互质解 (x,y,z) 可得到一条半稳定的椭圆曲线.

此外早在20世纪50年代,日本的谷山、志村、韦依等人就提出"每条椭圆曲线都是模曲线(即可以和从一个模型导出的傅里叶级数的积分变换等同)"的猜想(TSW猜想).

此后,马祖尔(B.Mazur)等人在模曲线上又做了许多工作,这一切为怀尔斯的证明打下了坚实的基础.

怀尔斯正是综合了上述成果,由证明半稳定时的谷山-志村猜想而推证费马猜想的(将猜想证明转化).顺便一提,四年后TSW猜想亦获证.

费马猜想(大定理)的证明将作为数学发展里程中的一个重大事件而载入史册.

顺便讲一句:费马猜想也可视为丢番图方程 $x^n + y^n = z^n$ 的求解问题(这一问题称为希尔伯特第十问题).

注 有人还将费马猜想推广,提出下面的猜想:

猜想1 设 $p > 1$,不定方程 $\sum_{i=1}^{p}(m_i)^n = t^n$ 有正整数解 $\iff p \geq n$.

显然,$p = 2, n > 2$ 时,$p < n$,此时即为费马猜想.

猜想2 若 $m_i \neq t_j$,不定方程 $\sum_{i=1}^{p}(m_i)^n = \sum_{j=1}^{q}(t_j)^n$ 有正整数解 $\iff pq \geq n$.

此外,毕尔(Beal)还猜测:

若 a,b,c 和 x,y,z 皆为正整数,且 x,y,z 至少是3,又 a,b,c 互质即 $(a,b,c) = 1$,则方程

$$a^x + b^y = c^z$$

无平凡解.

这从某种意义上讲,也是对费马大定理的另外一种推广,然而它至今未能获证.

(3) 空间勾股定理

勾股定理可推广至 3 维空间的情形.

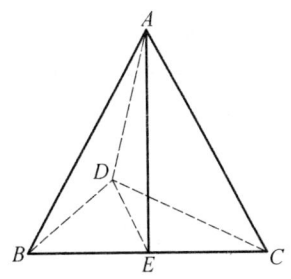

如右图,在直三棱锥 $D-ABC$($D-ABC$ 是直三面角) 中,作 $AE \perp BC$,其中 E 为垂足,联结 DE.

由三垂线定理的逆知 $DE \perp BC$.

设 S_1, S_2, S_3, S_4 分别为 $\triangle ABD, \triangle BDC, \triangle ADC, \triangle ABC$ 的面积,则有

$$S_4^2 = (\frac{1}{2} BC \cdot AE)^2 = \frac{1}{4} BC^2 \cdot AE^2 = \frac{1}{4} BC^2 (ED^2 + AD^2) =$$

$$\frac{1}{4} BC^2 \cdot ED^2 + \frac{1}{4} AD^2 \cdot BC^2 = S_2^2 + \frac{1}{4} AD^2 \cdot (DB^2 + DC^2) =$$

$$S_2^2 + \frac{1}{4} AD^2 \cdot DB^2 + \frac{1}{4} AD^2 \cdot DC^2 = S_1^2 + S_2^2 + S_3^2$$

即

$$S_4^2 = S_1^2 + S_2^2 + S_3^2$$

接下去我们来证一般三棱锥的情形:

在三棱锥 $A-BCD$ 中,设 S_1, S_2, S_3, S_4 分别为 $\triangle ADC, \triangle ADB, \triangle BDC$ 和 $\triangle ABC$ 的面积. 又二面角 $B-AD-C = \alpha, A-BD-C = \beta, A-DC-B = \gamma$.

过 A 作 $AO \perp$ 平面 BCD,O 为垂足,联结 OC, OB, OD.

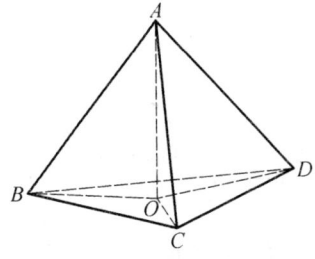

设二面角 $A-BC-D = x, C-AB-D = y, B-AC-D = z$,则

$$S_1 = S_2\cos\alpha + S_3\cos\gamma + S_4\cos z \qquad ①$$

$$S_2 = S_1\cos\alpha + S_3\cos\beta + S_4\cos x \qquad ②$$

$$S_3 = S_1\cos\gamma + S_2\cos\beta + S_4\cos y \qquad ③$$

$$S_4 = S_1\cos x + S_2\cos y + S_3\cos z \qquad ④$$

将 ①,②,③ 解得 $\cos x, \cos y, \cos z$ 代入 ④ 有

$$S_4 = \frac{S_1}{S_4}(S_1 - S_2\cos\alpha - S_3\cos\gamma) + \frac{S_2}{S_4}(S_2 - S_1\cos\alpha - S_3\cos\beta) +$$

$$\frac{S_3}{S_4}(S_3 - S_1\cos\gamma - S_2\cos\beta)$$

故 $$S_4^2 = S_1^2 + S_2^2 + S_3^2 - 2S_1S_2\cos\alpha - 2S_2S_3\cos\beta - 2S_1S_3\cos\gamma$$

这里想说明一点,因余弦定理也可视为3维空间的勾股定理的一种推广,那么上面的结论既可视为勾股定理的推广,而同时也可视为平角三角中余弦定理的一种推广.

注 这种关于四面体的勾股定理推广,还可以推广至 n 维空间情形.[157]

记 $(O, e_1, e_2, \cdots, e_n)$ 为标准欧几里得仿射空间 $\mathbf{R}^n$,考虑由

$$\Omega_n = \left\{ (x_1, x_2, \cdots, x_n) \in \mathbf{R}^n \,\middle|\, \sum_{i=1}^n \frac{x_i}{a_i} \leq 1, x_i \geq 0 \right\}$$

描述的紧凸多面体(即 n 维单形),其中 $a_i > 0 (i = 1, 2, \cdots, n)$. 它有:

$n+1$ 个顶点,由 $\overrightarrow{OA_i} = a_i e_i$ 定义的 n 个点 $\{A_i\} (i = 1, 2, \cdots, n)$ 以及原点 O;

$n+1$ 个 $n-1$ 维面, n 个从原点 O 出发的面(由 O 与 $\{A_i\}$ 中 $n-1$ 个点的凸包而得),一个不过原点的面(由诸 $\{A_i\}$ 点的凸包而得),下称斜面,则有紧凸多面体 Ω_n 中,斜面面积平方,等于其从原点出发的 n 个面的面积平方和.

记 S_i 为与顶点 A_i 相对的、从原点出发的面的面积, V 为 Ω_n 的体积,则

$$V = \frac{1}{n} S_i \times \| \overrightarrow{OA_i} \| = \frac{1}{n} S_i a_i \qquad ①$$

从 O 到斜面的高是从 O 到 $\sum_{i=1}^n \frac{x_i}{a_i} = 1$ 的仿射超平面距离,即 $\left(\sum_{i=1}^n \frac{1}{a_i^2} \right)^{-\frac{1}{2}}$,若 S 表示 Ω_n 的斜面面积,则

$$V = \frac{1}{n} S \times \left(\sum_{i=1}^n \frac{1}{a_i^2} \right)^{-\frac{1}{2}} \qquad ②$$

由式 ① 有 $\qquad S_i^2 = n^2 V^2 \frac{1}{a_i^2}, \quad i = 1, 2, \cdots, n$

再由式 ② 得 $\qquad S^2 = n^2 V^2 \left(\sum_{i=1}^n \frac{1}{a_i^2} \right) = \sum_{i=1}^n S_i^2$

对于用边来计算三角形面积的海伦公式,也有类似的推广过程(推广到四边形、四面体、…).

2. 海伦(Heron)公式及其推广

众所周知,每个数学分支的形成,都有其深刻的数学背景,每个数学结论的给出,都有其坚实的数学依据,数学公式的产生当然也不例外.

公元1世纪,希腊数学家海伦在其所著《度量论》一书中给出一个用三角形三边表达三角形面积的著名公式 —— 海伦公式:

若 a, b, c 为三角形三边长,则该三角形面积为

$$S = \sqrt{p(p-a)(p-b)(p-c)}$$

这里, $p = \frac{1}{2}(a + b + c)$ 表示三角形半周长.

这个公式简洁、对称,极具美感,深深揭示数学之美、数学之妙.[164]

据称《度量论》一书曾一度失传,直至 1896 年舍内(R. Schöne)在土耳其发现了它的手抄本后,才于 1903 年校订出版.[165]

又据阿拉伯数学家比鲁尼(A. R. albirūni)称,该公式源于阿基米德,这个考证也曾得到"圈内"人士的认可(尽管如此,人们还是将它冠以海伦之名).

人们在研究、证明乃至使用这个公式时,也许并不介意公式的背景.

其实,一个三角形当其三边长确定后,该三角形也就随之确定了,这就为人们用三边长表示三角形面积提供了理论基础和依据.

海伦公式证法很多,据称下面的方法源于海伦.

如右图,设 △ABC 内切圆 ⊙O 切三边于点 D, E, F, 延长 CB 至 H 使 HB = AF, 过点 B 作 LB ⊥ BC, 过点 O 作 LO ⊥ OC 交于 L, 联结 LC. 由此可知,$p = HC, HB = p - a, BD = p - b$, $DC = p - c$. 余下只须证

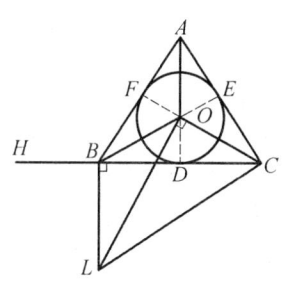

$$(HC \cdot OD)^2 = HC \cdot HB \cdot BD \cdot DC$$

这可由 B, L, C, O 四点共圆及 △AOF ∽ △CLB 推出.

1247 年前后,我国宋代数学家秦九韶在其所著《数书九章》中,给出另一个用三边表达三角形面积的公式 —— 三斜求积式.

公式基于中国人善用的"勾股"思想,因而公式也具此形式(似乎也是从那里推导出的),它用今天的数学符号表示,即

$$S = \sqrt{\frac{1}{4}\left[a^2 c^2 - \left(\frac{c^2 - a^2 - b^2}{2}\right)^2\right]}$$

其中 a, b, c 为三角形三边长.

正是"英雄所见略同",稍稍推演不难发现,该公式其实与海伦公式等价.

公式原本"有术无证"[166],至清代由数学家梅文鼎在《平三角举要》书中又作了诠释.

此前,公元 8 世纪阿拉伯数学家阿里·花剌子米(al-Khowarizmi)在其《代数学》一书也给出了类似的公式(只是形式上看上去不一).

至公元 10 世纪,韦发(Abul Wefa)也给出过一个公式

$$S = \sqrt{\left(\frac{a+b}{2}\right)^2 - \left(\frac{c}{2}\right)^2} \cdot \sqrt{\left[\left(\frac{c}{2}\right)^2 - \frac{a-b}{2}\right]^2}$$

其实它也与海伦公式等价.与秦九韶公式不同的是,这个公式也很整齐、对称,

但似乎不如海伦公式更简、更美.

我们说过:数学家们的共同(思想)特点就是寻找各种关系,并由此去探索、扩充某种思想途径,这种扩充之一便是推广.

人们发现了三角形的海伦公式后,自然有人会想到将它推广到四边形、五边形乃至 n 边形中去.

然而,人们首先意识到:四边形(五边形,…,n 边形)是不稳定图形,当它们的边长一一给定时,仍无法确定它们的形状,如下图所示.

两四边形边长一样,形状不一

换言之,一般来讲仅用四边长无法表达某个四边形面积(某些特例除外),必须添加某些条件,比如,角、对角线等.

婆罗摩笈多(Brahmagupta)在公元7世纪初的一部论及天文的著作中,给出了用四边长 a, b, c, d 表达圆内接四边形面积的公式

$$S = \sqrt{(p-a)(p-b)(p-c)(p-d)}$$

这里,$p = \frac{1}{2}(a+b+c+d)$.

公式无论从形式上还是内容上似乎都是海伦公式的延拓与推广(但它仅适用于圆内接四边形).

当然,对于一般四边形,依然有公式

$$S = \sqrt{(p-a)(p-b)(p-c)(p-d) - abcd\cos^2\alpha}$$

其中,α 为四边形对角和之半.

此外,1842年布列施内德(Bretschneide)给出了除已知四边形四条边长外再加上两条对角线 e, f 长(显然这些条件足已保证四边形的确定)的四边形面积公式

$$S = \frac{1}{4}\sqrt{4e^2f^2 - (a^2 - b^2 + c^2 - d^2)^2}$$

它当然也应为海伦公式的一种推广.

三角形在三维空间的简单推广便是四面体,它也是一种稳定图形,说得具体点:若四面体6条棱长给定,各棱位置或顺序关系也给定后,四面体是确定的.这样,利用四面体棱长表示它的体积应该是可能的(考虑棱间顺序).

1758年,数学大师欧拉给出了这种公式[167].欧拉先从矢量混积得到平行

六面体体积,相应四面体体积为它的 $1/6$.具体地讲,若设从 A_1 出发的四面体 3 条棱的矢量分别为 p,q,r,则四面体体积为

$$V = \frac{1}{6}|p \cdot (q \times r)|$$

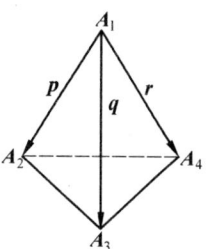

引入坐标,再利用行列式性质,欧拉得到四面体 $A_1 - A_2A_3A_4$ 的体积公式为

$$V^2 = \frac{1}{288}\begin{vmatrix} 0 & 1 & 1 & 1 & 1 \\ 1 & 0 & d_{12}^2 & d_{13}^2 & d_{14}^2 \\ 1 & d_{21}^2 & 0 & d_{23}^2 & d_{24}^2 \\ 1 & d_{31}^2 & d_{32}^2 & 0 & d_{34}^2 \\ 1 & d_{41}^2 & d_{42}^2 & d_{43}^2 & 0 \end{vmatrix}$$

这里 d_{ij} 表示棱 A_iA_j 的长.详细推导见文献[168].

如是,海伦公式用行列式亦可写为

$$S^2 = \frac{1}{16}\begin{vmatrix} 0 & 1 & 1 & 1 \\ 1 & 0 & c^2 & b^2 \\ 1 & c^2 & 0 & a^2 \\ 1 & b^2 & a^2 & 0 \end{vmatrix}$$ 的绝对值

此外,如右图,若四面体给定从同一顶点出发的三棱长为 a,b,c 和它们两两的夹角值为 α,β,γ(注意:这时四面体是确定的),则有

$$V = \frac{1}{6}abc\sin\theta$$

其中

$$\sin\theta = 2[\sin(\sigma-\alpha)\sin(\sigma-\beta)\sin(\sigma-\gamma)]^{1/2}$$

这里,$\sigma = \frac{1}{2}(\alpha+\beta+\gamma)$.

行列式的出现是数学史上的一个重大发明,它不仅在代数、微积分等领域展示其威力,也为人们形式地表示几何图形面积、几何体体积等带来了方便(见前文例).由于它整齐、易记,因而深受人们喜爱.

1841 年,著名数学家拉格朗日(J.L.Lagrange)发现:对于三维欧氏空间任意五点 A_1,A_2,A_3,A_4,A_5 来讲,若记 $d_{ij} = \overline{A_iA_j}$,则下式总成立

$$\begin{vmatrix} 0 & d_{12}^2 & d_{13}^2 & d_{14}^2 & d_{15}^2 & 1 \\ d_{21}^2 & 0 & d_{23}^2 & d_{24}^2 & d_{25}^2 & 1 \\ d_{31}^2 & d_{32}^2 & 0 & d_{34}^2 & d_{35}^2 & 1 \\ d_{41}^2 & d_{42}^2 & d_{43}^2 & 0 & d_{45}^2 & 1 \\ d_{51}^2 & d_{52}^2 & d_{53}^2 & d_{54}^2 & 0 & 1 \\ 1 & 1 & 1 & 1 & 1 & 0 \end{vmatrix} = 0$$

费尔巴哈(Feuerbach)曾给出空间五点共面或共球面的条件(某种意义上讲也与体积概念有关),后经凯莱(A. Kelley,行列式的发明者之一)将其写为行列式形式(与上面行列式形式上颇相似).

空间五点 A_1, A_2, A_3, A_4, A_5 共平(球)面的条件为

$$\begin{vmatrix} 0 & d_{12}^2 & d_{13}^2 & d_{14}^2 & d_{15}^2 \\ d_{21}^2 & 0 & d_{23}^2 & d_{24}^2 & d_{25}^2 \\ d_{31}^2 & d_{32}^2 & 0 & d_{34}^2 & d_{35}^2 \\ d_{41}^2 & d_{42}^2 & d_{43}^2 & 0 & d_{45}^2 \\ d_{51}^2 & d_{52}^2 & d_{53}^2 & d_{54}^2 & 0 \end{vmatrix} = 0$$

特别地,平面上四点共线或共圆的条件可写为

$$\begin{vmatrix} 0 & d_{12}^2 & d_{13}^2 & d_{14}^2 \\ d_{12}^2 & 0 & d_{23}^2 & d_{24}^2 \\ d_{13}^2 & d_{23}^2 & 0 & d_{34}^2 \\ d_{14}^2 & d_{24}^2 & d_{34}^2 & 0 \end{vmatrix} = 0$$

将其展开,即

$$d_{12}d_{34} \pm d_{13}d_{24} \pm d_{23}d_{14} = 0$$

这便是平面几何中托勒密(Ptolemy)定理及直线上四点的欧拉定理的另一种表达.

空间六面体也是一种不稳定图形,仅由其棱长一般无法确定它的体积大小,如下图所示.

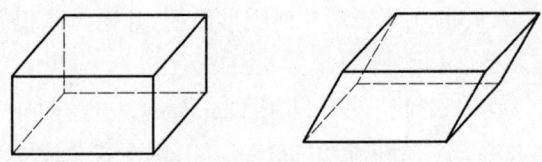

两六面体棱长一样,体积不一

若想得到以棱长表示其体积的公式,尚须添加某些附加条件以使六面体能唯一确定(至少体积唯一确定),其复杂程度使得人们放弃了这种努力(不是不能,而是人们觉得这样一来它已无意义).

况且人们已有了某些局部的结果,比如,前文已述平行六面体体积(右图)可由

$$V = |a \cdot (b \times c)|$$

给出(注意:向量已标示出方向或夹角).人们也许不难给出其他形式的表达(如行列式),但这只是六面体中甚为罕见的一类.

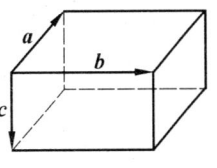

棱用向量标识的平行六面体

面积、体积概念的 n 维空间推广,似乎是顺理成章的事.但是,在三维空间几何体体积定义上,欧几里得在《几何原本》中却绕过像平面图形面积的定义(利用分割方法)那样,而改用穷竭法(高斯发现了这一点),随后的图形大小相等与组成相等不等同例子的出现——戴恩(M.Dehn)给出一个与立方体等积的正四面体与之不组成相等,从而否定希尔伯特第 3 问题,让人们不得不佩服欧几里得的高明与睿智.

关于空间几何体体积相等的判定,卡瓦列里(Cavalieri)给出了下面的原理(祖暅也发现了同样的原理):

夹在两平行平面间的两个几何体,若被任何平行两平行平面的平面所截得图形面积都相等,则这两个几何体体积相等.

当体积概念推广到 n 维空间之后,人们采用了公理模式定义它.

比如,n 维欧氏空间中,由 $a_1, a_2, \cdots, a_n$ 形成的 n 维平行多面体体积就有公式[169]

$$V = \sqrt{|\det(a_i, a_j)|}, \quad i,j = 1,2,\cdots,n$$

这里 $\det(a_i, a_j)$ 表示 $a_1, a_2, \cdots, a_n$ 的格莱姆(J.P.Gram)行列式

$$\begin{vmatrix} (a_1,a_1) & (a_1,a_2) & \cdots & (a_1,a_n) \\ (a_2,a_1) & (a_2,a_2) & \cdots & (a_2,a_n) \\ \vdots & \vdots & & \vdots \\ (a_n,a_1) & (a_n,a_2) & \cdots & (a_n,a_n) \end{vmatrix}$$

体积概念还进一步推广至黎曼(G.F.B.Riemann)流形上的子集 E 的体积,即若以

$$dS^2 = \sum_{i,j=1}^{n} g_{ij} dx_1 dx_2 \cdots dx_n$$

为度量的 n 维黎曼流形上的子集 E 的体积为

$$\iint \cdots \int |g| dx_1 dx_2 \cdots dx_n$$

其中，$|g| = \det \|g_{ij}\|$. [169]

至此，体积的推广暂告一段落．如果需要，人们还会将它再推广．

由上我们已经看到了海伦公式产生的背景及公式的一些推广，这其实也为我们学习其他数学概念建立了同样的思维模式．

注 对于正多面体(仅有 5 种，见下图)而言，它们的体积其实仅需已知棱长 a 即可求得．下表给出了这些公式．

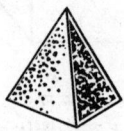 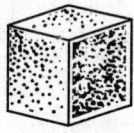 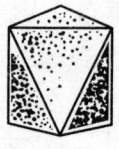 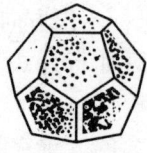 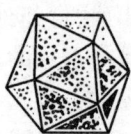

  正四面体   正六面体   正八面体   正十二面体   正二十面体

五种正多面体体积公式及近似

n	4	6	8	12	20
V	$\frac{\sqrt{2}}{12}a^3$	a^3	$\frac{\sqrt{2}}{3}a^3$	$\frac{1}{4}(15+7\sqrt{5})a^3$	$\frac{5}{12}(3+\sqrt{5})a^3$
$\approx$	$0.1179a^3$	a^3	$0.4714a^3$	$7.6631a^3$	$2.1817a^3$

3. 外森比克(R. Weitzenboeck)不等式及推广

据文献记载，外森比克不等式(下面简称 W – 不等式)是外森比克于 1919 年发表的．它的具体内容是这样的：

在 $\triangle ABC$ 中，若其三边分别为 a, b, c，又 S 为其面积，则
$$a^2 + b^2 + c^2 \geq 4\sqrt{3}S$$
且等号仅当三角形为正三角形时成立．

它曾作为 1961 年第 3 届国际中学生数学奥林匹克竞赛(IMO)的一个题目．它的证法很多，比如，可由海伦 – 秦九韶公式证明如下：由
$$S = \sqrt{(a+b+c)(a+b-c)(a-b+c)(b+c-a)}/4$$
又
$$3(a+b+c)(a+b-c)(a-b+c)(b+c-a) =$$
$$3(-a^4 - b^4 - c^4 + 2b^2c^2 + 2a^2c^2 + 2a^2b^2) =$$
$$(a^2+b^2+c^2)^2 - 4(a^4+b^4+c^4 - b^2c^2 - a^2c^2 - a^2b^2) =$$
$$(a^2+b^2+c^2)^2 - 2[(a^2-b^2)^2 + (b^2-c^2)^2 + (c^2-a^2)^2] \leq$$
$$(a^2+b^2+c^2)^2$$
故
$$a^2 + b^2 + c^2 \geq 4\sqrt{3}S$$
下面看看这个不等式推广的情形(见插页图)．

几点注记

(1) 不等式 $(abc)^{2/3} \geq 4\sqrt{3}S/3$

由 $\sin A \sin B \sin C \leq 3\sqrt{3}/8$，若 R 为三角形外接圆半径，则有

$$abc = (2R\sin A)(2R\sin B)(2R\sin C) = 8R^3 \sin A \sin B \sin C \leq 3\sqrt{3}R^3 = 3\sqrt{3}a^3b^3c^3/(4S)^3$$

这只须注意到 $\quad S = \dfrac{1}{2}ab\sin C = \dfrac{abc}{4R}$

从而 $\quad (abc)^{2/3} \geq 4\sqrt{3}S/3$

故得 $a^2 + b^2 + c^2 \geq 3\sqrt[3]{a^2b^2c^2} \geq 4\sqrt{3}S$，即 W – 不等式。

显然由算术 – 几何平均值不等式可有

$$\prod_{k=1}^{n} a_k^2 + \prod_{k=1}^{n} b_k^2 + \prod_{k=1}^{n} c_k^2 \geq 3\sqrt[3]{\prod_{k=1}^{n} a_k^2 b_k^2 c_k^2} \geq \frac{(4\sqrt{3})^n}{3^{n-1}} \prod_{k=1}^{n} S_k$$

(2) W – 不等式加权推广

由下面式子展开有

$$S^2 = \frac{1}{4}a^2b^2\sin^2 C = \frac{1}{4}a^2b^2(1 - \cos^2 C) =$$
$$\frac{1}{4}a^2b^2\left[1 - \left(\frac{a^2 + b^2 - c^2}{2ab}\right)^2\right] =$$
$$\frac{1}{16}(2a^2b^2 + 2b^2c^2 + 2c^2a^2 - a^4 - b^4 - c^4)$$

而注意到下面式子变形

$$(\lambda_1 a^2 + \lambda_2 b^2 + \lambda_3 c^2)^2 - \left(4\sqrt{\lambda_1\lambda_2 + \lambda_2\lambda_3 + \lambda_3\lambda_1}\,S\right)^2 =$$
$$(\lambda_1 a^2 + \lambda_2 b^2 + \lambda_3 c^2)^2 - (\lambda_1\lambda_2 + \lambda_2\lambda_3 + \lambda_3\lambda_1) \cdot$$
$$(2a^2b^2 + 2b^2c^2 + 2c^2a^2 - a^4 - b^4 - c^4) =$$
$$(\lambda_1 + \lambda_2)(\lambda_2 + \lambda_3)(\lambda_3 + \lambda_1)\left[\lambda_3\left(\frac{a^2}{\lambda_2 + \lambda_3} - \frac{b^2}{\lambda_1 + \lambda_3}\right)^2 + \lambda_1\left(\frac{b^2}{\lambda_1 + \lambda_3} - \frac{c^2}{\lambda_1 + \lambda_2}\right)^2 + \lambda_2\left(\frac{c^2}{\lambda_1 + \lambda_2} - \frac{a^2}{\lambda_2 + \lambda_3}\right)^2\right] \geq 0$$

故 $\quad \lambda_1 a^2 + \lambda_2 b^2 + \lambda_3 c^2 \geq 4\sqrt{\lambda_1\lambda_2 + \lambda_2\lambda_3 + \lambda_3\lambda_1}\,S$

其中等号当且仅当

$$\frac{a^2}{\lambda_2 + \lambda_3} = \frac{b^2}{\lambda_1 + \lambda_3} = \frac{c^2}{\lambda_1 + \lambda_2}$$

即 $\quad a : b : c = \sqrt{\lambda_2 + \lambda_3} : \sqrt{\lambda_1 + \lambda_3} : \sqrt{\lambda_1 + \lambda_2}$

时成立。

当 $\lambda_1 = \lambda_2 = \lambda_3$ 时，即为 W – 不等式。

(3) n 边形的 W – 不等式

若设凸 n 边形周长 $a_1 + a_2 + \cdots + a_n = p$，由等周定理(周长一定的凸 n 边形，以正 n 边形面积最大)：$S_{n正} \geq S_n$. 设正 n 边形边长为 a，则由

$$S_{n正} = \frac{n}{4}a^2 \cot \frac{\pi}{n} = \frac{n}{4}\left(\frac{p}{n}\right)^2 \cot \frac{\pi}{n} = \frac{p^2}{4n} \cot \frac{\pi}{n}$$

故
$$S_n \leq \frac{p^2}{4n} \cot \frac{\pi}{n}$$

即
$$\frac{p^2}{4n} \geq 4S_n \tan \frac{\pi}{n}$$

又 $\quad \dfrac{p^2}{n} = \dfrac{1}{n}(a_1 + a_2 + \cdots + a_n)^2 \leq a_1^2 + a_2^2 + \cdots + a_n^2$

从而 $\quad a_1^2 + a_2^2 + \cdots + a_n^2 \geq 4S_n \tan \dfrac{\pi}{n}$

$n = 3$ 时即为 W – 不等式.

(4) n 维单形体积的两个不等式

设 Ω 是 n 维欧几里得空间 $\mathbf{E}^n$ 的一个 n 维单形，其顶点集为 $A = \{A_0, A_1, \cdots, A_n\}$，棱长 $|\overline{A_iA_j}| = a_{ij}$，体积为 V_n，外接超球半径为 R_n，各棱长之积为 $P_n = \prod\limits_{0 \leq i < j \leq n} a_{ij}$，则

① $V_n R_n \leq \sqrt{n} P_n^{\frac{n}{2}} / 2^{\frac{n+1}{2}} n!$，等号仅当所有 $a_{ij}/a_{0i}a_{0j}$(这里 $i \neq j; i, j = 1, 2, \cdots, n$) 都相等时成立；

② $V_n \leq \sqrt{n+1} P_n^{\frac{2}{n+2}} / 2^{\frac{n}{2}} n!$，等号仅当 Ω 为正则单形时成立.

这个问题源于波利亚和舍贵(G. Szegö)建立的联系三角形面积与三边乘积的不等式(即前述不等式注记的(1)式)

$$abc \geq 8S^{\frac{3}{2}}/3^{\frac{3}{4}}$$

或
$$S \leq \sqrt[3]{a^2b^2c^2}/4\sqrt{3}$$

1987 年，陈计将不等式推广到四边形中

$$S \leq \sqrt{abcd}$$

等号当且仅当四边形 $ABCD$ 可内接于圆时成立.

杨路等将上式推广到四面体和 n 维单形中. 对于四面体赵何成证明了：

四面体体积 V 和六条棱长之积 P 之间满足 $P \geq 72V^2$.

而后有人将它改进为

$$P \geq 72V^2 \csc^{\frac{1}{4}} \theta_i$$

其中 θ_i 为四面体顶点 A_i 处三个面角的算术平均值,且等号仅当四面体为正四面体时成立.

(5) 芬斯勒 – 哈德维格尔(Finsler-Hadwiger) 不等式

该不等式系芬斯勒(P.Finsler)与哈德维格尔(H.Hadwiger)于 1937 年建立的.它的证明可如:

由余弦定理及三角形面积公式有
$$a^2 + b^2 + c^2 = 2bc\cos A + 2ac\cos B + 2ab\cos C$$

又 $$\frac{1}{4S} = \frac{1}{2bc\sin A} = \frac{1}{2ac\sin B} = \frac{1}{2ab\sin C}$$

故
$$a^2 + b^2 + c^2 - [(a-b)^2 + (b-c)^2 + (c-a)^2] =$$
$$2ab + 2bc + 2ac - a^2 - b^2 - c^2 =$$
$$4S\left(\frac{1-\cos A}{\sin A} + \frac{1-\cos B}{\sin B} + \frac{1-\cos C}{\sin C}\right) =$$
$$4S\left(\tan\frac{A}{2} + \tan\frac{B}{2} + \tan\frac{C}{2}\right) \geq 4S\cdot\sqrt{3} = 4\sqrt{3}S$$

整理后便得芬斯勒 – 哈德维格尔不等式(简称芬 – 哈不等式).

该不等式亦有许多推广,如加权、幂指数推广等.比如
$$\lambda_1 a^2 + \lambda_2 b^2 + \lambda_3 c^2 - 4\sqrt{\lambda}S \geq \lambda_1(b-c)^2 + \lambda_2(c-a)^2 + \lambda_3(a-b)^2$$
其中,$\lambda = 2(\lambda_1\lambda_2 + \lambda_2\lambda_3 + \lambda_3\lambda_1) - (\lambda_1^2 + \lambda_2^2 + \lambda_3^2)$.

又若 $m \in \mathbf{N}$ 且 $m \geq 2$,则
$$a^m + b^m + c^m - 2^m 3^{\frac{1}{4}(1-m)} S^{\frac{m}{2}} \geq |b-c|^m + |c-a|^m + |a-b|^m$$
等号当且仅当三角形为正三角形时成立.

此外它还可推广到 n 边形中去.

(6) 三角形三边 m 次方和

只须注意到
$$\tan\frac{A}{2}\tan\frac{B}{2}\tan\frac{C}{2} \leq 3^{-\frac{3}{2}}$$

又对任意正数 a,b,c 和正整数 m 均有
$$a^{m+1} + b^{m+1} + c^{m+1} \geq \frac{1}{3}(a+b+c)(a^m + b^m + c^m)$$

这一点可由下面不等式得到
$$(a^m - b^m)(a-b) + (b^m - c^m)(b-c) + (c^m - a^m)(c-a) \geq 0$$
即 $\quad 2(a^{m+1} + b^{m+1} + c^{m+1}) \geq a^m(b+c) + b^m(c+a) + c^m(a+b)$
故 $\quad 3(a^{m+1} + b^{m+1} + c^{m+1}) \geq a^m(a+b+c) + b^m(a+b+c) + c^m(a+b+c)$

有了这些准备,我们可以用数学归纳法去证三角形三边 m 次方和不等式(对指数归纳):

$$a^m + b^m + c^m \geq 2^m \cdot 3^{1-\frac{m}{4}} S^{\frac{m}{2}} \qquad (*)$$

① $m = 2$,即 W – 不等式($k = 1$ 命题亦成立,证明略).

② 设 $m = k$ 时不等式 $a^k + b^k + c^k \geq 2^k \cdot 3^{1-\frac{k}{4}} S^{\frac{k}{2}}$ 成立,则当 $m = k + 1$ 时,有

$$a^{k+1} + b^{k+1} + c^{k+1} \geq (a^k + b^k + c^k)(a + b + c)/3 \geq$$
$$2^k \cdot 3^{1-\frac{k}{4}} \cdot S^{\frac{k}{2}} \cdot 2 \cdot 3^{1-\frac{1}{4}} \cdot S^{\frac{1}{2}}/3 =$$
$$2^{k+1} \cdot 3^{1-\frac{k+1}{4}} S^{\frac{k+1}{2}}$$

即当 $m = k + 1$ 时命题也成立,从而对任何自然数命题都真.

此外,我们还可利用熟知的不等式给出上述结论的另外一种归纳证法:

① 当 $m = 1$ 时, $a + b + c \geq 2\sqrt{3\sqrt{3}S}$ 是常见的几何不等式,即 $m = 1$ 时,命题成立.

② 假设当 $m = k$ 时,命题成立,即有不等式

$$a^k + b^k + c^k \geq 2^k \cdot 3^{\frac{4-k}{4}} S^{\frac{k}{2}}$$

则当 $m = k + 1$ 时,由不等式

$$\left(\frac{a_1^\alpha + a_2^\alpha + \cdots + a_n^\alpha}{n}\right)^{\frac{1}{\alpha}} \geq \left(\frac{a_1^\beta + a_2^\beta + \cdots + a_n^\beta}{n}\right)^{\frac{1}{\beta}}$$

其中 $a_i \in \mathbf{R}^+, i = 1, 2, \cdots, n$,且 $\alpha > \beta$,得

$$\left(\frac{a^{k+1} + b^{k+1} + c^{k+1}}{3}\right)^{\frac{1}{k+1}} \geq \left(\frac{a^k + b^k + c^k}{3}\right)^{\frac{1}{k}} \geq \left(\frac{2^k}{3} \cdot 3^{\frac{4-k}{4}} \cdot S^{\frac{k}{2}}\right)^{\frac{1}{k}}$$

从而可有

$$a^{k+1} + b^{k+1} + c^{k+1} \geq 3\left(\frac{2^k}{3} \cdot 3^{\frac{4-k}{4}} \cdot S^{\frac{k}{2}}\right)^{\frac{k+1}{k}} = 3 \cdot 2^{k+1} \cdot 3^{-\frac{k+1}{4}} S^{\frac{k+1}{2}} =$$
$$2^{k+1} \cdot 3^{\frac{4-(k+1)}{4}} S^{\frac{k+1}{2}}$$

即当 $m = k + 1$ 时,原不等式成立.

综上所述,对于任意 $m \in \mathbf{N}$,命题成立.

该不等式的另一推广形式为

$$\frac{a^{m+2}}{b^m + c^m} + \frac{b^{m+2}}{c^m + a^m} + \frac{c^{m+2}}{a^m + b^m} \geq 2\sqrt{3} S$$

(7) n 边形 m 次不等式

由等周定理:周长一定的多边形以正多边形面积最大: $S_{n\text{正}} < S_n$.

令周长 $c = \sum_{i=1}^{n} a_i$. 又

$$S_{n\text{正}} = \frac{1}{4}n\left(\frac{c}{n}\right)^2 \cot\frac{\pi}{n} = \frac{c^2}{4n}\cot\frac{\pi}{n}$$

即

$$c^2 \geqslant 4n\tan\frac{\pi}{n}S_n$$

由赫尔德(O. Hölder) 不等式(见后文)可有

$$\sum_{i=1}^{n} a_i^m \geqslant \left(\sum_{i=1}^{n} a_i\right)^m n^{1-m} \geqslant 2^m \tan^{\frac{m}{2}}\frac{\pi}{n} \cdot n^{1-\frac{m}{2}} \cdot S_n^{\frac{m}{2}}$$

特别地,对于任意四边形而言,还有

$$a^m + b^m + c^m + d^m \geqslant 4\sqrt{S^m}$$

这只须注意到赫尔德不等式(分四边形共圆与否讨论)

$$\frac{1}{n}\sum_{i=1}^{n} a_i^\alpha \geqslant \left(\frac{1}{n}\sum_{i=1}^{n} a_i\right)^\alpha$$

(8) 四面体 m 次不等式

设四面体各侧面面积分别为 S_1, S_2, S_3, S_4. 由命题(6) 中不等式(*)有

$$a_1^m + a_2^m + a_3^m \geqslant 2^m \cdot 3^{\frac{4-m}{4}} S_1^{\frac{m}{2}}$$

$$a_1^m + a_4^m + a_5^m \geqslant 2^m \cdot 3^{\frac{4-m}{4}} S_2^{\frac{m}{2}}$$

$$a_2^m + a_5^m + a_6^m \geqslant 2^m \cdot 3^{\frac{4-m}{4}} S_3^{\frac{m}{2}}$$

$$a_3^m + a_4^m + a_6^m \geqslant 2^m \cdot 3^{\frac{4-m}{4}} S_4^{\frac{m}{2}}$$

以上四式两边相加,得

$$2\sum_{i=1}^{6} a_i^m \geqslant \frac{1}{2} \cdot 2^m \cdot 3^{\frac{4-m}{4}} (S_1^{\frac{m}{2}} S_2^{\frac{m}{2}} S_3^{\frac{m}{2}} S_4^{\frac{m}{2}}) \geqslant$$

$$2^{m+1} \cdot 3^{\frac{4-m}{4}} \cdot \sqrt[4]{(S_1 S_2 S_3 S_4)^{\frac{m}{2}}}$$

由不等式 $S_1 S_2 S_3 S_4 \geqslant \left(\frac{3^{14}}{2^{12}}\right)^{\frac{1}{3}} V^{\frac{8}{3}}$,从而

$$\sum_{i=1}^{6} a_i^m \geqslant 2^{m+1} \cdot 3^{\frac{4-m}{4}} \cdot \sqrt[4]{\left[\left(\frac{3^{14}}{2^{12}}\right)^{\frac{1}{3}} V^{\frac{8}{3}}\right]^{\frac{m}{2}}} = 2^{\frac{m+2}{2}} \cdot 3^{\frac{m+3}{3}} V^{\frac{m}{3}}$$

它的另一推广形式为
$$\sum_{i=1}^{6} \frac{a_i^{m+2}}{a_{i+1}^m + a_{i+2}^m} \geq 2^2 \cdot 3^{\frac{5}{3}} V^{\frac{2}{3}}$$

这里求和中 a_{i+1}, a_{i+2} 下标为 6 余数(模 6 余数).

以上这些不等式间的关系可见插页图以及下图.

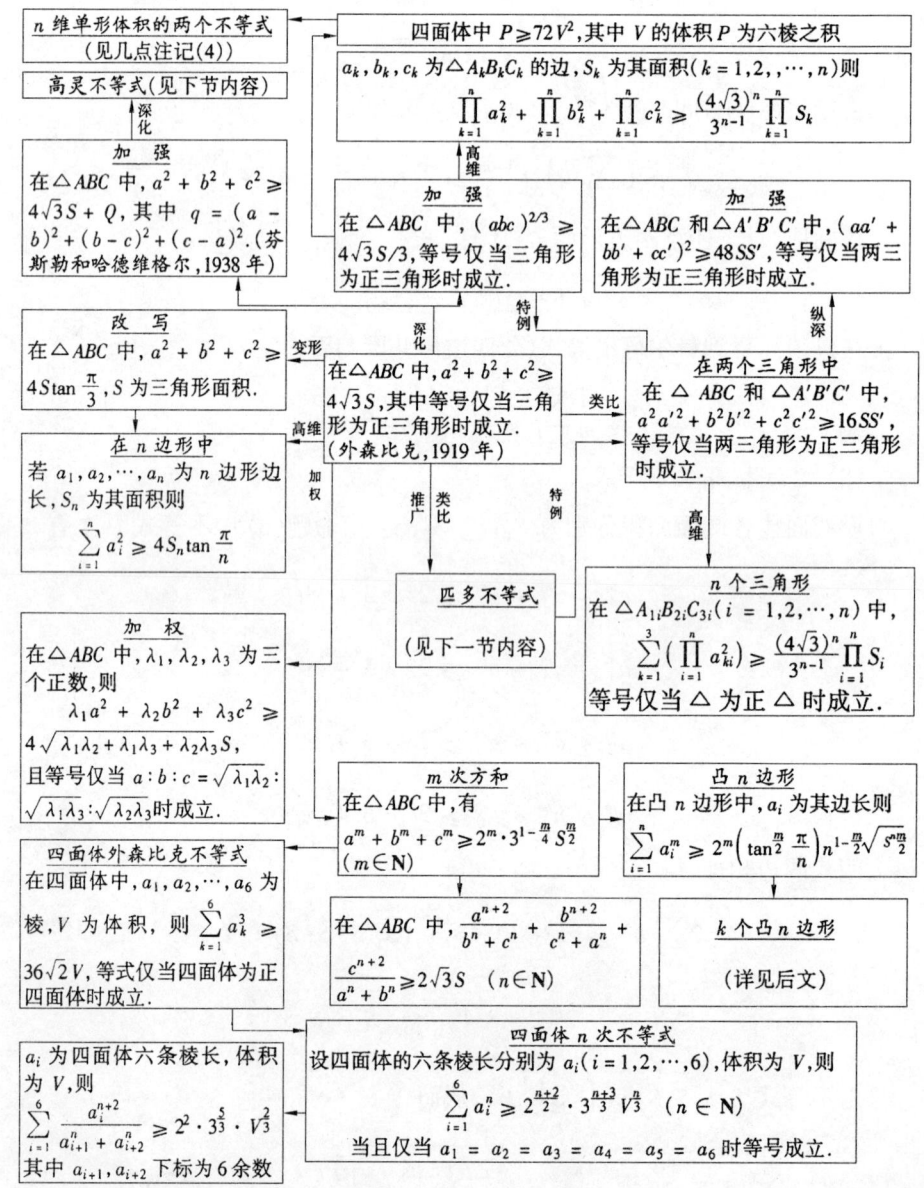

4. 匹多(D. Pedoe)不等式及其推广

1942年,美国几何学家匹多证明了下面的不等式:

设 a,b,c 和 a',b',c' 分别为 $\triangle ABC$ 和 $\triangle A'B'C'$ 的三边,若令 S,S' 分别表示 $\triangle ABC$ 和 $\triangle A'B'C'$ 的面积,且令

$$H = a'^2(b^2+c^2-a^2) + b'^2(c^2+a^2-b^2) + c'^2(a^2+b^2-c^2)$$

则 $H \geq 16SS'$,等号仅当 $\triangle ABC \backsim \triangle A'B'C'$ 时成立.

据报载,这个不等式的历史还可以追溯到更早,事实上1891年纽贝格(J. Neuberg)就提出过这个不等式.匹多是受到芬斯勒等人证明外森比克不等式的方法的启示,而发现并证得这个不等式的.

在我国,首次向人们介绍这个不等式却是1979年的事(见文献[28]),尔后不少人做了研究和探讨,也有人给出了它的推广,诸如程龙、杨路、张景中等.

匹多不等式证法很多,比如,代数法、三角法、解析(坐标)法、复数法、向量法等(见文献[34]).这里给出一个三角证法:

由 $(a'b - b'a)^2 \geq 0$ 及三角函数性质有

$$a'^2b^2 + b'^2a^2 \geq 2aba'b' \geq 2aba'b'\cos(C-C') = 2aba'b'(\cos C\cos C' + \sin C\sin C')$$

这样可有

$$2(a'^2b^2 + b'^2a^2) \geq (2ab\cos C)(2a'b'\cos C') + 16\left(\frac{1}{2}ab\sin C\right)\left(\frac{1}{2}a'b'\sin C'\right) = (a^2+b^2-c^2)(a'^2+b'^2-c'^2) + 16SS'$$

注意到前式利用了配方技巧,如此一来有

$$2(a'^2b^2 + b'^2a^2) - (a^2+b^2-c^2)(a'^2+b'^2-c'^2) \geq 16SS'$$

而式左恰好可整理为 H,这样 $H \geq 16SS'$,等号当且仅当

$$a'b - ab' = 0$$

和

$$\cos(C-C') = 1$$

即 $\dfrac{a'}{a} = \dfrac{b'}{b}$, $C = C'$,亦即 $\triangle ABC \backsim \triangle A'B'C'$ 时成立.

几点注记

下面是插页图及第 90 页图中另外一些不等式的证明.

(1) $a^2 a'^2 + b^2 b'^2 + c^2 c'^2 \geqslant 16SS'$.

若将 H 可改写为
$$H = (a^2 + b^2 + c^2)(a'^2 + b'^2 + c'^2) - 2(a^2 a'^2 + b^2 b'^2 + c^2 c'^2)$$

由 $a^2 + b^2 + c^2 \geqslant 4\sqrt{3}S$, 故
$$H \geqslant 48SS' - 2(a^2 a'^2 + b^2 b'^2 + c^2 c'^2)$$

又 $H \geqslant 16SS'$, 今证
$$16SS' \leqslant a^2 a'^2 + b^2 b'^2 + c^2 c'^2$$

对 $\triangle ABC$ 与 $\triangle B'C'A$, $\triangle ABC$ 与 $\triangle C'A'B'$ 分别用匹多不等式有

$b'^2(-a^2 + b^2 + c^2) + c'^2(a^2 - b^2 + c^2) + a'^2(a^2 + b^2 - c^2) \geqslant 16SS'$

$c'^2(-a^2 + b^2 + c^2) + a'^2(a^2 - b^2 + c^2) + b'^2(a^2 + b^2 - c^2) \geqslant 16SS'$

将上两式两边相加、再除 2 后即为
$$a^2 a'^2 + b^2 b'^2 + c^2 c'^2 \geqslant 16SS'$$

注意到上式等号成立,当且仅当
$$\triangle ABC \backsim \triangle B'C'A \backsim \triangle C'A'B'$$

此即说 $\triangle ABC$ 与 $\triangle A'B'C'$ 均为正三角形.

(2) $(aa' + bb' + cc')^2 \geqslant 48SS'$.

由于 $a^2 a'^2 + b^2 b'^2 + c^2 c'^2 \geqslant (aa' + bb' + cc')^2/3$,比较上面(1)的不等式,不等式(2)显然有所改进. 今证之.

由 $S = a^2 \sin B \sin C/(2\sin A)$, 即 $a = \sqrt{2S \sin A/(\sin B \sin C)}$, 故

$$(aa' + bb' + cc')^2 = \frac{4SS'(\sin A \sin A' + \sin B \sin B' + \sin C \sin C')^2}{\sin A \sin A' + \sin B \sin B' \sin C \sin C'}$$

因
$$\sin A \sin A' + \sin B \sin B' + \sin C \sin C' \geqslant 3\sqrt[3]{\sin A \sin A' + \sin B \sin B' + \sin C \sin C'}$$

故 $(aa' + bb' + cc')^2 \geqslant 36SS'/(\sin A \sin A' + \sin B \sin B' + \sin C \sin C')^{\frac{1}{3}} \geqslant$
$$36SS' \sin^2 60° = 48SS'$$

其中,等号仅当两三角形均为正三角形时成立.

(3) 关于三角形中线的匹多不等式

由三角形中线公式 $m_a^2 = \frac{1}{4}(2b^2 + 2c^2 - a^2)$ 等,将其代入中线的匹多不等式式左为 $\frac{9}{16}H$, 再由匹多不等式即可证得结论.

(4) n 边形的匹多不等式

证明这个不等式只须注意到下面的结论:

① (切比雪夫 (П.Л.Чебышев) 不等式) 若 $a_i \leqslant a_{i+1}$, 且 $b_i \leqslant b_{i+1}$ ($i = 1, 2, \cdots, n - 1$), 则

$$\frac{1}{n} \sum_{i=1}^{n} a_i b_i \geqslant \left(\sum_{i=1}^{n} a_i\right)\left(\sum_{i=1}^{n} b_i\right)$$

② (等周定理) 周长一定的多边形以正多边形面积最大, 则有

$$S \leqslant \frac{n}{4} \cot \frac{\pi}{n} \cdot \left(\frac{a_1 + a_2 + \cdots + a_n}{n}\right)^2$$

③ (幂平均不等式) 若 $\alpha \geqslant \beta > 0, a_i > 0$ ($i = 1, 2, \cdots, n$), 则

$$\left(\frac{a_1^{\alpha} + a_2^{\alpha} + \cdots + a_n^{\alpha}}{n}\right)^{\frac{1}{\alpha}} \geqslant \left(\frac{a_1^{\beta} + a_2^{\beta} + \cdots + a_n^{\beta}}{n}\right)^{\frac{1}{\beta}}$$

详细证明见文献[37].

(5) 卡利茨 (L.Carlitz) 的推广

1971 年美国杜克 (Duke) 大学的卡利茨用纯代数方法证明了匹多不等式, 且于 1973 年推广 (改进) 了这个不等式为

$$H \geqslant 8\left(\lambda S^2 + \frac{1}{\lambda} S'^2\right)$$

其中, $\lambda = \dfrac{a'^2 + b'^2 + c'^2}{a^2 + b^2 + c^2}$.

简单证明如下:

令 $x_1 = a^2, x_2 = b^2, x_3 = c^2, y_1 = a'^2, y_2 = b'^2, y_3 = c'^2$, 则

$$H = \sum_{i=1}^{3} x_i \sum_{i=1}^{3} y_i - 2 \sum_{i=1}^{3} x_i y_i$$

又由海伦 - 秦九韶公式有

$$S = \sqrt{\frac{a+b+c}{2} \cdot \frac{b+c-a}{2} \cdot \frac{c+a-b}{2} \cdot \frac{a+b-c}{2}}$$

可得

$$16S^2 = (a^2 + b^2 + c^2) - 2(a^4 + b^4 + c^4)$$

即

$$16S^2 = \left(\sum_{i=1}^{3} x_i\right)^2 - 2 \sum_{i=1}^{3} x_i^2$$

同样地有

$$16S'^2 = \left(\sum_{i=1}^{3} y_i\right)^2 - 2 \sum_{i=1}^{3} y_i^2$$

若令 $S_x = \sum x_i, S_y = \sum y_i$, 则

$$S_x S_y - H = 2\sum x_i y_i \leq 2\sqrt{\sum x_i^2 \sum y_i^2} = \sqrt{(S_x^2 - 16S^2)(S_y^2 - 16S'^2)} =$$

$$S_x S_y \sqrt{\left(1 - \frac{16}{S_x^2}S^2\right)\left(1 - \frac{16}{S_y^2}S'^2\right)} \leq S_x S_y \left[1 - 8\left(\frac{S^2}{S_x^2} + \frac{S'^2}{S_y^2}\right)\right]$$

故 $$H \geq 8 S_x S_y \left(\frac{S^2}{S_x^2} + \frac{S'^2}{S_y^2}\right) = 8\left(\frac{S_y}{S_x}S^2 + \frac{S_x}{S_y}S'^2\right)$$

等号仅当 $a^2 : b^2 : c^2 = a'^2 : b'^2 : c'^2$ 即两三角形相似时成立.

(6) 奥佩海姆(R.P.Oppenheim) 不等式

1963 年,奥佩海姆发表的不等式

$$S_c \geq \frac{1}{2}(S_a + S_b)$$

与匹多不等式是等价的. 略证如下:

令 $$c_i = \left(\frac{a_i^2 + b_i^2}{2}\right)^{\frac{1}{2}}, \quad i = 1,2,3$$

以 c_1, c_2, c_3 为三边长的三角形面积记为 S_c,类似地记 S_a, S_b 分别为 $\triangle A_1 A_2 A_3$ 和 $\triangle B_1 B_2 B_3$ 的面积.

仍用上面结论(5) 的记号及 $z_i = c_i^2 (i = 1,2,3)$,有

$$16 S_a^2 = S_x^2 - 2\sum x_i^2, \quad 16 S_b^2 = S_y^2 - 2\sum y_i^2$$

又 $z_i = c_i^2 = (a_i^2 + b_i^2)/2 = (x_i + y_i)/2$,故

$$16 S_c^2 = (\sum z_i)^2 + 2\sum z_i^2 = \left[\frac{1}{2}(\sum x_i + \sum y_i)\right]^2 - 2\sum \left(\frac{x_i + y_i}{2}\right)^2 =$$

$$\frac{1}{4}\left[(S_x + S_y)^2 - 2\sum(x_i^2 + 2x_i y_i + y_i^2)\right] =$$

$$\frac{1}{4}\left[S_x^2 + 2S_x S_y + S_y^2 - 2\sum(x_i^2 + 2x_i y_i + y_i^2)\right] =$$

$$\frac{1}{4}[16(S_a^2 + S_b^2) + 2H]$$

即 $$H = 32 S_c^2 - 8(S_a^2 + S_b^2)$$

又 $H \geq 16 S_a S_b$,故 $S_c \geq (S_a + S_b)/2$,等号仅当 $\triangle A_1 A_2 A_3 \sim \triangle B_1 B_2 B_3$ 时成立.

(7) 高灵不等式

$$a'(b + c - a) + b'(c + a - b) + c'(a + b - c) \geq \sqrt{48 SS'}$$

用 $\sqrt{a}, \sqrt{b}, \sqrt{c}$ 为三边构成 $\triangle A_1 B_1 C_1$,其面积记为 S_1.

注意到 $a < b + c < b + c + 2\sqrt{2b} = (\sqrt{b} + \sqrt{c})^2$,有
$$\sqrt{a} < \sqrt{b} + \sqrt{c}$$
类似地有 $\sqrt{b} < \sqrt{a} + \sqrt{c}, \sqrt{c} < \sqrt{a} + \sqrt{b}$

因此,以 $\sqrt{a}, \sqrt{b}, \sqrt{c}$ 为三边长可构成三角形.

令 $x = b + c - a, y = c + a - b, z = a + b - c$,由海伦 – 秦九韶公式有
$$S = \frac{1}{4}\sqrt{xyz(x + y + z)}$$

及
$$16S_1^2 = xy + yz + zx$$

又
$$(xy + yz + zx)^2 \geqslant 3xyz(x + y + z)$$

而
$$(xy + yz + zx)^2 - 3xyz(x + y + z) =$$
$$\frac{1}{2}[x^2(y - z)^2 + y(z - x)^2 + z(x - y)^2] \geqslant 0$$

从而
$$S_1^2 \geqslant \frac{\sqrt{3}}{4}S$$

又记 S'_1 为以 $\sqrt{a'}, \sqrt{b'}, \sqrt{c'}$ 为三边长的三角形面积,仿上亦有
$$S'^2_1 \geqslant \frac{\sqrt{3}}{4}S'$$

对两个新三角形用匹多不等式有
$$a'(b + c - a) + b'(c + a - b) + c'(a + b - c) \geqslant 16S_1 S'_1$$

注意到 $S_1 S'_1 \geqslant \sqrt{3SS'}/4$,从而高灵不等式成立.

又若取 $\triangle ABC \cong \triangle A'B'C'$,则高灵不等式即为芬 – 哈不等式.

(8) 联系两个单形的不等式

设 $\Omega_A, \Omega_{A'}$ 为欧氏空间 $E^n(n \geqslant 3)$ 中的两个单形,其棱长分别为 $a_i, a_i'(i = 1, 2, \cdots, n(n + 1)/2)$,体积分别为 V, V'.

又 β 为适合 $2 \leqslant \beta \leqslant n$ 的实数,且 $N = n(n + 1)/2$,则
$$\sum_{i=1}^{N} a_i'^2 \left(\sum_{j=1}^{N} a_j^2 - \beta a_j^2\right) \geqslant n(n + 1)(n^2 + n - 2\beta)[n!^2/(n + 1)]^{\frac{2}{n}}(VV')^{\frac{1}{n}}$$

及
$$\sum_{i=1}^{N} a_i' \left(\sum_{j=1}^{N} a_j - \beta a_j\right) \geqslant n(n + 1)(n^2 + n - 2\beta)[n!^2/(n + 1)]^{\frac{2}{n}}(VV')^{\frac{1}{n}}/2$$

等号当且仅当 $\Omega_A, \Omega_{A'}$ 为正则单形时成立.

关于它的详细证明可见文献[36].

以上这些不等式间关系可见第 90 页图.

5. 因式分解及矩阵分解

矩阵是一种数表(但它不是数),为了研究它人们规定了一些运算 —— 这些在某种意义下可视为数运算性质的推广. 以方阵为例:若 $A, B, C, \cdots \in \mathbf{R}^{n \times n}$,又 $\alpha, \beta, \gamma, \cdots \in \mathbf{R}$,且记 $A = (a_{ij})_{n \times n}, B = (b_{ij})_{n \times n}, C = (c_{ij})_{n \times n}, \cdots$,则

① $A \pm B = (a_{ij} \pm b_{ij})_{n \times n}$(矩阵加减运算).

② $\alpha A = (\alpha a_{ij})_{n \times n}$(数乘运算).

③ $AB = (c_{ij})_{n \times n}$,其中 $c_{ij} = \sum\limits_{k=1}^{n} a_{jk} b_{kj}$(矩阵乘法).

④ A 非奇异(或称可逆、满秩),则有 A^{-1},使
$$AA^{-1} = A^{-1}A = I$$
这里 I 为 n 阶单位阵(求逆运算).

……

此外,人们还类比地将数(或代数式)运算的某些性质推广到了矩阵运算中去,比如,因式分解,在矩阵理论中也遇到了分解问题. 关于矩阵有许多种形式的分解(这里我们不涉及诸如矩阵多项式 $A^2 - I = (A + I)(A - I)$ 等的分解,而是指矩阵自身分解),比如:

(1) 秩分解

① 任何非异方阵均可分解为有限个初等阵之积.

② 若 A 为 n 阶实阵,则 $A = PH$,其中 P 非奇异,H 为幂等阵(即满足 $H^2 = H$).

③ $\det A = \pm 1$ 的 n 阶实阵可分解为不超过 $2n - 1$ 个实对合阵 B(即满足 $B^2 = I$)的乘积,这里 $\det A$ 表 A 的行列式.

④ n 阶奇异阵可分解为 n 个幂等阵的乘积.

⑤ 若 $A \in \mathbf{R}^{m \times n}$,且 $\text{rank} A = r$,则有 P, Q 阵使
$$A = P \begin{pmatrix} I_r & O \\ O & O \end{pmatrix} Q$$

这里 $\text{rank} A$ 表示矩阵 A 的秩.

(2) 对称分解

任何域上的方阵都可分解为两个实对阵之积.

(3) 约当(Jordan)分解

若(复)矩阵 $A \in \mathbf{C}^{n \times n}$,则有非奇异矩阵 P 使 $A = PJP^{-1}$,其中 $J = \text{diag}\{J_1, J_2, \cdots, J_k\}$,且 $J_i (i = 1, 2, \cdots, k)$ 为约当子块.

(4) 谱分解

① 若 A 有完备的(不亏损)特征向量系,则有非奇异矩阵 P 使 $A = P\Lambda P^{-1}$,

其中 $\boldsymbol{\Lambda} = \text{diag}\{\boldsymbol{\Lambda}_1, \boldsymbol{\Lambda}_2, \cdots, \boldsymbol{\Lambda}_k\}$，以及 $\boldsymbol{\Lambda}_r = \text{diag}\{\lambda_r, \lambda_r, \cdots, \lambda_r\}(r = 1, 2, \cdots, k)$，其中 λ_r 为 $\boldsymbol{A}$ 的特征根.

② 若 $\boldsymbol{A}$ 是规范阵(即 $\boldsymbol{AA}^H = \boldsymbol{A}^H \boldsymbol{A}$)则有酉阵 $\boldsymbol{U}$ 使 $\boldsymbol{A} = \boldsymbol{U\Lambda U}^H$，其中 $\boldsymbol{\Lambda} = \text{diag}\{\lambda_r, \lambda_r, \cdots, \lambda_n\}$，这里 λ_k 为 $\boldsymbol{A}$ 的特征根.

③ 若 $\boldsymbol{A}$ 是实对称阵，则有正交阵 $\boldsymbol{T}$ 使 $\boldsymbol{A} = \boldsymbol{T\Lambda T}^{-1} = \boldsymbol{T\Lambda T}^T$，这里 $\boldsymbol{\Lambda} = \text{diag}\{\lambda_1, \lambda_2, \cdots, \lambda_n\}$，其中 λ_k 为 $\boldsymbol{A}$ 的特征根.

(5) 极分解

$\boldsymbol{A}$ 是 n 阶方阵，则 $\boldsymbol{A} = \boldsymbol{RT}$，其中 $\boldsymbol{T}$ 为正交阵，$\boldsymbol{R}$ 为半正定阵.

(6) 正定(对称)阵分解

① 若 $\boldsymbol{A}$ 半正定，则有 $\boldsymbol{G}$ 使 $\boldsymbol{A} = \boldsymbol{G}^2$.

② 若 $\boldsymbol{A}$ 半正定，则有 $\boldsymbol{C}$ 使 $\boldsymbol{A} = \boldsymbol{C}^T \boldsymbol{C}$.

③ 若 $\boldsymbol{A}$ 半正定，则有上三角阵 $\boldsymbol{L}$ 使 $\boldsymbol{A} = \boldsymbol{L}^T \boldsymbol{L}$.

(7) 正交 – 三角分解

$\boldsymbol{A} \in \mathbf{R}^{m \times n}$ 且列满秩，则 $\boldsymbol{A} = \boldsymbol{PL}$，又 $\boldsymbol{P}$ 为正交列满秩阵，$\boldsymbol{L}$ 为 n 阶正线上三角阵(施密特(E. Schmidt)正交化).

(8) 三角 – 三角分解

$\boldsymbol{A} \in \mathbf{C}^{n \times n}$ 且非奇异，则 $\boldsymbol{A} = \boldsymbol{LR}$，其中 $\boldsymbol{L}$ 为单位下三角阵，$\boldsymbol{R}$ 为对角元非零的上三角阵.

(9) 奇异值分解

$\boldsymbol{A} \in \mathbf{R}^{m \times n}$，则 $\boldsymbol{A} = \boldsymbol{QDP}^T$，其中 $\boldsymbol{Q}, \boldsymbol{P}$ 分别为 m, n 阶正交阵，$\boldsymbol{D}$ 为以 $\boldsymbol{A}$ 的奇异值为主对角元的 $m \times n$ 阶对角阵.

……

矩阵还有一些其他形式的分解，这些分解一是借助于数(或代数式)分解的类比；二是为了研究矩阵性质的需要(包括某些计算). 这里我们只是给出一些结论，至于它们的证明可参见有关矩阵理论的专著.

6. 二次互反律在代数数域的推广

二次互反律是数论中的一个重要结论，它最初由欧拉于 1772 年发现，但没有公开发表. 1785 年，勒让德(A. M. Legendre) 又独立地发现了它，但他也没有能给出证明. 1796 年，高斯(当时他年仅 19 岁) 首次给出了严格证明. 这个定理(律)是这样的：

若 p, q 是不同的奇质数，则

$$\left(\frac{p}{q}\right)\left(\frac{q}{p}\right) = (-1)^{(p-1)(q-1)/4}$$

其中符号 $\left(\dfrac{p}{q}\right)$ 即勒让德符号，表示

$$\left(\frac{p}{q}\right) = \begin{cases} 1, & \text{当 } p \text{ 是 } q \text{ 的二次剩余时} \\ -1, & \text{当 } p \text{ 是 } q \text{ 的非二次剩余时} \end{cases}$$

这个定理描述了一对质数和以它们为模的二次剩余之间的内在联系,无论从形式上,还是从内容上都显得十分漂亮,它被高斯誉为"数论"中的一颗"宝石",一生中曾五次研究它,且每次都给出一个全新的证法.

继高斯之后,数学家们又给出五十多种其他证明,可见人们对它的喜爱与重视.

能否把二次互反律推广到代数数域?这是 19 世纪数论研究中的一个关键性课题,许多数学家作了大量努力,但一直未能取得重大进展.

1897 年希尔伯特开始这个问题的研究.一年后他已猜测到一种简单、优美、可以同时用于代数数域的高于二次的互反律的形式.他写了"相对阿贝尔域理论"的纲领性文章,并概括提出一种新的广泛的理论——类域理论.

这些猜想后来为富特温勒(Ph. Furtwägler)所证明.

此后,日本的高木贞治又将类域概念作了推广且证明:

代数数域 k 的任何阿贝尔扩张 K,都可表示成 k 上的类域.

这样一来,通过类域理论,一般的阿贝尔扩张 K/k 的性质就明显了.

7. 实数的连续归纳法

最后我们想介绍一种常用的解题方法——数学归纳法的推广.

提起数学归纳法,大家都很熟悉,一般涉及与自然数 n 有关的命题的证明时,常常用到它.十几年前,有人已将这种方法推广到实数范畴:

关于自然数的数学归纳法	关于实数的连续归纳法
$P(n)$ 是关于自然数 n 的命题.如果 (1) 有自然数 n_0,使一切自然数 $n < n_0$,有 $P(n)$ 成立; (2) 若对一切自然数 $n < m$ 有 $P(n)$ 成立,则 $P(n)$ 对一切自然数 $n < m+1$ 也成立. 则对一切自然数 n,有 $P(n)$ 成立	$P(x)$ 是关于实数 x 的命题.如果 (1) 有实数 x_0,使一切实数 $x < x_0$,有 $P(x)$ 成立; (2) 对一切实数 $x < y$ 有 $P(x)$ 成立,有 $\delta_y > 0$,使 $P(x)$ 对一切实数 $x < y + \delta_y$ 成立. 则对一切实数 x,有 $P(x)$ 成立

其实这个方法(连续归纳法)与实数戴德金(Dedekind)性质(分割)等价,而实数戴德金性质即:

若把全体实数分成两个非空的集合 A,B,使得 A 中任一个实数 x 小于 B 的任一个实数 y,那么或者 A 中有最大数,或者 B 中有最小数,两者必居且仅居其一.

利用这种归纳法可以证明实数连续性的几条基本定理:

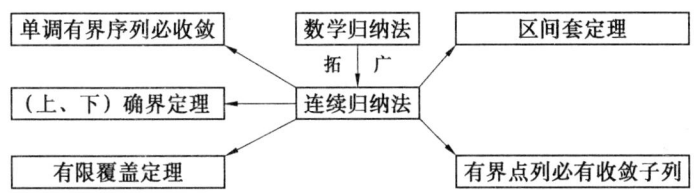

此外还可以利用这种归纳法证明连续函数的其他一些性质.关于这一点详见文献[42].

8. 级数敛散判别

对于正的数项级数 $\sum a_n (a_n \geq 0)$ 的敛(收敛)、散(发散)判别来讲,除了比较判别法以外,达朗贝尔和柯西分别建立了比值法和根值(式)法,具体判别是这样的:

比值判别法(达朗贝尔判别法)　若 $\lim\limits_{n \to \infty} \dfrac{a_{n+1}}{a_n} = r$,则 $\begin{cases} r < 1 时, \sum a_n \text{ 收敛} \\ r > 1 时, \sum a_n \text{ 发散} \\ r = 1 时, \text{待定} \end{cases}$

根值判别法(柯西判别法)　若 $\lim\limits_{n \to \infty} \sqrt[n]{a_n} = r$,则 $\begin{cases} r < 1 时, \sum a_n \text{ 收敛} \\ r > 1 时, \sum a_n \text{ 发散} \\ r = 1 时, \text{待定} \end{cases}$

两种方法相比较根值法优于比值法,因为根值法中不受 $a_n \neq 0$ 的限制,但两法遇到 $r = 1$ 时皆失效.为了继续对这种情况判别,人们又建立了更细微的方法——拉贝(J.L.Raabe)判别法.该法有两种叙述形,下面给出其中一种(极限形式).

拉贝判别法　若 $\lim\limits_{n \to \infty} n\left(\dfrac{a_n}{a_{n+1}} - 1\right) = l$,则 $\begin{cases} l < 1 时, \sum a_n \text{ 收敛} \\ l > 1 时, \sum a_n \text{ 发散} \\ l = 1 时, \text{待定} \end{cases}$

对于拉贝法优于比值法可从下面推导看出,若 $a_n > 0$,设

$$l_n = n\left(\dfrac{1}{r_n} - 1\right)$$

且

$$r_n = \dfrac{a_{n+1}}{a_n}$$

当 $r_n \to r$ 且 $r < 1$ 时,$l_n \to l = +\infty$;当 $r_n \to r$ 且 $r > 1$ 时,$l_n \to l = -\infty$;但当 $l = 1$ 时,拉贝方法仍失效.

再精细一些的方法便是库默尔判别法.

库默尔判别法　若序列$\{c_n\}$使$\sum_{n=1}^{\infty}\frac{1}{c_n}$发散,且$\lim_{n\to\infty}\left(c_n\frac{a_n}{a_{n+1}}-c_{n-1}\right)=k$,则

$$\begin{cases} k>0\text{时},\sum a_n\text{ 收敛} \\ k<0\text{时},\sum a_n\text{ 发散} \\ k=0\text{时},\text{待定} \end{cases}$$

容易看到:令$c_n=1$时,即得达朗贝尔判别法;令$c_n=n$时,便是拉贝判别法.

当然人们可以沿此思路,给出更加精细的判法.

问题总是两方面的,人们在取精、加细判别法的同时,也使判别法的使用更加繁琐(式子更复杂)、判断更困难,然而这不是不可避免的.

比如,接下来是更精细的伯尔特昂(J. Bertrand)判别法:

伯尔特昂判别法　若极限$\lim_{n\to\infty}\left\{\ln n\left[n\left(\frac{a_n}{a_{n+1}}-1\right)-1\right]\right\}=b$,则

$$\begin{cases} b>1\text{时},\sum a_n\text{ 收敛} \\ b<1\text{时},\sum a_n\text{ 发散} \\ b=1\text{时},\text{待定} \end{cases}$$

从达朗贝尔法、拉贝法和伯尔特昂法又可以导出更强的高斯判别法:

高斯判别法　若$\frac{a_n}{a_{n+1}}=\lambda+\frac{\mu}{n}+\frac{\theta_n}{n^2}$,其中$\lambda,\mu$是常数,$|\theta_n|\leq L$(即其有界变量),则

$$\begin{cases} \lambda>1\text{或}\lambda=1,\mu>1,\sum a_n\text{ 收敛} \\ \lambda<1\text{或}\lambda=1,\mu\leq 1,\sum a_n\text{ 发散} \end{cases}$$

显然,高斯判别法中当$\lambda>1$或$\lambda<1$时,即可化为达朗贝尔判别法(注意到极限$\lim_{n\to\infty}\frac{a_{n+1}}{a_n}=\frac{1}{\lambda}$),而$\lambda=1$时,由

$$n\left(\frac{a_n}{a_{n+1}}-1\right)=\mu+\frac{\theta_n}{n}$$

亦可用达朗贝尔判别法.

又$\mu>1$和$\mu<1$时,可用拉贝判别法;而$\mu=1$时,由

$$\ln n\left[n\left(\frac{a_n}{a_{n+1}}-1\right)-1\right]=\frac{\ln n}{n}\theta_n$$

而

$$\lim_{n\to\infty}\frac{\ln n}{n}=0$$

且

$$|\theta_n|\leq L$$

则
$$\lim_{n \to \infty}\left\{\ln n\left[n\left(\frac{a_n}{a_{n+1}} - 1\right) - 1\right]\right\} = 0$$
由伯尔特昂判别法知级数发散.

这些判别法间的关系可见下图.

正数项级数敛散判别法关系图

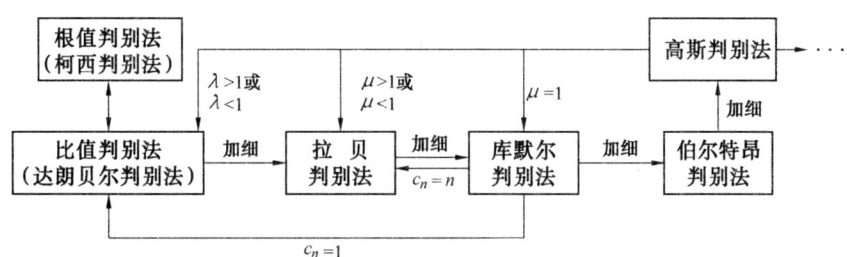

9. Newton 法(数值逼近及最优化方法中的迭代方法)

在数值方法中求非线性方程 $f(x) = 0$ 的根时,我们知道 Newton 法:

取一点 x_0,求过 $(x_0, f(x_0))$ 的切线其与 Ox 轴交点为 x_1,再过 $(x_1, f(x_1))$ 作 $y = f(x)$ 的切线交 Ox 轴于 x_2,如此下去,注意到过 $(x_k, f(x_k))$ 的切线为

$$\frac{f(x_k) - 0}{x_k - x_{k+1}} = f'(x_k)$$

由上式有(或解得)

$$x_{k+1} = x_k - \frac{f(x_k)}{f'(x_k)}, \quad k = 0,1,2,\cdots \quad ①$$

这便是所谓 Newton 迭代公式.

在最优化理论中,若 $f(x)$ 二次可微,考虑 $f(x)$ 在 x_0 处 Taylor 展开

$$f(x) \approx \varphi(x) = f(x_0) + f'(x_0)(x - x_0) + \frac{1}{2}f''(x_0)(x - x_0)^2$$

(除去 $o[(x - x_0)^2]$ 项)

对于求 $\min \varphi(x)$ 而言,应使 $\varphi'(x) = 0, \varphi''(x) > 0$,从而

$$\varphi(x) = f'(x_0) + f''(x_0)(x - x_0) = 0$$

可有

$$x = x_0 - \frac{f'(x_0)}{f''(x_0)}$$

令 $x_1 = x$ 则有公式 $x_1 = x_0 - \frac{f'(x_0)}{f''(x_0)}$.一般的

$$x_{k+1} = x_k - \frac{f'(x_k)}{f''(x_k)}, \quad k = 0, 1, 2, \cdots \qquad ②$$

问题推广到 n 元函数,即无约束优化问题:

若求 $f(\boldsymbol{x})$ 的极小问题可仿上,这里 $\boldsymbol{x} \in \boldsymbol{R}^n$,且 $f(\boldsymbol{x})$ 二次可微,又其 Hesse 阵 $\nabla^2 f(\boldsymbol{x})$ 正定,则考虑

$$f(\boldsymbol{x}_k + \boldsymbol{p}) \approx \varphi_k(\boldsymbol{p}) = f(\boldsymbol{x}_k) + \nabla f(\boldsymbol{x}_k)^T \boldsymbol{p} + \frac{1}{2} \boldsymbol{p}^T \nabla^2 f(\boldsymbol{x}_k) \boldsymbol{p} \qquad (*)$$

其中 $\boldsymbol{p} = \boldsymbol{x} - \boldsymbol{x}_k$,$\varphi_k(\boldsymbol{p})$ 为 $f(\boldsymbol{x}_k + \boldsymbol{p})$ 的二次近似,由于 $\nabla^2 f$ 正定,知 $(*)$ 有唯一极小点,即 $\varphi_k(\boldsymbol{p})$ 的驻点,这样

$$\nabla \varphi_k(\boldsymbol{x}) = \nabla f(\boldsymbol{x}_k) + \nabla^2 f(\boldsymbol{x}_k) \boldsymbol{p} = 0$$

得
$$\boldsymbol{p}_k = (-\nabla^2 f_k)^{-1} \nabla f_k$$

取 $\boldsymbol{x}_{k+1} = \boldsymbol{x}_k + \boldsymbol{p}_k$,则有

$$\boldsymbol{x}_{k+1} = \boldsymbol{x}_k - [\nabla^2 f(\boldsymbol{x}_k)]^{-1} \nabla f(\boldsymbol{x}_k), \quad k = 0, 1, 2, \cdots \qquad ③$$

式①,②,③形式上相同,式②,③可视为式①的推广,式③又可视为式②的推广.

它们之间关系可如:

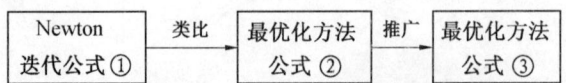

五、一些初等的或简单的例子

前面我们大致谈了推广的方向、路径及方法,我们也介绍了几个关于推广的典型例子,下面我们想就各种推广的方法,举一些初等和简单的例子,这也许可使我们对推广概念及方法有更直观的了解.

不过这里想再强调一点:某些推广只是对命题的一般或普遍情形的一种猜测,它的正确与否还要通过严格证明去验证(或举反例推翻).

(一)向高维推广

向高维推广,简单地讲即是从 $1, 2, 3, \cdots$(个、维、次、$\cdots$)推广到 n(个、维、次、$\cdots$),如由一维(直线)、二维(平面)推广到三维(立体)、$\cdots$、n 维空间,由一元、二元推广到三元、$\cdots$、n 元等(这有时也可看做是类比推广).

我们来看具体的例子.

1. 在代数上

例 1 我们熟知算术 - 几何平均值不等式：若 $a \geq 0$，且 $b \geq 0$ 或 $\alpha, \beta \in \mathbf{R}$，则

$$\sqrt{ab} \leq \frac{1}{2}(a + b)$$

或

$$\alpha\beta \leq \frac{1}{2}(\alpha^2 + \beta^2)$$

我们注意到：若 $\alpha, \beta, \gamma \in \mathbf{R}^+$，则

$$\alpha^3 + \beta^3 + \gamma^3 - (\alpha + \beta + \gamma)(\alpha^2 + \beta^2 + \gamma^2 - \alpha\beta - \beta\gamma - \gamma\alpha) =$$
$$(\alpha + \beta + \gamma) \cdot \frac{1}{2}[(\alpha - \beta)^2 + (\beta - \gamma)^2 + (\gamma - \alpha)^2] \geq 0$$

由上我们容易得到

$$\alpha^3 + \beta^3 + \gamma^3 \geq 3\alpha\beta\gamma$$

或

$$\frac{a + b + c}{3} \geq \sqrt[3]{abc}$$

这样不等式已从两个变元推广到了三个变元的情形，归纳地，我们便不难把它推广到 n 个变元的情形

$$A_n = \frac{1}{n}\sum_{k=1}^{n} a_k \geq \sqrt[n]{\prod_{k=1}^{n} a_k} = G_n, \quad n \geq 2$$

这个不等式的证法很多，比如可用数学归纳法证：

① $n = 2$ 时，上面已证.

② 设 $n = k(k \geq 2, k \in \mathbf{N})$ 时命题真，即 $G_k \leq A_k$，从而有 $G_k^k \leq A_k^k$. 考虑 $n = k + 1$ 的情形，注意到

$$G_{k+1}^{k+1} A_{k+1}^{k-1} = G_k^k \cdot (a_{k+1} \overbrace{A_{k+1} A_{k+1} \cdots A_{k+1}}^{k-1 \text{个}}) \leq A_k^k \cdot \left(\frac{a_{k+1} + (k-1)A_{k+1}}{k}\right)^k \leq$$

$$\left\{\left[\frac{A_k + \frac{a_{k+1} + (k-1)A_{k+1}}{k}}{2}\right]^2\right\}^k =$$

$$\left(\frac{kA_k + a_{k+1} + (k-1)A_{k+1}}{2k}\right)^{2k} = A_{k+1}^{2k}$$

其中等号仅当 $a_1 = a_2 = \cdots = a_{k+1}$ 时成立.

又 $A_{k+1} > 0$，上式两边同除 A_{k+1}^{k-1}，有 $G_{k+1}^{k+1} \leq A_{k+1}^{k+1}$，故

$$G_{k+1} \leq A_{k+1}$$

即 $n = k + 1$ 时命题也真，从而对任何自然数命题成立.

注 这个命题证法有几十种之多，如有兴趣可见拙著《数学解题的特殊方法》(辽宁教育出版社，1985，即将由哈尔滨工业大学出版社重印).

这个结论我们还可以推广,请见本书"反馈"一节的内容.

例 2 我们不难证明:若 a, b, c 均为正数,则
$$(a + b + c)(a^3 + b^3 + c^3) \geq (a^2 + b^2 + c^2)$$
这只须注意到
$$式左 - 式右 = ab(a - b)^2 + bc(b - c)^2 + ca(c - a)^2 \geq 0$$
我们不难把这个结论推广为:

若 a, b, c 均为正数,又 l, m 为自然数,则
$$(a^l + b^l + c^l)(a^m + b^m + c^m) \geq (a^{\frac{l+m}{2}} + b^{\frac{l+m}{2}} + c^{\frac{l+m}{2}})^2.$$
仿上证明,只须注意到下面事实
$$式左 - 左右 = a^m b^m (a^{\frac{l-m}{2}} - b^{\frac{l-m}{2}})^2 + b^m c^m (b^{\frac{l-m}{2}} - c^{\frac{l-m}{2}})^2 +$$
$$c^m a^m (c^{\frac{l-m}{2}} - a^{\frac{l-m}{2}})^2 \geq 0$$
我们还可通过数学归纳法(也可以用其他方法如利用一些不等式)证明:

若 $a_i (i = 1, 2, \cdots, n)$ 均为正数,则
$$\left(\sum_{i=1}^{n} a_i\right)\left(\sum_{i=1}^{n} a_i^3\right) \geq \left(\sum_{i=1}^{n} a_i^2\right)^2$$

上面的两个推广,一个是从指数上,一个是从变元个数上进行的,下面的推广是以上两者的联合:

若 $a_i (i = 1, 2, \cdots, n)$ 均为正数,α, β 为实数,则
$$\left(\sum_{i=1}^{n} a_i^\alpha\right)\left(\sum_{i=1}^{n} a_i^\beta\right) \geq \left(\sum_{i=1}^{n} a^{\frac{\alpha+\beta}{2}}\right)^2$$

下面我们用数学归纳法来证明这个结论(对 n 归纳).

① 设 $n = 3$ 时,可仿上证明;

② 设 $n = k$ 时命题真,即
$$\left(\sum_{i=1}^{k} a_i^\alpha\right)\left(\sum_{i=1}^{k} a_i^\beta\right) \geq \left(\sum_{i=1}^{k} a_i^{\frac{\alpha+\beta}{2}}\right)^2$$

今考虑 $n = k + 1$ 的情形,注意到
$$\left(\sum_{i=1}^{k+1} a_i^\alpha\right)\left(\sum_{i=1}^{k+1} a_i^\beta\right) - \left(\sum_{i=1}^{k+1} a^{\frac{\alpha+\beta}{2}}\right)^2 =$$
$$\left[\left(\sum_{i=1}^{k} a_i^\alpha\right)\left(\sum_{i=1}^{k} a_i^\beta\right) - \left(\sum_{i=1}^{k} a^{\frac{\alpha+\beta}{2}}\right)^2\right] +$$
$$\left[a_{k+1}^\alpha \sum_{i=1}^{k} a_i^\beta + a_{k+1}^\beta \sum_{i=1}^{k} a_i^\alpha - 2 a_{k+1}^{\frac{\alpha+\beta}{2}} \sum_{i=1}^{k} a_i^{\frac{\alpha+\beta}{2}}\right]$$

上式右第一方括号非负(由归纳假设),易证得第二方括号亦非负,故上式不小于零.

即 $n = k + 1$ 时命题真,即对任何自然数 n 命题都成立.

上面诸项推广的思路可见下图：

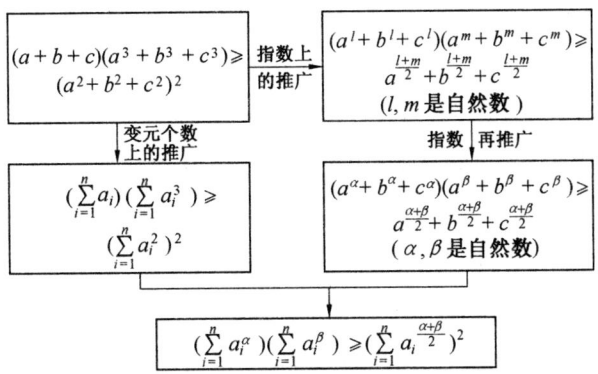

例3 下面是1974年美国中学生数学竞赛的一道试题：

若 a,b,c 均为正实数，则 $a^a b^b c^c \geqslant (abc)^{\frac{a+b+c}{3}}$.

它的证明如下：设 a,b 为两个正实数，显然 $\left(\dfrac{a}{b}\right)^{a-b} \geqslant 1$，这只须讨论 $a \geqslant b$ 和 $a < b$ 两种情形即可.

它即为 $a^a b^b \geqslant a^b b^a$. 同理有 $a^a c^c \geqslant a^c c^a, b^b c^c \geqslant b^c c^b$.

将上三式两边分别相乘可有

$$(a^a b^b c^c)^2 \geqslant a^{b+c} b^{c+a} c^{a+b}$$

将它两边同乘 $a^a b^b c^c$ 后再开立方，题设不等式即得证.

一个自然的想法是将这个结论推广到 n 个变元的情形：

设 $x_i > 0 (i=1,2,\cdots,n)$，则 $\prod_{i=1}^{n} x_i^{x_i} \geqslant \left(\prod_{i=1}^{n} x_i\right)^{\frac{1}{n}\sum_{i=1}^{n} x_i}$.

证明 由 $x_i^{x_i} x_j^{x_j} \geqslant x_j^{x_i} x_i^{x_j} (i,j=1,2,\cdots,n)$ 有

$$\prod_{i=1}^{n}\left(\prod_{j=1}^{n} x_i^{x_i} x_j^{x_j}\right) \geqslant \prod_{i=1}^{n}\left(\prod_{j=1}^{n} x_j^{x_i} x_i^{x_j}\right)$$

式左 $= \prod_{i=1}^{n}\left(x_i^{nx_i}\prod_{j=1}^{n} x_j^{x_j}\right) = \left(\prod_{j=1}^{n} x_j^{x_j}\right)^n \left(\prod_{i=1}^{n} x_i^{nx_i}\right) =$

$\left(\prod_{j=1}^{n} x_j^{x_j}\right)^n \left(\prod_{i=1}^{n} x_i^{x_i}\right)^n = \left(\prod_{i=1}^{n} x_i^{x_i}\right)^{2n}$

式右 $= \prod_{i=1}^{n}\left[x_i^{x_1+x_2+\cdots+x_n}(x_1 x_2 \cdots x_n)^{x_i}\right] =$

$\left(\prod_{i=1}^{n} x_i^{x_1+x_2+\cdots+x_n}\right)\left(\prod_{i=1}^{n}(x_1 x_2 \cdots x_n)^{x_i}\right) =$

$\left(\prod_{i=1}^{n} x_i\right)^{x_1+x_2+\cdots+x_n} \cdot (x_1 x_2 \cdots x_n)^{x_1+x_2+\cdots+x_n} =$

$$\left(\prod_{i=1}^{n} x_i\right)^{2(x_1+x_2+\cdots+x_n)}$$

则
$$\left(\prod_{i=1}^{n} x_i^{x_i}\right)^{2n} \geqslant \left(\prod_{i=1}^{n} x_i\right)^{2(x_1+x_2+\cdots+x_n)}$$

将上式两边各开 $2n$ 次方,即为求证的不等式.

注 这个不等式还有一些其他证法,详见文献[46],[47],[48]等.

若再运用 $x_1+x_2+\cdots+x_n \geqslant n\sqrt[n]{x_1 x_2 \cdots x_n}$,则上面不等式还可推广为

$$\prod_{i=1}^{n} x_i^{x_i} \geqslant \left(\frac{1}{n}\sum_{i=1}^{n} x_i\right)^{x_1+x_2+\cdots+x_n}$$

另外,这个不等式又可推广为

$$\left(\prod_{i=1}^{n} a_i^{p_i}\right)^{\frac{1}{p_1+p_2+\cdots+p_n}} \leqslant \left(\sum_{i=1}^{n} p_i a_i\right) / \left(\sum_{i=1}^{n} p_i\right)$$

这里 $a_i, p_i (i=1,2,\cdots,n)$ 均为正实数.

再推广即为:若实数 $\alpha < \beta$,则

$$\left(\sum_{i=1}^{n} p_i a_i^{\alpha} / \sum_{i=1}^{n} p_i\right)^{\frac{1}{\alpha}} \leqslant \left(\sum_{i=1}^{n} p_i a_i^{\beta} / \sum_{i=1}^{n} p_i\right)^{\frac{1}{\beta}}$$

它们的证明详见文献[44].

例4 数学家钟开莱教授提出过一个不等式:

若 $a_i > 0, b_i > 0 (i=1,2,\cdots,n)$,又 $a_1 \geqslant a_2 \geqslant \cdots \geqslant a_n$,且 n 个和式满足 $\sum_{i=1}^{k} a_i \leqslant \sum_{i=1}^{k} b_i (k=1,2,\cdots,n)$,则 $\sum_{i=1}^{n} a_i^2 \leqslant \sum_{i=1}^{n} b_i^2$.

这个不等式从指数上可作推广:条件仍如上,结论是

$$\sum_{i=1}^{n} a_i^m \leqslant \sum_{i=1}^{n} b_i^m, \quad m \geqslant 1 \qquad (*)$$

为了证明结论$(*)$,我们先来叙述一下赫尔德不等式的特例(见后面章节的内容).

设 $a_i > 0, b_i > 0 (i=1,2,\cdots,n)$,又正数 $\alpha + \beta = 1$,则

$$\sum_{i=1}^{n} a_i^{\alpha} b_i^{\beta} \leqslant \left(\sum_{i=1}^{n} a_i\right)^{\alpha} \left(\sum_{i=1}^{n} b_i\right)^{\beta} \qquad (**)$$

下面我们可以利用上面的不等式$(**)$来证明那个推广的不等式$(*)$.

① $m=1$ 时,不等式$(*)$显然成立;

② 若 $m>1$ 时,由题设有:$a_i^{m-1} - a_{i+1}^{m-1} \geqslant 0 (i=1,2,\cdots,n-1)$,且 $a_n > 0$,这样就有

$$(a_1^{m-1} - a_2^{m-1}) a_1 \leqslant (a_1^{m-1} - a_2^{m-1}) b_1$$
$$(a_1^{m-1} - a_2^{m-1})(a_1 + a_2) \leqslant (a_1^{m-1} - a_2^{m-1})(b_1 + b_2)$$
$$\vdots$$

$$(a_{n-1}^{m-1} - a_n^{m-1})(a_1 + a_2 + \cdots + a_{n-1}) \leq (a_{n-1}^{m-1} - a_n^{m-1})(b_1 + b_2 + \cdots + b_{n-1})$$
$$a_n^{m-1}(a_1 + a_2 + \cdots + a_n) \leq a_n^{m-1}(b_1 + b_2 + \cdots + b_n)$$

将上诸式两边相加有

$$\sum_{i=1}^{n} a_i^m \leq \sum_{i=1}^{n} a_i^{m-1} b_i$$

由不等式(**)有

$$\sum_{i=1}^{n} a_i^{m-1} b_i = \sum_{i=1}^{n} (a_i^m)^{\frac{m-1}{m}} (b_i^m)^{\frac{1}{m}} \leq \Big(\sum_{i=1}^{n} a_i^m\Big)^{\frac{m-1}{m}} \Big(\sum_{i=1}^{n} b_j^m\Big)^{\frac{1}{m}}$$

两边先同乘 m 次方再同除以 $\Big(\sum\limits_{i=1}^{n} a_i^m\Big)^{m-1}$ 有 $\sum\limits_{i=1}^{n} a_i^m \leq \sum\limits_{i=1}^{n} b_i^m$.

接下来让我们看一个求极值的问题. 它是美国第7届(1978年)中学生数学竞赛的一道题目.

例5 已知 a, b, c, d, e 为满足 $a + b + c + d + e = 8$,$a^2 + b^2 + c^2 + d^2 + e^2 = 16$ 的实数,试确定 e 的最大值.

利用不等式 $\Big(\sum\limits_{i=1}^{n} a_i\Big)^2 \leq n \sum\limits_{i=1}^{n} a_i^2$,其中当且仅当 $a_1 = a_2 = \cdots = a_n$ 时等号成立,可解上题如:

由设 $a + b + c + d = 8 - e$,及 $a^2 + b^2 + c^2 + d^2 = 16 - e^2$,再由上不等式有

$$(8 - e)^2 \leq 4(16 - e^2)$$

即 $5e^2 - 16e \leq 0$ 得 $0 \leq e \leq 16/5$,则 e 的最大值为 $16/5$.

由解法本身使我们不难想到把问题推广如:

已知方程组

$$\sum_{i=1}^{n} x_i = m, \quad \sum_{i=1}^{n} x_i^2 = l \qquad (*)$$

$n > 2, m, n$ 为实数,且 $nl > m^2$,则 x_n 的最大值为

$$\frac{1}{n}\big[m + \sqrt{(n-1)(nl - m^2)}\big]$$

x_n 的最小值为 $\dfrac{1}{n}\big[m - \sqrt{(n-1)(nl - m^2)}\big]$

注 容易证明,文中方程组(*)解的情况为:

当 $nl < m^2$ 时,无实数解;

当 $nl = m^2$ 时,有唯一一组实数解;

当 $nl > m^2$ 时,有无穷多组实数解.

下面是一道国内数学竞赛题,它是关于求解方程组的.

例6 求方程组

$$\begin{cases} x = 2z^2/(1+z^2) \\ y = 2x^2/(1+x^2) \\ z = 2y^2/(1+y^2) \end{cases}$$

的实数解.

我们暂不去求解它,而是先把问题推广为 m 个变元的情形,求解方程组

$$\begin{cases} x_1 = \dfrac{(n+1)x_m^{n+1}}{1+x_m^2+\cdots+x_m^{2n}} \\ x_2 = \dfrac{(n+1)x_1^{n+1}}{1+x_1^2+\cdots+x_1^{2n}} \\ \quad\vdots \\ x_m = \dfrac{(n+1)x_{m-1}^{n+1}}{1+x_{m-1}^2+\cdots+x_{m-1}^{2n}} \end{cases}$$

先求非负实数解:由

$$1+x_m^2+\cdots+x_m^{2n} \geq (n+1)\sqrt[n+1]{x_m^{2+4+\cdots+2n}} = (n+1)x_m^n$$

故

$$x_1 = \frac{(n+1)x_m^{n+1}}{1+x_m^2+\cdots+x_m^{2n}} \leq x_m$$

同理可有 $x_m \leq x_{m-1} \leq \cdots \leq x_2 \leq x_1$,再由 $x_1 \leq x_m$,故有

$$x_1 = x_2 = \cdots = x_{m-1} = x_m$$

由

$$x_1 = \frac{(n+1)x_1^{n+1}}{1+x_1^2+\cdots+x_1^{2n}}$$

得

$$x_1[1+x_1^2+\cdots+x_1^{2n}-(n+1)x_1^n] = 0$$

所以 $x_1 = 0$

或

$$1+x_1^2+\cdots+x_1^{2n} = (n+1)x_1^n$$

又 $1+x_1^2+\cdots+x_1^{2n} \geq (n+1)x_1^n$,且等号当且仅当 $1 = x_1^2 = \cdots = x_1^{2n}$ 时成立,因而 $x_1 = 1$.

故原方程的非负实数解是 $x_i = 0$ 或 $x_i = 1(i = 1, 2, \cdots, n)$.

当 n 是奇数时,仅有上两组解;当 n 是偶数时,除上两组解外还有解 $x_i = -1(i = 1, 2, \cdots, n)$.

2. 在几何上

从维数上的推广在几何中也常有两种情形:将边的条数、点的个数等从 1, 2, 推广到 n(如三角形 $\Rightarrow n$ 边形;角平分线 $\Rightarrow$ 角的 n 等分线;线段中点 $\Rightarrow$ 线段 n 等分点等);将空间维数从 1 维、2 维推广到 n 维,如从平面(二维)推广到(三维)空间(甚至 n 维空间).

我们来看几个例子.

例1 在平面几何中我们学过:三角形内(外)角平分线内(外)分对边成两线段的比等于夹此角的两边比.

这个结论我们可以把它推广到空间的情形:

四面体的二面角内(外)平分面内(外)分对棱所得两条线段和该二面角的两个面之面积对应成比例.

它可简单地证明如下:

如右图,$ABD(ABH)$ 是四面体 $S-ABC$ 的二面角 $S-AB-C$ 的内(外)平分面,作 $DG \perp$ 平面 SAB 于 G,$DF \perp$ 平面 CAB 于 F,则 $DG = DF$.

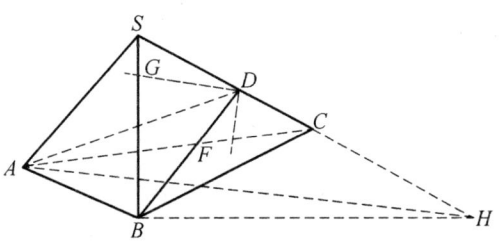

今用 S_1, S_2, S_3 分别表示 $\triangle SAB, \triangle CAB, \triangle DAB$ 的面积,则

$$V_{D-SAB} : V_{D-CAB} = \frac{1}{3}(S_1 \cdot DG) : \frac{1}{3}(S_2 \cdot DF) = S_1 : S_2$$

又设 SC 与平面 ABD 的夹角为 α,则三棱锥 $S-ABD$,$C-ABD$ 的高分别为 $DS \cdot \sin \alpha$ 和 $DC \cdot \sin \alpha$.

$$V_{S-ABD} : V_{C-ABD} = \frac{1}{3}(S_3 \cdot DS \cdot \sin \alpha) : \frac{1}{3}(S_3 \cdot DC \cdot \sin \alpha) = DS : DC$$

故 $\qquad DS : DC = S_{\triangle SAB} : S_{\triangle CAB}$

同理 $\qquad HS : HC = S_{\triangle SAB} : S_{\triangle CAB}$

例2 我们知道:在 $\triangle ABC$ 中,若 $\angle A = \angle B$,则有 $a = b$,这里 a, b 为 $\angle A, \angle B$ 的对边,利用相似三角形性质我们不难证明下面的结论:

在 $\triangle ABC$ 中,若 $\angle A = 2\angle B$,则 $a^2 + b^2 - bc = 0$.

(作 $\angle A$ 的平分线,再利用相似三角形性质)

还可以归纳地得出,若 $\angle A = n\angle B$,则 a, b, c 满足

$$\sum_{k=1}^{2r-1}(-1)^{\frac{k-1}{2}} C_n^k b [4a^2c^2 - (c^2+a^2-b^2)^2]^{\frac{k-1}{2}} (c^2+a^2-b^2)^{n-k} - a(2ac)^{n-1} = 0$$

这里 C_n^k 是组合号,且 $r = n + [(-1)^{n+1} + 1]/2$.

与之相联系的另一个问题是:在 $\triangle ABC$ 中,若 $\angle A > \angle B$,则 $a > b$;反之,若 $a > b$,则 $\angle A > \angle B$.

关于大角对大边的关系,上面已得出一般的关系;而大边对大角之间量的关系如何?我们有

在 $\triangle ABC$ 中,若 $a = 2b$,则 $\angle A > 2\angle B$.

证明　延长 BA 到 D，且使 $AD = AC$，则由等腰三角形性质可有

$$\angle D = \angle ACD = \frac{1}{2}\angle CAB$$

又在 $\triangle ADC$ 中由三角形边的性质有

$$CD < AC + AD = 2AC = 2b = a$$

故由三角形边角大小关系有 $\angle B < \angle D$，且 $\angle CAB = 2\angle D > 2\angle B$.

它还可以推广为：在 $\triangle ABC$ 中，若 $a = nb$，则 $\angle A > n\angle B$.

运用数学归纳法我们不难证得这个结论.

① 当 $n = 2$ 时，命题成立（已证）；

② 设 $n = k - 1$ 时命题真，今考虑 $n = k$ 的情形：

延长 BA 到 D，使 $AD = (k-1)AC$，则

$$CD < AC + AD = nAC = nb = a$$

故由三角形边角大小关系有

$$\angle B < \angle D$$

又　　　　$\angle CAB = \angle ACD + \angle D > \angle ACD + \angle B$

由归纳假设在 $\triangle ACD$ 中，$AD = (k-1)AC$，从而

$$\angle ACD > (k-1)\angle D$$

综上　　　　$\angle CAD > k\angle B$

类似地我们不难有：

在 $\triangle ABC$ 中，若 $\angle A = n\angle B$，则 $a \leqslant nb$.

当然，再深入一些我们还可以有结论：

在 $\triangle ABC$ 中，若 $a < \lambda b\ (0 < \lambda \leqslant 1)$，则 $\angle A < \lambda \angle B$.

证明　当 $\lambda = 1$ 时命题显然真.

若 $\lambda \angle B$ 为钝角或直角时，由设 $a < \lambda b \leqslant b$，知 $\angle A < \angle B$，则 $\angle A$ 为锐角，故 $\angle A < \lambda \angle B$.

今考虑 $0 < \lambda < 1$，且 $\lambda \angle B$ 为锐角的情形.

易证 $0 < \lambda < 1, \theta \in (0, \pi)$ 时，$\lambda \sin \theta < \sin \lambda\theta$.

（令 $f(\theta) = \lambda \sin \theta - \sin \lambda\theta$，由 $f'(\theta) = \lambda(\cos \theta - \cos \lambda\theta) < 0$，知 $f(\theta)$ 在 $(0, \pi)$ 单减，故 $f(\theta) < f(0) = 0$）

由正弦定理 $\dfrac{a}{\sin A} = \dfrac{b}{\sin B}$，可有

$$\sin A = \frac{a}{b}\sin B = \lambda \sin \theta < \sin \lambda B$$

因 $\angle A$ 及 $\lambda \angle B$ 均为锐角，又 $\sin \theta$ 在 $(0, \frac{\pi}{2})$ 内单增，故 $\angle A < \lambda \angle B$.

它们之间实际上有下列推广关系(下图):

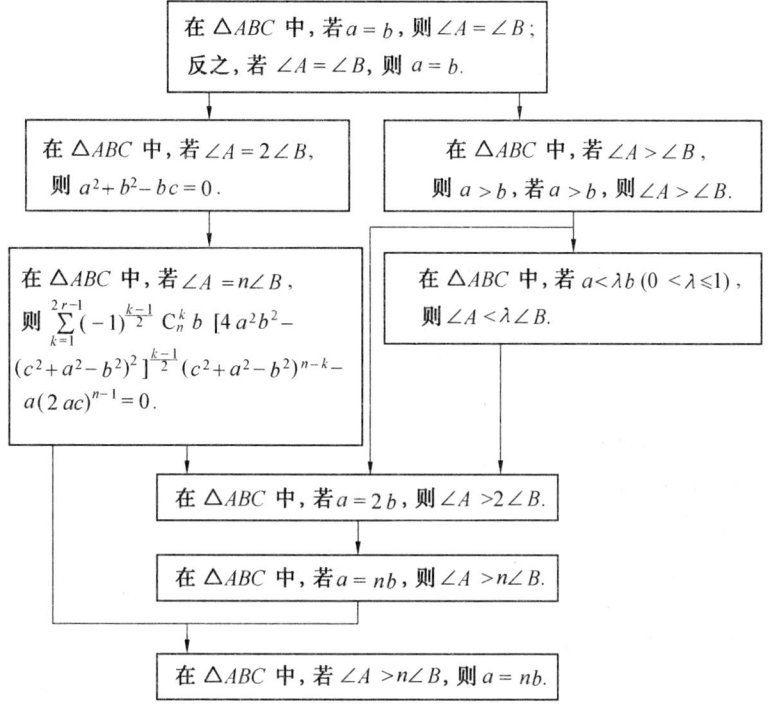

例3 梅涅劳斯(Menelaus)定理是平面几何中一个著名的定理,它是这样叙述的:

若一直线和一个三角形的三边(或延长线)相交,则每一边被此直线分成的两段(无向)之比的乘积为1.

这个结论可以推广到凸 n 边形中去.

比如,在四边形中有一直线和四边形四条边(或延长线)都相交,则每一边被此直线分成的两段(无向)之比的积是1.

如下图(注意两种情况),则有

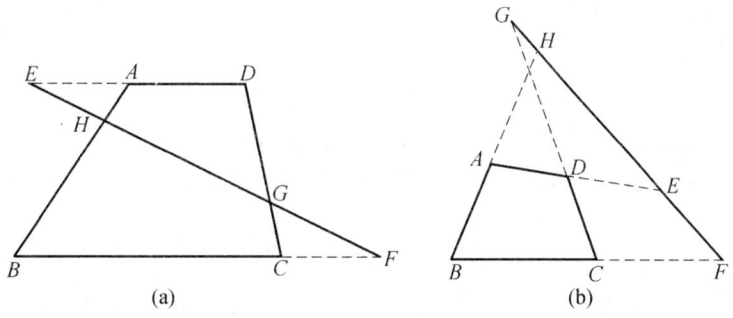

$$\frac{AH}{HB} \cdot \frac{BF}{FC} \cdot \frac{CG}{GD} \cdot \frac{DE}{EA} = 1$$

对于凸 n 边形的情形是：

一直线 l 与凸 n 边形 $A_1A_2\cdots A_n$ 的 n 边条(或延长线)$A_1A_2, A_2A_3, \cdots, A_nA_1$ 分别交于 $B_1, B_2, \cdots, B_n$，则

$$\frac{A_1B_1}{B_1A_2} \cdot \frac{A_2B_2}{B_2A_3} \cdot \cdots \cdot \frac{A_nB_n}{B_nA_1} = 1$$

下面我们用数学归纳法来证明它.

① $n = 3$ 时，命题已证(即梅涅劳斯定理)；

② 设 $n = k$ 时命题真，即对凸 k 边形有

$$\frac{A_1B_1}{B_1A_2} \cdot \frac{A_2B_2}{B_2A_3} \cdot \cdots \cdot \frac{A_kB_k'}{B_k'A_1} = 1$$

今考虑 $n = k + 1$ 的情形：

联结 A_1A_k，设与 l 交于 B_k'，在 $\triangle A_1A_kA_{k+1}$ 中，由梅涅劳斯定理有

$$\frac{A_1B_k'}{B_k'A_k} \cdot \frac{A_kB_k}{B_kA_{k+1}} \cdot \frac{A_{k+1}B_{k+1}}{B_{k+1}A_1} = 1$$

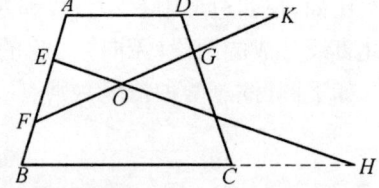

将上式与前式相乘即有

$$\frac{A_1B_1}{B_1A_2} \cdot \frac{A_2B_2}{B_2A_3} \cdot \cdots \cdot \frac{A_{k+1}B_{k+1}}{B_{k+1}A_1} = 1$$

即 $n = k + 1$ 时命题亦真，故对任何自然数 n 命题成立.

注 梅涅劳斯定理的逆定理也成立：

若 $\triangle ABC$ 的三边 AB, BC, CA 或其延长线上各有一点 D, E, F（至少有一点在延长线上），且满足 $\frac{AD}{DB} \cdot \frac{BE}{EC} \cdot \frac{CF}{FA} = 1$，则 D, E, F 三点共线.

定理的逆命题却不能推广到凸 n 边形中去，这只须考虑对于四边形的反例即可.

由右图容易验证它满足

$$\frac{AE}{EB} \cdot \frac{BH}{HC} \cdot \frac{CG}{GD} \cdot \frac{DK}{KA} = 1$$

但 E, H, G, K 不共线.

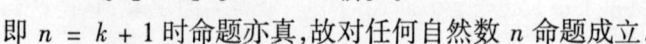

更一般的，梅涅劳斯定理在 n 维欧几里得空间中，亦可推广.

为了方便，我们先将定理形式改写一下. 原来定理是：

设有一直线交 $\triangle ABC$ 的三边(或其延长线)于 D, E, F 三点，则

$$\frac{AF}{FB} \cdot \frac{BD}{DC} \cdot \frac{CE}{EA} = -1 \text{(线段有向)}$$

令 $\frac{AF}{AB} = \lambda_1, \frac{FB}{AB} = \lambda_2; \frac{BD}{BC} = \mu_1, \frac{DC}{BC} = \mu_2; \frac{CE}{CA} = \gamma_1, \frac{EA}{CA} = \gamma_2$

则上面的结论可写为

$$\frac{\lambda_1}{\lambda_2} \cdot \frac{\mu_1}{\mu_2} \cdot \frac{\gamma_1}{\gamma_2} = -1$$

即 $\lambda_1\mu_1\gamma_1 + \lambda_2\mu_2\gamma_2 = 0$

为了便于将结论推广,上式我们用行列式表示

$$\begin{vmatrix} 0 & \lambda_1 & \lambda_2 \\ \mu_2 & 0 & \mu_1 \\ \gamma_1 & \gamma_2 & 0 \end{vmatrix} = 0$$

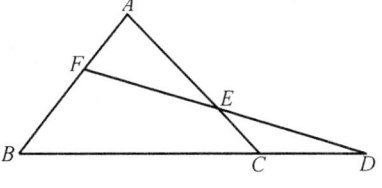

对于 n 维欧氏空间来讲,它可推广为:

设 Ω 为欧氏空间 $\mathbf{E}^n$ 中的 n 维单形,又 $\{a_1, a_2, \cdots, a_{n+1}\}$ 为 Ω 的顶点集,由顶点 $\{a_1, \cdots, a_{i-1}, a_{i+1}, \cdots, a_{n+1}\}$ 所支撑的 $n-1$ 维单形的 $n-1$ 维体积为 V_i,又 $b_i (1 \leqslant i \leqslant n+1)$ 为 V_i(或其延展的超平面)上一点,而由顶点 $\{a_1, \cdots, a_{i-1}, b_i, a_{i+1}, \cdots, a_{j+1}, a_{j-1}, \cdots, a_{n+1}\}$ 所支撑的 $n-1$ 维单形的 $n-1$ 维体积为 $\widetilde{V}_j (1 \leqslant j \leqslant n+1)$,若令

$$\lambda_{ij} = \widetilde{V}_j / V_i$$

则 $n+1$ 个点 $b_1, b_2, \cdots, b_{n+1}$ 共超平面的充要条件是

$$\begin{vmatrix} 0 & \lambda_{12} & \lambda_{13} & \cdots & \lambda_{1,n+1} \\ \lambda_{21} & 0 & \lambda_{23} & \cdots & \lambda_{2,n+1} \\ \lambda_{31} & \lambda_{32} & 0 & \cdots & \lambda_{3,n+1} \\ \vdots & \vdots & \vdots & & \vdots \\ \lambda_{n+1,1} & \lambda_{n+1,2} & \lambda_{n+1,3} & \cdots & 0 \end{vmatrix} = 0$$

它的证明详见文献[61].

注 此定理还容易使我们联想到平面几何中另一个著名的定理 —— 塞瓦(Ceva)定理:

过 $\triangle ABC$ 内一点 O 作直线 AD, BE 和 CF,则

$$\frac{BD}{DC} \cdot \frac{CE}{EA} \cdot \frac{AF}{FB} = 1$$

又它的逆定理也成立.

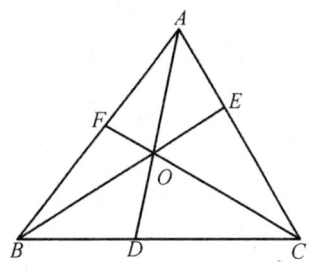

例4 正七边形有如下的性质:

在正七边形 $A_1A_2\cdots A_7$ 中,边与对角线长有如下关系

$$\frac{1}{A_1A_2} = \frac{1}{A_1A_3} + \frac{1}{A_1A_4}$$

(即边长的倒数等于两不同对角线长的倒数之和)

它的证法较多,有纯几何的、也有三角、代数的,其中最简单的证法是用连

辅助线的几何证法,即联结 A_2A_4,再用圆内接四边形的托勒密定理(对角线之积等于两对边乘积之和)即可证得.

这个结论可以推广到正 $2^n - 1$ 边形:

在正 $m = 2^n - 1(n \geqslant 3)$ 边形 $A_1A_2\cdots A_m$ 中,有

$$\frac{1}{A_1A_2} = \frac{1}{A_1A_3} + \frac{1}{A_1A_5} + \frac{1}{A_1A_9} + \cdots + \frac{1}{A_1A_{m'}} + \frac{1}{A_1A_{m''}}$$

这里,$m' = 2^{n-2} + 1$,$m'' = 2^{n-1}$.

证明 设该正 m 边形外接圆半径为 R,则有

$$A_1A_2 = 2R\sin\frac{\pi}{m} - 2R\sin\left(\pi - \frac{\pi}{m}\right) =$$

$$-2R\sin\frac{2^n}{2^n - 1}\pi$$

$$A_1A_{2^i+1} = 2R\sin\frac{2^i\pi}{m}, \quad i = 1,2,\cdots,n-2$$

$$A_1A_{m''} = 2R\sin\frac{2^{n-1}\pi}{2^n - 1}$$

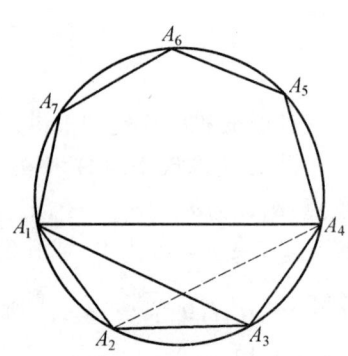

将上述诸式代入所证式子之右减去之左得

$$\frac{1}{2R}\left(1/\sin\frac{2\pi}{m} + 1/\sin\frac{4\pi}{m} + \cdots + 1/\sin\frac{2^{n-1}\pi}{m} + 1/\sin\frac{2^n\pi}{m}\right) =$$

$$\frac{1}{2R}\left(\cot\frac{\pi}{m} - \cot\frac{2^n\pi}{m}\right) = 0$$

故 式左 = 式右,命题得证.

注意这里引用了三角恒等式

$$\frac{1}{\sin 2x} + \frac{1}{\sin 2^2 x} + \cdots + \frac{1}{\sin 2^n x} = \cot x - \cot 2^n x$$

关于它(该三角恒等式)的证明只须注意到下面的关系式即可

$$\cot 2^{i-1}x - \cot 2^i x = \frac{1}{\sin 2^i x}, \quad i = 1,2,\cdots,n$$

注 对于某些特殊的 n 值显然有下面整齐、规则的等式结论:

$n = 3$,得正 7 边形,有

$$\frac{1}{A_1A_2} = \frac{1}{A_1A_3} + \frac{1}{A_1A_4}$$

$n = 4$,得正 15 边形,有

$$\frac{1}{A_1A_2} = \frac{1}{A_1A_3} + \frac{1}{A_1A_5} + \frac{1}{A_1A_8}$$

$n = 5$,得正 31 边形,有

$$\frac{1}{A_1A_2} = \frac{1}{A_1A_3} + \frac{1}{A_1A_5} + \frac{1}{A_1A_9} + \frac{1}{A_1A_{16}}$$

等等.

例 5 爱尔特希 – 莫德尔(Erdös-Mordell) 不等式是指:

三角形内任一点到各顶点的距离之和至少为到各边距离之和的2倍.

在第2届上海青少年科学讨论会上,上海复兴中学的学生李伟将它推广并猜测:

凸 n 边形内任一点到各顶点的距离之和至少为到各边之和的 $\sec\dfrac{\pi}{n}$ 倍.

文献[52]对 $n = 5,9,17$ 的情形给出了证明,文献[53]给出了 $n \geq 3$ 的任何自然数的证明.

文献[53]主要证明了两个引理和两个定理,它们是:

引理 1 设 $0 < \theta \leq \dfrac{\pi}{n}$,且 $n \geq 3$,记 $p_k = (\sin k\theta)/\theta (k = 0,1,2,\cdots,n)$,则

(1) $\dfrac{p^{k-2} + p^k}{p^{k-1}} = 2\cos\theta (k = 2,3,\cdots,n)$.

(2) $\dfrac{1}{p_1 p_2} + \dfrac{1}{p_2 p_3} + \cdots + \dfrac{1}{p_{n-2} p_{n-1}} + \dfrac{p_n}{p_{n-1}} = 2\cos\theta$.

(3) $\dfrac{1}{p_{n-1}}[p_n\cos(\theta - \varphi) - \cos(n\theta - \varphi)] = \cos\varphi$.

引理 2 设 $a,b,c;\alpha,\beta$ 为实数,则
$$a^2 + b^2 + c^2 \geq 2[ab\cos\alpha + bc\cos\beta - ac\cos(\alpha + \beta)]$$

定理 1 设 x_i,φ_i 均为实数($i = 1,2,\cdots,n$;其中 $n \geq 3$),且 $0 < \sum\limits_{i=1}^{n}\varphi_i \leq \pi$,记 $\theta = \dfrac{1}{n}\sum\limits_{i=1}^{n}\varphi_i$,且约定 $x_{n+1} = x_1$,则

$$\sum_{i=1}^{n} x_i^2 \geq \sec\theta \sum_{i=1}^{n} x_i x_{i+1} \cos\varphi_i$$

定理 2 凸 n 边形内任一点到各顶点的距离之和至少为到各边距离之和的 $\sec\dfrac{\pi}{n}$ 倍.

证明请详见文献[53],此外文献[54]也给出了一个较简单的证明.

例 6 若 d_1,d_2,d_3 为三角形外心到各边距离,R 为该三角形外接圆半径,则 $1/d_1 + 1/d_2 + 1/d_3 \geq 6R$,等号当且仅当三角形为正三角形时成立.

若 α_i 为相应边为弦的外接圆圆心角,则有
$$d_i = R\cos(\alpha_i/2), \quad i = 1,2,3$$

这样由算术 – 几何平均值不等式可有

$$\dfrac{1}{d_1} + \dfrac{1}{d_2} + \dfrac{1}{d_3} = \dfrac{1}{R}\left[\dfrac{1}{\cos(\alpha_1/2)} + \dfrac{1}{\cos(\alpha_2/2)} + \dfrac{1}{\cos(\alpha_3/2)}\right] \geq$$

$$\frac{3}{R}\sqrt[3]{1\Big/\left(\cos\frac{\alpha_1}{2}\cos\frac{\alpha_2}{2}\cos\frac{\alpha_3}{2}\right)} \geq \frac{3}{R}\sqrt[3]{\frac{1}{8}} = \frac{6}{R}$$

注意到这里因 $(\alpha_1 + \alpha_2 + \alpha_3)/2 = 180°$,故有

$$\cos\frac{\alpha_1}{2}\cos\frac{\alpha_2}{2}\cos\frac{\alpha_3}{2} \leq \frac{1}{8}$$

等号当且仅当 $d_1 = d_2 = d_3$,即 $\alpha_1 = \alpha_2 = \alpha_3$ 时成立.

仿上方法我们可将命题推广到 n 边形中去:

内接于半径为 R 的圆内接 n 边形 $A_1A_2\cdots A_n$,若弦 $A_1A_2, A_2A_3, \cdots, A_nA_1$ 所对应的弦心距为 $d_1, d_2, \cdots, d_n$,并且所对应的圆心角为 $\alpha_1, \alpha_2, \cdots, \alpha_n$,则

$$\sum_{i=1}^{n}\frac{1}{d_i} \geq \frac{n}{R}\frac{1}{\cos(\pi/n)}$$

当且仅当 n 边形为正 n 边形时等号成立.

几何问题在维数上推广的例子还有很多,这是由几何问题自身的逻辑性及几何形、体内在的性质所决定.最后我们再来看两个例子.

例7 众所周知:平行四边形的对角线平方之和等于其四边平方之和.它被称为阿波罗尼斯定理[①].

问题推广到三维空间即有:

平行六面体的诸对角线平方之和等于其各棱的平方之和.

问题还可以推广到 n 维空间:

n 维平行多面体的所有对角线平方之和等于其各棱的平方之和.

这只须注意到 n 维平行多面体有 2^n 个顶点,每个顶点处各有 n 条棱、一条对角线及 C_n^2 个面.

这样,该多面体共有: $n \cdot 2^{n-1}$ 条棱,2^{n-1} 条对角线,$n(n-1)2^{n-3}$ 个面(它们均为平行四边形).

结合数学归纳法我们不难证得结论.

由上例可以看出:把"平面几何"与"立体几何"对照起来,既可以看到它们之间的类比关系,也可以看到它们之间的实质联系,通过推广还可以看到某些结论是如何被引申、延拓的事实.

对于三角形的情形,可有下面的结论与推广:

例8 若 P 为 $\triangle ABC$ 内任一点,P 到三边 AB, BC, CA 的距离分别为 r_1, r_2, r_3,又 S 为其面积.

(1) 则 $r_1r_2 + r_2r_3 + r_3r_2 \leq \frac{\sqrt{3}}{3}S$.

[①] 亦有资料认为该定理属于另一位古希腊数学家帕普斯(Pappus).

(2) 则 $\dfrac{r_1r_2}{ab} + \dfrac{r_2r_3}{bc} + \dfrac{r_3r_1}{ca} \leqslant \dfrac{1}{4}$,当且仅当 P 为 $\triangle ABC$ 外心时等号成立.

(3) 若 a', b', c' 是 $\triangle A'B'C'$ 三边,S' 为其面积,则有

$$\dfrac{r_1r_2}{a'b'} + \dfrac{r_2r_3}{b'c'} + \dfrac{r_3r_1}{c'a'} \leqslant \dfrac{S}{4S'}$$

当且仅当 $\triangle ABC \backsim \triangle A'B'C'$ 且 P 为 $\triangle ABC$ 外心时等号成立.

上结论推广到空间情形即为:

若 $d_i(i=1,2,3,4)$ 为四面体内一点 P 至其面 $S_i(i=1,2,3,4)$ 的距离,V 为其体积;$S'_i(i=1,2,3,4)$ 为另一四面体四个面面积,V' 为其体积,则

$$\sum_{i=1}^{4} \dfrac{d_i d_{i+1} d_{i+2}}{S'_i S'_{i+1} S'_{i+2}} \leqslant \dfrac{4}{81} \dfrac{V}{V'^2}$$

(这里 $i+1, i+2$ 取模 3 余数)

3. 在三角函数上

在三角学中,从维数推广,对于三角形来说多为从两个角之间的三角函数关系推广到三个角、$\cdots$、n 个角间的三角函数关系,一般三角函数命题,多是从 $\alpha, 2\alpha$ 推广到 $n\alpha$ 的情形,这其间当然也存在着从平面到空间(从 2 维到 3 维甚至 n 维)的推广.下面来看几个例子.

例 1 我们在三角中已经遇到过关系式

$$\cos\dfrac{\pi}{7} + \cos\dfrac{3\pi}{7} + \cos\dfrac{5\pi}{7} = \dfrac{1}{2}$$

联想到另外两个三角函数恒等式

$$\cos\dfrac{\pi}{3} = \dfrac{1}{2}, \cos\dfrac{\pi}{5} + \cos\dfrac{3\pi}{5} = \dfrac{1}{2}$$

我们自然会想到把这个结论推广到 n 的情形(注意到式中 π 的分母系 3,5,7,从而一般情形可为 $2n-1$)

$$\cos\dfrac{\pi}{2n-1} + \cos\dfrac{3\pi}{2n-1} + \cdots + \cos\dfrac{2n-3}{2n-1}\pi = \dfrac{1}{2}$$

它的证明方法很多,比如,用数学归纳法或将上式左乘 $2\sin[\pi/2n-1]$,然后积化和差,再两两相消最后可证得结论.

此外还可用力学方法去证该结论(见文献[66]).

再如,我们从恒等式

$$\cos\dfrac{\pi}{3} = \dfrac{1}{2}, \cos\dfrac{\pi}{5}\cos\dfrac{2\pi}{5} = \dfrac{1}{2^2}, \cos\dfrac{\pi}{7}\cos\dfrac{2\pi}{7}\cos\dfrac{3\pi}{7} = \dfrac{1}{2^3}$$

也不难归纳地把结论类比地推广到 n 的情形

$$\cos\dfrac{\pi}{2n-1}\cos\dfrac{2\pi}{2n-1}\cdots\cos\dfrac{(n-1)\pi}{2n-1} = \dfrac{1}{2^{n-1}}$$

它的证明留给读者考虑完成.

例2 加法定理通常是指两角和(或差)的三角函数关系恒等式.比如
$$\sin(\alpha+\beta) = \sin\alpha\cos\beta + \cos\alpha\sin\beta$$
$$\cos(\alpha+\beta) = \cos\alpha\cos\beta - \sin\alpha\sin\beta$$
$$\tan(\alpha+\beta) = \frac{\tan\alpha+\tan\beta}{1-\tan\alpha\tan\beta}$$

等.显然最后一关系式可由前面两式得到,而前面两式我们又可改写成
$$\sin(\alpha+\beta) = \cos\alpha\cos\beta(\tan\alpha+\tan\beta)$$
$$\cos(\alpha+\beta) = \cos\alpha\cos\beta(1-\tan\alpha+\tan\beta)$$

仿上我们不难得到三个角和的三角函数关系
$$\sin(\alpha+\beta+\gamma) = \cos\alpha\cos\beta\cos\gamma(\tan\alpha+\tan\beta+\tan\gamma-\tan\alpha\tan\beta\tan\gamma)$$
及
$$\cos(\alpha+\beta+\gamma) = \cos\alpha\cos\beta\cos\gamma[1-(\tan\alpha\tan\beta+\tan\beta\tan\gamma+\tan\gamma\tan\alpha)]$$

接下去我们可将上面的关系式推广到 n 个角和的情形

$$\sin\left(\sum_{i=1}^{n}\alpha_i\right) = \begin{cases} \prod_{i=1}^{n}\cos\alpha_i[p_1-p_3+p_5-\cdots+(-1)^{\frac{n-1}{2}}p_n], & n \text{ 为奇数} \\ \prod_{j=1}^{n}\cos\alpha_i[p_1-p_3+p_5-\cdots+(-1)^{\frac{n-2}{2}}p_{n-1}], & n \text{ 为偶数} \end{cases}$$

$$\cos\left(\sum_{i=1}^{n}\alpha_i\right) = \begin{cases} \prod_{i=1}^{n}\cos\alpha_i[1-p_2+p_4-\cdots+(-1)^{\frac{n-1}{2}}p_{n-1}], & n \text{ 为奇数} \\ \prod_{i=1}^{n}\cos\alpha_i[1-p_2+p_4-\cdots+(-1)^{\frac{n}{2}}p_n], & n \text{ 为偶数} \end{cases}$$

其中 $p_1 = \sum_{i=1}^{n}\tan\alpha_i, p_2 = \sum_{1\leq i\leq j\leq n}\tan\alpha_i\tan\alpha_j,\cdots,$ 一般的
$$p_i = \tan\alpha_1\tan\alpha_2\cdots\tan\alpha_i + \tan\alpha_2\tan\alpha_3\cdots\tan\alpha_{i+1}+\cdots, \quad 1\leq i\leq n$$

这里 p_i 表示从 $\tan\alpha_1,\tan\alpha_2,\cdots,\tan\alpha_n$ 中每次取 i 个所有可能的乘积之和,且令 $p_0 = 1$.

它的证明可用数学归纳法去完成.这一点详见文献[63].

例3 正弦定理和余弦定理是三角学上的两个重要定理,它们可分别叙述为:若 a,b,c 分别为 $\triangle ABC$ 三角 A,B,C 之对边,则

正弦定理 在 $\triangle ABC$ 中,$\frac{a}{\sin A} = \frac{b}{\sin B} = \frac{c}{\sin C}$.

余弦定理 在 $\triangle ABC$ 中,$a^2 = b^2 + c^2 - 2bc\cos A$.

下面我们分别来看看它们的推广情况.

正弦定理向(3维)空间推广的形式为(从三角形推广至三棱维):

三棱锥 $V-ABC$ 中,棱 VB 与面 ABC 和面 AVC 成的角分别为 α,β,则

$$\frac{S_{\triangle AVC}}{\sin \alpha} = \frac{S_{\triangle ABC}}{\sin \beta}$$

证明 过 V 作 $VE \perp$ 平面 ABC,过 B 作 $BD \perp$ 平面 AVC,E,D 分别为垂足.联结 BE,VD,则

$$\angle VBE = \alpha,\ \angle DVB = \beta$$

又 $VE = VB\sin\alpha,\ BD = VB\sin\beta$,故

$$\frac{VE}{DB} = \frac{\sin\alpha}{\sin\beta}$$

注意到 $V_{V-ABC} = V_{B-AVC}$,故

$$S_{\triangle ABC} \cdot VE = S_{\triangle AVC} \cdot BD$$

又 $\dfrac{S_{\triangle AVC}}{S_{\triangle ABC}} = \dfrac{VE}{BD} = \dfrac{\sin\alpha}{\sin\beta}$,故

$$\frac{S_{\triangle AVC}}{\sin\alpha} = \frac{S_{\triangle ABC}}{\sin\beta}$$

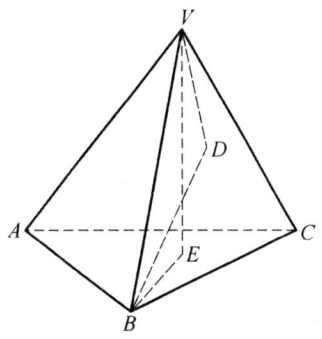

至于余弦定理推广到空间的情形,我们在勾股定理的推广中,已经叙述过.
我们再来看看余弦定理的另一种推广,即从三角形推广到凸四边形的情形.

在凸四边形 $ABCD$ 中,a,b,c,d 为其各边.若 $\theta_1,\theta_2,\theta_3$ 分别表示 a,b;b,c;c,a 之夹角,则

$$d^2 = a^2 + b^2 + c^2 - 2ab\cos\theta_1 - 2bc\cos\theta_2 - 2ca\cos\theta_3$$

这里,$\theta_3 = |\theta_1 + \theta_2 - \pi|$.

分两种情形来考虑:

(1) 若 AD 不平行于 BC,则 AD,BC 延长后相交情形有两种.

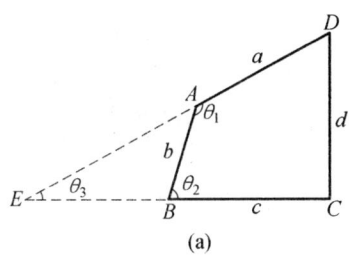 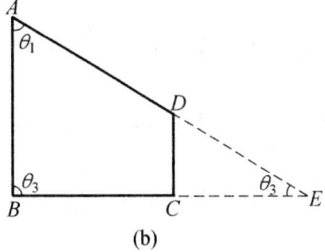

(a)　　　　　　(b)

对于图(a),若记 $AE = x, BE = y$,则在 $\triangle DEC$ 和 $\triangle AEB$ 中有

$$d^2 = (a+x)^2 + (c+y)^2 - 2(a+x)(c+y)\cos\theta_3$$

及

$$b^2 = x^2 + y^2 - 2xy\cos\theta_3$$

两式相减且移项整理后有

$$d^2 = a^2 + b^2 + c^2 + 2a(x - y\cos\theta_3) + 2c(y - x\cos\theta_3) - 2a\cos\theta_3$$

在 $\triangle AEB$ 中由射影定理有

$$x = y\cos\theta_3 + b\cos(\pi - \theta_1), y = x\cos\theta_3 + b\cos(\pi - \theta_2)$$

即
$$x - y\cos\theta_3 = -b\cos\theta_1, y - x\cos\theta_3 = -b\cos\theta_2$$

代入前式即得要证的关系式.

对于图(b),记 $DE = x$, $CE = y$,仿上可有
$$d^2 = x^2 + y^2 - 2xy\cos\theta_3$$

且
$$b^2 = (a+x)^2 + (c+y)^2 - 2(a+x)(c+y)\cos\theta_3$$

两式相减,再在 $\triangle ABE$ 中应用射影定理得到关系式代入两式差中,即可证得结论.

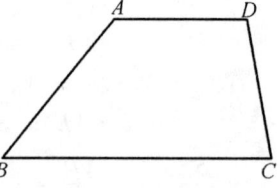

(2) 若 $AD \parallel BC$,此时可视为 $\theta_3 = 0$,从而 $\theta_1 + \theta_2 = \pi$,公式显然成立.

例4 我们容易证明下面的结论:若 A 是任意角,则

(1) $\dfrac{\sin A + \sin 4A + \sin 7A}{\sin 4A + \sin 7A + \sin 10A} = \dfrac{\sin 4A}{\sin 7A}$.

(2) $\dfrac{\cos A + \cos 4A + \cos 7A}{\cos 4A + \cos 7A + \cos 10A} = \dfrac{\cos 4A}{\cos 7A}$.

(3) $\dfrac{\sin A + \sin 4A + \sin 7A}{\cos 4A + \cos 7A + \cos 10A} = \tan 4A$.

从证明过程中我们能发现,命题还可推广为:若 $\alpha \in \mathbf{R}$,则

(1)' $\dfrac{\sin(A-\alpha) + \sin A + \sin(A+\alpha)}{\sin A + \sin(A+\alpha) + \sin(A+2\alpha)} = \dfrac{\sin A}{\sin(A+\alpha)}$.

(2)' $\dfrac{\cos(A-\alpha) + \cos A + \cos(A+\alpha)}{\cos A + \cos(A+\alpha) + \cos(A+2\alpha)} = \dfrac{\cos A}{\cos(A+\alpha)}$.

(3)' $\dfrac{\sin(A-\alpha) + \sin A + \sin(A+\alpha)}{\cos(A-\alpha) + \cos A + \cos(A+\alpha)} = \tan A$.

如果了解到问题的实质,那么我们自然还可将结论再推广为:若 $\alpha \in \mathbf{R}$,则

(1)' $\displaystyle\sum_{k=-n}^{n} \sin(A + k\alpha) \Big/ \sum_{k=-n}^{n} \sin[A + (n+k)\alpha] = \dfrac{\sin A}{\sin(A+n\alpha)}$.

(2)' $\displaystyle\sum_{k=-n}^{n} \cos(A + k\alpha) \Big/ \sum_{k=-n}^{n} \sin[A + (n+k)\alpha] = \dfrac{\cos A}{\cos(A+n\alpha)}$.

(3)' $\displaystyle\sum_{k=-n}^{n} \sin(A + k\alpha) \Big/ \sum_{k=-n}^{n} \cos(A + k\alpha) = \tan A$.

4. 在微积分里

最后我们来看两个微积分的例子.

例1 微分中值定理的推广.

微分中值定理是一个重要的定理,它通常由罗尔定理、拉格朗日定理、柯西定理组成,它们的内容及关系为:

若 $f(x), \varphi(x)$ 在 $[a,b]$ 上连续,在 (a,b) 内可导,且 $\varphi'(x) \neq 0$,则有 $\xi \in$

(a,b) 使:

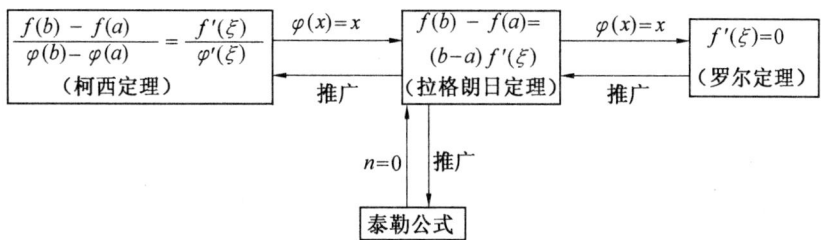

考虑函数 $F(x) = \begin{vmatrix} f(x) & g(x) & 1 \\ f(a) & g(a) & 1 \\ f(b) & g(b) & 1 \end{vmatrix}$, 由行列式性质显然有 $F(a) = F(b) = 0$, 且 $F(x)$ 在 (a,b) 内可导, 则由罗尔定理知有一点 $c \in (a,b)$ 使 $F'(c) = 0$, 即

$$\begin{vmatrix} f(b) - f(a) & g(b) - g(a) \\ f'(c) & g'(c) \end{vmatrix} = 0$$

由此我们可将它稍稍推广:

设 $f_i(x)(i=1,2,3,4)$ 是闭区间 $[a,b]$ 上连续函数, 且在开区间 (a,b) 内可导, 则有 $c \in (a,b)$ 使

$$\begin{vmatrix} f_1(b) - f_1(a) & f_2(b) - f_2(a) \\ f'_1(c) & f'_2(c) \end{vmatrix} + \begin{vmatrix} f_3(b) - f_3(a) & f_4(b) - f_4(a) \\ f'_3(c) & f'_4(c) \end{vmatrix} = 0$$

这只须考虑辅助函数

$$F(x) = \begin{vmatrix} f_1(x) & f_2(x) & 1 \\ f_1(a) & f_2(a) & 1 \\ f_1(b) & f_2(b) & 1 \end{vmatrix} + \begin{vmatrix} f_3(x) & f_4(x) & 1 \\ f_3(a) & f_4(a) & 1 \\ f_3(b) & f_4(b) & 1 \end{vmatrix}$$

即可.

更一般的, 我们可以有:

设 $f_i(x)(i=1,2,\cdots,2n)$ 是闭区间 $[a,b]$ 上连续函数, 且它们在开区间 (a,b) 内可导, 则必有 $c \in (a,b)$ 使

$$\sum_{k=1}^{n} \begin{vmatrix} f_{2k-1}(b) - f_{2k-1}(a) & f_{2k}(b) - f_{2k}(a) \\ f'_{2k-1}(c) & f'_{2k}(c) \end{vmatrix} = 0$$

问题还可再进一步推广(向导数的阶数推广):

设函数 $f_i(x)(i=1,2,\cdots,k)$ 在闭区间 $[a,b]$ 上有 n 阶连续导数, 且在开区间 (a,b) 内有 $f_i^{(n+1)}(x)$ 存在, 则在 (a,b) 内至少存在一点 c 使

$$\sum_{k=1}^{n} \begin{vmatrix} f_i(b) - \sum_{j=0}^{n} \dfrac{f_i^{(j)}(a)}{j!}(b-a)^j & f_{(i+1)}(b) - \sum_{j=0}^{n} \dfrac{f_{i+1}^{(j)}(a)}{j!}(b-a)^j \\ f_i^{(n+1)}(c) & f_{i+1}^{(n+1)}(c) \end{vmatrix} = 0$$

这里规定 $f_i^{(0)}(a) = f_i(a)$.

这可考虑辅助函数

$$F(x) = \sum_{j=1}^{k-1} \begin{vmatrix} f_i(x) & f_{i+1}(x) & x^n & x^{(n-1)} & \cdots & x^2 & x & 1 \\ f_i(b) & f_{i+1}(b) & b^n & b^{(n-1)} & \cdots & b^2 & b & 1 \\ f_i(a) & f_{i+1}(a) & a^n & a^{(n-1)} & \cdots & a^2 & a & 1 \\ f'_i(a) & f_{i+1}(a) & na^{n-1} & (n-1)a^{n-2} & \cdots & 2a & 1 & 0 \\ f''_i(a) & f''_{i+1}(a) & n(n-1)a^{n-2} & (n-1)(n-2)a^{n-3} & \cdots & 2! & 0 & 0 \\ \vdots & \vdots & \vdots & \vdots & & \vdots & \vdots & \vdots \\ f_i^{(n)} & f_{i+1}^{(n)}(a) & n! & 0 & \cdots & 0 & 0 & 0 \end{vmatrix}$$

余下证明可仿照后面泰勒公式推广的证明给出.

函数 $f(x)$ 的泰勒展开可表示为

$$f(b) = f(a) + f'(a)(b-a) + \frac{f''(a)}{2!}(b-a)^2 + \cdots + \frac{f^{(n)}(a)}{n!}(b-a)^n + \frac{f^{(n+1)}(\xi)}{(n+1)!}(b-a)^{n+1}$$

其中, $\xi \in (a, b)$.

它的证明方法很多,这里给出一个利用行列式的推证法,它是受微积分中值定理证法的启示而得到的. 此外,此法还可以将泰勒展开推广. 我们考虑辅助函数

$$F(x) = \begin{vmatrix} f(x) & x^{n+1} & x^n & \cdots & x^2 & x & 1 \\ f(b) & b^{n+1} & b^n & \cdots & b^2 & b & 1 \\ f(a) & a^{n+1} & a^n & \cdots & a^2 & a & 1 \\ f'(a) & (n+1)+a^n & na^n & \cdots & 2a & 1 & 0 \\ f''(a) & (n+1)na^{n-1} & n(n-1)a^n & \cdots & 2! & 0 & 0 \\ \vdots & \vdots & \vdots & & \vdots & \vdots & \vdots \\ f^{(n)}(a) & n!a & n! & \cdots & 0 & 0 & 0 \end{vmatrix}$$

注意到 $F(b) = F(a) = F'(a) = F''(a) = \cdots = F^{(n)}(a) = 0$,反复利用罗尔定理可有:存在 $\xi \in (a, b)$ 使 $F^{(n+1)}(\xi) = 0$,即

$$\begin{vmatrix} f^{(n+1)}(\xi) & (n+1)! & 0 & \cdots & 0 & 0 & 0 \\ f(b) & b^{(n+1)} & b^n & \cdots & b^2 & b & 1 \\ f(a) & a^{(n+1)} & a^n & \cdots & a^2 & a & 1 \\ f'(a) & (n+1)a^n & na^{n-1} & \cdots & 2a & 1 & 0 \\ \vdots & \vdots & \vdots & & \vdots & \vdots & \vdots \\ f^{(n)}(a) & n!a & n! & \cdots & 0 & 0 & 0 \end{vmatrix} = 0$$

将它按第一行展开,再用数学归纳法证明即可.

$$\begin{vmatrix} f_1(x) & b^n & b^{n-1} & \cdots & b^2 & b & 1 \\ f_2(x) & a^n & a^{n-1} & \cdots & a^2 & a & 1 \\ f_3(x) & na^{n-1} & (n-1)a^{n-2} & \cdots & 2a & 1 & 0 \\ f_4(x) & n(n-1)a^{n-2} & (n-1)(n-2)a^{n-3} & \cdots & 2! & 0 & 0 \\ \vdots & \vdots & \vdots & & \vdots & \vdots & \vdots \\ f_{n+1}(x) & n(n-1)\cdots 2a & (n-1)! & \cdots & 0 & 0 & 0 \\ f_{n+2}(x) & n! & 0 & \cdots & 0 & 0 & 0 \end{vmatrix} =$$

$$(-1)^{[\frac{n+1}{2}]} \prod_{k=1}^{n} k! \left[f_1(x) - \sum_{i=0}^{n} \frac{f_{i+2}(x)}{i!}(b-a)^i \right]$$

它的详细证明请参见文献[69].

此外,泰勒公式或柯西公式还可有下面的推广:

设函数 $f(x), g(x)$ 在 $[a,b]$ 上均有 n 阶连续导数,而在区间 (a,b) 内 $f^{(n+1)}(x), g^{(n+1)}(x)$ 存在,且 $g^{(n+1)}(x) \neq 0$(或 $f^{(n+1)}(x), g^{(n+1)}(x)$ 不同时为零),则在 (a,b) 内至少有一点 ξ 使

$$\left[f(b) - \sum_{k=0}^{n} \frac{f^{(k)}(a)}{k!}(b-a)^k \right] \Big/ \left[g(b) - \sum_{k=0}^{n} \frac{g^{(k)}(a)}{k!}(b-a)^k \right] =$$
$$f^{(n+1)}(\xi) / g^{(n+1)}(\xi)$$

成立,其中 $f^{(0)}(a) = f(a), g^{(0)}(a) = g(a)$.

它的详细证明请见文献[69].

例2 积分问题从1重到 $2,3,\cdots$,多重积分;又拓展到曲线、曲面积分等. 但在计算这些积分时,归根结底还是化为一元积分问题. 当然其中也有不少公式可用. 在一元积分中分部积分公式

$$\int f g \mathrm{d}x = fG - \int G \mathrm{d}f$$

其中 $\mathrm{d}G = g$,在曲线积分中推广即为格林(Green)公式

$$\oint_C p \mathrm{d}x + Q \mathrm{d}y = \iint_D \left(\frac{\partial \theta}{\partial x} - \frac{\partial p}{\partial y} \right) \mathrm{d}x \mathrm{d}y$$

这里 D 为曲线 C 围成的区域. 该公式在三维空间推广即为高斯(Gauss)或奥-高(Острградский-Gauss)公式

$$\iint_S p \mathrm{d}y \mathrm{d}z + Q \mathrm{d}z \mathrm{d}x + R \mathrm{d}x \mathrm{d}y = \iiint_V \left(\frac{\partial P}{\partial x} - \frac{\partial Q}{\partial y} + \frac{\partial R}{\partial z} \right) \mathrm{d}V$$

这里 V 是曲面 S 包围的立体(区域).

(二) 向问题的纵深推广

人们对于事物的认识,总是不断深化的,而对数学的认识也是如此. 随着人

们知识领域的扩大、手段方法的创新,常常可以把数学中的某些问题向纵深推广,如减弱命题条件,加强命题结论,扩充命题成立的范围等.

我们先来看一些具体例子:

设 x_1, x_2 是方程 $x^2 - x\sin\alpha + \sin 2\alpha = 0$ 的两个根,这里 $0 < \alpha < \frac{\pi}{2}$. 求证:

$$\log_{(x_1+x_2)}\frac{x_1}{\sqrt{2}} + \log_{(x_1+x_2)}\frac{x_2}{\sqrt{2}} > 1$$

这是一道综合题,从题目条件来看,不等式在 $0 < \alpha < \frac{\pi}{2}$ 时成立,但是这条件实在是给之过宽,我们分析一下,方程有实根的充要条件是

$$\Delta = \sin^2\alpha - 4\sin 2\alpha \geqslant 0$$

解得 $\tan^{-1}8 \leqslant \alpha < \frac{\pi}{2}$. 故题目中条件应为 $\tan^{-1}8 \leqslant \alpha < \frac{\pi}{2}$(这里 $\tan^{-1}8$ 为 $\tan 8$ 的反函数).

再来看其结论,又嫌太弱.即不等式的下界1太小了,至少可有如下结果

$$\log_{(x_1+x_2)}\frac{x_1}{\sqrt{2}} + \log_{(x_1+x_2)}\frac{x_2}{\sqrt{2}} > 385$$

这一点我们不难证得(或见文献[71]).

再如美国第 32 届普特南(W.R.Putnam)大学生数学竞赛(1971 年)试题中有这样一道题目:

设 $\delta(x)$ 表示正整数 x 的最大奇约数,求证:对一切自然数 x 均有

$$\left|\delta(1) + \frac{\delta(2)}{2} + \cdots + \frac{\delta(x)}{x} - \frac{2}{3}x\right| < 1$$

其实这个结论可以改进、加强为:令

$$\Delta(x) = \delta(1) + \frac{\delta(2)}{2} + \cdots + \frac{\delta(x)}{x} - \frac{2}{3}x$$

则当 x 是偶数时:$0 < \Delta(x) < \frac{1}{3}$;当 $x > 1$ 是奇数时:$\frac{1}{3} < \Delta(x) < \frac{2}{3}$.

注意到 $\delta(2k+1) = 2k+1, \delta(2k) = \delta(k)$,我们可推出

$$\Delta(2k) = \frac{\Delta(k)}{2}, \Delta(2k+1) = \frac{\Delta(k)}{2} + \frac{1}{3}$$

再用数学归纳法不难证得

$$0 < \Delta(2k) < \frac{1}{3}, \frac{1}{3} < \Delta(2k+1) < \frac{2}{3}$$

这样不等式的估计上更精细了(可以证明上面的结论已无法再改进),即结论更强了,说得确切些:原来命题得到推广.这类做法(减弱条件,强化结论)在数学上是十分重要的,它也是数学创造的一种重要方式.

下面我们按学科分支来看一些例子.

1. 在代数中

例 1 利用数学归纳法我们不难证得下面的不等式:

若 $x > -1$,且 r 为自然数,则 $(1+x)^r \geq 1 + rx$.

其实这里 r 为自然数的条件要求过强,当 r 为大于 1 的有理数时结论仍然成立.我们证明如下:

设 $r = \dfrac{p}{q}$,这里 p,q 是互质整数,且 $p > q$.

考虑下面 p 个正数

$$\underbrace{(1+rx),(1+rx),\cdots,(1+rx)}_{q\text{个}},\underbrace{1,1,\cdots,1}_{p-q\text{个}}$$

由算术 – 几何平均值不等式

$$\sqrt[n]{\prod_{i=1}^{n} a_i} \leq \frac{1}{n}\sum_{i=1}^{n} a_i, a_i \geq 0, i = 1,2,\cdots,n$$

有 $\sqrt[p]{(1+rx)^q} < \dfrac{1}{p}[q\cdot(1+rx) + (p-q)\cdot 1] = 1 + \dfrac{p}{q}rx = 1 + x$

(注意前面不等式中等号仅当 $x_1 = x_2 = \cdots = x_n$ 时成立),即

$$(1+rx)^{\frac{p}{q}} < 1 + x$$

故 $$1 + rx < (1+x)^{\frac{p}{q}} = (1+x)^r$$

有了上面的结论,我们自然会想到:要是 r 是实数,结论成立否?回答是肯定的.这一点可借助微积分知识得到.

令 $f(x) = (1+x)^r - rx$,由

$$f'(x) = r(1+x)^{r-1} - r = r[(1+x)^{r-1} - 1] = 0$$

解得 $x = 0$.又(因为 $r > 1$)

$$f''(x) = r(r-1)(1+x)^{r-2} > 0$$

故 $x = 0$ 为 $f(x)$ 的极小点,又 $f(0) = 1$,从而 $f(x) \geq 1$,即

$$(1+x)^r \geq 1 + rx$$

这个不等式是著名的伯努利(Bernoulli)不等式.

不等式成立的范围由自然数推广为有理数,又由有理数推广到了实数,结论越来越深化.

注 更一般的我们有:对于 $x > -1$ 的实数

$$\begin{cases} \text{当 } 0 < r < 1 \text{ 时}, (1+x)^r > 1 + rx \\ \text{当 } r < 0 \text{ 或 } r > 1 \text{ 时}, (1+x)^r \geq 1 + rx \end{cases}$$

此外,人们还将该不等式进一步推广:

(1) 若 $n = 2,3,\cdots$,且 $-1 < x < \dfrac{1}{n-1}$,则有
$$(1+x)^n \leqslant 1 + \dfrac{nx}{1-(1-n)x}$$
等式当且仅当 $x = 0$ 时成立.

将伯努利不等式用于 $\left(\dfrac{1-x}{x+1}\right)^n$ 便有
$$\left(1 - \dfrac{x}{1+x}\right)^n \geqslant 1 - n \cdot \dfrac{x}{1+x}, n = 1,2,\cdots$$
又 $x > -1$,故有
$$-1 < -\dfrac{x}{1+x}$$
且
$$1 - \dfrac{x}{1+x} = \dfrac{1}{1+x}$$
故上不等式等价于
$$\dfrac{x}{(1+x)^n} \geqslant \dfrac{1+x-nx}{1+x}$$
若 $1 + x - nx > 0$,其中 $n = 2,3,\cdots$(即 $x < \dfrac{1}{n-1}$),则
$$(1+x)^n \geqslant \dfrac{1+x}{1+x-nx} = 1 + \dfrac{nx}{1+x-nx}$$
由伯努利不等式还可以容易地证明:

(2) 若 $x_i(i = 1,2,\cdots,n)$ 均大于 -1,且它们同号,则
$$\prod_{k=1}^{n}(1+x_k) > 1 + \sum_{k=1}^{n}x_k$$

(3) 设 $f_n(x) = (1+x)^n - 1 - nx(n > 1$ 奇数$)$,则 $f_n(x) = 0$ 有且仅有一根 x_n 满足
$$-3 \leqslant x_n \leqslant -2 - \dfrac{1}{n}$$
且
$$x_n < x_{n+2}, n = 3,5,7,\cdots$$
同时当 $x \neq 0, x > x_n$ 时,$f_n(x) > 0$;当 $x < x_n$ 时,$f_n(x) < 0$.

若 n 是偶数,则对任何 $x \neq 0$,均有 $f_n(x) > 0$.

(4) 设 $F(k,a,x) = 1 + ax + C(a,2)①x^2 + \cdots + C(a,k)x^k$ 是关于 $(1+x)^a$ 的二项展开(a 是实数)的第 k 项部分和,且 $x > -1$,则当第一个省略项不同有

① 第一个省略项是正项时,$(1+x)^a > F(k,a,x)$.

② 第一个省略项是 0 时,$(1+x)^a = F(k,a,x)$.

③ 第一个省略项是负项时,$(1+x)^a < F(k,a,x)$.

由此还可得到一些函数(如对数函数、反三角函数、二项式积分等)的不等式.

下面是一个整数分拆问题,它涉及极值和欧拉数 $e(= \lim\limits_{n\to\infty}(1+\dfrac{1}{n})^n)$.

例 2 1976 年第 18 届国际中学生数学竞赛(IMO)试题中有下面一道题:

确定并证明:当若干个正整数的和是 1976 时,它们的积的最大值.

---

① $C(a,k)$ 表示广义组合号,若 a 是整数,则 $C(a,k) = C_a^k$ 或 $\binom{a}{k}$.

问题的一般提法可改为:

设 N 是给定的正整数,试将 N 分解成若干正整数 $a_1, a_2, \cdots, a_n$ 之和 $\left(N = \sum_{i=1}^{n} a_i\right)$,使它们的积 $a_1 a_2 \cdots a_n \left(\prod_{i=1}^{n} a_i\right)$ 最大.

稍加分析不难得到:设 $N = 3q + r$($q \geqslant 1$ 且 $0 \leqslant r \leqslant 2$),则结论如下表所示.

$N = 3q + r$	分 解 式	最大值
$r = 0$	$a_1 = a_2 = \cdots = a_q = 3$	3^q
$r = 1$	$a_1 = a_2 = \cdots = a_{q-1} = 3$, $a_q = a_{q+1} = 2$	$2^2 \cdot 3^{q-1}$
$r = 2$	$a_1 = a_2 = \cdots = a_q = 3$, $a_{q+1} = 2$	$2 \cdot 3^q$

详细分析过程可分 $a_k \geqslant 5, a_k < 2$ 和 $a_k = 4$ 三种情形考虑,其中 $a_k \geqslant 5$ 时,有 $3(a_k - 3) > a_k$.

我们也许会想:要是把 N 分成的不是正整数,而是正实数,结果又会怎样?

结论见下表,其中 $N = ne + r$,这里 $e = \lim_{n \to \infty} \left(1 + \frac{1}{n}\right)^n$ 即欧拉数,而 n 是自然数或 0,且 $0 < r < e$.

$N = ne + r$	乘 积 最 大 值
$r = 0$	e^n
$r \neq 0$	$\max\left\{\left(\frac{N}{n}\right)^n, \left(\frac{N}{n+1}\right)^{n+1}\right\}$

对 $r \neq 0$ 来说,更确切的有如下结论:令

$$r(n) = \left[\left(1 + \frac{1}{n}\right)^{n+1} - e\right] n$$

则

$$\begin{cases} \text{当 } r = r(n) \text{ 时}, \left(\frac{N}{n}\right)^n = \left(\frac{N}{n+1}\right)^{n+1} \\ \text{当 } r > r(n) \text{ 时}, \left(\frac{N}{n}\right)^n < \left(\frac{N}{n+1}\right)^{n+1} \\ \text{当 } r < r(n) \text{ 时}, \left(\frac{N}{n}\right)^n > \left(\frac{N}{n+1}\right)^{n+1} \end{cases}$$

下面我们来证明它们.

我们由算术 - 几何平均值不等式知:n 个正整数之和为 N 时,它们乘积的最大值是 $\left(\frac{N}{n}\right)^n$.

这样,若 $N = ke$(即 $r = 0$),则这 n 个正数之积的最大值是 $\left(\frac{ke}{n}\right)^n$.

又由伯努利不等式:$e^r \geq 1+r$,取 $r = \frac{n}{k} - 1$ 有 $e^{\frac{n}{k}-1} \geq \frac{k}{n}$,即 $e^{\frac{k}{n}} \geq \frac{k}{n}e$,从而 $e^k \geq \left(\frac{ke}{n}\right)^n$.

上式即说:这 n 个数之积不超过 e^k,而 $n = k$ 时,$\left(\frac{ke}{n}\right)^n$ 达到最大值 e^n.

至于 $N = ne + r(0 < r < e)$ 的情形,容易证明
$$\left(\frac{N}{n}\right)^n > \left(\frac{N}{n-1}\right)^{n-1}$$

类似地有
$$\left(\frac{N}{n-2}\right)^{n-2} < \left(\frac{N}{n-1}\right)^{n-1}$$

递推地有
$$\left(\frac{N}{n}\right)^n > \left(\frac{N}{n-1}\right)^{n-1} > \cdots > N$$

同时,我们还可以证明
$$\left(\frac{N}{n+1}\right)^{n+1} > \left(\frac{N}{n+2}\right)^{n+2}$$

类似地仿上递推可有
$$\left(\frac{N}{n+1}\right)^{n+1} > \left(\frac{N}{n+2}\right)^{n+2} > \left(\frac{N}{n+3}\right)^{n+3} > \cdots$$

综上 $\left(\frac{N}{n}\right)^n$ 或 $\left(\frac{N}{n+1}\right)^{n+1}$ 是 $\left(\frac{N}{k}\right)^k$ 当 k 取自然数时的最大者.又若令

$$\lambda = \frac{\left(\frac{N}{n+1}\right)^{n+1}}{\left(\frac{N}{n}\right)^n} = N\frac{n^n}{(n+1)^{n+1}} = (ne+r)\frac{n^n}{(n+1)^{n+1}}$$

从而可解得 $r = \left[\left(1+\frac{1}{n}\right)^{n+1}\lambda - e\right]n$,记之为 $r(n)$.这样可有

$$\begin{cases} \text{当 } r = r(n) \text{ 时},\lambda = 1 \\ \text{当 } r < r(n) \text{ 时},\lambda < 1 \\ \text{当 } r > r(n) \text{ 时},\lambda > 1 \end{cases}$$

注 类比地进一步考虑:

N 是给定的正整数,试将 N 分解成若干个正整数 $a_1, a_2, \cdots, a_n$ 之和,使它们按指数排布

$$M(N) = E(a_1, a_2, \cdots, a_n) = a_1^{a_2^{\cdots^{a_n}}} = a_1 \uparrow a_2 \uparrow \cdots \uparrow a_n$$

值最大.

结论是:$N \geq 6$ 时,设 $N = 2q + r(q \geq 3, r = 0,1)$:

$N = 2q + r$	E 最大的分解式
$r = 0$	$a_1 = a_2 = \cdots = a_{q-3} = 2, a_{q-2} = a_{q-1} = 3$
$r = 1$	$a_1 = a_2 = \cdots = a_{q-2} = 2, a_{q-1} = 3, a_q = 2$

至于 $N < 6$,则有 $M(2) = 2, M(3) = 3, M(4) = 2^2, M(5) = 3^2$.

这种从特殊到一般的推广,也是命题的深化推广,类似的例子我们还可见:

例3 1980年芬兰、英国、匈牙利和瑞典四国联合举行的国际数学竞赛的一道试题:

指出数 $(\sqrt{3}+\sqrt{2})^{1980}$ 的十进小数表达式中紧靠小数点的右面一位数字(即第一位小数)和左面一位数字(即个位数字),并证明你的结论.

它的答案是:第一位小数数字是9;个位数字是7,这只须注意到式

$$(\sqrt{3}+\sqrt{2})^{1980} + (\sqrt{3}-\sqrt{2})^{1980}$$

是正整数,又 $\sqrt{3}-\sqrt{2} = 0.3178\cdots$,故 $(\sqrt{3}-\sqrt{2})^{1980}$ 第一位小数是0.

从而 $(\sqrt{3}+\sqrt{2})^{1980}$ 第一位小数是9.

类似地考虑到

$$(\sqrt{3}+\sqrt{2})^{1980} + (\sqrt{3}-\sqrt{2})^{1980} = (5+2\sqrt{6})^{990} + (5-2\sqrt{6})^{990}$$

可算得 $(\sqrt{3}+\sqrt{2})^{1980}$ 个位数字是7.

如果将1980换成 n,结果又将如何?结论是

$$(\sqrt{3}+\sqrt{2})^n \text{ 的} \begin{cases} \text{第一位小数是} \begin{cases} 8, n = 2 \\ 9, n > 2, \text{且 } n \text{ 为偶数} \end{cases} \\ \text{个位数字是} \begin{cases} 9, n = 4k - 2 \\ 7, n = 8k - 4 \\ 1, n = 8k \end{cases} \end{cases}$$

再来看一个关于不等式的例.

例4 容易证明:若 $a > b > 0$,则

(1) $\sqrt{a} - \sqrt{b} < \sqrt{a-b}$.

(2) $\sqrt[3]{a} - \sqrt[3]{b} < \sqrt[3]{a-b}$.

我们可以先把它推广为 n 次方根的情形:

若 $a > b > 0$,则 $\sqrt[n]{a} - \sqrt[n]{b} < \sqrt[n]{a-b}$.

只需将 $\sqrt[n]{a}$ 与 $\sqrt[n]{b} + \sqrt[n]{a-b}$ 两边 n 次方后再行比较即可.命题的再进一步推广即为:

若 $a > b > 0$,对 $r > 0$ 的实数有(这里 $\sqrt[r]{a} = a^{\frac{1}{r}}$)

$$\sqrt[r]{a} - \sqrt[r]{b} \begin{cases} > \sqrt[r]{a-b}, & \text{当 } 0 < r < 1 \\ = \sqrt[r]{a-b}, & \text{当 } r = 1 \\ < \sqrt[r]{a-b}, & \text{当 } r > 1 \end{cases}$$

这只须考虑函数 $f(x) = \dfrac{1-x^p}{(1-x)^p}$ 的增减性即可.

先来看 $r > 1$ 的情况,令 $p = \dfrac{1}{r}$.因

$$a^p - b^p \vee (a-b)^p$$

(这里 ∨ 表示 >, =, < 之一),问题即为

$$\frac{a^p - b^p}{(a-b)^p} \vee 1$$

即

$$\frac{1 - \left(\frac{b}{a}\right)^p}{\left(1 - \frac{b}{a}\right)^p} \vee 1$$

通过对 $f(x)$ 的求导

$$f'(x) = \frac{-p(1-x)^{p-1}(x^{p-1}-1)}{(1-x)^{2p}}$$

当 $0 < x < 1$ 时,$f'(x) < 0$,再由 $f(0) = 1$,知当 $0 < x < 1$ 时

$$f(x) = \frac{1-x^p}{(2-x)^p} < 1$$

同理可证 $0 < r < 1$ 的情形.

例5 匈牙利数学奥林匹克竞赛(1914~1918 年间)试题中有这样一道题目:

证明方程 $\frac{1}{x} + \frac{1}{x-a} + \frac{1}{x+b} = 0$(其中 a,b 是正数)有两个实根,且一根在 $\frac{a}{3}$ 和 $\frac{2a}{3}$ 之间,另一根在 $-\frac{2b}{3}$ 和 $-\frac{b}{3}$ 之间.

它的证明大意(详见文献[14])为:

将方程通分、去分母且令其为 $f(x)$ 后有

$$f(x) = 3x^2 - 2(a-b)x - ab = 0.$$

由 $f(-b) = (a+b)b, f(0) = -ab$,及 $f(a) = a(a+b)$,即有

$$f(-b) > 0, \quad f(0) < 0, \quad f(a) > 0$$

又由 $f(x)$ 连续性知 $f(x)$ 在 $(-b, 0), (0, a)$ 之间各有一实根,注意到 $a > 0, b > 0$,且去分母时产生的增根只能是 $-b, 0$ 和 a.

若 $x_1 > 0$ 且为方程的根,则有

$$\frac{1}{x_1} + \frac{1}{x_1 + b} = \frac{1}{a + x_1}$$

又因 $\frac{1}{x_1 + b} > 0$,故 $\frac{1}{x_1} < \frac{1}{a + x_1}$,故 $x_1 > \frac{a}{2}$,从而更有 $x_1 > \frac{a}{3}$.

仿上可证 $x_1 < \frac{2a}{3}$ 及负根的情形.

这个问题推广到一般的情况即是下面的拉盖尔(E. Laguerre)定理(严格地讲,应该说该命题是拉盖尔定理的特殊情形):

如果把区间 $[a_i, a_{i+1}]$ 分成几个相等的部分,则方程

$$\frac{1}{x-a_1} + \frac{1}{x-a_1} + \cdots + \frac{1}{x-a_n} = 0 \qquad (*)$$

在 a_i 与 a_{i+1} 之间的根 t_i(有且仅有一个根,其中 $a_i < a_{i+1}(i = 1,2,\cdots,n-1)$)永远不会落在紧靠区间端点的两个部分的任何一个中.

它的证明可参照上面的例.此外我们可以从中得到几个有趣的结论,在上命题的假设前提下:

系 1 当 $n \geq 3$ 时,对 $k = 1,2,\cdots,n-1$ 都有

$$\frac{1}{n-k+1}(a_{k+1} - a_k) < t_k - a_k < \frac{k}{k+1}(a_{k+1} - a_k)$$

系 2 当 $n \geq 3$ 时,k 越大 t_k 越接近区间 (a_i, a_{k+1}) 中点.

系 3 t_k 离所在区间左边端点和 t_{n-k} 离所在区间右边端点的距离都大于所在区间长度的 $\frac{1}{n-k+1}$ 倍.

把结论推广到复数域的情形:

若 $Z_1, Z_2, \cdots, Z_n$ 是 n 个不同的复数,又多项式

$$p(Z) = \prod_{j=1}^{n}(Z - Z_i)$$

则方程
$$\frac{p'(Z)}{p(Z)} = \frac{1}{Z-Z_1} + \frac{1}{Z-Z_2} + \cdots + \frac{1}{Z-Z_n} \qquad (**)$$

的根 $t_k(k = 1,2,\cdots,n-1)$ 都不能在以 $Z_i(i = 1,2,\cdots,n)$ 为圆心,$\frac{d}{n}$ 为半径的圆外,其中 $d = \min_{1 \leq i \leq n}\{|Z - Z_i|\}$.

显然(**)的根实际上是 $p'(Z) = 0$ 的根,由代数学基本定理知:它有 $n-1$ 个零点(因为它是 $n-1$ 次的).

又若设 S 为包含 $Z_1, Z_2, \cdots, Z_n$ 的最小凸多边形,由鲁卡斯定理知:$p'(Z)$ 的零点一定在 S 中.

有了它再利用反证法,即可证明前面拉盖尔定理的推广形式.这一点可详见文献[81].

上面的例子实际上也是属于"高等代数"范畴的,下面我们再来看一个高等代数方面的例子.

例 6 在一元多项式理论中,关于多项根的定理中,斯图姆(Sturm)定理是一个判断多项式实根个数的重要定理,但它仅适合于实系数多项式,对于复系数多项式能否给出一个相应的定理,这就是要把斯图姆定理推广到复数多项式中去.

若记 $f(x) = \sum_{k=0}^{n} a_k x^{n-k}$(这里 $a_k \in \mathbf{C}, k = 0,1,2,\cdots,n$)的各系数取共轭而

得到的多项式 $\overline{f}(x) = \sum_{k=0}^{n} \overline{a}_k x^{n-k}$,则

(1) $F(x) = f(x)\overline{f}(x)$ 是 $2n$ 次实系数多项式.

(2) $F(x)$ 与 $f(x)$ 的实根(若不计重数) 相同.

(3) $f(x)$ 的根全部具有负实部 $\Longleftrightarrow F(x)$ 的根全部具有负实部.

又若令 $F_0(x) = F(x), F_1(x) = F'(x)$,则

$$F_0(x) = F_1(x)q_1(x) - F_2(x)$$
$$F_1(x) = F_2(x)q_2(x) - F_3(x)$$
$$\vdots$$
$$F_{m-1}(x) = F_m(x)q_m(x)$$

即 $F_0(x), F_1(x), \cdots, F_m(x)$ 为 $F(x)$ 的斯图姆列.

易见:$F_m(x) = (F(x), F'(x))$,这里 (a, b) 表示 a, b 的最高(大)公因式.

若 $F_m(x) = $ 常数,则 $F(x)$ 无重根,即 $f(x)$ 无实根.

若 $F_m(x)$ 是次数大于零且首项系数为 k 的多项式,令

$$D(x) = (F(x), F'(x)) = \frac{F_m(x)}{k}$$

则 $D(x) \mid F_r(x) (r = 0, 1, 2, \cdots, m)$,若记 $g_r(x) = \frac{F_r(x)}{D(x)}$,则有推广的斯图姆定理:

设 $f(x)$ 是一个复系数多项式,实数 $a < b$. 在 $\{g_r(x)\}$ 中,若 $g_0(a)g_0(b) \neq 0$,则 $f(x)$ 在 (a, b) 中有 s 个根的充要条件是 $s = W(a) - W(b)$,其中 $W(a), W(b)$ 分别是序列 $g_0(a), g_1(a), \cdots, g_m(a)$ 和 $g_0(b), g_1(b), \cdots, g_m(b)$ 的变号数(这里的 s 未计根的重数).

对于 $f(x)$ 有实重根的情形,若要求 $f(x)$ 在 (a, b) 内实根总数(考虑重数),则可先约去 $f(x)$ 的重因子

$$d(x) = (f(x), f'(x))$$

考虑式 $$H(x) = \frac{f(x)}{d(x)} = \frac{f(x)}{(f(x), f'(x))}$$

然后再考虑 $d(x)$,进而可得知 $f(x)$ 的全部实根情况.

2. 在几何上

例1 这是 1981 年中国二十五省、市、自治区中学生数学竞赛的一道题:

在圆 O 内,弦 $CD \parallel EF$,且与直径 AB 交成 $45°$ 角,若 CD, EF 与 AB 分别交于 P, Q,且圆 O 半径为 1,求证:$PC \cdot QE + PD \cdot QF < 2$.

我们只须注意到与直径 AB 成 $45°$ 的弦 CD 交 AB 于 P,则 $CP^2 + BP^2 = 2R^2$ 即可,这里 R 是圆 O 的半径.

我们可以联结 OC, OD,由正弦定理可求得

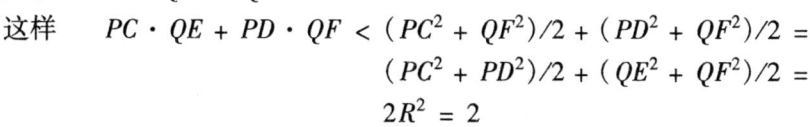

同理可证 $\quad PD = \sqrt{2}R\cos(45° - \angle PCO)$

故 $\quad PC^2 + PC^2 = 2R^2$

类似地 $\quad QE^2 + QF^2 = 2R^2$

这样 $\quad PC \cdot QE + PD \cdot QF < (PC^2 + QF^2)/2 + (PD^2 + QF^2)/2 =$
$\quad\quad\quad\quad (PC^2 + PD^2)/2 + (QE^2 + QF^2)/2 =$
$\quad\quad\quad\quad 2R^2 = 2$

仿上,我们还可以把命题再稍稍推广:

在半径为 R 的圆 O 中,有一组平行线 $N_1M_1, N_2M_2, \cdots, N_nM_n$,它们与直径交角为 $45°$,交点分别为 $P_1, P_2, \cdots, P_n$,则

(1) $\sqrt{\prod_{i=1}^{n} P_i N_i^2} + \sqrt{\prod_{i=1}^{n} P_i M_i^2} < 2R^2$.

(2) $\sum_{k=1}^{n-1} (P_k N_k \cdot P_{k+1} N_{k+1} + P_k M_k \cdot P_{k+1} M_{k+1}) < nR^2$.

这里的证明只须用一下算术 – 几何平均值不等式即可.

当然我们也不难得到与上面结论类似的结果:

(1)′ $\sqrt{\prod_{i=1}^{n} P_i N_i} + \sqrt{\prod_{i=1}^{n} P_i M_i} < 2R$.

(2)′ $\sum_{k=1}^{n} (P_k N_k + P_k M_k) < \dfrac{n}{2} R$.

上面的推广,一是在维数上进行了推广,另外它也对命题的结论深化了.

例2 我们容易证明下面的结论:

若 D, E, F 分别为 $\triangle ABC$ 三边 AB, BC, CA 的中点,试证:$S_{\triangle DEF} = \dfrac{1}{4} S_{\triangle ABC}$.

我们将问题稍作推广,即若 D, E, F 不是边的中点,而是某种分点,情况又如何?这时有结论:

若 D, E, F 分别是 $\triangle ABC$ 的三边 AB, BC,CD 上的点,且满足 $\dfrac{AD}{DB} = \dfrac{BE}{EC} = \dfrac{CF}{FA} = \lambda$,试证

$$S_{\triangle DEF} = \dfrac{\lambda^2 - \lambda + 1}{(\lambda + 1)^2} S_{\triangle ABC}$$

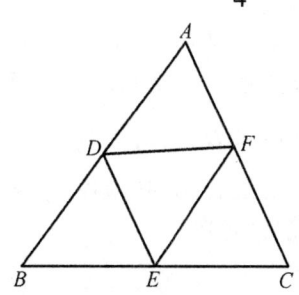

我们可用纯几何的办法去证它. 但考虑到简便与利于推广,这里采用解析几何的办法去证明.

证明 如图,建立坐标系 xOy,且设 A,B,C 三点坐标分别为 $(b,h),(0,0),(a,0)$.

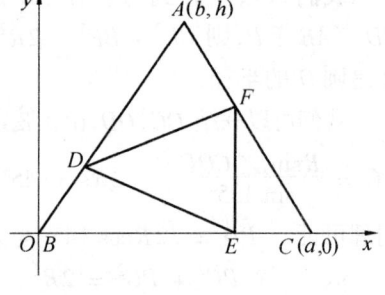

易求得 D,E,F 三点坐标分别为

$$\left(\frac{b}{\lambda+1},\frac{h}{\lambda+1}\right),\left(\frac{\lambda a}{\lambda+1},0\right),\left(\frac{a+\lambda b}{\lambda+1},\frac{\lambda h}{\lambda+1}\right)$$

则 $S_{\triangle DEF} = \dfrac{1}{2}\begin{vmatrix} \dfrac{b}{\lambda+1} & \dfrac{h}{\lambda+1} & 1 \\ \dfrac{\lambda a}{\lambda+1} & 0 & 1 \\ \dfrac{a+\lambda b}{\lambda+1} & \dfrac{\lambda h}{\lambda+1} & 1 \end{vmatrix}$ 的绝对值 $= \dfrac{ah(\lambda^2-\lambda+1)}{2(\lambda+1)^2}$

又 $S_{\triangle ABC} = \dfrac{1}{2}ah$,故命题得证.

问题还可再作推广:

D,E,F 分别为 $\triangle ABC$ 或其延长线上的点,又 $AD:DB = \lambda_1$,$BE:EC = \lambda_2$,$CF:FA = \lambda_3$,则

$$S_{\triangle DEF} = \frac{1+\lambda_1\lambda_2\lambda_3}{(1+\lambda_1)(1+\lambda_2)(1+\lambda_3)}S_{\triangle ABC}$$

若坐标系建立仍如上,则易求得 D,E,F 的坐标分别为

$$\left(\frac{b}{1+\lambda_1},\frac{h}{1+\lambda_1}\right),\left(\frac{\lambda_2 a}{1+\lambda_2},0\right),\left(\frac{a+\lambda_3 b}{1+\lambda_3},\frac{\lambda_3 h}{1+\lambda_3}\right)$$

只须代入三角形面积公式即可求得

$$S_{\triangle DEF} = \frac{1+\lambda_1\lambda_2\lambda_3}{(1+\lambda_1)(1+\lambda_2)(1+\lambda_3)}S_{\triangle ABC}$$

当然我们容易联想到与上面问题类似的另一类问题(它也涉及分点、面积等):

若 K,L,M 分别是正 $\triangle ABC$ 边 AB,BC,CA 的三等分的第一个分点,联结 BM,CK,AL 它们相交出一个新的 $\triangle DEF$,则 $S_{\triangle DEF} = \dfrac{1}{7}S_{\triangle ABC}$.

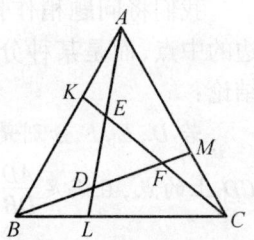

要是 K,L,M 为各边 $n+1$ 等分的第一个分点时,情况又如何?

结论是 $$S_{\triangle DEF} = \frac{(n-1)^2}{n^2+n+1} S_{\triangle ABC}$$

当然我们也可仿照上面的办法,求出 K,L,M 为各边的某种分点时的情形,这留给读者去考虑.

注 这类问题有人还从另一角度研究,得到了一些漂亮的结果.比如(见文献[141]):

设 D,E,F 分别是 $\triangle ABC$ 三边 BC,CA,AB 上与顶点不重合的任三点,若记 $\triangle ABC$,$\triangle DEF$,$\triangle AEF$,$\triangle BDF$,$\triangle CDE$ 等的面积分别是 S,S_0,S_1,S_2 和 S_3,则有

$$S_0 \geq 2\sqrt{\frac{S_1 S_2 S_3}{S}}$$

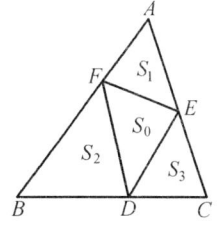

证明 若设 $AF:FB = \lambda_1, BD:DC = \lambda_2, CE:EA = \lambda_3$,则
$$AE:AC = 1:(1+\lambda_3), AB:AF = \lambda_1:(1+\lambda_1)$$

有 $$\frac{S_1}{S} = \frac{\frac{1}{2}AE \cdot AF \cdot \sin A}{\frac{1}{2}AC \cdot AB \cdot \sin A} = \frac{\lambda_1}{(1+\lambda_1)(1+\lambda_3)}$$

同理 $$\frac{S_2}{S} = \frac{\lambda_2}{(1+\lambda_2)(1+\lambda_1)}, \frac{S_3}{S} = \frac{\lambda_3}{(1+\lambda_3)(1+\lambda_2)}$$

则 $$\frac{S_1 S_2 S_3}{S^3} = \frac{\lambda_1 \lambda_2 \lambda_3}{[(1+\lambda_1)(1+\lambda_2)(1+\lambda_3)]^2}$$

又 $$\frac{S_0}{S} = 1 - \frac{S_1}{S} - \frac{S_2}{S} - \frac{S_3}{S} = \frac{1 + \lambda_1 \lambda_2 \lambda_3}{(1+\lambda_1)(1+\lambda_2)(1+\lambda_3)}$$

由上两式可有
$$\frac{SS_0^2}{S_1 S_2 S_3} = \frac{S^3}{S_1 S_2 S_3} \cdot \left(\frac{S_0}{S}\right)^2 = \frac{(1+\lambda_1 \lambda_2 \lambda_3)^2}{\lambda_1 \lambda_2 \lambda_3} = 4 + \frac{(\lambda_1 \lambda_2 \lambda_3 - 1)^2}{\lambda_1 \lambda_2 \lambda_3}$$

故 $$\frac{SS_0^2}{S_1 S_2 S_3} \geq 4$$

即 $$S_0 \geq 2\sqrt{\frac{S_1 S_2 S_3}{S}}$$

等号当且仅当 $\lambda_1 \lambda_2 \lambda_3 = 1$ 时成立(由塞瓦定理知此时 AD,BE 和 CF 在 $\triangle ABC$ 内交于一点).

例3 下面是第20届国际数学奥林匹克竞赛(IMO)的一道试题:

在 $\triangle ABC$ 中,$AB = AC$,有一圆内切于该三角形的外接圆,并与边 AB,AC 分别切于 P,Q,试证 PQ 的中点是 $\triangle ABC$ 的内心.

其实这个命题的条件可以减弱即命题本身加强,即去掉题设条件 $AB = AC$,结论仍成立.

证明 如右图,设 R,r 为 $\odot O$ 和 $\odot O_1$ 的半径,联结 AO_1 与 PQ 交于 M,则 M 是 PQ 的

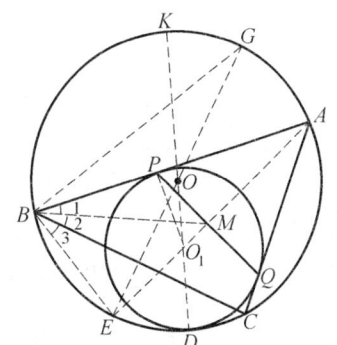

中点.

延长 AO_1 交 $\odot O$ 于 E,联结 BE, BM, O_1P,再联结 OO_1 并延长使其交 $\odot O$ 于 K, D.

过 E 作 $\odot O$ 的直径 EG,联结 BG,则
$$O_1M \cdot O_1A = O_1P^2 = r^2$$
$$O_1E \cdot O_1A = O_1D \cdot O_1K = r(2R - r)$$
$$O_1M \cdot O_1A + O_1E \cdot O_1A = r^2 + r(2R - r) = 2Rr$$

即
$$EM \cdot O_1A = 2Rr$$

又 $\angle BGE = \angle BAE$,故
$$\triangle APO_1 \sim \triangle GBE$$

有
$$O_1A \cdot EB = EG \cdot O_1P = 2Rr$$

从而 $EM \cdot O_1A = O_1A \cdot EB$,得 $EM = EB$,这样 $\angle EBM = \angle EMB$,即
$$\angle 2 + \angle 3 = \frac{1}{2}\angle A + \angle 1$$

但 $\angle 3 = \frac{1}{2}\angle A$,故 $\angle 1 = \angle 2$.即 BM 为 $\angle ABC$ 的平分线,则 M 为 $\triangle ABC$ 的内心.

当然问题还可稍稍变形为:

若把 $\odot O_1$ 内切于 $\odot O$ 改为外切于 $\odot O$,且分别切 AB, AC 于 P, Q,则 PQ 的中点 M 是 $\triangle ABC$ 的旁心.

证明 设 $\odot O$ 及 $\odot O_1$ 的半径仍为 R, r,联结 AO_1 与 $\odot O$ 交于 E,与 PQ 交于 M,联结 BM, BE, O_1Q,联结 O_1O 并延长交 $\odot O$ 于 K.由

$$EB = 2R\sin\frac{A}{2}, EM = O_1E - O_1M$$

又 $O_1E \cdot O_1A = r(r + 2R)$,得

$$O_1E = \frac{r(r + 2R)}{O_1A}$$

将它与 $O_1M = \dfrac{r^2}{O_1A}$ 代入上式得

$$EM = \frac{r(r + 2R)}{O_1A} - \frac{r^2}{O_1A} = 2R \cdot \frac{r}{O_1A} = 2R\sin\frac{A}{2}$$

故
$$EB = EM$$

且
$$\angle EBM = \angle EMB$$

而
$$\angle PBM = \angle BMA + \frac{\angle A}{2} = \angle EBM + \angle EBC = \angle CBM$$

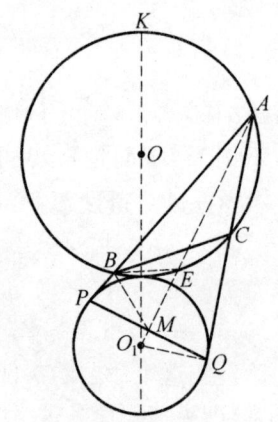

即 BM 平分 $\angle PBC$. 又 AM 平分 $\angle A$,从而 M 为 $\triangle ABC$ 的旁心.

几何问题若借助于三角或解析几何办法求解,常可把问题推广:如把圆的问题推广到椭圆,进而推广到圆锥曲线或其他曲线,这样结论将逐步深化. 请看:

例 4 我们在平面几何中会遇到点共线或线共点问题,下面是一道点共线的题目:

圆外切四边形两条对角线中点及圆心三点共线.

我们也可借助建立坐标系,用解析法去证明它. 利用这种方法我们不难把结论推广为:

椭圆外切四边形的两条对角线中点及椭圆中心三点共线.

对于圆锥(有心)曲线来讲,我们不难得到:

边的延长线与双曲线相切的四边形,两对角线的中点与双曲线的中心三点共线.

再进一步,我们还可有:

四边(或延长线)都与有心二次曲线相切的任意四边形(凸、凹、折的四边形均可)两对角线中点及曲线中心三点共线.

对于无心圆锥曲线抛物线来讲,我们也有相应的推广:

四边(或延长线)都与抛物线相切的任意四边形(凸、凹、折的)两对角线中点连线平行于抛物线的轴.

它们的证明以及进一步推广可见文献[85].

类似的问题如蝴蝶定理亦可从圆推广到圆锥曲线中去,此外还可对其翅数进行推广[162].

最后再看一个几何不等式的例,它是将一个几何不等式内容不断扩展而来,这当然是推广的另一层含义.

文献[137]曾给出不等式:

在 $\triangle ABC$ 中,$\sum \cot^2 \dfrac{A}{2} \geqslant 9$(这里 $\sum$ 表示对 $\triangle ABC$ 三个内角 A,B,C 之半的余切的平方皆求和,即和式 $\cot^2 \dfrac{A}{2} + \cot^2 \dfrac{B}{2} + \cot^2 \dfrac{C}{2}$,下同),及

$$\sum \left(\csc^2 \dfrac{A}{2} - 1 \right)^{-1} \geqslant 3$$

有人借助上面不等式给出(文献[138]):

若 r_a, r_b, r_c 和 t_a, t_b, t_c 分别为 $\triangle ABC$ 的旁切圆半径和内角平分线长,则

$$\dfrac{r_a}{t_a} + \dfrac{r_b}{t_b} + \dfrac{r_c}{t_c} \geqslant 3 \qquad ①$$

此外,周才凯给了它的一个加强[146]:当 $\lambda > 0$ 时
$$\left(\frac{r_a}{t_a}\right)^\lambda + \left(\frac{r_b}{t_b}\right)^\lambda + \left(\frac{r_c}{t_c}\right)^\lambda \geq 3$$

另外前文还给出了不等式
$$\frac{r_a}{h_a} + \frac{r_b}{h_b} + \frac{r_c}{h_c} \geq 3 \qquad ②$$

这里 h_a, h_b, h_c 分别代表 $\triangle ABC$ 三边上的高.

而后有人将不等式 ① 改进为
$$r_a r_b r_c \geq t_a t_b t_c \qquad ③$$

其实这只须注意到(这里 $p = \frac{1}{2}(a+b+c)$,下同)
$$r_a = \sqrt{\frac{p(p-b)(p-c)}{p-a}}$$

及
$$t_a \leq \sqrt{p(p-a)}$$

等六个式子即有
$$r_a r_b r_c = \sqrt{p(p-a)} \cdot \sqrt{p(p-b)} \cdot \sqrt{p(p-c)} \geq t_a t_b t_c$$

由算术 - 几何平均值不等式知 ③ 较 ① 结论强.

此后宋庆等人将不等式 ③ 又进行推广得到一个不等式串[140]:

若 $m_a, m_b, m_c; r_a, r_b, r_c; t_a, t_b, t_c; h_a, h_b, h_c$ 分别为 $\triangle ABC$ 的三条中线,旁切圆半径,内角平分线和三边上高线长,则
$$m_a m_b m_c \geq r_a r_b r_c \geq t_a t_b t_c \geq h_a h_b h_c \qquad ④$$

事实上由三角形中线长公式有
$$4m_a^2 = 2(b^2+c^2) - a^2 \geq (b^2+c^2) - a^2 = 4p(p-a)$$

从而可知
$$m_a \geq \sqrt{p(p-a)}$$

同理
$$m_b \geq \sqrt{p(p-b)}, m_c \geq \sqrt{p(p-c)}$$

故
$$m_a m_b m_c \geq p\sqrt{p(p-a)(p-b)(p-c)} \geq r_a r_b r_c$$

因而
$$m_a m_b m_c \geq r_a r_b r_c$$

又
$$t_a = \frac{2bc}{b+c}\cos\frac{A}{2} = \frac{c\sin B}{\cos\frac{B-C}{2}} \geq c\sin B = h_a$$

同理
$$t_b \geq h_b, t_c \geq h_c$$

因而
$$t_a t_b t_c \geq h_a h_b h_c$$

故
$$m_a m_b m_c \geq r_a r_b r_c \geq t_a t_b t_c \geq h_a h_b h_c$$

此外由不等式 ① 还能推出不等式
$$\frac{r_a}{m_a} + \frac{r_b}{m_b} + \frac{r_c}{m_c} \geq 3 \qquad ⑤$$

事实上,由 $m_a \geqslant \sqrt{r_b r_c} \geqslant t_a$,若 $a \geqslant b \geqslant c$,则 $r_a \geqslant r_b \geqslant r_c$,且 $m_a \leqslant m_b \leqslant m_c$.

由切比雪夫($\Pi.\Pi.\text{Чебышев}$)不等式有

$$\frac{r_a}{m_a} + \frac{r_b}{m_b} + \frac{r_c}{m_c} \geqslant \frac{1}{3}(r_a + r_b + r_c)\left(\frac{1}{m_a} + \frac{1}{m_b} + \frac{1}{m_c}\right)$$

又由柯西不等式知

$$\frac{r_a}{m_a} + \frac{r_b}{m_b} + \frac{r_c}{m_c} \geqslant \frac{3(r_a + r_b + r_c)}{m_a + m_b + m_c} \geqslant 3$$

这里,$r_a + r_b + r_c \geqslant m_a + m_b + m_c$. 再注意到

$$r_a = S \cdot \tan\frac{A}{2} = \frac{rS}{S - a}$$

则 $\sum \dfrac{h_a}{r_a} = \sum \dfrac{2(S-a)}{a} = (a+b+c)\left(\dfrac{1}{a} + \dfrac{1}{b} + \dfrac{1}{c}\right) - 6 \geqslant 9 - 6 = 3$

从而有

$$\frac{h_a}{r_a} + \frac{h_b}{r_b} + \frac{h_c}{r_c} \geqslant 3 \qquad ⑥$$

又 $t_a \geqslant h_a, t_b \geqslant h_b, t_c \geqslant h_c$,知

$$\frac{t_a}{r_a} + \frac{t_b}{r_b} + \frac{t_c}{r_c} \geqslant 3 \qquad ⑦$$

类似地由式 ⑤ 再仿上推演可得

$$\frac{m_a}{r_a} + \frac{m_b}{r_b} + \frac{m_c}{r_c} \geqslant 3 \qquad ⑧$$

这些不等式间的关系如下图所示.

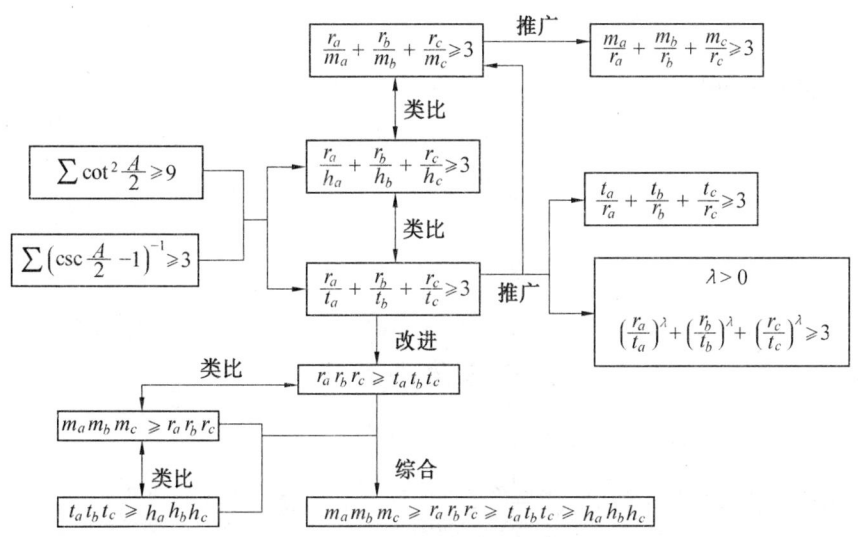

类似地,加细(或称隔离)某些不等式也是一种推广.

比如,我们介绍过算术 - 几何平均值不等式

$$\sqrt{ab} < \frac{a+b}{2}$$

(这里,$a, b \in \mathbf{R}^+$).

其实它可以加细(或隔离)为

$$\frac{2}{\frac{1}{a} + \frac{1}{b}} < \sqrt{ab} < \frac{b-a}{\ln b - \ln a} < \frac{a+b}{2} < \sqrt{\frac{a^2+b^2}{2}} \qquad (*)$$

这里,$a, b \in \mathbf{R}^+$.

它的证明可由函数 $f(x) = e^x$ 在 $(-\infty, +\infty)$ 内下凸(向下凸)性来完成.

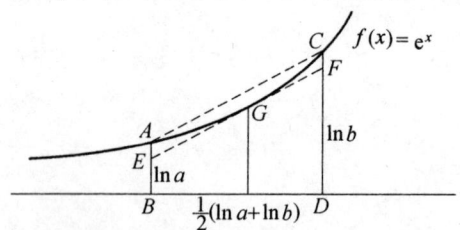

由 $\qquad S_{\text{梯形}BEFD} < S_{\text{曲边梯形}ABDC} < S_{\text{梯形}ABDC}$

有 $\qquad (\ln b - \ln a)e^{\frac{\ln a + \ln b}{2}} < \int_{\ln a}^{\ln b} e^x dx < (\ln b - \ln a)\frac{e^{\ln a} + e^{\ln b}}{2}$

即 $\qquad \sqrt{ab}(\ln b - \ln a) < b - a < \frac{a+b}{2}(\ln b - \ln a)$

则 $\qquad \sqrt{ab} < \frac{b-a}{\ln b - \ln a} < \frac{a+b}{2}$

(这里 $\ln b - \ln a > 0$).

又 $\qquad \dfrac{2}{\dfrac{1}{a} + \dfrac{1}{b}} < \sqrt{ab}$

及 $\qquad \dfrac{a+b}{2} < \sqrt{\dfrac{a^2+b^2}{2}}$

综上,故式(*)成立.

3. 在三角函数里

下面是一道著名的三角函数问题:

例 已知三角函数等式 $\dfrac{\cos^4 \varphi}{\cos^2 \psi} + \dfrac{\sin^4 \varphi}{\sin^2 \psi} = 1$,求证:$\dfrac{\cos^4 \psi}{\cos^2 \varphi} + \dfrac{\sin^4 \psi}{\sin^2 \varphi} = 1$.

借助于下面的引理,我们可将上面问题的结论推广(从指数上):

引理　若 $a_i, b_i \in \mathbf{R}^+ (1 \leqslant i \leqslant n)$，又 $s, t \in \mathbf{R}, r \in \mathbf{R}^+$，且 $st > 0, s - t \leqslant r$，则

$$\left(\sum_{i=1}^n \frac{a_i^s}{b_i^t}\right)^r \geqslant \frac{\left(\sum_{i=1}^n a_i^r\right)^s}{\left(\sum_{i=1}^n b_i^r\right)^t} \qquad (*)$$

当且仅当 $\dfrac{a_i}{\sum_{i=1}^n a_i} = \dfrac{b_i}{\sum_{i=1}^n b_i}, s - t = r$ 时等号成立.(详细证明可参见文献[98])

借助它,前面的例子可以推广为:

设 $s, t \in \mathbf{R}$,且 $st > 0, s - t = 2$,若 $\dfrac{\cos^s \varphi}{\cos^t \varphi} + \dfrac{\sin^s \varphi}{\sin^t \psi} = 1$,则 $\dfrac{\cos^s \psi}{\cos^t \psi} + \dfrac{\sin^s \psi}{\sin^t \psi} = 1$.

证明　在 $(*)$ 中取 $r = 2$,且取 $\alpha - \beta \leqslant 2$ 中的等号,再令 $a_1 = \cos \varphi, a_2 = \sin \varphi, b_1 = \cos \psi, b_2 = \sin \psi$,则

$$\frac{\cos^s \varphi}{\cos^t \psi} + \frac{\sin^s \psi}{\sin^t \psi} \geqslant \frac{(\cos^2 \varphi + \sin^2 \varphi)^{\frac{s}{2}}}{(\cos^2 \psi + \sin^2 \psi)^{\frac{s}{2}}} = 1$$

等号成立的充要条件是

$$\frac{\cos \varphi}{\cos \varphi + \sin \varphi} = \frac{\cos \psi}{\cos \psi + \sin \psi} \qquad ①$$

$$\frac{\sin \varphi}{\cos \varphi + \sin \varphi} = \frac{\sin \psi}{\cos \psi + \sin \psi} \qquad ②$$

又由题设上面不等式是取等号的,由上面式①,②可有

$$\frac{\cos \varphi}{\sin \varphi} = \frac{\cos \psi}{\sin \psi}$$

即 $\sin(\varphi - \psi) = 0$,得 $\varphi = k\pi + \psi (k \in \mathbf{Z})$.从而

$$\cos \varphi = \cos(k\pi + \psi) = \begin{cases} -\cos \psi, & k \text{ 为奇数} \\ \cos \psi, & k \text{ 为偶数} \end{cases}$$

$$\sin \varphi = \sin(k\pi + \psi) = \begin{cases} -\sin \psi, & k \text{ 为奇数} \\ \sin \psi, & k \text{ 为偶数} \end{cases}$$

当 k 为奇数时有

$$\frac{\cos^s \psi}{\cos^t \psi} + \frac{\sin^s \varphi}{\sin^t \varphi} = \frac{(-\cos \varphi)^s}{(-\cos \varphi)^t} + \frac{(-\sin \varphi)^s}{(-\sin \psi)^t} = (-1)^{s-t}\left(\frac{\cos^s \varphi}{\cos^t \psi} + \frac{\sin^s \varphi}{\sin^t \psi}\right) = 1$$

当 k 为偶数时结论显然成立.

三角中关于这类推广(无论对于等式还是不等式)是很多的——因为三角函数关系式本身形式颇为整齐,推广某些结论往往并不十分困难(当然论证它有时并非易事).

4. 在微积分里

由特殊向一般推广，在微积分中也是不乏其例的．我们看两个例子：

例1 若 $g(x)$ 在 $[0,h]$ $(h>0)$ 上单调增加，则

$$\lim_{p\to+\infty}\int_0^h g(x)\frac{\sin(px)}{x}\mathrm{d}x = g(+0)\cdot\frac{\pi}{2}$$

这是著名的狄利克雷引理．它还可以改写成下面形式

$$\lim_{p\to+\infty}\int_0^h g(x)\frac{\sin(px)}{x}\mathrm{d}x = g(+0)\int_0^{+\infty}\frac{\sin x}{x}\mathrm{d}x.$$

此式使我们自然地猜想：若将 $\sin x$ 换成一般的函数 $f(x)$，在 $\int_0^{+\infty}\frac{f(x)}{x}\mathrm{d}x$ 存在的条件下，是否有相似的结果？

文献[90]上给出了下面定理：

如果函数 $g(x)$ 在闭区间 $[0,h]$ $(h>0)$ 上单调增加，且积分 $\int_0^{+\infty}\frac{f(x)}{x}\mathrm{d}x$ 及极限 $\lim\limits_{x\to 0^+}\frac{f(x)}{x}$ 均存在，则

$$\lim_{p\to+\infty}\int_0^h g(x)\frac{f(px)}{x}\mathrm{d}x = g(+0)\int_0^{+\infty}\frac{f(x)}{x}\mathrm{d}x$$

它的证明可见文献[90]，此外文中还给出了它的几个相应变形，文献[91]还就文献[90]中问题再行推广，即取消 $\lim\limits_{x\to 0^+}\frac{f(x)}{x}$ 存在的条件，而得出相应的结论．

确定函数不等式的极限，是分析中一个重要的内容，它的基本形式有两种：$\frac{0}{0}$ 和 $\frac{\infty}{\infty}$．对可导函数来讲，有洛必达（G.F.A.de L'Hospital）法则可处理，对不可导函数而言，情况就稍复杂一些．

在处理 $\frac{\infty}{\infty}$ 型不定式中，斯托尔茨（Stolz）定理甚为有用，该定理是这样叙述的：

数（序）列 $\{x_n\},\{y_n\}$ 满足：① $\lim\limits_{x\to\infty}y_n = +\infty$，且从某个 N 起，y_n 单增，即 $y_{n+1}>y_n$；② 极限 $\lim\limits_{n\to\infty}\frac{x_{n+1}-x_n}{y_{n+1}-y_n}$ 存在(有限或者 $\pm\infty$)，则

$$\lim_{n\to\infty}\frac{x_n}{y_n} = \lim_{n\to\infty}\frac{x_{n+1}-x_n}{y_{n+1}-y_n}$$

将数（序）列的问题的相应结论推广到某些函数中去，是将原来命题向纵深方向的一种推广（它也可以视为类比推广）．比如对于述上命题就有如下推广：

设 ① 函数 $f(x)$ 在区间 $(a, +\infty)$ 上有定义,且在区间 $(a, +\infty)$ 内的任何有限区间上均有界;② 函数 $g(x)$ 是区间 $(a, +\infty)$ 上的单调增加函数,且 $\lim_{x \to +\infty} g(x) = +\infty$,又极限

$$\lim_{x \to +\infty} \frac{f(x+1) - f(x)}{g(x+1) - g(x)}$$

存在(有限或 $\pm \infty$),则必有

$$\lim_{x \to +\infty} \frac{f(x)}{g(x)} = \lim_{x \to +\infty} \frac{f(x+1) - f(x)}{g(x+1) - g(x)}$$

它的证明和相应的引申请参见文献[86].

例 2 (柯西不等式) 若 $a_i, b_i (i = 1, 2, \cdots, n)$ 均为实数,则

$$\left(\sum_{i=1}^{n} a_i^2\right)\left(\sum_{i=1}^{n} b_i^2\right) \geq \left(\sum_{i=1}^{n} a_i b_i\right)^2 \qquad ①$$

其中等号当且仅当 $a_i = k b_i$(k 是常数)时成立.

式 ① 称为柯西不等式.这个不等式的证法很多,比如,我们可以从拉格朗日恒等式

$$\left(\sum_{i=1}^{n} a_i^2\right)\left(\sum_{i=1}^{n} b_i^2\right) - \left(\sum_{i=1}^{n} a_i b_i\right)^2 = \sum_{1 \leq i \leq j \leq n} (a_i b_j - a_j b_i)^2$$

得到(上式对任何实数成立).

此不等式还可从实数域推广到复数的情形:

若 $a_i, b_i \in \mathbf{C}(i = 1, 2, \cdots, n)$ 即它们均属于复数域,则

$$\left(\sum_{i=1}^{n} |a_i|^2\right)\left(\sum_{i=1}^{n} |b_i|^2\right) \geq \left|\sum_{i=1}^{n} a_i \overline{b_i}\right|^2 \qquad ②$$

且等号当且仅当 $\overline{a_i} = c b_i$(c 为常数)时成立,这里 $|a_i|, |b_i|, |a_i b_i|$ 表示复数 $a_i, b_i, a_i b_i$ 的模.

柯西不等式的另外加强形式是:

若 a_k 是实数,z_k 是复数($k = 1, 2, \cdots, n$),则

$$\left|\sum_{k=1}^{n} a_k z_k\right|^2 \leq \frac{1}{2}\left(\sum_{k=1}^{n} a_k^2\right)\left(\sum_{k=1}^{n} |z_k|^2 + \left|\sum_{k=1}^{n} z_k^2\right|\right) \qquad ③$$

当且仅当 $k = 1, 2, \cdots, n$,及 $a_k = \mathrm{Re}(\lambda z_k)$($\lambda$ 是复数,Re 表示实部),且 $\sum_{k=1}^{n} \lambda^2 z_k^2$ 为非负实数时等号成立.它的证明可见文献[152].

此外,柯西不等式还可推广为(在实数域上):

若 $a_i, b_i (i = 1, 2, \cdots, n)$ 是实数,又 $0 \leq x \leq 1$,则

$$\left(\sum_{k=1}^{n} a_k b_k + x \sum_{i \neq j} a_i b_j\right)^2 \leq \left(\sum_{k=1}^{n} a_k^2 + 2x \sum_{i<j} a_i a_j\right)\left(\sum_{k=1}^{n} b_k^2 + 2x \sum_{i<j} b_i b_j\right) \qquad ④$$

显然 $x = 0$ 时即为柯西不等式.

柯西不等式的积分形式是:

设 $f(x)$ 和 $g(x)$ 是 $[a,b]$ 上可积实函数,则

$$\left(\int_a^b f(x)g(x)\mathrm{d}x\right)^2 \leqslant \left(\int_a^b f^2(x)\mathrm{d}x\right)\left(\int_a^b g^2(x)\mathrm{d}x\right) \qquad ⑤$$

其中等号当且仅当 $f(x),g(x)$ 为线性相关的函数时成立.

这只须注意到,对任意实数 t 均有

$$\int_a^b [tf(x) + g(x)]^2 \mathrm{d}x \geqslant 0$$

即

$$t^2\int_a^b f^2(x)\mathrm{d}x + 2t\int_a^b f(x)g(x)\mathrm{d}x + \int_a^b g^2(x)\mathrm{d}x \geqslant 0$$

再利用关于 t 的非负二次三项式非负时的判别式性质即可证得结论.

此外,它还有阵形式的推广,请见相应的文献.

例 3 (切比雪夫不等式) $\{a_n\},\{b_n\}$ 为两个实序列,若 $\{a_n\},\{b_n\}$ 同时单调增(减),则有

$$\left(\frac{1}{n}\sum_{k=1}^n a_k\right)\left(\frac{1}{n}\sum_{k=1}^n b_k\right) \leqslant \frac{1}{n}\sum_{k=1}^n a_k b_k \qquad ①$$

其中等号当且仅当 $a_1 = a_2 = \cdots = a_n$ 且 $b_1 = b_2 = \cdots = b_n$ 时成立.

该不等式的证明详见文献[152],这里不赘述. 下面谈谈它的推广,首先来看变元个数,即向多元推广:

若非负实序列 $\{a_n\},\{b_n\},\cdots,\{l_n\}$ 均为单增序列,则

$$\frac{\sum_{k=1}^n a_k}{n} \cdot \frac{\sum_{k=1}^n b_k}{n} \cdot \cdots \cdot \frac{\sum_{k=1}^n l_k}{n} \leqslant \frac{\sum_{k=1}^n a_k b_k \cdots l_k}{n} \qquad ②$$

显然下面的不等式是不等式 ② 的特例:

若 $a_k \geqslant 0 (k = 1,2,\cdots,n)$,$m$ 为自然数则

$$\left(\frac{1}{n}\sum_{k=1}^n a_k\right)^m \leqslant \frac{1}{n}\sum_{k=1}^n a_k^m \qquad ③$$

$\{a_n\},\{b_n\}$ 同时单增或单减是式 ① 成立的充分条件,然而不必要. 萨斯(D. W. Sasser) 和斯拉特(M. L. Slater) 给出式 ① 成立的充要条件:

$\{a_n\},\{b_n\}$ 为两个实序列,而 $e = (1,1,\cdots,1)^\mathrm{T}$,则切比雪夫不等式 ① 成立 $\iff b = Aa + ce$ 或 $a = Ab + ce$,这里 $a = (a_1,a_2,\cdots,a_n)^\mathrm{T}$,$b = (b_1,b_2,\cdots,b_n)^\mathrm{T}$,$A$ 是行或列和为零的半正定对称矩阵,c 是实数. 且当且仅当

$$(A + A^\mathrm{T})a = 0 \text{ 或 } (A + A^\mathrm{T})b = 0$$

时式 ① 等号成立.

下面由塞齐(G. Seitz) 证明的不等式可视为柯西不等式和切比雪夫不等式同时推广.

若 $\{x_n\},\{y_n\},\{z_n\},\{u_n\}$ 为实数列，$a_{ij}(i,j = 1,2,\cdots,n)$ 为已知实数，又对每一对整数 $i,j(i < j)$ 和 $r,s(r < s)$ 有

$$\begin{vmatrix} x_i & x_j \\ y_i & y_j \end{vmatrix} \begin{vmatrix} z_r & z_s \\ u_r & u_s \end{vmatrix} \geq 0$$

且

$$\begin{vmatrix} a_{ri} & a_{rj} \\ a_{si} & a_{sj} \end{vmatrix} \geq 0$$

则

$$\frac{\sum_{i,j=1}^{n} a_{ij}x_i z_j}{\sum_{i,j=1}^{n} a_{ij}x_i u_j} \geq \frac{\sum_{i,j=1}^{n} a_{ij}y_i z_j}{\sum_{i,j=1}^{n} a_{ij}y_i u_j} \qquad ④$$

不等式 ① 的更深层次的推广是：

若 $\{a_n\},\{b_n\}$ 为单调非减序列，x_{ij} 为实数，则对 x_{ij} 成立不等式

$$F(a,b) = \sum_{i,j=1}^{n} x_{ij} a_i b_i \geq 0 \Longleftrightarrow$$

$$\sum_{i=r}^{n}\sum_{j=s}^{n} x_{ij} \geq 0 \ (r = 1,2,\cdots,n; s = 2,3,\cdots,n), \ \sum_{i=r}^{n}\sum_{j=s}^{n} x_{ij} = 0 \ (r = 1,2,\cdots,n)$$

⑤

若 $\{a_n\},\{b_n\}$ 非负且非减，则

$$F(a,b) \geq 0 \Longleftrightarrow \sum_{i=r}^{n}\sum_{j=s}^{n} x_{ij} \geq 0 \ (r = 1,2,\cdots,n; s = 2,3,\cdots,n) \qquad ⑥$$

显然在上面不等式中，当 $i = j$ 时，令 $x_{ij} = n - 1$；当 $i \neq j$ 时，令 $x_{ij} = -1$ 即可得到不等式 ①.

切比雪夫不等式积分形式的推广为：

设 $f(x)$ 和 $g(x)$ 是 $[a,b]$ 上实可积函数（简记 f 和 g），且它们同时单增（或单减），则

$$\frac{1}{b-a}\int_a^b f(x)g(x)\mathrm{d}x \geq \frac{1}{(b-a)^2}\int_a^b f(x)\mathrm{d}x \cdot \int_a^b g(x)\mathrm{d}x \qquad ⑦$$

且若 $f(x),g(x)$ 单调且一增一减，则不等式反向.

上面积分形式可以推广到 n 个函数的情形：今记 $f_i(x) = f_i (1 \leq i \leq n)$，若 $f_1,f_2,\cdots,f_n$ 为同指向单调非负函数，且在 (a,b) 上可积，则

$$\int_a^b f_1(x)\mathrm{d}x \cdot \cdots \cdot \int_a^b f_n(x)\mathrm{d}x \leq (b-a)^{n-1}\int_a^b f_1(x) \cdot \cdots \cdot f_n(x)\mathrm{d}x \qquad ⑧$$

此外这种积分形式的不等式还可以推广为：

若 $f(x),g(x)$ 在 (a,b) 上可积，且单调同指向（即同单增或同单减），$p(x)$ 为 (a,b) 上可积的正函数，则

$$\int_a^b p(x)f(x)g(x)\mathrm{d}x \cdot \int_a^b p(x)\mathrm{d}x \geq \int_a^b p(x)f(x)\mathrm{d}x \cdot \int_a^b p(x)g(x)\mathrm{d}x \qquad ⑨$$

上不等式令 $p(x) \equiv 1$ 即为不等式⑦.而令 $p(x) = f_2^2(x), f(x) = g(x) = \dfrac{f_1(x)}{f_2(x)}$,上不等式化为施瓦兹(Schwarz)不等式①.

别尔南斯基(M. Biernacki)在不同于式⑨的条件下证明了式⑨的结论.即他证得:

设 $f(x), g(x), p(x)$ 是区间 (a, b) 内的可积函数,且设 $p(x)$ 在这个区间上恒正,若函数

$$f_1(x) = \frac{\int_a^b p(x)f(x)\mathrm{d}x}{\int_a^b p(x)\mathrm{d}x}, \quad g_1(x) = \frac{\int_a^b p(x)g(x)\mathrm{d}x}{\int_a^b p(x)\mathrm{d}x}$$

只在 (a, b) 中有限个公共点上达到极值,且假定它们以相同指向单调,则不等式⑨成立.

这些不等式之间关系如下图所示.

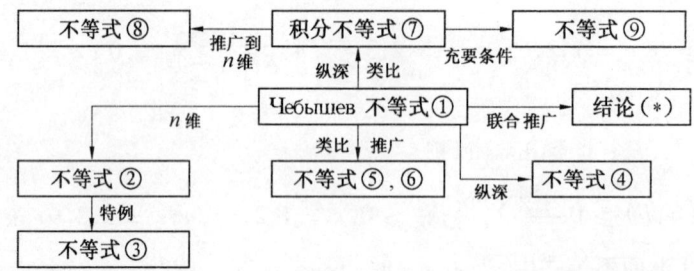

5. 从具体到抽象

首先我们想指出一点:从具体到抽象,不仅是数学,也是其他学科的研究手段.狭义地讲是从现象到本质的一种推广.这种推广不仅可为我们提供数学模型和方法,同时也是开拓新的数学领域的重要手段.下面举两例说明.

1964年北京市中学生数学竞赛有下面一道题目:

例1 设在一环形公路上有 n 个车站,每站存有汽油若干桶(其中有的站可以不存), n 个站的总存油量足够一辆汽车沿此公路行驶一周.现使一辆原来没油的汽车依逆时针方向沿此公路行驶,每到一站即把该站的存油全部带上(出发的站也如此).试证 n 站之中至少有一站,可使汽车从这站出发环行一周,不致在中途因缺油而停车.

解 我们将各车站按逆时针顺序依次编上 $1, 2, \cdots, n$ 号,设第 i 站存油 p_i,

---

① 即不等式 $\left(\sum\limits_{k=1}^{n} a_k b_k\right)^2 \leqslant \left(\sum\limits_{k=1}^{n} a_k^2\right)\left(\sum\limits_{k=1}^{n} b_k^2\right)$ 的积分形式推广.

第 i 站到第 $i+1$ 站行驶耗油量为 $q_i(i=1,2,\cdots,n-1)$ 且第 n 站到第 1 站行驶耗油量为 q_n.

再令 $s_i = p_i - q_i(i=1,2,\cdots,n)$,由设有
$$\sum_{i=1}^{n} s_i = \sum_{i=1}^{n} p_i - \sum_{i=1}^{n} q_i = 0 \qquad ①$$
这样,汽车从第 k 站沿逆时针方向顺利绕行一周再回到第 k 站的充要条件为
$$\begin{cases} s_k \geqslant 0 \\ s_k + s_{k+1} \geqslant 0 \\ s_k + s_{k+1} + s_{k+2} \geqslant 0 \\ \qquad \vdots \\ s_k + s_{k+1} + \cdots + s_n \geqslant 0 \\ s_k + s_{k+1} + \cdots + s_n + s_1 \geqslant 0 \\ \qquad \vdots \\ s_k + s_{k+1} + \cdots + s_n + s_1 + \cdots + s_{k-1} \geqslant 0 \end{cases} \qquad (*)$$

这样我们可以考虑:$s_1, s_1+s_2,\cdots,s_1+s_2+\cdots+s_n$ 中最小的一个,比如 $s_1+s_2+\cdots+s_k$,则我们选第 $k+1$ 个车站(如果 $k=n$,则选第一站)作为起点即可.

我们可以用反证法证明这一点.

比如,$s_{k+1}, s_{k+1}+s_{k+2}, \cdots, s_{k+1}+s_{k+2}+\cdots+s_n$ 中有负数,当把它与 $s_1+s_2+\cdots+s_k$ 相加时得到一个比 $s_1+s_2+\cdots+s_k$ 更小的数,这与前设不合.

再者,$s_{k+1}+\cdots+s_n+s_1, s_{k+1}+\cdots+s_n+s_1+s_2, \cdots, s_{k+1}+\cdots+s_n+s_1+\cdots+s_k$ 均不为负.

这只须注意到 $s_1, s_1+s_2, \cdots, s_1+s_2+\cdots+s_{k-1}$ 均不小于 $s_1+s_2+\cdots+s_k$ 即可(又 $s_1+\cdots+s_k+s_{k+1}+\cdots+s_n=0$).

综上分析我们可以有结论:

命题 1 若 n 个实数 $s_1,s_2,\cdots,s_n$ 满足 $\sum_{j=1}^{n} s_j = 0$,则存在 $k \in \{1,2,\cdots,n\}$ 使
$$\sum_{i=1}^{t} s_{k+i} \geqslant 0, \quad t=1,2,\cdots,n$$
成立,这里约定 $s_{i+n} = s_i (i=1,2,\cdots,n)$.

拓而广之,我们还可以有:

命题 2 若给定 n 个实数 $d_1,d_2,\cdots,d_n$,则存在 $k \in \{1,2,\cdots,n\}$ 使
$$\frac{1}{t}\sum_{i=1}^{t} d_{k+i} \geqslant \frac{1}{n}\sum_{i=1}^{n} d_i, \quad t=1,2,\cdots,n$$
成立,这里约定 $d_{i+n} = d_n(i=1,2,\cdots,n)$.

只须令 $s_i = d_i - \frac{1}{n}\sum_{i=1}^{n} d_i$ 即可化为上面的情形.

下面是北京市 1962 年中学生数学竞赛高三第二试的一道赛题:

例 2 一群小孩围坐一圈分糖果.老师让他们先每人任取偶数块,然后按下列规则调整:所有的小孩同时把自己的糖分一半给右边的小孩,糖的块数变成了奇数的人,可向老师补要一块.

试证:经过有限次调整后,大家的糖果数将一样多.

我们只需注意到:若设开始小孩手中糖果最多为 $2m$,最少为 $2n$ 块,若 $m = n$ 则不需调整;若 $m > n$,则

① 调整一次后每人糖果数仍在 $2n$ 与 $2m$ 之间.
② 原来块数超过 $2n$ 的调整后仍超过 $2n$ 块.
③ 至少有一个原来糖数为 $2n$ 的小孩调整后糖数最少增加一块.

这样有限次后,每个拿 $2n$ 块糖的小孩手中糖数都将不小于 $2n$,但拿糖最多的小孩在调整时糖数不会再增加,这样有限次调整后,所有小孩手中的糖数将会一样多.

把这个例子抽象出来:把"调整"视为数学中的"变换",把"最多与最少之间差别的减小"视为"磨光",这样便可抽象为:

定理 对任一组实数 $(x_1, x_2, \cdots, x_n)$ 反复实施下列变换

$$x'_i = \frac{x_i + x_{i+1}}{2}, i = 1, 2, \cdots, n$$

这里将 x_{n+1} 视为 x_1,则有

$$\lim_{m\to\infty} x_1^{(m)} = \lim_{m\to\infty} x_2^{(m)} = \cdots = \lim_{m\to\infty} x_n^{(m)} = \frac{1}{n}\sum_{i=1}^{n} x_i$$

这里 $x_i^{(m)}$ 表示实施了第 m 次变换后的 x_i.

它的证明详见文献[94].

顺便讲一句,利用上述结论我们还可以证明"算术 – 几何平均不等式"及"等周问题"(周长相同的一切 n 边形中,以正 n 边形面积最大)等,这留给读者考虑.

(三) 类比、横向推广

类比、横向推广,在数学推广中十分重要.把平面几何中的命题类比地推广到立体几何中去,把几何中的结论类比地推广到代数中去(或者相反),把初等代数中的命题类比地推广到线性代数中去,把代数中的一些结论推广到分析中去……这些是不乏其例的,其实在前面的例子中,我们已经隐约地看到了这一点.我们来看几个例子.

例1 在几何中我们容易证明:

一条直线上的 n 个点最多可把直线分成 $n+1$ 段.

类比地,我们不难利用同样的递推方法证明(或用数学归纳法):

平面上的 n 条直线最多可把平面分成 $\frac{1}{2}(n^2+n+2)$ 部分.

再向空间推广我们还可以得到:

空间中的 n 个平面最多可把空间分成 $\frac{1}{6}(n^3+5n+6)$ 部分.

通过类比、联想,我们想到了圆、球面,这样我们便有相应的推广(下图).

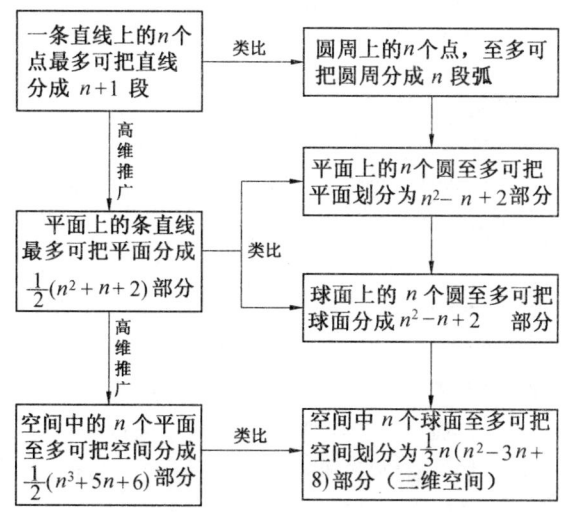

与之类似的例子我们将在本书下篇中述及.

我们再看一个几何上的例子.

例2 我们知道在欧几里得几何中:三角形三内角和为 $180°$(或 π 弧度),更一般的我们有:

平面上 n 边形的内角和为 $(n-2)\pi$.

多面体是由平面围成的,正像多边形是由直线围成的一样,因而多面体在空间正像多边形在平面上一样.所以我们在研究多边形的某些性质时(它往往比较容易研究),常想把它类比地推广到多面体中去.

数学家欧拉正是基于这一思想,把上述结论推广到了多面体的情形:

设多面体面数为 F,顶点数为 V,棱数为 E,那么多面体的诸面角 α(每个面的多边形内角)之和为

$$\sum \alpha = 2(E-F)\pi$$

证明 设 $S_1, S_2, \cdots, S_F$ 为该多面体第 $1, 2, \cdots, F$ 个面上的边数,我们有

$$\sum \alpha = \sum_{i=1}^{F}(S_i - 2)\pi = \pi \sum_{i=1}^{F} S_i - 2F$$

这里 $\sum_{i=1}^{F} S_i$ 是多面体 F 个面上所有边数总和,在这个总和里,多面体的每条棱都算了两次,故
$$\sum_{i=1}^{F} S_i = 2E$$
从而
$$\sum \alpha = 2\pi(E - F)$$

注 欧拉曾证明 $F + V - E = 2$(欧拉公式),这样关于多面体面角和公式又可写为
$$\sum \alpha = 2V\pi - 4\pi$$

这个结论也可以利用变换(拓扑)方法直接证明如下:

我们把多面体想象为是用橡皮膜做的,然后我们选定多面体的一个面作为底,再将其他诸面伸缩、铺平,这样多面体便坍在两个重叠的多边形之间,它们有相同的边框(如下图是对一个六面体实施变换的情形).

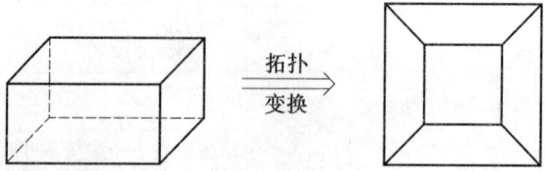

这个重叠图形的下叶(即铺开的底)是完整不可分的,上叶则分为 $F - 1$ 个多边形.设两叶公有的多边形边框的边数为 r.

则计算展开的多面体的面角和 $\sum \alpha$(它即为原多面体面角和),它由三部分组成:

下叶角和:$(r - 2)\pi$;上叶边框形角和:$(r - 2)\pi$;留下来是上叶内部的角,它们是围绕着 $V - r$ 个内部顶点的,它们的总和是:$(V - r)2\pi$.

综上 $\sum \alpha = 2(r - 2)\pi + (V - r)2\pi = 2\pi V - 4\pi$. 证得了上述结论后,欧拉公式即获证.

另一方面,我们想到了简单多边形即任意两边都不相接交(顶点除外),任一顶点都不在边上,且每个顶点仅是两边的端点的多边形,那么多边形内角和定理又可推广为:

简单 n 边形的内角之和为 $(n - 2)\pi$.

类比地,我们将以线段为边的普通多边形推广到以曲线弧为边的曲边多边形中去,这时曲边多边形顶点称为角点,角点两侧弧的切线夹角称为内角的话,则:

设 C 是一个平面曲线多边形,具有内角 $\theta_1, \theta_2, \cdots, \theta_n$,则
$$\sum_{i=1}^{n} \theta_i - (n - 2)\pi = \oint_C \kappa \mathrm{d}s$$

其中 κ 为曲线的**曲率**,$\oint_C \kappa \mathrm{d}s$ 为曲线多边形的**全曲率**.

这个结论是杭州大学白正国教授给出的,他还将之推广到空间曲线多边形的情形.

多边形内角和还可以进一步推广到曲面上的多边形中去,这一点可见文献[101],其中最著名的便是高斯 – 博内特(Gauss-Bonnet)定理.

无独有偶,与多边形内角和定理相当的,多边形外角和定理(相对多边形内角和定理,陈省身教授更为欣赏该结论):

平面上多边形外角和等于 2π.(三角形外角和定理的推广).

当然,它还可以再加推广:

给定任意不自交的封闭曲线 Γ,在 Γ 上任取一点 P 作单位切矢量 $\overrightarrow{PT}$,经平面上一点 O 作单位矢量 $\overrightarrow{OQ}$ 与 $\overrightarrow{PT}$ 平行,当 P 沿 Γ 转动一圈,Q 在单位圆上转动角恰为 2π.

(简言之:P 在任一不自交封闭曲线 Γ 上运动,当 P 沿 Γ 转动一周时,与过 P 的切线平行的单位矢量转动 2π 角度)

它还可以推广到有尖点的光滑曲线以至自交封闭曲线中,甚至可以推广到曲面上的三角形中去.它 1848 年由鲍内特(P.O.Bonnet)给出.

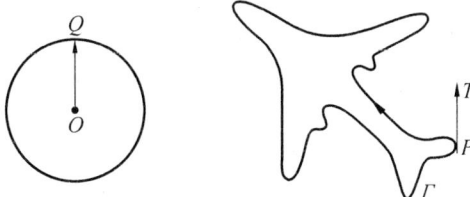

1827 年,高斯在《关于曲面的一般研究》一文中,对于曲面上由测地线构成的三角形 $\mathscr{A}$,设 κ 是该曲面的总曲率,则

$$\iint_{\mathscr{A}} \kappa \, d\mathscr{A} = \alpha_1 + \alpha_2 + \alpha_3 - \pi$$

其中,$\alpha_1, \alpha_2, \alpha_3$ 为三角形 $\mathscr{A}$ 的三个内角.

设 Γ 为曲面 S 上一条逐段光滑的封闭曲线,D 为 Γ 所包含的区域,则 Γ 有短距曲率 κ,又 D 的每点有高斯曲率 K,若 A 为不光滑点的角,则

$$\sum (\pi - A) + \int_{\Gamma} \kappa \, ds + \iint_{D} K \, dv = 2\pi\chi, \text{(高斯 – 博内特公式)}$$

其中,dv 是曲面面积元,χ 是区域 D 的欧拉数.

20 世纪中期,数学家们还试图将该公式推广到高维致紧黎曼流形上去.

1942 年,韦依(A.Weil)和阿伦道弗(C.Allendoerfer)证明了任意黎曼流形上的高斯 – 博内特公式,但它们的证明依赖球丛结构,它是非内蕴结构.

1944 年,陈省身率先采用了内蕴丛(单位切向量丛)解决了高维致紧黎曼流形上的高斯 – 博内特公式,打开了示性类进入微分几何的大门[156].

其实,高斯 – 博内特公式还与物理学上的麦克斯韦(J.C.Maxwell)公式有着紧密的联系[151].

例3 我们在初等代数中熟知不等式:$2ab \leqslant a^2 + b^2$,类比地我们在微积分

中有类似的不等式
$$2\int_a^b f(x)g(x)\mathrm{d}x \leqslant \int_a^b [f^2(x)+g^2(x)]\mathrm{d}x$$
我们再来看不等式
$$\Big(\sum_{k=1}^n a_k b_k\Big)^2 \leqslant \Big(\sum_{k=1}^n a_k^2\Big)\Big(\sum_{k=1}^n b_k^2\Big) \quad (柯西不等式)$$
这里 $a_k, b_k(k=1,2,\cdots,n)$ 均为实数,前文我们已讲过,它可类比地推广为积分不等式
$$\Big[\int_a^b f(x)g(x)\mathrm{d}x\Big]^2 \leqslant \int_a^b f^2(x)\mathrm{d}x \cdot \int_a^b g^2(x)\mathrm{d}x$$
它的证明也可仿效柯西不等式的某些证明方法得到:

对任何实数 t,总有
$$\int_a^b [f(x)-t\cdot g(x)]^2\mathrm{d}x \geqslant 0$$
即
$$\int_a^b f^2(x)\mathrm{d}x + t^2\int_a^b g^2(x)\mathrm{d}x - 2t\int_a^b f(x)g(x)\mathrm{d}x \geqslant 0$$

由上面关于 t 的二次不等式恒成立,故应有其相应二次三项式的判别式非正,即
$$\Delta = \Big[2\int_a^b f(x)g(x)\mathrm{d}x\Big]^2 - 4\int_a^b f^2(x)\mathrm{d}x \int_a^b g^2(x)\mathrm{d}x \leqslant 0$$
展开整理即得所求积分不等式.

当然,该不等式还有一些其他证法.下面我们想类比地把这些结论推广到线性代数中去(或者可视为利用线性代数的工具表示这些不等式):比如,在欧氏空间中,$(\boldsymbol{a},\boldsymbol{b})$ 定义为向量 $\boldsymbol{a},\boldsymbol{b}$ 的内积,则有
$$[(\boldsymbol{a},\boldsymbol{b})]^2 \leqslant (\boldsymbol{a},\boldsymbol{a})\cdot(\boldsymbol{b},\boldsymbol{b})$$
其中等号仅当 $\boldsymbol{a},\boldsymbol{b}$ 线性相关时成立.

再如,若 $\boldsymbol{A}$ 是正定矩阵,则对任何向量 $\boldsymbol{x},\boldsymbol{y}$,有
$$(\boldsymbol{x}^{\mathrm{T}}\boldsymbol{A}\boldsymbol{y})^2 \leqslant (\boldsymbol{x}^{\mathrm{T}}\boldsymbol{A}\boldsymbol{x})(\boldsymbol{y}^{\mathrm{T}}\boldsymbol{A}\boldsymbol{y})$$
其中等号仅当 $\boldsymbol{x},\boldsymbol{y}$ 线性相关时成立.

综上我们可有下面的图.

(初等代数中)
$$\sum a^2 \cdot \sum b^2 \geqslant \big(\sum ab\big)^2$$

(微积分中)
$$\int_a^b f^2 \mathrm{d}x \int_a^b g^2 \mathrm{d}x \geqslant \Big(\int_a^b fg\mathrm{d}x\Big)^2$$

(线性代数中)
$$(\boldsymbol{a},\boldsymbol{a})\cdot(\boldsymbol{b},\boldsymbol{b}) \geqslant [(\boldsymbol{a},\boldsymbol{b})]^2$$

(矩阵计算中)
$$(\boldsymbol{x}^{\mathrm{T}}\boldsymbol{A}\boldsymbol{x})(\boldsymbol{y}^{\mathrm{T}}\boldsymbol{A}\boldsymbol{y}) \geqslant (\boldsymbol{x}^{\mathrm{T}}\boldsymbol{A}\boldsymbol{y})^2$$

类似的例子还有很多,比如,$|a+b| \leq |a|+|b|$ 也可类比地推广到微积分和线性代数中去(下图).

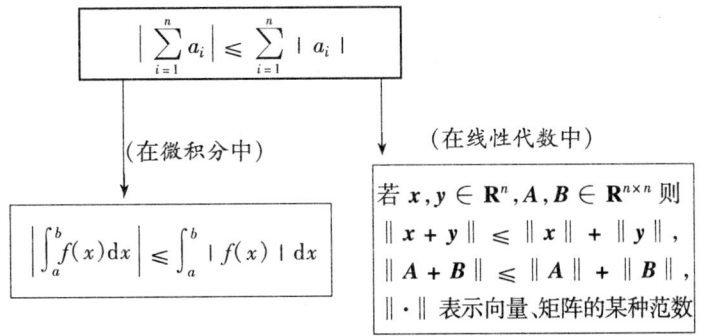

通过上面的事例可以看出,积分号"$\int$"与求和号"$\sum$"在某些意义下是可以互通的(其实积分"$\int$"正是求和(概念)运算"$\sum$"的推广).又
$$\|x\| + \|y\| \geq \|x+y\|, x,y \in \mathbf{R}^n$$
也称三角形不等式,它显然是平面几何中"三角形一边小于其他两边和"定理的推广.

我们已经讲过,线性代数里矩阵不是数,但它规定了许多运算,这样矩阵的某些运算可与数的运算作个类比,这一方面可使我们对一时还不很熟悉的矩阵运算,仿照我们比较熟悉的数的运算规则去考虑(当然不能全盘照抄),另外也使我们对数概念的扩充有一个全新的认识.这其中比较典型的是矩阵多项式的某些运算.

对于矩阵多项式的分解或求逆,这常可通过代数式的分解或求倒数(即 -1 次幂)来类比(它的另一类分解问题我们前文已有述),比如:

矩阵多项式 $A^2 - I$ 的分解问题,可与普通代数式 $a^2 - 1$ 分解类比
$$a^2 - 1 = (a+1)(a-1), a \in \mathbf{R}$$
$$A^2 - I = (A+I)(A-I), A, I \in \mathbf{R}^{n \times n}$$

由此引发的诸如:

若 $A^2 - 2I = O$,求 $(A+I)^{-1}$ 之类问题,可类比于:

若 $a^2 - 2 = 0$,求 $(a+1)^{-1}$ 或 $\dfrac{1}{a+1}$ 的值.

由设有 $a^2 - 1 = 1$,即 $(a+1)(a-1) = 1$.

从而 $(a+1)^{-1} = a - 1$,即 $a+1$ 与 $a-1$ 互为倒数.类比地
$$(A+I)^{-1} = A - I$$
我们当然不难仿上由 $A^2 + A - 4I = O$ 求得 $A - I$ 的逆矩阵
$$(A-I)^{-1} = \frac{1}{2}(A+2I)$$

这只须注意到 $A^2 + A - 2I = 2I$，即 $(A + 2I)(A - I) = I$，从而
$$(A - I)^{-1} = \frac{1}{2}(A + 2I)$$

上面的问题是国内研究生数学入学考试的一道题目. 如果有了上面类比思想, 解决这类问题应该说是不难的. 仿照前面的分析, 我们不难求解下面诸题(它们均为研究生入学考试试题):

(1) 若 $A \in \mathbf{R}^{n \times n}$, 又 $A^k = O$. 证明 $A - I$ 可逆且求其逆.

类比于 $x^k - 1 = 1$, 有
$$(x - 1)(x^{k-1} + x^{k-2} + \cdots + x + 1) = 1$$
故
$$(A - I)^{-1} = A^{k-1} + A^{k-2} + \cdots A + I$$

(2) 若 $A + B = AB$, 其中 $A, B \in \mathbf{R}^{n \times n}$, 则 $A - I$ 可逆.

类比于 $x + y = xy$, 有
$$(x - 1)(y - 1) = 1$$
故
$$(A - I)^{-1} = B - I$$

其实, 这些多仰仗着一些不严谨的类比, 但这种类比至少可以帮助我们去思考.

不严谨的类比

初等代数	线性代数(矩阵)
0	O(零矩阵)
1	I(单位阵)
a^{-1} 或 $\frac{1}{a}$ ($a \neq 0$)	A^{-1}(A 非奇异阵)
$\vdots$	$\vdots$

另外, 几何中圆的许多性质可以类比地推广到椭圆以至圆锥曲线中去, 它即可视为命题的深化推广, 也可视为对于圆锥曲线的类比推广.

比如, 若我们证明了(见文献[148]):

命题 平面上任意多边形经过压缩变换
$$\begin{cases} x' = x \\ y' = ky \ (k > 0) \end{cases}$$
所得到的新多边形的面积 S' 与原多边形面积 S 之比为 k.

之后, 便可以轻松地去解下面的问题:

例 4 已知椭圆 $\frac{x^2}{a^2} + \frac{y^2}{b^2} = 1$, 求:

(1) 内接于它的三角形面积的极大值.

(2) 外切于它的三角形面积的极小值.

解 (1) 我们可以把椭圆 $\dfrac{x^2}{a^2} + \dfrac{y^2}{b^2} = 1$ 经过压缩变换

$$\begin{cases} x = \tilde{x}, \\ y = k\tilde{y} \end{cases}$$

(这里 $k = \dfrac{b}{a}$) 得到圆 $\tilde{x}^2 + \tilde{y}^2 = a^2$ (下图).

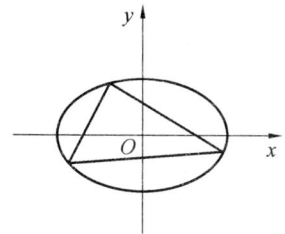 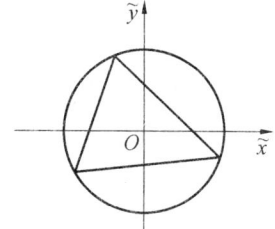

而半径为 a 的圆内接三角形面积的极大值为

$$\tilde{S}_{\max} = \dfrac{3\sqrt{3}}{4} a^2$$

由前面的命题知道,内接于椭圆 $\dfrac{x^2}{a^2} + \dfrac{y^2}{b^2} = 1$ 的三角形面积的极大值为

$$S_{\max} = k\tilde{S}_{\max} = \dfrac{3\sqrt{3}}{4} ab$$

(2) 同理可求得外切于椭圆的三角形面积的极小值为

$$S_{\min} = 3\sqrt{3}\, ab$$

下面再来看一个例子.

例 5 已知椭圆 $\dfrac{x^2}{a^2} + \dfrac{y^2}{b^2} = 1$,求:

(1) 它的内接 n 边形面积的极大值.

(2) 外切 n 边形面积的极小值.

解 我们知道,内接于圆 $x^2 + y^2 = a^2$ 的 n 边形面积的极大值与外切于该圆的 n 边形面积的极小值分别为:$\dfrac{n}{2} a^2 \sin \dfrac{2\pi}{n}$ 和 $\dfrac{n}{2} a^2 \tan \dfrac{\pi}{n}$.

仿上例的解法(类比地)知:

(1) 内接于 $\dfrac{x^2}{a^2} + \dfrac{y^2}{b^2} = 1$ 的 n 边形面积的极大值为:$\dfrac{n}{2} ab \sin \dfrac{2\pi}{n}$.

(2) 外切于椭圆 $\dfrac{x^2}{a^2} + \dfrac{y^2}{b^2} = 1$ 的 n 边形面积的极小值为:$\dfrac{n}{2} ab \tan \dfrac{\pi}{n}$.

注 从上面的分析与做法可以看出:椭圆的内接或外切极值多边形有无数个(指形状),而圆内接或外切极值多边形则唯一(指形状),这只须考虑从圆的不同角度去实施压缩变换可得到不同形状的椭圆内接或外切多边形,对于压缩前的极值情形,压缩后仍为极值情形(当然这里的压缩系数或比例系数相同).

上面的方法可以推广到求空间椭球内接或外切多面体体积的极值问题,这留给有兴趣的读者去考虑.

由于椭圆可视为圆通过某个坐标轴的压缩变换而得,因而椭圆的许多性质可借助圆的相应性质类比地得到.请看:

例 6 设椭圆 $\dfrac{x^2}{a^2}+\dfrac{y^2}{b^2}=1$ 的一对共轭直径①长分别为 p 和 q,其夹角为 α,则 $pq\sin\alpha$ 为定值.

在证明此结论之前,我们先考虑这样一个事实:

在压缩(或伸扩)变换下,圆的每一对互相垂直的直径变为椭圆的一对共轭直径;反之,椭圆的每一对共轭直径总可以通过伸扩(或压缩)变换变成圆的一对互相垂直的直径.

证明 设 AC,BD 为椭圆的一对共轭直径,见图(a),且 $AC=p$,以及 $BD=q$,其夹角为 α,这样

$$pq\sin\alpha = 2S_{\triangle EDB} = 8S_{\triangle AOD}$$

由椭圆变成圆的压缩变换,压缩系数若为 k,圆的半径为 a,且 $\angle AOD$ 变为 $90°$ 的角,如图(b),由前述命题有

$$S_{\triangle A'O'D'} = kS_{\triangle AOD} = \frac{1}{2}a^2$$

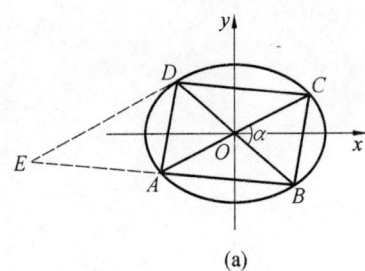
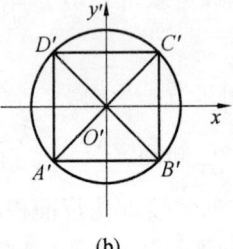

(a)   (b)

从而 $S_{\triangle OAD}=\dfrac{a^2}{2k}$,故 $pq\sin\alpha=\dfrac{4a^2}{k}$.

类似的例子还有很多,这里不多谈了,一般来讲圆的不少性质可以类比地推广到椭圆中去.

我们还想指出:"等价"也可看做是一种类比推广的结果.同一结论在不同领域或以不同形式表现,便是这种推广的一个潜在形式,我们来看几个不同提法的问题:

命题 1 设 a,b,c 为 $\triangle ABC$ 的三边,则

---

① 平行于给定向量 t 的椭圆弦的中点轨迹称为与向量 t 共轭的直径,若与 t 共轭的直径为 m,则与 m 共轭的直径 n 必平行于向量 t,这样一对直径 m,n 称为椭圆的一对共轭直径.

$$a^2(b+c-a)+b^2(c+a-b)+c^2(a+b-c) \leqslant 3abc \qquad ①$$

命题 2 若 $x,y,z \in \mathbf{R}^+$,则
$$(x+y-z)(y+z-x)(z+x-y) \leqslant xyz \qquad ②$$

命题 3 若 $a,b,c \in \mathbf{R}^+$,且 $abc=1$,则
$$\left(a-1+\frac{1}{b}\right)\left(b-1+\frac{1}{c}\right)\left(c-1+\frac{1}{a}\right) \leqslant 1 \qquad ③$$

它们分别是第 6 届、第 24 届和第 41 届 IMO 的赛题.

我们先来看看它们之的关系($\Longleftrightarrow$ 表示等价于).

式① $\Longleftrightarrow a^2(b+c-a)+b^2(c-b)+c^2(b-c)+a(b^2+c^2-2ab) \leqslant$
$abc \Longleftrightarrow a^2(b+c-a)-(b-c)^2(b+c-a) \leqslant abc \Longleftrightarrow$
$[a^2-(b-c)^2](b+c-a) \leqslant abc \Longleftrightarrow$
$(b+c-a)(c+a-b)(a+b-c) \leqslant abc$

显然,由上知命题 1,3 等价.

又令 $a=\dfrac{x}{y}, b=\dfrac{y}{z}, c=\dfrac{z}{x}$,则知式 ③ 可化为
$$(x+y-z)(y+z-x)(z+x-y) \leqslant xyz$$

它即是不等式 ②.换言之,三个命题系同一问题的不同提法.

接下来再看几个问题:

命题 4 若 a,b,c 为三角形三边长,p 为半周长,则
$$abc \geqslant 8(p-a)(p-b)(p-c) \qquad ④$$

由 $p=\dfrac{1}{2}(a+b-c)$,显然知上式可化为
$$abc \geqslant 8 \cdot \frac{1}{2}(a+b-c) \cdot \frac{1}{2}(b+c-a) \cdot \frac{1}{2}(c+a-b)$$

即
$$abc \geqslant (a+b-c)(b+c-a)(c+a-b)$$

上式即是不等式 ②.

命题 5 若 r,R 为 $\triangle ABC$ 内切圆、外接圆半径,S 为其面积,则
$$\tan\frac{A}{2}+\tan\frac{B}{2}+\tan\frac{C}{2} \leqslant \tan\frac{9R^2}{4S} \qquad ⑤$$

由 $\tan\dfrac{A}{2}=\dfrac{r}{p-a}, \tan\dfrac{B}{2}=\dfrac{r}{p-a}, \tan\dfrac{C}{2}=\dfrac{r}{p-a}$

这里 $p=\dfrac{1}{2}(a+b+c)$,又 $abc=4Rrp, (p-a)(p-b)(p-c)=rS$.

另外,上面式 ⑤ 可变形为

式⑤ $\Longleftrightarrow \dfrac{r}{p-a}+\dfrac{r}{p-b}+\dfrac{r}{p-c} \leqslant \dfrac{9Rr}{2S} \Longleftrightarrow$
$(p-a)(p-b)+(p-b)(p-c)+(p-c)(p-a) \leqslant \dfrac{9Rr}{2} \Longleftrightarrow$

$$8p[(p-a)(p-b)+(p-b)(p-c)+$$
$$(p-c)(p-a)] \leqslant 9abca \Leftrightarrow \cdots \Leftrightarrow$$
$$(a+b-c)[a(b-c-a)+b(a-c-b)+c(a+b+c)] \leqslant abc \Leftrightarrow$$
$$(a+b-c)[c^2-(a-b)^2] \leqslant abc \Leftrightarrow$$
$$(a+b-c)(b+c-a)(c+a-b) \leqslant abc \Leftrightarrow 式②$$

下面几个问题,虽然貌似不同,但它们也都是前面不等式的变形或另外形式的提法:

命题6 在 $\triangle ABC$ 中,总有

$$\sin\frac{A}{2}\sin\frac{B}{2}\sin\frac{C}{2} \leqslant \frac{1}{8} \tag{6}$$

注意到 $\sin\frac{A}{2} = \sqrt{\frac{1-\cos A}{2}} = \sqrt{\frac{(p-b)(p-c)}{bc}}$

且 $\sin\frac{B}{2} = \sqrt{\frac{(p-c)(p-a)}{ca}}, \sin\frac{C}{2} = \sqrt{\frac{(p-a)(p-b)}{ab}}$

则 $\sin\frac{A}{2}\sin\frac{B}{2}\sin\frac{C}{2} = \frac{(p-a)(p-b)(p-c)}{abc}$

故不等式 ⑥ 可化为不等式 ④.

命题7 在 $\triangle ABC$ 中,总有

$$\cos A + \cos B + \cos C \leqslant \frac{3}{2} \tag{7}$$

这只须注意到:$\cos A = \frac{b^2+c^2-a^2}{2bc}$ 等,此时不等式 ⑦ 化为

$$\frac{1}{2abc}[a^2(b+c-a)+b^2(c+a-b)+c^2(a+b-c)] \leqslant \frac{3}{2}$$

即 $a^2(b+c-a)+b^2(c-a+b)+c^2(a+b-c) \leqslant 3abc$

它就是不等式 ①.

命题8 在 $\triangle ABC$ 中,总有

$$R \geqslant 2r (欧拉不等式) \tag{8}$$

由 $S = pr = \frac{abc}{4R}$,则式 ⑧ 可化为 $abc \geqslant \frac{8S^2}{p}$,即

$$abc \geqslant 8(p-a)(p-b)(p-c)$$

它即是不等式 ④.

命题9 若 $h_a, h_b, h_c, r_a, r_b, r_c$ 分别为 $\triangle ABC$ 三边 a, b, c 上的高和旁切圆半径,则

$$\frac{r_a}{h_a} + \frac{r_b}{h_b} + \frac{r_c}{h_c} \geqslant \frac{3R}{2r} \tag{9}$$

由 $2R \geqslant 2r$,则由上式可得德米 – 马什(H.Demir – D.C.B.H.Marsh) 不等式

$$\frac{r_a}{h_a} + \frac{r_b}{h_b} + \frac{r_c}{h_c} \geq 3 \qquad ⑩$$

先来证明式⑨,由 $R = \dfrac{abc}{4c}$, $r = \dfrac{s}{p}$, $r_a = \dfrac{s}{p-a}$, $h_a = \dfrac{2S}{a}$ 等,知⑨可化为

$$4[a(p-b)(p-c) + b(p-c)(p-a) + c(p-a)(p-b)] \geq 3abc \qquad ⑨'$$

即
$$\sum a^2 - \sum a^2(b+c) + 3abc \geq 0$$

或
$$\sum a(a-b)(a-c) \geq 0$$

(这里 $\sum$ 表示对称求和)

无妨设 $a \geq b \geq c$,这样由
$$a(a-b)(a-c) \geq b(a-b)(b-c)$$

及
$$c(c-a)(c-b) \geq 0$$

知不等式
$$\sum a(a-b)(a-c) \geq 0$$

成立,从而不等式⑨'进而不等式⑨成立.

命题 10 在 $\triangle ABC$ 中,总有

$$\frac{a}{p-a} + \frac{b}{p-b} + \frac{c}{p-c} \geq \frac{3R}{r} \qquad ⑪$$

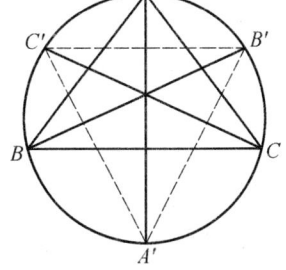

事实上,由 $h_a = \dfrac{2S}{a}$, $r_b = \dfrac{S}{p-a}$ 等可有

$$\frac{a}{p-a} = \frac{2r_a}{h_a}, \quad \frac{b}{p-b} = \frac{2r_b}{h_b}, \quad \frac{c}{p-c} = \frac{2r_c}{h_c}$$

这时不等式①可化为

$$\frac{r_a}{h_a} + \frac{r_b}{h_b} + \frac{r_c}{h_c} \geq \frac{3R}{2r}$$

此即不等式⑨.

命题 11 $\triangle ABC$ 的三内角平分线分别交其外接圆于 A', B', C' 三点,则

$$S_{\triangle A'B'C'} \geq S_{\triangle ABC}$$

若记 $S' = S_{\triangle A'B'C'}$, $S = S_{\triangle ABC}$,上不等式即

$$S' \geq S \qquad ⑫$$

由 $S = \dfrac{abc}{4R} = 2R^2 \sin A \sin B \sin C$, $S' = 2R^2 \sin A' \sin B' \sin C'$,及 $\angle A' = \dfrac{\angle B}{2} + \dfrac{\angle C}{2} = 90° - \dfrac{\angle A}{2}$ 等,有

$$S' = 2R^2 \cos \frac{A}{2} \cos \frac{B}{2} \cos \frac{C}{2}$$

从而
$$\frac{S}{S'} = 8 \sin \frac{A}{2} \sin \frac{B}{2} \sin \frac{C}{2}$$

由不等式⑥知 $S \leq S'$.

命题12 设 I 为 $\triangle ABC$ 内心，又 AI，BI，CI 分别交其外接圆于 A'，B'，C'，则
$$AI \cdot BI \cdot CI \leqslant A'I \cdot B'I \cdot C'I \qquad ⑬$$

由 $AI = c\sin\dfrac{B}{2}\Big/\cos\dfrac{C}{2}$，及 $AI' = b'\sin\dfrac{A}{2}\Big/\cos\dfrac{B}{2}$ 等，有

$$AI \cdot BI \cdot CI = abc\tan\frac{A}{2}\tan\frac{B}{2}\tan\frac{C}{2}$$

且 $\quad A'I \cdot B'I \cdot C'I = a'b'c'\tan\dfrac{A}{2}\tan\dfrac{B}{2}\tan\dfrac{C}{2}$

则 $\quad \dfrac{AI \cdot BI \cdot CI}{A'I \cdot B'I \cdot C'I} = \dfrac{abc}{a'b'c'} = \dfrac{4RS}{4RS'} = \dfrac{S}{S'}$

又由不等式 ⑫，从而不等式 ⑬ 成立.

顺便讲一句，上命题可在空间中推广为：

若 G 是四面体 $A_1A_2A_3A_4$ 的重心，GA_i 分别交该四面体外接球于 A'_i（$i=1,2,3,4$），则

$$GA_1 \cdot GA_2 \cdot GA_3 \cdot GA_4 \leqslant GA'_1 \cdot GA'_2 \cdot GA'_3 \cdot GA'_4 \qquad ⑭$$

问题先谈到这里，这些等价命题虽从不同角度提出（有些命题其实正是命题者将其他命题改造成其等价命题的结果），或许表面上结论形式不一，但其确有着同样的内涵与渊源．如果这种变换命题形式视为某种意义下的推广的话，这个推广含义相对是窄的．

为了清晰地看出上述诸命题间的关系，我们给出下图（图中 ↔ 表示等价之意）．

不等式 ① ~ ⑭ 间的关系

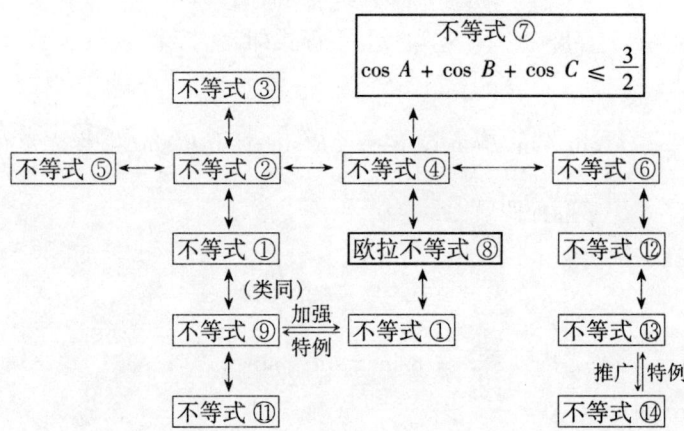

当然,从历史上看,我们有理由认为欧拉不等式
$$R \geqslant 2r$$
是上述诸不等式变形的源头,而另一个我们熟知的涉及三角形三内角余弦的不等式
$$\cos A + \cos B + \cos C \leqslant \frac{3}{2}$$
也可以视为上述诸不等式的另一条"根".

如上所说,等价关系在数学中常会遇到,把同一结论用不同形式表现,不仅方便对结论的不同使用,同时它也能深刻揭示结论的内涵.

而从不同角度提出问题,有时也不过是同一结论的不同处理而已,可有时它们的难易相去悬殊.

揭示某些等价关系,有时也是对结论内涵的更深层的认识.

我们知道芬斯勒 – 哈德维格尔不等式
$$a^2 b^2 c^2 \geqslant 4\sqrt{3} S + (a-b)^2 + (b-c)^2 + (a-c)^2 \qquad ①$$

文献[14]给出了它的一种等价形式:

若 r_a, r_b, r_c 分别为 $\triangle ABC$ 三边 a, b, c 上旁切圆半径,则
$$\frac{a}{r_a} + \frac{b}{r_b} + \frac{c}{r_c} \geqslant 2\sqrt{3} \qquad ②$$

其实由 $r_a = \dfrac{S}{p-a}, r_b = \dfrac{S}{p-b}, r_c = \dfrac{S}{p-c}$,则不等式 ② 等价于
$$\frac{a(p-a)}{S} + \frac{b(p-b)}{S} + \frac{c(p-c)}{S} \geqslant 2\sqrt{3}$$
即
$$a(p-a) + b(p-b) + c(p-c) \geqslant 2\sqrt{3} S$$

整理后可以发现它实际上与 ① 等价.

稍后,吴勤文在文献[143]中指出:

不等式 ① 也与戈洛毕尔 – 道斯特(Golombier-Doncet)不等式
$$S \leqslant \frac{4R + r}{\sqrt{3}} \qquad ③$$

等价,这只须注意到 $\sum \dfrac{a}{r_a} = \dfrac{2}{S}(4R + r)$ 即可.由于
$$a = 4R\sin\frac{A}{2}\cos\frac{A}{2}, r_a = 4R\sin\frac{A}{2}\cos\frac{B}{2}\cos\frac{C}{2}$$

知不等式 ① 又等价于
$$\cos^2\frac{A}{2} + \cos^2\frac{B}{2} + \cos^2\frac{C}{2} \geqslant 2\sqrt{3}\cos\frac{A}{2}\cos\frac{B}{2}\cos\frac{C}{2} \qquad ④$$

再由 $\sum \dfrac{r_a}{a} = \dfrac{S}{4R}\left[1 + \left(\dfrac{4R+r}{S}\right)^2\right]$ 得

$$\frac{r_a}{a} + \frac{r_b}{b} + \frac{r_c}{c} \geq \frac{S}{R} \tag{5}$$

且由熟知等式 $\frac{S}{R} = 4\cos\frac{A}{2}\cos\frac{B}{2}\cos\frac{C}{2}$，则上式又可化为

$$\tan^2\frac{A}{2} + \tan^2\frac{B}{2} + \tan^2\frac{C}{2} \geq 1 \tag{6}$$

即不等式⑤,⑥与③进而与不等式①等价.

另外,我们还可以发现

$$\frac{a}{r_a} + \frac{b}{r_b} + \frac{c}{r_c} \leq \frac{2S}{3r} \tag{7}$$

$$\frac{a}{r_a} + \frac{b}{r_b} + \frac{c}{r_c} \leq \frac{S}{2r} \tag{8}$$

实际上是不等式 $S \geq 3\sqrt{3}r$ 和 $R \geq 2r$ 的一种隔离.

综上,前述几个不等式有如下关系.

几个不等式的等价关系

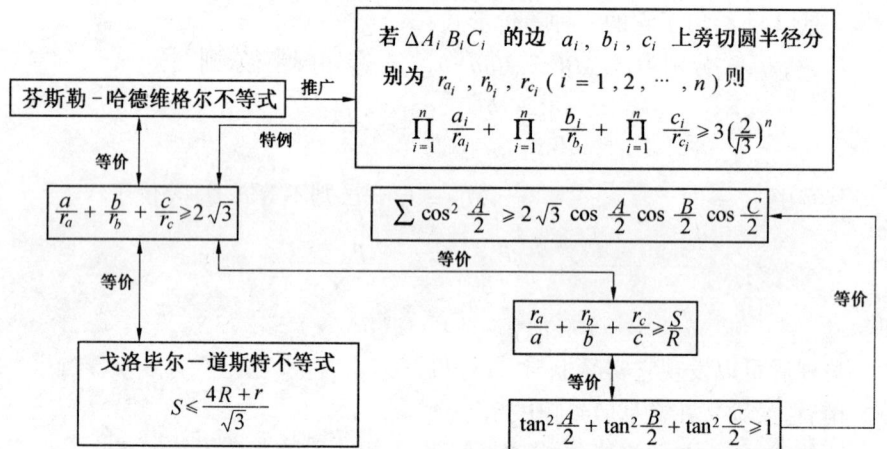

我们前面说过:等价的命题往往在证明上却难易悬殊.我们知道:图论中关于"完全图必有存在哈密顿路"命题(请参见有关图论的文献)的证明远比"虫子排队问题"(有 n 种虫子,其中任两种放在一起,总有一种可被另一种吃掉,则这 n 种虫子必可排成一排,使前面的一种总可以被后面一种吃掉)的证明来得"深奥",因为后者可用数学归纳法轻松地证得,前者则不然,但这两个命题是实实在在等价的.

(四) 反向推广

事物具有两重性,命题也有正与逆,狭义地讲,所谓反问题是把问题条件与结论互换或反过来考虑,其中最简单的情况是寻找逆命题成立的条件(进而可

寻找甚至得到命题成立的充要条件).逆命题找到,再将它推广便是逆向推广.

我们熟知的组合等式 $\sum_{k=0}^{n}(-1)^k C_n^k = 0$ 可从 $(1-1)^n$ 展开中直接得到,从该等式可推广得到等差数列的一个有趣性质:

$\{a_n\}$ 是一个等差数列,则

$$\sum_{k=0}^{m}(-1)^k C_m^k a_k = 0 \qquad (*)$$

它的证明我们在下一节将会看到.

现在我们考虑它的反问题,对于式子(*)成立后,再加以什么条件能保证 $\{a_n\}$ 是等差数列?结论是:

若对于 $m = 2, 3, \cdots, n$,总有 $\sum_{k=0}^{m}(-1)^k C_m^k a_k = 0$ 成立,则 $a_0, a_1, \cdots, a_n$ 构成等差数列.

它的证明我们也留到下一节去解决.这样我们可将上两个命题合并在一起成为:

数列 $a_0, a_1, \cdots, a_n$ 是等数列 $\iff$ 当 $m = 2, 3, \cdots, n$ 时,$\sum_{k=0}^{m}(-1)^k C_m^k a_k = 0$ 均成立.

问题还可以继续推广,关于它详见后文内容.

我们再举一个例子,这是涉及所谓费马点问题的.

凸 n 边形内费马点是指形内到此 n 边形各顶点距离之和最小的点.

对于三角形的情形,法国数学家费马研究并指出:

各顶角均小于 $120°$ 的三角形内存在唯一到各顶点距离之和最小的点,该点即是形内对此三角形各边张角均为 $120°$ 的点(用矢量方法描述即:该点至三角形各顶点所引的单位矢量代数和为零).

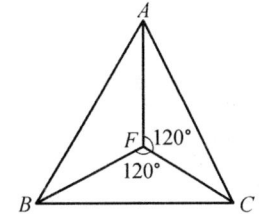

对于一般的凸 n 边形,也有相应的结论:

如果一凸 n 边形内存在一点,此点至此 n 边形的各顶点所引的单位矢量之代数和为零,则这一点便是该凸 n 边形内的唯一的费马点.

这个结论可借助于数学分析中关于多元函数极值的理论去证明它,文献[96]曾给出了一个初等证明,大意是先证了下面一个引理:

引理 设凸 n 边形 $B_1 B_2 \cdots B_n$ 的顶点 $B_1, B_2, \cdots, B_n$ 处的外角依次为 $\theta_1, \theta_2, \cdots, \theta_n$(按逆时针方向),若它们满足

$$\sum_{k=1}^{n} e^{i(\theta_1+\theta_2+\cdots+\theta_k)} = 0$$

则 n 边形 $B_1B_1B_2\cdots B_n$ 内任一点到各边距离之和为常数.

接着又用引理证明了命题:

设 O 是凸 n 边形 $A_1A_2\cdots A_n$ 的内部一点,点 O 对各边张角依次为 θ_1, $\theta_2,\cdots,\theta_n$,且

$$\sum_{k=1}^{n} e^{i(\theta_1+\theta_2+\cdots+\theta_k)} = 0$$

则 O 是 n 边形 $A_1A_2\cdots A_n$ 内的唯一费马点.

下面我们谈谈费马问题的一个"反"问题,即与该问题提法(结论)相反的一个问题:

在 $\triangle ABC$ 内部或其边上找一点,使 $PA + PB + PC$ 最大.

对于凸 n 边形也有类似的提法,结论是:

凸多边形内部或其边上任一点到各顶点的距离之和至多为该凸边形的某一顶点到其余各顶点距离之和.

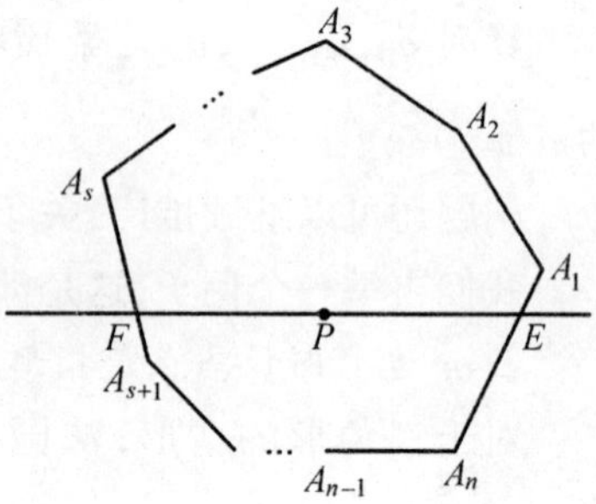

证明 过 P 任作一直线 l 截多边形 $A_1A_2\cdots A_n$,设交点 E,F 在边 A_1A_n 和 A_sA_{s+1} 上(右图).

记 $PF:EF = \lambda_1$, $EP:EF = \lambda_2$,这里 λ_1, λ_2 都是非负实数,且 $\lambda_1 + \lambda_2 = 1$.

由简单的向量知识有

$$\overrightarrow{A_iP} = \lambda_1 \overrightarrow{A_iE} + \lambda_2 \overrightarrow{A_iF}, \quad i = 1,2,\cdots,n$$

又由三角形不等式

$$|\overrightarrow{A_iP}| \leq \lambda_1 |\overrightarrow{A_iE}| + \lambda_2 |\overrightarrow{A_iF}|$$

故

$$\sum_{i=1}^{n} A_iP \leq \lambda_1 \sum_{i=1}^{n} A_iE + \lambda_2 \sum_{i=1}^{n} A_iF$$

不妨设 $\sum_{i=1}^{n} A_iE \geq \sum_{i=1}^{n} A_iF$,因 $\lambda_1 + \lambda_2 = 1$ 得

$$\sum_{i=1}^{n} A_iP \leq \sum_{i=1}^{n} A_iE = \sum_{i=2}^{n-1} A_iE + A_1A_n$$

类似地,记 $\mu_1 = EA_n:A_1A_n$, $\mu_2 = A_1E:A_1A_n$,则

$$\sum_{i=2}^{n-1} A_iE \leq \mu_1 \sum_{i=2}^{n-1} A_iA_1 + \mu_2 \sum_{i=2}^{n-1} A_iA_n \leq \max\Big\{\sum_{i=2}^{n-1} A_iA_1, \sum_{i=2}^{n-1} A_iA_n\Big\}$$

故

$$\sum_{i=1}^{n} A_iP \leq \max\Big\{\sum_{i=2}^{n} A_iA_1, \sum_{i=2}^{n-1} A_iA_n\Big\}$$

此即说,凸 n 边形的"反"向费马点在该凸边形的顶点上.

人们在运筹学(OR)中研究过线性规划问题及其解法,其原始模型是

$$\left. \begin{array}{l} V(目标):\max(或 \min)z = \boldsymbol{c}^T\boldsymbol{x} \\ \text{s.t.}(约束)\begin{cases} \boldsymbol{Ax} \vee \boldsymbol{b} \\ \boldsymbol{x} \geqslant \boldsymbol{0} \end{cases} \end{array} \right\} \quad (P)$$

这里 $\boldsymbol{c},\boldsymbol{x} \in \mathbf{R}^n, \boldsymbol{b} \in \mathbf{R}^m, \boldsymbol{A} \in \mathbf{R}^{m\times n}$;且 $\vee$(关系符号)为 $\geqslant,\leqslant,>,<,=$ 号之一.

在研究它的解法时,曾遇到一些麻烦(如添加人工变元问题等).此外,由于这类问题经济意义的引申与新问题的思考,数学家们又把目光转向问题的另一面,即考虑它的所谓"对偶问题"

$$\left. \begin{array}{l} V: \quad \min(或 \max)\omega = \boldsymbol{b}^T\boldsymbol{y} \\ \text{s.t.}\begin{cases} \boldsymbol{A}^T\boldsymbol{y}^T \vee \boldsymbol{c}^T \quad (\boldsymbol{y}^T \in \mathbf{R}^m) \\ \boldsymbol{y} \vee \boldsymbol{0} \end{cases} \end{array} \right\} \quad (D)$$

如是,人们一方面对(P)问题认识加深了,另外还从解答问题(D)的过程而得到问题(P)解的某些信息(包括解),且相应的还创新了一些理论和方法(如对偶理论、对偶单纯形法等)[155].

这显然也是一种反向推广的思维模式.

关于对偶问题的研究还有下面一个精彩的例子.

1812年,庞加莱(H.Poincaré)和蒙日(G.Monge)等人建立了"射影几何",人们发现,射影几何中:

若平面图形只涉及"点在直线上"或"直线经过点"的命题,则把上述问题中的"点"换成"直线",把"直线"换成"点";把"在一直线上"改为"过一点",把"过一点"改为"在一直线上",这时所得新命题(称为原命题的对偶命题)与原命题同真或同假.

换言之:平面图形满足上述关系的原命题与其对偶命题同真、同假.

1825年,热尔岗(J.D.Gergonne)曾指出下面命题间的对偶关系:

笛沙格(Desargues)定理	笛沙格定理的对偶
若联结两个三角形的对应顶点的直线共点,则其对应边连线相交的三点共线	若联结两个三角形的对应边的点共线,则其对应顶点连线共点

对于一个空间图形来讲,若其仅涉及点、直线和平面的位置,即

① 点在平面上或平面过点.

② 点在直线上或平面过直线.

③ 一直线与一平面的交点或一直线与一点确定平面.

则可将命题中的"点"与"平面"对调,所得新命题(亦称原命题的对偶命

题)与原命题同真、同假.

斯坦纳(J.Steiner)把圆锥曲线的定义对偶化之后,又将其涉及的不少命题对偶化,比如下表所列两定理即是互为对偶的命题:

帕斯卡定理	帕斯卡对偶定理
在圆锥曲线上任取交点 A,B,C,D,E,F. 若 A,B 连线与 D,E 连线交于一点 P; B,C 连线与 E,F 连线交于一点 Q; C,D 连线 F,A 连线交于一点 R. 则 P,Q,R 三点共线.	在圆锥曲线上取六条直线 a,b,c,d,e,f. 若 a,b 交点与 d,e 交点连线为 p; b,c 交点与 e,f 交点连线为 q; c,d 交点与 f,a 交点连线为 r. 则 p,q,r 三线共点.

我们还想再重申一点:研究对偶问题正是对原命题研究的一种补充与自然推广.

(五)联合(多向)推广

这种推广我们在"几个典例"一节中已经看到,它通常是将一个命题沿不同方向、按几种方式去推广它.

我们再来看几个稍稍简单一点的例子.

例1 我们容易证明:若实数 a,b,c 满足 $a > b > c$,则
$$\frac{1}{a-b} + \frac{1}{b-c} + \frac{1}{c-a} > 0$$

其实这个不等式可加强为(注意 $c - a < 0$):

在 $\mathbf{R}$ 上,若 $a > b > c$,则 $\frac{1}{a-b} + \frac{1}{b-c} + \frac{2}{c-a} > 0$.

这里是将原来的第三个分式分子由1改为2,目的既是加强了命题,又是在为后面的推广作铺垫.

一般的,我们便可有推广:

若 $a_i \in \mathbf{R}(i = 1,2,\cdots,n)$ 且满足 $a_1 > a_2 > \cdots > a_n$,则
$$\frac{1}{a_1 - a_2} + \frac{1}{a_2 - a_3} + \cdots + \frac{1}{a_{n-1} - a_n} + \frac{n-1}{a_n - a_1} > 0 \qquad (*)$$

证明 设 $a_1 = a_2 + a_2' = a_3 + a_2' + a_3' = \cdots = a_n + a_2' + a_3' + \cdots + a_n'$,这里 a_i' 均为正实数$(i = 2,3,\cdots,n)$.则原式式左化为

$$\frac{1}{a_2'} + \frac{1}{a_3'} + \cdots + \frac{1}{a_n'} - \frac{n-1}{a_2' + a_3' + \cdots + a_n'} =$$
$$\left(\frac{1}{a_2'} - \frac{1}{a_2' + a_3' + \cdots + a_n'}\right) + \left(\frac{1}{a_3'} - \frac{1}{a_2' + a_3' + \cdots + a_n'}\right) + \cdots +$$
$$\left(\frac{1}{a_n'} - \frac{1}{a_2' + a_3' + \cdots + a_n'}\right)$$

显然它大于 0(式右每个括号内式子皆大于 0). 原不等式得证.

这里的两个推广包含两个方面, 一是向纵深(分子变化), 二是向高维(在纵深基础上由 3 个变元推向 n 个变元).

不等式(∗)还可以进一步推广, 即将结论改进为

$$\frac{1}{a_1-a_2}+\frac{1}{a_2-a_3}+\cdots+\frac{1}{a_{n-1}-a_n}+\frac{(n-1)^2}{a_n-a_1}\geqslant 0 \qquad (**)$$

这只须注意到不等式 $\left(\sum_{i=1}^{n}\frac{1}{b_i}\right)\left(\sum_{i=1}^{n}b_i\right)\geqslant n^2$, 其中 $b_i\in\mathbf{R}^+(i=1,2,\cdots,n)$
即可, 这样

$$\left(\sum_{k=1}^{n-1}\frac{1}{a_k-a_{k+1}}\right)\left[\sum_{k=1}^{n-1}(a_k-a_{k+1})\right]\geqslant (n-1)^2$$

即

$$\sum_{k=1}^{n-1}\frac{1}{a_k-a_{k+1}}\geqslant \frac{(n-1)^2}{a_1-a_n}$$

这里只须注意到

$$\sum_{k=1}^{n-1}(a_k-a_{k+1})=a_1-a_n$$

更一般的还可有:

若 $a_1>a_2>\cdots>a_n\in\mathbf{R}$, 又 $b_i\in\mathbf{R}(i=1,2,\cdots,n)$, 则

$$\sum_{k=1}^{n-1}\frac{b_k^2}{a_k-a_{k+1}}+\frac{(b_1+b_2+\cdots+b_{n-1})^2}{a_n-a_1}\geqslant 0$$

当且仅当

$$\frac{b_1}{a_1-a_2}=\frac{b_2}{a_2-a_3}=\cdots=\frac{b_{n-1}}{a_{n-1}-a_n}$$

时等号成立.

例 2 下面的不等式人们是熟悉的:

设 $a>0,b>0$, 且 $a+b=1$, 则 $\left(a+\frac{1}{a}\right)^2+\left(b+\frac{1}{b}\right)^2\geqslant \frac{25}{2}$.

为了推广上述不等式, 我们先来证明下面两个结论:

(1) 设 $a_i>0(i=1,2,\cdots,n)$, 又 $n,k\geqslant 2$ 的自然数, 则

$$\sum_{i=1}^{n}a_i^k\geqslant \frac{1}{n^{k-1}}\left(\sum_{i=1}^{n}a_i\right)^k$$

等号当且仅当 $a_1=a_2=\cdots=a_n$ 时成立.

(2) 设 $a_i>0(i=1,2,\cdots,n)$, 又 $n,k\geqslant 2$ 的自然数, 则

$$\sum_{i=1}^{n}\frac{1}{a_i^k}\geqslant n^{k+1}\bigg/\left(\sum_{i=1}^{n}a_i\right)^k$$

等号当且仅当 $a_1=a_2=\cdots=a_n$ 时成立.

它们的证明, 其中结论(1)可用数学归纳法, 结论(2)可用算术 – 几何平均

不等式去考虑. 利用两结论, 则前述命题可按下面方式推广(下图).

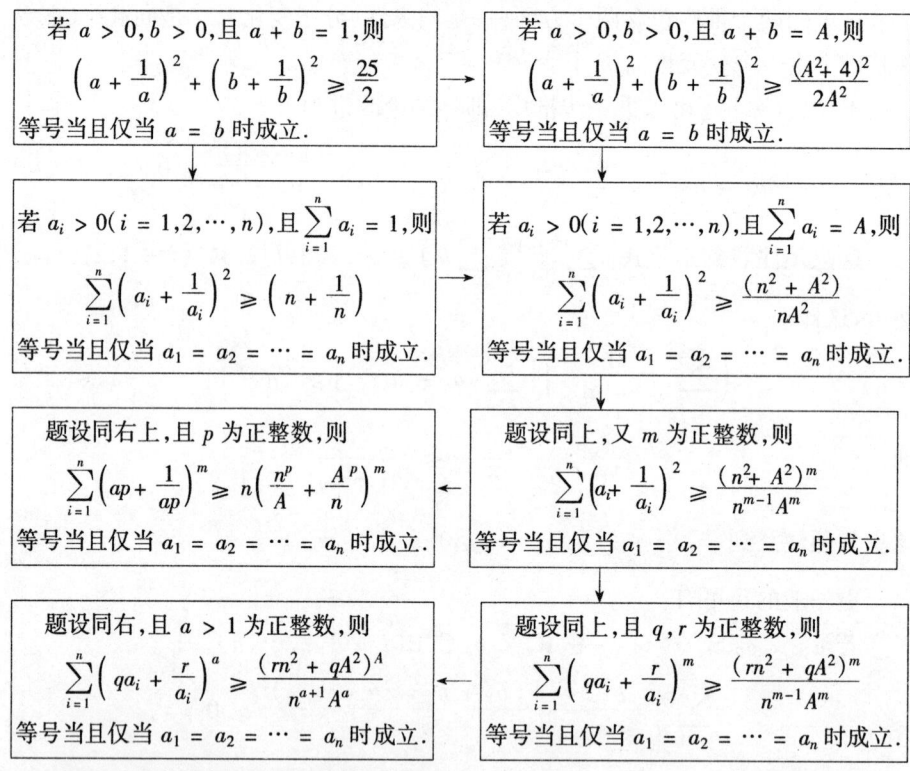

它们的证明详见文献[102], [103].

接下来我们看一下上节我们提到关于组合等式的例子.

例3 我们熟悉组合等式

$$\sum_{k=0}^{n}(-1)^k C_n^k = 0$$

这个结论我们可以进一步推广为:

若 $\{a_i\}$ ($i=0,1,\cdots,n$) 是等差数列, 当 $n \geq 2$ 时, 有

$$\sum_{k=0}^{n}(-1)^k C_n^k a_k = 0$$

我们用数学归纳法来证明它.

(1) $n=2$ 时, 即 $a_0 - 2a_1 + a_2 = 0$, 显然命题成立.

(2) 设 $n=m$ 时命题成立, 即

$$\sum_{k=0}^{m}(-1)^k C_m^k a_k = 0 \quad (*)$$

今考虑 $n=m+1$ 的情形.

注意到等差数列 $a_0, a_1, \cdots, a_{m+1}$ 的子列 $a_1, a_2, \cdots, a_{m+1}$ 也为等差数列, 故

$$\sum_{k=0}^{m}(-1)^k C_m^k a_{k+1} = 0 \quad (**)$$

将上两式(*),(**)相减、整理可有
$$a_0 - \sum_{k=1}^{m-1}(-1)^k[C_m^k + C_m^{k-1}]a_k - (-1)^m C_m^m a_{m+1} = 0$$
再由 $C_m^k + C_m^{k-1} = C_{m+1}^k$,及 $C_m^m = C_{m+1}^{m+1}$,则上式可写成:
$$\sum_{k=0}^{m+1}(-1)^k C_{m+1}^k a_k = 0$$
即 $n = m + 1$ 时命题也真,从而对任何自然数 $n \geqslant 2$ 命题都成立.

这个问题的反问题(即命题逆向推广)也成立.即

若对于 $m = 2, 3, \cdots, n$ 时,关系式
$$\sum_{k=0}^{m}(-1)^k C_m^k a_k = 0 \qquad (***)$$
都成立,则 $a_0, a_1, \cdots, a_n$ 构成等差数列.

证明 用数学归纳法(对 n 归纳).

(1) $n = 2$ 时,由题设 $a_0 - 2a_1 + a_2 = 0$ 有
$$a_2 - a_1 = a_1 - a_0$$
知 a_0, a_1, a_2 成等差数列.

(2) 设 $n = m$ 时结论成立. 即由题设
$$\sum_{k=0}^{m}(-1)^k C_m^k a_k = 0 \qquad ①$$
可得 $a_1, a_2, \cdots, a_m$ 成等差数列,则当 $n = m + 1$ 时,由题设
$$\sum_{k=0}^{m+1}(-1)^k C_{m+1}^k a_k = 0 \qquad ②$$
式① - 式② 得 $\quad \sum_{k=0}^{m}(C_{m+1}^k - C_m^k)a_k + (-1)^m C_{m+1}^{m+1} a_{m+1} = 0 \qquad ③$

由 $C_{m+1}^k - C_m^k = C_m^{k-1}$ ($k = 1, 2, \cdots, m$),又 $C_{m+1}^{m+1} = C_m^m$,故式③可化为
$$\sum_{k=1}^{m}(-1)^k C_m^{k-1} a_k + (-1)^m C_m^m a_{m+1} = \sum_{k=1}^{m+1}(-1)^k C_m^{k-1} a_k = 0$$
即 $a_2, a_3, \cdots, a_{m+1}$ 也成等差数列(由归纳假设),从而 $a_1, a_2, \cdots, a_{m+1}$ 成等差数列.

综上,n 为任何自然数时命题都成立.

类比地我们联想到另一组合等式
$$\sum_{k=0}^{n} C_m^k = 2^{n-1}$$
这样,不难证明下面的结果:

若 $a_1, a_2, \cdots, a_n$ 是一个等差数列,则
$$\sum_{k=0}^{n} C_n^k a_k = (a_0 + a_n) 2^{n-1}$$
至于等比数列结果又如何?上面的结论能否再推广,可见下页图(证明详见文献[105],[107]).

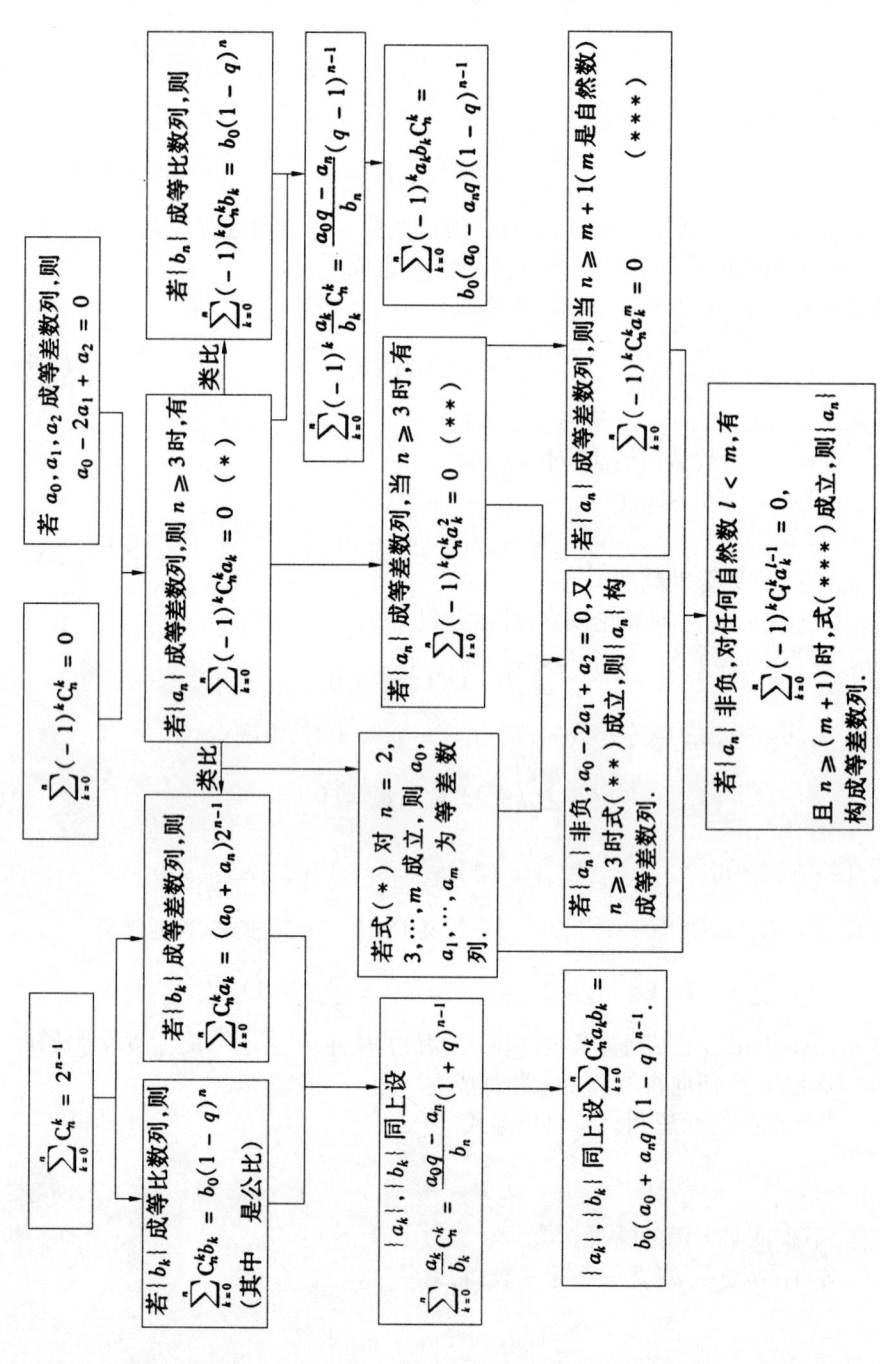

接下来我们再来看两个几何方面的例.

例 4 我们不难证得下面的结论:

若 a,b,c 为 $\triangle ABC$ 三边长,且 m_a 为 $\triangle ABC$ 中边 BC 上的中线长,则
$$4m_a^2 = 2(b^2 + c^2) - a^2$$

问题再向深处拓开:

若 D 为 $\triangle ABC$ 边 BC 上一点,且 $\dfrac{BD}{DC} = \dfrac{m}{n}$($m,n$ 为实数),则有
$$(m+n)^2 AD^2 = (m+n)(mb^2 + nc^2) - mna^2$$

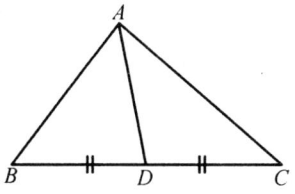 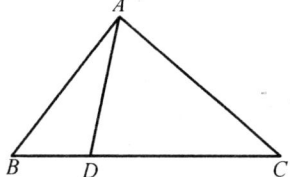

证明 由 $\dfrac{BD}{DC} = \dfrac{m}{n}$,得
$$BD = \frac{am}{m+n}$$

由余弦定理
$$AD^2 = AB^2 + BD^2 - 2AB \cdot BD\cos B =$$
$$c^2 + \left(\frac{am}{m+n}\right)^2 - 2c \cdot \frac{am}{m+n} \cdot \frac{a^2 + c^2 - b^2}{2ac}$$

即
$$(m+n)^2 AD^2 = (m+n)(mb^2 + nc^2) - mna^2$$

又若 D 在 BC 延长线上,结论又如何?我们不难有下面结论:

若 D 在 $\triangle ABC$ 边 BC 延长线上(下图),且 $\dfrac{BD}{DC} = \dfrac{m}{n}$($m,n$ 为实数),则
$$(m-n)^2 AD^2 = (m-n)(mb^2 - nc^2) + mna^2$$

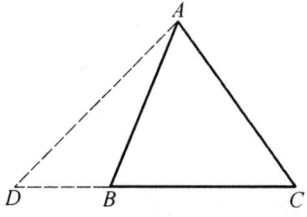

联想到三角形内角平分线,我们类比地可有相应的结果(记住角平分线分对边比的性质);若再把这些推广到空间几何中,也会有类似的结论.这一点请

见下图.

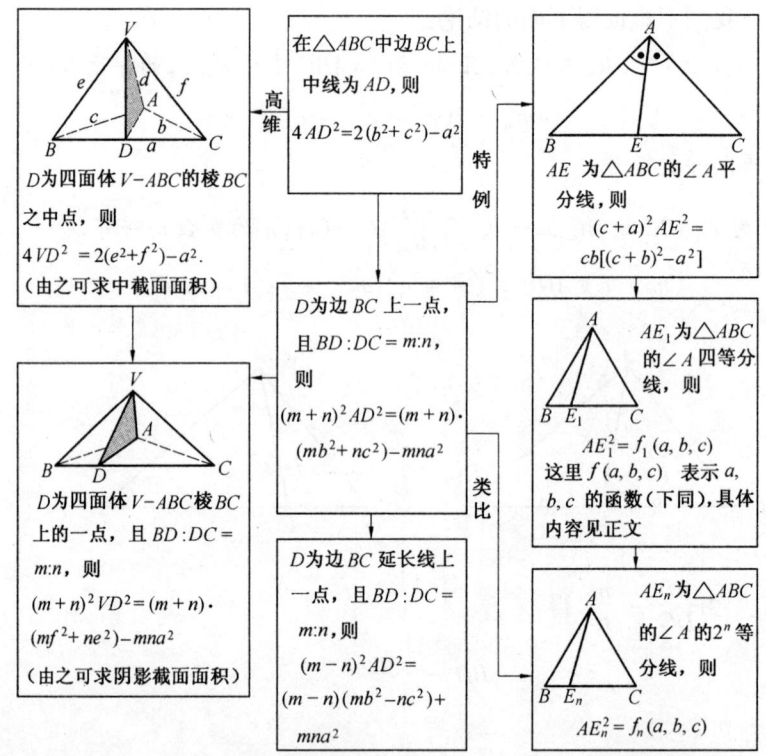

这里想说明一点,在角平分线的结论中,注意到(角分线性质)
$$BE:EC = c:b$$
显然此即为前面结论的特例.

再者,推导 1/4 角分线关系时,注意到 $AE = BE + EC$(为 $\angle A$ 平分线)可求出,又
$$BE = \frac{ac}{b+c}, \quad EC = \frac{ab}{b+c}$$

再用一次前面的结论,便可推出 AE 与 a,b,c 的关系.

对于 2^n 角分线求法,只须重复上面步骤即可.

我们再来看关于多边形(或多面体)内点性质的例子.

例 5 利用三角形面积关系我们可以证明:

正三角形内一点到三边距离之和为常数.

由图易看出(设 a 为正三角形边长,x,y,z 为 P 到三边之距离)

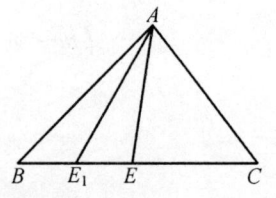

$$S_{\triangle APB} + S_{\triangle BPC} + S_{\triangle CPA} = S_{\triangle ABC}$$

即 $\quad \dfrac{1}{2}a(x+y+z) = S_{\triangle ABC}$

从而 $\quad x+y+z = \text{const}(\text{常数})$

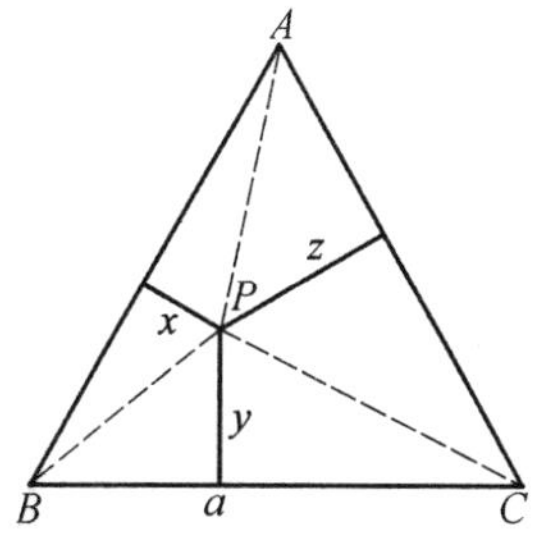

（确切地讲应为 3 倍内切圆半径或等于正三角形的高）

仿上证明思想，我们不难把结论推广到正 n 边形中去：

正 n 边形内一点到各边距离之和为定值 nr（r 为正 n 边形内切圆半径）．

我们还可以将结论推广到空间的情形：

正四面体内一点到各面距离之和为定值．

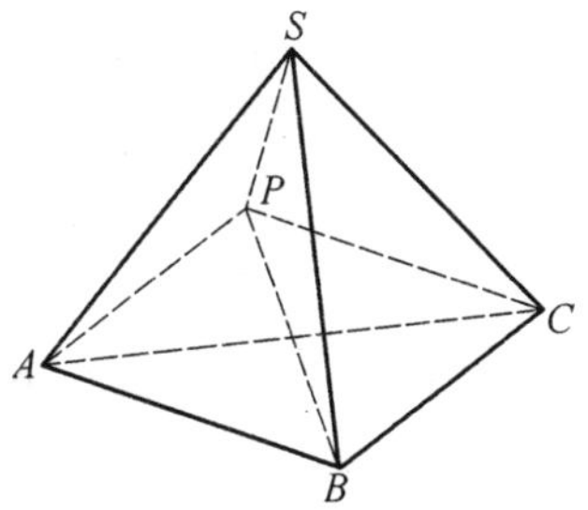

设正四面体棱长为 a，体内一点 P 至各面距离为 h_1, h_2, h_3, h_4，注意到

$$V_{S-ABC} = V_{P-ABC} + V_{P-SAC} + V_{P-SAB} + V_{P-SBC}$$

又 $V_{锥体} = \dfrac{1}{3}Sh$，且正四面体各侧面面积均为 $\dfrac{\sqrt{3}}{4}a_2$，故有

$$(h_1 + h_2 + h_3 + h_4)S = hS$$

其中 h 为正四面体高（它亦可等于 $\dfrac{\sqrt{6}}{3}a$ 或 $4r$，这里 r 为其内切球半径）．

再进一步我们还可以将之推广为：

正 n 面体内任一点到各面距离之和为定值 nr_n（r_n 为内切球半径，其中 $n = 4,6,8,12,20$）．①

再将问题深化一些，我们能发现：

三角内任一点，到各边距离与该边乘积（或与该边上高的比）之和为常数；

任意多边形内一点，到各边距离与该边乘积之和为常数．

对于空间图形也有相似的结论．

此外，我们当然也会联想到另一类与之相似的问题（它也是上面问题的纵深推广）：

---

① 前文已介绍过，正多面体只此五种．

设 P 为 $\triangle ABC$ 内任一点,自三顶点分别与 P 连线交对边于 D,E,F,则
$$\frac{DP}{AD}+\frac{EP}{BE}+\frac{FP}{CF}=1$$

证明 如右图,过 P,A 分别作 PH,AM 垂直于 BC,则

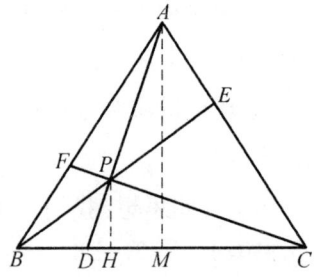

$$\frac{DP}{AD}=\frac{PH}{AM}=\frac{S_{\triangle PBC}}{S_{\triangle ABC}}$$

同理 $\dfrac{EP}{BE}=\dfrac{S_{\triangle PAC}}{S_{\triangle ABC}}$,$\dfrac{FP}{CF}=\dfrac{S_{\triangle PAB}}{S_{\triangle ABC}}$

故
$$\frac{DP}{AD}+\frac{EP}{BE}+\frac{FP}{CF}=\frac{S_{\triangle PBC}+S_{\triangle PAB}+S_{\triangle PAC}}{S_{\triangle ABC}}=1$$

这里还想指出,相对于推广的命题而言,开始的命题显然只是该命题的特例.

我们当然还可以类比地将上面的结论搬(平移)到空间的情形中去.

在四面体 $S-ABC$ 内任取一点 P,过 P 引直线 SP,AP,BP,CP 与其相对面交于 S',A',B',C',则

$$\frac{PS'}{SS'}+\frac{PA'}{AA'}+\frac{PB'}{BB'}+\frac{PC'}{CC'}=1$$

当然我们还可以继续将结论推广到一般多面体中去,但是有一点要强调指出,它的各个顶点均有确切的相对面才行.

我们也许有理由想到将结论推广到 n 维空间里的 n 维单形中去,确切的结论留给读者自行考虑.

接下来的推广工作是由代数中的"定和问题"引起的不等式,把它们类比地搬到这里(或者视为将代数中的不等式应用到该几何问题中)便会有一系列的几何不等式出现,这一点可见下页图.

代数中的一些不等式(包括三角学和分析中的不等式)类比地推广到几何中去,其难度往往会加大,因为既要考虑几何概念与命题,还要顾及不等式方面的要求. 但是,如果你将问题看清了且分析得透彻,你可以将这些不等式视为代数(或三角或分析)不等式处理(当然对于某些几何不等式来讲要困难些,因为有些几何不等式要靠几何命题去处理的),这往往会起到事半功倍之效.

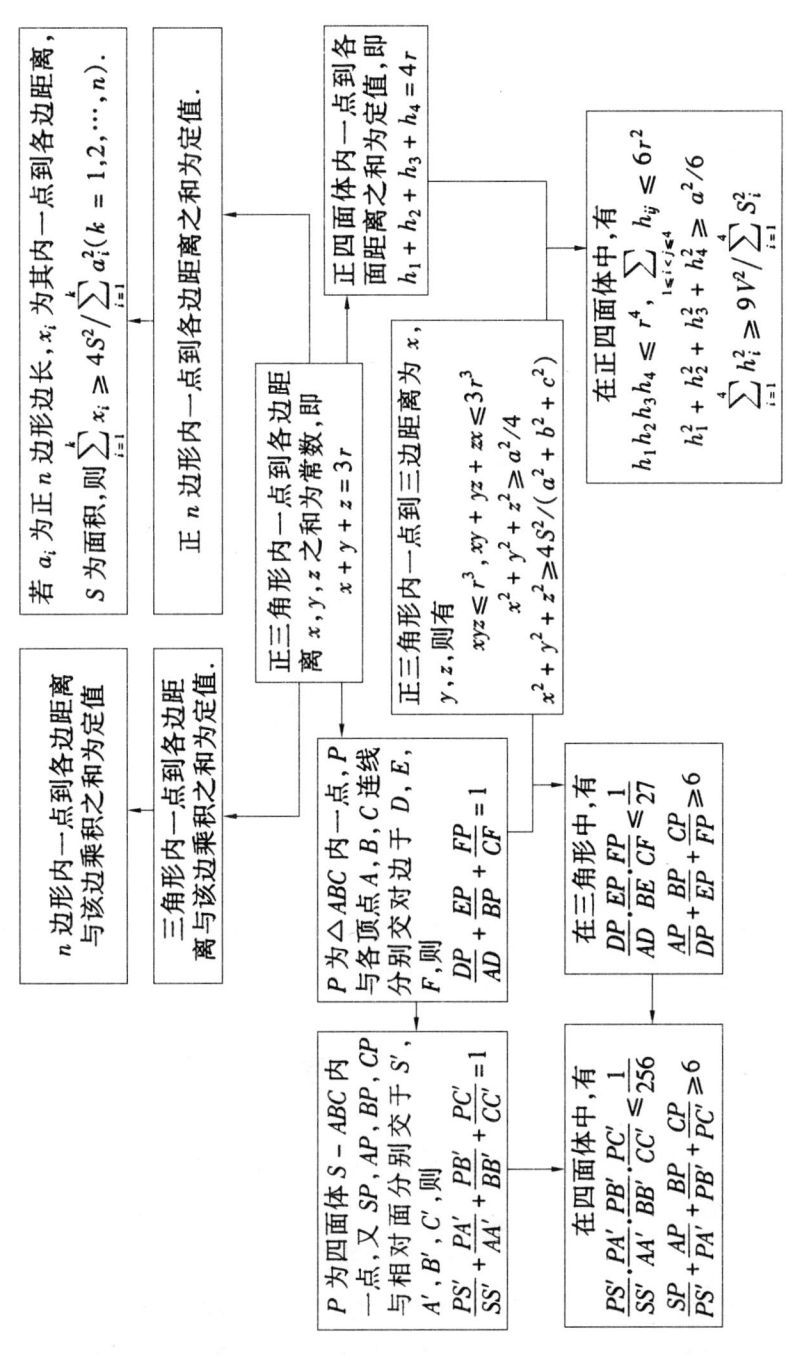

从几何中的涉及三角形的不等式,推广到一般不等式的例子也有很多.请看:

例6 在 $\triangle ABC$ 中,若 a,b,c 为 $\triangle ABC$ 三边长,则有

$$\frac{c}{a+b}+\frac{b}{a+c}+\frac{a}{b+c}<2$$

它的证明并不困难,这个不等式是单向的,其实该不等式可加强为双向(或称隔离),即给出式子的下限,这样便有:

推广1 若 a,b,c 为 $\triangle ABC$ 三边长,则有

$$1<\frac{c}{a+b}+\frac{b}{a+c}+\frac{a}{b+c}<2$$

这个不等式接下去我们还可以将它进一步推广到代数中去(且变元个数也由3增加到了 n):

推广2 对任意正实数 $a_k(k=1,2,\cdots,n)$,若 $a_1/(a_2+a_3+\cdots+a_n)$,$a_2/(a_1+a_3+\cdots+a_n),\cdots,a_n/(a_1+a_2+\cdots+a_{n-1})$ 均为真分数,则

$$1<\frac{a_1}{a_2+a_3+\cdots+a_{n-1}+a_n}+\frac{a_2}{a_1+a_3+\cdots+a_{n-1}+a_n}+\cdots+\frac{a_{n-1}}{a_1+a_2+\cdots+a_{n-2}+a_n}+\frac{a_n}{a_1+a_2+\cdots+a_{n-1}}<2$$

同时我们还有

$$1<\frac{a_1}{a_1+a_2+\cdots+a_{n-1}}+\frac{a_2}{a_2+a_3+\cdots+a_n}+\frac{a_3}{a_3+a_4+\cdots+a_n+a_1}+\cdots+\frac{a_n}{a_n+a_1+a_2+\cdots+a_{n-2}}<2$$

这里既用了类比(由几何转向代数,或视为向问题纵深)推广,又从维数上进行了扩展.

六、反　　馈

事物总有两重性,既有正面还要有反面.那么推广也不例外,它的反问题(反面)自然便是特例了.

特例 ⟺ 推广

任何事物都不能包罗万象,但有些时候,从一个极端的情形考虑所得出的某些结果,会包括一些小小的特例(逐渐扩大下去,许多问题便会统一了).这一点在我们的数学中也是不乏其例的.

斯蒂瓦特(D.Stewart)曾证明了下述定理①：

在 $\triangle ABC$ 中，P 是边 BC 上任一点，则 $PC \cdot AB^2 + BP \cdot AC^2 = AP^2 \cdot BC + BP \cdot CP \cdot BC$.

想不到这个定理竟包含如此丰富的内容. 我们来看从这个定理可推得的结论（由 P 在 BC 上的不同位置）：

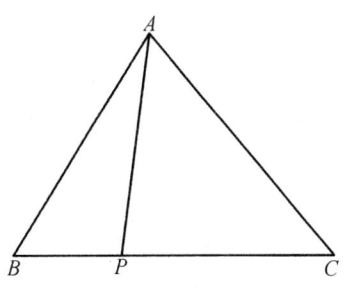

(1) 若 P 是 BC 中点，则 AP 便是边 BC 的中线（记 m_a），这时可推得

$$m_a = \frac{1}{2}\sqrt{2(b^2+c^2)-a^2}$$

(2) 若 P 是 $\angle A$ 的内角平分线与对边的交点，则 AP 是 $\angle A$ 的平分线（记 l_a），这时

$$l_a = \frac{a}{a+b}\sqrt{bc(p-a)}$$

这里 p 为 $\triangle ABC$ 半周长，即 $p = (a+b+c)/2$.

(3) 若 P 是 $\angle A$ 的外角平分线与对边的交点，这时 AP 便为 $\angle A$ 的外角平分线（记 $l_{a外}$），它的长为

$$l_{a外} = \frac{2}{c-b}\sqrt{bc(p-b)(p-c)}$$

再如，建立适当的坐标我们可以证明下面的结论：

$\triangle ABC$ 中，D 与 D' 分别依定比 $\lambda = \frac{|AD|}{|DC|}$，$\mu = \frac{|AD'|}{|D'C|}$ 划分 AC，而 E 分别依 $\xi = \frac{|AE|}{|EB|}$，$\eta = \frac{|AE'|}{|E'B|}$ 划分 AB，又 BD' 与 CE' 交于 Q'，BD 与 CE 交于 Q（右图），则

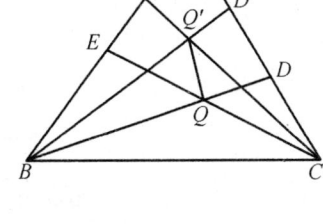

$$Q'Q^2 = \frac{(1-\lambda)(c^2+\lambda a^2)-\lambda b^2}{(1+\lambda+\xi)^2} + \frac{(1+\mu)(c^2+\mu a^2)-\mu b^2}{(1+\mu+\eta)^2} -$$

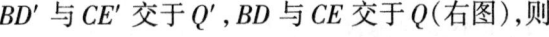

① 据约翰逊(R.A.Johnson)《近代欧氏几何》一书介绍，早在公元前 3 世纪，古希腊数学家阿波罗尼斯就已经知道该定理，1751 年西摩松(Simson)曾首先给出了它的证明. 尔后，斯蒂瓦特给出定理的诠释，人们便将定理冠以斯蒂瓦特的名字.

$$\frac{2(c^2 + \lambda\mu a^2) + (\lambda + \mu)(c^2 + a^2 - b^2)}{(1 + \lambda + \xi)(1 + \mu + \eta)}$$

这是一个普适的公式,注意到三角形的重心、内心等的性质,从上式依 λ,μ,ξ,η 的不同取值,可分别推得重心、内心到顶点的距离;再注意到中线、角分线和高线的性质,从上式还可推得中线、角平分线、高线的长.

类似的例子我们在代数学中也不难找到.

第 12 届美国数学奥林匹克有这样一道题:

如果 $2a^2 < 5b$,则 $x^5 + ax^4 + bx^3 + cx^2 + dx + e = 0$ 的根不全是实数.

它给出五次方程的根全是实数的一个必要条件(但不充分).由问题的结论及证明过程中,我们可以提出一些设想,且发现一些规律(或实质性的东西).首先,一个自然的想法是对于一般 n 次方程有无类似的结论?回答是肯定的:

如果 a_1, a_2 满足 $a_1^2 < \frac{2n}{n-1} a_2$,则实系数方程

$$x^n + a_1 x^{n-1} + a_2 x^{n-2} + \cdots + a_{n-1} x + a_x = 0, n > 1 \quad (*)$$

的根不全是实数.

下面我们用反证法来证明它.

若不然,设方程 $(*)$ 的根 $x_1, x_2, \cdots, x_n$ 全是实数,由韦达定理有

$$\sum_{i=1}^{n} x_i = -a_1 \qquad ①$$

$$\sum_{1 \leq i < j \leq n} x_i x_j = a_2 \qquad ②$$

由 $(n-1)a_1^2 - 2na_2 = (n-1)\left(\sum_{i=1}^{n} x_i\right)^2 - 2n \sum_{1 \leq i < j \leq n} x_i x_j =$

$$(n-1)\left(\sum_{i=1}^{n} x_i^2 + 2\sum_{1 \leq i < j \leq n} x_i x_j\right) - 2n \sum_{1 \leq i < j \leq n} x_i x_j =$$

$$(n-1)\sum_{i=1}^{n} x_i^2 - 2\sum_{1 \leq i < j \leq n} x_i x_j =$$

$$\sum_{1 \leq i < j \leq n}(x_i^2 + x_j^2) - 2\sum_{1 \leq i < j \leq n} x_i x_j =$$

$$\sum_{1 \leq i < j \leq n}(x_i - x_j)^2 \geq 0$$

即 $a_1^2 \geq \frac{2n}{n-1} a_2$,这与题设 $a_1^2 < \frac{2n}{n-1} a_2$ 矛盾!

故前设不真,从而方程 $(*)$ 的根不全为实数.

有了问题的推广,我们再来考虑它的反馈,显然取 n 的一些特殊值我们可以分别得到下面的结论:

(1) 若 $a^2 < 3b$,则方程 $x^3 + ax^2 + bx + c = 0 (a, b, c$ 均为实数$)$ 仅有一实根(注意实系数方程的复根成对出现).

(2) 若 $3a^2 < 8b$,则方程 $x^4 + ax^3 + bx^2 + cx + d = 0 (a, b, c, d$ 皆为实数$)$

最多有两个实根.

定理推广了再去应用,当然也是命题推广的重要目的,从另一方面考虑,它又应算是一种反馈.我们再来看一个例子.

在平面三角形中,下面的结论人们是熟悉的:

若 A,B,C 是 $\triangle ABC$ 的内角,x,y,z 为任意实数,则
$$x^2 + y^2 + z^2 \geqslant 2xy\cos C + 2yz\cos A + 2zx\cos B \qquad (*)$$
恒成立,等号当且仅当 $\dfrac{x}{\sin A} = \dfrac{y}{\sin B} = \dfrac{z}{\sin C}$ 时成立.

仿照上面的命题,我们可以先将其结论推广:

(Ⅰ) $x^2 + y^2 + z^2 \geqslant 2xy\cos nC + 2yz\cos nA + 2zx\cos nB$($n$ 为奇数).

(Ⅱ) $x^2 + y^2 + z^2 \geqslant -(2xy\cos nC + 2yz\cos nA + 2zx\cos nB)$($n$ 为偶数).

(Ⅲ) $x^2 + y^2 + z^2 \geqslant 2xy\sin\dfrac{nC}{2} + 2yz\sin\dfrac{nA}{2} + 2zx\sin\dfrac{nB}{2}$(其中 $n = 4m + 1$,$m \in \mathbf{Z}$).

(Ⅳ) $x^2 + y^2 + z^2 \geqslant -\left(2xy\sin\dfrac{nC}{2} + 2yz\sin\dfrac{nA}{2} + 2zx\sin\dfrac{nB}{2}\right)$(其中 $n = 4m + 3$,$m \in \mathbf{Z}$).

我们仅就(Ⅰ)来证明,其余三式可仿此分析考虑.令
$$f(x) = x^2 + y^2 + z^2 - 2xy\cos nC - 2yz\cos nA - 2zx\cos nB$$
则 $f(x)$ 可变形改写为
$$f(x) = x^2 + (-2y\cos nC - 2z\cos nB)x + y^2 + z^2 - 2yz\cos nA$$
其可视为 x 的二次三项式,今考察其判别式
$$\Delta = (-2y\cos nC - 2z\cos nB)^2 - 4(y^2 + z^2 - 2yz\cos nA) =$$
$$4y^2(\cos^2 nC - 1) + 4z^2(\cos^2 nB - 1) + 8yz\cos nC\cos nB +$$
$$8yz\cos[n\pi - (nB + nC)] =$$
$$-4y^2\sin^2 nC - 4z^2\sin^2 nB + 8yz\cos nC\cos nB + 8yz[-\cos(nB + nC)] =$$
$$-4y^2\sin^2 nC - 4z^2\sin^2 nB + 8yz\cos nC\cos nB +$$
$$8yz(-\cos nB\cos nC + \sin nB\sin nC) =$$
$$-4y^2\sin^2 nC - 4z^2\sin^2 nB + 8yz\sin nB\sin nC =$$
$$-4(y\sin nC - z\sin nB)^2 \leqslant 0$$
又 x^2 系数为正,故 $f(x) \geqslant 0$ 恒成立,即
$$x^2 + y^2 + z^2 \geqslant 2xy\cos nC + 2yz\cos nA + 2xz\cos nB$$

有了上面的结论,我们即可从上面(Ⅰ)~(Ⅳ)四式得到下面诸式,这些结论显然只是前面四式的特例情形:

(1) $\cos nA + \cos nB + \cos nC \leqslant 3/2$($n$ 为奇数).

(2) $\cos nA + \cos nB + \cos nC \geqslant -3/2$($n$ 为偶数).

(3) $\cos^2 nA + \cos^2 nB + \cos^2 nC \geqslant 3/4$($n \in \mathbf{Z}$).

(4) $\cos nA\cos nB\cos nC \leqslant 1/8$($n$ 为奇数).

(5) $\cos nA \cos nB \cos nC \geq -1/8$ (n 为偶数).

(6) $|\sin nA + \sin nB + \sin nC| \leq 3\sqrt{3}/2$ ($n \in \mathbf{Z}$).

(7) $\sin^2 nA + \sin^2 nB + \sin^2 nC \leq 9/4$ ($n \in \mathbf{Z}$).

(8) $|\sin nA \sin nB \sin nC| \leq 3\sqrt{3}/3$ ($n \in \mathbf{Z}$).

(9) $\left|\cos \dfrac{nA}{2} + \cos \dfrac{nB}{2} + \cos \dfrac{nC}{2}\right| \leq \dfrac{3\sqrt{3}}{2}$ (n 为奇数).

(10) $\cos^2 \dfrac{nA}{2} + \cos^2 \dfrac{nB}{2} + \cos^2 \dfrac{nC}{2} \leq \dfrac{9}{4}$ (n 为奇数).

(11) $\left|\cos \dfrac{nA}{2} \cos \dfrac{nB}{2} \cos \dfrac{nC}{2}\right| \leq \dfrac{3\sqrt{3}}{8}$ (n 为奇数).

(12) $\sin \dfrac{nA}{2} + \sin \dfrac{nB}{2} + \sin \dfrac{nC}{2} \leq \dfrac{3}{2}$ ($n = 4m+1, m \in \mathbf{Z}$).

(13) $\sin \dfrac{nA}{2} + \sin \dfrac{nB}{2} + \sin \dfrac{nC}{2} \geq -\dfrac{3}{2}$ ($n = 4m+3, m \in \mathbf{Z}$).

(14) $\sin^2 \dfrac{nA}{2} + \sin^2 \dfrac{nB}{2} + \sin^2 \dfrac{nC}{2} \geq \dfrac{3}{4}$ (n 为奇数).

(15) $\sin \dfrac{nA}{2} \sin \dfrac{nB}{2} \sin \dfrac{nC}{2} \leq \dfrac{1}{8}$ ($n = 4m+1, m \in \mathbf{Z}$).

(16) $\sin \dfrac{nA}{2} \sin \dfrac{nB}{2} \sin \dfrac{nC}{2} \geq -\dfrac{1}{8}$ ($n = 4m+3, m \in \mathbf{Z}$).

……

它们的证明并不困难,这些留给读者,也可参见文献[119].

显然,在上述 16 个不等式中的(1)~(8)分别取 $n = 1, 2$ 时,便可得单角、倍角的正、余函数的不等式 12 个;(9)~(16)取 $n = 1$ 便可得半角正、余弦函数的不等式 6 个,这也说明上述诸式是单角、倍角及半角三角函数各等式的推广情形.

下面的例子,是属于高等代数方面的.它也是涉及了命题推广后的应用.

余数定理是代数中一个重要的定理,它是这样叙述的:

一元 n 次多项式 $F(x) = a_0 x^n + a_1 x^{n-1} + \cdots + a_{n-1} x + a_n$ 除以 $x - b$ 所得的余数为 $F(b)$.

将它推广一下,即考虑 $F(x)$ 除以一个一次以上的多项式的余数情况:

设 $G(x) = x^m - (b_1 x^{m-1} + b_2 x^{m-2} + \cdots + b_{m-1} x + b_m) = x^m - g(x)$. 又将 $F(x)$ 改写成 $x^m f_1(x) + f_2(x)$ 形式,其中

$$f_1(x) = a_0 x^{n-m} + a_1 x^{n-m-1} + \cdots + a_{n-m-1} x + a_{n-m}$$
$$f_2(x) = a_{n-m+1} x^{m-1} + \cdots + a_{n-1} x + a_n$$

这样我们有结论:

$F(x)$ 除以 $G(x)$ 的余式与 $R(x) = f_1(x) g(x) + f_2(x)$ 除以 $G(x)$ 的余式相同,即

$$F(x) - R(x) \equiv 0 (\bmod\ G(x))$$

证明 只须注意下面式子的变形即可
$$F(x) - R(x) = [x^m f_1(x) + f_2(x)] - [f_1(x)g(x) + f_2(x)] =$$
$$f_1(x)[x^m - g(x)] = f_1(x)G(x) \equiv 0(\bmod\ G(x))$$

反复运用上述结论可得到一种"求余方法":

$F(x)$ 除以 $G(x)$ 所得的余式等于把 $F(x)$ 中次数大于或等于 m 的项中的 x^m 均以 $g(x)$ 代换,反复运算直到所得式子次数小于 m 为止.

这个结论可以用来进行多项式除法求余或因式分解等,比如:

例1 求 $f(x) = 3x^5 + 2x^3 + 9x - 4$ 除以 $g(x) = x^3 + 2$ 的余式.

解 按上述求余法,$g(x) = x^3 + 2 = x^3 - (-2)$,故
$$f(x) = (3x^2 + 2)x^3 + 9x - 4 \equiv (3x^2 + 2)(-2) + 9x - 4(\bmod\ g(x)) \equiv$$
$$-6x^2 + 9x - 8(\bmod\ g(x))$$

例2 (1) 求能使 $2^n - 1$ 被 7 整除的所有正整数 n.
(2) 证明对任意正整数 n,式 $2^n + 1$ 不能被 7 整除.

解 设 $n = 3n_1 + r(n_1$ 非负整数,$r = 0, 1, 2)$.
(1) 由题设可有
$$2^n - 1 = 2^{3n_1 + r} - 1 = (2^3)^{n_1} 2^r - 1 \equiv 1^n \cdot 2^r - 1(\bmod\ 2^3 - 1) \equiv$$
$$2^r - 1(\bmod\ 2^3 - 1)$$

由于 $r = 0, 1, 2$,故仅当 $r = 0$ 时,才有 $2^r - 1 \equiv 0(\bmod\ 2^3 - 1)$.
故所求的 $n = 3n_1$,即为 3 的倍数.
(2) 由题设可有
$$2^n + 1 = 2^{3n_1 + r} = (2^3)^{n_1} \cdot 2^r - 1 \equiv 1^{n_1} \cdot 2^r + 1\ (\bmod\ 2^3 - 1) \equiv$$
$$2^r + 1\ (\bmod\ 2^3 - 1)$$

又 $r = 0, 1, 2$ 时,$2^r + 1 \not\equiv 0(\bmod\ 2^3 - 1)$,故 $7 \nmid 2^n + 1$($\nmid$ 表示不整除).

再比如我们证明下述命题:

命题 若 $x, y, z \in \mathbf{R}^+$,且 $xyz = k^3(k \geq 8)$,则
$$\frac{1}{\sqrt{1+x}} + \frac{1}{\sqrt{1+y}} + \frac{1}{\sqrt{1+z}} \geq \frac{3}{\sqrt{1+x}} \qquad (*)$$

那么以下三命题(它们均为 IMO 即奥林匹克赛题):

(1) 若 $a, b, c \in \mathbf{R}^+$,且 $abc \geq 2^9$,则
$$\frac{1}{\sqrt{1+a}} + \frac{1}{\sqrt{1+b}} + \frac{1}{\sqrt{1+c}} \geq \frac{3}{\sqrt{1+\sqrt[3]{abc}}}$$

(2) 若 $a, b, c \in \mathbf{R}^+$,则
$$\frac{a}{\sqrt{a^2 + 8bc}} + \frac{b}{\sqrt{b^2 + 8ca}} + \frac{c}{\sqrt{c^2 + 8ab}} \geq 1$$

(3) 若 $a,b,c \in \mathbf{R}^+$,则
$$\frac{a}{\sqrt{a^2+b^2}} + \frac{b}{\sqrt{b^2+c^2}} + \frac{c}{\sqrt{c^2+a^2}} > 1$$

结论(1)与式(∗)几乎无异;只需在命题中令 $x = 8bc/a^2, y = 8ca/b^2$, $z = 8ab/c^2$,可得结论(2);又命 $x = 8b^2/a^2, z = 8a^2/c^2$,亦可得结论(3).

我们再看一个几何方面的例子.

线共点、点共线是几何上一个重要课题,前文曾有叙述.我们首先来看一个线共点的题目:

在 $\triangle ABC$ 的三边上,分别向形外(内)作三个正三角形:$\triangle ABC'$,$\triangle BCA'$,$\triangle CAB'$,则 AA',BB',CC' 三线共点.(右图)

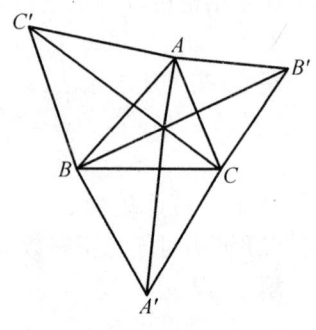

它的证明并不困难,现在我们把问题稍稍推广,即将题设中的"作正三角形"改为"作相似的等腰三角形",即

以 $\triangle ABC$ 的三边为底分别向形外(内)作三个相似的等腰三角形:$\triangle ABC'$,$\triangle BCA'$,$\triangle CAB'$,则 AA',BB',CC' 三线共点.

下面我们来证明这个结论.

证明 设 AA',BB',CC' 分别交 BC, CA,AB 于 D,E,F,作 $BM \perp AA'$,$CN \perp AA'$(右图).

由 $\triangle ABC' \backsim \triangle BCA'$,有 $\angle ABC' = \angle A'BC$,进而有 $\angle CBC' = \angle ABA'$.又

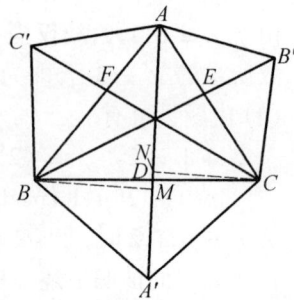

$$\frac{BA}{BC} = \frac{BC'}{BA'}$$

即 $BA \cdot BA' = BC \cdot BC'$,故

$$S_{\triangle ABA'} = \frac{1}{2} BA \cdot BA' \cdot \sin\angle ABA' = \frac{1}{2} BC \cdot BC' \cdot \sin\angle CBC' = S_{\triangle CBC'}$$

同理 $S_{\triangle BCB'} = S_{\triangle ACA'}$, $S_{\triangle CAC'} = S_{\triangle BAB'}$

注意到 $\triangle BMD \backsim \triangle CND$

有 $$\frac{BD}{CD} = \frac{BM}{CN} = \frac{S_{\triangle ABA'}}{S_{\triangle ACA'}}$$

同理 $$\frac{CE}{EA} = \frac{S_{\triangle BCB'}}{S_{\triangle BAB'}}, \quad \frac{AF}{FB} = \frac{S_{\triangle CAC'}}{S_{\triangle CBC'}}$$

从而可有 $$\frac{BD}{CD} \cdot \frac{CE}{EA} \cdot \frac{AF}{FB} = \frac{S_{\triangle ABA'}}{S_{\triangle ACA'}} \cdot \frac{S_{\triangle BCB'}}{S_{\triangle BAB'}} \cdot \frac{S_{\triangle CAC'}}{S_{\triangle CBC'}} = 1$$

由塞瓦定理知 AD,BE,CF 共点,即 AA',BB',CC' 共点.

这个结论,曾于1954年在《数学通报》第3期上,以问题征解的形式刊布,应

征者共有 20 余人,其中包括张恭庆、盛立人等,如今他们已是知名的数学家.

其实,初版于 1929 年的《近代欧氏几何》[84]中不仅介绍了这个定理,并提到了图形所共点的轨迹(所谓基普特(Kiepert)双曲线,是一种等轴双曲线);而且还介绍了其最一般的推广:

过三角形每一个顶点各作一对等角线,每一条与角的一边相关联.与每条边相关联的两条线交于一点,将它与所对的顶点相连,则这三条连线共点.

见右图,若 $\angle C'AB = \angle B'AC$, $\angle C'BA = \angle A'BC$, 且 $\angle B'CA = \angle A'CB$, 则 AA', BB', CC' 三线共点. 显然,它包含了上述作三个等腰三角形这一特例.

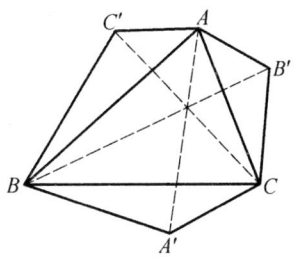

文献[157]～[159]对这个命题及其背景作了多次评述. 如需了解基普特双曲线的进一步信息,还可查阅《美国数学杂志》(Mathematics Magazine)1994 年 3 月号上"The Conics of Ludwig Kiepert"一文.

另外,如果保持"作等腰三角形"的条件,但放弃它们必须相似的要求,那么本命题还可有另一种形式的推广:

以 $\triangle ABC$ 三边为底分别向形外(内)作三个等腰三角形:$\triangle A'CB$, $\triangle B'AC$, $\triangle C'BA$, 它们的底角分别为 $A - \theta$, $B - \theta$, $C - \theta$, 其中 θ 可取任意角,则 AA', BB', CC' 三线共点.

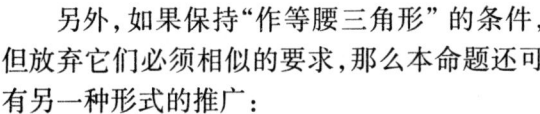

有趣的是,这些推广仍可利用面积及塞瓦定理给予证明.

对于后面那个推广,叶中豪先生曾给出一个绝妙的证明:

取 $\triangle ABC$ 的外心 O, 点 O 到 $\triangle ABC$ 三个顶点的距离都等于外接圆半径 R.

易知 $\angle OBC = 90° - A$. 于是 $\angle OBA' = (90° - A) + (A - \theta) = 90° - \theta$.

所以 O 到直线 $A'B$ 的距离为
$$OP = R\cos\theta$$

同理,可以算出 O 到直线 $A'C$, $B'C$, $B'A$, $C'A$, $C'B$ 的距离都是 $R\cos\theta$.

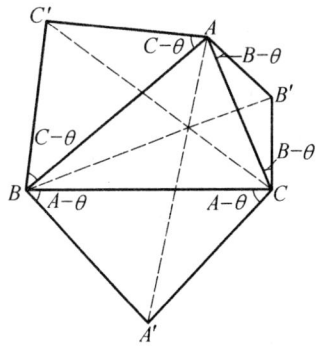

因此以 O 为圆心,作一个半径为 $R\cos\theta$ 的圆,就与上述六条直线都相切.

六边形 $A'CB'AC'B$ 外切于圆 O, 根据射影几何中的布利安桑(Brianchon)定理,它的三条对角线 AA', BB', CC' 一定共点.

文献[13]中给出下面的命题或定理：

设 R 是 $\triangle ABC$ 的外接圆半径，r 是内切圆和某一旁切圆半径，d 是两圆的圆心距，则 $d^2 = R^2 \pm 2Rr$.

利用这个命题或定理可以证明许多问题，诸如：

问题 1 $\triangle ABC$ 的内切圆分别切各边于 A', B', C'，则
$$S_{\triangle A'B'C'} \leqslant \frac{1}{4} S_{\triangle ABC}$$

等号当且仅当 $\triangle ABC$ 为等边三角形时成立.

问题 2 设 $\triangle ABC$ 的外接圆半径为 R，内切圆半径为 r，顶点 A, B, C 到内心的距离分别为 α, β, γ，则
$$32Rr^2 \leqslant \alpha^2 \beta^2 \gamma^2$$

等号当且仅当 $\triangle ABC$ 为等边三角形时成立.

问题 1 的证明 只须注意到 $2r \leqslant R$ 及
$$S_{\triangle A'B'C'} = \frac{1}{2} r^2 (\sin A + \sin B + \sin C) = \frac{1}{2} r^2 \cdot \frac{a+b+c}{2R} =$$
$$\frac{1}{2} r^2 \cdot \frac{pr}{Rr} = \frac{1}{2} r \cdot \frac{S_{\triangle ABC}}{R} \leqslant \frac{1}{4} S_{\triangle ABC}$$

这里 $p = \frac{1}{2}(a+b+c)$.

问题 2 的证明 注意到：$\sin \frac{A}{2} \sin \frac{B}{2} \sin \frac{C}{2} = \frac{r}{4R}$，有
$$\alpha^2 \beta^2 \gamma^2 = \left(r^2 / \sin^2 \frac{A}{2} \right) \left(r^2 / \sin^2 \frac{B}{2} \right) \left(r^2 / \sin^2 \frac{C}{2} \right) =$$
$$r^6 / \frac{r^2}{16R^2} = 16R^2 r^4 \geqslant 32Rr^5$$

涉及行列式的三角函数式，多以整齐、对称、规则形式令人欣赏和关注，更重要的是利用这种形式便于将命题推广（从行列式阶数上）．比如，我们不难证明等式

$$\begin{vmatrix} 2\cos\theta & 1 & 0 \\ 1 & 2\cos\theta & 0 \\ 0 & 1 & 2\cos\theta \end{vmatrix} = \frac{\sin 4\theta}{\sin \theta}$$

由此我们自然又会联想到下面的 n 阶行列式如何计算

$$D_n = \begin{vmatrix} 2\cos\theta & 1 & 0 & 0 & \cdots & 0 & 0 \\ 1 & 2\cos\theta & 1 & 0 & \cdots & 0 & 0 \\ 0 & 1 & 2\cos\theta & 1 & \cdots & 0 & 0 \\ \vdots & \vdots & \vdots & \vdots & & \vdots & \vdots \\ 0 & 0 & 0 & 0 & \cdots & 1 & 2\cos\theta \end{vmatrix}$$

这里先不计算它，而我们先考虑它的更一般的形式

$$\Delta_n = \begin{vmatrix} \alpha+\beta & \alpha\beta & 0 & \cdots & 0 & 0 \\ 1 & \alpha+\beta & \alpha\beta & \cdots & 0 & 0 \\ 0 & 1 & \alpha+\beta & \cdots & 0 & 0 \\ \vdots & \vdots & \vdots & & \vdots & \vdots \\ 0 & 0 & 0 & \cdots & 1 & \alpha+\beta \end{vmatrix}$$

将行列式 Δ_n 按第一行写成两行列式之和

$$\Delta_n = \begin{vmatrix} \alpha & \alpha\beta & 0 & \cdots & 0 & 0 \\ 1 & \alpha+\beta & \alpha\beta & \cdots & 0 & 0 \\ \vdots & \vdots & \vdots & & \vdots & \vdots \\ 0 & 0 & 0 & \cdots & 1 & \alpha+\beta \end{vmatrix} + \begin{vmatrix} \beta & \alpha\beta & 0 & \cdots & 0 & 0 \\ 1 & \alpha+\beta & \alpha\beta & \cdots & 0 & 0 \\ \vdots & \vdots & \vdots & & \vdots & \vdots \\ 0 & 0 & 0 & \cdots & 1 & \alpha+\beta \end{vmatrix} =$$

$$d_n + \delta_n$$

又由行列式性质及其行列初等变换可有

$$d_n = \alpha \begin{vmatrix} 1 & \beta & 0 & \cdots & 0 & 0 \\ 1 & \alpha+\beta & \alpha\beta & \cdots & 0 & 0 \\ \vdots & \vdots & \vdots & & \vdots & \vdots \\ 0 & 0 & 0 & \cdots & 1 & \alpha+\beta \end{vmatrix} =$$

$$\alpha \begin{vmatrix} 1 & \beta & 0 & \cdots & 0 & 0 \\ 0 & \alpha & \alpha\beta & \cdots & 0 & 0 \\ \vdots & \vdots & \vdots & & \vdots & \vdots \\ 0 & 0 & 0 & \cdots & 1 & \alpha+\beta \end{vmatrix} = \alpha d_{n-1}$$

注意到 $d_1 = \alpha$,故递推的有 $d_n = \alpha^n$. 类似地可得 $\delta_n = \beta\Delta_{n-1}$.

综上故得 $\Delta_n = \alpha^n + \beta\Delta_{n-1}$. 递推地有 $\Delta_n = \dfrac{\alpha^{n+1} - \beta^{n+1}}{\alpha - \beta}$.

有了这个结论,我们再回过头来看,若 $\alpha = \cos\theta + i\sin\theta, \beta = \cos\theta - i\sin\theta$,则 $\alpha + \beta = 2\cos\theta$,且 $\alpha\beta = 1$,如是 Δ_n 即为 D_n,从而

$$D_n = \frac{(\cos\theta + i\sin\theta)^{n+1} - (\cos\theta - i\sin\theta)^{n+1}}{(\cos\theta + i\sin\theta) - (\cos\theta - i\sin\theta)} = \frac{\sin(n+1)\theta}{\sin\theta}$$

又若 $\alpha + \beta = 1$,且 $\alpha\beta = 1$,行列式 D_n 则满足关系式

$$D_{n+1} = D_n + D_{n-1}$$

又若令 $D_0 = D_1 = 1$,则行列式序列 $\{D_n\}$ 恰为斐波那契数列.

我们在微积分中学到过凹、凸函数概念:

对于函数 $y = f(x)$ 定义域 D 上任意两点 x_1, x_2,总有

$$\frac{1}{2}[f(x_1) + f(x_2)] \leq f\left(\frac{x_1 + x_2}{2}\right)$$

则称函数 $f(x)$ 在 D 上是上凸(即下凹)的①.

上凸函数有许多性质,其中最重要的有所谓詹森(J.L.W.Jensen)不等式:

若 $x_1, x_2, \cdots, x_n$ 是上凸函数 $f(x)$ 定义域中的 n 个点,则

$$\frac{1}{n}\sum_{i=1}^{n}f(x_i) \leqslant f\left(\frac{1}{n}\sum_{i=1}^{n}x_i\right) \quad (*)$$

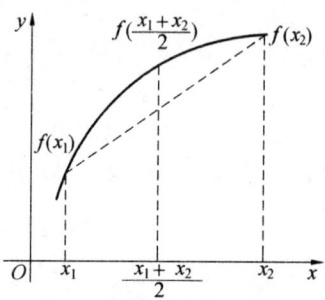

它的证明可以用数学归纳法结合上凸函数性质来完成.

证明之前,我们先讲一下与上面定义相等价的上凸函数的另一种定义:

对于函数 $y = f(x)$ 定义域 D 上的任意两点 x_1, x_2 及正实数 p, q,这里 $p + q = 1$,总有不等式

$$pf(x_1) + qf(x_2) \leqslant f(px_1 + qx_2)$$

成立,则称 $f(x)$ 在 D 上是上凸的($px_1 + qx_2$ 常称 x_1, x_2 的凸组合).

下面我们来证明不等式 $(*)$.

证明 用数学归纳法.

(1) $n = 2$ 时,由定义知命题真.

(2) 设 $n = k$ 时命题真,今考虑 $n = k + 1$ 的情形

$$f\left(\frac{1}{k+1}\sum_{i=1}^{k+1}x_i\right) = f\left(\frac{1}{k+1}\sum_{i=1}^{k}x_i + \frac{x_{k+1}}{k+1}\right) = f\left[\frac{k}{k+1}\left(\frac{1}{k}\sum_{i=1}^{k}x_i\right) + \frac{1}{k+1}x_{k+1}\right] \geqslant$$

$$\frac{k}{k+1}f\left(\frac{1}{k}\sum_{i=1}^{k}x_i\right) + \frac{1}{k+1}f(x_{k+1}) \geqslant$$

$$\frac{k}{k+1} \cdot \frac{1}{k}\sum_{i=1}^{k}f(x_i) + \frac{1}{k+1}f(x_{k+1}) = \frac{1}{k+1}\sum_{i=1}^{k+1}f(x_i)$$

即 $n = k + 1$ 时命题亦真,故对任何自然数 n 命题成立.

从这个不等式出发,我们可以得到一大批著名的不等式,它们只需在不等式中用特定的函数(当然须是上凸函数)去代替 $f(x)$ 即可,从这一点看,这些不等式仅仅是詹森不等式的特例了(然而单独去证明它们有时并非易事).

顺便讲一句詹森不等式还可以进一步推广为:若 $f(x)$ 是上凸的,则

$$f\left(\sum_{i=1}^{n}\lambda_i x_i\right) \geqslant \sum_{i=1}^{n}\lambda_i f(x_i)$$

其中 $\lambda_i \geqslant 0(i = 1, 2, \cdots, n)$,且 $\sum_{i=1}^{n}\lambda_i = 1$.

它的积分形式为:若 $f(x)$ 是 S 上的上凸函数,则

$$f\left(\int_D \lambda(t)x(t)\mathrm{d}t\right) \geqslant \int_D \lambda(t)f(x(t))\mathrm{d}t$$

---

① 一般凸函数常定义为向下凸(或下凸)的,这多与人们常常去研究这类函数的最小(极小)值(无约束或有约束)有关.

其中 $x(D) \subset S, \lambda(t) \geq 0 (t \in D)$ 且 $\int_D \lambda(t)\mathrm{d}t = 1$. 等号当且仅当 $x(t)$ 在 D 上为常数或 f 在 $x(D)$ 上为线性函数时成立.

从集合论观点出发，上不等式还可进一步推广为：

μ 为集合 $D \subset \mathbf{R}$ 中的一个 σ 代数 $\mathscr{M}$ 上的概率测度，x 为 $L_1(\mu)$ 中有界实值函数，f 为 x 的值域上的上凸函数，则

$$f\left(\int_D x \mathrm{d}\mu\right) \geq \int_D (f \circ x) \mathrm{d}\mu$$

我们来看看它们的关系及证明思路图：

一些不等式的关系

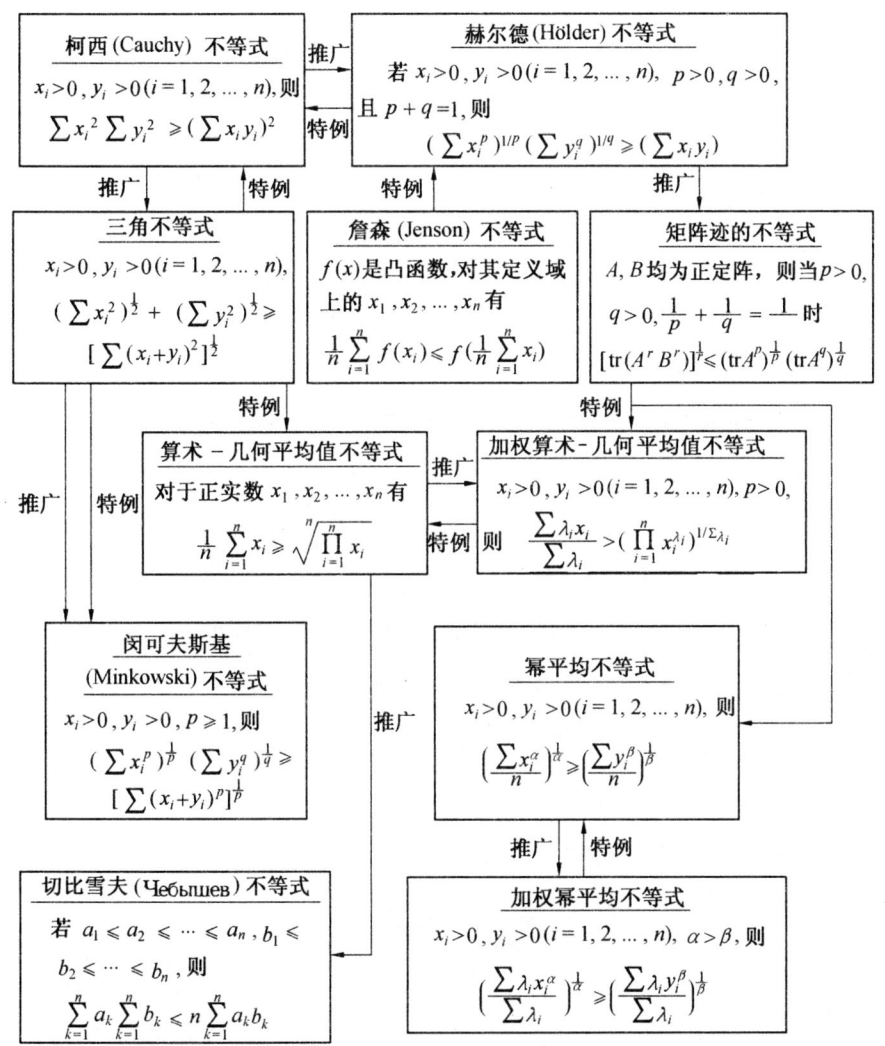

一些不等式证明思路

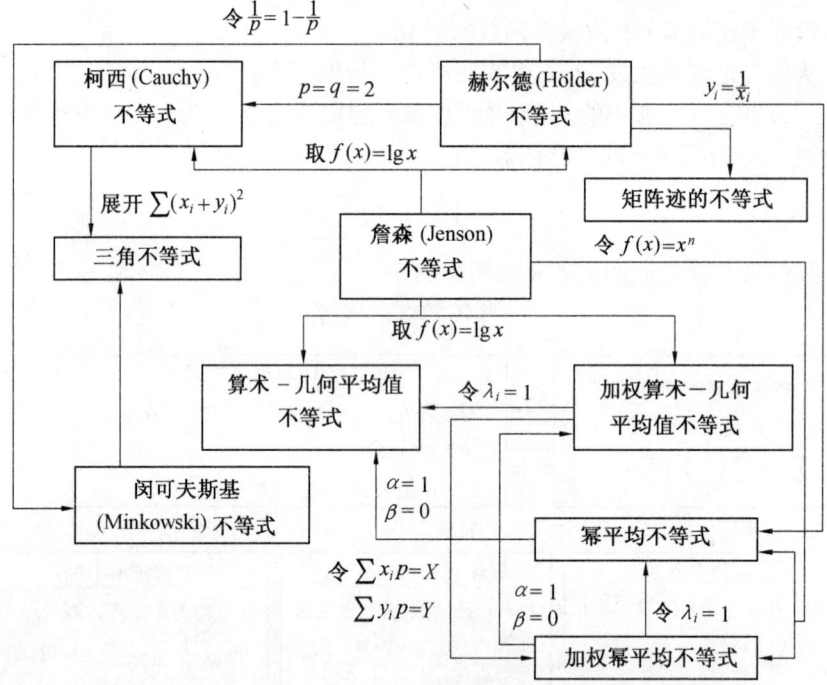

注 对于赫尔德不等式,我们类比地可将其推广到线性代数的矩阵问题中去,比如:
若 A, B 为正定的埃尔米特(Hermite)阵,又 tr$A$ 为矩阵 A 的迹(即 A 的对角线上元素之和),则

(1) $[\operatorname{tr}(A^r B^r)]^{\frac{1}{r}} \leq (\operatorname{tr} A^p)^{\frac{1}{p}} (\operatorname{tr} B^q)^{\frac{1}{q}}$,其中 $p > 0, q > 0$,且 $\frac{1}{p} + \frac{1}{q} = \frac{1}{r}$.

(2) $[\operatorname{tr}(A^r B^r)]^{\frac{1}{r}} \geq (\operatorname{tr} A^p)^{\frac{1}{p}} (\operatorname{tr} B^q)^{\frac{1}{q}}$,其中 $p > 0, q < 0, r > 0, \frac{1}{p} + \frac{1}{q} = \frac{1}{r}$.

(3) $[\operatorname{tr}(A^r B^r)]^{\frac{1}{r}} \leq (\operatorname{tr} A^p)^{\frac{1}{p}} (\operatorname{tr} B^q)^{\frac{1}{q}}$,其中 $p > 0, q < 0, r < 0, \frac{1}{p} - \frac{1}{q} = \frac{1}{r}$.

(4) $[\operatorname{tr}(A^r B^r)]^{\frac{1}{r}} \geq (\operatorname{tr} A^p)^{\frac{1}{p}} (\operatorname{tr} B^q)^{\frac{1}{q}}$,其中 $p < 0, q < 0, \frac{1}{p} + \frac{1}{q} = \frac{1}{r}$.

利用数学归纳法,还可将上述结果再行推广为:

(1) $\left[\operatorname{tr}\left(\sum_{i=1}^{n} A_i\right)^p\right]^{\frac{1}{p}} \leq \sum_{i=1}^{n} (\operatorname{tr} A_i^p)^{\frac{1}{p}}, p > 1.$

(2) $\left[\operatorname{tr}\left(\sum_{i=1}^{n} A_i\right)^p\right]^{\frac{1}{p}} \geq \sum_{i=1}^{n} (\operatorname{tr} A_i^p)^{\frac{1}{p}}, p < 1, p \neq 0.$

(3) $\operatorname{tr}\left(\sum_{i=1}^{n} A_i\right)^p \Big/ \operatorname{tr}\left(\sum_{i=1}^{n} A_i\right)^{p-1} \leq \sum_{i=1}^{n} \left(\frac{\operatorname{tr} A_i^p}{\operatorname{tr} A_i^{p-1}}\right), 1 < p < 2.$

(4) $\operatorname{tr}\left(\sum_{i=1}^{n} A_i\right)^p \Big/ \operatorname{tr}\left(\sum_{i=1}^{n} A_i\right)^{p-1} \geq \sum_{i=1}^{n} \left(\frac{\operatorname{tr} A_i^p}{\operatorname{tr} A_i^{p-1}}\right), 0 < p < 1.$

这种类比推广的例子还有许多,比如,有人还将康托洛维奇(Канторович)不等式等也推广到了矩阵中去.

下面一个不等式的例子也很生动,一个只须用初等方法证明的初等不等式,竟囊括了柯西、赫尔德、闵可夫斯基不等式等一大类不等式,这个初等不等式是这样叙述的:

设 $a_i, b_i \in \mathbf{R}^+ (1 \leqslant i \leqslant n), \alpha, \beta \in \mathbf{R}, \gamma \in \mathbf{R}^+$,且 $\alpha\beta > 0, \alpha - \beta \leqslant \gamma$,则

$$\left(\sum_{i=1}^{n} \frac{a_i^\alpha}{b_i^\beta}\right)^\gamma \geqslant \frac{\left(\sum_{i=1}^{n} a_i^\gamma\right)^\alpha}{\left(\sum_{i=1}^{n} b_i^\gamma\right)^\beta} \qquad (*)$$

当且仅当 $a_i / \left(\sum_{i=1}^{n} a_i\right) = b_i / \left(\sum_{i=1}^{n} b_i\right)$,且 $\alpha - \beta = \gamma$ 时等号成立.

它的证明这里不谈了,有兴趣的读者可参见文献[115].不过我们想指出一点,这个不等式的证明过程中应用了杨(W.H.Young)不等式及詹森(Jenson)不等式(它们谁比谁更强,仅从某一导出路径判断,有时是不妥的 —— 因为它们之间有着极为缜密的相互关系,显然,这些关系的寻找和发现,必将会给我们带来数学发现与创造一些机会).

下面我们想指出由此不等式而得到的一系列推论:

系1 (权方和不等式)$a_i, b_i \in \mathbf{R}^+, m \in \mathbf{N}$,则

$$\sum_{i=1}^{n} \frac{a_i^{m+1}}{b_i^m} \geqslant \frac{\left(\sum_{i=1}^{n} a_i\right)^{m+1}}{\left(\sum_{i=1}^{n} b_i\right)^m} \qquad ①$$

等号当且仅当 $\frac{a_1}{b_1} = \frac{a_2}{b_2} = \cdots = \frac{a_n}{b_n} = \sum_{i=1}^{n} a_i / \sum_{i=1}^{n} b_i$ 时成立.

显然只须取 $\alpha = m + 1, \beta = m, \gamma = 1 (m \in \mathbf{N})$ 即可.

系2 设 $a_i \in \mathbf{R}^+ (1 \leqslant i \leqslant n), \alpha, \beta \in \mathbf{R}$,及 $\gamma \in \mathbf{R}^+$,且 $\alpha\beta > 0$,又 $\alpha - \beta \leqslant \gamma$,则

$$\left(\sum_{i=1}^{n} a_i^\alpha\right)^\gamma \geqslant \frac{1}{n^\beta}\left(\sum_{i=1}^{n} a_i^\gamma\right)^\alpha \qquad ②$$

$$\left(\sum_{i=1}^{n} a_i^\gamma\right)^\beta \left(\sum_{i=1}^{n} \frac{1}{a_i^\beta}\right)^\gamma \geqslant n^\alpha \qquad ③$$

等号当且仅当 $a_i = $ 常数 $(1 \leqslant i \leqslant n)$,且 $\alpha - \beta = \gamma$ 时成立.

系3 若 $u_i, v_i \in \mathbf{R}^+ (1 \leqslant i \leqslant n)$,又 $\alpha, \beta \in \mathbf{R}$,及 $\gamma \in \mathbf{R}^+$,且 $\alpha\beta > 0$,同时 $\alpha - \beta \leqslant \gamma$,则

$$\left(\sum_{i=1}^{n} u_i v_i\right)^\alpha \leqslant \left(\sum_{i=1}^{n} u_i^\alpha\right)^\gamma \left(\sum_{i=1}^{n} v_i^{\frac{\alpha\gamma}{\beta}}\right)^\beta \qquad ④$$

等号当且仅当 $u_i / \sum_{i=1}^{n} u_i = v_i^{\frac{\alpha}{\beta}-\gamma} / \sum_{i=1}^{n} v_i^{\frac{\alpha}{\beta}-\gamma}$,且 $\alpha - \beta = \gamma$ 时成立.

特别地,当 $\alpha = 2, \beta = 1, \gamma = 1$ 时,即可得到柯西或柯西 - 布尼可夫斯基 (Cauchy-Буниковский) 不等式

$$\left(\sum_{i=1}^{n} u_i v_i\right)^2 \leqslant \left(\sum_{i=1}^{n} u_i^2\right)\left(\sum_{i=1}^{n} v_i^2\right) \tag{5}$$

系 4 设 $a_i, b_i \in \mathbf{R}^+ (1 \leqslant i \leqslant n)$,则

(1) 当 $\theta_1, \theta_2 \in \mathbf{R}^+$,且 $\theta_1 + \theta_2 \geqslant 1$ 时,有

$$\sum_{i=1}^{n} a_i^{\theta_1} b_i^{\theta_2} \leqslant \left(\sum_{i=1}^{n} a_i\right)^{\theta_1} \left(\sum_{i=1}^{n} b_i\right)^{\theta_2} \tag{6}$$

(2) 当 $\theta_1 \in \mathbf{R}^+, \theta_2 \in \mathbf{R}^-$,且 $\theta_1 + \theta_2 \leqslant 1$ 时,有

$$\sum_{i=1}^{n} a_i^{\theta_1} b_i^{\theta_2} \geqslant \left(\sum_{i=1}^{n} a_i\right)^{\theta_1} \left(\sum_{i=1}^{n} b_i\right)^{\theta_2} \tag{7}$$

等号当且仅当 $a_i / \sum_{i=1}^{n} a_i = b_i / \sum_{i=1}^{n} b_i$ 且 $\theta_1 + \theta_2 = 1$ 时成立.

系 5 设 $a_{ij} \in \mathbf{R}^+ (1 \leqslant i \leqslant m, 1 \leqslant j \leqslant n)$,则

(1) 当 $\theta_i \in \mathbf{R}^+ (1 \leqslant i \leqslant m)$ 且 $\sum_{i=1}^{m} \theta_i \geqslant 1$ 时,有

$$\sum_{j=1}^{n} a_{1j}^{\theta_1} \cdots a_{mj}^{\theta_m} \leqslant \left(\sum_{j=1}^{n} a_{1j}\right)^{\theta_1} \cdots \left(\sum_{j=1}^{n} a_{mj}\right)^{\theta_m} \tag{8}$$

(2) 当 $\theta_i \in \mathbf{R}^- (1 \leqslant i \leqslant m-1), \theta_m \in \mathbf{R}^+$,且 $\sum_{i=1}^{m} \theta_i \leqslant 1$ 时,有

$$\sum_{j=1}^{n} a_{1j}^{\theta_1} \cdots a_{mj}^{\theta_m} \geqslant \left(\sum_{j=1}^{n} a_{1j}\right)^{\theta_1} \cdots \left(\sum_{j=1}^{n} a_{mj}\right)^{\theta_m} \tag{9}$$

等号当且仅当 $a_{1j} / \sum_{j=1}^{n} a_{1j} = \cdots = a_{mj} / \sum_{j=1}^{n} a_{mj}$,且 $\sum_{i=1}^{m} \theta_i = 1$ 时成立.

系 6 设 $a_{ij} \in \mathbf{R}^+, \theta_i \in \mathbf{R}^- (1 \leqslant i \leqslant m, 1 \leqslant j \leqslant n)$,且 $\sum_{i=1}^{m} \theta_i \leqslant 0$,则有

$$\sum_{j=1}^{n} a_{1j}^{\theta_1} \cdots a_{mj}^{\theta_m} \geqslant \left(\sum_{j=1}^{n} a_{1j}\right)^{\theta_1} \cdots \left(\sum_{j=1}^{n} a_{mj}\right)^{\theta_m} \tag{10}$$

显然式 ⑥ ~ ⑨ 均可视为赫尔德不等式的推广.

此外在式 ④ 中,令 $\delta = \alpha\gamma/\beta$ 及 $\alpha, \beta, \gamma > 0$,则有

$$\left(\sum_{i=1}^{n} a_i^{\gamma} b_i^{\gamma}\right)^{\frac{1}{\gamma}} \leqslant \left(\sum_{i=1}^{n} a_i^{\alpha}\right)^{\frac{1}{\alpha}} \left(\sum_{i=1}^{n} b_i^{\beta}\right)^{\frac{1}{\beta}} \tag{11}$$

又当 $\alpha, \beta < 0$,且 $\gamma > 0$ 时,有

$$\left(\sum_{i=1}^{n} a_i^{\gamma} b_i^{\gamma}\right)^{\frac{1}{\gamma}} \geqslant \left(\sum_{i=1}^{n} a_i^{\alpha}\right)^{\frac{1}{\alpha}} \left(\sum_{i=1}^{n} b_i^{\beta}\right)^{\frac{1}{\beta}} \tag{12}$$

系7 设 $a_{ij} \in \mathbf{R}^+ (1 \le i \le m, 1 \le j \le n)$,则

(1) 当 $s \ge 1$,且 $s \ge t_i > 0 (1 \le i \le m)$ 时,有

$$\left[\sum_{j=1}^{n}\left(\sum_{i=1}^{m} a_{ij}\right)^s\right]^{\frac{1}{s}} \le \sum_{i=1}^{m}\left(\sum_{j=1}^{n} a_{ij}^{t_i}\right)^{\frac{1}{t_i}} \qquad ⑬$$

(2) 当 $s, t_i < 0$ 或 $t_i > 0$,且 $0 < s < 1 (1 \le i \le m)$ 时,上不等式反向;等号当且仅当 $a_{1j} \Big/ \sum_{j=1}^{n} a_{1j} = \cdots = a_{mj} \Big/ \sum_{j=1}^{n} a_{mj}$,且 $s = t_i (1 \le i \le m)$ 时成立.

又在式 ⑬ 中令 $m = 2, s = t_1 = t_2$ 时可得闵可夫斯基不等式

$$\left[\sum_{i=1}^{n}(a_i + b_i)^s\right]^{\frac{1}{s}} \le \left(\sum_{i=1}^{n} a_i^s\right)^{\frac{1}{s}} + \left(\sum_{i=1}^{n} b_i^s\right)^{\frac{1}{s}}, s \ge 1 \qquad ⑭$$

当 $0 < s < 1$ 时,上不等式反向.

系8 设 $a_i \in \mathbf{R}^+ (1 \le i \le m)$,又 $\alpha, \alpha_i, \beta_j \in \mathbf{R} (1 \le i \le n, 1 \le j \le m)$ 且 $\alpha \bar{\in} (0,1)$,及 $\sum_{i=1}^{n} a_i^{\alpha_i} = c$ 时,则有

$$\sum_{i=1}^{n}\left(\sum_{j=1}^{m} a_i^{\alpha_i \cdot \beta_j} + \sum_{i=1}^{n} \frac{1}{a_i^{\alpha_i \cdot \beta_j}}\right)^\alpha \ge \frac{1}{n^{\alpha-2}}\left\{\sum_{j=1}^{m}\left[\left(\frac{c}{n}\right)^{\beta_j} + \left(\frac{n}{c}\right)^{\beta_j}\right]\right\}^\alpha \qquad ⑮$$

等号当且仅当 $a_i^{\alpha_i} = c/n (1 \le i \le n)$ 时成立.

这些推论的证明此处不谈了,有兴趣的读者可从文献[115]上查阅.

归纳一下,上述诸不等式间关系可见下图.

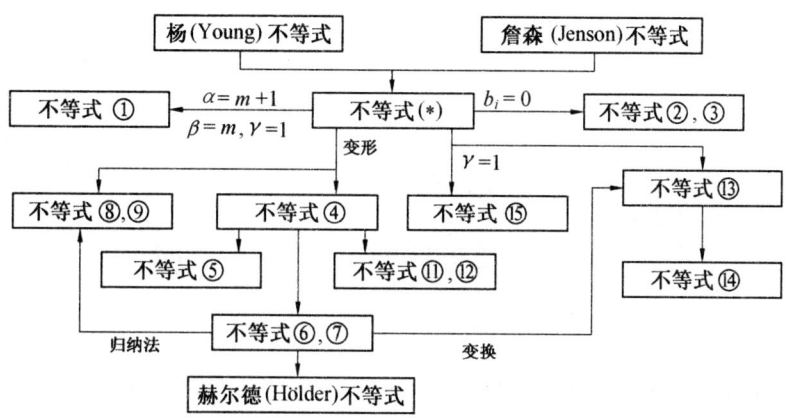

最后我们想谈一个微积分学的例子,它涉及欧拉数 e.

我们在微积分中学过一个重要的极限

$$\lim_{x \to \infty}\left(1 + \frac{1}{x}\right)^x = e$$

同时我们不难证明(详见文献[118])

$$\lim_{x \to \infty}\left(1 + \frac{1}{x} + \frac{\theta}{x^2}\right)^x = e$$

其中，$0 \leqslant \theta \leqslant \frac{1}{2}\left(1 - \frac{1}{k}\right), k \in \mathbf{Z}$.

该极限式可以视为上述极限的一种推广，当然进一步我们还可有

$$\lim_{x \to \infty}\left(1 + \frac{1}{x} + \frac{\theta}{x^2} + \frac{\varphi}{x^3}\right)^x = e$$

其中 $0 \leqslant \theta \leqslant \frac{1}{2}\left(1 - \frac{1}{k}\right), 0 \leqslant \varphi \leqslant \frac{1}{6}\left(1 - \frac{1}{k}\right)\left(1 - \frac{2}{k}\right), k \in \mathbf{Z}$.

类似地它还可以推广下去，这些我们暂且不去做．现在我们回过头来看看它们的应用．

我们知道极限：$\lim_{x \to \infty}\left(1 + \frac{1}{x}\right)^x$ 收敛得很慢，但稍稍变形的极限式比如极限式 $\lim_{x \to \infty}\left(1 + \frac{1}{x} + \frac{\theta}{x^2}\right)^x$ 却收敛较快，来看看具体算式，比如：

在 $\left(1 + \frac{1}{n}\right)^n$ 中，当 $n = 100$ 时算得 $\left(1 + \frac{1}{100}\right)^{100} \approx 2.7$.

在 $\left(1 + \frac{1}{n} + \frac{\theta}{n}\right)^n$ 中，取 $n = 7$，且在 θ 的上限 $\frac{1}{2}(1 - \frac{1}{k})$ 中取 $k = 50$（得 $\theta = 0.49$），有 $\left(1 + \frac{1}{7} + \frac{0.49}{7}\right)^7 \approx 2.7$.

此外利用上面的结论还可以计算某些极限问题，比如：

(1) 求极限 $\lim_{x \to \infty}\left(1 + \frac{1}{x} + \frac{1}{3x^2}\right)^{5x}$.

解 原式 $= \lim_{x \to \infty}\left[\left(1 + \frac{1}{x} + \frac{1}{3x^2}\right)^x\right]^5 = \left[\lim_{x \to \infty}\left(1 + \frac{1}{x} + \frac{1}{3x^2}\right)^x\right]^5 = e^5$.

注意此处 $\theta = \frac{1}{3} < \frac{1}{2}$.

(2) 求极限 $\lim_{x \to \infty}\left(1 + \frac{1}{x} + \frac{0.25}{x^2}\right)^{x+99}$.

解 原式 $= \lim_{x \to \infty}\left(1 + \frac{1}{x} + \frac{0.25}{x^2}\right)^x \cdot \lim_{x \to \infty}\left(1 + \frac{1}{x} + \frac{0.25}{x^2}\right)^{99} = e$.

此处 $\theta = 0.25 < \frac{1}{2}$.

这种利用推广的结论，反过来去处理一些同类问题的方法，显然可看成是对推广命题的反馈．

当然，某些级数可以通过欧拉常数

$$\gamma = \lim_{x \to \infty}\left(\sum_{k=1}^{n} \frac{1}{k} - \ln n\right) = 0.57721566\cdots$$

去判敛，甚至求和的方法，也可视为一种反馈，这个问题我们不谈了．

总之，反馈是数学推广的一个反问题，它常与推广共生．

参考文献

[1] 克莱因 M.古今数学思想(1~4卷)[M].张理京,译.上海:上海科学技术出版社,1979~1981.

[2] 波利亚 G.数学与猜想(1~2卷)[M].李心灿,译.北京:科学出版社,1984.

[3] 波利亚 G.数学的发现(1~2卷)[M].刘景麟,曹之江,邹清莲,译.呼和浩特:内蒙古人民出版社,1980~1982.

[4] 波利亚 G.怎样解题[M].阎育苏,译.北京:科学出版社,1982.

[5] 梁宗巨.世界数学史简编[M].沈阳:辽宁人民出版社,1980.

[6] 李迪.中国数学史简编[M].沈阳:辽宁人民出版社,1984.

[7] 张奠宙,赵斌.二十世纪数学史话[M].北京:知识出版社,1984.

[8] 徐利治.数学方法论选讲[M].武汉:华中工学院出版社,1983.

[9] 华罗庚.高等数学引论(第一卷)[M].北京:科学出版社,1963.

[10] 菲赫金哥尔兹 Γ Р.微积分学教程[M].叶彦谦,译.北京:高等教育出版社,1956.

[11] 北京大学几代教研室.高等代数讲义[M].北京:人民教育出版社,1963.

[12] 吴光磊.解析几何(修订本)[M].北京:人民教育出版社,1962.

[13] 梁绍鸿.初等数学复习及研究(平面几何)[M].北京:人民教育出版社,1979.

[14] 胡湘陵.匈牙利奥林匹克数学竞赛题解[M].北京:科学普及出版社,1979.

[15] 徐利治,王兴华.数学分析的方法及例题选讲[M].修订本.北京:高等教育出版社,1983.

[16] ГАНТМАХЕР Ф Р.矩阵论(Теория Матрии)[M].柯召,译.北京:高等教育出版社,1955.

[17] 许以超.代数学引论[M].上海:上海科技出版社,1966.

[18] 倪国熙.常用的矩阵理论和方法[M].上海:上海科技出版社,1984.

[19] 程龙.关于匹多不等式,初等数学论丛(2)[M].上海:上海教育出版社,1981.

[20] 陈漾.推广的 Weigenbeck 不等式[J].中学数学,1981(2).

[21] 许炽雄.对 Weitzenboeck 不等式的改进[J].中学数学,1981(4).

[22] 杨克昌.Weitzenboeck 不等式的加权推广[J].中学数学,1982(5).

[23] 杨飞明.Weitzenboeck 不等式的又一推广[J].中学数学,1983(2).

[24] 王玉怀.费恩斯列尔-哈德维格尔不等式[J].数学通讯,1983(11).

[25] 杨德成.一个不等式的改进[J].中学生数学,1984(3).

[26] 穆荣存.一个不等式的推广[J].中学生数学,1982(2).

[27] 常建明.关于 Weitzenboeck 不等式的推广[J].中学数学,1984(5).

[28] 常庚哲.Pedoe 定理的复数证明[J].中学理科教学,1979(2).

[29] 张在明.Pedoe 不等式和另一个涉及两个三角形的不等[J].数学通报,1980(1).

[30] 高明儒.Pedoe 定理的完善及应用[J].数学通报,1980(5).

[31] 程翔.对《Pedoe 定理的完善及应用》的一点看法[J].数学通报,1980(7).

[32] 程龙.Pedoe 不等式的推广[J].数学通报,1980(11).

[33] 汤正宜,毛其吉.Pedoe 定理的一些初等证明[J].中学数学,1981(3).

[34] 毛其吉.联系两个单形的不等式[J].数学的实践与认识,1989(3).

[35]苏化明.Pedoe 不等式的一个推论[J].数学通讯,1982(4).

[36]苏化明.关于单形的两个不等式[J].科学通报,1987,32(1).

[37]王坚.Pedoe 不等式的推广[J].数学通讯,1985(2).

[38]彭家贵,常庚哲.再谈匹多不等式,初等数学论丛(6)[M].上海:上海教育出版社,1984.

[39]杨建明.勾股定理从二维到三维推广[J].中学数学,1982(3).

[40]潘建明.勾股定理在立体几何中的推广[J].中学生数学,1984(4).

[41]毛澍劳.勾股定理的一个推广[J].中学数学教师,1982(1).

[42]张景中.一条被漏掉了的基本定理,数理论化信息(2)[M].沈阳:辽宁教育出版社,1986.

[43]高泽清.一个不等式的推广[J].中学生数学,1983(2).

[44]陈纪铮.从一个不等式的证明谈起[J].数学通讯,1980(1).

[45]常庚哲,单墫.一个不等式的再讨论[J].数学通讯,1980(3).

[46]陈传孟.关于一个不等式的证明[J].数学通讯,1980(3).

[47]马骥良,镜平.也从一个不等式的证明谈起[J].数学通讯,1980(6).

[48]任林.再证一个重要不等式[J].数学通讯,1980(6).

[49]莫颂清.关于一道竞赛题的讨论[J].中学通讯,1980(5).

[50]常庆龙.钟开莱不等式的一个推广[J].中学数学,1980(4).

[51]陈清森,陈建忠.一个条件恒等式的推广[J].中学数学,1984(5).

[52]陈计.艾尔脱斯 – 莫迪尔不等式的推广[J].数学通讯,1984(1).

[53]简超.艾尔脱斯 – 莫迪尔不等式的推广的证明[J].数学通讯,1984(8).

[54]陈传孟.艾尔脱斯 – 莫迪尔不等式推广的证明[J].中学数学,1988(4).

[55]祈景星.一类几何问题的推广[J].数学通讯,1982(8).

[56]奚后知.一类问题的推广与延神[J].数学通讯,1982(8).

[57]单墫.数学归纳法一例[J].中学生数学,1985(1).

[58]何文桂.角平分线定理的一个推广及其简单应用[J].中学数学,1983(4).

[59]冯壮虎.三角形大边对大角定理的加权推广[J].中学数学,1984(6).

[60]周敏,杨洪.关于 Menelaus 定理的推广[J].中学数学,1984(3).

[61]张晗方.Menelaus 定理的高维推广[J].数学通报,1983(6).

[62]沈家书.正七边形一性质的证明及其推广[J].中学数学,1984(3).

[63]席振伟.加法定理的推广及其某些应用[J].数学通讯,1982(4).

[64]张勇.凸四边形中的余弦定理[J].中学数学,1984(3).

[65]杨克昌.余弦定理从二维推广到三维[J].中学数学,1984(1).

[66]吴振奎.一类三角问题的力学解法[J].中学数学教学,1984(1).

[67]孟宪亭.哥西中值定理的推广[J].数学通报,1979(3).

[68]田雨.关于《哥西中值定理的推广》[J].数学通报,1980(3).

[69]陈凭.台劳公式的证明及其推广[J].数学通报,1983(8).

[70]赵河.对一个例题的一点补正[J].数学通讯,1984(2).

[71]朱霞光.对一个例题题目的再讨论[J].数学通讯,1985(2).

[72]朱分祥.一道课本习题的加强及推广[J].中学数学,1984(4).

[73]刘根洪.一道竞赛题的推广[J].中学数学,1984(5).

[74] 蒋省吾.一道国际数学竞赛题的推广[J].数学教学,1982(2).

[75] 丁勇.关于和为定值的一个极值问题[J].中学数学,1983(6).

[76] 杨德成.一道国际数学竞赛题的推广[J].中学数学,1983(3).

[77] 郑家鲸,肖厌生.不等式$\sqrt{a}-\sqrt{b}<\sqrt{a-b}$的推广[J].数学通讯,1985(3).

[78] 陈贻新.一道数学竞赛题的推广[J].中学生数学,1983(6).

[79] 张盛国.关于一个命题的推广[J].中学生数学,1984(5).

[80] 滕发祥.一个极值定理的推广[J].数学通讯,1983(3).

[81] 周国光.拉格尔(E.Laguerre)定理的推广[J].数学通讯,1981(7).

[82] 张福俭.Sturm定理的推广[J].数学通讯,1983(1).

[83] 尹士武.梯形中位线定理的推广[J].中学数学,1984(5).

[84] 约翰逊 R A.近代欧氏几何学[M].单墫,译.上海:上海教育出版社,1999.

[85] 戴锡恩.一个三点共线问题的证明及推广[J].数学通讯,1982(9).

[86] 王家凤.一道平面几何问题的推广和简单应用[J].数学教学,1981(6).

[87] 王志寒.一道定值问题的探讨[J].中学生数学,1984(1).

[88] 许振东.一道几何问题的推广[J].中学生数学,1982(4).

[89] 戎健君.一道国际数学竞赛题的推广[J].中学数学,1980(2).

[90] 谢民育.Dirichlet引理的推广[J].数学通报,1984(4).

[91] 闫光杰."Dirichlet引理的推广"一文的改进[J].数学通报,1985(4).

[92] 李俊杰.Stolz定理的推广[J].数学通报,1981(3).

[93] 常庚哲.一类磨光变换及其应用[J].教学通讯:理科版,1984(8).

[94] 常庚哲.谈谈我国的一道数学竞赛题[J].数学通讯,1984(6).

[95] 苏化明.多边形等周问题的矩阵证明[J].数学的实践与认识,1984(1).

[96] 陈计.反向Fermat问题的推广[J].数学通讯,1984(5).

[97] 王凯宁.凸n边形内Fermat点问题的初等证明[J].数学通报,1982(6).

[98] 张晗方.一个初等不等式及其应用[J].数学的实践与认识,1986(1).

[99] 杨德平.习题的追溯、引申与联想[J].数学通报,1985(2).

[100] G.Pólya.猜想与验证[J].中学数学,1982(3).

[101] 蒋声.内角和定理,初等数学论丛(1)[M].上海:上海教育出版社,1980.

[102] 沈家书.一个不等式的推广及其应用[J].中学数学,1983(6).

[103] 潘洪亮.一个不等式的进一步推广[J].中学数学,1984(3).

[104] 雷孚焕.等差数列的一个有趣性质[J].数学通报,1981(1).

[105] 张建青.等差数列的一个有趣性质的推广[J].数学教学,1981(6).

[106] 曾晓新.等差数列的一个充要条件[J].数学通报,1983(9).

[107] 韩世忠.一些组合公式及其应用[J].中学数学,1983(5).

[108] 叶国祥.面积、体积与证题、推广、类比与联想[J].数学通讯,1985(2).

[109] 熊迎先.组合数与等差,等比数列的关系[J].数学通报,1981(12).

[110] 史济平.组合数与高阶等差数列[J].中学数学教学,1984(6).

[111] 晓理.一道数学竞赛题的讨论[J].中学数学,1984(4).

[112] 籍靠山.余数定理的推广及其应用[J].中学数学,1984(4).

[113]赵振威.琴生不等式及其应用[J].数学教学,1982(3).

[114]王建平.关于 Hölder 不等式[J].数学通报,1983(3).

[115]张晗方.一个初等不等式及其应用[J].数学实践与认识,1986(3).

[116]徐鸿迟.关于三角形的两个不等式的又一证明和它的推广——Chapple 定理的应用[J].数学通报,1984(9).

[117]常庚哲.关于三角形的两个不等式[J].数学通报,1980(2).

[118]宋学义.$\lim\limits_{x\to\infty}\left(1+\dfrac{1}{x}\right)^x$ 的一个推广[J].数学通报,1980(12).

[119]秦沁.一个重要三角不等式的推广及其应用[J].中学数学,1985(1).

[120]KAGE B H.分形漫步[M].徐新阳,译.沈阳:东北大学出版社,1984.

[121]张光远.近现代数学发展概论[M].重庆:重庆出版社,1991.

[122]胡作玄,邓明立.20 世纪数学思想[M].济南:山东教育出版社,1999.

[123]贺仲雄.模糊数学及其应用[M].天津:天津科技出版社,1985.

[124]张锦文.王雪生,连续统假设[M].沈阳:辽宁教育出版社,1989.

[125]吴振奎.混沌平话[J].数学通讯,1999(2)-(4).

[126]吴振奎.费尔马猜想获证[J].中等数学,1997(4).

[127]吴振奎.Ealer 数组、Randle 数、Shmith 数、……[J].中等数学,1998(4).

[128]徐百顺.对 Cummingham 链的补充[J].中等数学,2000(5).

[129]塞尔 J P.数论教程[M].冯克勤,译.上海:上海科学技术出版社,1980.

[130]陈计,王振.Neuberg-Pedoe 不等式与 Oppenheim 不等式[M]//初等数学研究论文选.上海:上海教育出版社,1992.

[131]陈云烽.Pedoe 不等式的一种代数证法及加强[M]//初等数学论丛(9).上海:上海教育出版社,1986.

[132]苏化明.Pedoe 不等式的再讨论[M]//初等数学论丛(9).上海:上海教育出版社,1986.

[133]杨克昌.Pedoe 不等式的加权推广[M]//初等数学论丛(8).上海:上海教育出版社,1985.

[134]吴振奎.中学数学证明方法[M].修订本.沈阳:辽宁教育出版社,1985.

[135]吴振奎.中学数学计算技巧[M].沈阳:辽宁教育出版社,1983.

[136]吴振奎.数学解题的特殊方法[M].沈阳:辽宁教育出版社,1985.

[137]BOTTEMA O.几何不等式[M].单墫,译.北京:北京大学出版社,1991.

[138]张善立.一个几何不等式[J].中等数学,1997(5).

[139]安振平.一个几何不等式的加强[J].中等数学,1998(5).

[140]宋庆,俞兆奇.一个几何不等式链[J].中等数学,1999(5).

[141]李世杰.关联五千三角形面积的一个不等式[J].中等数学,1999(5).

[142]王红权.一个与旁切圆半径有关的不等式[J].中等数学,1997(4).

[143]吴勤文.几个等价的不等式[J].中等数学,1998(6).

[144]周才凯.一个不等式的加强[J].中等数学,1997(5).

[145]安振平.涉及几个三角形的一个不等式[J].中等数学,1999(6).

[146]周才凯.一个几何不等式的加强[J].中等数学,1998(3).

[147]张善立.证一个几何不等式[J].中等数学,1999(3).
[148]吴振奎.数学解题中的物理方法[M].郑州:河南科技出版社,1997.
[149]杨华.一道IMO试题的多种等价形式[J].中等数学,2000(5).
[150]张贇.一道IMO预选题的引申[J].中等数学,1998(3).
[151]陈省身.高斯博内定理及麦克斯韦方程[J].科学,2000(3).
[152]MITRINOVIC.解析不等式[M].张小萍,王龙,译.北京:科学出版社,1987.
[153]张志军.数学分析中的一些新思想新方法[M].兰州:兰州大学出版社,1998.
[154]吴振奎.高等数学解题方法和技巧[M].沈阳:辽宁教育出版社,1998.
[155]吴振奎.运筹学概论[M].北京:中国经济出版社,1997.
[156]李文林.数学史教程[M].北京:高等教育出版社,2000.
[157]问题征解[J].数学通讯,1991(4).
[158]问题征解[J].数学通讯,1995(8).
[159]问题征解[J].数学通讯,1996(7).
[160]问题征解[J].数学通报,1954(3).
[161]吴振奎.从海伦公式谈起[J].中等数学,2003(2).
[162]科克肖特A,沃尔特斯F B.圆锥曲线的几何性质[M].蒋声,译,上海:上海教育出版社,2002.
[163]洪斯贝格尔R.数学瑰宝[M].江嘉禾,译.重庆:四川教育出版社,1984.
[164]吴振奎,吴旻.数学中的美.[M].2版.上海:上海教育出版社,2002.
[165]梁宗巨.数学历史典故[M].沈阳:辽宁教育出版社,1992.
[166]沈康身.历史数学名欣赏[M].上海:上海教育出版社,2002.
[167]单墫.数学名题词典[M].南京:江苏教育出版社,2002.
[168]海里H.100个著名初等数学问题——历史和解[M].上海:上海科学技术出版社,1982.
[169]数学百科全书编译委员会.数学百科全书(第五卷)[M].北京:科学出版社,2000.
[170]麦克莱恩S.数学模型[J].边善裕,译.自然,1986(1).

数学中的反例

> 冒着过于简单化的风险,我们可以说(撇开定义、陈述以及艰苦工作不谈)数学由两大类——**证明**和**反例**组成,而数学的发现也是朝着这两个主要目标——提出证明或构造反例.
>
> ——盖尔鲍姆(Gelbaum)

我们知道:要论证一个命题需考虑所有情形和全部可能,而要推翻一个命题,仅需要举一个反例,举反例是否定命题结论的强有力的手段.

当某些命题经众人绞尽脑汁去推演却仍悬而未决时(即使这些不彻底的推理本身并无差错),则应允许人们对此命题的真伪产生怀疑,换言之,这就需要设法去寻找符合题设条件而与命题结论相悖的反例.

反例的构造,首先要求人们对命题的条件、结论熟知,对其中本质性的芥蒂了解.反例常常是考虑某些"极端"的情形,然而有些则需认真探求命题本身的性质或进行大量计算.当然,有些反例比较容易构造,比如,前面我们已经提到的德国数学家莱布尼茨证明了:对任意自然数 n

$$3 \mid (n^3 - n), \quad 5 \mid (n^5 - n), \quad 7 \mid (n^7 - n)$$

之后,便宣称:对任何正奇数 k,均有 $k \mid (n^k - n)$.

但事隔不久他便发现:$2^9 - 2 = 510$,而 9 ∤ 510 的反例,因此否定了自己的猜想.

国人朱声贵曾猜测 $z_p = \frac{1}{3}(2^p + 1)$,当 p 为质数时 z_p 亦为质数,请看:

p	3	5	7	11	13	17	19
z_p	3	11	43	683	2731	43691	174763

然而接下来 $p = 23, z_{23} = 2796203$ 亦为质数,但当 $p = 29$ 时,$z_{29} = 17895671 = 59 \times 3033169$ 已不再是质数.

又如,有人观察 $31, 331, 3331, \cdots, 33333331$ 都是质数,猜测形如 $333\cdots 31$ 的整数皆为质数,然而
$$333333331 = 17 \times 19607843$$
已不再是质数.

20 世纪 30 年代,有数字情种之誉的爱尔特希曾猜测:

方程 $x^x y^y = z^z$ 除 $x = y = 1$ 外无其他整数解.

10 年后曾供职于我国四川大学的柯召教授给出该方程的一个(组)解
$$x = 2^{12} \cdot 3^6, y = 2^8 \cdot 3^8, z = 2^{11} \cdot 3^7$$
且由此给出该方程的一类解的表达式,由此可得方程的无穷多组解,前面的一组为其中最小者.

当然,大多数的反例的构造却远非那么轻松,有的甚至经历了十分漫长的岁月.

早在 17 世纪初,法国数学家费马就发现了称为"费马小定理"的命题:

若 p 为质数,且 $(a, p) = 1$,则 $p \mid (a^{p-1} - 1)$.

人们在问:它的逆命题真否?大约两个世纪后,即 1819 年法国舍拉斯(Scheras)发现,上述命题的逆命题不真.他给出如下反例:

当 $a = 2, p = 341$ 时,由 $(2^{10} - 1) \mid (2^{340} - 1)$,

而 $2^{10} - 1 = 340 \times 3$,因而 $341 \mid (2^{340} - 1)$.

类似的,前苏联数学家格拉夫(D.A.Grave)又猜测:

若 p 为质数,则 $p^2 \nmid (2^{p-1} - 1)$.

几十年后才有人指出:$1093^2 \mid (2^{1092} - 1)$,注意到 1093 是质数,从而推翻了该猜想.

1985 年,有人依据下面的诸结论
$$(a + b)^3 = a^3 + b^3 + 3ab(a + b)(a^2 + ab + b^2)^0$$
$$(a + b)^5 = a^5 + b^5 + 5ab(a + b)(a^2 + ab + b^2)^1$$
$$(a + b)^7 = a^7 + b^7 + 7ab(a + b)(a^2 + ab + b^2)^2$$
便猜测:对所有的自然数 n 皆有
$$(a + b)^{2n+1} = a^{2n+1} + b^{2n+1} + (2n + 1)ab(a + b)(a^2 + ab + b^2)^{n-1}$$
$$(*)$$

不久,加拿大卡尔加里大学的盖伊(R.K.Guy)指出:若令 $a = b = 1$,则
式(*)式左 $= 2^{2n+1}$,式(*)式右 $= 2 + (2n + 1) \cdot 2 \cdot 3^{n-1}$

若(*)成立,则有 $2^{2n} - 1 = (2n + 1)3^{n-1}$,但 $n = 4$ 时,
$$2^{2n} - 1 = 2^8 - 1 = 255$$
而
$$(2n + 1) \cdot 3^{n-1} = 9 \cdot 3^3 = 3^5 = 243$$
显然它们不等.从而式(*)不真(这里所用的方法是特值法,用得简洁而巧妙).

我们已经且即将还会看到:有些反例的制造或发现,是极为艰难的事情,有些甚至经历几代人的奋斗.比如:

1803年,意大利数学家马尔法蒂(G.Malfatti)在费拉拉大学数学系工作期间提出并认为解决了三角形内相切三圆问题.问题是这样的,从直三棱柱形大理石中如何裁出三个体积和最大的圆柱?

这个问题其实与下面问题等价,或可化为下面问题:

从给定的三角形内裁出三个圆,使其面积和最大.

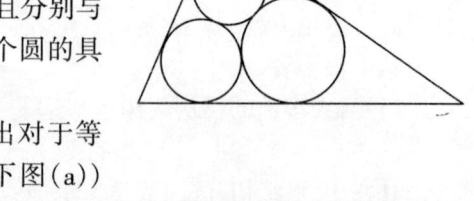

马尔法蒂认为:只须使三圆彼此,且分别与三角形三边相切即可.他还给出了三个圆的具体作法.

大约 100 多年后,1930 年有人指出对于等边三角形而言,从中裁出三个等圆(下图(a))与裁出一大两小圆(下图(b)) 相较,后者三圆面积和较前者大(大出约为三角形面积的 0.1).

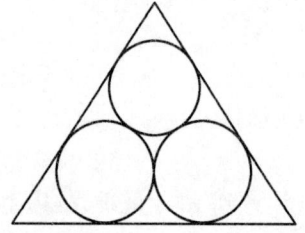 

(a) 切出三个等圆,且每个圆皆切于三角形不同的两边

(b) 一圆切三角形三条边,两小圆至少与三角形一条不同边相切

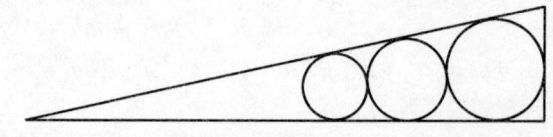

(c) 一圆切三角形三边,另两圆均切于三角形相同的两条边

这样一来,马尔法蒂的答案值得商榷(三圆仅相切还不够).

1965 年伊夫斯(H. Eves)又指出,若三角形形状狭窄,则下面的截法最佳:显然,所截三圆面积和其实与所给三角形形状以及圆与三角形三边相切的位置密切相关.

1967 年,哥尔特伯格(M.Goldberg)给出该问题的最终结论,而马尔法蒂给出的解并非"最佳".

其实,严格地讲,题目中问题并没交代清,三圆与三角形三边相切情况不确定,解会不一.在前面解中,图(a)的三圆中的每个均只与三角形两边相切,而图(b)中大圆却与三角形三边都相切;图(c)中两小圆分别与三角形相同的两条边相切.严格地讲这是不同的三个问题.由于原题解法中没有强调这一点,因而所得的解就存在了"漏洞".

又如,三千多年前,商高发现"勾三股四弦五"的勾股数组,即
$$3^2 + 4^2 = 5^2$$
两个多世纪前,数学大师欧拉发现等式
$$3^3 + 4^3 + 5^3 = 6^3$$
(注意此式也是相继正整数 3,4,5,6 的方幂等式)

同时欧拉猜测:没有正整数 a,b,c,d,e 满足
$$a^4 + b^4 + c^4 = d^4$$
$$a^5 + b^5 + c^5 + d^5 = e^5$$

1911 年诺利(Noeli)给出(20 世纪 50 年代末,美国芝加哥大学的迪克森(L. E. Dickson)也再次给出)
$$30^4 + 120^4 + 274^4 + 315^4 = 353^4$$
可是这一例子并没有能使欧拉的猜想坍塌(注意这里式子的幂次是 4),但对欧拉猜想来说或许这是一个"不祥"的信号.

果然,1960 年美国数学家塞夫里德(Selfridge)和吴子乾等相继发现
$$27^5 + 84^5 + 110^5 + 133^5 = 144^5$$
这使得欧拉的猜想被否定(前后经历 200 余载),稍后我们还将稍详细地述及该问题.

(顺便讲一句,他们通过计算还发现类似的 6 次方幂、7 次方幂等式
$$76^6 + 234^6 + 402^6 + 474^6 + 702^6 + 894^6 + 1077^6 = 1141^6$$
$$12^7 + 35^7 + 53^7 + 58^7 + 64^7 + 83^7 + 85^7 + 90^7 = 102^7$$
此外,吴子乾先生于 1972 年又陆续发现 8 次方幂、9 次方幂的类似等式.)

一、数学史上一些有名的反例

数学史上有许多有名的反例.比如,欧拉对于费马质数猜测的否定,玻色

(R.C.Bose)和他的学生史里克汉德(S.S.Shrikhande)对于欧拉关于不存在 $4k+2$ 阶正交拉丁方结论的否定,处处连续而无处可微函数的构造等.

下面我们分别谈谈(上篇中我们也已涉及)这些较著名的反例中的某些.

先来看"数论"中的一些例子.

1. 费马质数问题

这个问题我们在本书"上篇"已有提及,这里稍重述一下.

法国业余数学家费马一生发现了许多著名的结论(命题)(尽管这些都是写在他曾读过的书的空白处的,尽管他大都没有给出具体的证明).比如前文讲到的:

费马小定理 若 p 是质数,且 $p \nmid a$(a 为整数),则
$$a^{p-1} \equiv 1(\bmod p)$$

费马大定理(费马猜想) 对不小于 3 的自然数 n,方程
$$x^n + y^n = z^n$$
无(非平凡)正整数解,即无 $xyz \neq 0$ 的整数解.

除此之外,费马还研究了数的表达式问题,他验证了 $n = 0,1,2,3,4$ 时,$F_n = 2^{2^n} + 1$ 都是质数
$$F_0 = 3, F_1 = 5, F_2 = 17, F_3 = 257, F_4 = 65537$$
便声称:对任何自然数 n,式 F_n 都给出质数.

但是,1732 年欧拉给出一个反例
$$F_5 = 2^{2^5} + 1 = 641 \times 6700417(\text{不是质数})$$
这只须注意到,若记 $a = 2^7, b = 5$,则 $a - b^3 = 3$,且
$$1 + ab - b^4 = 1 + (a - b^3)b = 1 + 3b = 2^4$$
故
$$F_5 = 2^{2^5} + 1 = (2a)^4 + 1 = 2^4 a^4 + 1 =$$
$$(1 + ab - b^4)a^4 + 1 = (1 + ab)a^4 + 1 - a^4 b^4 =$$
$$(1 + ab)[a^4 + (1 - ab)(1 + a^2 b^2)]$$
即 $(1 + ab) \mid F_5$,而 $1 + ab = 641$.

当然,这亦可利用下面结论证明上面的事实:

若 $p \mid F_m$,则 $p \equiv 1(\bmod 2^{m+2})$.由 $641 \equiv 1(\bmod 2^7)$,知 $641 \mid F_5$,亦知它不是费马数.

大约 150 年后,1880 年,数学家兰道指出
$$F_6 = 274177 \times 67280421310721$$
亦是合数.

1887 年,莫瑞汉德(J.C.Morehead)和韦斯坦(Western)给出一种方法,且于

1905年开始证明F_7是合数,可是它的因子直到1971年才为人们用连分数法,且借助于电子计算机找到

$$F_7 = 59649589127497217 \times p_{22}$$

这里p_{22}是一个22位的质数.

四年后,他们利用同样的方法证明F_8是合数.

1980年,布瑞特(R.P.Brent)和普拉德(Pollard)利用蒙特卡罗(Monte Carlo)方法求得

$$F_8 = 1238926361552897 \times p_{62}$$

这里p_{62}是一个62位质数.

1987年,杨(J.Young)和布尔(D.A.Buell)证明F_{20}是合数(其因子不详).

1990年,美国加州伯克莱分校的林斯特拉(H.W.Lenstra)等人利用数域筛法分解了F_9(它有155位).

同年,澳大利亚国立大学的布瑞特用ECM算法(椭圆曲线法)分解了F_{10}(它有一个40位的因子)和F_{11}.

1992年,里德学院的柯兰克拉里(R.E.Cranclall)和德尼亚斯(Doenias)证明F_{22}是合数(其因子不详).

目前人们已经证明$5 \leqslant n \leqslant 19$时,$F_n$均为合数,但$F_{14}$的因子却一个也未能找到.

人们迄今所发现的费马数中的最大合数是F_{23471},它是1987年由德国汉堡大学的柯莱尔(W.Keller)使用筛法发现的,有3×10^{7067}位(它的一个因子约7000位).

有趣的是:到目前为止,人们除了F_0,F_1,F_2,F_3,F_4外,再也没有发现新的这类质数(下称费马质数).

关于费马数的研究进展情况(截至目前)见下表.

n 值	F_n的研究进展
0 ~ 4	质 数
5 ~ 11	找到标准分解式
12,13,15 ~ 19,21,23,25 ~ 27,30,32,38,39,42,52,55,58,63,73,77,81,117,125,144,150,207,226,228,250,267,268,284,316,329,334,398,416,452,544,556,637,692,744,931,1551,1945,2023,2089,2456,3310,4724,6537,6835,9428,9448,23471	知道F_n的部分因子
14,20,22	知其为合数,因子不详
24,…	不知是质数还是合数

费马数中是否还有其他质数,进而是否有无穷多个质数?或者是否有无穷多个合数?这是个至今仍然悬而未决的问题,尽管不少数论专家认为(哈代和瑞特(Wright)认为费马数中只有有限个质数),F_4 之后的费马数全为合数(塞夫里德猜测).

关于 F_n 为质数的判别问题,佩平(Pepin)给出一个方法:

F_n 为质数 $\iff n^{\frac{F_n-1}{2}} \equiv -1 (\bmod F_n)$.

我们曾说过,令人觉得奇妙的是:费马质数还与正多边形尺规作图问题有关联.这一发现归功于"数学王子"高斯.

当高斯还只有 19 岁时(当时他是一名文科大学生)便发现了下面的著名命题:

正 n 边形可用尺规(直尺和圆规)作图 $\iff n \geq 3$ 且 n 的最大奇因子是不同费马质数之积.

上述命题是说:边数为费马质数或它们的 2^k 倍数的正多边形才可用尺规作出,反之亦然.

顺便一说:(前文已述)高斯的此项发现,使他终于放弃原本学文的打算,而"跳进了数学的深河",虽然他当时不曾听到"风笛手"希尔伯特那甜蜜诱人的笛声,但他对数学仍是义无反顾地执著追求,且在数学史上留下辉煌的业绩.

更为有趣的是:1832 年德国人路利(J.Lowry)用尺规完成了正 257(F_4)边形的作图,步骤写满了 80 页纸;而后海默斯(Hermes)花费十年光阴用尺规完成 65537(F_4)边形的作图,这是迄今为止人们用尺规作出的边数最多的正多边形.据说作法装满了几只皮箱,至今仍保存在德国哥廷根大学的图书馆里.这也许真的是为人们留下的一些"财富",至少是资料,至少是毅力的见证.

下表给出前 20 个费马数分解情况的详细资料,表中 p_k 表示 k 位质数,c_k 表示 k 位合数.

前 20 个费马数的分解情况

n	$F_n = 2^{2^n} + 1$ 的分解
0 ~ 4	3, 5, 17, 257, 65537(质数)
5	641 · 6700417
6	274177 · 67280421310721
7	59649589127497217 · p_{22}
8	1238926361552897 · p_{62}
9	2424833 · 7455602825647884208337395736200454918783366342657 · p_{99}

续 表

n	$F_n = 2^{2^n} + 1$ 的分解
10	45592577 · 6487031809 · 4659775785220018543264560743076778192897 · p_{252}
11	319489 · 974849 · 167988556341760475137 · 3560841904458339 20513 · p_{564}
12	114689 · 26017793 · 63766529 · 190274191361 · 1256132134125569 · c_{1187}
13	2710954639361 · 2663848877152141313 · 3603109844542291969 · 319546020820551643220672513 · c_{2391}
14	c_{4933}
15	1214251009 · 2327042503868417 · c_{9840}
16	825753601 · c_{19720}
17	31065037602817 · c_{39444}
18	13631489 · c_{78906}
19	70525124609 · 646730219521 · c_{157804}

注1 有人猜测费马在验证了 $n = 0, 1, 2, 3, 4$ 都是质数后, 大概是由于下述原因才得出 "n 是任何自然数时, F_n 都是质数"的结论的:

当 $n \geqslant 5$ 时, $n + 1 < 2^n$, 故 $2^{n+1} \mid 2^n$, 从而存在整数 k 使

$$2^{2^n} = 2^{n+1} \cdot k$$

从而 $2^{F_n} - 2 = (2^{2^{2^n}+1}) - 2 = 2(2^{2^{2^n}} - 1) = 2(2^{2^{n+1} \cdot k} - 1) = 2(2^{2^{n+1} \cdot k} - 1^k) =$

$2[(2^{2^{n+1}} - 1)(\cdots)] = 2\{[(2^{2^n} - 1^2)](\cdots)\} =$

$2\{[(2^{2^n} + 1)(2^{2^n} - 1)](\cdots)\} = 2[F_n \cdot (2^{2^n} + 1)(\cdots)]$

而当时人们又认为: 若 $n > 1$, 且 $n \mid (2^n - 2)$, 则 n 是质数(其实这个命题**不正确**, 反例可见后面普兰特(Poulet)数一节).

注2 法国数学家鲁卡斯(E. Lucas)在1877年发现:

F_n 的每个因子均为 $2^{n+2} \cdot k + 1(k = 0, 1, 2, \cdots)$ 型.

1887年佩平给出检验 F_n 是否为质数的一个方法:

F_n 是质数 $\iff F_n \mid (3^{2^{n-1}} + 1)$.

1905年, 莫瑞汉德正是使用上述方法证明了 F_7 是合数, 但当时并不知道它的因子是什么. 直到1971年布里罕德(J. Brillhart)和莫瑞森(M. Morrison)用计算机IBM360-91花1.5小时找到了它的两个质因子(一个17位、一个22位)

$F_7 = 2^{2^7} + 1 = 2^{128} + 1 = 340282366920938463463374607431768211457 =$
59649589127497217 × 5704689200685129054721

1909年, 莫瑞汉德和温斯特恩(Western)合作证得 F_8 (它有78位)也是合数. 直到1981年, 两位数学家在Univac1100/42计算机上花两小时找到 F_8 的一个16位的因子, 另一个

是62位(但不知是否为质数).

1957年鲁宾逊(R. M. Robinson)发现 $5 \cdot 2^{1947} + 1$(它有586位)是 F_{1945} 的一个因子. 人们将形如 $k \cdot 2^n + 1$ 的质数称为鲁宾逊数. 借助于此, 1977年, 威廉姆(Wilianm)证明 F_{3310} 是合数, 且有因子 $5 \cdot 2^{3313} + 1$.

又1980年哥廷汀(Goltinting)证明 F_{17} 是合数.

1977年威廉姆找到三个大的 Robinson 数

$$5 \cdot 2^{3313} + 1, \quad 5 \cdot 2^{4687} + 1, \quad 5 \cdot 2^{5947} + 1$$

2. 梅森质数问题

这个问题我们在前面章节也曾有阐述,这里再重复几句.

1903年,在纽约的一次科学报告会上,数学家科尔做了一次无声的报告. 他在黑板上先算出 $2^{67} - 1$,接着又算出

$$1937707721 \times 761838257287$$

两个结果相同均为

$$147573952589676412927$$

然后,他一声不响地回到了座位上,沉寂片刻后,会场上响起了雷鸣般的掌声(他的这个短短几分钟的无声报告,却花去他三年中的全部星期天).

原来,他解决了一个两百多年来人们没能弄清的问题[1]: $2^{67} - 1$ 是否是质数?

前文也已讲过,1644年,法国一位神父兼数学爱好者梅森经过一些计算和研究后宣称:

$M_p = 2^p - 1$ 当 $p = 2, 3, 5, 7, 13, 17, 19, 31, 67, 127, 257, \cdots$ 时,它们都是质数.

这一结果曾轰动整个数学界(连欧拉也曾对此进行过研究). 这些数其实梅森仅验证了前面的七个,后面的四个因计算量太大,当时尚未能核验. 但两百年来,人们却一直对此坚信不疑. 科尔的结果表明: $M_{67} = 2^{67} - 1$ 不是质数.

而后,波兰数学大师斯坦因豪斯在《数学一瞥》中有一句挑战性的话语(前文我们说过):

78位数 $2^{257} - 1 = 231584178474632390847141970017375815706539969331281128078915168015826259279871$

是合数,可以证明它有因子,尽管它的因子是几还不知道.

它是数学家莱默在1922～1923年花了近700个小时利用了抽屉原理(狄利克雷原理)进行论证的. 这是对梅森结论的又一次否定.

---

[1] 据称,此前鲁卡斯已证得 M_{67} 为质数,但一直没能找到它的因子. 此外,鲁卡斯还证明 M_{127} 亦为质数.

1952年,人们利用计算机SWAC(花了48秒时间)找到了它的因子.

顺便讲一句,在 $p \leqslant 257$ 的形如 $2^p - 1$ 的质数中,梅森算错了两个($p = 67$ 和257),也漏掉了三个($p = 61, 89$ 和 107).

梅林质数之所以为世人关注(连互联网上也有此项讨论),除了判断困难外,还因为该类数与所谓"完全数"有关联.请看注文.

注1 由欧儿里得发现,且由欧拉证明的结论.

若 $2^p - 1$ 是质数,则 $2^{p-1}(2^p - 1)$ 是完全数,反之亦然.

所谓完全数是指等于它的全部小于它的约数(因子)之和的数.因而梅森质数均可构成偶完全数.

关于奇完全数的存在问题,前文曾有介绍.1972年波兰斯(Pomerance)曾证明它至少应有七个不同的质因子;1975年证得它至少有8个不同的质因子;1983年又证得:若奇完全数存在且因子个数不为3,则它至少有11个不同的质因子.

1973年汉斯(Hagis)和丹尼尔(M.Daniel)证明:若奇完全数存在,则至少要大于 10^{50},且质因子不小于质数11213;1975年证得:奇完全数的最大质因子不小于 10^5,1982年已将最大因子下界推至 5×10^5,且第2大因子大于 10^3.

奇完全数若存在,人们将它的位数不断在推高(如此一来增大了否定它存在的概率),这可见下表数据:

年 份	1957	1973	1980	1988	1989	1990
若奇完全数存在则它至少	$> 10^{20}$	$> 10^{50}$	$> 10^{100}$	$> 10^{160}$	$> 10^{200}$	$> 10^{300}$

此外,20世纪90年代后,人们又指出,奇完全数若存在,它应包含一个大于 10^{20} 的素数幂因子,且因子个数不少于29个.

1994年,英国数学家布兰(S.Blan)证得:若奇完全数 N 有 k 个质因子,则 $N < 4^{4k}$.此即说:有 k 个质因子的奇完全数个数有限.

该问题是数论中至今尚未获解的一个难题.

注2 到目前为止,人们仅发现46个梅森质数(是否有无穷多个梅森质数?这一问题至今未获解决),它们是当 p 为

2, 3, 5, 7, 13, 17, 19, 31, 61, 89, 107, 127, 521, 607, 1279, 2203, 2281, 3217, 4253, 4423, 9689, 9941, 11213, 19937, 21701, 23209, 44497, 86243, 110503, 132049, 216091, 756839, 859433, 1257787, 1398269, 2976211, 3021377, 6972593, 13466917, 20996911, 24036583, 25964951, 30402457, 32582657, 37156667 和 43112609.

这里,鲁宾逊在1952年用计算机SWAC接连找到五个梅森质数,它们是 $p = 521, 607, 1279, 2203, 2281$;1963年盖利斯(D.B.Gillies)用伊里诺大学的计算机ILLIA找到 $p = 11213$ 时的梅森质数.

而 $2^{21701} - 1$ 是美国加州的中学生在1978年底找到的.

1979年4月,史洛温斯基(D.Slowinski)用计算机找到 $2^{44497} - 1$(它有13395位);1983年

1月,他在克莱试验室的 CRAY – 1 计算机上又找到 $2^{86243} - 1$(它有 25926 位);1983 年底,人们又找到 $2^{132049} - 1$(它有 39751 位);1985 年初,美国休斯敦的切夫隆地球科学公司的一台 4 亿次／秒大型电子计算机(克雷 Z – MP)试运算时,意外地发现 $2^{216091} - 1$(它有 65050 位)是质数(花三小时机上时间,进行 1.5 万亿次运算).第 32 个梅森质数于 1992 年初被找到.第 35 ~ 37 个梅森质数是 1996 ~ 1998 年在因特网(Internet)上找到的,第 42 于 2005 年 11 月被德国人马丁·诺瓦克发现,第 46 个是由美国加州大学的史密斯(E. Smith)发现的.

注 3 几十年前有人曾猜测:若 M_p 是梅森质数,则 M_{M_p} 也是梅森质数.

但是,后来有人指出第五个梅森质数 $2^{13} - 1 = 1891$,但 $M_{8191} = 2^{8191} - 1$ 却是一个合数,尽管它的因子不曾找到.

1957 年,人们虽知道 M_{17} 与 M_{19} 均为质数,但 $M_{M_{17}}$ 和 $M_{M_{19}}$ 却都是合数,且它们分别有因子:$1768(2^{17} - 1) + 1$ 和 $120(2^{19} - 1) + 1$.

注 4 梅森 17 世纪汇编的著名数表中最后一个(已证得不是质数)尚未分解的大数 $2^{251} - 1$,于 1984 年被美国的希姆松(L. G. Simmons)等人在桑迪亚实验室用 Cray – 1 计算机解决(用了 3 小时 12 分计算机时间),这是 $2^{251} - 1$ 除 27271151 之外的余因子 13268610439897205317760857550609056152935393598903352580289146945969

这余因子也有三个因子,它们分别是

$$178230287214063289511$$
$$616768821986952575 01367$$
$$1207039617824989303969681$$

注 5 若记 $\pi(x, 2^p - 1)$ 为不大于 x 的素数中满足 $2^p - 1$ 型即梅森素数个数,则有如下猜测

$$\pi(x, 2^p - 1) \sim 2.5695 \cdots \cdot \ln \ln x \quad (x \to \infty)$$

这里 $2.5695 \cdots = \dfrac{e^\gamma}{\ln 2}$,其中

$$\gamma = \lim_{x \to \infty} \left(1 + \frac{1}{2} + \frac{1}{3} + \cdots + \frac{1}{n} - \ln n \right) = 0.57721566 \cdots$$

3. 普兰特(Poulet)数

我们曾讲过,费马 1640 年曾发现下面的定理(费马小定理):

若 p 是质数,a 是整数,且 $(a, p) = 1$,则 $p \mid (a^p - a)$.

其逆命题,据说早在 2500 多年前,我国学者就曾对许多数值讨论过,且给出肯定的结论①,即

若 $p \mid (a^p - a)$,且 a 是整数,又 $p \nmid a$,则 p 是质数.

当 $1 < p < 300$ 时,人们验证了它的正确,如前文所述,当 $p = 341$ 时,结论却不真

---

① 此观点源于迪克森的《数论史》.中国古代科学史专家李约瑟(Needham, Joseph)认为:这个观点是西方对中国古代算书《九章算术》的错误理解所致.《九章算术》成书于公元前 1 世纪,而一些西方人则误认为是孔子时代.此外《九章算术》中并无此结论,详见《自然数学中的名珠》(俞晓群,天津科技出版社,1989).

$$2^{341} - 2 = 2(2^{340} - 1) = 2[(2^{10})^{34} - 1^{34}] = 2[(2^{10} - 1)(\cdots)] =$$
$$2[1023 \cdot (\cdots)] = 2[3 \cdot 341 \cdot (\cdots)]$$

即 $341 \mid (2^{341} - 2)$,且 $341 \nmid 2$,但 $341 = 11 \cdot 31$ 不是质数.

人们把这类合数叫伪(假)质数,又叫普兰特数.

(1876 年,英国数学家鲁卡斯发现另一个伪质数:2791;1899 年,杰恩又给出四个伪质数:1387,4369,4681,10261.)

容易证明:若 p 是大于 1 的奇伪质数,则 $2^p - 1$ 是更大的奇伪质数.

这个结论告诉我们:伪质数的个数有无穷多个.

1950 年,美国的莱默还发现了偶的这类伪质数 161038.

注意 $161038 = 2 \cdot 73 \cdot 1103$,又 $2^{161068} - 2 = 2(2^{161037} - 1)$,故我们只须证明:73 和 1103 能整除 $2^{161037} - 1$ 即可.注意到

$$2^{161037} - 1 = 2^{3 \cdot 3 \cdot 29 \cdot 617} - 1 = (2^9)^{29 \cdot 617} - 1 = (2^9 - 1)(\cdots) =$$
$$(511) \cdot (\cdots) = (7 \cdot 73)(\cdots)$$

又 $2^{161037} - 1 = (2^{29})^{9 \cdot 617} - 1 = (2^{29} - 1)(\cdots) = (1103 \cdot 486737)(\cdots)$

综上,$2^{161037} - 1$ 可被 73 和 1103 整除,且它们(73 和 1103)互质,故亦可被它们的乘积整除.

1951 年,安斯特达姆(Ansterdam) 的毕格(N.G.W.H.Beeger) 证明了偶伪质数也有无穷多个.

话再讲回来,虽然费马小定理的逆定理不成立,但它却成了检验或寻找大质数(要知道它是非常非常的困难)的重要方法依据[①].因为假质数比起自然数来毕竟少得多,这就是说人们只需从符合费马小定理的逆命题所得到的数中,挑出(筛去)"伪质数",那么剩下的便是质数了.

1926 年,普兰特发表了五亿以下的奇伪质数表,1938 年他又把这个表扩展到十亿(但它仅为 10 位数以内).

顺便讲一句:人们还研究了所谓绝对伪质数,即对任何正整数 a,式 $a^p - a$ 均为 p 的倍数,则称 p 为绝对伪质数.

1910 年,美国数学家卡迈克尔(R.Carmichael) 发现第一个绝对伪质数 561,后来人们称这类数为卡迈克尔数.

又如 1105,1729,2465,2821,10585,15841,… 亦均为此类数.

1956 年,爱尔特希给出了构造大卡迈克尔数的方法,且认为(没有证明) 这类绝对伪质数有无穷多个.

直到 1992 年,美国佐治亚大学的波梅兰斯(Carl Pomerance) 等人才给出爱尔特希猜想的一个严格证明.

[①] 按常规算法检验一个百位数是否是质数,大约需 100 多年(利用大型高速计算机),按照此算法仅需十几分钟.尽管现在计算机速度已达数千亿次／秒,甚至万亿次／秒.

注 由于快速寻找大质数方法的发现,给利用质数性质(将两质数相乘不难,但反过来分解该乘积非常困难)编制密码的工作带来困难,原来以为"千年难以破译"的可钥密码(公开加密变换而不给出解密变换的密码),由于上述方法及其在超大型电子计算机上的实现,使得某些过去认为安全的密码(利用大质数构造的密码系统,又称 RSA 系统)破译成为可能.因而不得不采取新的"加密"手段(如利用位数更大的质数作密钥等).

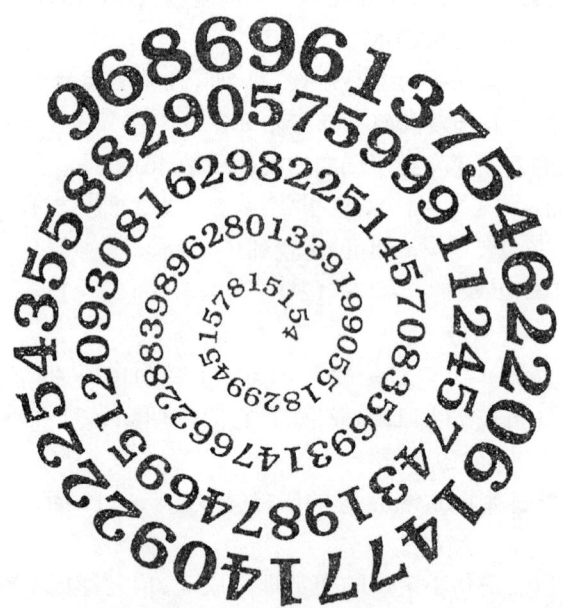

1994 年 4 月,由一些破译密码志愿者组成的一个小组用 8 个月解决了一个 17 年悬而未决的挑战问题——破译了一个 128 位数字的密码.密文是:
The magic words are Squeamish ossifrage(不可思议的语言是神经质的秃鹰).

4. 欧拉的一个猜测

1753 年,欧拉证明了当 $n = 3, 4$ 时,费马定理(猜想)成立.这在当时(即使是今天)仍是件了不起的工作.

解决了 $x^3 + y^3 = z^3$ 无非平凡整数解(即无 $xyz \neq 0$ 的整数解)之后,欧拉预感到接下去解决费马大定理的艰难,但他同时又从另外的角度提出一个猜想:

方程(n 元 n 次)
$$x_1^n + x_2^n + \cdots + x_{n-1}^n = x_n^n$$

当 $n \geq 3$ 时无非平凡整数解.

(请注意:当 $n = 3$ 时,上述猜想即费马大定理的特例情形.)

遗憾的是:欧拉本人没能给出上述猜想的论证,人们更不清楚猜想的正确与否,这情形持续了两个世纪之久.

1911年,诺利(Noeli,文献又记迪克森,见前文)给出一个等式
$$30^4 + 120^4 + 272^4 + 315^4 = 353^4$$
但它并不是上述猜想的否定(左边式子应为3项才是).

1960年,塞夫里德和美籍华人吴子乾发现(又一说是兰德(L.J.Lander)和帕肯(T.R.Parken)在电子计算机上找到的)
$$133^5 + 110^5 + 84^5 + 27^5 = 144^5$$
这个貌似简单的反例寻找起来远不轻松,同时它的发现也是对欧拉前述猜想的真切否定.

然而,欧拉猜想对于 $n = 4$ 的情形,一段时间里人们却不知正确与否,此情况直至1987年才有转机,是年美国哈佛大学的埃里克斯(N.Elkies),借助于椭圆曲线理论(引进一束亏格为1的曲线,依赖于方程 $a^4 + b^4 + c^4 = d^4$,这里 a, b, c, d 皆为整数,找到一个可能产生合理论点以否定欧拉猜想的最简曲线,且借助于电子计算机)找到了等式
$$2682440^4 + 15365639^4 + 18796760^4 = 20605673^4$$
而后,埃里克斯利用椭圆曲线理论,从该解出发递推出其他解.之后,弗耶(R.Frye)又给出另一个更小的例子
$$95800^4 + 217519^4 + 414560^4 = 422481^4$$
至于 $n \geqslant 6$ 的情形欧拉猜想能否成立,人们尚不得知.

5. 质数个数的估计

自然数中的质数是稀疏的,特别是当自然数变大时.

若记不超过自然数 x 的质数个数为 $\pi(x)$,人们证得了式子
$$\lim_{x \to \infty} \frac{\pi(x)}{x} = 0$$

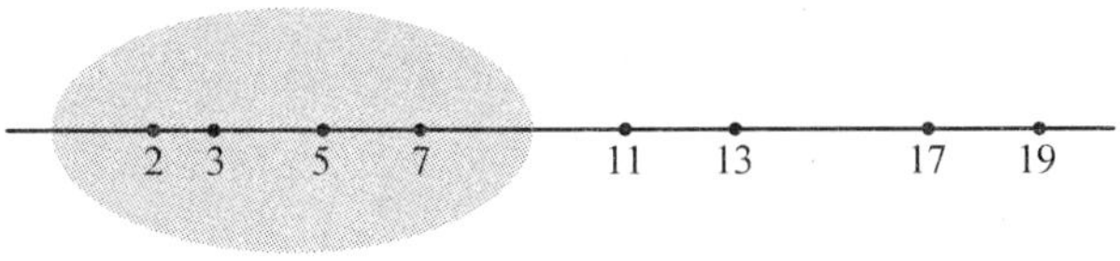

$\pi(10) = 4$ 的图示

但是有趣的是质数个数并非特别稀疏.大家知道:调和级数
$$1 + \frac{1}{2} + \frac{1}{3} + \frac{1}{4} + \frac{1}{5} + \cdots = \sum_{k=1}^{\infty} \frac{1}{k} \qquad (*)$$
发散,可是,当从级数 $(*)$ 中去掉分母中含 $0,1,2,\cdots,8,9$ 数字之一的分数之后,级数则收敛.

同时人们也已证明:当 p 遍历全部质数时,级数 $\sum_p \frac{1}{p}$(p 遍历全部质数)发

散(与上面的结论相较,显示质数又不很稀疏).

人们当然想有一个 $\pi(x)$ 的估计式,但在 18 世纪之前人们对此仍一无所知.

1780 年,勒让德利用埃拉托塞尼(Eratosthenes)筛法和估算,给出 $\pi(x)$ 的第一个近似表达式

$$f(x) = \frac{x}{\ln x - 1.08366}$$

1792 年,高斯也给出一个估计式,它较上面的式子更为精细.

1850 年,俄国学者切比雪夫给出用函数 $\text{Li}(x) = \frac{x}{\ln x}$ 去估计 $\pi(x)$,同时他还证明了不等式

$$\frac{1}{3} < \frac{\pi(x)\ln x}{x} < \frac{10}{3}$$

其中, $x > 4 \cdot 10^5$.

估计式 $\text{Li}(x)$ 相当精细,我们不难从下表中看到这一点.

x	2	5	10	100	1000	10^4	10^5	10^6	10^7	10^8
$\text{Li}(x)$	1	4	6	29	178	1246	9630	78628	664918	5762209
$\pi(x)$	1	3	4	25	168	1229	9592	78498	664579	5761455

1859 年,黎曼证明了结论

$$\lim_{x \to \infty} \frac{\pi(x)\ln x}{x} = 1 \qquad (**)$$

尽管他的证明不完整,但他却指出了找到式(**)证明的思想和方法.且由此得 $\pi(x) \approx \frac{\pi}{\ln x}$,其中较为精细的式子为(它与黎曼函数有联系)

$$\pi(x) = \frac{\pi}{\ln x} + E(x)$$

其中 $E(x)$ 与 Zeta 函数有关(若黎曼猜想成立,它有精确的表达式)的常数(详见后文).同时还有

$$\lim_{x \to \infty} \frac{\pi(x)}{x} = 0$$

(此式又说明自然数中的质数个数相对于自然数而言相当稀少)

直到 1896 年,法国数学家阿达玛(J.Hadamard)和瓦莱·普桑(Ch.de la Vallér-Poussin)才给出了式(**)的一个完整证明,随之便被誉称为"质(素)数定理".

实算中人们看到:$\text{Li}(x)$ 近似比 $\pi(x)$ 大些(高斯、黎曼等人皆认为是对的),一直算至 10^{18} 的 x 无异常,但在 1914 年数学家利特尔伍德指出:

存在自然数 N, 使 $\text{Li}(N) < \pi(N)$; 但也有 $N' > N$, 又使 $\text{Li}(N') > \pi(N')$.

稍后数学家卡尔德(Calder)指出: 这种 N 必须大于 10^{700}.

1933年, 英国数学家斯古斯(S.Skewe)证明该 N 约为

$$N \approx 10^{10^{10^{34}}} = 10\uparrow 10\uparrow 10\uparrow 34$$

它显然是一个大得令人无法想象的"天文数字".

但是, 1955年, 斯奎斯(S.Skewes)认为这种数也许可以更小些, 同时他指出 $N \approx 10^{10^{35}} = 10\uparrow 10\uparrow 35$ 即可.

20世纪60年代, 拉赫曼(R.S.Lehman)将此 N 减至 10^{1130}.

到了20世纪90年, 代里尔(H.te Rielel)又将 N 减至 $10^{370} \sim 10^{380}$ 之间.

新近, Hudson 和 Bages 再将 N 减到 10^{310}, 但 10^{12} 以下则无反例.

注 与质数个数估计有关的另一个问题是关于自然数 n 的质因子个数 $\tau(n)$ 的估计问题, 印度数学家拉马努然(S.A.Ramanujan)曾猜测

$$|\tau(n)| \leqslant 2n^{\alpha}$$

其中 $\alpha = 11/2$.

拉马努然本人给出 $\alpha = 7$ 的证明. 而后哈代将 α 改进到 6, 他的学生兰金(R.A.Rankin)证得 $\alpha = 29/5$.

1974年, 比利时数学家德利涅(P.R.Deligne)利用代数几何工具证明了 $\alpha = 11/2$.

6. $4k+1$ 与 $4k-1$ 型质数孰多

质数有很多种分类方法, 比如, 就其形状来讲, 奇质数可分成 $4k+1$ 与 $4k-1$ 型 (2 是唯一的偶质数).

人们容易发现: 对于给定的 k_0 来讲, 考察所有不大于 k_0 的正整数, $4k-1$ 型质数个数不少于 $4k+1$ 型质数个数.

$4k\pm 1$ 型质数个数表

给定的 k_0	1	2	3	4	5	6	⋯
$k \leqslant k_0$ 时 $4k-1$ 型质数个数	1	2	3	4	5	6	⋯
$k \leqslant k_0$ 时 $4k+1$ 型质数个数	1	2	3	4	5	6	⋯

当你耐心地检验下去时, 一般不会发现例外, 因为第一个使上述结论不成立的反例大得让人无法承受(数论专家们已经间接地证明了这一事实), 这个数大于

$$10^{10^{10^{10^{46}}}} = 10\uparrow 10\uparrow 10\uparrow 10\uparrow 46$$

它是一个比前文中 N 还要大得多的天文数字(把它全部写下来是 1000⋯000, 假如宇宙中所有物质都变成纸, 且在其每个电子上记一个0, 仍然无法写完上述0

中的、哪怕是极少的一部分).

下面的例子也可视为函数论方面的.

7. 契巴塔廖夫(Чеботарёв)问题

前文我们谈到,1796年被誉为数学王子的19岁的高斯发现了正十七边形的尺规作图法,而17正是费马型质数

$$F_2 = 2^{2^2} + 1 = 17$$

而后,高斯证明了所有费马型质数(以及它们的2^k倍)边的正多边形尺规作图问题均可解.

这个问题实际上是等分圆周问题,它与所谓分圆多项式的分解问题有关联.

所谓分圆多项式是指满足 $x^n - 1 = \prod_{d/n} \Phi_d(x)$(实数域)或 $\Phi_n(x) = \prod_{\xi}(x - \xi)$ 多项式,其中 ξ 遍取 n 次本原单位根(复数域),称之为分圆多项式.

特别地,若 p 是质数则 $\Phi_p(x) = (x^p - 1)/(x - 1)$,因为 $\Phi_p(x)$ 的 $p-1$ 个零点和 $x = 1$ 一起等分复平面上以原点为圆心的单位圆.关于这类多项式 $x^n - 1$ 的分解,前苏联学者契巴塔廖夫注意到(请注意观察其规律)

$$x - 1 = x - 1$$
$$x^2 - 1 = (x-1)(x+1)$$
$$x^3 - 1 = (x-1)(x^2 + x + 1)$$
$$x^4 - 1 = (x-1)(x+1)(x^2 + 1)$$
$$x^5 - 1 = (x-1)(x^4 + x^3 + x^2 + x + 1)$$
$$x^6 - 1 = (x-1)(x+1)(x^2 + x + 1)(x^2 - x + 1)$$
$$\vdots$$

于是他猜测:

把 $x^n - 1$ 分解为不可约整系数多项式因式后,各项系数绝对值均不超过 1.

对于 $n < 105$,人们已经验证其正确;且当 n 是质数时,结论也已获证.

但是依万诺夫(В. Иванов)指出:$x^{105} - 1$ 有既约因子

$$x^{48} + x^{47} + x^{46} - x^{43} - x^{42} - 2x^{41} - x^{40} - x^{39} + x^{36} + x^{35} + x^{34} + x^{33} +$$
$$x^{32} + x^{31} - x^{28} - x^{26} - x^{24} - x^{22} - x^{20} + x^{17} + x^{16} + x^{15} + x^{14} + x^{13} +$$
$$x^{12} - x^9 - x^8 - 2x^7 - x^6 - x^5 + x^2 + x + 1$$

这里 x^7 和 x^{41} 的系数均为 -2,其绝对值大于1,从而推翻了契巴塔廖夫的猜想.

注 这里我们想顺便提一下(因为它与上面问题多少有些类似)所谓"比贝尔巴赫(L. Bieberbach)猜想"问题,它在1984年被美国数学家勃朗日(Brange)证得.该猜想有如下背景:

1916年,德国数学家比贝尔巴赫对复平面上单位圆内(即 $|z| < 1, z \in \mathbf{C}$)的单叶解析函数

$$f(z) = z + a_2 z^2 + a_3 z^3 + a_4 z^4 + \cdots + a_n z^n + \cdots$$

的系数 a_k 的绝对值(或模) $|a_k|$ ($k = 2,3,\cdots$) 大小进行研究,他发现且证明了其第二项系数绝对值不大于2(即 $|a_2| \leq 2$),之后就提出猜测
$$|a_k| \leq k, \quad k = 2,3,4,\cdots$$
此即为比贝尔巴赫猜想.

这个猜想曾引起许多数学家的兴趣和研究,接着 $n = 3,4,5,6$ 时,结论被证实.

1925 年,英国数学家利特尔伍德证明:$|a_n| \leq en$ ($e = 2.71828\cdots$).

1965 年,苏联数学家米林(Милин)证得:$|a_n| \leq 1.24n$.

1955 年,海曼(W.K.Hayman)证明:$\lim\limits_{n \to \infty} \dfrac{|a_n|}{n} = \alpha \leq 1$.

1972 年,美国数学家费茨杰拉特(Fiedsgerat)将其上界改进为1.08.

1980 年,费的学生霍洛费茨(Horofetz)又将上界改进到 1.0657;

1983 年,我国数学家任福尧及其学生将其改进到 1.0643.

1984 年 3 月,这个问题被勃朗日彻底解决,为此他被邀请在第 20 届国际数学家大会(ICM)上作专题报告.

顺便指出:勃朗日所解决的不只是一个猜想,而是同时解决了七个猜想(关于单叶函数的系数问题),它们之间有下述蕴含关系:

米林猜想→罗伯特松(H.P.Robertson)猜想→希尔斯莫尔(Shirsmole)猜想→罗哥辛斯基(C.M.Логхинский)猜想→比贝尔巴赫猜想→渐近的比贝尔巴赫猜想→利特尔伍德猜想.

8. 默顿斯(F.K.J.Mertens)猜想

德国柏林大学教授解析数论专家默顿斯在研究黎曼猜想问题时,曾提出了所谓 Mertens 函数,若记它为 $M(n)$,它是这样定义的
$$M(n) \triangleq \sum_{k=1}^{n} \mu(k)$$
这里,$\mu(k)$ 为麦比乌斯函数(以整数因子个而定义的函数),$\mu(k)$ 具体的定义为
$$\mu(k) = \begin{cases} -1, & k \text{ 为素数或 } k \text{ 有奇数个相异的素因子} \\ 1, & k \text{ 的因子中有偶数个相异的素因子} \\ 0, & k \text{ 的因子中至少有一个素因子重复(次数大于等于2)} \end{cases}$$
其中,1 ~ 10 的 $\mu(n)$ 和 $M(n)$ 的值见下表.

n	1	2	3	4	5	6	7	8	9	10	$\cdots$
$\mu(n)$	1	-1	-1	0	-1	1	-1	0	0	1	$\cdots$
$M(n)$	1	0	-1	-1	-2	-1	-2	-2	-2	-1	$\cdots$

默顿斯认为:若能证明 $|M(n)| < \sqrt{n}$,则黎曼猜想成立.因为可以用 $\mu(n)$ 的全部值表示出黎曼 $\xi(s)$ 函数来.

1984 年 A.Odlyzko 和 H. te Rielel 证明了下面结论:存在一个 $N_0 > 10^{30}$,而使 $|M(N_0)| > \sqrt{N_0}$.从而推翻了默顿斯猜想.

当然,这个反例并不能否定黎曼猜想,尽管该例否定了一个与黎曼猜想有关的命题.

再来看一个属于正交设计(或可看做是"离散数学")方面的例子,起初它也许被当做趣味数学的内容,然而在今天的试验设计中却大显身手,即正交拉丁方阵问题,这个问题我们前文也曾介绍过.

9. 欧拉的正交拉丁方猜想

1779年,著名的数学大师欧拉曾研究过这样一个问题(该年3月8日,他向圣彼得堡科学院介绍了他的研究成果):

有六个不同的兵团,若从每个兵团中分别挑出六个不同军衔的军官各一人,试问能否把这些军官排成一个6行6列的方阵,使得每行每列都有各个兵团和各种军衔的代表?

对于三个兵团和三种军衔的情形,我们前文已经述及(见本书"上篇"),且称此类问题为正交拉丁方问题.

对于2阶正交拉丁方的不存在性,我们不难核验.

欧拉对前述问题进行了一番研究之后,发现答案无法找到,于是便对于这个貌似简单却蕴藏着深奥数学哲理的问题作出了下面的结论(应称猜想):

k为0或正整数时,$4k+2$阶正交拉丁方不存在.

欧拉的这一猜想在长达一百多年的时间里,始终未能获得解决,但也无反例给出.早在1842年,有人曾请教于被誉为数学王子的高斯,他也未能给出确切的解答.

直到1901年,塔里应用穷举法证明了$k=1$即$n=6$时的正交拉丁方不存在(他还证明了不同的6阶拉丁方个数为$9408 \times 6! \times 5!$).

20世纪50年代末,由于科学技术发展使得正交设计这门学科兴起,这也给正交拉丁方的研究带来生机.

是时,印度数学家玻色用有限射影几何的方法曾证明:

若p是大于7的质数(包括它们的幂),则存在p阶正交拉丁方组(即为$p-1$个两两正交的p阶拉丁方).

1958年,美国数学家帕克(E. T. Parker)用"群论"和"有限几何"的方法,曾构造出21阶正交拉丁方.

在帕克方法启发下,玻色和史里克汉德给出22阶(它是$4k+2$型,其中$k=5$)正交拉丁方,这便否定了欧拉的猜想.

接着,他们又构造出10阶($4k+2$中$k=2$的情形)正交拉丁方(见下图,它是由两个10阶拉丁方叠加而成的).而后他们证明:

Aa	Eh	Bi	Hg	Cj	Jd	If	De	Gb	Fc
Ig	Bb	Fh	Ci	Ha	Dj	Je	Ef	Ac	Gd
Jf	Ia	Cc	Gh	Di	Hb	Ej	Fg	Bd	Ae
Fj	Jg	Ib	Dd	Ah	Ei	Hc	Ga	Ce	Bf
Hd	Gj	Ja	Ic	Ee	Bh	Fi	Ab	Df	Cg
Gi	He	Aj	Jb	Id	Ff	Ch	Bc	Eg	Da
Dh	Ai	Hf	Bj	Jc	Ie	Gg	Cd	Fa	Eb
Be	Cf	Dg	Ea	Fb	Gc	Ad	Hh	Ii	Jj
Cb	Dc	Ed	Fe	Gf	Ag	Ba	Ij	Jh	Hi
Ec	Fd	Ge	Af	Bg	Ca	Db	Ji	Hj	Ih

10 阶正交拉丁方

除 $n=2, n=6$ 外,任何 n 阶正交拉丁方都存在.

这一系列反例及结论,也使得欧拉的上述猜想彻底被推翻.

注1 三维的欧拉"36个军官问题"(6阶正交拉丁立方),十几年前被阿尔金(J. Arkin)、史密斯(P. Smith)和斯特拉斯(E. G. Straus)解决.换言之,这种拉丁立方存在.

n 阶拉丁立方是一个 $n\times n\times n$ 的立方体(n 行、n 列、n 竖),在每个小立方块上分别写有数 $0,1,2,\cdots,n-1$,使得每个数在每横行、每纵行、每竖行(横、纵、竖)中恰好出现一次.

若把 3×6 个 n 阶拉丁方三三地叠合在一起,每个有序的三重数 $000,001,002,\cdots,\overline{n-1\ n-1\ n-1}$ 均出现一次的话,则称它们是正交的.

叠合18个6阶的拉丁方使它们成为正交拉丁立方是可能的.下面是这个6阶正交拉丁立方的六层数字:

Ⅰ

313	435	241	522	000	154
402	541	350	014	133	225
534	050	423	105	242	311
045	123	512	231	354	400
151	212	004	340	425	533
220	304	135	453	511	042

Ⅱ

201	353	415	134	542	020
330	422	501	245	054	113
443	514	030	351	125	202
552	005	143	420	211	334
024	131	252	513	200	445
115	240	324	002	433	551

Ⅲ

455	221	333	040	114	502
521	310	442	153	205	034
010	403	554	222	331	145
103	532	025	314	440	251
232	044	111	405	553	320
344	155	200	531	022	413

Ⅳ

120	504	052	315	431	243
213	035	124	401	540	352
302	141	215	530	053	424
434	250	301	043	122	515
545	323	430	152	214	001
051	412	543	224	305	130

V							VI					
032	140	524	203	355	411		544	012	100	451	223	335
144	253	015	332	421	500		055	104	233	520	312	441
255	322	101	444	510	033		121	235	342	013	404	505
321	414	230	555	003	142		210	341	454	102	535	023
410	505	343	021	132	254		303	450	525	234	041	112
503	031	452	110	244	325		432	523	011	345	150	204

注2 1995 年当费马大定理解决后,马林(Gary L. Mullen)在文"什么是下一个费马问题"中提出:

下一个"费马问题"是:存在 $n-1$ 个 n 阶相互正交的拉丁方 $\Longleftrightarrow n$ 是质数幂.

注3 第一行第一列为自然序的拉丁方称为**约化拉丁方**. n 阶约化拉丁方个数 l_n 随 n 增长的极快,部分值如下表所示.

n	1	2	3	4	5	6	7	8	9
l_n	1	1	1	4	56	9408	16942080	535281401856	377597570964258816

n	10	11	12	13	14
l_n	7580721483160132811489280	5.36×10^{33}	1.62×10^{44}	2.51×10^{56}	2.33×10^{70}

若记 n 阶约化拉丁方个数为 l_n,且 n 阶拉丁方个数为 L_n,则

$$L_n \geq n!(n-1)!(n-2)!\cdots 1!$$
$$l_n \geq (n-2)!(n-3)!(n-4)!\cdots 1!$$

且
$$L_n = n!(n-1)!l_n$$

注4 拉丁方还可推广至拉丁长方,它的定义为:

若 $m \times n (m \leq n)$ 的长方矩阵中,它的每行皆为同一个 n 元集合 S 中元素的一个排列(无重复),且它的每列中每个元素至多出现一次.

今记其个数为 $L(m,n)$,则有

$$L(m,n) \geq n!(n-1)!\cdots(n-m+1)!$$

又若 $m < n^{\frac{1}{3}-\delta}$,其中 $\delta = \delta(n) \to 0$,且使 $n^{-\delta(n)} \to 0$,则 $L(m,n)$ 有渐近式

$$L(m,n) \sim (n!)^m \exp\left\{-\frac{m(m-1)}{2}\right\}$$

注5 1990 年李立曾利用正交拉丁方构造出 2^m 和 $(2m+1)^m$ 阶的二次幻方(又称平方幻方),即一个幻方还满足其元素平方仍组成幻方.

10. 波利亚问题

1919 年,在苏黎世瑞士联邦工学院任教的波利亚曾就整数的质因子个数问题进行过研究,同时他提出了下面的问题:

若 n 是自然数,记 $\sigma(n)$ 为 n 的质因子个数(包括重数),且规定:$\sigma(0) = 0$,n 为质数时 $\sigma(n) = 1$.

又若记 O_x 为不超过 x 的、有奇数个质因子(包括重数)的正整数个数;记 E_x 为不超过 x 的、有偶数个质因子(包括重数)的正整数个数,则当 $x \geq 2$ 时,$O_x \geq E_x$.

问题又可述为:若记 $L(x) = E_x - O_x$,则 $L(x) \leq 0$,且

$$L(x) = \sum_{k=1}^{x} \lambda(k), x > 1$$

这里 $\lambda(k) = (-1)^{\sigma(k)}$,即刘维尔函数.

人们验算了 $x \leq 50$ 的全部情形无一例外.

1958 年海塞格洛夫(C.B.Haselgrove)证明了有无数多个 x 使 $L(x) > 0$,尽管他未能指出这种 x 到底是什么样子,但这却推翻了波利亚的问题.

4 年之后的 1962 年,拉赫曼(R.S.Lehman)发现

$$L(906180359) = 1$$

成为否定波利亚问题的第一个具体的反例.

1980 年,塔纳卡(M.Tanaka)证明:$x = 906150257$ 是使波利亚猜想不成立的最小反例.

为方便计,我们将因子中无重数的称整数 S 数,对于 S 数我们把其中有奇数个因子的称为奇积数,有偶数个因子的称为偶积数.例如,不大于 30 的 S 数中奇积数有 2,3,5,7,11,13,17,19,23,29 和 30(共 11 个);且有偶积数 1,6,10,14,15,21,22 和 26(共 8 个).

人们经过计算发现:在不大于 n 的 S 数中,奇积数个数一般会多于偶积数个数.如果记 $D(n)$ 为不大于 n 的 S 数中奇积数与偶积数个数差,默顿斯曾猜测

$$D(n) \leq \sqrt{n} \quad (*)$$

1897 ~ 1913 年间,斯特内(L.von Sterner)验证了 5×10^6 内的数猜想成立,且提出上述猜想的改进

$$D(n) \leq 0.5\sqrt{n} \quad (**)$$

但是 60 多年过后,到 1979 年情况突然有变,科恩(H.Cohen)等人发现:当 $n = 7725038629$ 时,$D(n) > 0.5\sqrt{n}$,从而否定了结论式(**).

接下来的情况也许更"糟",1984 年,奥德利兹科(A.M.Odrizk)指出:

存在无穷多个 n,使 $D(n) > 1.06\sqrt{n}$,从而又否定了结论(*).但他的证明是非构造性的,换言之,他并没有给出具体的 n 值去否定式(*),尽管至少在 $n < 10^{30}$ 时没有这种反例.

有趣的是,倘若黎曼猜想成立,可以得到结论:

$D(n)/\sqrt{n}$ 增长得很慢,其增长率可低于 $n^{\frac{1}{100}}$.

11. 希尔伯特的一个反例

关于费马大定理的话题已讲述不少了,然而其中的小花絮仍耐人寻味.

在库默(Kummer)立下遗嘱,悬赏十万马克给证得费马猜想的证明者.

1947年3月1日,在巴黎科学院会议上,莱赫曼(D.H.Lehmer)宣称他已证得费马猜想,他的证明是受利维(P.P.Levi)工作的启发,基于等式

$$x^n + y^n = \prod_{k=1}^{n}(x + \omega_k y) = z^n$$

其中 $\omega_k(1 \leq k \leq n)$ 是方程 $u^n + 1 = 0$ 的 n 个根(即 n 次单位根),即

$$\omega_k = \cos\frac{2k-1}{n}\pi + i\sin\frac{2k-1}{n}\pi, \quad k = 1,2,\cdots,n$$

遗憾的是莱赫曼的证明被利维挑出了毛病,对于证明用到的形如 $x + \omega_k y$ 的代数整数,莱赫曼没有证明在域 $Q(\omega_k)$ 的整数环中唯一分解定理成立.

为此希尔伯特给出一个反例:

设 $H = \{n \mid n = 4k+1, k$ 是非负整数$\} = \{1,5,9,13,\cdots\}$,在 H 中 5,9,13,17,21,29,33,37,41,53,57,61,69,77,73,89,$\cdots$ 是素数(因为它们在 H 中不能分解),但在 H 中唯一分解定理不成立.

注意到 $693 \in H$,同时 $21,33,9,77 \in H$($693 = 4 \times 173 + 1$,又 $21 = 4 \times 5 + 1, 33 = 4 \times 8 + 1, 9 = 4 \times 2 + 1, 77 = 4 \times 19 + 1$),但是

$$693 = 21 \times 33 = 9 \times 77$$

显然其分解式不唯一.

这是数论中非常重要的反例,人们也想尽办法试图使唯一分解定理成立.

1847年数学家万兹尔(Wantzel)证明了 $n \leq 4$ 时唯一分解定理成立.

1850年库默尔(此前他曾经指出莱赫曼证明中某些域里唯一分解定理不成立)利用其创造的"理想数"的理论证明了:在 $p < 100$ 时,除 37,59,69 外,费马猜想成立.

12. 图形的体积相等和组成相等

这个问题我们前文也谈过,这里再稍稍回顾一下.

对于平面图形来讲,"等积"是指它们的面积相等;而对两个几何图形而言,若能把其中的一个经过有限次裁剪可以拼成另外一个图形,则称这个图形组成相等.

面积相等的几何图形不一定组成相等.比如圆和与它等积的三角形,就不是组成相等,但是我们前文也曾提到,19世纪匈牙利数学家波尔约和德国学者

盖尔文各自独立地证明了命题：

两个面积相等的多边形必定组成相等.

下面我们简述一下它的证明大意,我们用 $A \simeq B$ 表示 A, B 组成相等.这样(请参见右图)：

(1) 若 $A \simeq B$,又 $B \simeq C$,则 $A \simeq C$.

(2) 三角形 $\simeq$ 与该三角形等积的矩形.

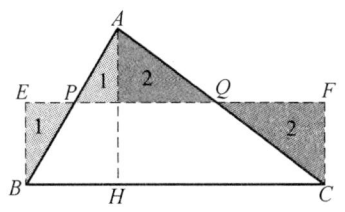

这个结论可从右图容易地看出,图中 $\triangle ABC \simeq$ 矩形 $EBCF$.其中 AH 为 BC 上高,PQ 为三角形的中位线.

(3) 同底等积的两个平行四边形组成相等.

如下图,$S_{ABCD} = S_{ABC'D'}$,分别作与 AD, AD' 平行的两组平行线,它们的组成相等的情况不难由图中看出.

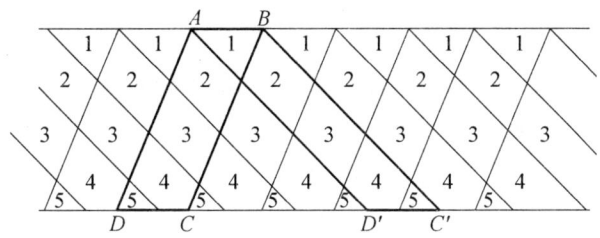

(4) 面积相等的两个矩形组成相等.

若 $S_{矩形ABCD} = S_{矩形EFGH}$.在两个矩形的四条边中,设 AB 最长,则可以 EF 为底作一个与矩形等积,且一边长为 AB 的平行四边形 $EFKL$.

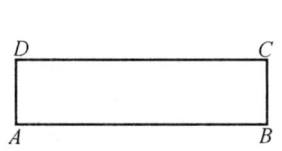 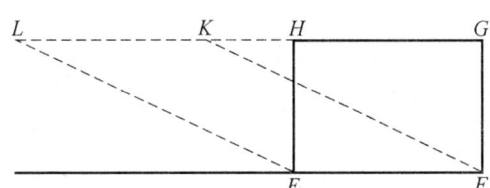

这样一来可有

     矩形 $EFGH \simeq$ 矩形 $EFKL$(由(3))

而   矩形 $EFKL \simeq$ 矩形 $ABCD$(由(3))

故   矩形 $EFGH \simeq$ 矩形 $ABCD$(由(1))

(5) 任何多边形 $\simeq$ 与该多边形等积的矩形.

这只须注意任意多边形均可分成有限个三角形.

综上,两个多边形中的每一个均可和某一矩形组成相等,而这两个矩形面积相等,故它们组成相等(由(4)),从而两多边形组成相等(由(1)).

注 这个问题也可这样来证(大致步骤)：

设两个多边形分别是 A 和 B.
(1) 任何三角形 $\simeq$ 矩形(下图(a));
(2) 矩形 $\simeq$ 正方形(下图(b));
(3) n 边形可分割成 $n-2$ 个三角形,如是则由上面结论(1),(2)有:三角形 $\simeq$ 正方形,而两个正方形 $\simeq$ 大正方形(下图(c)).

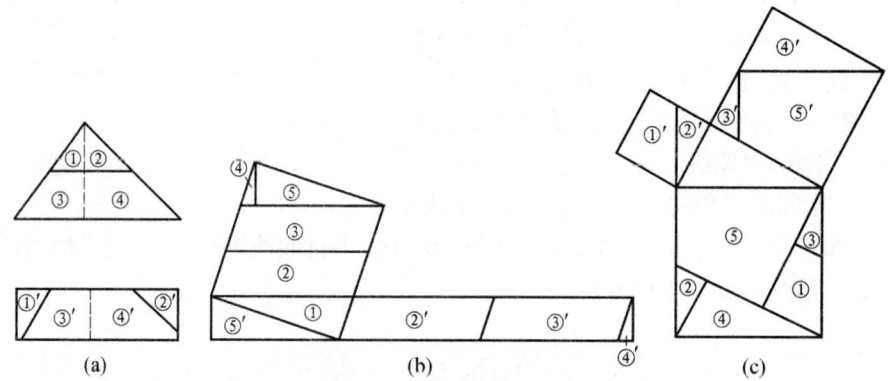

归纳地有,图形 $A \simeq$ 正方形 Ⅰ;同理,图形 $B \simeq$ 正方形 Ⅱ.
因 $S_A = S_B$,故 $S_{正方形Ⅰ} = S_{正方形Ⅱ}$.从而,正方形 Ⅰ $\simeq$ 正方形 Ⅱ.
(详细证明还须一些细微过程,这里从略)

如果问:这个结论可否推广到空间中去,即:

两个等积的多面体是否组成相等?

这便是有名的"希尔伯特第三问题".

就在希尔伯特问题提出的第二年,即 1901 年,希尔伯特的学生戴恩(M. Dehn)证明了:

一个正方体和一个与之等积的正四面体不组成相等.

这样,他否定地(部分地)解决了希尔伯特第三问题,因为他没有直接解决希尔伯特提出的关于两个四面体的问题(正方体并非四面体).

1950 年,瑞士数学家哈德维格尔和他的学生们,研究出一个解决此问题的代数条件,在叙述这个定理之前,我们先介绍一个概念:可加函数.

设 f 是定义在实数域 $\mathbf{R}$ 上的一个函数,对 n 维实向量空间 $\mathbf{R}^n$ 上的一个向量 $(a_1, a_2, \cdots, a_n)$ 若满足
$$k_1 a_1 + k_2 a_2 + \cdots + k_n a_n = 0$$
而数组(亦可视为向量)$(f(a_1), f(a_2), \cdots, f(a_n))$ 也满足
$$k_1 f(a_1) + k_2 f(a_2) + \cdots + k_n f(a_n) = 0$$
则称 f 是一个可加函数.

我们先来给出哈德维格尔的结果:

设 A, B 是两个等积的多面体,A 有 p 根长度分别为 $l_1, l_2, \cdots, l_p$ 的棱,A 在

这些棱上的二面角分别为 $\alpha_1, \alpha_2, \cdots, \alpha_p$；$B$ 有 q 根长度分别为 $t_1, t_2, \cdots, t_q$ 的棱，B 在这些棱上的二面角分别为 $\beta_1, \beta_2, \cdots, \beta_q$，现构造一个 $p+q+1$ 维的向量：$(\alpha_1, \alpha_2, \cdots, \alpha_p, \beta_1, \beta_2, \cdots, \beta_q, \pi)$，若可以找到该向量的一个加函数 f，且满足：

① $f(\pi) = 0$；② $\sum\limits_{k=1}^{p} l_k f(\alpha_k) \neq \sum\limits_{k=1}^{q} t_k f(\beta_k)$.

则多面体 A 和 B 不组成相等.

它的详细证明可见文献[6].

下面我们用它来证明戴恩的结论：

一个正方体(正六面体)A 和一个与之等积的正四面体 B 不组成相等.

设 A 的棱长为 l，每条棱上的二面角均为 $\pi/2$；B 的棱长为 t，每条棱上的二面角都为 φ，容易算得 $\varphi = \cos^{-1}(1/3)$，它是一个无理数，且不是 π 的有理数倍.

今考虑 19 维的向量 $(\underbrace{\pi/2, \pi/2, \cdots, \pi/2}_{12个}, \underbrace{\varphi, \varphi, \cdots, \varphi}_{6个}, \pi)$，且取函数 f 使

$$f\left(\frac{\pi}{2}\right) = 0, f(\varphi) = 1, f(\pi) = 0$$

显然 f 是可加函数，事实上若有 $n_1, n_2, \cdots, n_{12}; m_1, m_2, \cdots, m_6; m$ 使

$$\sum_{k=1}^{12} n_k \alpha_k + \sum_{k=1}^{6} m_k \beta_k + m\pi = \frac{\pi}{2} \sum_{k=1}^{12} n_k + \varphi \sum_{k=1}^{6} m_k + m\pi =$$

$$N \cdot \frac{\pi}{2} + M \cdot \varphi + m\pi = 0 \qquad (*)$$

这里 $M = \sum\limits_{k=1}^{6} m_k, N = \sum\limits_{k=1}^{12} n_k$

若 $M \neq 0$，有 $\dfrac{\varphi}{\pi} = -\dfrac{n+2m}{2M}$，注意到它的式左是无理数，而式右是有理数不可能，从而只有 $M = 0$.

这样由 $(*)$ 可有：$N = -2m$. 由是

$$\sum_{k=1}^{12} n_k f(\alpha_k) + \sum_{k=1}^{6} m_k f(\beta_k) + mf(\pi) =$$

$$f\left(\frac{\pi}{2}\right) \sum_{k=1}^{12} n_k + f(\varphi) \sum_{k=1}^{6} m_k + mf(\pi) =$$

$$0 \cdot \frac{\pi}{2} + 1 \cdot 0 + m \cdot 0 (由前设得) = 0$$

即 f 是可加函数.

又由 $\qquad f(\pi) = 0, \sum\limits_{k=1}^{12} l_k f(\alpha_k) = 12lf\left(\dfrac{\pi}{2}\right) = 0$

而 $\qquad \sum\limits_{k=1}^{6} t_k f(\beta_k) = 6tf(\varphi) = 6t \neq 0$

再注意到 $\quad l_1 = l_2 = \cdots = l_{12} = l, t_1 = t_2 = \cdots = t_6 = t$

故
$$\sum_{k=1}^{12} l_k f(\alpha_k) \neq \sum_{k=1}^{6} t_k f(\beta_k)$$

由哈德维格尔定理知:正方体 A 和与之等积的正四面体 B 不组成相等.

利用哈德维格尔定理可以否定希尔伯特提出的等底等高的四面体是否组成相等的问题(如下面两四面体不组成相等).

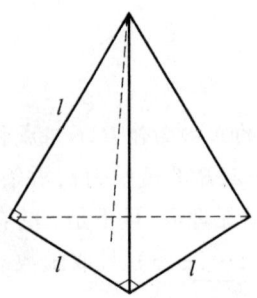 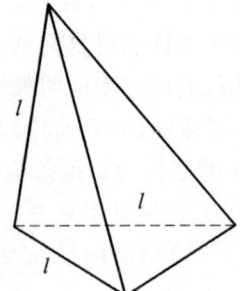

三棱相等且其中一棱垂直 　　　　　有相等三棱的直四面体
于另外两棱的四面体

顺便说一句,这个问题显然涉及几何体体积的定义问题.高斯曾惊奇地发现:《几何原本》的第二卷体积问题中,欧几里得没有用类似平面分割方法定义体积相等,而是用穷竭法(极限过程).他是否已意识到几何体的体积相等与组成相等似乎不是一回事,很有可能.

由此不难看出,希尔伯特的上述问题是在向人们提出:几何体体积定义用极限过程是否真的必要?答案是肯定的,我们前面说过,戴恩给出一个与立方体等积的正四面体与之不组成相等的例子,这不禁使我们对欧几里得知识的远大深博,又独具慧眼感到钦佩.

13. 弦确定区域数的猜想

圆周上有 n 个点,两两连弦,若其中任何三条弦在圆内不共点(无交点),则由它们所确定的互不重叠的不同区域数若记为 R_n,那么

$$R_1 = 1, \quad R_2 = 2, \quad 2R_3 = 4, \quad R_4 = 8, \quad R_5 = 16, \quad \cdots$$

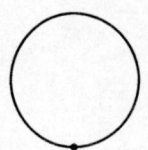 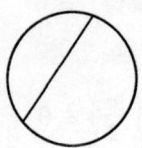 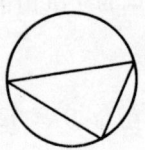  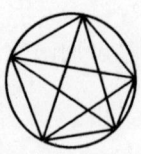

$R_1 = 1 = 2^0, \quad R_2 = 2 = 2^1, \quad R_3 = 4 = 2^2, \quad R_4 = 8 = 2^3, \quad R_5 = 16 = 2^4$

它们均为 2 的方幂,于是有人猜想:$R_n = 2^{n-1}(n \geq 1)$.

不幸的是人们发现 $R_6 = 31$. 这一看上去极不谐调的结论,其中的道理可由关于多面体的欧拉公式 $F + V - E = 2$ 得到.

由欧拉公式知:对多面体的顶点数 V、边数 E 和面数 F 而言,总有 $F = 2 - V + E$.

显然,圆内确定的区域数 $R_n = F$;顶点数 V 是已知圆上的 n 个给定点及它们所连弦在圆内的交点数之和;E 是圆弧(有 n 段)及圆内弦的交点所界定的弦段条数,这样有

$$R_n = \binom{n-1}{0} + \binom{n-1}{1} + \binom{n-1}{2} + \binom{n-1}{3} + \binom{n-1}{4} \quad (*)$$

即 $2^{n-1} = (1+1)^{n-1} = \binom{n-1}{0} + \binom{n-1}{1} + \cdots + \binom{n-1}{n-2} + \binom{n-1}{n-1}$

展开式中前五项之和.

而公式(*)仅当 $n \leq 5$ 时才成立. $n > 5$ 时,展开式中仅取前五项之和. 换言之,这正好是杨辉(帕斯卡)三角形中左面五项之和(即去掉下图中阴影部分的项):

```
                    1
                   1 1
                  1 2 1
                 1 3 3 1
                1 4 6 4 1
               1 5 10 10 5 1
              1 6 15 20 15 6 1
             1 7 21 35 35 21 7 1
            1 8 28 56 70 56 28 8 1
            . . . . . . . . . . .
```

函数连续与可微不是一回事,函数连续不一定可微,甚至不可导.

人们更感兴趣的是那些处处连续却无处可导的函数的构造. 我们为此稍多花些笔墨.

14. 处处连续而无处可微的函数

函数连续与可微是两个重要而不同的概念,函数连续但不一定可微,其中最简单的例子是

$$y = |x|, \quad -\infty < x < +\infty$$

此函数在整个实轴上连续,但它在 $x = 0$ 处导数不存在(即该函数在 $x = 0$ 处不

可导).

是否存在处处连续,但处处不可导函数?

1830年,捷克学者波尔察诺(B. Bolzano)曾指出这种函数存在的例子,该手稿一直到1920年才被发现.

1871年,外尔斯特拉斯也给出一个这种函数的例子.

尔后又有不少人给出这种例子,比如,范·德·瓦尔登(Van der Waerden)以及我国学者闵嗣鹤、张景中、杨九高、刘文等.

(1) 波尔察诺的例子

先来定义一种运算. 对于点 $A(a,b)$,$B(a+\alpha,b+\beta)$,约定如下五点的折线联结:$A(a,b)$,$C\left(a+\dfrac{\alpha}{4},b-\dfrac{\beta}{2}\right)$,$D\left(a+\dfrac{\alpha}{2},b\right)$,$E\left(a+\dfrac{3\alpha}{4},b+\dfrac{\beta}{2}\right)$,$B(a+\alpha,b+\beta)$ 为 A,B 两点上的 $\mathscr{B}$-运算,容易验证:C,D,E,B 共线.

今用 $\mathscr{B}_0(x)$ 表示这样一个函数:它的图象是联结点 $A_{11}(0,0)$,$A_{12}(1,1)$ 的直线段,对该两点实施 $\mathscr{B}$-运算得到点 $A_{21}(0,0)$,$A_{22}\left(\dfrac{1}{4},-\dfrac{1}{2}\right)$,$A_{23}\left(\dfrac{1}{2},0\right)$,$A_{24}\left(\dfrac{3}{4},\dfrac{1}{2}\right)$,$A_{25}(1,1)$,且定义折线 $A_{21}A_{22}\cdots A_{25}$ 为函数 $\mathscr{B}_1(x)$ 的图象.

在每一对点 A_{21},A_{22};A_{22},A_{23};$\cdots$ 中再应用 $\mathscr{B}$-运算可得到点

$$A_{31}(0,0),\ A_{32}\left(\dfrac{1}{4^2},\dfrac{1}{4}\right),\ A_{33}\left(\dfrac{2}{4^2},0\right),\ A_{34}\left(\dfrac{3}{4^2},-\dfrac{1}{4}\right)$$

$$A_{35}\left(\dfrac{4}{4^2},-\dfrac{1}{2}\right),\ A_{36}\left(\dfrac{5}{4^2},-\dfrac{3}{4}\right),\ A_{37}\left(\dfrac{6}{4^2},-\dfrac{1}{2}\right),\cdots$$

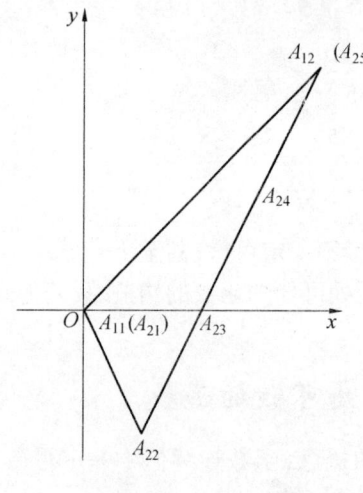

$\mathscr{B}_0(x)$,$\mathscr{B}_1(x)$ 图象

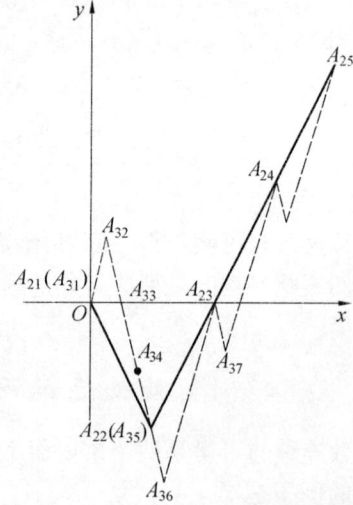

$\mathscr{B}_2(x)$ 图象

再以折线 $A_{31}A_{32}\cdots$ 定义函数 $\mathscr{B}_2(x)$. 如此下去,类似地可定义函数 $\mathscr{B}_n(x)$,它的图象仍是一条折线(折拐更多、更细密),它们的顶点(折点)横坐标分别是

$$0, \frac{1}{4^n}, \frac{2}{4^n}, \cdots, \frac{4^n-1}{4^n}, 1$$

注意到若 $x = \frac{k}{4^n} = \frac{l}{4^p}, p > n$,则 $\mathscr{B}_n\left(\frac{k}{4^n}\right) = \mathscr{B}_p\left(\frac{l}{4^p}\right)$,故在下列 x 值处

0, 1

$0, \frac{1}{4}, \frac{2}{4}, \frac{3}{4}, 1$

$0, \frac{1}{4^2}, \frac{2}{4^2}, \frac{3}{4^2}, \cdots, \frac{15}{4^2}, 1$

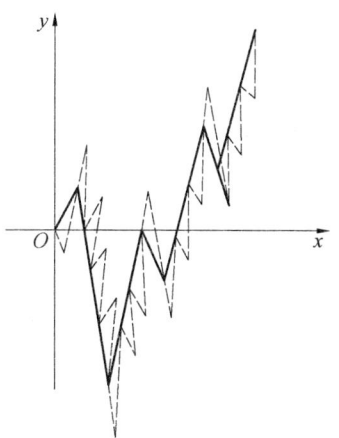

....

亦即在 $x = \frac{k}{4^n}(k = 0,1,2,\cdots,4^n; n = 0,1,2,\cdots)$ 处唯一的定义波尔察诺函数 $\mathscr{B}(x)$,且令 $\mathscr{B}\left(\frac{k}{4^n}\right) = \mathscr{B}_n\left(\frac{k}{4^n}\right)$.

如是函数 $\mathscr{B}(x)$ 的图象通过所有折线 $\mathscr{B}_n(x)(n = 0,1,2,\cdots)$ 的顶点.

可以证明:对于前面数表中各数的任意值 x,总可以表为数表中数列 $\alpha_1, \alpha_2, \cdots, \alpha_m, \cdots$ 的极限,且 $\lim_{m \to \infty} \mathscr{B}(\alpha_m)$ 存在,而它的值定义为 $\mathscr{B}(x)$.

这样 $\mathscr{B}(x)$ 在 $[0,1]$ 上有定义,且处处连续,然而却无处可微(直观上看因处处有折皱).

(2) 外尔斯特拉斯的例子

外尔斯特拉斯给出函数

$$W(x) = \sum_{n=0}^{\infty} b^n \cos(a^n \pi x)$$

其中 b 是一个奇数,$0 < a < 1$,且 $ab > 1 + \frac{3\pi}{2}$. 它是一个连续而无处可微的函数,证明详见文献[19].

(3) 皮亚诺的例子

将 xOy 平面上单位正方形 Γ 按右图分成九个小正方形,且如图所示标上号(依 ⌐⌙ 顺序,注意相邻的两标号的正方形均

3	4	9
2	5	8
1	6	7

有一条公共边),它称为第一级正方形.

将第一级正方形中每个小正方形再分成九个二级正方形,它们仍依据相邻标号的两正方形均有一条公共边原则,且由原来一级正方形标号顺序 1,2,3,…,8,9,1,2,3,… 循下左图所示路线依次标号(下右图).

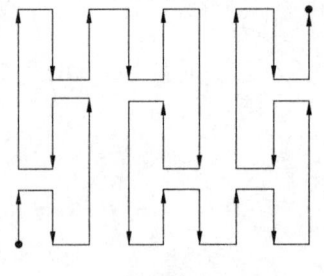

填数路线　　　　　2级正方形

如此继续下去.显然,第 n 级正方形的每个小正方形边长为 $1/3^n$,且若点 $A \in \Gamma$,则 A 至少属于 $k(k = 1,2,3,\cdots)$ 级正方形的诸小正方形之一.

若正方形 Γ 内取两相异的点 A,B,则定存在 N,使 $n \geq N$ 时,该两点属于两个不同的 n 级正方形.

今取 $A(x,y) \in \Gamma$,设 $\sigma_1,\sigma_2,\cdots,\sigma_n,\cdots$ 依次为含有点 A 的第 1,第 2,…,第 $n,\cdots$ 级正方形的标号,故可令点 A 与数列 $\{\sigma_i\}$ 对应;反过来,每个数列 $\{\sigma_i\}$ 亦可对应于正方形 Γ 内一点.

注意到 Γ 内不同的两点,有两个不同的序列与之对应,但正方形内一点也可对应着两个不同的序列,如

$$2,3,5,6,1,1,1,\cdots,1,\cdots$$
$$2,3,5,5,9,9,9,\cdots,1,\cdots$$

就对应着 Γ 内的同一点,这只须注意到标号为 1 和 9 的 $i(i \geq 6)$ 级正方形都有公共边,又这些正方形边长趋于 0,故上两序列对应的公共点重合.

我们再将长为 1 的线段(闭区间) I 分成相等的九份,且自左向右标上 1,2,…,9 这九个数码,并称之为第一级闭区间.将每个小线段再分成九等份,仿上也标上 1 ~ 9 这九个数码.

如是,闭区间 I 上的每个点均落在一个(如果它是内点)或两个(如果它是端点)各级闭区间上,这样它对应一个序列 $\sigma_1,\sigma_2,\cdots,\sigma_n,\cdots$;如它是某个 n 级闭区间的端点,它亦对应两个序列

$$\alpha_1,\alpha_2,\cdots,\alpha_n,1,1,1,\cdots,1,\cdots$$

$$\alpha_1, \alpha_2, \cdots, \alpha_{n-1}, 9, 9, 9, \cdots, 9, \cdots$$

这样,对于属于闭区间 I 的点 B 皆可在正方形 Γ 内找到唯一的一点 A 使它们分别对应于同一个或两个序列.

若 B 的横坐标为 $t(0 \leqslant t \leqslant 1)$,$A$ 的坐标为 (x, y),则 x, y 与 t 间分别确定着单值函数

$$x = \varphi(t), \quad y = \psi(t), \quad 0 \leqslant t \leqslant 1$$

这两个函数称做皮亚诺函数,它们是连续的,且处处不可微.

(连续性)若取 t_1, t_2,使 $|t_1 - t_2| < \dfrac{1}{9^n}$,即它们属同一个或相邻的两个第 n 级闭区间,但此时它们也对应着正方形内位于同一个或两个相邻的 n 级正方形内,这样可有

$$|\varphi(t_1) - \varphi(t_2)| < \dfrac{2}{3^n}$$

此即说 $\varphi(t)$ 是 t 的连续函数,下面证明它处处不可微.

(处处不可微)注意到第 n 级正方形边长为 $\dfrac{1}{3^n}$,第 n 级闭区间长为 $\dfrac{1}{9^n}$,又当 t 在 $\left(\dfrac{\alpha}{9^n}, \dfrac{\alpha+1}{9^n}\right)$ 内变化时,$x = \varphi(t)$ 在 $\left(\dfrac{\alpha}{3^n}, \dfrac{\alpha+1}{3^n}\right)$ 内变化.

取 $t_0 \in \left(\dfrac{\alpha}{9^n}, \dfrac{\alpha+1}{9^n}\right)$ 及 h,使 $|h| \leqslant \dfrac{2}{9^n}$,且使之满足

$$|x(t_0 + h) - x(t_0)| \leqslant \dfrac{1}{2 \cdot 3^n}$$

这是可能的,因为由 h 的取法知 $t_0 + h$ 与 t_0 同属一个 n 级闭区间,但也可使点 $(x(t_0 + h), y(t_0 + h))$ 与点 $(x(t_0), y(t_0))$ 属于相邻的两个 n 级正方形里.这样可有

$$\left|\dfrac{x(t_0 + h) - x(t_0)}{h}\right| \geqslant \dfrac{1}{4} \cdot 3^n$$

此即说 $x = \varphi(t)$ 在 t_0 不可导.注意到 t_0 的任意性,此即说 $\varphi(t)$ 在闭区间 $[0,1]$ 上处处不可导.

(4) 范·德·瓦尔登的例子(1930 年)

下面的例子是据范·德·瓦尔登在 1930 年给出的例子稍加改造而成.

当 $|x| \leqslant \dfrac{1}{2}$ 时,设 $f_1(x) \equiv |x|$,而在 $|x| > \dfrac{1}{2}$ 的 x 值处,用 1 为周期来延拓 $f_1(x)$,即对每个 $x \in \mathbf{R}$ 和 $n \in \mathbf{Z}$,均有

$$f_1(x + n) = f_1(x)$$

当 $n > 1$ 时,定义 $f_n(x) \equiv 4^{1-n} f_1(4^{n-1} x)$,于是对每个整数 n 来讲 f_n 为周期是 4^{1-n} 的周期函数,其极大值为 $4^{1-n}/2$.

最后,以 **R** 为定义域定义
$$f(x) \equiv \sum_{n=1}^{+\infty} f_n(x) = \sum_{n=1}^{+\infty} \frac{f_1(4^{n-1}x)}{4^{n-1}}$$

因为 $|f_n(x)| \leq \frac{1}{2} \cdot 4^{1-n}$,由级数收敛的 M - 判别法,知该级数在 **R** 上一致收敛,从而 $f(x)$ 在 **R** 上处处连续.

下面证明它处处不可微.

令 $a \in \mathbf{R}$,对于 $n \in \mathbf{Z}^+$,选定 h_n 为 4^{-1-n} 或 -4^{-1-n},使
$$|f_n(a+h_n) - f_n(a)| = |h_n|$$

于是 $\quad |f_n(a+h_n) - f_m(a)| = \begin{cases} |h_n|, & m \leq n \\ 0, & m > n \end{cases}$

这样, $\dfrac{f_n(a+h_n) - f(a)}{h_n}$ 是个整数,且奇偶性与 n 相同.

故 $\lim\limits_{n \to \infty} \dfrac{f_n(a+h_n) - f(a)}{h_n}$ 不存在,即 $f(x)$ 在 $x = a$ 处不可微,注意到 a 的任意性,可知 $f(x)$ 在 **R** 上处处不可微.

注 范·德·瓦尔登的原例是:

设 $\{v\}$ 表示 v 与其最接近的整数之差的绝对值. 今定义
$$f(x) = \sum_{k=1}^{+\infty} \frac{\{10^k x\}}{10^k}$$

此即为范·德·瓦尔登函数.

下面几个例子也是范·德·瓦尔登例子的变形.

变形 1 设 f_1 的图象是从 $(0,0)$ 到 $\left(\frac{1}{2}, \frac{1}{2}\right)$ 及从 $\left(\frac{1}{2}, \frac{1}{2}\right)$ 到 $(1,0)$ 的两个线段的并集,且令 $g_1 = f_1$.

设 f_2 有五个全等的齿形部分,每个齿形部分的高均为 $\left(\frac{1}{2}\right)^2$,且令 $g_2 = f_1 + f_2$.

如此下去(下图),每个 f_i 的齿形数均为 f_{i-1} 齿形数的 5 倍,且齿形高度随之减半:

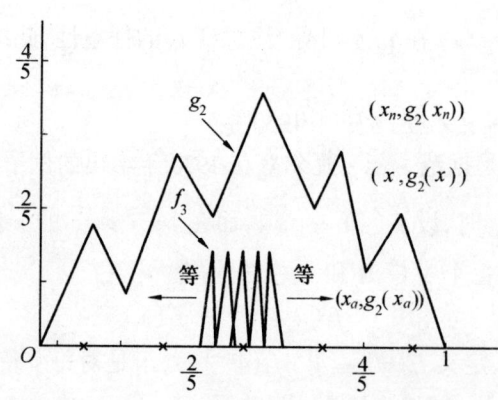

定义 $g_i \equiv \sum_{j=1}^{i} f_j \equiv g_{i-1} + f_i$,于是 $g = \lim_{x \to \infty} g_n$ 就是所构造的函数.

先证其连续性,考虑 $x \in [0,1]$,任给 $\varepsilon > 0$,取 i 充分大使
$$\sum_{j=i+1}^{\infty} \left(\frac{1}{2}\right)^j < \frac{\varepsilon}{3}$$
于是,对所有的 $y \in [0,1]$ 有
$$|g(y) - g_i(y)| = \left|\sum_{j=i+1}^{\infty} f_j(y)\right| \leqslant \sum_{j=i+1}^{\infty} \left(\frac{1}{2}\right)^j < \frac{\varepsilon}{3}$$
从而 g_i 一致收敛到 g,由于 g_i 在 x 处连续,故有 $\delta > 0$,使 $x' \in [0,1] \bigcap (x - \delta, x + \delta)$ 时,有 $|g_i(x') - g_i(x)| < \frac{\varepsilon}{3}$.

对上述 $x' \in [0,1] \bigcap (x - \delta, x + \delta)$ 时
$$|g(x') - g(x)| \leqslant |g(x') - g_i(x')| + |g_i(x') - g_i(x)| + |g_i(x) - g(x)| \leqslant$$
$$\frac{\varepsilon}{3} + \frac{\varepsilon}{3} + \frac{\varepsilon}{3} = \varepsilon$$
故 $g(x)$ 在区间 $[0,1]$ 上是连续的.

下面证明该函数在 $[0,1]$ 上每个点都没有单侧导数.

由 $|f_i| = \left(\frac{5}{2}\right)^{i-1}$,它超过 $g_{i-1} \equiv \sum_{j=1}^{i-1} f_i$ 的最大斜率
$$\sum_{j=1}^{i-1} \left(\frac{5}{2}\right)^j = \left(\frac{2}{3}\right)\left[\left(\frac{5}{2}\right)^{i-1} - 1\right]$$
因此,f_i 的斜率对于构成 $g_i \equiv g_{i-1} + f_i$ 的斜率起举足轻重的作用.

例如,由于 f_i 的斜率正负交错,故 g_i 的斜率也是如此,这是就 x 轴上同样一些相等的区间而言.于是 f_i 的诸"上角"(齿尖)横坐标就等于 g_i 的相应上角的横坐标;下角情形亦然.

此外,从图可见,g_{i-1} 的"上角"仍然是 g_i 的上角,只是变得又尖又高而已;下角也如此,只是不升高而已,确切地说,g_i 的上角数是 g_{i-1} 上角数的 5 倍.

因而,当我们把 f_3 加到 g_2 上构成 g_3 时,上角 $(x_u, g_2(x_u))$ 的升高至少等于 $(x, g_2(x))$ 的升高(见图),而后者至少等于下角 $(x_d, g_2(x_d))$ 的升高(不过下角根本不升),从而就折线的斜率而言,我们有
$$\left|\frac{g_3(x_u) - g_3(x)}{x_u - x}\right| \geqslant \left|\frac{g_2(x_u) - g_2(x)}{x_u - x}\right|$$
把 x 的下标 u 换成 d,这个不等式也成立.

当我们使 g_i 中的指标 i 增大时,这些不等式对这些 x_u, x_d, x 同样成立,故其极限 g 亦然,这即是说折线的斜率变化越来越剧烈.

我们先来注意下面的事实:

若 $(x_1, g_i(x_1))$ 和 $(x_2, g_i(x_2))$ 是任何 g_i 上的两相邻角点,则其连线上任何一点 $(x, g_i(x))$ 均有
$$\left|\frac{g(x_k) - g(x)}{x_k - x}\right| \geqslant \left|\frac{g_i(x_k) - g_i(x)}{x_k - x}\right|, k = 1,2 \qquad (*)$$
若 $x \in [0,1]$,函数有右导数,设为 l,由对于 x 右方的某个 δ 区域中的所有的 b 有
$$l - 1 < \text{折线斜率} < \frac{g(b) - g(x)}{b - x} < l + 1 \qquad (**)$$

由于随 i 的增大,最终在 g_i 及 g_i 相邻角点 $A(a,g_i(a))$ 和 $B(b,g_i(b))$ 使 $a \leq x < b < x + \delta$,而 $(x, g_i(x))$ 位于线段 $\overline{AB}$ 上,令 k 表示其斜率,记 $k_{\overline{AB}}$ 或 $k(\overline{AB})$ 有

$$|k_{\overline{AB}}| = |k(g_i) \text{ 限于 } \overline{AB} \text{ 的值}| = |k(f_i + g_{i-1}) \text{ 限于 } \overline{AB} \text{ 的值}| =$$
$$|k(f_i) + k(g_{i-1}) \text{ 限于 } \overline{AB} \text{ 的值}| =$$
$$|k(f_i)| + |k(g_{i-1}) \text{ 限于 } \overline{AB} \text{ 的值}| =$$
$$|k(f_i)| + \max_{\xi \in [0,1]} |k(g_{i-1}(\xi))| =$$
$$\left(\frac{5}{2}\right)^{i-1} - \frac{2}{3}\left[\left(\frac{5}{2}\right)^{i-1} - 1\right] \approx \frac{1}{3}\left(\frac{5}{2}\right)^{i-1} \to \infty$$

由是,我们可选充分大的 i 使 $|k_{\overline{AB}}| > |l| + 1$,选这样的 i,且在式 $(*)$ 中令 $x_1 \equiv b$,有

$$\left|\frac{g(b) - g(x)}{b - x}\right| \geq |k_{\overline{AB}}| > |l| + 1$$

这与 $(*)$ 矛盾,故前设 g 在 x 有右导数不真.

从而 g 在区间 $[0,1]$ 上处处无右导数.

类似地可证 g 在区间 $[0,1]$ 上处处无左导数.

变形 2 注意到:若 $f(x)$ 在 x 处有双侧导数,当 $u_n \leq x \leq v_n$,又 $u_n < v_n$,且 $v_n - u_n \to 0$,则

$$\frac{f(v_n) - f(u_n)}{v_n - u_n} \to f'(x)$$

范·德·瓦尔登函数是 $f(x) = \sum_{k=1}^{\infty} a_k(x)$,其中 $a_0(x)$ 表示到 x 最近整数的距离, $a_k(x) = 2^{-k} a_0(2^k x)$.

由外尔斯特拉斯判别法,则 $f(x)$ 是连续的.

若 u 是 n 阶二进有理数(即形如 $k \cdot 2^{-k}$ 的数,其中 $0 \leq k \leq 2^n$),则当 $k \geq n$ 时,$2^k u$ 是整数,故 $f(u) = \sum_{k=0}^{n-1} a_k(u)$.

设 u_n 和 v_n 是一对相继的 n 阶二进有理数,且 $u_n - v_n = 2^{-n}$,使得 $u_n \leq x \leq v_n$ (x 是定数),则

$$\frac{f(v_n) - f(u_n)}{v_n - u_n} = \sum_{k=0}^{n-1} \frac{a_k(v_n) - a_k(u_n)}{v_u - u_n}$$

在 $0 \leq k < n$ 时,由于 a_k 在 $[u_n, v_u]$ 上是线性函数,故上述和式中的差商是右导数 $a_k^+(x)$,但由于 $a_k^+ = \pm 1$,故

$$\frac{f(v_n) - f(u_n)}{v_n - u_n} = \sum_{k=0}^{n-1} a_k^+(x)$$

不可能收敛到有限数.

上述论断说明:若 $f(x)$ 可微,则应有

$$f'(x) = \sum_{k=0}^{\infty} a_k'(u) = \sum_{k=0}^{\infty} \pm 1$$

而这是不可能的.

变形 3 可以证明前述函数处处无单侧导数.

若不然,对 $x \in \mathbf{R}$,有 $f_t'(x) = l$,对每个 $n > 0$,设 $u_n = k \cdot 2^{-n}$,及 $v_n = (k+1) \cdot 2^{-n}$,使 $(k-1) \cdot 2^{-n} \leq x \leq k \cdot 2^{-n}$.定义 r_n 和 s_n 使得

于是
$$f(u_n) - f(x) = (l + r_n)(u_n - x), f(v_n) - f(x) = (l + s_n)(v_n - x)$$
$$f(v_n) - f(u_n) = [f(v_n) - f(x)] - [f(u_n) - f(x)] =$$
$$(l - s_n)(v_n - x) - (l - r_n)(u_n - x) =$$
$$l(v_n - u_n) + s_n(v_n - x) - r_n(u_n - x) =$$
$$2^{-n}l + s_n(v_n - x) - r_n(u_n - x)$$
$$2^n[f(v_n) - f(u_n)] = l + 2^n s_n(v_n - x) - 2^n r_n(u_n - x)$$

但 $\quad 0 < u_n - x < 2^{-n}, \quad 0 < v_n - x < 2^{1-n}$

故 $\quad |2^n[f(v_n) - f(u_n)] - l| \leqslant |r_n| + 2|s_n|$

由 $\quad \lim r_n = \lim s_n = 0$

可见 $\quad \lim 2^n[f(v_n) - f(u_n)] = l$

但 $\quad 2^n[f(v_n) - f(u_n)] = \sum_{k=0}^{\infty} 2^n[a_k(v_n) - a_k(u_n)]$

既然 a_k 当 $0 \leqslant k < n$ 时在区间 $[u_n, v_u]$ 上是线性的,且 $k \geqslant n$ 时
$$a_k(v_n) = a_k(u_n) = 0$$

故 $\quad 2^n[f(v_n) - f(u_n)] = \sum_{k=0}^{n-1} a_k^+(u_n)$

其中 a_k^+ 是 a_k 的右导数,但 $a_k^+ = \pm 1$,故 $2^n[f(v_n) - f(u_n)]$ 是奇数或偶数看 n 的奇偶性决定,这是不可能的.

类似地可证其左导数亦不存在.

用同样的方法可以证明: $\sum_{k=0}^{\infty} b_k(x)$,其中 $b_k(x) = 2^{-k} a_0(2^{3k} x)$ 也是一个连续函数,但处处无左、右导数.

(5) 闵嗣鹤的例子(1955 年)

闵嗣鹤采用几何方法直观地给出一个带一般性结论的例子,即他要设法造一条曲线 l,使之:

① 连续;② 使 l 上点 M_1 沿 l 趋向定点 M_0 时割线 $M_1 M_0$ 总上下摆动.

具体地,比如他构造出一系列区域:

① N 形区域.在 $a \times b$ 的矩形($b > 2a$)上下底的三等分点处作 N 形折线,然后将该矩形向上平移 d 单位,则两 N 形折线形成一个 N 形区域 Δ(见下图,再将 Δ 绕矩形底边翻转 $180°$,则得一个反 N 形区域(下图(c)),且称其宽为 d.

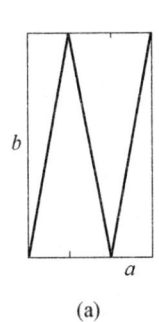
(a)
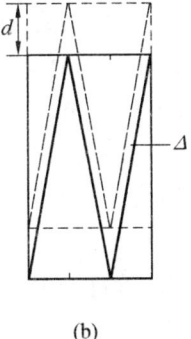
(b)

(c)

② W 形区域. 若将两个 N 形区域或两个一正一反的 N 形区域接起来,可形成一个 W 形区域 Ω(下图). 且称 d 为 Ω 的宽度, a 为 Ω 的节长.

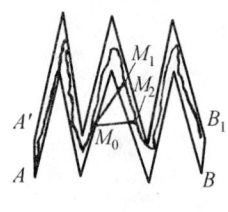

W 形区域 Ω

当 d 充分小时,定义在 Ω 内的单值连续曲线 Γ 上任一点 M_0,当 M 沿 Γ 向左或向右移动 a 长时,至少有两个点 M_1, M_2,使 $M_0 M_1$ 与 $M_0 M_2$ 间夹角为 $\pi/4$.

③ W 形区域串. 我们可在上述 W 形区域内再作一系列新 W 形区域,使其:宽度 $\leq d/2$,节长 $\leq a/2$. 将它记为 Ω_1.

如此下去,我们可以得到一串 W 形区域
$$\Omega = \Omega_0, \Omega_1, \Omega_2, \cdots, \Omega_n, \cdots$$
且它们满足:

a. $\Omega_{n+1} \subset \Omega_n$; b. 宽度为 $d/2^n$,节长为 $a/2^n$.

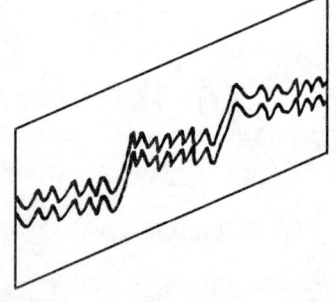

设 Ω_n 的上、下边界方程为: $g_n(x)$ 和 $f_n(x) (a \leq x \leq b)$,则
$$f_n(x) \leq f_{n+1}(x) < g_{n+1} \leq g_n(x), a \leq x \leq b$$
且
$$0 < g_n(x) - f_n(x) < \frac{d}{2^n}, a \leq x \leq b$$

由 $f_n(x), g_n(x)$ 单调、有界,知它们有极限函数,又由上式知它们相同,故可记为 $f(x)$.

由 $f_n(x), g_n(x)$ 的连续性知 $f(x)$ 亦连续.

但曲线 $l: y = f(x) (a \leq x \leq b)$ 在区域 Ω_n 内,故其上任一点 $M_0(x_0, y_0)$,当 $M(x, y)$ 沿 l 向左或向右移动(水平距离) $a/2^n$ 时,割线 $M_0 M$ 至少有两个位置其夹角为 $\pi/4$. 由 n 的任意性,当 M 沿 l 趋向于 M_0 时, $M_0 M$ 上下摇摆,故其无极限,此即说曲线 l 在 M_0 无切线(或 $f(x)$ 在 x_0 处无导数).

当然,上述折线还可以推广成逐段光滑的曲线
$$L_n: y = g_n(x), a \leq x \leq b; \quad K_n: y = f_n(x), a \leq x \leq b$$
及直线 $x = a, x = b$ 围成的波形区域为 Ω_n. 其中 Ω_n 满足:

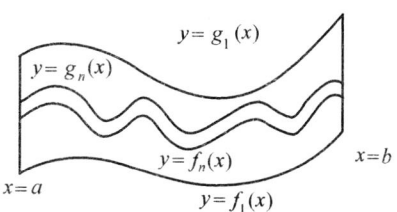

a. 联结 Ω_n 内的左右两边线上各一点且全部在 Ω_n 的连续曲线 Γ，当 $M_0 \in \Gamma$，则至少有 Γ 上两点 M_1, M_2 使它们与 M_0 的水平距离不大于 $a_n (a_n > 0)$，且 $M_0 M_1$ 与 $M_0 M_2$ 夹角 $< M_0 M_1, M_0 M_1 > \geqslant \alpha > 0$.

b. $f_n(x) \leqslant f_{n+1}(x) \leqslant g_{n+1} \leqslant g_n(x)$，且
$$0 < g_n(x) - f_n(x) \leqslant b_n (b_n > 0)$$

c. $n \to +\infty$ 时，$a_n \to 0, b_n \to 0$.

当 $n \to \infty$ 时，$\{f_n(x)\}, \{g_n(x)\}$ 皆趋向于同一极限函数 $f(x)$，则 $f(x)$ 处处连续而无处可微.

(6) 张景中、杨九高的例子

若 $x \in [0,1]$，今将 x 表成二进制小数：$x = \sum_{k=1}^{\infty} \dfrac{a_k}{2^k}$，其中 $a_k = 0$ 或 1，且约定 $\sum_{K=1}^{\infty} \dfrac{1}{2^k} = 1$.

令 $$F(x) = \sum_{k=1}^{\infty} \frac{1}{2^k} \Big[k a_k + (1 - 2a_k) \sum_{i=1}^{k} a_i \Big]$$

及 $$A_n = \sum_{k=1}^{n} \frac{1}{2^k} \Big[k a_k + (1 - 2a_k) \sum_{i=1}^{k} a_i \Big]$$

又 $x = \sum_{k=1}^{\infty} \dfrac{a_k}{2^k}$，知 $F(x)$ 是序列 $\{A_n\}$ 的极限.

而 $\{A_n\}$ 极限的存在可由其不减，再证其有界即可，这只须注意到：

若 $a_k = 0$，有
$$k a_k + (1 - 2a_k) \sum_{i=1}^{k} a_i = \sum_{i=1}^{k} a_i < k$$

若 $a_k = 1$，有
$$k a_k + (1 - 2a_k) \sum_{i=1}^{k} a_k = k - \sum_{i=1}^{k} a_i < k$$

故 $$\sum_{k=1}^{\infty} \frac{1}{2^k} \Big[k a_k + (1 - 2a_k) \sum_{i=1}^{k} a_k \Big] < \sum_{k=1}^{\infty} \frac{k}{2^k}$$

即 $\{A_n\}$ 有极限，须指出一点，某些数可有两种不同的二进制小数，如 $\dfrac{1}{2} = (0.1000\cdots)_2 = (0.0111\cdots)_2$（比如，十进制中数 $1.000\cdots$ 亦可写成 $0.999\cdots$）但它

们的函数值对应同一个.

今先证 $F(x)$ 的连续性. 若 $B \in [0,1]$, 且

$$B = \sum_{k=1}^{\infty} \frac{a_k}{2^k}$$

(这里 $a_k = 0$ 或 1).

因为 B 有两种表示法, 我们采用自某位起后面全是 0 的那种形式.

任给 $\varepsilon > 0$, 有 n 使 $\frac{n+2}{2^n} < \delta$, 我们取 $B^* = \sum_{k=1}^{n} \frac{a_k}{2^k} + \sum_{k=n+1}^{\infty} \frac{1}{2^k}$, 知 $B^* \in [0,1]$ 且 $B < B^*$, 当 $B \leq x \leq B^*$ 时总有

$$x = \sum_{k=1}^{n} \frac{a_n}{2^n} + \sum_{k=n+1}^{\infty} \frac{b_k}{2^k}, b_k = 0 \text{ 或 } 1$$

则

$$|F(x) - F(B)| = \left| \sum_{k=n+1}^{\infty} \frac{1}{2^k} \{ kb_k + (1 - 2b_k)(\sum_{i=1}^{n} a_k + \sum_{i=n+1}^{k} b_k) - [ka_k + (1 - 2a_k) \sum_{i=1}^{k} a_i] \} \right| < \sum_{k=n+1}^{\infty} \frac{k}{2^k} = \frac{n+2}{2^n} < \delta$$

此即说 $F(x)$ 在 B 右连续. 类似地可证 $F(x)$ 在 B 左连续, 这只须注意当 B 有两种表示法时, 我们取自某项起后全是 1 的那种形式, 且将 B^* 表成

$$B^* = \sum_{k=1}^{\infty} \frac{a_k}{2^k} < B$$

下面证明其处处不可导, 取 $A_n = \sum_{k=1}^{n} \frac{a^k}{2^k} + \sum_{k=n+1}^{\infty} \frac{1-a_k}{2^k} (n = 1, 2, \cdots,$ 且 $a_k = 0$ 或 1), 则容易证明

$$\{A_n\} \to A = \sum_{k=1}^{\infty} \frac{a_k}{2^k} + \sum_{k=n+1}^{\infty} \frac{1-a_k}{2^k}$$

这只须注意到

$$|A_n - A| = \left| \sum_{k=n+1}^{\infty} \frac{1 - 2a_k}{2^k} \right| \to 0$$

即可. 再取

$$x_1 = \sum_{k=1}^{\infty} \frac{a_k}{2^k}, x_2 = \sum_{k=1}^{n} \frac{a_k}{2^k} + \sum_{k=n+1}^{\infty} \frac{(1-a_k)}{2^k}$$

则有

$$x_2 - x_1 = \sum_{k=n+1}^{\infty} \frac{(1 - 2a_k)}{2^k}$$

且

$$F(x_2) - F(x_1) = \left(n - 2\sum_{k=1}^{n} a_k \right) \cdot \sum_{k=n+1}^{\infty} \frac{1 - 2a_k}{2^k}$$

这样

$$\frac{F(A_n) - F(A)}{A_n - A} = n - 2\sum_{k=1}^{n} a_k$$

当 n 增加 1 时, 上式总是加 1 或减 1 摆动, 则其无极限(由柯西准则), 此即说 $F(x)$ 在点 A 不可微; 而 A 是任意的, 故 $F(x)$ 在 $[0,1]$ 上处处不可微.

(7) 刘文的例子

设 $x \in [0,1]$,其二进制小数表示为
$$x = 0.x_1 x_2 \cdots x_k \cdots, \text{这里 } x_k = 0 \text{ 或 } 1 \qquad ①$$
利用它定义函数 $u = f(x)$ 如
$$u = 0.u_1 u_2 \cdots u_k \cdots, \text{这里 } u_k = 0 \text{ 或 } 1 \text{ 且 } u_1 = 1 \qquad ②$$
故当 $k > 1$ 时,可有
$$u_k = \begin{cases} u_{k-1}, & (x_{2k-1}, x_{2k}) = (x_{2k-3}, x_{2k-2}) \\ 1 - u_{k-1}, & \text{其他情形} \end{cases} \qquad ③$$
为确定起见我们约定:若 x 有两种二进制小数表示
$$x = 0.x_1 x_2 \cdots x_k 1000 \cdots \text{ 或 } 0.x_1 x_2 \cdots x_k 0111 \cdots$$
则取末尾各数字恒为 0 的那种形式.

① 先证明 $f(x)$ 的连续性.若 $x \in (0,1)$,且 x 与 $f(x)$ 分别由①,②表示.

任给 $\varepsilon > 0$,取充分大的正整数 n 使 $1/2^n < \varepsilon$,令 $x^* = 0.x_1 \cdots x_{2n} 111 \cdots$,则当 $x < x' < x^*$ 时,$x' = 0.x_1 \cdots x_{2n} x'_{2n+1} x'_{2n+2} x'_{2n+3} \cdots$.

令 $f(x') = 0.u'_1 u'_2 \cdots u'_k \cdots$,因 u'_k 仅依赖于 x' 的前 $2k$ 位小数,故有 $u'_k = u_k (1 \leqslant k \leqslant n)$,于是
$$|f(x') - f(x)| \leqslant 1/2^n < \varepsilon$$
故 $f(x)$ 在 x 处右连续,同理可证 $f(x)$ 在 $(0,1]$ 左连续.

② 再证 $f(x)$ 处处不可导.设 $x \in [0,1)$,且 x 与 $f(x)$ 分别由①,②表示.

据前面的约定,存在充分大的正整数 m,使 $x_m = 0$,设 $2n < m \leqslant 2(n+1)$,且令
$$x' = 0.x'_1 x'_2 \cdots x'_k \cdots, f(x') = 0.u'_1 u'_2 \cdots u'_k \cdots$$
其中 $x'_k = x_k (1 \leqslant k < m,$ 或 $2n < k < 2(n+1)$ 且 $k \neq m)$,$x'_m = 1$,这样
$$x'_k = \begin{cases} 0, & 2n+1 < k \leqslant 2(n+2) \\ 1, & 2(n+2) < k \leqslant 2(n+3) \text{ 且 } u_{n+3} = u'_{n+2} \\ 0, & 2(n+2) < k \leqslant 2(n+3) \text{ 且 } u_{n+3} = 1 - u'_{n+2} \\ x_{2(n+3)}, & 2(n+3) < k \leqslant 2(n+4) \text{ 且 } u_{n+4} = u'_{n+3} \\ 1 - x'_{2(n+3)}, & 2(n+3) < k \leqslant 2(n+4) \text{ 且 } u_{n+4} = 1 - u'_{n+3} \end{cases}$$
对其他情况,x'_k 任意.

由于 u_k 仅依赖于 $x' = 0.x'_1 x'_2 \cdots x'_k \cdots$ 的前 $2k$ 位小数,故上述归纳地定义 x_k 的方法是合理的.由 ③ 可知
$$u'_{n+3} = 1 - u'_{n+3}, u'_{n+4} = u_{n+4}$$
故
$$|f(x') - f(x)| \geqslant 1/2^{n+4}$$
另一方面我们有
$$0 < x' - x < 1/2^{2n}$$

于是
$$\frac{|f(x')-f(x)|}{x'-x} > \frac{2^{2n}}{2^{n+4}} = 2^{n-4}$$

由于 n 的任意性,由上式知 $f(x)$ 在 x 处无有限右导数.

同理可证 $f(x)$ 在 $(0,1]$ 中不存在有限左导数.

故 $f(x)$ 在 $(0,1)$ 处处不可导.

2002 年,刘文又利用无穷乘积构造了这样的一个例子.[29]

若 $0 < a_n < 1$,且 $\sum_{n=1}^{\infty} a_n < \infty$(收敛),又设 p_n 是偶数($n \in \mathbf{N}$),且令 $b_n = \prod_{k=1}^{n} p_k$,若极限 $\lim_{n \to \infty} \frac{2^n}{a_n p_n} = 0$,则函数 $f(x) = \prod_{n=1}^{\infty} (1 + a_n \sin b_n \pi x)$ 是一个无处可微的连续函数.

15. 半正定齐次式表为平方和问题

1855 年,闵可夫斯基在一篇文章中提出(后被收入希尔伯特第十七问题):

实系数的半正定齐次式 $f(x_1, x_2, \cdots, x_n)$ 是否必能表成齐次式平方和?

答案是否定的. 三年后(1888 年) 希尔伯特给出了反例,且对问题给出完整的答案:

若 n 元 m 次实系数半正定齐次式,当且仅当:① $n \leqslant 2$,m 任意;② n 任意,$m = 2$;③ $n = 3$,$m = 4$ 时,才能表为齐次式的平方和.

而后,希尔伯特又对三元半正定式作了进一步研究,发现 $n = 3$ 时,$n \neq 4$ 时,不一定能表为齐次式的平方和(但可表为两个平方和的商). 但是这种反例却一直未能给出.

直到 1967 年莫兹金(T.S.Motzkin)才给出这种反例. 例子是:三元六次齐式
$$f = z^6 + x^4 y^2 + x^2 y^4 - 3x^2 y^2 z^2$$

由 $f \geqslant 3\sqrt[3]{z^6 \cdot x^4 y^2 \cdot x^2 y^4} - 3x^2 y^2 z^2 = 0$,知 f 是半正定的.

而若 f 可表为齐次式平方和 $f = \sum_{i=1}^{l} f_i^2$,知 f_i 不含 $x^3, y^3, x^2 z, y^2 z, xz^2$ 和 yz^2,且 f_i 只含 $xy^2, x^2 y, xyz, z^3$ 的线性组合.

由此可知:$\sum f_i^2$ 中 $x^2 y^2 z^2$ 系数不为负,这与前设 f 矛盾!

故 f 不能表示成齐次式的平方和.

之后肖伊(M.D.Choi)于 1975 和 1977 年又给出两个不能表为齐次式的半正定多项式的例子,它们分别是
$$x^4 y^2 + y^4 z^2 + z^4 x^2 - 3x^2 y^2 z^2$$
$$w^4 + x^2 y^2 + y^2 z^2 + z^2 x^2 - 4xyzw$$

当问题去掉"齐次"限制时,问题即为希尔伯特第十七问题,它于 1927 年由阿廷(E.Artin)肯定地解决.

接下来的例子是属于"图论"或"拓扑"方面的,当然最初也曾与分析有关.

16. H 圈存在的反例

前面我们曾介绍过"哈密顿周游世界问题",由此,图论中定义了哈密顿圈:

若给了一图 G,又 μ 是 G 中的一个圈,若 μ 经过 G 中每个(结)点一次且仅一次,则称 μ 为哈密顿圈,简称 H 圈.

下图(a)中粗边构成的圈是一个 H 圈;图(b)称彼德森(K.M.Peterson)图,图中没有 H 圈.

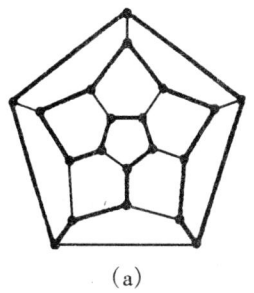 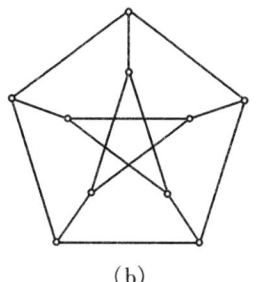

(a)　　　　　　　　　　(b)

1880 年,塔特(P.G.Tait)在研究"四色问题"时,曾提出如下猜想:

每个三连通(每点处皆有三条边经过,且称为 3 次)的正则平面图(所有顶点的次皆相等的图),简称 3 - 正则图,都有 H 圈.

1946 年,图特(Tutte)给出一个 46 阶(即 46 个顶点)的反例,否定了塔特猜想(下左图).

1968 年,格林伯格(Grimberg)发现了平面图有 H 圈的一个必要条件,且由此得到关于塔特猜想的更多反例.

迄今为止,关于塔特猜想的反例,最小阶数(顶点数)为 38 阶(下右图),它是由林德毕格(Lederberg)给出的.

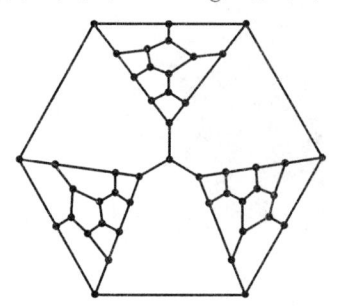 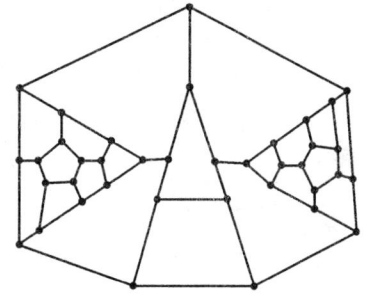

图特图(46 阶的反例)　　　　林德毕格图(38 阶的反例)

目前,1956 年图特证明了:

任一个四连通(每点的次皆为 4)平面图均有 H 圈.

顺便讲一句，上面反例的证明可用考兹列夫 – 格林贝格（Kozyrev-Grimberg）等式

$$\sum_{k=2}^{n}(k-2)(f_k - f'_k) = 0$$

去考虑，这里 $f_k, f'_k (2 \leq k \leq n)$ 表示图中 H 圈界定的内、外区域数.

1983年，汤姆森（Thomassen）进一步证明了：

每个四连通平面图是一个 H 圈.

17. 单侧曲面

一般的平面或曲面通常是双侧的，我们当然可以用不同的颜色区分它：如果曲面是封闭的，这两种颜色不会相遇；如果曲面有边界曲线，两种颜色也仅沿边界曲线相遇，这样曲面可有正面、反面（或上面、下面或里面、外面等）区分.

在德国天文学家麦比乌斯以前，人们普遍认为所有曲面皆如此，但1863年麦比乌斯却给出一个仅有一个侧面的曲面——麦比乌斯带（下图），它的制作很简单，取一张长的纸条，扭半周后两端粘起来即是.

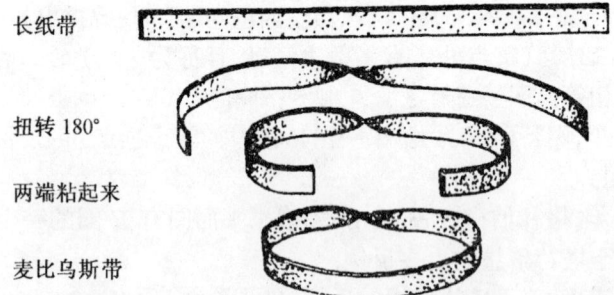

这种曲面仅有一个侧面，比如你用一支笔沿曲面上任何一点开始沿纸带连续画下去，最后，总可以回到原来的位置.

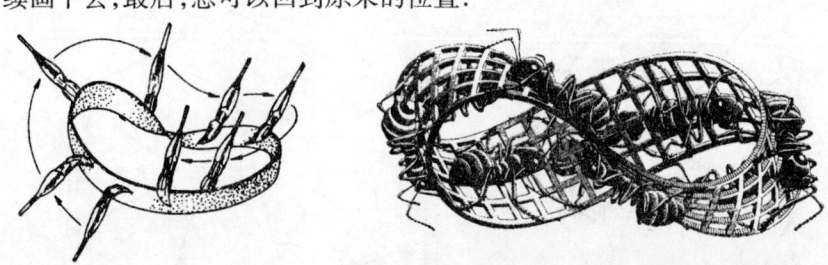

埃舍尔（M.C.Escher）的画《麦比乌斯带》

麦比乌斯带不是全封闭的曲面，对于全封闭曲面也同样存在单侧的，比如，克莱因瓶（1882年由德国数学家克莱因构造的），它可视为麦比乌斯带的高维推广.

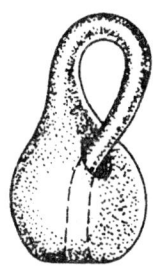 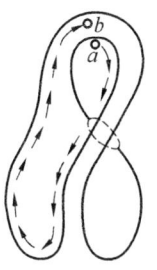

克莱因瓶

顺便指出一点,麦比乌斯和克莱因瓶分别是在二维、三维空间中用"有限"去表现"无限"的模型.

注 麦比乌斯带有许多有趣的性质.比如:
当你沿着带子的中线(图中虚线)将它剪开后,便得到一条扭了两圈的麦比乌斯带(长度增加1倍);然而你若沿两边带宽1/3处各自剪开,便得到一个扭了两圈的麦比乌斯带(宽为原来的1/3,长增加1倍)且套上一个细麦比乌斯带(长未变化,宽为原来的1/3).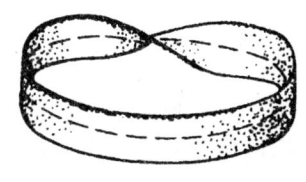

20世纪中期,两位美国学者哈尔本(Hallben)和威弗尔(Wefill)曾提出:对于宽是1(单位长)的纸带,它的长 l 最短是多少时,可以在保证不改变它的性质(像打折、撕破等)方式下,制作成一个麦比乌斯带?

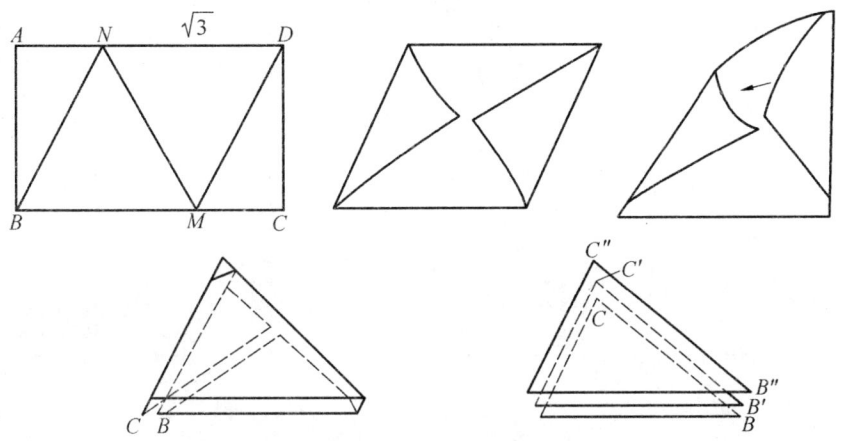

1979年,一位苏联数学家伏契斯(Fuchs)证明,这个 l 介于 $\pi/2$ 和 $\sqrt{3}$ 之间,但它的精确值人们至今仍未获得解决(恐怕还会在很长的时间里难以解决),只要宽长大于 $\sqrt{3}$,制作麦比乌斯带就有可能,而长恰为 $\sqrt{3}$ 时,人们可以弯折而制成一个麦比乌斯带.

人们发现:麦比乌斯带从数学、逻辑学、生命遗传、大脑思维、人工智能,甚至音乐、绘画等不同领域讨论,皆有其丰富的内涵,它与自然、人类、科学、艺术等皆有深刻的联系.

有人甚至认为我国"易"经中的太极图(下图)是麦比乌斯带在平面上的投影.

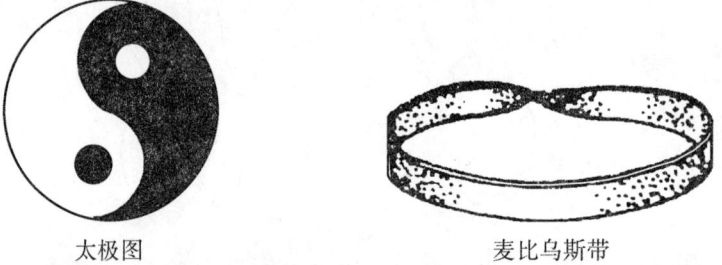

太极图　　　　　　　　　麦比乌斯带

18. 填满正方形的曲线

几何中的"线"常认为无宽度和厚度而仅有长度,那么是否存在能填满某个平面区域的曲线?

意大利数学家皮亚诺在 1890 年给出一个例子,说明存在着通过某一正方形内所有各点的连续曲线,而后又有不少人造出了这样的曲线 —— 它们通称为皮亚诺曲线.

下面的例子是波兰数学谢尔品斯基给出的.

如下图(a)把正方形分成 16 个同样大小的正方形格子,且称它们为第一级格子,在图中画一个多边形使它通过每个第一级格子(形如"X"形的封闭折线),同时称这个多边形为第一级曲线.

然后像下图(b)那样把第一级格子和曲线分别缩小到原来的 1/4,且将它们安排在每一个第一级格子中,同时将它们彼此沟通,形成一条新的曲线,这里称为第二级曲线.

重复上述过程,依次可得到第三(下图(c))、第四(下图(d))、⋯、第 n 级曲线,如此下去,在极限情形下可得到填满正方形的曲线.

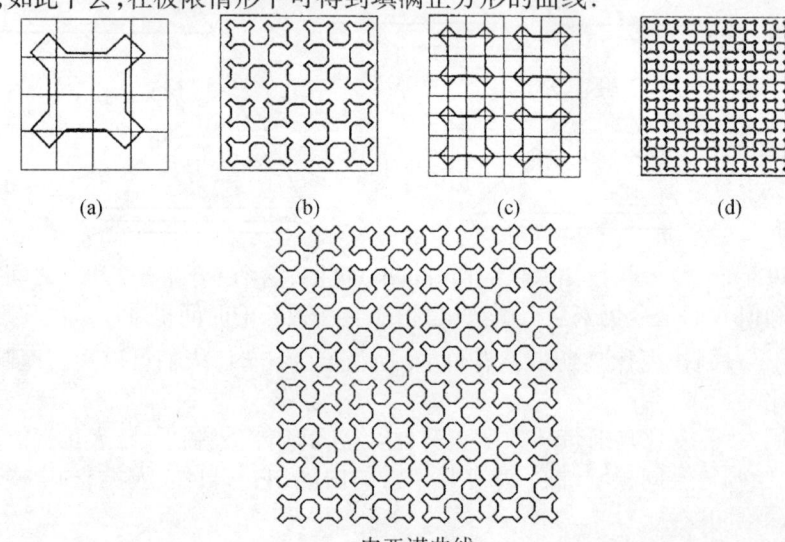

(a)　　　(b)　　　(c)　　　(d)

皮亚诺曲线

当然我们还可以考虑这样的例子:

将正方形 Q 分为九个相等的正方形(称为一级正方形),并挖去中心的小正方形;再将剩下的八个正方形中的每一个各分为九个相等的正方形(称为二级正方形),且挖去中心的正方形,如此下去,剩下的集合叫谢尔品斯基地毯(覆盖),它也是康托尔定义下的曲线,有趣的是:

它包含了平面上的任意曲线.

  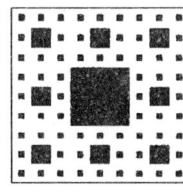 

把例子再稍推广一下:奥地利数学家门格尔(K.Menger)把立方体分割成 27 个相等的立方体,挖去中心的立体及其毗连的六个立方体,结果剩下 20 个立方体(称为一级立方体).

再对它实施与上同样的步骤:即将每个立方体再分别切割成 27 个相等的立方体,且挖去每个的中心立方体及其毗邻的六个立方体(称为二级立方体),如此下去,这些剩下的部分的集合,是一条空间曲线.

从拓扑学观点来看,它不仅包含三维空间中的所有曲线,而且还包含了任意 n 维空间的所有曲线的拓扑影像(但是谢尔品斯基曲线却不包含一般空间曲线 —— 因为在空间有不能拓扑映射到任何平面的曲线存在),它又被称为门格尔或谢尔品斯基海绵.

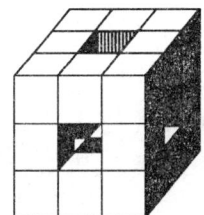 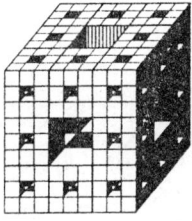 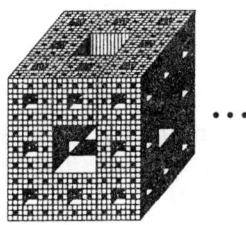

这些曲线的引入也为"分形"理论的诞生作了铺垫.

当然,有些反例给出之后也引出一些其他问题:比如与 n 有关的一些命题,对某些 n 成立,对另一些 n 却不成立(这当然也使命题推广遇到麻烦).请看:

19. 循环不等式猜想

1903 年,内斯比特(A.M.Nesbitt)证明了不等式

$$\frac{x_1}{x_2+x_3}+\frac{x_2}{x_3+x_1}+\frac{x_3}{x_1+x_2} \geqslant \frac{3}{2}$$

其中，$x_i \geq 0, x_i + x_{i+1} > 0 (x_{n+1} = x, i = 1, 2, \cdots, n)$.

1954年，夏佩罗(H.S.Shapiro)将上不等式试图推广为

$$\frac{x_1}{x_2 + x_3} + \frac{x_2}{x_3 + x_4} + \cdots + \frac{x_{n-1}}{x_n + x_1} + \frac{x_n}{x_1 + x_2} \geq \frac{n}{2} \qquad (*)$$

其中，$x_i \geq 0, x_i + x_{i+1} > 0 (x_{n+1} = x, i = 1, 2, \cdots, n)$.

1956年，人们部分地得到了这个问题的答案（$n = 4, 5$分别为夏佩罗和菲尔普斯(C.R.Phellps)证得）.

稍后，利格蒂尔(M.J.Lighthill)指出$n = 20$时不等式($*$)不成立.

1958年，莫尔克利(L.J.Morclell)在证明$n = 6$成立的同时，又给出$n = 14$不成立的反例，且由之推出对于$n \geq 14$的偶数，不等式俱不真. 事实上这只须注意到：若令

$$f_n(x_1, x_2, \cdots, x_n) = \frac{x_1}{x_2 + x_3} + \frac{x_2}{x_3 + x_4} + \cdots + \frac{x_n}{x_1 + x_2}$$

则有恒等式

$$f_{n+2}(x_1, \cdots, x_{n-1}, x_n, x_{n-1}, x_n) = f_n(x_1, \cdots, x_n) + 1$$

即不等式($*$)若对n不真，则对$n + 2$也不真.

1960年，赫肖恩(M.Herschorn)和佩克(J.E.Peck)给出$n = 14$时的另一个反例，所有这些反例均是同一类型，即

设$n = 2m, x_{2k} = a_k \varepsilon, x_{2k=1} = 1 + b_k \varepsilon (k = 1, 2, \cdots, m)$，其中$\varepsilon$为充分小正数，则

$$f_{2m}(x_1, x_2, \cdots, x_{2m}) = m + q\varepsilon^2 + o(\varepsilon^3), \varepsilon \to 0$$

其中，q是关于a_k和b_k的二次型.

若$m = 7$，则使$q < 0$的$a_k \geq 0$和b_k能找到，如祖洛夫(A.Zulauf)给出的例中：$(a_1, a_2, \cdots, a_7) = (7, 6, 5, 2, 0, 1, 4), (b_1, b_2, \cdots, b_7) = (7, 4, 1, 0, 1, 4, 6)$，且$q = -2$.

但这显然不等于说$n = 7$时不等式($*$)不成立.

汤姆(S.Thomas)证明当$n = 8, 10, 12$时，q是关于a_k和b_k的正定二次型，故此时不存在该类型的反例.

莫德尔证明当$n = 7$时，再加上条件$x_1 \geq x_7 \geq x_2 \geq x_6$，且$x_4 \geq x_2$，及$x_1 \geq x_3$，则不等式($*$)成立.

1960年，高尔贝格(K.Goldberg)声称他验证了$n = 7$时，不等式($*$)成立，且发现对x_k的3×10^5个伪随机值，不等式($*$)成立.

祖洛夫证明了若选取n个正随机值，则不等式($*$)成立的概率至少是

1/2.

1963年,道科维奇(D.Z.Dokovic)证明 $n=8$ 时,不等式(*)成立(这个结果还蕴涵了 $n=7$ 时不等式成立).

1968年诺沃德(P.Nowosad)证明 $n=10$ 时,不等式(*)成立,由此也导出 $n=9$ 时不等式(*)成立.

迪亚纳达(P.H.Diananda)证明 $n=27$ 时,不等式(*)不成立.

至此,当 $n=11,12,13,15,17,19,21,23,25$ 时结论尚不确定.

此外,不等式(*)还有一些变形和推广,比如米特利诺维奇(Mitrinovic)证明

$$\frac{x_1+x_2+\cdots+x_k}{x_{k+1}+x_{k+2}+\cdots+x_n}+\frac{x_2+x_3+\cdots+x_{k+1}}{x_{k+2}+x_{k+3}+\cdots+x_n+x_1}+\cdots+\frac{x_n+x_1+\cdots+x_{k-1}}{x_k+x_{k+1}+\cdots+x_{n-1}}\geq\frac{nk}{n-k}$$

其中,$x_1,x_2,\cdots,x_k>0$,且 $n>k\geq1$.

20. 双随机矩阵猜想

在"概率论"中,特别是在离散的马尔科夫(A.A.Марков)链的研究中,常会遇到所谓双随机矩阵.

若一个方阵 A 的元素都是非负的,且各行和、各列和均为1,则 A 被称为双随机矩阵.

双随机矩阵有许多有趣的性质,其中关于双随机矩阵的积和式(per),就有一个十分著名的直到不久前才被证明的猜想——范·德·瓦尔登猜想[1],它是这样叙述的:

若 A 是一个对称半正定的 n 阶双随机矩阵,则

$$\text{per } A \geq n!/n^n \qquad (*)$$

其中等号仅当 $A=J_n/n$ 时成立.

这里 per A 为矩阵的 A 的积和式,又 J_n 为 n 阶全1矩阵(其全部元素皆为1的矩阵). 所谓 $m\times n$ 矩阵 $A=(a_{ij})_{m\times n}$ 的积和式是指

$$\text{per } A = \sum a_{1i_1}a_{2i_2}\cdots a_{mi_m}$$

其中,$(i_1,i_2,\cdots,i_m)$ 为 $(1,2,\cdots,m)$ 的任一排列,上式是对元素下标的不同排列求和.

---

[1] 请见《数学译林》1981年第3期60~65页和1982年第4期360~365页.

依据范·德·瓦尔登猜想有人提出更强的猜测(它涉及两个双随机矩阵):
若 A, B 均为 n 阶双随机矩阵,则
$$\text{per}(AB) \leqslant \min(\text{per } A, \text{per } B) \qquad (**)$$
注意到当式($**$)中取 $B = J_n/n$ 即可得到式($*$).

遗憾的是式($**$)并不成立,尤卡特(W.B.Jurkat)给出了下面的反例.

考虑三阶双随机矩阵

$$A = \frac{1}{24}\begin{pmatrix} 11 & 5 & 8 \\ 13 & 11 & 0 \\ 0 & 8 & 16 \end{pmatrix}, \quad B = \frac{1}{2}\begin{pmatrix} 1 & 1 & 0 \\ 1 & 1 & 0 \\ 0 & 0 & 2 \end{pmatrix}$$

但
$$\text{per } A = \frac{3804}{13824} < \text{per}(AB) = \frac{3840}{13824}$$

此外还有人试图给出范·德·瓦尔登猜想的又一个改进:

若 A 是 n 阶双随机矩阵,则
$$\text{per}(AA^T) \leqslant \text{per } A \qquad (***)$$

由" A 是对称的半正定的 n 阶双随机矩阵,则 $\text{per } A \geqslant n!/n^n$,其中等号当且仅当 $A = J_n/n$ 时成立"定理,我们可以看出:

若式($***$)成立则可推出式($*$)来,这就是说结论式($*$)是结论式($***$)的推论(系理或特例).

同样令人失望的是式($***$)也不成立.纽曼(M.Newman)给出下面的反例

$$A = \begin{pmatrix} 1 & 1 & 0 & 0 \\ 0 & 1 & 1 & 0 \\ 0 & 0 & 1 & 1 \\ 1 & 0 & 0 & 1 \end{pmatrix}, \quad AA^T = \frac{1}{4}\begin{pmatrix} 2 & 1 & 0 & 1 \\ 1 & 2 & 1 & 0 \\ 0 & 1 & 2 & 1 \\ 1 & 0 & 1 & 2 \end{pmatrix}$$

但 $\text{per}(AA^T) = 9/64 > \text{per } A = 8/64$.

上述两个较强的猜测式($**$)和($***$)被否定了,这似乎动摇了人们对范·德·瓦尔登猜想成立的信心,可是许多较弱的结果的成立,又在支持人们对范·德·瓦尔登猜想成立的信念,更何况推翻这个猜想的反例人们一直未能得到.

范·德·瓦尔登猜想引起许多数学家们的重视,且由此引发了人们对矩阵积和式性质的研究,同时相应的提出了许多有关的猜想.

比如 1963 年闵科(Minc)提出关于 $\text{per } A$ 的上界猜想

$$\text{per } A \leqslant \prod_{i=1}^{n}(r_i!)^{1/r_i}$$

这里 A 为 n 阶 $0-1$ 矩阵,且其各行元素之和分别为 $r_1, r_2, \cdots, r_n$.

1973年,这一猜测被布格曼(H.Bregman)证得.

上述猜测还与拉丁方计数问题有密切联系,由范·德·瓦尔登猜想可证明: n 阶拉丁方的个数 L_n 满足

$$\frac{(n!)^{2n-1}}{n^{n^2}} \leqslant L_n \leqslant \left[\prod_{k=1}^{n-1}(k!)^{\frac{1}{k}}\right]^n$$

然而人们迄今仅证得 L_n 的下界为

$$L_n \geqslant n!(n-1)!(n-2)!\cdots 1!$$

21. 线性规划问题中的一个例子

我们知道在运筹学中,对于线性规划(LP)单纯形方法而言,标准线性规划问题(SLP)提法是:

目标函数(记 V)　　$\max z = c^T x$,

满足约束条件(记 s.t.)　　$Ax = b$,　$x \geqslant 0$,

这里 A 为 $m \times n$ 矩阵, c, x 为 n 维向量, b 为 m 维向量且 $b \geqslant 0$ (即 b 的各分量非负).问题或记为 $\max\{c^T x \mid Ax = b, x \geqslant 0\}$.

人们又定义:对于线性规则问题的基本可行解来说,若其非 0 的分量少于 m 个,则称其为退化的.

1947年,丹齐格(G.B.Dantzig)给出了解决线性规划问题的重要方法——单纯形法,它在解决大量实际问题时甚为有效,因而成为解决这类问题的首选方法.

起初人们对于退化的情形认识不足,1951年霍夫曼(A.J.Hoffmon)人为地构造出了一个使单纯形法失效的例子(退化的线性规则问题,它有11个变量,3个约束方程),即在单纯形法的迭代中迭代到一定步数后即回到初始状态,换言之,出现循环.

1955年,博尔(E.M.Beale)又给出另外一个较简的例子

$$V: \min z = -\frac{3}{4}x_1 + 150x_2 - \frac{1}{50}x_3 + 6x_4$$

$$\text{s.t} \begin{cases} \frac{1}{4}x_1 - 60x_2 - \frac{1}{25}x_3 + 9x_4 + x_5 = 0 \\ \frac{1}{2}x_1 - 90x_2 - \frac{1}{50}x_3 + 3x_4 + x_6 = 0 \\ x_3 + x_7 = 1 \\ x_i \geqslant 0, i = 1, 2, \cdots, 7 \end{cases}$$

当它迭代六次以后,又回到最初可行基 $\{x_5, x_6, x_7\}$,即出现循环,显然这样迭代将得不到最优解而使方法失效.

为此,人们便开始采取某些补救措施,比如,1952年,查尼斯(A.Charnes)提出摄动法;1954年,丹齐格提出字典序法;1976年,布兰德(Bland)提出的迭代准则而给出布兰德方法(最小下标转轴法).

从这里也可看出,反例往往对改进或完善某些方法有重要的促进作用.

22. 单纯形法不是"好的"算法

前文已述线性规划(LP)问题是运筹学的一个重要分支,而丹齐格于20世纪50年代发明的单纯形法是解LP问题的重要、常用且有效的方法.但从运算次数角度看,它却不是一个"好的"算法.

对一个算法的好坏,计算机的标准是:如果它的运算次数(严格地讲是输入长度)是以多项式函数为上界,则称该算法是"好的";若是指数函数次的则称之为"坏的"或"不好的".此概念是1965年由埃德芒斯(Edmons)提出的.

1972年,美国学者基利(V.C.Klee)和米蒂(G.J.Mimty),共同造出一个反例,以说明单纯形法不是"好的"算法,其算法复杂性为 $O(2^n)$,这个例子是

$$V: \max x_n$$

$$\text{s.t.} \begin{cases} x_1 - r_1 = \varepsilon \\ x_1 + s_1 = 1 \\ x_j - \varepsilon x_{j-1} - r_j = 0, & j = 2, 3, \cdots, n \\ x_j + \varepsilon x_{j-1} + s_j = 1, & j = 2, 3, \cdots, n \\ x_j, r_j, s_j \geq 0, & j = 1, 2, \cdots, n \end{cases}$$

这里 ε 为满足 $0 < \varepsilon < 0.5$ 的实数.

上例是有 $3n$ 个变元、$2n$ 个约束的LP问题,关于其算法不是"好的"的证明见有关文献.

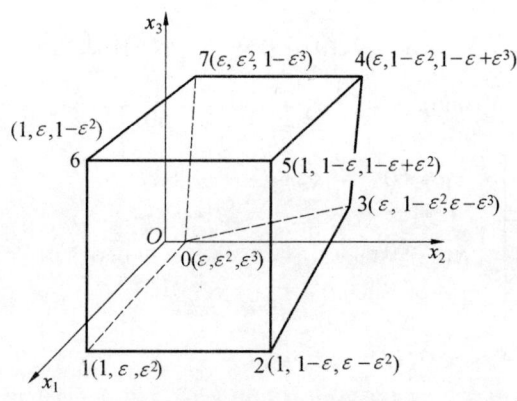

反例 $n = 3$ 的情形

此例已经改造,其原来的例子是

$$V: \max z = \sum_{j=1}^{n} 10^{n-j} x_j$$

$$s.t. \begin{cases} x_j + 2\sum_{i<j} 10^{j-i} x_i \leq 10^{2j-2}, & j=1,2,\cdots,n \\ x_j \geq 0, & j=1,2,\cdots,n \end{cases}$$

其可行域是由一个 n 维长方体作出挠动得到,共有 2^n 个顶点,使用单纯形法,从可行域某个顶点出发需迭代 $2^n - 1$ 次(遍历全部顶点)才可获解.

为了寻找解 LP 的"好的"算法,人们相继做了许多工作,其中:

1979 年,苏联的哈其扬(L.G.Khachiyan)给出了 LP 第一个多项式算法(椭球算法),但它的实算效果并不优于单纯形法,因而此法实用意义不大(但理论价值很高).

1984 年,旅美印度数学家卡马卡尔(N.Karmakar)又给出一个多项式算法(射影变换法).据称此法在解决变元个数很大(比如,大于 5000,又称大规模)的 LP 问题时有效(速度提高 50 倍,曾盛誉运筹学界).

但实际上人们遇到的问题在使用单纯形算法时颇有效(实算统计表明迭代次数约为 $O(n)$,即约在 n 与 $2n$ 次之间),而用以说明此法是"坏的"算法的例子均是人造的.

为了解释这一反常现象,人们研究后发现:

单纯形法是"坏的"算法的例子出现的概率是 0.

这是斯梅尔(S.Smale)在 20 世纪 80 年代初的出色工作.

此外博格瓦特(K.H.Borgwardt)于 1982 年指出:单纯形法迭代次数(转轴次数)的数学期望值不高于 $O(n^4 m)$.

1983 年斯马利证明:单纯形方法平均运算次数是多项式次的.

23. 动态规划中贝尔曼(Bellman)原理的反例

在动态规划(它也属于运筹学的一个分支)乃至最优化理论中,贝尔曼(Bellman)原理是一个重要基本原理.它用图论中网络的术语可表述为:

网络最短路的任意后部子路必是最短的.

1982 年,胡德强举出一个反例,说明该原理并非普适.他的例子简述为:

考虑下图所示的网络,且定义:路长 $\equiv \sum$ 弧长(mod10).试求由 S 到 T 的最短路.

$$\underset{9}{\overset{1}{S \to}} 1 \underset{9}{\overset{1}{\to}} 2 \quad \cdots \quad 7 \underset{9}{\overset{1}{\to}} 8 \underset{9}{\overset{1}{\to}} T$$

在此网络中,任意相邻两点间均有两条弧(简称上弧、下弧),其中全由下弧组成的由 S 到 T 的路长为

$$\sum_{i=1}^{9} 9 \equiv 1 (\bmod\ 10)$$

显然不存在由 S 到 T 的长度小于 1 的路,从而上面这条路为最短路.

然而,该最短路的后部子路却不一定最短.例如,下弧中由结点 7 到结点 T 的子路就不是最短.此时,上弧长为 $1 + 1 \equiv 2 (\bmod 10)$,而下弧长为 $9 + 9 \equiv 8 (\bmod\ 10)$.①

1988 年范明给出一个更一般的反例:

设 $p, q \in \mathbf{Z}^+$,且 $(p, q) = 1$,及 $p < q$.令 $m = pq$.考虑下图网络,且定义:路长 $\Sigma \equiv$ 弧长$(\bmod\ m)$.求 S 到 P 的最短路.

$$S \xrightarrow[q]{p} 1 \xrightarrow[q]{p} 2 \cdots\cdots p-1 \xrightarrow[q]{p} P$$

该网络中,全由下弧组成的由 S 到 P 的路长为

$$\underbrace{q + q + \cdots + q}_{p\text{项}} \equiv 0 (\bmod\ m)$$

它显然是最短路.但容易证明:

(1) 其任何真子路均非最短路.

(2) 利用递推法失效(它所找出的"最短路"为全由上弧组成的路,其长为 p^2,它非最短).

例如,取 $p = 3, q = 5$,而 $m = p \cdot q = 15$,对下图所示网络,定义

路长 $= \Sigma$ 弧长$(\bmod\ 15)$

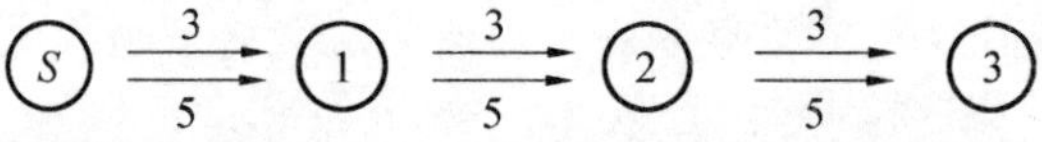

$$S \xrightarrow[5]{3} 1 \xrightarrow[5]{3} 2 \xrightarrow[5]{3} 3$$

从 S 到 T 由下弧组成的路长 $5 + 5 + 5 \equiv 0 (\bmod\ 15)$,显然它最短,但其真子路非最短,同时利用递推法寻找最短路失效(其为由上弧组成,长路为 9,不是最短路).

下面是一个由我国学者给出的反例,它否定了前苏联数学家在解决著名的希尔伯特第十六问题时的一些结果.

---

① 由 S 到 T 的最短路不止一条,比如,从 S 到 T 依次由上弧、下弧、上弧、…、下弧、上弧交替而组成路,其长度为
$$1 + 9 + 1 + 9 + \cdots + 9 + 1 \equiv 1 (\bmod\ 10)$$
其也是最短路,然而它不构成反例.

24. 二次系统的极限环个数

希尔伯特第十六问题[①]关于微分方的部分是:求方程

$$\frac{dy}{dx} = \frac{Q_n(x,y)}{P_n(x,y)} \qquad (E_n)$$

的极限环的最大数目和位置,其中 Q_n, P_n 是 x, y 的 n 次多项式(问题称为 n 次系统).

这个问题曾引起很多数学工作者的关注,不少人对此作了艰苦不懈的努力,但进展较为缓慢,甚至对二次系统(Q_n, P_n 是二次多项式时)的研究也是如此.今记 $H(n)$ 为方程 E_n 的极限环的最大数目,下面是当时曾经取得的部分结果:

1955 年,苏联科学院院士彼德洛夫斯基(И.Г.Петровский)与拉金斯(Ландис)曾声称他们证明了:$H(2) = 3$.

1956 年,莫尔恰诺夫(Молчанов)再次肯定 $H(2) = 3$.

1965 年,切尔卡斯(Черкас)也肯定 $H(2) = 3$.

1967 年,波德洛夫斯基和拉金斯发表声明,声称他们文章中的一个引理证明有误,但仍对其结论笃信不疑,即 $H(2) = 3$.

1966 年,美国人库佩尔(K. Coppel);1975 年,佩科(Perko)等多次怀疑上述结论,但他们没能给出切的结果.

1979 年,我国学者史松龄及南京大学教师陈兰荪和王明淑都分别对 $H(2) = 3$ 的结论给出了反例——二次系统(E_2)出现至少四个极限环的例子.史松龄的例子是:

数值系统的二次系统

$$\begin{cases} \dfrac{dy}{dx} = \lambda x - y - 10x^2 + (5+\delta)xy + y^2 \\ \dfrac{dy}{dx} = x + x^2 + (-25 + 8\varepsilon - 9\delta)xy \end{cases} \qquad (*)$$

其中,$\lambda = -10^{-250}, \varepsilon = -10^{-70}, \delta = -10^{-18}$,可作出四个大约庞加莱 - 贝迪克松

[①] 希尔伯特第十六问题是关于代数曲线和曲面的拓扑问题.哈尔纳克(Harnack)曾确定了 n 阶平面代数曲线所具有的闭弧立分枝的最大个数,希尔伯特希望进一步研究它们的位置,以及相应的研究空间代数曲面的叶的最大个数、类型和相对位置.近年来这方面研究取得了不少重要结果.该问题的后半部分即是要讨论微分方程 $\dfrac{dy}{dx} = \dfrac{Q_n}{P_n}$ 的极限环的最大个数和相对位置(详见本书附录二).

(Poincaré-Bendixson)环域(下图),使每个环域里至少存在一个极限环,因而 $H(2) \geqslant 4$.

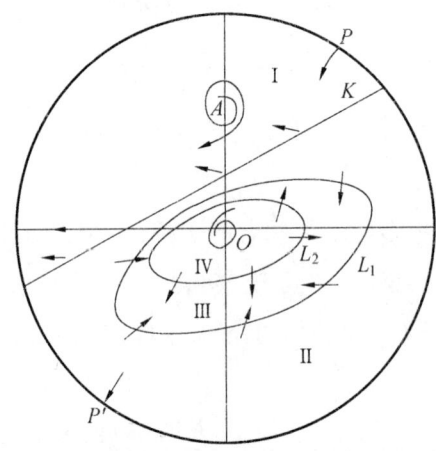

有四个极限环的二次系统

证明详见文献[20],另外的反例可见文献[21].

二、几个较为简单或初等的反例

无论在初等数学,还是高等数学中,都会遇到大量的反例,我们前文已介绍了不少经典例子.我们还想介绍一些较简单或较初等的例子,因为了解它们对熟悉反例构造,加深概念理解都将十分有益,下面我们仅举一些有代表性的例子,以此去窥其中之一斑.

(一)初等数学中的反例

初等数学是高等数学的前奏或基础,因而对于初等数学的研究是学好,乃至做好高等数学的必要准备.

在初等代数、三角、几何中有大量的生动的反例问题,限于篇幅我们仅举几个几何上的反例问题,它们多少有些代表性.

1. 五个元素对应相等而两三角形不全等

在三角形中有六个主要元素:三条边和三个内角.而关于两三角形全等的判定定理中,一般需要三个元素对应相等(但其中至少有一条边),比如,两角夹边、两边夹角等,这其中"夹"字十分重要,下面我们来看一下尽管有五个元素对应相等而两三角形不全等的例:

三边分别是 a,b,c 和 b,c,d 的两个三角形,这里 $a:b=b:c=c:d$,

则它们相似,故有三个角相等,加之 b,c 两边,该两个三角形共有五个元素分别相等,但这两个三角形却不全等.

具体地,如 $a=8, b=12, c=18, d=27$ 即为一例(详见下图).

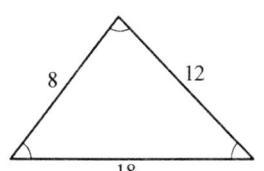 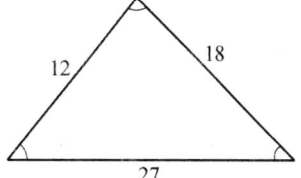

2.三角形边长与面积大小

在三角形中,若知道其三边,便可计算其面积,这个事实早在两千多年前已为古希腊学者海伦所发现,他并给出了公式

$$S_{\triangle ABC} = \sqrt{p(p-a)(p-b)(p-c)} \qquad \text{(海伦公式)}$$

其中,a,b,c 为 $\triangle ABC$ 三边长,$p=(a+b+c)/2$.

这个公式和我国数学家秦九韶在《数书九章》中提出的公式——"三斜求积"式实质上是相同的

$$S = \frac{1}{2}\sqrt{a^2c^2 - \left(\frac{c^2+a^2-b^2}{2}\right)^2} \qquad \text{(三斜求积式)}$$

一般来说,边长大的三角形面积也较大,但它也不是绝对的.请看问题:

若 a,b,c 为 $\triangle ABC$ 三边,a',b',c' 为 $\triangle A'B'C'$ 三边,又 $a<b<c<a'<b'<c'$,试问 $S_{\triangle ABC} < S_{\triangle A'B'C'}$ 是否一定成立?

乍一看你会毫不生疑,可是请你考虑下面的例子.

如图,已知 $\triangle ABC$ 的三边 $a<b<c$,又边 BC 上高为 AD,在 BC 延长线上取 C' 使 $B'C'>BC$,另取 D' 使 $BC'=C'D'$.

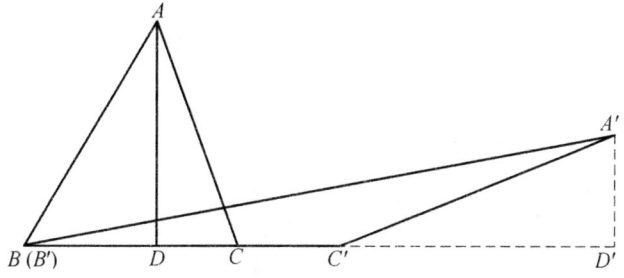

若 $\frac{BC'}{BC} = k(k>1)$,只须取 $A'D' < \frac{1}{k}AD$($A'D'$ 为过点 D' 的 BD' 的垂线)即可.

显然 $a<b<c<a'<b'<c'$,但

$$S_{\triangle ABC} = \frac{1}{2} BC \cdot AD > \frac{1}{2}\left(\frac{1}{k} B'C'\right) \cdot (k \cdot A'D') = \frac{1}{2} B'C' \cdot A'D' = S_{\triangle A'B'C'}$$

具体的例子:如下图,取 Rt$\triangle ABC$,且 $a = 3, b = 4, c = 5$;又考虑 $\triangle A'B'C'$ 中($A'D' = 1$):令 $a' = 6$,则 $b' = \sqrt{37}, c' = \sqrt{145}$;

显然 $BC < AC < AB < BC' < A'C' < A'B'$ 即 $a < b < c < a' < b' < c'$,而

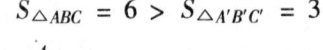

$$S_{\triangle ABC} = 6 > S_{\triangle A'B'C'} = 3$$

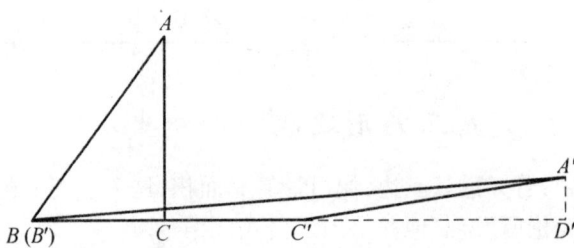

注1 对于两个锐角三角形来说,若它们的边长满足题设关系,则命题结论一定成立.

这也可用反证法去考虑,如下图,两锐角三角形 $\triangle ABC$ 和 $\triangle A'B'C'$ 中,若 $a < b < c < a' < b' < c'$,而 $S_{\triangle ABC} > S_{\triangle A'B'C'}$.

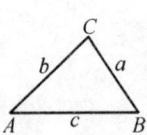 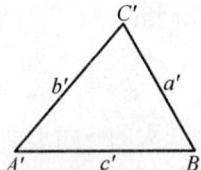

这样,由之则有

$ab\sin C > a'b'\sin C'$, $ac\sin B > a'c'\sin B'$, $bc\sin A > b'c'\sin A'$

由设 $ab < a'b', ac < a'c', bc < b'c'$,故

$\sin A > \sin A'$, $\sin B > \sin B'$, $\sin C > \sin C'$

由两三角形皆为锐角三角形,故

$\angle A > \angle A', \angle B > \angle B', \angle C > \angle C'$

从而可有

$\angle A + \angle B + \angle C > \angle A' + \angle B' + \angle C'$

显然矛盾(三角形三内角和皆为180°).

注2 前文我们曾介绍过,海伦公式可以推广到空间四面体情形.

四面体 $S - ABC$ 中,它的六条棱长分别为 a, b, c, p, q, r 则它们的体积为

$$V = \frac{1}{288}\begin{vmatrix} 2p^2 & p^2 + q^2 - c^2 & r^2 + p^2 - b^2 \\ p^2 + q^2 - c^2 & 2q^2 & q^2 + r^2 - a^2 \\ r^2 + p^2 - b^2 & q^2 + r^2 - a^2 & 2r^2 \end{vmatrix}$$

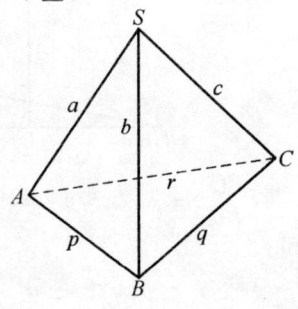

3. 爱尔特希的一个命题

1943年,数学家爱尔特希在美国《数学月刊》上提出:

若 O 是给定正多边形 $A_1A_2A_3\cdots A_n$ 内任一点,则总有 $1 \leqslant i, j \leqslant n$ 存在,使 $\left(1 - \dfrac{1}{2n+1}\right)\pi \leqslant \angle A_iOA_j < \pi$ 成立.

过了一年,有人指出命题不真,且给出了下面的反例:

若 O 是正五边形 $A_1A_2A_3A_4A_5$ 对角线 A_1A_3 和 A_2A_4 的交点,则以 O 为顶点与正五边形顶点连线所成之角分别为

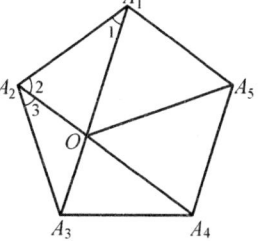

$$\angle A_2OA_3 = \angle 1 + \angle 2 = \angle 3 + \angle 2 = 108°$$
$$\angle A_1OA_2 = 180° - \angle A_2OA_3 = 180° - 108° = 72°$$
$$\angle A_1OA_5 = \angle A_5OA_4 = \frac{1}{2}\angle A_1OA_4 = \frac{1}{2}\angle A_2OA_3 = 54°$$
$$\angle A_3OA_4 = \angle A_1OA_2 = 72°$$

显然,这里除平角外的最大角为
$$\angle A_2OA_5 = \angle A_3OA_5 = 72° + 54° = 126°$$

但该角小于 $\left(1 - \dfrac{1}{5}\right) \times 180° = 144°$.

又 $\angle A_1OA_3 = 180°$ 也不可能小于 $180°$.

4. 海伦三角形的一个问题

前文提到海伦曾给出边长为 a, b, c 的三角形面积公式
$$S = \sqrt{p(p-a)(p-b)(p-c)}$$
这里 $p = (a+b+c)/2$.

海伦还指出一类边长和面积皆为整数的三角形(如 $a = 13, b = 14, c = 15, S = 84$ 等),人称海伦三角形.

美国数学家迪克森在其1923年版的《数论史》一书中提出如下猜想:

不存在有两条或三条中线皆为有理数的海伦三角形.

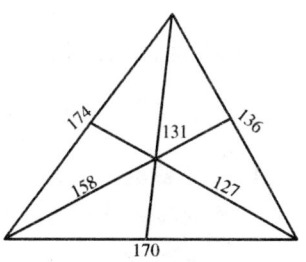

此猜想可能源于欧拉早年的一个结果,欧拉曾给出一个三边长分别是 136,170,174 的三角形,其三条中线也是整数值:158,131,127,但

唯一遗憾的是它的面积 $240\sqrt{2002}$ 不是整数.

大约50年后,比霍尔茨(R.H.Buchholz)给出一个三边长分别为 52,102,146 的三角形,且其面积 $S = 1680$,三条中线长分别为 35,97 和 $4\sqrt{949}$(仅有一条中线不是有理数),显然是对迪克森猜想的否定.

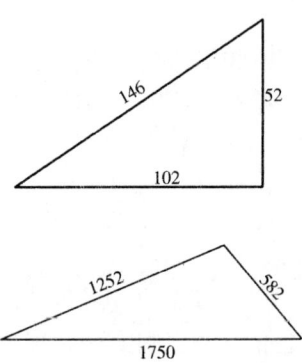

稍后(20世纪70年代),拉鲍姆(R.L. Rathbum)又给出一个反例,它是边长分别为 1750,1252,582 的三角形,其面积为 $S = 221760$,其两条中线长分别为 1144 和 33(但第3条中线非有理数).

1980年前后,盖尔(D.Gale)又提出:

是否存在三条中线皆为整数的海伦三角形?

这个问题可化为代数或数论问题. 若设三角形三边长分别为 a, b, c,三边上中线分别为 m_a, m_b, m_c,面积为 S,由阿波罗尼斯定理及海伦面积公式有

$$\begin{cases} a^2 + 4m_a^2 = 2b^2 + 2c^2 \\ b^2 + 4m_b^2 = 2c^2 + 2a^2 \\ c^2 + 4m_c^2 = 2a^2 + 2b^2 \\ a^4 + b^4 + c^4 + 16S^2 = 2b^2c^2 + 2c^2a^2 + 2a^2b^2 \end{cases}$$

由是,前述猜想等价于:

上面方程组是否有正整数解 $a, b, c, m_a, m_b, m_c, S$?

这是一个至今尚未获证的问题.

(二) 数学分析(微积分)中的反例

在高等数学(分析、代数、几何等)特别是数学分析(微积分)中也有许多著名且漂亮的反例,它们对完善微积分理论起着功不可没的作用. 比如,关于函数周期的定义,由于常函数($y = f(x) =$ 常数)是没有最小正周期的周期函数,这样关于函数周期的定义及判断就要慎之又慎. 下面我们再看几例:

1.关于函数及连续性问题

(1) 关于函数单调性、周期性

① (单调函数的和函数不一定单调) 若 $f(x) = \sin x + 2x, g(x) = \sin x - 2x$ 在 $[-\pi, \pi]$ 上都是单调函数,但 $f(x) + g(x)$ 在 $[-\pi, \pi]$ 上不是单调函数.

② (周期函数的和函数不一定是周期函数) $f(x) = \sin x, g(x) = 2\sin \alpha x$($\alpha$

为无理数)在$(-\infty, +\infty)$上均为周期函数,但$f(x) + g(x) = \sin x + \sin \alpha x$不是周期函数.

证明 用反证法,若不然,令有T使
$$\sin(x+T) + \sin(\alpha x + \alpha T) = \sin x + \sin \alpha x$$
则
$$\sin(x+T) - \sin x = -[\sin(\alpha x + \alpha T) - \sin \alpha x]$$
即
$$\cos\left(x + \frac{T}{2}\right)\sin\frac{T}{2} = -\cos\left(\alpha x + \frac{\alpha T}{2}\right)\sin\frac{\alpha T}{2}$$
或
$$\cos x \sin\frac{T}{2} = -\cos \alpha x \sin\frac{\alpha T}{2}$$

令$x = \frac{\pi}{2}$,上式左$= 0$,有$\sin\frac{\alpha T}{2} = 0$,故$\alpha T$是$2\pi$的倍数.

再令$\alpha x = \frac{\pi}{2}$,上式右$= 0$,有$\sin\frac{T}{2} = 0$,故T是2π的倍数.

因α是无理数,T是2π倍数,αT也是2π的倍数,这不可能.

(2) 关于函数连续性

连续函数有许多性质与判定方法,下面的例子说明函数连续性的某些特性.

① $f(x) = \begin{cases} 1, & x \text{是有理数} \\ -1, & x \text{是无理数} \end{cases}$,它处处不连续,但其绝对值却处处连续.

② $f(x) = \begin{cases} x, & x \text{是有理数} \\ -x, & x \text{是无理数} \end{cases}$,它仅在$x = 0$一点连续.

③ $f(x) = \begin{cases} \frac{1}{n}, & x = \frac{m}{n}, \text{且} m, n \text{互质} \\ 0, & x \text{是无理数} \end{cases}$,它在每个无理点连续,而在每个有理点不连续.

(3) 关于有限覆盖

有限覆盖定理是这样叙述的:从闭区间$[a,b]$的任一开覆盖$\{\sigma_n\}$中,必可选出有限个σ_k使之覆盖该区间$[a,b]$.

这里$\{\sigma_n\}$为一族开区间σ_n集,又E为数集,则对于任一$x \in E$,有σ_n使$x \in \sigma_n$,即$E \subset \bigcup_n \sigma_n$,称开区间集$\{\sigma_n\}$覆盖$E$,且称之为开覆盖.

这一定理对开区间情形不真.

比如,区间集$\left\{\left(\frac{1}{n}, \frac{1}{n-2}\right), n \geq 3\right\}$可覆盖开区间$(0,1)$,但无法从中选取有限个覆盖住区间$(0,1)$.

2. 关于微分问题

关于函数连续与可微性讨论,是微积分发展史上经历较为漫长才得以廓清的概念,这一点可从下面例子中体会些微.

(1) $f(x) = \begin{cases} x^2 \sin \dfrac{1}{x}, & x \neq 0 \\ 0, & x = 0 \end{cases}$,其函数本身连续,但其导数在 $x = 0$ 点间断.

(2) $f(x) = \begin{cases} 0, & x \neq 0 \\ +\infty, & x = 0 \end{cases}$,它处处有导数(不一定有限),但函数本身却不连续.

(3) $f(x) = \begin{cases} x^2 \sin \dfrac{1}{x^2}, & x \neq 0 \\ 0, & x = 0 \end{cases}$,其导数有限,但数本身在 $[-1,1]$ 上却无界.

3. 关于黎曼积分问题

函数可积性由连续函数,到有限个间断点的函数,再到可列个间断点的函数等的拓展,这个历程也不短暂.

(1) 符号函数 $\operatorname{sgn} x = \begin{cases} 1, & x > 0 \\ 1, & x = 0 \\ -1, & x < 0 \end{cases}$,若它限定于区间 $[-1,1]$ 上,该函数可积,但没有原函数.

(2) 函数 $g(x) = \begin{cases} 2x \sin \dfrac{1}{x^2} - \dfrac{2}{x} \cos \dfrac{1}{x^2}, & x \neq 0 \\ 0, & x = 0 \end{cases}$,在 $[-1,1]$ 上有原函数

$$f(x) = \begin{cases} x^2 \sin \dfrac{1}{x^2}, & x \neq 0 \\ 0, & x = 0 \end{cases}$$

但 $g(x)$ 在 $[-1,1]$ 上无界,故其不黎曼可积.

(3) 函数 $f(x) = \begin{cases} \dfrac{1}{n}, x = \dfrac{m}{n}, \text{且 } m, n \text{ 互质} \\ 0, x \text{ 是无理数} \end{cases}$,有稠密的间断点集,但黎曼可积,又 $g(x) = \int_0^x f(x)\mathrm{d}x$ 处处可微,但在一个稠密集上,$g'(x)$ 异于 $f(x)$.

4. 关于序列与级数问题

序列与级数收敛判定有许多准则,它们往往是由于原来准则不甚严密或适用范围太窄,或因判别时遇到困难而引发的修正,当然,反例在其中所起的作用是显而易见的.

(1) 序列 $\{a_n\}: 0,1,0,1,\cdots$ 是有界的发散序列.

(2) 序列 $\{a_n\} = \left\{\sum\limits_{k=1}^{n} \dfrac{1}{k}\right\}$,对每个正整数 p 均有

$$\lim_{n \to \infty}(a_{n+p} - a_n) = 0$$

但序列 $\{a_n\}$ 发散.

(3) 调和级数 $\sum_{k=1}^{+\infty} \dfrac{1}{k}$ 通项趋于零,但它发散.

(4) 设 $a_n = 0, b_n = -\dfrac{1}{n}(n = 1,2,\cdots)$,则级数 $\sum a_n$ 收敛,且级数 $\sum b_n$ 发散,但却总有 $a_n \geqslant b_n (n = 1,2,\cdots)$.

(5) 幂级数 $\sum_{n=0}^{+\infty} n! x^n$ 仅在 $x = 0$ 一点收敛,而在 $x \neq 0$ 处发散.

分析中的例子我们就举这些,更多更详细的论述可见文献[9].

(三) 高等代数和线性代数中的反例

下面再来看几个高等代数和线性代数方面的反例.

1. 关于多项式问题

整除历来是多项式研究所涉及的一类重要问题,不难想象其中的反例自然精彩.

(1) 若 $f(x), g_i(x), u_i(x)$ 皆为 x 的多项式,且多项式 $f(x) | g_i(x), i = 1, 2, \cdots, n$,则 $f(x) | \sum_{i=1}^{n} u_i(x) g_i(x)$,这里 | 表示整除号. 反之不真的例子:

$f(x) = 3x - 2, g_1(x) = x^2 + 1, g_2(x) = 2x + 3, u_1(x) = -2, u_2(x) = x$

显然 $\qquad f(x) | [u_1(x)g_1(x) + u_2(x)g_2(x)]$

但 $f(x) \nmid g_i(x)(i = 1,2)$,这里 $\nmid$ 表示不整除号.

(2) 在多项式环 $\mathbf{P}[x]$ 中,若 $f(x), g(x)$ 的最大公因式 $(f(x), g(x)) = d(x)$,则在 $\mathbf{P}[x]$ 中有 $u(x), v(x)$ 使 $d(x) = u(x)f(x) + v(x)g(x)$. 反之不真的例子:

例如 $f(x) = x, g(x) = x + 1$,且取 $u(x) = x + 2, v(x) = x - 1$,这时
$u(x)f(x) + v(x)g(x) = x(x+2) + (x+1)(x-1) = 2x^2 + 2x - 1$

但 $2x^2 + 2x - 1$ 不是 $f(x), g(x)$ 的最大公因式,即
$$2x^2 + 2x - 1 \neq (x, x+1)$$

2. 矩阵问题

矩阵在现代数学的地位日显重要,研究矩阵的理论日益丰富而深入. 由于矩阵不是数而又可以像数一样去运算,因而它既有像数运算一样某些性质,而又有不同于数的某些特性.

(1) $A \neq O, B \neq O$,但 $AB = O$ 的例

$$A = \begin{pmatrix} 1 & 0 \\ 0 & 0 \end{pmatrix}, \quad B = \begin{pmatrix} 0 & 0 \\ 0 & 1 \end{pmatrix}, \quad AB = \begin{pmatrix} 0 & 0 \\ 0 & 0 \end{pmatrix} = O$$

(2) $A \neq O$,又 $AB = AC$,但 $B \neq C$ 的例

$$A = \begin{pmatrix} 1 & 1 \\ -1 & -1 \end{pmatrix}, \quad B = \begin{pmatrix} 1 & -1 \\ -1 & 1 \end{pmatrix}, \quad C = \begin{pmatrix} -1 & 1 \\ 1 & -1 \end{pmatrix}$$

(3) $A^2 = O$,但 $A \neq O$ 的例

$$A = \begin{pmatrix} a & a \\ -a & -a \end{pmatrix}$$

其中 $a \neq 0$.

(4) 正定矩阵之积不是正定阵的例

$$A = \begin{pmatrix} 1 & 1 \\ 1 & 2 \end{pmatrix}, \quad B = \begin{pmatrix} 1 & -1 \\ -1 & 2 \end{pmatrix}$$

正定(这一点易于验证),但 $AB = \begin{pmatrix} 0 & 1 \\ -1 & 3 \end{pmatrix}$ 不是正定阵(甚至不对称).

(5) 正交阵之和不是正交阵的例

$$A = \begin{pmatrix} 1 & 0 \\ 0 & -1 \end{pmatrix}, \quad B = \begin{pmatrix} -1 & 0 \\ 0 & 1 \end{pmatrix}$$

是正交矩阵(可由 $A^T = A^{-1}$ 验证),但

$$A + B = \begin{pmatrix} 0 & 0 \\ 0 & 0 \end{pmatrix}$$

不是正交阵(其不可逆).

(6) 矩阵 $AB \backsim BA$,但 A 不可逆的例

$$A = \begin{pmatrix} 1 & 0 \\ 0 & 0 \end{pmatrix}, \quad B = \begin{pmatrix} 2 & 0 \\ 0 & 0 \end{pmatrix}$$

易验证 $AB \backsim BA$,但 A 不可逆(即奇异阵).

(7) 相似矩阵不是合同矩阵的例

$$A = \begin{pmatrix} 1 & 0 \\ 0 & 2 \end{pmatrix}, \quad B = \begin{pmatrix} 1 & -1/2 \\ 0 & 2 \end{pmatrix}$$

有 $T = \begin{pmatrix} 2 & 1 \\ 0 & 3 \end{pmatrix}$ 使 $B = T^{-1}AT$,即 A, B 相似但 A, B 不是合同的.

(8) 合同矩阵不是相似矩阵的例

$$A = \begin{pmatrix} 1 & 0 \\ 0 & 1 \end{pmatrix}, \quad B = \begin{pmatrix} 1 & 0 \\ 0 & 4 \end{pmatrix}, \quad C = \begin{pmatrix} 1 & 0 \\ 0 & 2 \end{pmatrix}$$

则 $B = C^T A C$,即 A, B 合同但 A, B 不相似(其特征值不同).

高等代数和线性代数中还有许多有趣的反例,读者可见文献[10].

(四) 概率中的反例

最后我们看概率论中的反例,这里也是仅举几个有代表性的例子,它们多涉及一些概念或定义,其他可见文献[11].

1. 事件两两独立与整体独立

定义三个事件 A,B,C 的独立时,要求下面四个式子(其中 $P(A)$ 表示事件 A 的概率,其余类同)都成立,才称事件整体独立(或简称独立)

$$\left. \begin{array}{l} P(AB) = P(A)P(B) \\ P(BC) = P(B)P(C) \\ P(CA) = P(C)P(A) \end{array} \right\} \quad (*)$$

$$P(ABC) = P(A)P(B)P(C) \quad (**)$$

只前三式成立的时候称事件 A,B,C 两两独立.试问仅前三式成立可否推出最后一式也成立?反之如何?

其实式(*)与(**)均不能互相推出.例如:

有一均匀四面体,其中第一面涂上红色,第二面涂上蓝色,第三面涂上黄色,第四面同时涂上三种颜色.用 A,B,C 分别表示抛四面体时,朝下的面出现红、蓝、黄色的事件,则

$$P(A) = P(B) = P(C) = \frac{1}{2}, P(AB) = P(BC) = P(CA) = \frac{1}{4}$$

这就保证式(*)成立;但是

$$P(ABC) = \frac{1}{4} \neq P(A)P(B)P(C) = \frac{1}{8}$$

反之式(**)成立,式(*)亦不一定成立.例子见后文.

注 1 在定义 n 个事件 $A_1, A_2, \cdots, A_n$ 整体独立时,须对一切可能的组合成立等式

$$\begin{cases} P(A_i A_j) = P(A_i)P(A_j) \\ P(A_i A_j A_k) = P(A_i)P(A_j)P(A_k) \\ \quad\quad\quad \vdots \\ P(A_1 A_2 \cdots A_n) = P(A_1)P(A_2)\cdots P(A_n) \end{cases}$$

其中,$1 \leqslant i < j < k < \cdots \leqslant n$.

这里共有 $\sum_{k=2}^{n} C_n^k = \sum_{k=0}^{n} C_n^k - (C_n^0 + C_n^1) = 2^n - n - 1$ 个式子.

注 2 事件两两独立而不整体独立的例子还如:

设同时抛两个均匀的四面体,每个四面体上分别标有 1,2,3,4 号码.令

$A = \{$第一个四面体出现偶数$\}$,

$B = \{$第二个四面体出现奇数$\}$,

$C = \{$两个四面体或同时出现偶数,或同时出现奇数$\}$.

容易算出
$$P(A) = P(B) = P(C) = \frac{1}{2}$$
$$P(AB) = P(BC) = P(CA) = \frac{4}{16} = \frac{1}{4}$$

而
$$P(ABC) = 0 \neq \frac{1}{8} = P(A)P(B)P(C)$$

又如:掷两颗骰子,设 A 为第一颗骰子出现奇数点的事件,B 为第二颗骰子出现奇数点的事件,C 为两颗骰子的点数和是奇数的事件.于是三元式
$$P(A) = P(B) = P(C) = \frac{1}{2}$$

且
$$P(AB) = P(BC) = P(CA) = \frac{1}{4}$$

但
$$P(ABC) = 0 \neq \frac{1}{8} = P(A)P(B)P(C)$$

引入随机变量之后我们还可有例:

有四张卡片,上面分别写有数字 112,121,222,211. 定义随机变量 ξ_1, ξ_2, ξ_3 分别为上面四张卡片中所取出的一张上的第一、第二、第三位上的数字.

由 $P\{\xi_i = 1\} = \frac{1}{2}(i = 1,2,3)$,又
$$P\{(\xi_i = 1) \cap (\xi_j = 1)\} = \frac{1}{4}, \ i \neq j, \ \text{且} \ i,j = 1,2,3$$

故 ξ_1, ξ_2, ξ_3 两两独立. 但
$$P\{(\xi_1 = 1) \cap (\xi_2 = 1) \cap (\xi_3 = 1)\} = 0$$

而
$$P\{\xi_1 = 1\} = P\{\xi_2 = 1\} = P\{\xi_3 = 1\} = \frac{1}{8}$$

则 ξ_1, ξ_2, ξ_3 不整体独立.

伯恩斯坦(S. Bernstein) 曾给出下面的例子:

若随机变量 ξ, η, ζ 的联合变量(随机向量)(ξ, η, ζ) 的三维分布在下面四点:$(1,0,0)$,$(0,1,0),(0,0,1),(1,1,1)$ 上的概率值均为 $\frac{1}{4}$.

容易验证其任一一维边缘分布在点 0 和 1 概率值为 $\frac{1}{2}$;

任一二维边缘分布在点 $(0,0),(1,0),(0,1),(1,1)$ 处概率值为 $\frac{1}{4}$.

显然任两个变量都是独立的,但三个变量却不整体独立,实因
$$P\{\xi = 1, \eta = 1, \zeta = 1\} = \frac{1}{4}$$

而
$$P\{\xi = 1\}P\{\eta = 1\}P\{\zeta = 1\} = \frac{1}{8}$$

注3 对函数独立来讲也有类似的问题.为此我们先介绍一个特殊函数.

$X = \{x \mid 0 \leq x \leq 1\}$ 是具有勒贝格测度的单位区间,在 X 上定义函数(n 是自然数):

若
$$\frac{k-1}{2^n} \leq x \leq \frac{k}{2^n}$$

$$f_n = \begin{cases} 1, k \text{ 为奇数} \\ -1, k \text{ 为偶数} \end{cases}$$

这时 f_n 称为拉德马海尔(Rademacher)函数.

拉德马海尔函数 f_1, f_2 和 $f_1 \cdot f_2$ 两两独立,但不整体独立.

费勒(W.Feller)认为:区分两两独立与整体独立,其理论意义远较实际为大.

但伯恩斯坦发现:两两独立而不整体独立的实际例子几乎不存在.

注 4 正文中例子还可以推广到 n 个事件的情形.

2. P(ABC) = P(A)P(B)P(C) 成立, 但 A,B,C 不两两独立

这个问题实际上可看成是前面问题的"反问题".具体可考虑下面的例子:

设有一均匀正八面体,在其第 1,2,3,4 面涂上红色;第 1,2,3,5 面涂上蓝色;第 1,6,7,8 面涂上黄色.现令 A, B, C 分别表示掷一次正八面体底面出现红、蓝、黄色的事件.即

$$A = \{\text{抛正八面体朝下的一面出现红色}\}$$
$$B = \{\text{抛正八面体朝下的一面出现蓝色}\}$$
$$C = \{\text{抛正八面体朝下的一面出现黄色}\}$$

由 $P(A) = P(B) = P(C) = \dfrac{1}{2}$,而

$$P(ABC) = \frac{1}{8} = P(A)P(B)P(C)$$

但

$$P(AB) = \frac{3}{8} \neq \frac{1}{4} = P(A)P(B)$$

此即说 A, B, C 不两两独立.

3. 概率为 0 的事件不一定是不可能事件, 概率为 1 的事件不一定是必然事件

这只须注意到连续型随机变量取任何个别值的概率均为 0 即可,但连续型随机变量取这些值却又不一定不可能.

又若 ξ 是随机变量,Ω 为必然事件,则

$$P\{\Omega - (\xi = x_0)\} = 1$$

显然 $\{\Omega - (\xi = x_0)\}$ 不再是必然事件.

注 不可能事件的概率必为零,反之不真.当考虑古典概型,且概率按古典概率去定义时,概率为零的事件一定是不可能事件;而考虑按几何概率定义的几何概型,这个结论不真.

4. 数学期望和方差均不存在的随机变量

并非所有随机变量皆存在数学期望和方差.请看:

若随机变量 ξ 的密度函数为(易验证它可为密度函数)
$$f(x) = \frac{1}{\pi} \cdot \frac{1}{1+x^2}, -\infty < x < +\infty$$
且称 ξ 服从柯西分布. 它的数学期望(下记 $E(\xi)$)和方差(下记 $D(\xi)$)均不存在. 事实上由
$$\int_{-a}^{a} |x| \frac{1}{\pi} \cdot \frac{1}{1+x^2} dx = \frac{2}{2\pi} \int_0^a \frac{d(1+x^2)}{1+x^2} = \frac{1}{\pi} \ln(1+x^2) \Big|_0^a = \frac{1}{\pi} \ln(1+a^2)$$
及
$$\lim_{a \to \infty} \frac{1}{\pi} \ln(1+a^2) = \infty$$
故由 $E(\xi), D(\xi)$ 的定义知 $E(\xi)$ 不存在,从而 $D(\xi)$ 也不存在,这只须注意到 $D(\xi) = E(\xi^2) - [E(\xi)]^2$ 即可.

注 对离散型随机变量来讲,这种例子也是存在的,例如,若随机变量 ξ 有如下分布列:

$\xi = x_i$	2	2^2	$\cdots$	2^n	$\cdots$
$P\{\xi = x_i\}$	$\frac{1}{2}$	$\frac{1}{2^2}$	$\cdots$	$\frac{1}{2^n}$	$\cdots$

由
$$\sum_{i=1}^{\infty} x_i p_i = \sum_{i=1}^{\infty} 2^n \cdot \frac{1}{2^n} = \infty$$
故 $E(\xi)$ 不存在,进而知 $D(\xi)$ 亦不存在.

又如,若随机变量 ξ 有分布列
$$P\left\{\xi = (-1)^k \frac{2^k}{k}\right\} = \frac{1}{2^k}, k = 1, 2, \cdots$$
但级数 $\sum x_k p_k$ 不绝对收敛,故 $E(\xi)$ 亦不存在.

参考文献

[1] 柯朗 R,罗宾斯 H.数学是什么[M].汪浩,朱煜民,译.长沙:湖南教育出版社,1985.

[2] 梯其玛希 E C.函数论[M].吴锦,译.北京:科学出版社,1962.

[3] 邦迪 J A,默蒂 U S R.图论及其应用[M].北京:高等教育出版社,1984.

[4] 盖·依·德林费尔特.数学分析补篇[M].张明梁,译.北京:人民教育出版社,1960.

[5] 戈卢布 G H,范洛恩 C F.矩阵计算[M].袁亚湘,译.北京:科学出版社,2001.

[6] 布尔强斯基 B Γ.图形的大小相等和组成相等[M].刘韫浩,泽.北京:商务印书馆,1959.

[7] 巴尔霍尼柯 A C.曲线是什么[M].北京:科学出版社,1957.

[8] 熊今成.点集拓扑讲义[M].北京:人民教育出版社,1981.

[9] 盖尔鲍姆 B R,奥姆斯特德 J M H.分析中的反例[M].高枚,译.上海:上海科技出版社,1980.

[10] 胡崇惠.代数中的反例[M].西安:陕西科技出版社,1983.

[11] 张朝今.概率论中的反例[M].西安:陕西人民出版社,1984.

[12] 俞晓群.自然数中的明珠[M].天津:天津科技出版社,1990.

[13] 伊恩·斯图尔特.上帝掷骰子吗[M].潘涛,译.上海:上海远东出版社,1995.
[14] 卢侃,孙建华.混沌学传奇[M].上海:上海翻译出版公司,1991.
[15] 刘华杰.混沌之旅[M].济南:山东教育出版社,1997.
[16] 吴振奎,俞晓群.今日数学中的趣味问题[M].天津:天津科技出版社,1990.
[17] 吴振奎,吴旻.数学中的美[M].上海:上海教育出版社,2002.
[18] 德里 H.100 个著名初等数学问题 —— 历史和解[M].罗保华,译.上海:上海科技出版社,1982.
[19] 卡拉皆屋铎利 C.实变函数论[M].北京:科学出版社,1955.
[20] 史松龄.二次系统($\dot{E}_2$)出现至少四个极限环的例子[M].北京:中国科学,1979(11).
[21] 陈兰荪,王明淑.二次系统极限环的相对位置与个数[J].数学学报,1976(7).
[22] DAVIS P J.数学里有没有巧合[J].数学译林,1985(1).
[23] 李文林,袁向东.希尔伯特问题及解决简况[J].数学实践与认识,1982(1).
[24] 陈佑庄.数学中的反例及其应用[J].中学数学,1984(4).
[25] 刘文.一个无处可微的连续函数[J].高等数学,1986(4).
[26] 张承宇.一些数论问题的猜想[J].中等数学,1987(2).
[27] 柯召,魏万迪.组合论(上、下)[M].北京:科学出版社,1981-1987.
[28] 李文林.数学史教程[M].北京:高等教育出版社,2000.
[29] LIU WEN. A Nowbere D Iffeventiable Continuous Function Constructed by Infinite Products[J].The Amer.Math.Monthly,2002,109(4):378-380.

数学中的不可能问题

> 不可解问题引起数学中完全新颖且极为显著的进展……数学家面临着探索下述问题：怎样才能证明某些问题的不可解.
> —— 柯朗(R. Courant)

希尔伯特却认为："对数学的理解是没有界限的……在数学中没有不可知！"

20世纪40年代，美国数学家波斯特提出一个与"字"有关的问题，且证明它即使用"万能的"计算机(与抽象的计算机等价)，也不能解决.问题是这样的：

有两组字母表$\{a,b\}$上的字

$$\alpha_1, \alpha_2, \alpha_3, \cdots, \alpha_k, \quad \beta_1, \beta_2, \beta_3, \cdots, \beta_k$$

我们先来试试看：

$\alpha_1 = \beta_1$?若等式成立,打印出序号 1.

$\alpha_2 = \beta_2$?若等式成立,打印出序号 2.

⋮

$\alpha_k = \beta_k$?若等式成立,打印出序号 k.

继而,再来判定：

$\alpha_i \alpha_j = \beta_i \beta_j$?若等式成立,打印出序号 ij.

⋮

$\alpha_{i_1} \alpha_{i_2} \cdots \alpha_{i_s} = \beta_{i_1} \beta_{i_2} \cdots \beta_{i_s}$?若等式成立,打印出序号 $i_1 i_2 \cdots i_s$.

⋮

如此下去,试问：任给两组字的序列,你能否判定会不会出现这样的对应等式?只需回答"是"与"否".

波斯特证明:对这个问题既不能回答"是",也不能回答"否",从而是不可判定的.

数学中有许多"不可能"问题,比如尺规作图中的"三大难题"实际上是不可能作出的;再比如五次以上方程的求根公式也是不可能导出的,这些我们将在后文详细介绍,我们先来看一个简单而奇妙的例子:

1942年,挪威数学家利翁格伦(W. Lionsgron)证明:

不定方程 $x^2 = 2y^4 - 1$ 除 $x = 1, y = 1$ 和 $x = 239, y = 13$ 外没有(不可能有)其他整数解.

如果你对不定方程的结论稍稍熟悉或了解的话,就会发现:令人不解的是为什么这个方程仅有两组整数解,除此之外不可能再有其他整数解(乍看上去它似乎应有许多解).

这就是不可能问题吸引人们关注的魅力所在.接下来我们来看一些著名的不可能问题的例子.

介绍它们之前,我们还想指出的是,这里的"不可能"与数学中的"不可判定"稍有差异,比如,1970年英国哲学家汤姆森(J. Thomson)提出一个问题:

一盏电灯,开 1 min、关 $\frac{1}{2}$ min,再开 $\frac{1}{4}$ min、关 $\frac{1}{8}$ min,开 $\frac{1}{16}$ min、关 $\frac{1}{32}$ min,如此下去,2 min 后,电灯是开着还是关了?

这是一个不可判定问题.换言之,这个问题无法回答.又如:

一个质点自东向西匀速运动了 1 min,然后按顺时针方向拐直角又运动了 $\frac{1}{2}$ min,接下来又按顺时针方向拐直角运动了 $\frac{1}{4}$ min,如此下去(下图),两分钟后这个质点会朝哪个方向移动?

这个问题也无法回答(但该质点将要达到的位置却可以求出,如下图点 P 位置).

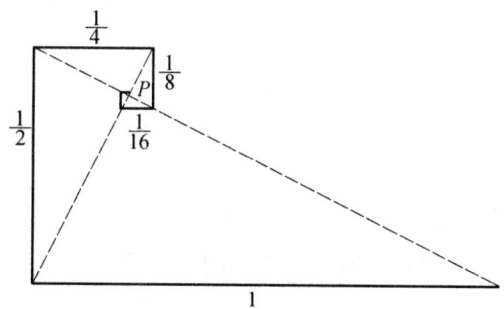

一、一些较著名的不可能问题

这些都是数学史上稍有影响的例子,我们应当看到的不仅是这些例子的本身,而且还要看到由它们所引起的对于数学发展的影响和作用.这些问题刚一提出,也许不那么起眼,但经过千百人(当然其中不乏许多出色而著名的数学家)的努力,经历了数百(甚至数千)年的漫长岁月,人们才从反面悟出"不可能".然而真的解决它们,却远非那么容易、那么轻松.

随着问题肯定不可能或否定可能的解决,新的数学概念、新的数学领域、新的数学分支也就相应诞生了.

1. 几何作图的三大"难题"

在欧几里得几何作图中,只允许有限次地使用直尺(没有刻度)、圆规.从古希腊以来一直流传至今的所谓几何作图的三大"难题"是:

(1) 三等分任意角问题.

(2) 倍立方问题(作一立方体使之体积为已知立方体体积的2倍).

(3) 化圆为方问题(作一正方形使之面积等于已知圆的面积).

两千年来,这个貌似简单的问题曾有不少人试图解决它们,然而均未成功 —— 因为这些问题都是不可能问题.

对于前两者的不可能性的证明,于1837年为万芝尔(P. L. Wantzel)所得到;后一问题由林德曼(C. L. F. Lindemann)在1882年证明了 π 的超越性后而解决(即它也是利用尺规不可能作出的问题).

我国汉代砖刻中手举矩和执规的伏羲和女娲

数学家克莱因在1895年德国数理教学改进社一次会议上,给出尺规作图三大难题不可能性的简单而明晰证法.

顺便一提:尺规作图可行性化为代数问题即:

一个尺规作图是可解的,当且仅当其对应代数问题的伽罗华群的阶为 2^k,其中 $k \in \mathbf{N}$.

注1 人们经研究发现,初等作图问题实际上可归结为:
(1) 过两点作直线.
(2) 以定点为圆心作圆过另一定点.

从而问题可归结为确定若干个点的问题,故只要把问题用解析法表示,便可明确作图的可能性与否.

对所考虑的几何问题来说,若设所给点的直角坐标为$(a_i,b_i)(i=1,2,\cdots,n)$,包含这些数$a_i,b_i(i=1,2,\cdots,n)$的最小数域为$\mathscr{K}$.

因为联结已知点的直线,或以已知点为圆心且过另一已知点的圆,可由以$\mathscr{K}$中的数为系数的一次或二次方程来表示,所以它们的交点坐标属于把$\mathscr{K}$的某数的平方根添加到$\mathscr{K}$后所成的数域.

故初等作图可能的充要条件是:确定所求图形的数a,可由数域$\mathscr{K}$中的数经过有限次四则或平方根运算得到,即a属于次数为2的幂的$\mathscr{K}$的某一正规扩张域的数,而三等分角问题,倍立方问题中的数均不属这种正规扩张域.

三等分任意角问题可由三倍角公式
$$\cos\theta = 4\cos^3\frac{\theta}{3} - 3\cos\frac{\theta}{3}$$
而归结为求三次方程:
$$4x^3 - 3x - a = 0, a = \cos\theta$$
的解的问题.特别地,只需取$\theta=60°$,且令$X=2x$,则上方程可化为
$$X^3 - 3X - 1 = 0$$
易证得它无有理数根及属于次数为2的幂的正规扩张域的根(即只含平方根符号而无其他开高次的无理根).

对于倍立方问题,若设原立方体体积为1,求作立方体边长为x,则它归结为三次方程
$$x^3 - 2 = 0$$
的求解问题,它也没有有理根及属于次数为2的幂的正规扩张域的根,故其不能用尺规作出.

注2 数a若为某方程$\sum_{k=0}^{n}a_k x^k = 0$的根($a_i$是有理数),则称它是有理数域$\mathbf{Q}$上的代数数;否则就称它是超越数.

刘维尔曾具体给出超越数存在的例子:

数$q = \sum_{k=1}^{\infty}a_k 10^{k!}$是超越数,这里$a_i(i=1,2,\cdots)$是1~9中的任一个数字.

1873年,埃尔米特(C.Hermite)证明了自然对数的底e是超越数,而后,1882年,林德曼使用同样的方法证明了π的超越性,至使流传两千余年的古希腊三大几何作图中最后一个问题也否定地解决.

关于代数数与超越数问题,这里顺便再讲几句.

1900年,希尔伯特提出著名的23个问题中的第七问题,即判断a^β($a\neq 0,1$代数数,β无理代数数)是否是超越数?(具体的如$2^{\sqrt{2}}$等)

前苏联学者盖尔芳德(A.O.Герфонд)于1929年证明了e^π的趣越性,1934年证明了一般的情形.1935年德国的施奈德(Tr.Schneider)也独立的获证.1966年,英国的贝克(A.Baker)证明了$\pi + \ln a$的超越性且将其推广为更一般的情形,但$\pi + e$是否为超越数?甚至欧拉常数

$$\gamma = \lim_{n \to \infty} \Big(\sum_{k=0}^{n} \frac{1}{k} - \ln n \Big)$$

是否是无理数至今仍不知道.

注3 在欧几里得之后,人们又研究了"单规"、"单尺"(只用圆规或只用直尺)作图问题,它有下面的主要结果及其发现者:

(1) 若把直线解释为求出其上面的两点,则只用圆规可解决全部尺规作图的初等问题(莫尔(G.Mohr),马歇罗尼(Mascheroni)).

(2) 给出一圆及其圆心时,只用直尺可解决尺规作图的全部初等问题,但作圆解释为求圆心及其圆上面一点(彭色列(J.V.Poncelet),斯坦纳).

(3) 若给出一圆,但没给出圆心,则只用直尺不可能求出已知圆圆心(希尔伯特).

(4) 只用直尺不可能平分已知线段.

(5) 若给出有公共点的两个圆周或两个同心圆,则只用直尺可以求出这些圆的圆心;但没有公共点,也不同心的两个圆,不可能只用直尺求出它们的圆心(科尔(D.Cauer)).

与此同时(更早在中世纪),人们研究了用限制圆的大小即半径固定的圆规(锈规作图)画圆,或用直尺画限制其长度(断尺作图的)的线段等问题.比如锈规作图,20世纪80年代有人就给出结论:

(1) 任给两点A,B,用锈规可求C使之组成等边$\triangle ABC$.

(2) 任给两点A,B,用锈规可作AB的中点.

进而,还有更一般的结论:

凡从两点A,B出发,用普通圆规和直尺能作的一切点(AB的k等分点,以AB为边长的某些正多边形顶点等),仅用一只锈规也可以作出.

此外还有单尺作图问题,人们同样取得一些有趣的结果.比如:

(1) 已知直线l上三点A,B,C,利用单尺可作D,使得C,D调和分割A,B,即

$$(ABCD) = \frac{AC}{CB} : \frac{AD}{DB} = -1$$

(2) 利用单尺可作直线,使之过已知点和两已知直线的交点(交点不可达).

此外,还有已知两平行直线和圆,利用单尺可完成某些作图.

人们还研究了其他几何作图或与之有关的问题,如:

只用直角尺(注意不是直尺!)和圆规,则"三等分任意角"和"倍立方"问题可解决(比贝尔巴赫).

若已画出不是圆的二次曲线,可用直尺和圆规解决"三等分任意角"和"倍立方"问题(施密斯(H.J.S.Smith),科尔图姆(H.Kortum)).

又如,尼科梅德斯(Nicomedes)利用蚌线、帕斯卡利用蚶线、帕普斯利用双曲线等给出了三等分任意角的方法;柏拉图(Plato)利用直角尺,梅尼劳斯利用抛物线,阿波罗尼斯作圆使点共线,戴奥克勒斯(Diocles)利用蔓叶线解决了倍立方问题.

当然人们还研究了上述三个问题的尺规近似作法,关于这些详见文献[3].

注4 "化圆为方"问题的不可能性解决之后,又有人将此推广产生了新形式下的"化圆为方"问题:

是否可以借助曲线把已知圆切割成有限块之后把它拼成一个正方形?

1963年,杜宾等人给出否定的回答.

1925年,波兰数学家巴拿赫等人在"集合论"概念基础上也提出另一种"化圆为方"问题:

从集合论观点出发,平面上的圆形能否用曲线切割成有限块之后,拼成一个正方形?

这个问题于1990年由匈牙利数学家拉兹科维奇解决(见本书附录一).

2. 欧几里得第五公设问题

古希腊时代就有人试图将现实空间的几何学公理化,欧几里得首先完成了,并将它们写入传世名著《几何原本》(下称《原本》)中.

在《原本》所记载的公理中的第五公设是这样的:

两条直线与第三条直线相交,在第三条直线一侧的两个角(即同旁内角)之和小于两直角时,这两条直线必在这一侧相交.

《原本》把平面上不相交的直线称为平行,因而过不在直线 l 上的点 P 且平行于 l 的直线 l' 存在的事实,由《原本》的其他公理可以证明,但它的唯一性的证明却要使用第五公设,即"第五公设"与"平行线的唯一性"是等价的,故第五公设也称"平行公理".

然而这个公理在《原本》的所有公理中,不仅叙述起来最繁琐,且在有限空间里用作图来验证是不可能的,于是有人试图用其他公理去证明它,然而都失败了.

18世纪开始,沙切尔(G. Saccheri)曾试图用反证法证明这个公理能由其他公理导出.他以假定这个公理不成立为前提,得到与它不同的种种结果,他自认为导出了矛盾,然而逻辑上并无矛盾,这项研究被认为是非欧几何创生的前奏.

19世纪初,匈牙利的波尔约和俄国的罗巴切夫斯基大胆地否定了平行公理,且提出了代替它的公理,而建立起一种新的几何学——双曲几何学(或称罗巴切夫斯基非欧几何).

据说,高斯也曾有过此种想法,但由于受到当时流行的康德(Kant)哲学的影响,没有将其想法继续深入探讨.

黎曼发展了罗巴切夫斯基的思想,建立了与欧几里得几何和罗巴切夫斯基非欧几何都不同的椭圆几何(或称黎曼非欧几何).

相对它们来说,原来的欧几里得几何有时也被称为抛物几何.

20世纪初,人们证明了只要欧几里得几何没有矛盾,则非欧几何也没有矛盾.希尔伯特给出了欧几里得几何完备的公理体系,且证明了平行公理对其他公理的独立性,而且也确定了非欧几何成立的逻辑基础.

爱因斯坦据"相对论"证明了我们所在的时空的性质,把它看做非欧几里得的比欧几里得的更为合理.

注1 三种几何对于平行线等的结论分别是:

类　　型	三角形三内角和	关于平行线的公设
欧几里得几何 (抛物几何)	等于180°	平面上过直线外一点与此直线不相交的直线仅存在一条
罗巴切夫斯基几何 (曲线几何)	小于180°	平面上过直线外一点与此直线不相交的直线至少有两条
黎曼几何 (椭圆几何)	大于180°	平面上过直线外一点与此直线不相交的直线不存在

注2 由于非欧几何的出现,几何学从传统的束缚解放出来,大批新几何学诞生了.

1872年,克莱因在德国爱尔兰根大学哲学教授评议会上给几何学下了一个定义(爱尔兰根纲领):

每种几何都由变换群所刻画,几何所研究的内容即考虑这个变换群下的不变量.此外,一种几何的子几何就是考虑原变换群的子群下的一族不变量.

按其观点,共存在七种相关的平面几何,包括欧几里得几何、双曲几何、椭圆几何等.

1910年,英国数学家沙迈维尔(D.M.Y.Sammerville)认为平面几何的数目应为九种(下表).

平面上九种几何学

角的测度	长度的测度		
	椭圆的	抛物的	双曲的
椭圆的	椭圆几何学	欧几里得几何学	双曲几何学
抛物的 (欧几里得的)	伴欧几里得几何学	伽利略几何学	伴闵可夫斯基几何学
双曲的	伴双曲几何学	闵可夫斯基几何学	二重双曲几何学

下表给出了上述几何学的某些性质.

平面九种几何中过直线外一点而不与直线相交的直线数

角的测度	长度的测度		
	椭圆的	抛物的	双曲的
椭圆的	0	1	∞
抛物的	0	1	∞
双曲的	0	1	∞

平面九种几何下三角形元素间的度量关系

角的测度	长度的测度		
	椭圆的	抛物的	双曲的
椭圆的	$\cos a = \cos b \cos c + \sin b \sin c \cos A$ $\dfrac{\sin A}{\sin a} = \dfrac{\sin B}{\sin b} = \dfrac{\sin C}{\sin c}$ $\cos A = \cos B \cos C + \sin B \sin C \cos a$	$a^2 = b^2 + c^2 - 2bc\cos A$ $\dfrac{\sin A}{a} = \dfrac{\sin B}{b} = \dfrac{\sin C}{c}$ $A = B + C$(外角定理)	$\operatorname{ch} a = \operatorname{ch} b \operatorname{ch} c + \operatorname{sh} b \operatorname{sh} c \cos A$ $\dfrac{\sin A}{\operatorname{sh} a} = \dfrac{\sin B}{\operatorname{sh} b} = \dfrac{\sin C}{\operatorname{sh} c}$ $\cos A = \cos B \cos C + \sin B \sin C \operatorname{ch} a$
抛物的	$a = b + c$ $\dfrac{A}{\sin a} = \dfrac{B}{\sin b} = \dfrac{C}{\sin c}$ $A^2 = B^2 + C^2 + 2BC\cos a$	$a = b + c$ $\dfrac{A}{a} = \dfrac{B}{b} = \dfrac{C}{c}$ $A = B + C$	$a = b + c$ $\dfrac{A}{\operatorname{sh} a} = \dfrac{B}{\operatorname{sh} b} = \dfrac{C}{\operatorname{sh} c}$ $A^2 = B^2 + C^2 + 2BC\operatorname{ch} a$
双曲的	$\cos a = \cos b \cos c + \sin b \sin c \operatorname{ch} A$ $\dfrac{\operatorname{sh} A}{\sin a} = \dfrac{\operatorname{sh} B}{\sin b} = \dfrac{\operatorname{sh} C}{\sin c}$ $\operatorname{ch} A = \operatorname{ch} B \operatorname{ch} C + \operatorname{sh} B \operatorname{sh} C \cos a$	$a^2 = b^2 + c^2 + 2bc\operatorname{ch} A$ $\dfrac{\operatorname{sh} A}{a} = \dfrac{\operatorname{sh} B}{b} = \dfrac{\operatorname{sh} C}{c}$ $A = B + C$	$\operatorname{ch} a = \operatorname{ch} b \operatorname{ch} c + \operatorname{sh} b \operatorname{sh} c \operatorname{ch} A$ $\dfrac{\operatorname{sh} A}{\operatorname{sh} a} = \dfrac{\operatorname{sh} B}{\operatorname{sh} b} = \dfrac{\operatorname{sh} C}{\operatorname{sh} c}$ $\operatorname{ch} A = \operatorname{ch} B \operatorname{ch} C + \operatorname{sh} B \operatorname{sh} C \operatorname{ch} a$

3. 正 n 边形的尺规作圆

在几何作图(利用尺规)中正 n 边形的作法似乎饶有趣味,对某些 n 的值,如 $n = 3,4,5,6$ 问题早获解决,而 $n = 7$ 的作图问题已证明是不可能.到底哪些正多边形可以用尺规作出?

前面我们曾经讲过:高斯17岁时曾研究过"正 p 边形"的尺规作图问题,其中 p 是质数,当时人们只知道 p 为3和5时的作图法,而高斯给出了正十七边形的作图,而后他还证明了:

正 p 边形(p 是质数)可用尺规作图 $\iff p$ 是费马质数.

3,5,17 均是费马型质数,257,65537 也是(前文已指出,以它们为边数的正多边形作法也由后人给出),且这是到目前为止人们仅知道的五个费马质数.

注1 其实前文我们已指出,上面结论可推广为:

若 n 是自然数,则用尺规可作出正 n 边形 $\iff n$ 可表为 $n = 2^k p_1 p_2 \cdots p_s$,这里 p_i($i = 1,2,\cdots,s$)为相异的费马型质数 $2^{2^k} + 1$,且 k 是非负整数.

注2 正七边形尺规作图不可能性的证明可如(这里假定已知命题:若整系数三次方程不能分解为一次有理式与二次有理式之积,则它的解不能用尺规作出成立):

证明 设正七边形中心角为 a,则 $7a = 360°$,或 $4a = 360° - 3a$,故

$$\sin 4a = \sin(360° - 3a) = -\sin 3a$$

即

$$4\sin a \cos a \cos 2a = -(3\sin a - 4\sin^3 a)$$

又因为 $\sin a \neq 0$,则上式可化简为

$$4\cos a \cos 2a = 4\sin^2 a - 3$$

或 $$4\cos a(2\cos^2 a - 1) = 4(1 - \cos^2 a) - 3$$
有 $$8\cos^3 a + 4\cos^2 a - 4\cos a - 1 = 0$$
令 $2\cos a = t$,上方程化为
$$t^3 + t^2 - 2t - 1 = 0$$
再令 $f(t) = t^3 + t^2 - 2t - 1$,则 $f(0) = -1$(奇数),$f(1) = -1$(奇数),由后面例子可知,$f(t)$ 无整数解.

故 $f(t)$ 不能分解一次式与二次式之积,这样 $2\cos a$ 不能用尺规作出,从而正七边形亦不能用尺规作出.

注3 正十七边形可用尺规作出可略证如:

设正十七边形中心角为 a,则 $17a = 360°$,即 $16a = 360° - a$,故
$$\sin 16a = -\sin a$$
而 $$\sin 16a = 2\sin 8a\cos 8a = 2^2\sin 4a\cos 4a\cos 8a = \cdots =$$
$$2^4\sin a\cos a\cos 2a\cos 4a\cos 8a$$
因 $\sin a \neq 0$,两边同除之有
$$16\cos a\cos 2a\cos 4a\cos 8a = -1$$
又由 $2\cos a\cos 2a = \cos a + \cos 3a$ 等,故有
$$2(\cos a + \cos 2a + \cos 3a + \cdots + \cos 8a) = -1 \qquad ①$$
注意到 $\cos 15a = \cos 2a$, $\cos 12a = \cos 5a$. 令
$$x = \cos a + \cos 2a + \cos 4a + \cos 8a, y = \cos 3a + \cos 5a + \cos 6a + \cos 7a$$
由式 ① 可有
$$x + y = -\frac{1}{2} \qquad ②$$
又由三角函数公式有
$$xy = (\cos a + \cos 2a + \cos 4a + \cos 8a)(\cos 3a + \cos 5a + \cos 6a + \cos 7a) =$$
$$\cos a\cos 3a + \cos a\cos 5a + \cdots + \cos 8a\cos 7a =$$
$$\frac{1}{2}[(\cos 2a + \cos 4a) + (\cos 4a + \cos 6a) + \cdots + (\cos a + \cos 15a)]$$
经计算知 $$xy = -1 \qquad ③$$
由式 ②,③ 可有
$$x = \frac{-1 + \sqrt{17}}{4}, \quad y = \frac{-1 - \sqrt{17}}{4}$$
其次再设 $x_1 = \cos a + \cos 4a, x_2 = \cos 2a + \cos 8a$
$$y_1 = \cos 3a + \cos 5a, y_2 = \cos 6a + \cos 7a$$
故有 $$x_1 + x_2 = \frac{-1 + \sqrt{17}}{4}, \quad x_1 + x_2 = -\frac{1}{4}$$
因而 $$x_1 = \frac{-1 + \sqrt{17} + \sqrt{34 - 2\sqrt{17}}}{8}, \quad x_2 = \frac{-1 + \sqrt{17} - \sqrt{34 - 2\sqrt{17}}}{8}$$
同样 $$y_1 = \frac{-1 - \sqrt{17} + \sqrt{34 + 2\sqrt{17}}}{8}, \quad y_2 = \frac{-1 - \sqrt{17} - \sqrt{34 + 2\sqrt{17}}}{8}$$
最后由 $\cos a + \cos 4a = x_1, \cos a\cos 4a = \frac{y_1}{2}$,可求得 $\cos a$ 的表达式,它是数的加、减、乘、除及平方根运算的组合,故它可以用尺规作出.

下面给出正十七边形的一个具体作法.

在平面直角坐标系上,以原点 O 为圆心,以 R 为半径作圆,设圆与坐标轴的交点为 A, B, C, D.

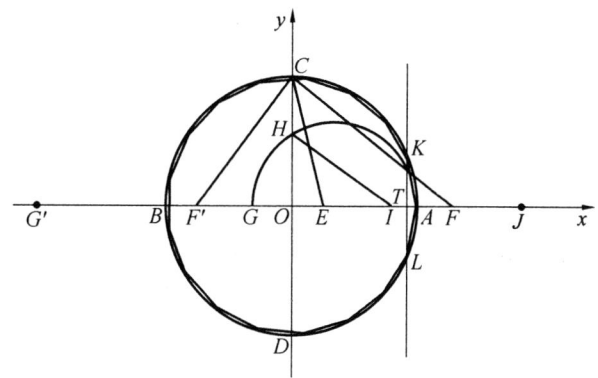

(1) 在 Ox 轴上取 $OE = \frac{1}{4}R$,联结 EC.

(2) 在 Ox 轴上截取 $EF = EF' = EC$,联结 CF, CF'.

(3) 在 Ox 轴上截取 $FG = FC$, $F'G' = F'C$.

(4) 以 AG 为直径作半圆交 OC 于 H.

(5) 以 H 为圆心,$\frac{1}{2}OG'$ 为半径的圆,与 Ox 轴交于点 I,联结 HI.

(6) 在 Ox 轴上截取 $IJ = IH$.

(7) 作 OJ 的中垂线交圆 O 于 K, L,联结 AK, AL,其即为正十七边形一边边长.

4.五次以上代数方程无根式解

在本书"上篇"中我们介绍过代数方程公式解问题.

11 世纪印度数学家婆什迦罗(Bhaskara)研究了一元二次方程和某些无理方程的解法;但第一位给出一元二次方程解的公式是中亚的阿拉伯人阿尔·花拉子米.

16 世纪卡尔达塔、塔塔利亚以及卡当的学生费拉利对一元三、四次代数方程的解法均作出过贡献,后在数学家欧拉、韦达等人的完善下才给出了这些方程的公式解:若令

$$\omega_1 = \frac{-1 + \sqrt{3}i}{2}, \quad \omega_2 = \frac{-1 - \sqrt{3}i}{2}$$

(它们是方程 $x^3 - 1 = 0$ 的除 1 外的另两根)则方程

$$y^3 + py + q = 0 \qquad (*)$$

的三个根分别为

$$y_1 = \sqrt[3]{u+v} + \sqrt[3]{u-v}$$
$$y_2 = \omega_1\sqrt[3]{u+v} + \omega_2\sqrt[3]{u-v}$$
$$y_3 = \omega_2\sqrt[3]{u+v} + \omega_1\sqrt[3]{u-v}$$

其中 $u = -\dfrac{q}{2}$, $v = \sqrt{\left(\dfrac{q}{2}\right)^2 + \left(\dfrac{p}{3}\right)^3}$

对一般的三次方程 $x^3 + ax^2 + bx + c = 0$，令 $x = y - \dfrac{a}{3}$ 代入则其可化为 (*) 的形状.

至于四次方程 $x^4 + bx^3 + cx^2 + dx + e = 0$，则可先求出
$$y^3 - cy^2 + (bd + 4e)y + b^2e + 4ce - d^2 = 0$$
的任一实根 y，再分别解下列两个方程
$$x^2 + \tfrac{1}{2}(b \pm \sqrt{b^2 - 4c + 4y})x + \tfrac{1}{2}(y \pm \sqrt{y^2 - 4e}) = 0$$
即可得到四次方程的求根公式.

人们找到了二、三、四次代数方程的求根公式后，又在试图找寻五次方程的求根公式(它们的根的存在已毋庸置疑，这在 1799 年高斯的博士论文中已经证明了). 然而此后近百年过去了，人们却始终未能找出这些公式.

19 世纪初，挪威青年阿贝尔在试图解决上述问题屡遭失败后开始悟到：这种求根公式或许根本不可能存在！经过努力，他终于证明了：

一般的(一元)五次和五次以上的代数方程不可能用根式求解(即不存在求根公式).

(由于处理该问题方法的发明，使得一门新的数学分支"群论"诞生)

但是问题并没有全部获解，因为虽然一般五次或五次以上方程不能用根式解，但对许多特殊情形如 $x^p - a = 0$ 的一元方程(p 为质数)却可用根式解. 余下来的问题是到底哪些方程可以用根式解？哪些不能？

法国年青的数学家伽罗华出色地解决了这个问题，他将结果写进了他的《关于用根式解方程的可能性的条件》一文中(此文在他去世后 14 年才得以发表)，由此他创立了"群论"(与解析几何、微积分同时被称为数学史上的"三大发明")中的"伽罗华理论"，且用它给出了高次方程可以用公式解的充要条件.

至此，一元高次方程公式解问题的讨论即告彻底解决.

顺便讲一句：群论的创立对于讨论高次代数方程的解的表示问题是成功的，这也启发人们试图对微分方程建立一个与伽罗华理论类似的理论.

1830 年，李(M.S.Lie)引入李群——由此导致了该理论与数学的许多分支有着深刻的联系.

"李群"主要方法是 Lie 创立的无穷小方法，该方法能够使李群这样一个复

杂对象的研究,在很大程度上简化为一个纯代数对象——李代数的研究(每个李群对应一个李代数,反之,给定李代数,李群的局部结构就完全确定).

5. 哥尼斯堡七桥问题

18世纪普鲁士的哥尼斯堡(Königsberg)有一个叫奈发夫的小岛,普雷格尔(Pregel)河的两支流绕其旁,将小岛自然分割成两部分,它们有七座桥与岸上连通(包括岛与岛间,见下图).

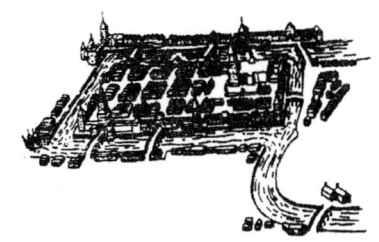 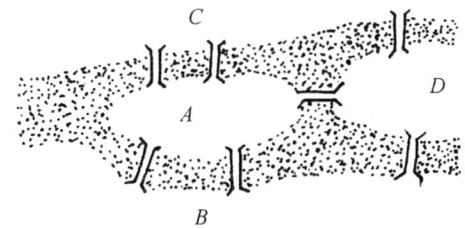

哥尼斯堡七桥

当地的居民喜欢晚间(餐后)散步,他们一次又一次地走过这些小桥.久而久之有人提出这样一个问题:

能否一次而不需重复地走遍七座桥?

这个饶有兴趣的题目不仅吸引着当地居民,甚至招来成千上万的游客,然而遗憾的是无一人能走成功.

这个现象引起了聪慧、机敏的数学家欧拉的关注(真是"人情练达即文章,事事留心皆学问"),他并没有身临其境地去徒步试验,而是用笔和纸、靠数学的力量去解决,他先将问题进行了数学抽象:

把七座桥视为"七条线",把小岛、河岸视为"点",这样便有了右图,这时问题转化为:

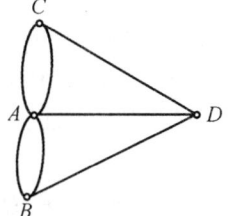

能否一笔(无重复线)画出这个图形?

1736年,欧拉在向彼得堡科学院提交的论文《哥尼斯堡的七座桥问题》中,圆满地解决了这个问题.

他把经过一点的线段(直或曲线段,在"图论"中称为边)条数(前文已介绍,称为次)是偶数的点称为偶点,是奇数的点称为奇点.他的结论是:

一个图形若能够一笔画出,当且仅当它的奇点的个数是0或2.

(奇点个数是0可以一笔画出且能回到出发点,奇点个数是2也可一笔画出但不能回到出发点)

而七桥问题中奇点的个数是4,故它不能一笔画出,从而否定地解决了这个问题.

然而欧拉的这种方法和思想竟成了后来发展起的两个数学分支"图论"和"拓扑学"产生的动力和研究方法的借鉴.

注1 一笔画问题与前文我们谈及的哈密顿周游世界问题、邮递线路、货郎担问题(边赋权后)有关,但它们的要求是不同的.一笔画、邮递线路要画出或经过图中的所有的线段(弧),而哈密顿问题及货郎担问题(还有中国邮政问题)只要求经过所有的点.

注2 一笔画问题的欧拉命题还可以推广为:

任何有 $2k(k \in \mathbf{N})$ 个奇点的图,用且仅用 k 笔可将它画出;反之,在一个只用 k 笔可画出的图中,奇点个数必为 $2k$.

当然,独立于图系(即不与该图系相连)的子图,如果它的奇点个数为0(或2),则它只需一笔可画出.

6.可平面问题

这也是"图论"中一个著名的问题,我们先把问题实际化:

今有电厂、自来水厂和煤气厂三家分别用 A,B,C 表示;又 X,Y,Z 为某三家工厂,它们均须与电厂、水厂、煤气厂有地下管线接通,试问能否在联结过程中,使得这些管线彼此都没有交叉?

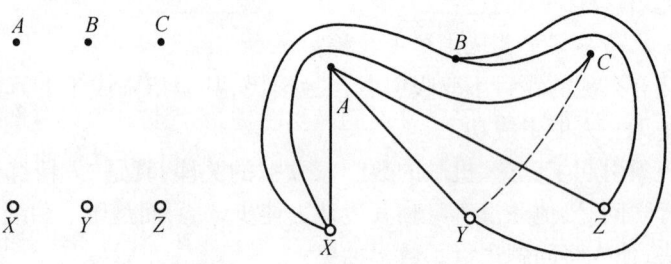

动手试一试便会发现,这是一个不可能的问题.

下面我们简单的论述一下其中的道理,为此我们先介绍一个重要的定理——若尔当(M.E.C.Jordan)定理.

(若尔当定理)如右图,设 Γ 为平面上一条连续闭曲线,则 Γ 将平面分为内、外两部分,若 P,Q 分别为这两部分中的一点,则 P,Q 间任何连线(连续的)l 必与 Γ 相交.

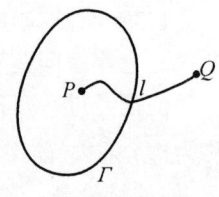

这个貌似简单的命题,真的严格证起来却远非那么容易,且须用不少的数学知识,这里不赘述了(当然它的证明并非绝对必要,它在有些情况下可视为公理).

我们回过头来看看前面提出的问题,为此我们先看自 A,C 分别向 X,Y,Z 连线后的情形:

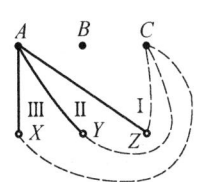 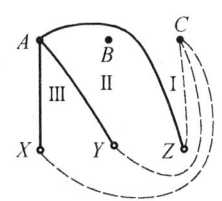 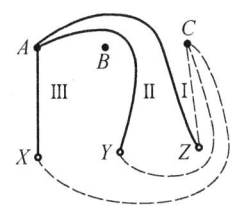

这些连线形成的闭曲线将平面分成三部分，B 可能在区域 Ⅰ 或 Ⅱ 或 Ⅲ 中，而 B 不能在这些曲线上，无论 B 在何区域，X,Y,Z 至少有一点与 B 不在同一区域，由若尔当定理知：B 与该点连线定与其边界相交.

这个现象在"图论"中称为"不可平面问题"，波兰数学家库拉托夫斯基（K. Kuratowski）1930 年给出判断一个图是否是可平面图的准则：

一个图是可平面的充要条件是，它不包含任何一个能剖分为下面两图（极小图）之一者（或不包含下面两图的嵌镶）.

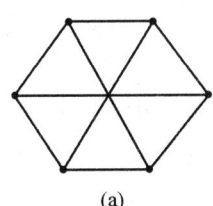 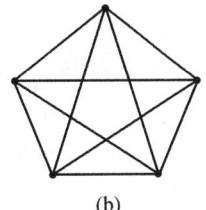

(a)　　　　(b)

其中图（a）正是我们前面所述问题的变形.

顺便指出：人们把这种不可平面的极小图称为"库拉托夫斯基图".

20 世纪 30 年代中期，匈牙利数学家爱尔特希提出：在其他曲面上，类似的极小图有多少？有限还是无限？

1980 年人们证明，麦比乌斯带上的极小图有 103 个；圆环面上的极小图至少有 800 个；带柄球面上的极小图至少有 80000 个.但是它们到底有多少？至今仍不为人们所知.

1984 年，美国俄亥立大学的鲁宾（Karl Rubin）对此问题的研究有了新的进展，他证明：

在所有的曲面上，极小图的个数总是有限的.

显然，结论仍是定性的.至于各类情况的具体数目，人们仍在探求.

如前文所说，这里的不可能问题是指两类：一类是不可能做到（如尺规作图三大难题）、一类是不可能存在（如三工厂连线问题）.表面上它们有些区别，但实质上仍然都是不可能的问题.再来看两个例.

7. 席位分配问题

建立公理体系后整分问题（将 m 件物品按一定规则分给 n 个单位，但要求每个单位分得物品数为整数）合理分法不可能存在（详见本书附录一的席位分配问题).

8. 卦谷问题[9]

1925年,美国数学家伯考夫(G.D.Birkoff)在其所发表的《相对论的源来、性质和影响》中提出一些数学中未解决的问题,他首先提到"四色问题",接着又提到日本数学家卦谷(Kakeya)提出的一个数学问题.该问题的背景是这样的:

1917年,日本人卦谷宗一提出一个问题,用数学语言可表述为:将长为1的线段转过180°后,求其扫过面积的最小值(卦谷问题).

1928年,苏联数学家别希科维奇(A.S.Besicovitch)给出了解答:棒扫过的面积可以任意小 —— 即最小值不可能存在.

他是在1920年前后研究"任给平面区域 D 内黎曼可积的二元函数,是否总存在一对相互垂直的方向,使得函数沿这两个方向的累次积分存在,且等于该函数在 D 上的积分值"时,顺便解决的.

问题的等价提法是:是否存在一个面积(若尔当测度)为0的平面点集,它在每一个方向上都有长度不小于1的线段.

别希科维奇先解决了这个问题,接着解决了卦谷问题.

1928年佩龙(O.Perron),1962年舍恩伯格(I.J.Schoenberg)分别给出了改进解法.

9. 完美立方体问题

由大小(规格)完全不一的正方形去拼成一个大正方形(无重叠,无缝隙)的问题称为完美正方形问题.

完美正方形这个问题最早由莫伦(Z.Moron)提出(据说鲁茨耶维奇(S.Ruziewicz)也曾考虑过它,只是时间上稍晚于莫伦).

1930年,苏联著名数学家鲁金(Н.Н.Лузин)也研究过这个问题,同时他猜测:不可能把一个正方形分割成有限个大小不同的正方形(即完美正方形不存在).

1939年,斯普拉格(R.Sprague)按照莫伦的思想成功地构造出一个55阶的完美正方形,其边长为4205.

几个月后,阶数更小(28阶)、边长更短(边长为1015)的完美正方形由剑桥大学三一学院的四位大学生布鲁克斯等人构造了出来.

1948年,威尔科克斯(T.H.Wilcocks)构造出24阶完美正方形,这在当时是阶数最低的(注意图中含有一个完美矩形,此类完美正方形称为"混完美";而图中不蕴含完美矩形者称为"纯完美".对混完美正方形来讲,24阶是阶数最小者),且这个纪录一直保持到1978年(迄今为止,人们已构造出2000多个24阶以上的完美正方形).

1962 年,荷兰特温特技术大学的杜伊维斯廷(A.J.W.Duijvestijn)在研究完美正方形构造的同时,证明了:

不存在 20 阶以下的完美正方形.

由于电子计算机的使用和寻找方法的改进,1978 年杜伊维斯廷构造出一个 21 阶的完美正方形(它是唯一的,且它不仅阶数最低,同时数字也更简单(较小),且构造上有许多优美的特性,比如 2 的某些方幂 2^1,2^2,2^3 均在一条对角线上等).

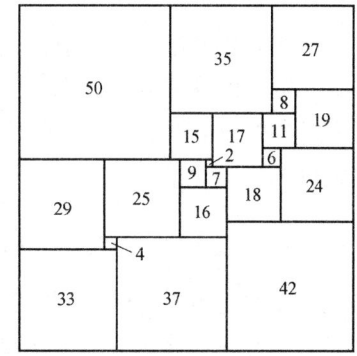

21 阶完美正方形

同时他还证明了:低于 21 阶的完美正方形不存在.

1982 年,杜伊维斯廷又证明了:

不存在低于 24 阶的混完美正方形.

此外他还列举了 24 ~ 33 阶混完美正方形的个数.

24 ~ 33 阶混完美正方形的个数

阶数	24	25	26	27	28	29	30	31	32	33
个数	1	2	13	26	60	151	208	361	541	858

人们在研究了完美正方形且发现它的存在之后,便想到:这个概念能否在三维空间推广?换言之,有无完美立方块(由大小完全不同的立方体拼填成一个无空隙、无重叠的立方块)存在?答案令人失望.

其实,只需证明完美长方体不存在即可.

事实上,若存在完美长方体,则它的底是一个完美矩形.将这些挨着长方体底的小立方体中棱长最小者记为 S,则 S 必不能与大长方体侧面相挨,否则必将有一个棱长更小的立方体夹在其中(一面挨着 S,一面挨着大长方体的底,如下左图),这样,与底相挨的最小正立方体 S 将被一些较大立方体包围(如下右图),从而在 S 的上面势必有一个更小的立方体 S' 夹在其间,这样 S' 的四周又被一些较大立方体围住. S' 上面又有一个更小的立方体 S'',如此下去,立方体块数将无限增加.

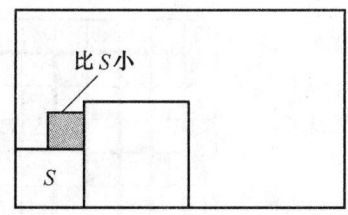 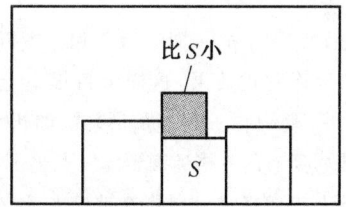

大长方形的底

这就是说:不存在完美长方体.从而更不会存在完美正方体.

二、某些较简单的不可能问题

上面我们介绍了数学史上几个较为著名的不可能问题的例子.

在数学的许多分支中都有大量的这类问题,这里我们只能摘其一二,略加说明,当然下面的例子均属于初等数学范畴,且都较为简单,但它们有的同样有着深刻的历史背景.

1. 残棋盘问题

下左图是由 14 个同样大小的方格组成的图形(或视为残棋盘). 如何剪裁,可剪出七个由相邻正方形方格组成的 1×2 矩形?

其实这是一个不可能问题. 这个问题貌似简单,但却无从下手. 想不到用涂色办法可帮助问题获解.

如下右图将图中方格相间地涂上色,容易看出:相邻的两方格总是一黑一白,换言之,每个剪出的矩形总是一黑一白两个方格. 这样若能剪成七个 1×2 的矩形,图中应有七个黑格和七个白格,动手一数便会发现:图中有 8 个黑格和 6 个白格,故按题中要求的剪裁是不可能的.

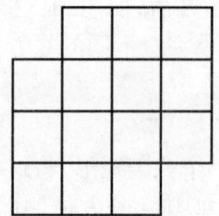
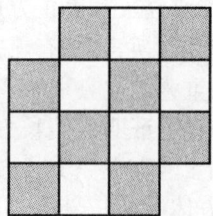

注1 这个结论可推广到 $2n \times 2n$ 的方格正方形,去掉两对角的小方格后,总剪不出 $2n^2 - 1$ 个由相邻的小方格组成的 1×2 的矩形.

注2 若将 $2n \times 2n$ 的方格正方形相间地涂上白色和黑色(如国际象棋棋盘),任意挖去一个白格和一个黑格后,总有能剪出 $2n^2 - 1$ 个由相邻小方格组成的 1×2 矩形的方法.

这个结论是美国商业机器公司(IBM)的一位数学家高莫里(Gomory)给出的,证明大意是:

比如在右图中把一柄三齿叉和一柄四齿叉放在棋盘上,而产生迷宫式效果. 这样可将棋盘上的小方格排成"黑—白—黑—白—…"循环模式,如此一来可以绕着这座迷宫走过所有的方格后回到出发点.

今设某个白格 A 和黑格 B 被挖去,注意按图中迷宫的路径,位于任一黑格和白格间小方格数总是偶数,且黑白方格各半,因此在 A,B 之间恰好有能剪成若干 1×2 矩形

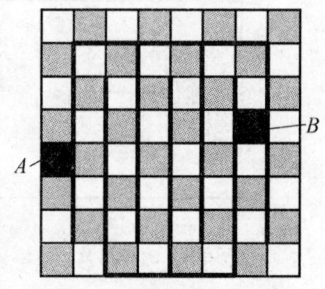

的方法,唯一可能出问题的地方是每次拐弯处,这只要注意上、下、左、右调顺、搭配,总可以绕过一个个拐角而不留空隙.故沿迷宫里从 A 到 B 的两条路线安排剪裁,即可按要求剪出 $2n^2 - 1$ 个小矩形.

2. 有理点正三角形

试证 xOy 平面的任何正三角形的三个顶点不能全是有理点(两坐标均为有理数的点).

证明 若不然,设 $\triangle ABO$ 为三顶点皆为有理点的正三角形(这里设此三角形一顶点在原点是无妨的,否则可通过坐标平移而化为此情形),且 A, B 坐标分别为 $(x_1, y_1), (x_2, y_2)$.

将正 $\triangle AOB$ 绕顶点 O 逆时针旋转 $60°$,此时点 A 旋至 B 处.

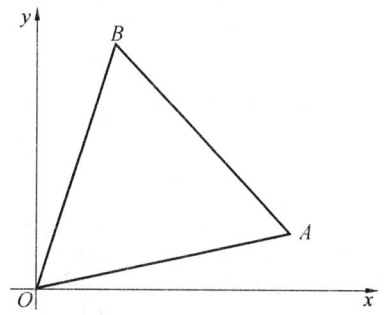

由坐标变换公式有

$$\begin{pmatrix} x_2 \\ y_2 \end{pmatrix} = \begin{pmatrix} \cos 60° & -\sin 60° \\ \sin 60° & \cos 60° \end{pmatrix} \begin{pmatrix} x_1 \\ y_1 \end{pmatrix}$$

即
$$x_2 = \frac{1}{2}(x_1 - \sqrt{3} y_1), y_2 = \frac{1}{2}(\sqrt{3} x_1 + y_1)$$

故
$$\sqrt{3} x_1 = 2y_2 - y_1, \sqrt{3} y_1 = x_1 - 2x_2$$

上两式式右是有理数,而式左也应为有理数,此时仅当 $x_1 = y_1 = 0$ 成立,这与题设矛盾!

注1 本题亦可直接用反证法证得:

略证2 设点 A 坐标为 (x_1, y_1), $\angle AOX = \theta$,又 $r = \sqrt{x_1^2 + y_1^2}$,故点 B 的坐标可表为 $(r\cos(\theta + 60°), r\sin(\theta + 60°)) = \left(\dfrac{x_1 - \sqrt{3} y_1}{2}, \dfrac{\sqrt{3} x_1 + y_1}{2}\right)$,点 B 为有理点,故只有 $x_1 = y_1 = 0$ 时真,这与题设矛盾!

略证3 设同上,由三角形面积公式

$$S_{\triangle ABO} = \frac{1}{2} \begin{vmatrix} x_1 & y_1 & 1 \\ x_2 & y_2 & 1 \\ 0 & 0 & 1 \end{vmatrix} \text{ 的绝对值}$$

它是一个有理数(因为 $x_1, y_1; x_2, y_2$ 均为有理数).

又 $S_{\triangle ABO} = \dfrac{1}{2} OA^2 \cdot \sin 60° = \dfrac{\sqrt{3}}{4}(x_1^2 + y_1^2)$,它是无理数,矛盾!

略证4 由 $OA^2 = OB^2 = AB^2$,可有

$$x_1^2 + y_1^2 = x_2^2 + y_2^2 = (x_2 - x_1)^2 + (y_2 - y_1)^2$$

设 $x_1^2 + y_1^2 = k$,再由上面等式可有

$$\begin{cases} x_2^2 + y_2^2 = k & \text{①} \\ 2(x_1 x_2 + y_1 y_2) = k & \text{②} \end{cases}$$

由式 ② 有 $\quad 4y_1^2 y_2^2 = (k - 2x_1 x_2)^2$

由式 ① × $4y_1^2$(无妨设 $y_1 \neq 0$)再将上式代入可有

$$4y_1^2 x_1^2 + (k - 2x_1 x_2)^2 = 4y_1^2 k$$

整理后(注意 $k \neq 0$)为

$$4x_2^2 - 4x_1 x_2 + k - 4y_1^2 = 0$$

故 $x_2 = \frac{1}{2}(x_1 \pm \sqrt{3} y_1)$,它不是有理数(因 $y_1 \neq 0$).

注 2 这个结论对于空间的情形不成立,如下图中单位正方体内截面 $\triangle ABC$ 是三个顶点均为有理点的正三角形,其中 A, B, C 的坐标分别为

$$A(1,1,0), \quad B(0,1,1), \quad C(1,0,1)$$

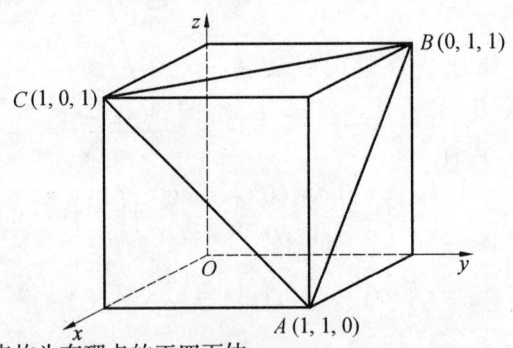

显然也存在顶点均为有理点的正四面体.

3. 三角形的构成

试证以 $|b + c - 2a|, |c + a - 2b|, |a + b - 2c|$(其中 $a, b, c \in \mathbf{R}$)为三边的三角形不可能存在.

证明 注意到 $(b + c - 2a) + (c + a - 2b) + (a + b - 2c) = 0$,故 $b + c - 2a, c + a - 2b, a + b - 2c$ 三者中必有异号者,或两正一负,或两负一正. 若

$$b + c - 2a > 0, c + a - 2b > 0, a + b - 2c < 0$$

则 $\begin{matrix} |b + c - 2a| = b + c - 2a \\ |c + a - 2b| = c + a - 2b \end{matrix}\Bigg\}$ 其和为 $2c - a - b$

$$|a + b - 2c| = 2c - a - b$$

故 $\quad |b + c - 2a| + |c + a - 2b| = |a + b - 2c|$

同理若 $b + c - 2a < 0, c + a - 2b < 0, a + b - 2c > 0$,则由

$\begin{matrix} |b + c - 2a| = 2a - b - c \\ |c + a - 2b| = 2b - c - a \end{matrix}\Bigg\}$ 其和为 $a + b - 2c$

$$|a + b - 2c| = a + b - 2c$$

故 $\quad |b + c - 2a| + |c + a - 2b| = |a + b - 2c|$

综上,以 $|a+b-2c|$,$|b+c-2a|$,$|c+a-2b|$ 为三边不能构成三角形.

注 这里利用了对称多项式的性质(注意三个式子的对称性),故仅就其中的一种情形进行讨论,其余情况类同.

4. $\sqrt{2}$, lg 2 不可能是有理数

试证:(1) $\sqrt{2}$ 不可能是有理数.

(2) lg 2 不可能是有理数.

证明 (1) 用反证法.若不然,设 $\sqrt{2}=\dfrac{a}{b}$,这里 a,b 是互质的整数.

则 $2b^2=a^2$,知 a 是偶数,设 $a=2k$ 有 $b^2=2k^2$,知 b 亦为偶数,这与 a,b 互质矛盾!

从而所设不真,故命题成立.

(2) 若设 $\lg 2=\dfrac{p}{q}$,则有 $q\lg 2=p$,或 $\lg 2^q=\lg 10^p$,有 $2^q=10^p$.

因 $p\neq 0$(若 $p=0$,则 $2=10^0=1$ 矛盾),故 $5|10^p$,但 $5\nmid 2^q$,与上式矛盾!

注 $\sqrt{2}$ 是无理数还有其他证法,如几何法(证明正方形边长与其对角线不可公度)等,类似地我们还可以证明:

(1) $\sqrt{3}+\sqrt{2}$ 不能是有理数.

(2) $\sqrt{2},\sqrt{3},\sqrt{6}$ 不能是等差数列中的三项.

其实这只需注意到下面的推演即可.

(1) 若 $\sqrt{3}+\sqrt{2}=a$ 是有理数,则

$$\frac{1}{a}=\frac{1}{\sqrt{3}+\sqrt{2}}=\sqrt{3}-\sqrt{2}$$

亦为有理数(a 是有理数,$1/a$ 亦然).

而 $a+\dfrac{1}{a}=2\sqrt{3}$,即 $\sqrt{3}=\dfrac{a^2+1}{2a}$ 矛盾.

(2) 设等差数列首项为 a,公差为 d,且它们是数列中 l,m,n 三项,即

$$a+(l-1)d=\sqrt{2}, a+(m-1)d=\sqrt{3}, a+(n-1)d=\sqrt{6}$$

从三式中先消 a 再约 d,而后分母有理化,可有

$$\frac{m-l}{n-m}=\frac{\sqrt{3}-\sqrt{2}}{\sqrt{6}-\sqrt{3}}=\frac{3+3\sqrt{2}-2\sqrt{3}-\sqrt{6}}{3}$$

上式式左是有理数,式右是无理数,矛盾!

5. sin 10°, cos 10°, tan 10° 不是有理数

试证:cos 10°, sin 10°, tan 10° 均不是有理数.

证明 (1) 由 $\cos 3a=4\cos^3 a-3\cos a$,则有

$$\cos 30°=4\cos^3 10°-3\cos 10°$$

即
$$\frac{\sqrt{3}}{2} = 4(\cos 10°)^3 - 3\cos 10°$$

若 cos 10° 是有理数,则上式式右是有理数,但式左是无理数,矛盾!

(2) 由 $\sin 3a = 3\sin a - 4\sin^3 a$,有
$$\sin 30° = 3\sin 10° - 4\sin^3 10°$$

令 $\sin 10° = x$,则有
$$\frac{1}{2} = 3x - 4x^3$$

即
$$8x^3 - 6x + 1 = 0$$

若 $x = \frac{a}{b}$(其中 a, b 互质)是有理数,代入上式有
$$\frac{8a^3}{b^3} - \frac{6a}{b} + 1 = 0$$

或
$$6b^2 - 8a^2 = \frac{b^3}{a}$$

因为式左是整数,故 $a = 1$,有 $6b^2 - 8 = b^3$,知 b 是偶数.
令 $b = 2c$,有 $24c^2 - 8 = 8c^3$,即
$$3c^2 - 1 = c^3$$

c 是奇数时,上式式左是偶数,式右是奇数,矛盾!
c 是偶数时,上式式左是奇数,式右是偶数,矛盾!
综上,前设 x 是有理数不真,从而 $\sin 10°$ 不是有理数.

(3) 若不然,设 $\tan 10° = a$ 是有理数,由
$$\tan 30° = \tan(3 \times 10°) = \frac{3\tan 10° - \tan^3 10°}{1 - 3\tan^2 10°} = \frac{3a - a^3}{1 - a^2}$$

即
$$\frac{1}{\sqrt{3}} = \frac{3a - a^3}{1 - a^2}$$

上式式左是无理数,式右是有理数,矛盾!

6. $\sin x^2$ 及 $\sin x + \cos \sqrt{2} x$ 的周期性

求证:(1) $\sin x^2$ 不是周期函数.
(2) $\sin x + \cos \sqrt{2} x$ 不是周期函数.

证明 (1) 若不然,设 $\sin(x + a)^2 = \sin x^2$,其中 $a > 0$.
令 $x = 0$,则有 $\sin a^2 = 0$,得 $a^2 = n\pi$.
因 $a > 0$,故 $a = \sqrt{n\pi}$ (n 是正整数),而
$$\sin(x + \sqrt{n\pi})^2 = \sin(x^2 + 2\sqrt{n\pi}x + n\pi) = \sin(x^2 + 2\sqrt{n\pi}x)$$
由前设应有 $2\sqrt{n\pi}x = 2m\pi$,其中 m 是正整数.

由 x 的任意性,故 $\sqrt{n}\pi = 0$,且 $m\pi = 0$,从而 $n = 0$, 进而 $a = 0$,矛盾!

(2) 若不然,令有 $a > 0$ 使
$$\sin(x + a) + \cos\sqrt{2}(x + a) = \sin x + \cos\sqrt{2}x$$
对任意 x 成立.

令 $x = 0$,有 $\sin a + \cos\sqrt{2}a = 1$

令 $x = -a$,有 $1 = -\sin a + \cos\sqrt{2}a$

上两式两边相加减有
$$\begin{cases} \sin a = 0 \\ \cos\sqrt{2}a = 1 \end{cases}$$

解得 $\begin{cases} a = m\pi \\ \sqrt{2}a = 2n\pi \end{cases}$ (m,n 非零整数)

故 $\dfrac{2n}{m} = \sqrt{2}$,这不可能,因式左是有理数,而式右是无理数!

注 (1) 亦可由 $\sin x^2 = 0$ 解得 $x = \pm\sqrt{n\pi}$(n 是正整数),即该函数的零点随 n 的增大而变疏,它显然不是周期函数(周期函数的零点亦周期地出现).

7. $\sin x$ 的整式表达式

试证代数式 $\sin x = a_0 x^n + a_1 x^{n-1} + \cdots + a_{n-1} x + a_n$(其中 $a_i \in \mathbf{R}$,对于 $1 \leq i \leq n$) 不能恒成立.

证明 令 $\sin x = 0$,有 $x = k\pi (k \in \mathbf{Z})$,它有无数解.

而 n 次多项式 $a_0 x^n + a_1 x^{n-1} + \cdots + a_{n-1} x + a_n$ 有且仅有 n 个根,且实数根个数不大于 n,换言之它至多有 n 个实根.

故题设等式恒成立是不可能的.

注 该命题还可有下面两个证法.

证明2 对任何实数 x 有 $-1 \leq \sin x \leq 1$.但多项式
$$a_0 x^n + a_1 x^{n-1} + \cdots + a_{n-1} x + a_n = x^n\left(a_0 + \dfrac{a_1}{x} + \cdots + \dfrac{a_{n-1}}{x^{n-1}} + \dfrac{a_n}{x^n}\right)$$

当 $x \to \infty$ 时,它趋于 ∞,符号与 a_0 相同(若 $a_0 \neq 0$),与前结论矛盾.

若 $a_0 = 0, a_k \neq 0 (1 \leq k \leq n-1)$,则仿上有类似结论;若 $a_k = 0(k = 1, 2, \cdots, n-1)$,则 $\sin x =$ 定数,与题设不符.

证明3 将题设等式两边求导两次式左为
$$(\sin x)'' = -\sin x$$
式右为 $n-2$ 次多项式 $g(x)$,再由题设知
$$-(a_0 x^n + a_1 x^{n-1} + \cdots + a_n) = g(x)$$
式左是 n 次多项式,式右是 $n-2$ 次多项式,不妥!

8. 整系数方程的整数解

给定整系数多项式 $f(x)$,对于一奇一偶整数 a,b,式 $f(a),f(b)$ 结果都是奇数,则方程 $f(x)=0$ 无整数解.

证明 设 $f(x) = a_0 x^n + a_1 x^{n-1} + \cdots + a_{n+1} x + a_n$,这里 $a_i(i=0,1,2,\cdots,n)$ 为整数.

令 $a = 2k$,由 $f(2k) = $(偶数)$ + a_n$ 知 a_n 是奇数;令 $b = 2k+1$,由

$$f(2k+1)(\diamondsuit (2k+1)^j = 2K_j + 1, 1 \leq j \leq n) =$$
$$a_0(2K_n + 1) + a_1(2K_{n-1} + 1) + \cdots + a_{n-1}(2K_1 + 1) + a_n =$$
$$2(a_0 K_n + a_1 K_{n-1} + \cdots + a_{n-1} K_1) + (a_0 + a_1 + \cdots + a_n) =$$
$$(\text{偶数}) + (a_0 + a_1 + \cdots + a_{n-1}) + (\text{奇数})$$

注意这里 $2K_i + 1$ 为 $x^i = (2k+1)^i (i=1,2,3,\cdots,n)$ 的值,且注意 a_n 是奇数.

因由题设 $f(2k+1)$ 是奇数,故 $a_0 + a_1 + \cdots + a_{n-1} = $(偶数).

若 $f(x) = 0$ 有偶数解 $2p$,由 $f(2p) = $(偶数)$ + a_n = $奇数$\neq 0$,与设矛盾.

同样,若 $f(x) = 0$ 有奇数解 $2q+1$,由

$$f(2q+1) = (\text{偶数}) + (a_0 + a_1 + \cdots + a_{n-1}) + a_n =$$
$$(\text{偶数}) + (\text{偶数}) + \text{奇数} \neq 0$$

与设矛盾.

综上,$f(x)$ 无整数解.

9. 方程 $5^x + 2 = 17^y$ 无整数解

证明 若不然,今设方程有整数解 x,y,由原方程有

$$(3 \cdot 2 - 1)^x + 2 = (3 \cdot 6 - 1)^y$$

由二项式展开、化简最后可有

$$(-1)^x = -2 + (-1)^y + 3K_1, K_1 \in \mathbf{Z}$$

由上式知 y 是偶数,否则式右是 3 的倍数,式左不是.

另一方面,由 $5^x + 2 = (5 \cdot 3 + 2)^y$ 仍按二项式展开有

$$2(2^{y-1} - 1) = 5K_2, K_2 \in \mathbf{Z}$$

这样应有 $5 | (2^{y-1} - 1)$,考虑下面两种情形:

(1) 当 $y - 1 < 0$ 时,$2^{y-1} - 1$ 是分数,不妥.

(2) 当 $y - 1$ 形如 $0, 4r+1, 4r+2, 4r+3$ 和 $4r$ 时,2^{y-1} 的个位数字分别是 $1, 2, 4, 8, 6$.

故仅当 $y - 1 = 4r$ 时,即 $y = 4r+1$ 时,$5 | (2^{y-1} - 1)$,此时 $y = 4r+1$ 是奇数,与上矛盾!

故原方程无整数解.

10. 不定方程的整数解与有理解

(1) 试证方程 $28x - 49y = 100$ 无整数解.

(2) 试证方程 $x^2 + y^2 = 3$ 无有理解.

证 (1) 因 28,49 的最大公约数为 7,则由题设有等式
$$式左 = 7(4x - 7y)$$
假设方程有整数解 x, y,代入题设式有
$$式左 = 7 的倍数, 式右 \neq 7 的倍数$$
矛盾. 知方程无整数解.

(2) 显然,若 $\dfrac{a}{b}$ 是既约分数,则 $\dfrac{a^2}{b^2}$ 亦为既约的.

又若 a, b 互质且 c, d 互质,同时 $b \neq d$,则有 $\dfrac{a}{b} + \dfrac{c}{d}$ 不是整数.

故若方程(2)有有理解则应为 $\dfrac{a}{c}, \dfrac{b}{c}$ 形状,如是,将其代入题设方程可有
$$\left(\dfrac{a}{c}\right)^2 + \left(\dfrac{b}{c}\right)^2 = 3$$
又由 a, b, c 是正整数,且 a, c 和 b, c 互质. 这样可有
$$a^2 + b^2 = 3c^3 \qquad (*)$$
再者任何整数均可表为 $3k$ 或 $3k \pm 1$ 的形式,因而

① 若 a, b 之一为 $3k$,另一为 $3k' \pm 1$,代入式(*)则有:式左 = 3 的倍数 + 1,式右 = 3 的倍数,矛盾!

② 若 a, b 之一为 $3k \pm 1$,另一为 $3k' \pm 1$,代入式(*)则有:式左 = 3 的倍数 + 2,式右 = 3 的倍数,矛盾!

③ 若 a, b 俱为 $3k$ 形式,设 $a = 3a', b = 3b'$,代入式(*)有
$$9(a'^2 + b'^2) = 3c^2$$
则
$$3(a'^2 + b'^2) = c^2$$
即知 c 亦为 3 的倍数,这与题设 a, c 互质相矛盾!

综上,方程 $x^2 + y^2 = 3$ 无有理解.

注1 式(2) 的几何意义是说半径为 3 的圆周上无有理点.

注2 令人不解的是,圆 $x^2 + y^2 = 1$ 和 $x^2 + y^2 = 2$ 上却有无穷多个有理点. 比如求方程 $x^2 + y^2 = 1$ 的解,只需求(右图)

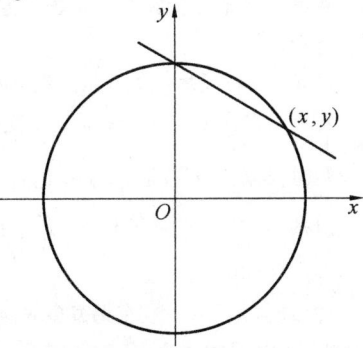

$$\begin{cases} x^2 + y^2 = 1 & \text{①} \\ y = mx + 1 & \text{②} \end{cases}$$

的有理解即可,消 y 有

$$x^2 + (mx + 1)^2 = 1$$

或
$$x[(1 + m^2)x + 2m] = 0$$

得 $x = 0$ 或 $\dfrac{-2m}{1 + m^2}$,代入方程组式 ② 可得 $y = 1$ 或 $\dfrac{1 - m^2}{1 + m^2}$.

综上,方程有解 $(0,1)$ 或 $\left(\dfrac{-2m}{1 + m^2}, \dfrac{1 - m^2}{1 + m^2}\right)$,这里 m 为有理数(其实第一组解只是后一组解中 $m = 0$ 的特例情形.

注 3 方程 $x^2 - Ny^2 = 1$ 称佩尔(Pell)方程,丢番图方程的一类,关于丢番图方程的理论和解法尚不完备.

1970 年,苏联学者马蒂加塞维奇(Matijasevic)证得:不存在某种算法可判定任一丢番图方程是否有解(此为希尔伯特第十问题),通常只是对特殊方程用特殊方法去研究.

对于佩尔方程的解(整数解),人们已得到下面的结果:除解 $x = \pm 1, y = 0$(它们称为佩尔方程的平凡解)外,对某些 N 方程解的情况为:

N 的取值	佩尔方程的解
$N \leqslant -2$	仅有平凡解
$N = -1$	有解 $x = \pm 1, y = 0$ 和 $x = 0, y = \pm 1$
$N = m^2$	仅有平凡解
N 不是完全平凡数 $N > 0$	有无穷多组解

此处对于 $x^2 + y^2 = m$ 型的不定方程解有下面结论:

方程 $x^2 + y^2 = m$ 有整数解 $\Longleftrightarrow m$ 仅有 $4k + 1$ 型质因子或最多有一个 2 的因子.

这个问题实质上与"自然数表为四个完全平方数和"问题有关,其中 $4k + 1$ 型质数可表为两个完全平方之和.

如前面所述,佩尔方程解的一般讨论已由拉格朗日于 1770 年彻底解决.不过对一些具体方程解的情况尚未终结.如莫德尔方程 $y^2 = x^2 + k$(k 为非 0 整数)解的情况仅有局部结果(见注 5).

注 4 下面是另一类佩尔方程解的讨论及结果:

对佩尔方程 $x^2 - Ny^2 = 1$(或 c,这里 $c \in \mathbf{N}$),且 $\sqrt{N}$ 不是整数.又 $\sqrt{N}$ 可展成周期为 k 的连分数时,其渐近分数是 $\dfrac{P_s}{Q_s}(s = 0, 1, 2, \cdots)$,则

(1) $x^2 - Ny^2 = 1$ 有(正)解 $x = P_{kn-1}, y = Q_{kn-1} (n = 1, 2, 3, \cdots)$ 且
$$x + y\sqrt{N} = \pm (x_0 \pm y_0\sqrt{N})^n$$

(2) $x^2 - Ny^2 = c$ 或有无穷多解,或无解.

$c = -1$,且 k 为奇数时方程有解;$c = 4$,方程恒有解.

其实,这类方程早在1657年就被布鲁斯凯尔(W. Brounocker)研究过,此后费马、沃利斯(J. Wallis)也分别研究过,佩尔则在其后.由于欧拉误称其为佩尔方程,故人们将错就错一直沿用它.

注5 另一类与之类似的方程称为莫德尔方程,它的一般形状为
$$y^2 - x^3 = a$$
关于它的解的研究进展亦不大.下表给出某些局部结果.

发现者	a 的值	方程 $y^3 - x^3 = a$ 的解
欧拉	-1	$(2,3)$
费马	2	$(3,5)$
莫德尔	4	$(2,2),(5,11)$
	7	无整数解
	-4	$(-2,0),(2,\pm 4)$
	-8	$(2,0)$
	17	$(-1,4),(-2,3),(2,5),(4,9),(8,23),$ $(43,282),(52,375),(5234,378661)$
	-48	$(4,\pm 4),(28,\pm 148),(37,\pm 225)$
	-11	$(3,\pm 4),(15,\pm 58)$

11. 方程 $x^n + y^n = z^n$ 的整数解

若 x, y, z 和 n 均为自然数,且 $n \geq z$,试证 $x^n + y^n = z^n$ 无(非平凡)整数解即无正整数解.

证明 若不然,有 x, y, z, n 使 $x^n + y^n = z^n$.

不难看出: $x < z$,且 $y < z$,又 $x \neq y$,因而可设 $x < y$(对于 $y < x$ 情形类似).考虑到
$$x^n - y^n = (z - y)(z^{n-1} + yz^{n-2} + \cdots + y^{n-1}) \geq 1 \cdot nx^{n-1} > x^n$$

因 $y < z$,且均为正整数,故 $z - y \geq 1$,又 $x < z \leq n$,故 $nx^{n-1} > x^n$.此即 $z^n - y^n > x^n$,亦即 $z^n > x^n + y^n$.

这与前设矛盾!

注 这显然是费马大定理的特殊情形.此结论为法国女数学家苏菲娅·惹曼(S. Germain)发现和研究.

12. 方程 $x^4 + y^4 = z^4$ 无正整数解

证明 令 $u = z^2$,则题设方程
$$x^4 + y^4 = z^4 \qquad ①$$

变(化)为
$$x^4 + y^4 = u^2 \qquad ②$$

显然 x, y, z 两两互质,否则其中任意两个的公约数也必为第三个字母的公约数,此时可用该公约数除式 ① 的两边.又由式 ② 则有
$$(x^2)^2 + (y^2)^2 = u^2$$

再由勾股数的性质,x^2, y^2, u 可表为
$$\begin{cases} x^2 = a^2 - b^2 & ③ \\ y^2 = 2ab & ④ \\ u = a^2 + b^2 & ⑤ \end{cases}$$

其中 a, b 互质,$a > b$,且 a, b 一奇一偶.

由式 ③ 有 $x^2 + b^2 = a^2$,又由勾股数性质 x, a, b 可表为
$$\begin{cases} x = a_1^2 - b_1^2 & ⑥ \\ b = 2a_1 b_1 & ⑦ \\ a = a_1^2 + b_1^2 & ⑧ \end{cases}$$

a_1, b_1 的条件同上面 a, b.

由式 ④ 有 $\qquad a = u_1^2, \quad b = 2v^2 \qquad ⑨$

由式 ⑦,⑨ 有 $v^2 = a_1 b_1$,故
$$a_1 = x_1^2, \quad b_1 = y_1^2 \qquad ⑩$$

式 ⑨,⑩ 代入式 ⑧ 有
$$u_1^2 = x_1^4 + y_1^4$$

它与式 ② 形状相同,又由式 ⑤,⑨ 故有 $u_1 < u$.

重复上面步骤又得 $1 \leqslant \cdots \leqslant u_3 < u_2 < u_1 < u$,满足上述关系的正整数 $u_1, u_2, u_3, \cdots$ 只有有限个,但上面过程是无限的,这矛盾!

故式 ② 不成立,即有式 ① 不成立.从而方程 ① 无正整数解.

注1 方程 $x^4 + y^4 = z^4$ 有整数解(注意非正整数解)$(0,0,0), (\pm 1, 0, \pm 1)$ 和 $(0, \pm 1, \pm 1)$,它们为平凡解.

注2 $x^4 + y^4 = z^4$ 亦无正有理数解.

否则由 $\left(\frac{p}{q}\right)^4 + \left(\frac{r}{s}\right)^4 = \left(\frac{t}{u}\right)^4$,有 $(psu)^4 + (qru)^4 = (qst)^4$.

又 $x^4 + y^4 = z^4$ 无正整数解,则 $x^8 + y^8 = z^8, x^{12} + y^{12} = z^{12}, \cdots$ 亦无正整数解.

这只需注意到 $x^8 + y^8 = z^8$ 可化为 $(x^2)^4 + (y^2)^4 = (z^2)^4$ 即可,其余类同.

13. 不能用 $x^2 + y^2 + z^2$ 表示的整数

费马定理说,任何正整数均可用不超过四个完全平方数和表示.其实,人们研究还发现:

有无穷多正整数不能表示成 $x^2 + y^2 + z^2$ 形式(即用三个完全平方数和表示

是不够的).

证明 任何数均可表为 $4k, 4k \pm 1, 4k + 2$(k 是整数)的形式,而它们的平方为

$$(4k)^2 = 16k^2 = \{8\text{ 的倍数}\} + 0$$
$$(4k \pm 1)^2 = 16k^2 \pm 8k + 1 = \{8\text{ 的倍数}\} + 1$$
$$(4k + 2)^2 = 16k^2 + 16k + 4 = \{8\text{ 的倍数}\} + 4$$

故 $x^2 + y^2 + z^2$ 的全部组合的可能情形,是下面十种(除去 8 的倍数外)

$$0+0+0, \quad 1+1+1, \quad 4+4+4, \quad 0+0+1, \quad 0+0+4$$
$$0+1+1, \quad 1+1+4, \quad 0+4+4, \quad 1+4+4, \quad 0+1+4$$

即 $x^2 + y^2 + z^2$ 表示的整数只能是

$$\{8\text{ 的倍数}\} + 0, +1, +2, +3, +4, +5, +6$$

而 $\{8$ 的倍数$\} + 7$ 不能表为三个整数的平方和 $x^2 + y^2 + z^2$ 形式,而这样的正整数有无穷多个(当然它们可用四个完全平方和来表示).

注 关于这类问题,费马曾证明:

$4k + 1$ 型质数可唯一地表示为两个整数的平方和.

14. 数列 $\{111\cdots1\}$ 中无完全平方数

数列 $\{I_n\} = \{\underbrace{111\cdots1}_{n\uparrow}\}$ 中,除 $I_1 = 1$ 外无完全平方数.

证明 用反证法,若不然设 I_n 是完全平方数,因它是奇数则它必为某奇数的平方:$I_n = (2k + 1)^2$.

展开化简后有 $4k^2 + 4k = \{\underbrace{111\cdots110}_{n-1\uparrow}\}$.

又 $4k^2 + 4k = 4k(k + 1)$,而 k 与 $k + 1$ 为一奇一偶,则 $8 | (4k^2 + 4k)$.

但 $8 \nmid \{\underbrace{111\cdots110}_{n-1\uparrow}\}$,矛盾!从而上设不真,题中结论成立.

注1 本题还可证如:

若设 $k^2 = 111\cdots1$,则 k 的末位只能是 1 或 9,故可设 $k = 10a + 1$(a 是整数).由是

$$k^2 = 100a^2 + 20a + 1 = 10(10a^2 + 2a) + 1$$

这样 k^2 的十位数字即 $10a^2 + 2a$ 的个位数字是偶数,它显然不能是 1,矛盾!

注2 类似地有数 $22\cdots2,33\cdots3,44\cdots4,55\cdots5,66\cdots6,77\cdots7,88\cdots8,99\cdots9$ 中也无完全平方数,这只需注意到

$$kk\cdots k = k(11\cdots1)$$

即可,此外也可直接由完全平方数的尾数去分析、论证.

注3 类似的问题还有某些数不是完全立方、甚至 n 次幂等,它们有的已不属于初等数学范畴.

赛尔弗里奇(J. E. Selfridge)于 1975 年曾证明:

积 $\prod_{k=r}^{r+s} k$(其中 $r, s \in \mathbf{N}$)不是整数的 $n(n \in \mathbf{N}, n \geq 2)$ 次幂.
此结论的获证也曾使数学界为之震撼.

15. 式 $\frac{1}{2} + \frac{1}{3} + \frac{1}{4} + \cdots + \frac{1}{n}$ 不能是整数

试证和 $\frac{1}{2} + \frac{1}{3} + \frac{1}{4} + \cdots + \frac{1}{n}$ 不能是整数.

证明 (1) 若 n 是质数,今设 $\frac{1}{2} + \frac{1}{3} + \frac{1}{4} + \cdots + \frac{1}{n} = N_1$,这里 N_1 是整数,两边同乘 $(n-1)!$,有

$$N_2 + \frac{(n-1)!}{1} = (n-1)! N_1, N_2 \text{ 是整数}$$

故

$$\frac{(n-1)!}{n} = N_3, N_3 \text{ 是整数}$$

因 n 是质数,则 $(n-1)!$ 与 n 互质,它们的比不能是整数,矛盾.

(2) 若 n 不是质数,仍设 $\frac{1}{2} + \frac{1}{3} + \frac{1}{4} + \cdots + \frac{1}{n} = N_1$,这里 N_1 是整数.

令 2^m 为式左分母中 2 的方幂的最大者,p 为 n 以下全部奇数的积,知 p 是奇数. 两边同乘 $2^{m-1} p$,有

$$N_2 + \frac{2^{m-1} \cdot p}{2^m} = 2^{m-1} \cdot p \cdot N_1, N_2 \text{ 是整数}$$

即 $\frac{p}{2} = N_3$(N_3 是整数),矛盾(因 p 是奇数)!

注 1 类似地还可以证明:

(1) $\frac{1}{2} + \frac{1}{2^2} + \frac{1}{2^3} + \cdots + \frac{1}{2^n}$ 不是整数.

(2) $\sqrt{n!}\,(n = 2, 3, \cdots)$ 都不是整数.

注 2 众所周知级数 $\sum_{k=1}^{\infty} \frac{1}{k}$ 发散,它被称为调和级数.

注 3 本结论是泰辛格(Taeisinger)于 1915 年发现的.

1918 年,科西查克(Kershchak)证明了 $\sum_{k=n}^{n+m} \frac{1}{k}$ 不是整数.

显然,前面正文的问题只是 $n = 2$ 的特例情形.

1932 年,爱尔特希证明 $\sum_{k=1}^{n} \frac{1}{a + kb} (a, b \in \mathbf{Z}^+)$ 不是整数(亦有文献称此结论于 1924 年由纳吉尔(T. Nagell)证得).

16. $n^2+1, 5n^2+3$ 不是完全平方数

若 n 是自然数,则

(1) $\sqrt{n^2+1}$ 不是整数.

(2) $\sqrt{5n^2+3}$ 不是整数.

证明 (1) 由 $n^2 < n^2+1 < n^2+2n+1$,则有
$$n < \sqrt{n^2+1} < n+1$$
因 $\sqrt{n^2+1}$ 在两连续整数内,故 $\sqrt{n^2+1}$ 不是整数.

(2) 容易验证,任何整数平方的末位数字只能是 0,1,4,5,6,9 诸数字之一. 注意到:

n 为偶数时,$5n^2+3$ 的末位数字是 3;

n 为奇数时,$5n^2+3$ 的末位数字是 8.

故 $5n^2+3$ 不能是完全平方数.

注 命题(2)还可证知:任何整数均可表为 $5k, 5k\pm 1, 5k\pm 2 (k\in \mathbf{Z})$ 形式,注意到:

$(5k)^2 = 25k^2 = 5$ 的倍数,

$(5k\pm 1)^2 = 25k^2 \pm 10k + 1 = 5$ 的倍数 $+1$,

$(5k\pm 2)^2 = 25k^2 \pm 20k + 4 = 5$ 的倍数 $+ 4 = 5$ 的倍数 -1.

故任何整数的平方或为 {5 的倍数},或为 {5 的倍数 ± 1},因而 {5 的倍数 $+3$} 形式的数不是完全平方数.

17. 五角星填数

填数问题是一种历史悠久的数学游戏,我国古籍《易经》中就已涉及此类问题,称为"洛书"、"河图"(下图),其中"洛书"即是三阶幻方.

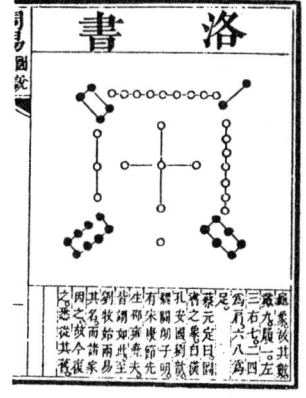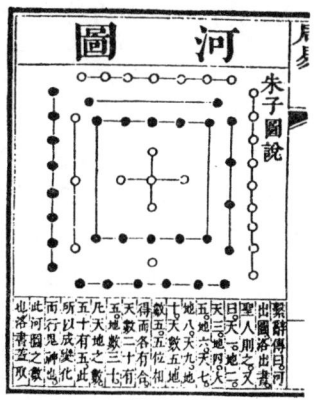

洛书与河图

西方人也曾设计过一些"幻方",比如,丢勒(A. Dürer)的名画《忧郁》中就画有一个四阶幻方(下图).

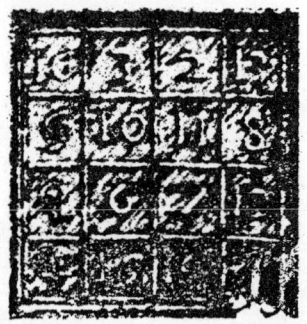

丢勒名画《忧郁》中的幻方:(其中末行的 1514 为其创作年代)

此外我国古代算学家杨辉在其《续古摘奇算法》书中,提出了许多填数问题.

下左图是西方流传的幻六角星,图中圆圈里填着 1~12 这 12 个数字,使六角星的每条边上的四个数字和皆相等.

可如果六角形换成五角星,情况就不那么妙了,今打算将 1~10 这十个数字填入五角星中 10 个圆圈处(下右图),使得五角星上每条边上四个数字和皆相等.试填一阵之后你会发现:符合要求的填法根本不存在(即不可能).其大致可按如下思路思考:

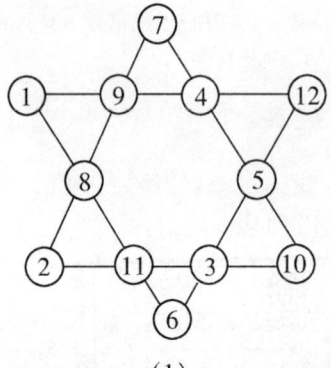

(1)

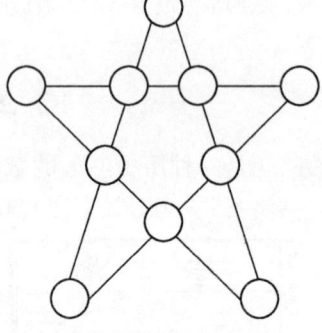

(2)

从极端情况出发,若有一解存在则它满足:

(1) 图中每条线上数字和是 22,即 $(1+10) \div 2 = 5.5$ 的 4 倍;

(2) 数字 1 与 10 应在同一直线上(它们分别为所给数中最小和最大的数).

若不然,取其他数放在过数字 1 的直线上,此时六数和不大于

$$9+8+7+6+5+4 = 39$$

而由条件(1) 它们的和应为 44.

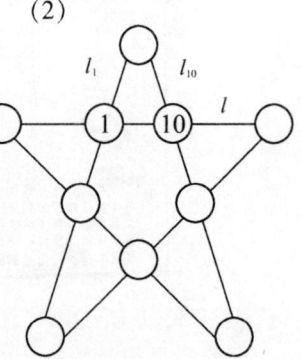

接下来考虑若1与10在同一直线上,记之为l,又其他两条过1和10的直线为l_1与l_{10}.

考虑l,l_1,l_{10}上的其他数的可能分布情况(注意五角星的每条线上四数和均应为22)推算后我们可总结成下表.

l,l_1,l_{10} 上诸数字分布情况

情况	l	l_1	l_{10}
	(除1,10外)	(除1外)	(除10外)
①	9,2	8,7,6	3,4,5
②	8,3	9,7,5	2,4,6
③	7,4	无	无
④	6,5	9,8,4	2,3,7

对于情况①,线l,l_1,l_{10}上分别包括数(参见上表)
$$\{1,10,9,2\},\{1,8,7,6\},\{10,3,4,5\}$$

这样的五角星中线l_1与l_{10}除1,10外无公共元素,这不可能(注意它们应相交,即除1,10外还应有一个公共元素).

类似地情况②,④也不可能出现.换言之,此填数问题不可能有解.

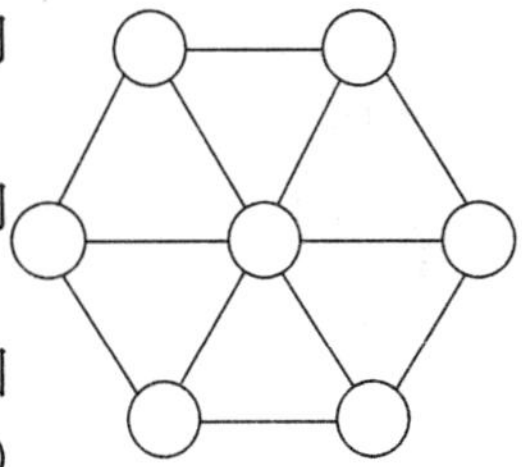

接下来是一个与之类似的填数问题,但它较上面问题要简单多了.

将1~7这7个数字分别填入右图七个圆圈中,使图中所有在同一直线(注意它有九条:六条边、三条对角线)上的数字和都相等.

其实这也是一个不可能问题,道理是:

因为所填每个数均出现在图中的某三条直线上,即每个数在上述诸直线上数字和中皆出现3次,这样九条线上的全部数字和为
$$(1+2+3+4+5+6+7)\times 3=84$$

因而算下来每条线上的数字和应为:$84\div 9=9\frac{1}{3}$.

这是不可能的,原因是每条线上的数字皆为整数,其和不可能为分数.

18. 十五方块游戏

1870年,著名游戏大师萨姆·劳埃德(Sam Loyd)发明类似于我国"捉放曹"游戏的"15方块"游戏,它曾风靡欧美.

游戏是将分别标有1~15的15个同样的小正方块,摆放在一个4×4方格

里(每个方格与小正方块同大小),令其右下角方格空着.

游戏规则允许游戏者将有标号的小方块滑动到与之相邻的空格中去.

若游戏开始时 15 个方块摆放的位置如下图(b)(只是下图(a)中标有 14 和 15 的方块易位而已),劳埃德称谁能按游戏规则运动将方块位置复原到图(a),他可获 1000 美元奖金.

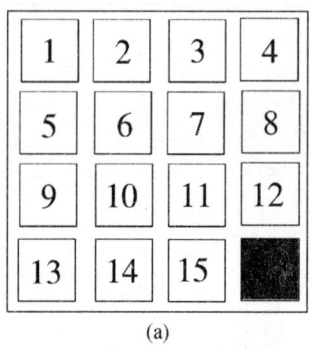
(a)

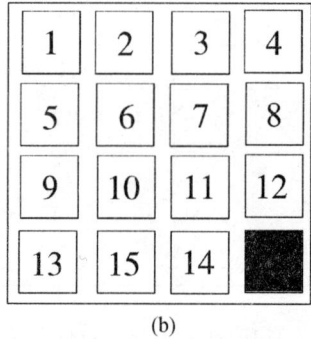
(b)

其实,这是个不可能问题,(从群论观点) 粗略地讲:每次小方块的移动,就引起 16 个方格的一个变换(相对原来的排布可视为一种置换),为了把空白方格最终变到右下角需要移动偶数次,故移动的置换是个偶置换.然而我们想得到的位置是原始位置的一个奇置换.这不可能!

由于此游戏的出现,曾引发出大量涉及该问题的数学文章.1879 年,琼森(W. W. Johnson)和斯托利(W. E. Story)首先在《美国数学杂志》上撰文讨论该问题.

1974 年,维森(R. M. Wieson)给出问题不可能性一个好的证法.直到 1999 年阿切尔(Aaron. F. Archer)还在《美国数学月刊》上撰文讨论它.

三、可能与不可能

事物都是相对的,可能与不可能问题也一样.

我们说过,数学中的"不可能问题"是有条件的,是由于结论及现有手段的制约而出现(产生)的,即换句话说,它并不绝对.比如,在有理数域(范围)求边长为 1 的对角线长不可能,而在实数域中则可以办到.又如根式 $\sqrt{-1}$ 在实数域中无意义(更不可能计算),而在复数域中则有意义(可计算).

再如几何尺规作图中的三大难题,倘若对作图工具要求"降低"或"减弱",甚至允许其他工具的使用,比如若允许用带刻度的直尺,则三等分任意角可能等.此外还可借助某些特殊作图工具,或利用某些曲线,也可以三等分任意角及解决化圆为方、倍立方问题.

如前文所述,公元 4 世纪后半期,狄诺斯特拉德(Dinostratus)认为可用希伯斯(Hippias)割圆曲线 $y = x\cot\dfrac{\pi x}{2a}$ 解决化圆为方问题. 又如尼科梅切斯利用蚌线、帕斯卡利用蚶线三等分角;梅涅劳斯利用抛物线解决倍立方问题等.

《美国数学杂志》1975 年曾发表伊萨斯(R.Isaacs)的"两篇无字的数学文章",其一文中给出一个三等分角器(下图),用它可以三等分任意角(它的道理几近显然,但严格地讲,这只是角的近似三等分).

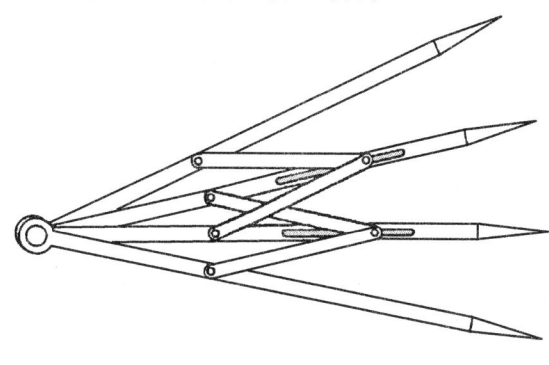

三等分角仪

另外,前文已述化圆为方的(组成)问题,从集合作角度考虑,却是可能的(尽管内涵已不同).

再如,我们前文已阐述过一般高于四次的代数方程不能用根式求解. 可是,1858 年埃尔米特(C.Hertmite)利用椭圆函数理论给出了一般五次代数方程的解公式(用方程系数表示). 此后,他又成功地借助富克斯(L.Fichs)函数将一般 n 次代数方程的根用其系数表示了出来. 当然,这与原来问题(五次及五次以上代数方程无根式解)的内涵已有所不同.

再来看一个例子. 我们知道:调和级数 $\sum\limits_{k=1}^{\infty}\dfrac{1}{k}$ 是发散的(前文曾提到过),这一点可由下面的事实看出

$$\sum_{k=1}^{\infty}\frac{1}{k} = \left(1 + \frac{1}{2} + \cdots + \frac{1}{9}\right) + \left(\frac{1}{10} + \frac{1}{11} + \cdots + \frac{1}{99}\right) +$$
$$\left(\frac{1}{100} + \frac{1}{101} + \cdots + \frac{1}{999}\right) + \cdots >$$
$$\left(\frac{1}{10} + \frac{1}{10} + \cdots + \frac{1}{10}\right) + \left(\frac{1}{100} + \frac{1}{100} + \cdots + \frac{1}{100}\right) +$$
$$\left(\frac{1}{1000} + \frac{1}{1000} + \cdots + \frac{1}{1000}\right) + \cdots =$$
$$\frac{9}{10} + \frac{90}{100} + \frac{900}{1000} + \cdots = \frac{9}{10} + \frac{9}{10} + \frac{9}{10} + \cdots$$

其实我们也可用反证法给出一个更简洁的证明.

若不然,今设调和级数 $\sum_{k=1}^{\infty}\frac{1}{k}$ (*) 收敛到 S ,而(*)中的偶数项和

$$\sum_{k=1}^{\infty}\frac{1}{2k} = \frac{1}{2}\sum_{k=1}^{\infty}\frac{1}{k}$$

应收敛到 $\frac{S}{2}$,因而(*)中奇数项和也应敛到 $\frac{S}{2}$.但

$$1 > \frac{1}{2}, \frac{1}{3} > \frac{1}{4}, \frac{1}{5} > \frac{1}{6}, \cdots, \frac{1}{2k-1} > \frac{1}{2k}, \cdots$$

故
$$\sum_{k=1}^{\infty}\frac{1}{2k-1} > \sum_{k=1}^{\infty}\frac{1}{2k}$$

这与上面结论(都收敛到 $\frac{S}{2}$)矛盾!

从而(*)收敛的假设不真!故级数发散.

(前文讲过,级数 $\sum_{p}\frac{1}{p}$,其中 p 遍历全部质数,也是发散的,尽管质数相对自然数来讲少得可怜!因为 $\lim_{x\to+\infty}\frac{\pi(x)}{x} = 0$,这里 $\pi(x)$ 是不超过 x 的质数个数,此结论由欧拉和勒让德先后给出.)

倘若从调和级数中除去所有分母含数字9的项而得到的级数

$$1 + \frac{1}{2} + \cdots + \frac{1}{8} + \frac{1}{10} + \cdots + \frac{1}{18} + \frac{1}{20} + \cdots + \frac{1}{88} + \frac{1}{100} + \cdots + \frac{1}{108} + \frac{1}{110} + \cdots \quad (*)$$

是收敛的.

这是伊里诺斯大学的肯普内尔(A.J.Kempner)在1914年发现的,下面简述一下他的证明.

首先按照各项分母10的幂次大小(或位数)加以分组

$$\left(1 + \frac{1}{2} + \cdots + \frac{1}{8}\right) + \left(\frac{1}{10} + \cdots + \frac{1}{88}\right) + \left(\frac{1}{100} + \cdots + \frac{1}{888}\right) + \cdots$$

其中第 n 组的和记为 a_n ,则级数(*)可以写成.

$$a_1 + a_2 + \cdots + a_n + \cdots$$

显然,在 a_n 中的最大一个分数是 $1/10^{n-1}$,下面来证明 $a_n < 9^n/10^{n-1}$,即 a_n 中分数个数少于 9^n 个.用数学归纳法.

(1) $k = 1$ 时,直接验证可得.

(2) 设 $k \leq n$ 时,命题真,即 $a_k (k \leq n)$ 中所含分数不足 9^k 个,今考察 a_{k+1} .

在 a_{k+1} 中,所有被剔除的分数均在 $1/10^n$ 与 $1/10^{n+1}$ 之间,其分子均为1,只需考虑分母.

从 0 到 10^{n+1} 是从 0 到 10^n 范围的10倍,故从 10^n 到 10^{n+1} 之间有9个区间,大小和从0到 10^n 的区间一样,这些区间由 $10^n, 2 \cdot 10^n, \cdots, 9 \cdot 10^n$ 这些数界定

(下图).

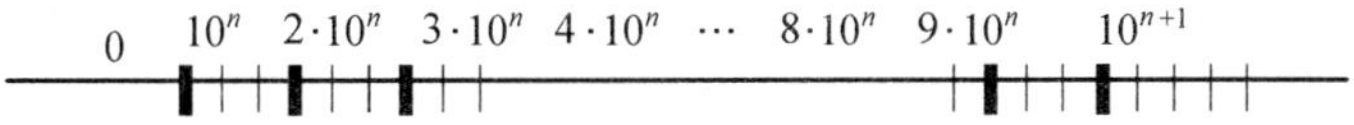

$$0 \quad 10^n \quad 2\cdot 10^n \quad 3\cdot 10^n \quad 4\cdot 10^n \quad \cdots \quad 8\cdot 10^n \quad 9\cdot 10^n \quad 10^{n+1}$$

由于最后一段(从 $9\cdot 10^n$ 到 10^{n+1})中所有数均以 9 开头,所以相应的分数全被剔除,故只需考察从 10^n 到 $9\cdot 10^n$ 的前八段中剩下的分母的个数,其每一段中被剔除的分母正好对应于从 0 到 10^n 最初这一段中所剔除的分母个数.

从 0 到 10^n 这一段中若剔除了分母 $xy\cdots z$,则从 10^n 到 $2\cdot 10^n$,从 $2\cdot 10^n$ 到 $3\cdot 10^n$,$\cdots$,从 $8\cdot 10^n$ 到 $9\cdot 10^n$ 中分别剔除 $1xy\cdots z, 2xy\cdots z, \cdots, 8xy\cdots z$;若 $xy\cdots z$ 未从 0 到 10^n 段中剔除,则在其余各段中相应的分母也未被剔除,由归纳假设,这八段中每段分母中剩下项的个数小于 $9 + 9^2 + 9^3 + \cdots + 9^n$,从而 a_{n+1} 中所含分母个数小于

$$8(9 + 9^2 + \cdots + 9^n) = 8\cdot \frac{9(9^n - 1)}{9 - 1} = 9^{n+1} - 9 < 9^{n+1}$$

即 $k = n + 1$ 时结论也真,从而对任何自然数结论成立.

这样 $a_n < \dfrac{9^n}{10^{n-1}}$,由此知前述级数之和小于

$$\frac{1}{10^0} + \frac{9^2}{10^1} + \frac{9^3}{10^2} + \cdots + \frac{9^n}{10^{n-1}} + \cdots = \frac{9}{1 - (9/10)} = 90$$

从而级数是收敛的.

仿上也可证明:从调和级数中剔除分母中含数字 8、或 7、$\cdots$、或 1、或 0 的分数后剩下的级数也都收敛.

注 下面一个算式结果(它与级数有关)耐人寻味.序列

$$\frac{9}{1}, \frac{98}{12}, \frac{987}{123}, \frac{9876}{1234}, \frac{98765}{12345} \cdots$$

收敛到 8.这里大于等于 10 的数字须按一位数字去安排小数点位置.这时数列分子、分母分别为

$$\sum_{k=0}^{\infty} [10 - (k+1)] \left(\frac{1}{10}\right)^k \text{ 和 } \sum_{k=0}^{\infty} (k+1)\left(\frac{1}{10}\right)^k$$

前者和为 $\dfrac{800}{81}$,后者和为 $\dfrac{100}{81}$,故数列收敛到 8.

电子计算机的出现,特别是当它参与某些数学问题证明(比如"四色定理")之后,使得许多问题与人们原先的认识大有不同,许多结论(特别是计算)大为改进,比如圆周率(它是一个无限不循环小数)的计算就是如此.

16 世纪,荷兰人鲁道夫(Van.C.Ludolph)花了毕生精力只算到 π 的小数点后第 35 位(它被誉称为"鲁道夫数"而刻在他的墓碑上).

19 世纪,英国的尚克斯(W.Shanks)曾将 π 算到小数点后 707 位(1945 年有人发现第 528 位数字有错).这是人类在用手算所创造的圆周率计算位数之最,但电子计算机出现以后,局面很快被打破了.

1973年,法国两位数学家用电子计算机将π的值算到小数点后100万位.
1983年,日本筑波大学的一位讲师又将π的值算到小数点后200万位.
1986年底,有人将π算至2900万位(利用Cray-2计算机),纪录不断被刷新.
这些只靠人的手脑是无能为力的,或者说根本不可能.

1999年,π的计算位数已突破2000亿大关,2009年末,这个纪录再次被打破,位数超过25000亿(下表).

π值计算年表

时 间	计算型号	计算者姓名	花费机时	精 度
1946年	ENIAC		70小时	2037位
1951年	NORC		13小时	3089位
1955年	Pegasus	菲特诺(Feltno)	33小时	10017位
1957年	IBM7090	伦屈和宣克斯	8小时43分	100265位
1967年	DCC-6600		28小时10分	50万位
1973年	IBM7600	[法]简·洛德	23小时18分	100万位
1981年	FACOM-M200	[日]三好和宪	143小时	200万位
1983年	HITACM-280H	[日]田川吉明 金田康正	30小时	2^{24}位即 16777216位
1986年	Cary-2	美国科学家	28小时	2936万位
1987年	HITACS-820/80	[日]金田康正		1.3355亿位
1988年	同上	同上	5小时57分	2.01357亿位
1989年		[美]哥伦比亚大学		4.8亿位
1989年	HITACS-820/80	[日]金田康正		5.3687亿位
1989年	IBM-3090	[美]格雷戈里 (Gregory)等		10.1亿位 (1011196691)
1995年	HITACS3800	[加]乔·伯尔温	56小时	42.9亿位
1997年		[日]金田康正	29小时	515.396亿位
1999年	HITACHISR8000	同上	37小时	2061.58亿位
2002年	HITACHISR8000	同上	601小时	12411亿位
2009年		[日]筑波大学	73小时	25769.8亿位

以上计算或许只是显示一下计算机的计算功能,但它同时也是计算机软(硬)件性能的公开较量,数学家们肯定会从中受益(比如研究π数字的分布规律等).

计算机证明的另一个典例是所谓"四色问题",这个问题我们前文已有介绍.

若绘制一张地图(平面或球面上的),将其中不同的国家或地区各涂上一种颜色,为使任意相邻的两个国家或地区都能区分开,至少需要四种颜色.

这个问题是 1852 年,英国人格斯里(F. Gtuthrie)写信给德·摩根(A. de Morgan)时提出的,他还写信请教了数学家哈密顿.1878 年,英国数学家凯莱在一次数学年会上将问题正式提出.

1890 年,希伍德(P. J. Heawood)证明了"对任何地图着色只需五色即可"(五色定理),此前,肯普(A. B. Kempe)曾对加色问题给出过一个证明,但有漏洞.

1968 年,奥尔(O. Ore)和斯坦普利(I. Stemple)对于国家数目不大于 40 的情形,给出了证明(只用四色即可).

直到 1976 年,三位美国数学家阿佩尔(K. Apple)、哈肯(W. Haken)和科赫(J. Koch)借助大型高速电子计算机,花了 1200 个机上小时,宣称证明了四色定理(这些工作只靠人工的判断是根本不可能的,它大约有 60 亿次逻辑判断,若由一个人完成此工作大约需要 30 万年).

由上看来,"可能"与"不可能"均是相对而言,换句话说,它是有条件的.

顺便讲一句:对于环面上的地图着色问题只有七色就够了(七色定理),这个证明早在 19 世纪末就已得到(它的证明由希伍德完成).

此外,"可能"与"不可能"的相对性还表现在:在某些情况下问题可能(有解或获解),在另外一些情况下它不可能(有解或获解).

利用有限种规格(尺寸)相同但其对角线划分的四个区域上面标上不同数字 a,b,c,d(或看做涂上不同颜色)的正方形纸片(标数相同的两张纸片称为同一种),按一定要求能否摆满整个平面,如要求相邻的两纸片在其邻接处有相同的值(或相同颜色,但不得转动或反射变换纸片上的数字)等.

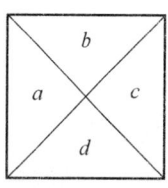

人们发现,利用下面六种标号的正方形纸片可以按上面要求铺满整个平面.

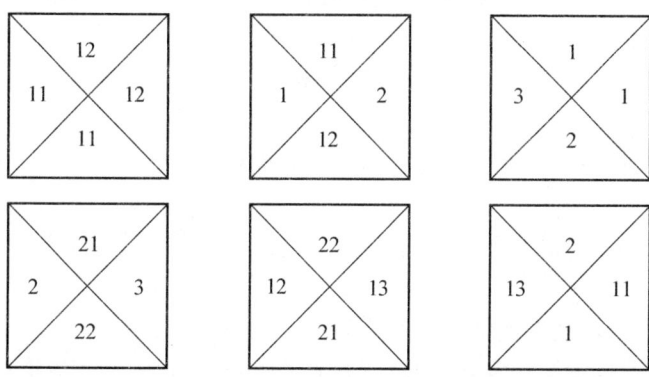

具体铺法见下图(这里只是拼出个 2×3 的矩形,注意矩形对边上的数字均恰好对应相等,这样可将其无限扩展).

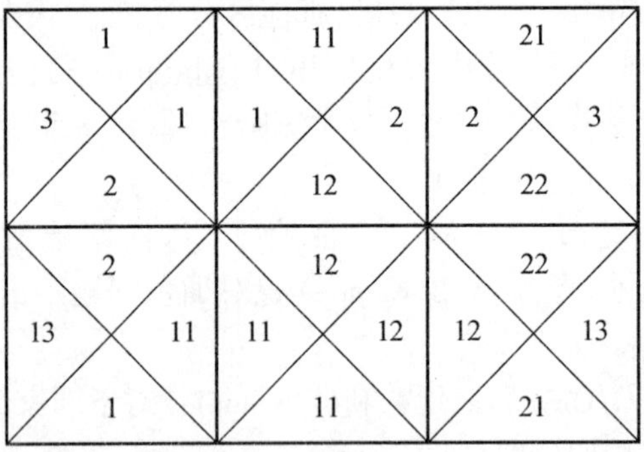

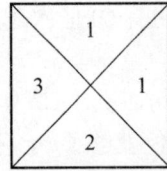

但是利用下面三种正方形纸片,无论如何也无法按照前面要求铺满整个平面.

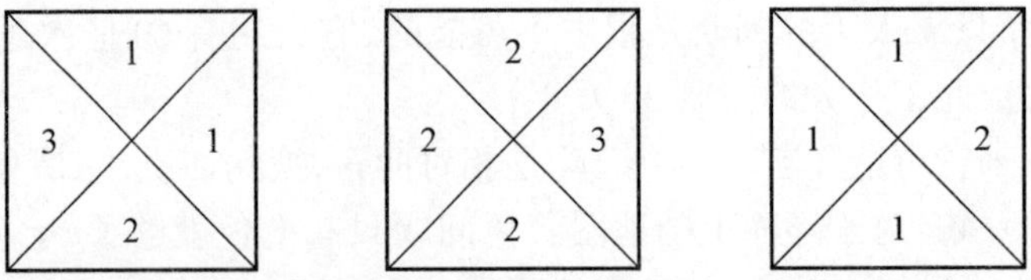

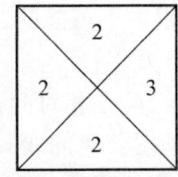

它的证明依据 1965 年数理逻辑家王浩给出的下面一个事实:

图形只要能铺满坐标平面的第一象限,就能用它铺满整个平面.

(注意:因第一象限受着 Ox 轴的右半轴和 Oy 轴的上半轴局限,既然不允许转动和反射,故第一象限的可铺砌性并不提示第二象限的铺砌方法,同样我们也不可想象把上半平面的解下推或平移得出下半平面的解,来摆脱"边界"的局限,因为这需要无限多次的推移!)

王浩巧妙地运用了柯尼希(J.König)的无限性引理,即:

设 G 为一有向树,树根结点(图论称悬挂点)为 V_0,向上有无限多个结点,每个点的次数(起始于该点的弧即有向线段的条数)皆有限(除了根的输出次数为 0,其它诸点次数为 1,这里 V_0 是弧的终点,且为树根故次数为 0).

于是,G 就有一条由根 V_0 开始的无限的路,即一个无限的点序列:$V_0,V_1,V_2,\cdots$.其中联结 V_{j+1} 的弧的终点是 V_j(反指向),这里 $j=0,1,2,\cdots$.

简言之,在一个点的次数有限的无限有向树图中,必有一源于根(悬挂点)的无限路.

接下来的证明请参考相应文献.又若允许纸片转动,则铺砌平面问题可无条件地解决.

当然,一个较初等的证明可叙述为:

若纸片可铺满第一象限,则对所有 n 可铺满 $2n\times 2n$ 的正方形:$0\times 0,2\times 2$,

$4\times 4, 6\times 6, 8\times 8, \cdots$.

把铺成的 $2n\times 2n$ 正方形作为子块,显然可以铺满 $(2n+2)\times(2n+2)$ 的正方形(前者基础上镶边).

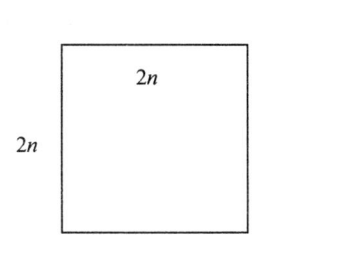
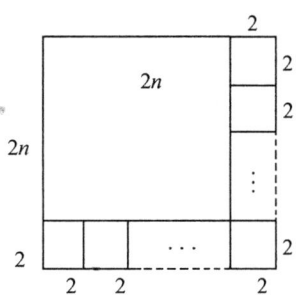

这样我们可以得到一棵有向树(注意仍是图论中的树),其根的结点(悬挂点)为 0×0 正方形(即一点)的铺设.

这棵树有无限多结点,而每个结点的次数(过该点的弧或有向树枝数)有限(因纸片种类数有限,故铺设方法也有限).

这样,该树必有一条源于根结点的无限路,即是说,铺砌可从 0×0(即一点)开始,逐步铺满整个平面.

参考文献

[1] 久保季夫.不可能问题[M].日本东京:科学新兴社,1979.
[2] 贺贤孝.数学中的未解之谜[M].长沙:湖南教育出版社,1998.
[3] 邱贤忠,沈宗华.几何作图不能问题[M].上海:上海教育出版社,1983.
[4] 王宗傧.三角形内角和等于180°吗[M].长沙:湖南教育出版社,1984.
[5] 蒋声.形形色色的曲线[M].上海:上海教育出版社,1985.
[6] 丁石孙.乘电梯·翻硬币·游迷宫·下象棋[M].北京:北京大学出版社,1993.
[7] ISAACS R,Two mathematical papers without words[J].Math. Magguine,1975(48).
[8] Yaglom I M.九种平面几何[M].陈光述,译.上海:上海科学技术出版社,1985.
[9] 单墫.十个有趣的数学问题[M].上海:上海教育出版社,1999.
[10] 吴振奎,吴旻.数学中的美[M].上海:上海教育出版社,2002.

数学中的未解决问题

> 在数学中没有不可知.
> —— 希尔伯特

由于数学的抽象与超前性,因而在数学问题中,往往会有一些未获解决的问题,这些常常也是数学发展的源泉和动力,这类问题人们有的熟悉,有些则不甚了解.我们这里不打算,也不可能去一一列举.但对这类问题,特别是其中的某些问题的粗略了解,或许会为我们选择研究方向或攻坚目标时有一些帮助,这类问题中较著名的,如希尔伯特23个数学问题中的某些,它们既未获得证明,也未能找到反例去推翻(详见附录二),此外还有一些其他高等数学和初等数学,经典数学和现代数学中未解决问题等.

下面我们仅就其中的几个简单(貌似)以及其他稍为初等一些但很有趣的问题略谈一、二,因为这方面问题太多,几乎每个数学分支都有.

在没有叙述这些问题之前,我们先讲几个小故事.

美国数学家乌拉姆(S. M. Ulam)有一次参加一个科学报告会,由于他对会议内容不感兴趣,为了消磨时间,他在一张纸片上把数$1,2,3,\cdots,99,100$都按逆时针方向自里向外排成一种螺旋状(下页图),当他把其中的全部质数都圈出的时候,一个奇妙的现象发生了:

图表中所有的质数均有规律地排列在某些直线上.

散会之后,他用电子计算机把$1\sim 65000$这些整数按上面方式排成逆时针螺旋状,且将其中的质数打印出来,他发现这些质数排列在某些直线上的现象仍然存在,这个现象被人们称为"乌拉姆现象".

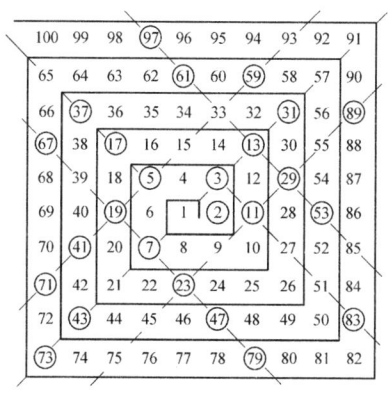
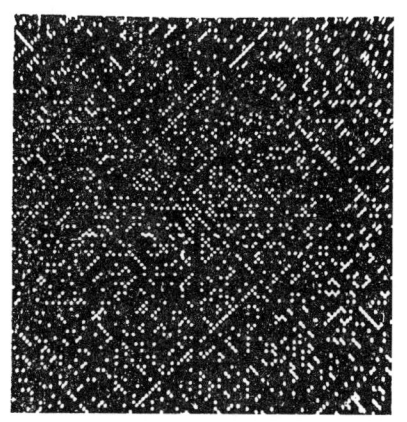

1~100 整数中,全部质数　　　　从 1 开始按逆时针螺旋方向
都分布在某些直线上　　　　　　排布数中质数(白点)分布图

此外这种数表还可以从某个质数开始排列(比如,从41开始)排列,它们也会发现类似的现象.

是否全部质数都具有这种现象?这是一个至今未能解决的问题.

顺便讲一句,数学家们也从"乌拉姆现象"中发现了质数的不少有趣性质.

当然人们还从另外角度研究它,这个问题实质上是整系数多项式 $f(n) = An^2 + Bn + C$ 当 n 取正整数时质数函数值的分布情况,这一点稍后(见附录三,前文我们也稍有介绍)我们将给出一个几何说明或解释.

另一个有名的尚未解决的数学问题——"回文数猜想问题"也颇具魅力,因为它同样貌似简单.

所谓"回文式数"(又称逆等数)是指这样的整数:当把该数诸数位上完全倒置后所成的新数(逆序数)与原数相同①.

如 121,1331,11111 等.人们通过计算发现,回文式数中有许多质数,比如 1000 以内的回文式质数有

1,101,131,151,181,191,313,353,373,383,727,757,787,797,919

人们曾猜测:回文式质数的个数有无穷多个.但这个结论迄今尚未证明.

此外人们把 13 与 31;17 与 71;37 与 73;79 与 97…这样的质数对称为"回文质数对"(一个数与它的逆序数均为质数,则称这一对数为回文质数对),这种数两位的有 4 对、三位的有 13 对、四位的有 102 对、五位的有 684 对……

人们也猜测:有无穷多组回文质数对.这一点人们至今也未获证明.

完全平方数中的回文式数密度较自然数大,完全立方数也是如此.然而人

---

① 回文数名称源于我国古诗中回文诗,如"秋江楚燕宿沙洲,燕宿沙洲残水流,流水残洲宿燕,洲沙宿燕楚江秋."有趣的是:分子生物学中也有"回文结构",它是 DNA 内切酶识别并进行剪切的位点.

们却未能找到四次方根不是回文式的完全四次方数,也没发现回文式五次方数存在.

人们又猜想:$k \geqslant 5$ 时,不存在回文式 k 次方数.这一点人们也没有证明.

与回文数有关的还有一个"回文数运算"猜想,它也是人们未能解决的问题.该猜想是说:

一个数与其逆序数相加,所得的和再与和的逆序数相加,如此下去,经有限步骤后,所得的数必为一个**回文式数**.

比如,数 68 按上述运算可得

$$68 \to \frac{+\,\begin{matrix}68\\86\end{matrix}}{154} \to \frac{+\,\begin{matrix}154\\451\end{matrix}}{605} \to \frac{+\,\begin{matrix}605\\506\end{matrix}}{1111}$$

这里 1111 是回文式数.值得一提的是:在人们已经核验的数中,196 倒是一个可能的例外,因为人们已对它进行十万次上述运算,仍未得到回文数 —— 当然人们也不能就此断言算下去永远得不到回文式数.

$$196 \to \frac{+\,\begin{matrix}196\\691\end{matrix}}{887} \to \frac{+\,\begin{matrix}887\\788\end{matrix}}{1675} \to \frac{+\,\begin{matrix}1675\\5761\end{matrix}}{7436} \to \cdots$$

注 有趣的是人们还发现了五位、六位的循环逆质数:11939 和 193939.即把它们写到一个圆圈四周(下图):

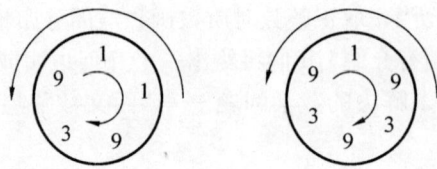

无论正读、反读(顺、逆时针方向),无论从哪一个数字开始,所得的五或六位数均为质数.

但人们已证明:不存在三、四位和七位的循环逆质数.

某些回文(逆)质数组成的数阵,其行、列及主对角线上数字组成的数皆为质数,比如下面两数表给出的例子:

9	1	3	3
1	5	8	3
7	5	2	9
3	9	1	1

四阶回文质数阵

1	3	9	3	9
1	3	4	5	7
7	6	4	0	3
7	4	8	9	9
7	1	3	9	9

五阶回文质数阵

显然,如果只用数字无重复的回文质数(它称为"无重回文质数")不能构造这种数阵,因为质数的个位数只能是 1,3,7 或 9,倘若数阵阶数超过 4,上面四个数字定会出现重复.

省刻度尺子问题也是一个貌似简单的问题.它与砝码问题,即在使用天平时砝码的最优设置问题有关:

只允许砝码放在天平一端,有质量为 2^0 g, 2^1 g, 2^2 g, $\cdots$, 2^n g 这 $n+1$ 个砝码可以称出 $1 \sim (2^{n+1}-1)$ 之间任何质量为整数克的物品;

若允许砝码放在天平两端,有质量为 3^0 g, 3^1 g, 3^2 g, $\cdots$, 3^n g 这 $n+1$ 个砝码,便可称出 $1 \sim (3^{n+1}-1)/2$ 之间任何质量为整数克的物品(它们说穿了只不过是二进制、三进制表示整数问题的变形提法).后面我们能看到,该问题与尺子刻度问题又不尽相同,后者即有刻度尺问题至今尚未获解.这类问题是这样的:

比如一根长 6 cm 的尺子,只需刻上两个刻度(下图),便可用它量出 $1 \sim 6$ 之间任何整数厘米长(下称完整度量)的物品来.

6 cm 长的省刻度尺子

我们用 $a \to b$ 表示从 a 量到 b,那么 $1 \sim 6$ cm 长物品量法如

$1(0 \to 1)$, $2(4 \to 6)$, $3(1 \to 4)$, $4(0 \to 4)$, $5(1 \to 6)$, $6(0 \to 6)$

早在 20 世纪初,英国游戏大师杜丹尼(H.E.Dudeney)就指出:

一根 13 cm 长的尺子只需在

1 cm, 4 cm, 5 cm, 11 cm(或 1 cm, 2 cm, 6 cm, 10 cm)

四处刻上刻度(严格地讲是 6 个刻度,因为还有 0 cm 和 13 cm 两刻度),便可量出 $1 \sim 13$ 之间任何整数厘米长的物品.

13 cm 长的省刻度尺子

同时他又指出:22 cm 长的尺子,只需刻上 6 个刻度(它有两种方案):

(1) 在 1 cm, 2 cm, 3 cm, 8 cm, 13 cm, 18 cm 处刻上刻度;

(2) 在 1 cm, 4 cm, 5 cm, 12 cm, 14 cm, 20 cm 处刻上刻度.

20 世纪 80 年代日本的藤村幸三郎指出:23 cm 长的尺子,也只需在

1 cm, 4 cm, 10 cm, 16 cm, 18 cm 和 21 cm

处刻上 6 个刻度,便可量出 $1 \sim 23$ 之间任何整数厘米长的物品来.

1956 年,约翰·李奇(J.Leech)在《伦敦数学会杂志》上撰文指出:

一根 36 cm 长的尺子,仅需在

1 cm, 3 cm, 6 cm, 13 cm, 20 cm, 27 cm, 31 cm, 35 cm

处刻上八个刻度,即可完成完整度量.

前苏联的拉巴沃克(Л.М.Лабавок)在所著《消遣数学》中指出:

一根 40 cm 长的尺子,在

  1 cm, 2 cm, 3 cm, 4 cm, 10 cm, 17 cm, 24 cm, 29 cm, 35 cm

处刻上刻度,即可完成完整度量.

一根 50 cm 长的尺子最省刻度为

1 cm, 3 cm, 6 cm, 13 cm, 20 cm, 27 cm, 34 cm, 41 cm, 45 cm, 49 cm

或 1 cm, 2 cm, 3 cm, 23 cm, 28 cm, 32 cm, 36 cm, 40 cm, 44 cm, 47 cm

给出度量范围限制刻度数,或限定刻度数去讨论最大度量范围的工作,进展得很慢.接下来的情况可见下表的所列结论(只是一些局部或零散的结果).

两种省刻度尺刻度

刻度数	度量范围	刻　　度
11	1 ~ 58	1,2,3,27,32,36,40,44,48,52,55
		1,2,6,8,17,26,35,44,47,54,57
		1,5,8,12,21,30,39,45,50,51,52
12	1 ~ 67	1,2,6,8,13,17,26,35,44,53,56,63,66
		1,5,8,12,21,30,39,48,57,66,71,72,74

遗憾的是,这个问题的一般情形至今未获解,它们是:

(1) n cm 长的尺子至少要有多少个刻度才能完成完整度量?

(2) 刻上 k 个刻度的尺子至多能在多大的 n 范围内完成 1 ~ n cm 的完整度量?

笔者曾在文献[10]中给出该问题的一个估计,得到有一些局部结果如:

对于刻度数是 $n + 5$ 个时,刻度为

$$1, 3, 6, 6 + 7k(1 \leqslant k \leqslant n), 10 + 7n, 14 + 7n$$

可度量 1 ~ $(7n + 15)$ cm 的完整度量;

对于 $n + 7$ 个刻度来讲,刻度为

$$1, 2, 6, 8, 8 + 9k(1 \leqslant k \leqslant n), 11 + 9n, 19 + 9n, 22 + 9n$$

或 $1, 5, 8, 12, 12 + 9k(1 \leqslant k \leqslant n), 17 + 9n, 18 + 9n, 20 + 9n$

可完成 1 ~ $(9n + 22)$ cm 的完整度量.

此外,人们还研究了长尺子的完整度量问题,即 m cm 长的尺子,刻上 k 个刻度去完成 1 ~ n cm(其中 $n < m$) 长的完整度量问题.比如有下面结论:

刻度数	尺子长 /cm	度量范围(1 ~ n)	刻　　度
5	24	1 ~ 18	2,7,14,15,18,
	25	1 ~ 18	2,7,13,16,17,
	31	1 ~ 18	5,7,13,16,17
			5,10,15,17,18
6	39	1 ~ 24	8,15,17,20,21,31

"省刻度尺"在《图论》中又称格劳姆(S.W.Golomb)尺.有趣的是,它已在X射线、晶体学、雷达脉冲、导弹控制、通信网络、射电天文学等领域研究中派上了用场[13].

此外,关于该问题研究已取得的结果如下表(表中为亚省刻度尺结果,即至多差1~2个刻度的省刻度尺子).

"亚省刻度尺"某些最佳刻度数表

刻度数	尺长	刻度
1	3	1
2	6	1,4
3	11	1,4,9 或 2,7,8
4	17	1,4,10,12 或 1,4,10,15 或 1,8,11,13 或 1,8,12,14
5	25	1,4,10,18,23 或 1,7,11,20,23 或 1,11,16,19,23 或 2,3,10,16,21 或 2,7,13,21,22
6	34	1,4,9,15,22,32
7	44	1,5,12,25,27,35,41
8	55	1,6,10,23,26,34,41,53
9	72	1,4,13,28,33,47,54,64,70 或 1,9,19,24,31,52,56,58,69

顺便讲几句,美国数学家戈洛莫尔(S.W.Golomol)指出:省刻度尺问题还与图论中"完美标号"问题有联系.所谓"完美标号"是指将$0 \sim k$这$k+1$个数字中的某些数字(称为标号),填在一些图形的结点处(称为标号点),再将相邻两点差的绝对值标在该两点连线段(边)上,若这些差的绝对值恰好分别为$1 \sim k$,则称该图形标号是"完美的",相应的标号称为"完美标号".右图即为一个完美标号图.

1978年,霍迪(C.Hodee)和魁佩尔(H.Kuiper)曾证明,所有"星轮状"的图形标号问题都存在完美标号.比如下面几个便是这类图形,它们的标号也都是完美的.

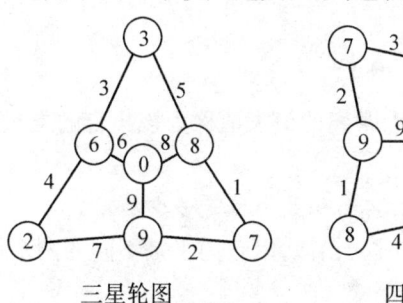
三星轮图

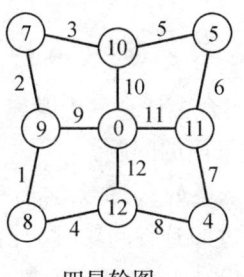
四星轮图

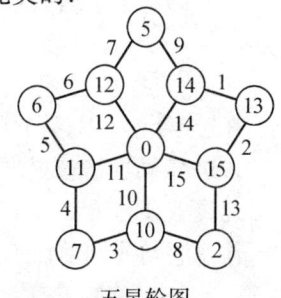
五星轮图

"完美标号"问题是图论中一个新的活跃分支,如今已有不少成果发表.

这里我们想指出:完美标号问题与省刻度尺问题是有联系的(在某种意义即最节省意义下讲是"同构"的),最节省的(标号点最少)完美标号问题对应着最少刻度的尺子.

比如右图中的标号与前面提到的杜丹尼省刻度尺问题是等价的,只不过问题提法不同而已.

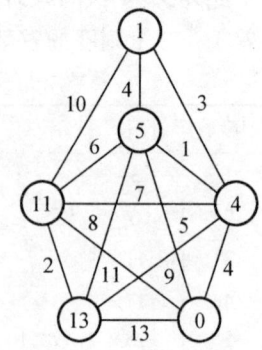

与省刻度尺问题一样,完美标号问题同样有许多问题有待解决,有兴趣的读者可参阅相应的文献.

接下来我们分别介绍一下初等数学、数论以及希尔伯特等问题中尚未解决的问题.我们想再强调一点:这类问题其实很多,这里只能择其极小一部分(笔者认为它们或有趣、或貌似不难、或对数学发展有影响),因而几乎可以肯定是挂一漏万 —— 好在从中仍可从窥到的这些问题或它们的局部,再去想象整个问题的全貌.

这些尚未解决的问题但愿会吸引你去参与,因为哪怕你只是解决了问题的点滴与些微,你也是在为数学发现、创造作出贡献,你肯定会获得数学界的赞誉与恭贺.

一、初等数学中的未解决问题

初等数学中有不少貌似简单、然而至今尚未获解的问题(高等数学亦然,且更多),这里面有算术的(现多归为数论研究了)、几何的、代数的,等等.

欧几里得几何建立至今已有两千余年,其中的不少问题仍具魅力因而引起人们的关注,在研究它的同时,常会发现新的结论,纵然这其中的不少课题,至今仍未获解.

还应申明一点,传统意义上的几何问题,如今已派生出许多新的分支,下面的例子有的就属于这些新分支(如组合几何等).

1. 勒贝格覆盖问题

在"集合论"中,有界闭集合中任意两点距离的最大值称为该集合的直径.

1914年勒贝格曾提出过下面的问题:

能覆盖任何直径为1的点集的凸图形,其面积最小值是多少?

注意它与我们前面提到过的卦谷问题有些相似,但它们又是不同的两个问题.

1910年人们已经知道:任何直径为1的点集皆可被一个半径为 $\sqrt{3}/3$ 的圆覆盖.但这个圆显然不是符合题设的面积最小者(该圆面积为 1.047…).

稍后人们又发现:单位圆(半径为1)外切正四边形,去掉两个相邻角(右图阴影部分,它是单位圆外切正八边形与正四边形不重叠的部分)剩下的图形亦满足要求,它的面积为 0.914…

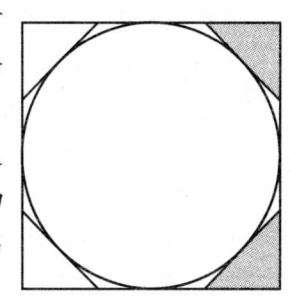

如果单位圆外切多边形边数加倍后,可得到面积为 0.845… 的符合要求的图形.

1936年,德国数学家斯普拉格(R.Sprague)给出一个面积为 0.844144… 的曲十边形可以满足覆盖要求的图形(右图).它的具体作法如下:

作单位圆外切正六边形,除去 △ABC 和 △DEF(这里 AC 与 DE 皆与圆相切,且三角形等腰).以 D 为圆心、1 为半径作 $\overset{\frown}{HJ}$,以 C 为圆心、1 为半径作 $\overset{\frown}{KJ}$,除去区域(曲边四边形) I – HJK,则剩下部分即为所求.

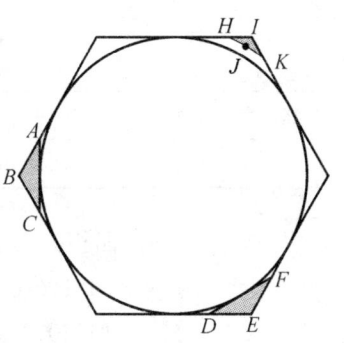

1975年哈森(Х.Хансен)又稍作改进,它又从上面斯普拉格图形中去掉两块曲边三角形.

此外,巴尔(Ball)还给出:

能覆盖直径为1的任何点集的凸图形面积介于 $\dfrac{\pi}{8}+\dfrac{\sqrt{3}}{4}$ 与 0.8441144 之间的估计.

然而,这种图形面积的具体的数值至今未能找到.

我们再来回顾一下前文曾提及过的与之相仿的问题——卦谷(Kakeya)问题(1917年日本人卦谷宗一提出):

如何使边长为1的线段转过180°后使之扫过的面积最小(该最小值是多少)?

这个问题被别西科维奇(A.S.Besicovich)于1928年解决,结论是:扫过的面积可任意小.

2. 等积、等周的毕达哥拉斯三角形

人们称边长全部是整数(或有理数)的直角三角形为毕达哥拉斯三角形,

组成它们的数组又称勾股数或毕达哥拉斯数组.

通过不太困难的推导可以证明：

等积(面积相等)的毕达哥拉斯三角形有无穷多个.

但要具体找出它们却非易事,特别是再加上某些约束(限制)后更是如此.比如,求两个、三个、……等积的毕达哥拉斯三角形中面积最小的等.

对于该类问题的研究,至20世纪末,人们仅得下面的一些结论：

等积的毕达哥拉斯三角形个数 n	这类图形中面积最小的诸三角形边长 (a,b,c)	最小面积值 S_{min}
2	$(12,35,37),(20,21,29)$	210
3	$(40,42,58),(24,70,74),$ $(15,112,113)$	840
4	不详	≤ 341880
5	不详	≤ 37383746400

表中 $n = 4$ 时,面积为 341880 的四个直角三角形三边长分别为

$$(111,6160,6161),\quad (231,2960,2969)$$
$$(1320,528,1418),\quad (280,2442,2458)$$

但它们不一定是面积最小的四个等积形. 其他情形至今未果.

对于等周(周长相等)的毕达哥拉斯三角形的研究,人们同样也有兴趣. 这项工作取得了一些进展(这里的重点仍是对这类三角形个数的讨论).

求这类三角形个数,可令 a,b,c 为三角形三边,则问题化为方程组

$$\begin{cases} a + b + c = l \\ a^2 + b^2 = c^2 \end{cases} \quad (*)$$

对什么样的 l 有 $3,4,5\cdots$ 组整数解 (a,b,c)？

人们只得到一些局部结论,比如：

$l = 120$ 时,有三组 (a,b,c) 满足式 $(*)$

$$(20,48,52),(45,24,51) \text{ 和 } (40,30,50).$$

又 $l = 317460$ 时有四组 (a,b,c) 满足式 $(*)$：$(153868,9435,154157)$, $(99660,86099,131701),(43660,133419,140381),(13260,151811,152389)$.

以上是本原的情形即三边长互质,对于非本原的情形人们有 $l = 240$,它也有四组解

$$(15,112,113),(40,9,104),(48,90,102),(60,80,100)$$

然而一般的情形至今未获解. 下表给出问题的部分成果.

等周毕氏三角形个数	这类图形中周长最小的诸三角形边长(a,b,c)	最小周长值 $l_{\min}$	注　记
3	$(20,48,52),(24,45,51),$ $(30,40,50)$	120	还有周长分别为 14280,72930,81510, 92820,103740 的五组
	$(15,112,113),(40,9,104),$ $(48,90,102),(60,80,100)$	240	非本原的情形
4	$(153868,9435,154157),$ $(99660,86099,131701),$ $(43660,133419,140381),$ $(13260,151811,152389)$	317460	周长小于 10^6 的这类三角形组数仅有 7 组
5	$(681681,4483240,45347769)$ $(1831655,3720808,4147217)$ $(3789929,1739640,4170121)$ $(4587569,497640,4614481)$ $(2317601,3327240,4054849)$	9699690	周长小于 10^7(本原情形)
6	$(45,336,339),(72,320,328),$ $(80,315,325),(120,288,312),$ $(144,270,306),(180,240,300)$	720	
⋮	⋮	⋮	⋮

更一般的情形,人们不得知(由于计算量庞大,等积、等周情形俱然).

其实周长等于面积的海伦三角形仅有五个,它们的边长(a,b,c)分别为$(6,8,10),(5,12,13),(6,25,29),(7,15,20)$和$(9,10,17)$.

顺便一提:更为令人惊奇的是边长是有理数的直角三角形存在还与椭圆曲线方程(注意并非椭圆)有有理解有关(它是一类十分重要的曲线,且对费马大定理的解决有着功不可没的功劳).结论是这样的:

边长是有理数,且面积为 S(已知或给定)的直角三角形存在 $\Longleftrightarrow$ 椭圆曲线方程
$$y^2 = x^3 - d^2 x \qquad (*)$$
有 $x,y(y \neq 0)$ 的有理解.

注意椭圆曲线方程一般形为 $y^2 = x^3 + ax + b$.

如此一来,求面积为 S 的边长为有理数的直角三角形可化为在某种椭圆曲线上的有理点处寻找,这也是人们在寻找费马大定理证明时的额外收获(发现).

下面我们给出上面结论的一个简单的证明(或说明):

若存在一个边长是有理数 a,b,c 且面积为 S 的直角三角形,则

$$x = \frac{1}{2}a(a-c), y = \frac{1}{2}a^2(c-a)$$

即为方程(∗)的解,且它们为有理数.

反之,若 x,y 是有理数,且满足 $y^2 = x^3 - S^2x$,其中 $y \neq 0$ 那么边长为

$$\left|\frac{x^2 - S^2}{y}\right|, \quad \left|\frac{2xS}{y}\right|, \quad \left|\frac{x^2 + S^2}{y}\right|$$

的三角形是直角三角形,且面积为 S.

3. 欧拉长方体

欧拉曾认为:三条棱长、三个面对角线长以及体对角线长皆为整数的长方体不存在.

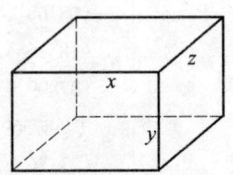

这个问题显然在某种意义讲可视为上面毕达哥拉斯三角形问题的推广(当然欧拉的问题在先),为方便计,下称此长方体为欧拉长方体.

1719 年,哈克(J. Halke)发现一个棱长为 (44,117,240),三个面上对角线长分别为

$$m = \sqrt{44^2 + 117^2} = 125, n = \sqrt{44^2 + 240^2} = 244, p = \sqrt{117^2 + 240^2} = 267$$

的长方体,遗憾的是该长方体的体对角线长为

$$d = \sqrt{44^2 + 117^2 + 240^2} = \sqrt{73225} \approx 270.60118$$

不再是整数,这里称之为"拟欧拉长方体".

其实拟欧拉长方体人们发现了不少,比如棱长 (a,b,c) 分别为下面数组的长方体:(85,132,720),(140,480,693),(160,231,792),(187,1020,1584),(195,748,6336),(240,252,275),(429,880,2340),(495,4888,8160),(528,5796,6325),….

1895 年,布洛卡德(P. R. J. B. H. Brocard)在长方体三条棱长互质的前提下(当然这种假设不妥),证明了欧拉长方体不存在的猜想(证明因而是错误的).

至于三棱长不互质的情况,结论至今仍不得知.

我们这里给出一个不拘一格的证明:

设长方体三棱长分别为 x,y,z,且设

$$\begin{cases} t^2 = x^2 + y^2 + z^2 & \text{①} \\ u^2 = x^2 + y^2 & \text{②} \\ v^2 = x^2 + z^2 & \text{③} \\ w^2 = y^2 + z^2 & \text{④} \end{cases}$$

其中 x, y, z, t 互质. 显然若 $q \equiv 1$ 或 $2 \pmod 3$, 则 $q^2 \equiv 1 \pmod 3$.

考虑 x, y, z 的轮换对称性,无妨设
$$x \equiv y \equiv 0 \pmod 3, \quad z \equiv 1 \text{ 或 } 2 \pmod 3, \quad t \equiv 1 \text{ 或 } 2 \pmod 3$$
这样
$$a \equiv y - x \equiv 0 \pmod 3, \quad b \equiv z - x \equiv 1 \pmod 3$$
因而
$$3x^2 + 2(a+b)x + a^2 + b^2 - t^2 = 0$$
由韦达定理知
$$x_1 + x_2 = -\frac{2}{3}(a+b), \quad x_1 x_2 = \frac{1}{3}(a^2 + b^2 - t^2)$$
无妨设 x_1 为整数,则由
$$a^2 \equiv 0 \pmod 3, \quad b^2 - t^2 \equiv 0 \pmod 3$$
有 x_2 亦为整数,从而 $3 \mid (a+b)$,这与前设矛盾!

科利(I. Korec)于1989年借助于电子计算机帮助发现:

欧拉长方体若存在,其棱长至少不小于 10^7.

4. 西尔维斯特问题

1893年英国数学家西尔维斯特在《教育时代》杂志上提出(西尔维斯特问题):

平面上不全共线的 n 个点中,至少存在一条直线使其仅过其中的两个点(下称平凡直线).

直至1933年伽莱(T. Gallai)才给出第一个证明. 11年后,多伦多大学的一位大学生给出另一简证. 又过了五年,凯利(L. M. Kelly)也给出一个更为简单的证明.

问题并没有终结,进一步的讨论使得有人又提出下面的问题:

平面上不全共线的 n 个点最少可连多少条直线?最多又可连多少条直线?

这个答案不难找到,由前面问题我们知: 这 n 个点至少可连 $n - 1$ 条直线,最多可连 $C_n^2 = \frac{1}{2} n(n+1)$ 条直线.

今若再问:所给 n 个点至少可连多少条平凡即只过其中两个点的直线(平凡直线条数下用 $S(n)$ 表记)?

对于点数 $n < 15$ 的情形,人们已得下面结果.

3～14个点的平凡直线数表

n	3	4	5	6	7	8	9	10	11	12	13	14
$S(n)$ 的值	3	3	4	3	3	4	6	5	6	6	6	7

对于 $n \geq 15$ 的情形,人们至今未能给出准确结论,只是给出下面的估计.

时 间	发现或结论给出者	结 论
1951 年	莫茨金(Motzkin)、迪拉克(G. A. Dirac)猜想	$S(n) \geq \left[\dfrac{n}{2}\right]$
1958 年	凯利、莫塞尔(O. W. Moser)	$S(n) \geq \dfrac{3}{7} n$
1981 年	汉森(D. Hansen)	$S(n) \geq \left[\dfrac{n}{2}\right]$,除 $n = 7, 13$ 外

问题:$S(n)$ 更好的下界是多少?人们未得知.

5. 爱尔特希问题

1933 年,匈牙利布达佩斯大学里,一群学生在开一个小型数学研讨会,会上一名叫克莱因(M. Kline)的女生提出:

平面上任给 5 点,其中任何三点皆不共线,则必可从中找出 4 点使之成为某凸四边形顶点.

爱尔特希在旁边一边思索解答、一边考虑问题的推广,稍后他真的将命题作了如下推广:

平面上只需 9 个点(其中无任何三点共线)便必可从中找到 5 个点使之构成凸五边形.

对于平面上无三点共线的 m 个点来讲,能从中找出可构成凸 $n (n \leq m)$ 边形 n 个顶点的最少点数若记为 $M(n)$.容易证明:$M(3) = 3, M(4) = 5$.

1970 年卡布弗莱希(J. D. Kalbfleisch)证得:$M(5) = 9$.

之后,有人猜测:$M(6) = 17$.但这一点至今未获证(1936 年爱尔特希证明 $M(6) = 71$,且于 1960 年将之改进为 70;至 1965 年帕奇特(L. Pachter)等又改进为 65;到 1997 年为止,人们仅证得 $M(6) = 37$,但这距猜测结果相去甚远).

此外,对于一般的结论,爱尔特希等人于 1935 年给出如下一个估计

$$M(n) \leq \frac{(2n-4)!}{[(n-2)!]^2} + 1$$

1960 年他又得到了 $M(n)$ 的下界

$$M(n) \geq 2^{n-2} + 1$$

而后他又猜测:$M(n) = 2^{n-2} + 1 (n = 3, 4, 5$ 时俱真$)$.

这个结论至今尚未证明,但也未能找到反例.

其他初等数学方面的未获解问题,这里不谈了.

二、数论中的几个未解决问题

"数论"虽然是一门古老的数学分支,但在数论中有许多许多至今尚未解

决的问题.有的问题貌似简单,然而难度却很大.

1976年,美国数学家阿波斯托尔(Abostor)在其所著《解析数论导引》中提出12个数论中未能解决的问题,它们是:

(1)(哥德巴赫猜想)是否有大于2的偶数不是两质数之和?

(2)是否有大于2的偶数不是两质数之差?

(3)是否存在无穷多对孪生质数?

(4)是否存在无穷多个梅森质数?

(5)是否存在无穷多个梅森合数(形如 $2^p - 1$ 的合数,p 为质数)?

(6)是否存在无穷多个费马质数?

(7)是否存在无穷多个费马合数(即形如 $2^{2^n} + 1$ 的合数)?

(8)形如 $x^2 + k$ 的质数(x 是整数,k 是给定的整数)是否有无穷多个?

(9)是否有无穷多个质数具有 $x^2 + k$ 的形式?

(10)n^2 与 $(n+1)^2$ 之间是否至少存在一个质数?

(11)$n > 1$,在 n^2 与 $n^2 + n$ 之间,是否至少存在一个质数?

(12)形如 $111\cdots1$ 的整数中是否有无穷多个质数?

其实,数论中未解决的问题远不止于此,如文献[16]就为我们提供了大量的此类问题.且上述12个问题并不一定能代表"数论"中的真正前沿问题(比如我们前面提到过的一些问题如奇完全数存在、不定方程求解等).

随着费马大定理的获证,有人曾认为"下一个 Fermat 问题"(即数论中著名的未解问题)是:哥德巴赫猜想、$3x + 1$ 问题、孪生质数问题、梅森质数问题及欧拉约化拉丁方个数猜想等.

我们这里仅列几例说明,有兴趣的读者可查阅相应的文献.

1.3 $x + 1$ 问题

$3x + 1$ 问题也称卡拉兹(Callatz)问题、希拉苏斯(Syracuse)问题、角谷(Kakutani)问题、海色(Hasse)算法和乌拉姆(Ulam)问题等.问题是这样的:

据说欧洲人曾就某些整数作出下面的运算后发现一些有趣的现象:

任给一整数,若它是偶数则将它除以2;若它是奇数则将它乘3后加1,如此反复运算下去,最后的结果将是1.

是否是对所有的整数,上述运算和结果都是如此?人们给出结论肯定的猜测,它如今被称为"$3x + 1$ 问题".

其实,该问题源于德国汉堡大学的卡拉兹(L. Callatz). 20世纪30年代他还是一位大学生时,便对函数论感兴趣.

1932年7月1日他的笔记中曾记下函数

$$g(n) = \begin{cases} \dfrac{2}{3}n, & n \equiv 0 \pmod{3} \\ \dfrac{3}{4}n - \dfrac{1}{3}, & n \equiv 1 \pmod{3} \\ \dfrac{3}{4}n + \dfrac{1}{3}, & n \equiv 2 \pmod{3} \end{cases}$$

它实际上相当于给出了自然数的一个置换 P

$$P = \begin{pmatrix} 1 & 2 & 3 & 4 & 5 & 6 & 7 & 8 & 9 & \cdots \\ 1 & 3 & 2 & 5 & 7 & 4 & 9 & 11 & 6 & \cdots \end{pmatrix}$$

同时,卡拉兹又提出了确定 P 的圈结构问题,且问道:
置换含有 8 的圈是否有限?换言之,迭代 $g^{(k)}(8)$ 能否保持有界?
1950 年,他在美国坎布里奇(Cambridge)市召开的国际数学家大会上传播了他的问题.

1952 年,蒂外费斯(B.Thwaifes)的文章中已出现 $3x+1$ 问题的提法

$$T(x) = \begin{cases} \dfrac{1}{2}(3x+1), & x \equiv 1 \pmod{2} \\ \dfrac{1}{2}x, & x \equiv 0 \pmod{2} \end{cases}$$

海色(H.Hasse)对该问题很感兴趣,且对它作了推广.

拓广 1 k 为给定的常数,对于任意自然数 M:
若 M 是偶数,则将它除以 2;若 M 是奇数,则将它乘以 3 后再加 3^k.经有限次运算后结果必为 3^k(显然 $3x+1$ 问题是 $k=0$ 的情形).

拓广 2 令 L,N 为给定的奇数,对任意自然数 M:
若 M 是偶数,则将它除以 2;若 M 是奇数,将它乘以 N 后再加上 L.经有限次运算后结果必为下面诸情形之一:
(1) 为 N,L 的最大公约数 (N,L).
(2) 为 L.
(3) 为某些常数.
(它们均未能得证,又拓广 2 中 $N=3,L=1$ 的情形即为 $3x+1$ 问题).
他同时给出了上述计算程序,人称海色算法.

1960 年前后,角谷遇到该问题,且将它带回日本传播.乌拉姆也传播过这个问题.

这个貌似简单的问题,至今未能获得证明,哪怕是证明的思路也未能找到,虽然东京大学的 Nabuo Yoneda 用电子计算机将 5.6×10^{13} 以内的数均作了验证而无一例外.

1970 年,考克斯费斯(H.S.Coxefex)设奖 50 美元(象征性的)征解此问题,此后爱尔特希将奖金数额提高到 500 美金,稍近,蒂处费斯已将奖金数额提到 1000 英镑.

对于一些数经上述运算的情形,下图给出较为形象的树形图演示.

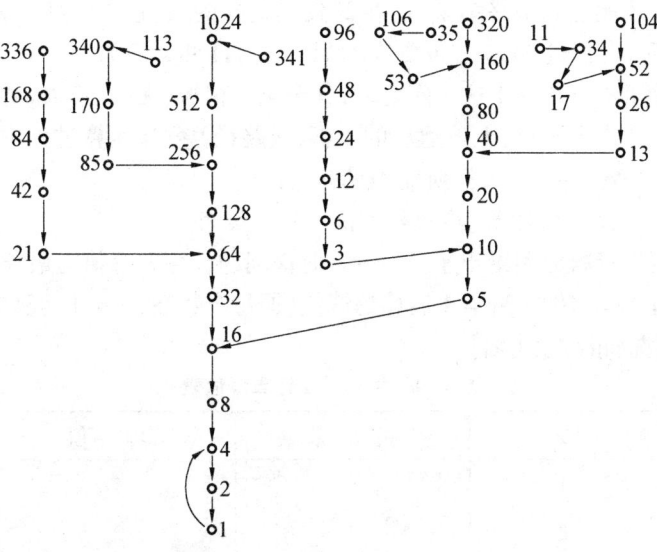

一些数经 $3x+1$ 运算后的树形图

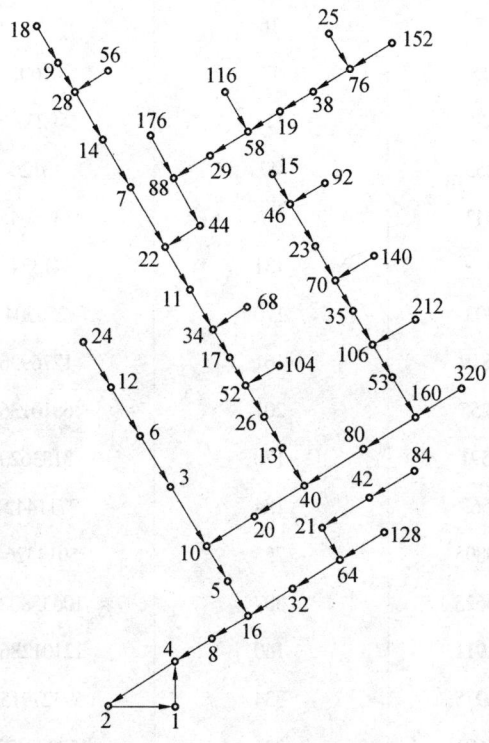

另一种 $3x+1$ 运算树形图

当然,并非所有的数算起来都那么顺当,有些并不很大的数要运算几十步甚至上百步才能达到最终结果.比如 27 便是这样的数,它要经过 77 步运算达到峰值 9232 后,再经过 34 步方可变成 1(共经过 111 步运算).

运算除了 4→2→1 这个圈之外,其余全为树形(无圈、连通)结构?

这里还想指出一点:上述运算的步骤(或路径)数与运算过程中的峰值(最大数)出现得毫无规律,人们所能预见的是:

随着给定数 x 的增长,路径与峰值一般会增大.

下面两份资料分别给出了 $x \leqslant 10^6$ 时该问题计算的峰值与最长路径数.

先来看 $1 \sim 10^6$ 中 $3x+1$ 运算的峰值(即每个数在 $3x+1$ 运算中所出现的最大值)情况(相对较大者):

$1 \sim 10^6$ 中 $3x+1$ 运算峰值表

x	路 径 数	峰　　值
1	0	1
2	1	2
3	7	16
7	16	52
15	17	160
27	111	9232
255	47	13120
447	97	39364
639	131	41524
703	170	250504
1819	161	1276936
4255	201	6810136
4591	170	8153620
9663	184	27114424
20895	255	50143264
26623	307	106358020
31911	160	121012864
60975	334	593279152
77671	231	1570824736

再来看 $1 \sim 10^6$ 中部分数的 $3x+1$ 运算的最长路径(即每个数在 $3x+1$ 运算中所经历的步骤)数(表中给出的是相对步骤数较大或路径较长者).

$1 \sim 10^6$ 中 $3x+1$ 运算最长路径数表

x	路 径 数	峰 值
1	0	1
2	1	2
3	7	16
6	8	16
7	16	52
9	19	52
18	20	52
25	23	88
27	111	9232
54	112	9232
73	115	9232
97	118	9232
129	121	9232
171	124	9232
231	127	9232
313	130	9232
327	143	9232
649	144	9232
703	170	250504
871	178	190996
1161	181	190996
2223	182	250504
2463	208	250504
2919	216	250504
3711	237	481624
6171	261	957400
10971	267	957400
13255	275	497176
17647	278	11003416
23529	281	11003416
26623	307	106358020
34239	310	1897192
35655	323	41163712
52527	339	10635020
77031	350	21933016

如前所说:若把 $3x+1$ 运算稍稍"改造"(即前面的推广形式)则还可有:

任给一个自然数,若它是偶数则将它除以 2;若它是奇数,则将它乘 3 后减 1,如此下去,最后可能得到 1 或步入下面的循环之一:

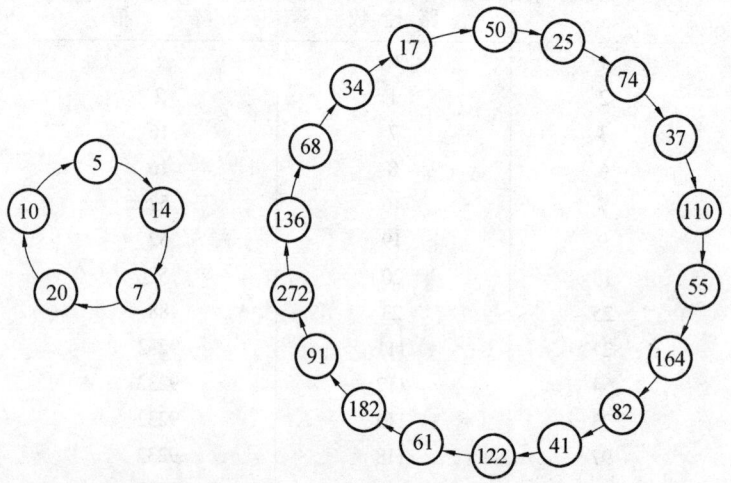

有人已验算到 10^8 而未发现例外,但同样也未能证明这个结论.

如前文所述,由于问题貌似简单,但证明几乎无从下手,因而有人甚至认为(前文已述):当费马大定理获证之后,数论中留给人们的下一个难题便是 $3x+1$ 问题(当然也有人认为是哥德巴赫猜想或欧拉正交拉丁方数或黎曼猜想等),这从某个角度理解,足见该问题的困难程度.

2. 特殊数列中的质数

我们知道,对于一个大数来说,判断它是质数还是合数是困难的.在某些特殊的数列中去找质数,更不容易,许多貌似简单的问题至今仍未获解决.比如:

数列 $\{I_n\}$:1,11,111,1111,… 中的质数问题,这里 I_n 表示

$$I_n = \overbrace{111\cdots 1}^{n\uparrow}$$

我们知道,有人曾对 $I_1 \sim I_{358}$ 进行核算(显然,若 n 是合数 I_n 必为合数),发现 $I_2, I_{19}, I_{23}, I_{317}$ 是质数.其中 I_{317} 是美国 Monitoba 大学的维利斯(H.C. Williams)发现的,这是在发现 I_{23} 之后 50 年的事(这类质数人称维利斯质数或莱默质数,因为他们最先研究这类质数),当时有人曾预言在 $I_1 \sim I_{1000}$ 中,除上述质数外,别无其他质数,下一个可能的质数是 I_{1031},这一点已被维利斯于 1986 年证得,且他认为 $I_1 \sim I_{1000000}$ 已无其他这类质数.

在这个数列中是否有无穷多个质数?这一点尚未证得.

不难证明:除 1 之外 I_n 数中无完全平方或完全立方数.

注 为了证明 I_{1031} 即 $(10^{1031}-1)/9$ 是一个质数,维利斯曾在《数学报道者》6 卷 3 期上的文章《计算机因子分解》中,要求读者寻找 $10^{1031}+1$ 的全部因子,虽然他已经知道这个数的一些因子:11,1237,44092859,102860539 和 984385009,除它们之外,原数剩下的是一个 75 位数.

之后,两位美国人在电子计算机上花 220 分钟的机上时间将这个 75 位数的三个质因子找了出来.

这样一来使得判定 I_{1031} 是否是质数的问题已经伸手可及了,1986 年维利斯给出定论.

顺便讲一句:当 n 为某些质数时,尽管有人已证得其为合数,但它们的因子分解却远未完成.

1971 年,布利哈特(Bryhat)完成了 I_{31},I_{37},I_{41} 和 I_{43} 的因子分解.

1984 年,戴维斯(J.Davis)完成了 I_{71} 的因子分解(它有两个因子,一个 30 位,一个 41 位).

更大的莱默特质数人们正在寻觅中,正如人们在寻找更大的梅森质数一样.同时人们也在寻找这类数中,去发现它们中的合数的分解式,尽管这个工程很艰辛,进展很慢.

1983 年,美国波多黎各大学的奥尔蒂卡(S.Oltikar)和韦兰(K.Wayland)证明:若 I_p 是莱默特质数,则 $3304I_p$ 是史密斯(Smith)数(某数各位数字和等于其全部因子的各位数字之和的数,详见文献[3]或[19]).

下表给出了 $p<100$ 时 I_p 中的合数分解情况.

I_p 的质因子分解情况表($p<100$)

p	是质数或合数	质因子情况
2	质数	11
3	合数	3·37
5	合数	41·271
7	合数	239·471
11	合数	21649·513239
13	合数	53·79·265371653
17	合数	2071723·5363222357
19	质数	1111111111111111111
23	质数	11111111111111111111111
29	合数	3191·16763·43037·62003·77843839397
31	合数	2781·?
37	合数	?
41	合数	83·1231·?
43	合数	173·?
47	合数	?
53	合数	107·?
59	合数	?
61	合数	733·4637·?
67	合数	493121·?
71	合数	?
73	合数	?
79	合数	317·6163·10271·?
83	合数	?
89	合数	497867·?
97	合数	?

欧几里得曾在两千多年前指出:质数有无穷多个.

他的证法极巧妙,先假设 $p_1, p_2, \cdots, p_n$ 是前 n 个质数,接着他讨论了数
$$E_n = p_1 p_2 \cdots p_n + 1$$
当然它要么是质数(它不能被 $p_1, p_2, \cdots, p_n$ 之一整除),要么有异于 $p_1, p_2, \cdots, p_n$ 的质因子. 这些均说明质数不止于 $p_1, p_2, \cdots, p_n$,换言之,它们有无穷多个(其他证法前文已有介绍).

人们从欧几里得的证明中已提出了新的思考,比如有人关心:在 E_n 或形如 E_n 的数中有多少质数?有限个还是无穷多?

截至 1995 年初,人们在 $p_n < 35000$ 的范围,共发现 18 个 E_n 型质数,这些 p_n(注意 $E_n = p_1 p_2 \cdots p_n + 1$,这里 p_n 即质数 $p_1, p_2, \cdots, p_n$ 中最大的一个)分别为 2,3,5,7,11,31,379,1019,1021,2567,3229,4547,4787,11549,13649,18523,23801 和 24029.

此外,人们还关注 $E_n' = p_1 p_2 \cdots p_n - 1$ 的情况,并且在 $p_n < 35000$ 范围,共发现 17 个 E_n' 型质数,这些 p_n 依次为:3,5,7,41,89,317,337,991,1873,2053,2377,4093,4297,4583,6569,13033 和 15877.

然而,与 E_n 型质数问题一样,人们也正问 E_n' 型质数是否有无穷多个?这个问题目前也无定论.

顺便讲一句,与之类似的问题还有许多,比如,剑桥大学的人类学家福蒂恩(Futihn)发现了下面的有趣事实:

若与 $E_n = p_1 p_2 \cdots p_n + 1$(这里 $p_1 = 2$,又 $p_2, p_3, \cdots, p_n$ 是相继质数)相继的下一个质数为 p,则 $p - p_1 p_2 \cdots p_n$ 也是质数:

$2 + 1 = 3,$ $5 - 2 = 3;$

$2 \cdot 3 + 1 = 7,$ $11 - 6 = 5;$

$2 \cdot 3 \cdot 5 + 1 = 31,$ $37 - 30 = 7;$

$2 \cdot 3 \cdot 5 \cdot 7 + 1 = 211,$ $223 - 210 = 13;$

$2 \cdot 3 \cdot 5 \cdot 7 \cdot 11 + 1 = 2311,$ $2333 - 2310 = 23,$

$2 \cdot 3 \cdot 5 \cdot 7 \cdot 11 \cdot 13 + 1 = 30031,$ $30047 - 30030 = 17;$

$2 \cdot 3 \cdot 5 \cdot 7 \cdot 11 \cdot 13 \cdot 17 + 1 = 510511,$ $510529 - 510510 = 19;$

$2 \cdot 3 \cdot 4 \cdot 6 \cdot 11 \cdot 13 \cdot 17 \cdot 19 + 1 = 9699691,$ $9699713 - 9699690 = 23;$

                 $\vdots$ $\vdots$

它未被证实,因而只能视为猜测. 又一说,此猜想是富琼(R. F. Fortune)提出的,它也可表示为:

若 p 是大于 E_n 的最小质数,则 $F_n = p - E_n + 1$ 是质数.

一些 F_n 与 E_n 对照表

n	1	2	3	4	5	6	7	⋯
E_n	3	7	31	211	2311	30031	510511	⋯
p	5	11	37	223	2333	30047	510529	⋯
F_n	3	5	7	13	23	17	19	⋯

接下来的 F_n 分别是

$F_8 = 23, \ F_9 = 37, \ F_{10} = 61, \ F_{11} = 67, \ F_{12} = 61$

$F_{13} = 71, \ F_{14} = 47, \ F_{15} = 107, \ F_{16} = 59, \ F_{17} = 61$

$F_{18} = 109, \ F_{19} = 89, \ F_{20} = 103, \ F_{21} = 79, \ \cdots$

再接下去情况如何?人们却既未能给出肯定的证明,也未能给出反例来推翻这个猜测.

我们知道:在某些特殊数列中,如斐波那契(Fibonacci)数列等因为有许多奇妙的性质,当然会首先引起人们关注,而该数列中的质数问题也自然会被人们提出.

该数列是斐波那契在其所著《算盘书》中提出的生小兔问题而产生的著名数列.原问题是:

兔子出生两个月后便能生小兔,若每次不多不少恰好生一对,且每月生一次.假如饲养初生小兔一对,试问一年后共有兔子多少对?

稍稍推算可知诸月兔子数 $\{f_n\}$ 恰好满足

$$f_1 = f_2 = 1, \ f_{n+2} = f_{n+1} + f_n, \ n = 1, 2, \cdots$$

具体地可写如

1, 1, 2, 3, 5, 8, 13, 21, 34, 55, 89, 144, ⋯

这个数列被称为斐波那契数列.

我们已经知道 $n = 3,4,5,7,11,13,17,23,29,43,47$ 时,f_n 是质数(其中 $f_{47} = 2971215073$),除它们外,我们还不知道 $\{f_n\}$ 中是否还有别的质数,更不知道是否有无穷多个质数.

斐波那契数列的推广:即斐波那契 – 鲁卡斯(Fibonacci-Lucas)数列 $\{l_n\}$(它的开始两项不是 1,1)

$$l_1 = 1, \ l_2 = 3, \ l_{n+2} = l_{n+1} + l_n, \ n = 1, 2, \cdots$$

具体地亦即

1, 3, 4, 7, 11, 18, 29, 47, 76, 123, 199, ⋯

(注意它打头的前两项可以是任意的两整数,比如 $l_1 = a, l_2 = b$,以后诸项按 $l_{n+2} = l_{n+1} + l_n$ 生成)

人们已知 $n = 2,4,5,7,8,11,13,17,19,31,37,41,47,53,61,71$ 时，l_n 是质数（$l_{71} = 688846502588399$），除它们外，我们也不知道 $\{l_n\}$ 中是否还有别的质数，更不知道数列中是否有无穷多个质数.

3. 完全数与亲和数问题

将自然数 n 的正因数（包括 1 及 n）的和用 $\sigma(n)$ 表示时，若 $2n = \sigma(n)$，则称 n 是完全数. 这个问题我们前文已有介绍.

早在古希腊时期，毕达哥拉斯学派的学者们就已经开始研究完全数的问题，欧几里得还提出：

若 $2^p - 1$ 是质数，则 $2^{p-1}(2^p - 1)$ 是完全数.

千年之后，这个结论为欧拉所证得. 这样一来，（偶）完全数问题便与梅森质数搭上了关系，换言之，每找到一个梅森质数，也即给出了一个（偶）完全数.

至 2010 年初发现的最大完全数为 $2^{43112609}(2^{43112609} - 1)$，它是由已发现的最大的梅森质数（第 46 个）的自然结果.

应该看到：欧几里得上述定理给出的完全数均为偶数，是否有奇完全数存在？这是一个人们既感有趣但又至今未获解答的问题.

1886 年，斯蒂恩（Stern）和马修西斯（G. Mathesis）证明形如 $4k + 3$ 的数不会是完全数；对于形如 $4k + 1$ 的数的情形，两人只给出 $4k + 1$ 是完全数的必要条件.

1908 年，图康尼诺夫（А. Токанинов）认为：奇完全数若存在，则它将不小于 $2 \cdot 10^6$.

1963 年，凯奴德（E. C. Kennedy）证明：不存在小于 1.4×10^{14} 的奇完全数.

1968 年，塔克曼（K. Takman）又证明：奇完全数如果存在将不会小于 10^{36}.

1972 年，哈格斯（P. Hagis）宣布：奇完全数必须大于 10^{50}.

据载，至 1991 年止，奇完全数存在的下限已升至 10^{300}，由布瑞特（R. P. Brent）等人发现.

随着下限的不断上升，奇完全数存在的可能随之变得越来越小.

以上事实表明：如果奇完全数存在，它将大得出奇（科赫（J. L. Cohen）认为奇完全数有一个大于 10^{20} 的质因子）；或者奇完全数根本不存在.

注　完全数之所以为人们关注，因为它本身有许多奇妙而有趣的性质，比如：

(1) 偶完全数可表为 2 的方幂和

$$6 = 2^1 + 2^2, 28 = 2^2 + 2^3 + 2^4, 496 = 2^4 + 2^5 + 2^6 + 2^7 + 2^8, \cdots$$

(2) 除 6 外，偶完全数均可表为连续奇数的立方和

$$28 = 1^3 + 3^3, 496 = 1^3 + 3^3 + 5^3 + 7^3, \cdots$$

(3) 偶完全数均可表为连续自然数和

$$6 = 1 + 2 + 3, 28 = 1 + 2 + 3 + 4 + 5 + 6 + 7, 496 = 1 + 2 + 3 + \cdots + 30 + 31, \cdots$$

有着同样渊源和历史的亲和数,由于它的许多有趣性质而引起人们的好奇与关注.

使得 $\sigma(n) - n = m$ 和 $\sigma(m) - m = n$ 同时成立的两个数 m 和 n(例如 220 和 284)称为亲和数.

除 220,284(它是毕达哥斯给出的)外,费马于 1636 年给出第二对亲和数: 17926,18416;笛卡儿在给梅森的信中给出第三对亲和数:9363548,9437506.

欧拉也曾给出了 61 对这样的数组.

下面的两个数 m 和 n 各有 152 位,是截至 1972 年前人们所知道的一对最大的亲和数:

$$m = 3^4 \cdot 5 \cdot 11 \cdot 5281^{19} \cdot 29 \cdot 89 \cdot (2 \cdot 1291 \cdot 5281^{19} - 1)$$
$$n = 3^4 \cdot 5 \cdot 11 \cdot 5281^{19} \cdot (2^3 \cdot 3^3 \cdot 5^2 \cdot 1291 \cdot 5281^{91} - 1)$$

1987 年,瑞利(H.J.J.teRiele)给出一对 33 位的奇亲和数

$$5 \cdot 7^2 \cdot 11^2 \cdot 13 \cdot 17 \cdot 19^3 \cdot 23 \cdot 37 \cdot 181 \cdot \begin{cases} 109 \cdot 8643 \cdot 1947938229 \\ 365147 \cdot 47303071129 \end{cases}$$

1993 年,温索斯(H.Wiehaus)得到一对有 1024 位的亲和数($2^9 p^{20} q_1 rstu$, $2^9 p^{20} q_2 v$).其中

$$p = 5661346302015448219060051, \quad r = 569, \quad s = 5039$$
$$t = 1479911, \quad u = 30636732851, \quad v = 1365279187043825060643011$$

又 q_1, q_2 有如 $bc^{20} - 1$ 形式(b_1 对应 q_1,b_2 对于 q_1),其中

$$b_1 = 579787422071983072512435$$
$$b_2 = 55313489001412150198272000$$
$$c = 5661346302015448219060051$$

时至今日,虽然人们已经找到 1200 多对亲和数,但寻找新的亲和数工作依然十分艰巨,尽管公元 9 世纪有人已给出寻找亲和数的公式:

若 $a = 3 \cdot 2^n - 1, b = 3 \cdot 2^{n-1} - 1, c = 9 \cdot 2^{n-1} - 1$(这里 $n > 1$ 自然数),则当 a, b, c 均为大于 2 的质数时,$2^n ab$ 和 $2^n c$ 是一对亲和数.

要知道求出满足这些要求的质数 a, b, c 远非易事.此外,人们还对亲和数的性质提出一些猜想,比如,人们发现亲和数的奇偶性相同,于是认为"不存在奇、偶性相异的一对亲和数"等,然而这些至今也未能获证.

4. 孪生质数问题

前面我们已经介绍过这个问题.我们再来回顾一下.容易发现下面的质数对中:(3,5);(5,7);(11,13);(17,19);(29,31);…;(101,103);…;(10016957, 10016959);…两两之差是 2,则称它们是孪生质数,即若 p 是质数,且 $p + 2$ 也是质数,则称 $(p, p + 2)$ 为孪生质数对.

对于这个问题,人们积累了十分宝贵的资料,例如已知:

小于 10^5 的自然数中,有 1224 对孪生质数;

小于 10^8 的自然数中,有 8164 对孪生质数;

小于 3.3×10^7 的自然数中,有 152892 对孪生质数.

1979 年,阿特金(Atkin)和瑞凯特(Rickert)发现了 $1159142985 \times 2^{2304} \pm 1$ 这在当时认为是最大的一对孪生质数(有 703 位).

至 1993 年止人们知道的最大孪生质数是由杜伯内尔(H. Dubner)发现的,它是

$$2^{4025} \times 3 \times 5^{4020} \times 7 \times 11 \times 13 \times 79 \times 233 \pm 1 \quad (4030 \text{ 位})$$

前文已述,1999 年和 2002 年末,人们相继发现的三对最大孪生质数分别为

$$835335 \times 2^{39014} \pm 1 \text{ 和 } 361705055 \times 2^{39020} \pm 1$$

$$2409110779845 \times 2^{60000} \pm 1 (18072 \text{ 位}).$$

稍后,人们又找到一对更大的孪生质数,它们是

$$4648619711505 \times 2^{60000} \pm 1$$

孪生质数是否有无穷多对?这也是至今尚未解决的问题(人们猜测如此).

我们知道:质数相对来讲不很稀疏,因为级数 $\sum_{p} \frac{1}{p}$ (p 遍历质数)发散,而孪生质数则不然,1919 年挪威数学家布鲁恩(V. Brun)证得:级数 $\sum_{q} \frac{1}{q}$ (q 为所有孪生质数的第一个)收敛.

又如下面的数组中:$(5, 7, 11)$;$(11, 13, 17)$;$(17, 19, 23)$;$\cdots$;$(101, 103, 107)$;$\cdots$;$(10014491, 10014493, 10014497)$;$\cdots$ 都是一些相邻两数相差分别为 $2, 4$ 的质数组,即若 p 是质数,$p + 2, p + 6$ 也是质数,则称 $(p, p + 2, p + 6)$ 是一个三生质数组.

三生质数组是否有无穷多组?这一点人们仍未能知.

更一般的,若 p 是质数,又 $p + l_1, p + l_2, \cdots, p + l_n$(其中 $n > 1$,且 $l_1 < l_2 < \cdots < l_n$)也都是质数,则称数组 $(p, p + l_1, p + l_2, \cdots, p + l_n)$ 为 n 生质数组(这个问题又与等差质数列问题有关).

人们更不知道是否有无穷多 n 生质数组.

我们说过 $\pi(x)$ 表示不超过 x 的质数个数.关于 $\pi(x)$ 有人给出如下猜测:对自然数 $x > 1, y > 1$,总有

$$\pi(x) + \pi(y) \geq \pi(x + y) \qquad (*)$$

朗道曾证明当 $x = y$ 充分大时,它是成立的.1973 年汉斯勒(D. Hensley)和黎加尔斯(Richards)借助电子计算机证明:

上述猜想 $(*)$ 与 n 生质数猜想是互相矛盾的,即它们至少有一个不成立.

猜想 $(*)$ 不成立的可能性较大,然而它并未获得确切的证实.

与此同时,人们又在问:是否存在项数任意的等差(算术)素数列?

这个问题于 2006 年由华裔数学家陶轩哲给出肯定的回答及严格证明.

5. 表自然数为质数与某些整数平方和问题

表自然数为某些特定数的平方和问题即为"堆垒数论"问题,我们已介绍过的哥德巴赫猜想问题就是其中一类问题.

再如,我们在本书"上篇"中已经介绍过,1637 年法国数学家费马发现:

每个自然数均可表为 k 个 k 角形数和.

对于 $k = 4$ 的情况先后由拉格朗日(1770 年)和欧拉(1773 年)证得;对于 $k = 3$ 的情况于 1796 年由高斯证得;1815 年,法国数学家柯西对一般的 k 的情形给出了证明.

此前,1770 年华林在《代数沉思录》(Meditationes algebraicae)上写道:

自然数可用 9 个立方数和表示;也可用 19 个四次方数和表示……

20 世纪初,希尔伯特证明了:

自然数总可以表示成有限个立方数、四次方数、…、k 次方数和,只是表示的个数随 k 的增大而增大.

但具体地最少要用几个 k 次方数和表示,这个问题尚未解决(我们前文曾有介绍).下面将这个最小个数记如 $g(k)$.

对于立方和问题,朗道证得:从某个大数起,任何自然数均可由八个立方数和表示.

1895 年,梅莱(E. Maillet)证明 $g(3) \leqslant 21$.

1909 年,威弗里兹(A. Wieferich)证明:任何自然数均可由九个立方数和表示,即 $g(3) = 9$.

对于四次方和问题,刘维尔证明 $g(4) \leqslant 53$,此后个数不断压缩到 47,45,41,39,38,至 20 世纪 80 年代初的最好结果是威弗里兹得到的 $g(4) \leqslant 37$.

此外英国数学家哈代和利特尔伍德(J. E. Littlewood)又从另一角度考虑这个问题,他们证得:

从某个大数 N 起,任何自然数均可表为 19 个四次方数之和(但这个 N 很大,以至对小于 N 的数无法一一验证).

前苏联学者维诺格拉道夫(И. М. Веноградов)和我国数学家华罗庚对此问题也有相应成果.

1986 年,三位美国数学家巴鲁萨勃拉曼尼(R. Balusabramanian)、迪肖利斯(J. Deshouilles)和德利斯(F. Dress)联手终于证明了 $g(4) = 19$,即华林猜想.

若记足够大的整数表为 k 次方和的最小个数为 $G(k)$,人们还证得 $G(2) = 4, G(3) \leqslant 7, G(4) = 16$,等等,然而一般 $G(k)$ 探求进展不大.

另外,1922年,英国的哈代和利特尔伍德曾猜测:

每个充分大的自然数(只要它不是完全平方数)均可表为一个质数与一个自然数的平方和.

这一猜测至今也未获证明.

(他们的另一猜测:"每一充分大的整数均可表为一个质数与两个整数的平方和",于1960年被苏联学者林尼克(Ю.В.Линик)解决.)

注1 关于华林问题,有人还给出了下面的猜想(见文献[15]):

猜想1 任何自然数的 n 次幂均可表示为不超过 2^n 个相异的整数 n 次幂之和.

猜想2 若 m 是奇数,则 $m^2(n \neq 1)$ 可表示成至多不超过 $2^n - 1$ 个整数的 n 次方之和;若 m 是偶数,则 $m^2(n \neq 1)$ 可表示成 2^n 个 $(m/2)^n$ 之和,且对于某些 m,n 来讲,m^n 至少需要 2^n 个整数的 n 次方之和.

显然猜想1是猜想2的特殊情形.

猜想3 若 $a_m = mf(m)$ 为正整数 $(m = 1, 2, \cdots)$,这里 $f(m)$ 为 m 的函数,同除 a_1 外均可用其他 a_k 表示,且个数不超过 a_2/a_1 个;

若 $a_m = mf(m) + N(N$ 为常数$)$ 时 $(m = 0, 1, 2, \cdots)$,则用其他 a_k 表示的个数由 a_0, a_1, a_2 决定.

显然,若 $a_m = m^n$ 时,即为猜想2(注意到 $a_2/a_1 = 2^n$).

这个结论亦可视为自然数表为多角数和问题的推广.

注2 关于 $g(n)$ 的估计,至今人们已证得(前文曾提到过):$g(2) = 4, g(3) = 9, g(4) = 19, g(5) = 31, g(6) = 73$ 等.

其实,早在1772年,欧拉已经证得

$$g(n) \geq 2^k + \left[\left(\frac{3}{2}\right)^n\right] - 2$$

1936年,迪克森(L.Dickson)也证明,对于满足

$$\left(\frac{3}{2}\right)^n - \left[\left(\frac{3}{2}\right)^n\right] \leq 1 - \left(\frac{1}{2}\right)^n \left\{\left[\left(\frac{3}{2}\right)^n\right] + 3\right\}$$

的 n,当 $n > 6$ 时,这里 $[\cdot]$ 表示取整运算,有

$$g(n) = 2^n + \left[\left(\frac{3}{2}\right)^n\right] - 2$$

此外,关于 $G(n)$ 的一些估计,人们得到下面的结果:

1934年,维诺格拉道夫证明:$n + 1 \leq G(n) \leq 3n(9 + \ln n)$.

1947年,吉尼科(Gingk)证明 $G(3) \leq 7$.

1985年,有人改进为:当 $n \geq 4000$ 时,$G(n) < 2n(\ln n + \ln \ln n + 6)$.

1986年,维罕(R.C.Vaughan)证明 $G(9) \leq 82$.

1989年,布鲁登(J.Brüdern)证明 $G(5) \leq 18, G(6) \leq 37, G(7) \leq 45, G(8) \leq 62$.

1990年,人们得到 $G(5) \leq 18$,至1993年有人又证得 $G(8) \leq 42$.

另外,哈代和利特尔伍德提出下面猜想:

若 $n = 2^m$,且 $m \geq 2$,有 $G(n) = 4n$;其他情形 $G(n) \leq 2n + 1$.

甚至有人提出:对任意自然数 $k, 4 \leq G(k) \leq 17$.

以上两个猜想至今未获证.

注3 有人还研究了另外一些问题,比如,记 S_n 表示不能表示成不同的正整数的 n 次幂和的最大整数问题,下表给出部分结果.

发 现 者	结 论
斯劳位格(R.P.Sprague)	$S_2 = 128$
格拉汉姆(Grahem)	$S_3 = 12758$
林森(Linshen)	$S_4 = 5134240$
帕特森(C.Patterson)	$S_5 = 67898771$

6. 某些大数的质因数

1984年,美国桑迪亚国立实验室的应用数学部主任希姆斯(Simmons)与其同事数学家戴维斯和霍尔德依杰(D.Holdyidge)在克雷计算机上,用他们编制的一套程序花了32小时12分的机上时间,完成了 $M_{251} = 2^{251} - 1$ 的因子分解,这是17世纪法国数学家梅森汇编的著名数表中最后一个尚未分解的数,这个数是

1326861043989720531776085755060905614293539359890335258028914694596 97

该数是 $2^{251} - 1$ 除 27271151 之外的余因子,它有三个质因子,它们是

178230287214063289511

61676882198695257501367

1207039617824989303969681

(据说由于这一成果,使得被称为公开的 RSA 密码系统的编制受到冲击,该密码是依据大整数进行质因数分解困难基础上,该系统使用 80 位数字,现在看来需要重新制定位数数字.)

然而,大数的质因数分解是困难的,即使是借助大型高速电子计算机. 比如:

早在 1958 年人们就知道费马数 $F_{1945} = 2^{2^{1945}} + 1$ 的最小质因子是 $p = 5 \times 2^{1947} - 1$,但至今我们并不知道 F_{1945} 的其他质因子.

由于 $2^{1945} = 32 \cdot 2^{1940} = 32 \cdot (2^{10})^{194} > 30 \cdot (10^3)^{194} = 3 \cdot 10^{583}$

故 $F_{1945} > 2^{3 \cdot 10^{583}} = (2^{10})^{3 \cdot 10^{582}} > 10^{9 \cdot 10^{582}}$

即 F_{1945} 是一个超过 10^{582} 位的自然数,且 p 也是一个 587 位的质数.

这里顺便讲一句:人们证明了 $F_5 \sim F_{19}$ 均为合数,但寻找它们的因子却先后花了百余年的光阴.

具体情况及详细数据可见下表：

$F_5 \sim F_{16}$ 因子发现年代及其他 F_n 因子发现情况表

数	发现因子年代、发现者	结　论
F_5	1732 年　欧拉	641·6700417
F_6	1880 年　朗道	247177·67280421310721
F_7	1905 年　两位数学家	F_7 是合数
F_8	1908 年　两位数学家	F_8 是合数
F_7	1971 年　莫利逊利用 IBM360-91（花费一个半小时机上时间）	两个因子，一个 17 位，一个 22 位
F_{3310}	1977 年　威廉姆斯	找到一个因子 $5·2^{3313}+1$
F_{9448}	1980 年　[德]W. Keller	找到其一个因子 $19·2^{9450}+1$
F_{17}	1980 年　哥廷汀	F_{17} 是合数
F_8	1981 年　勃兰特利用 Univac 1100/42（花两小时机上时间）	找到 F_8 一个 16 位因子，另一因子为 62 位（但未证得其是否为质数）
	R. P. Brent 和 Pollara	1238926361552897（F_8 的因子之一）
F_{23471}	1984 年　[德]W. Keller 使用筛法	找到其一个约 1000 位的因子 $5·2^{23473}+1$
F_9	1990 年　[美]W. Lenstra	F_9 是 2424833 与一个 148 位的数之积（借助计算网络）
F_{10}	1991 年　[澳]R. P. Brent	用 ECM 法（椭圆曲线法）分解了 F_{10}
F_{22}	1992 年　R. E. Crandall	F_{22} 是合数

对于当 n 较大时的费马数 F_n 的研究，因其计算困难(值太大)而进行得十分缓慢，当然，对于其他大整数分解来讲也是如此．

1993 年伦斯特拉(A. K. Lenstra)提出了一般数域筛法(GNFS)，一研究小组利用该筛法于 1999 年 8 月分解了一个 155 位的大整数(历时 4 个月)．

至 2002 年 1 月，人们分解大整数的纪录是 158 位(1994 年一个小组曾破译了一个 128 位的数字密码)．

7. 相继质数差猜想

质数是无限多的，但其在自然数列中的分布却极不规则：因为对任给自然数 n，我们可以找到 n 个连续合数 $\{(n+1)!+k\}$，其中 $k=1,2,\cdots,n$，这说明质数随着 n 的增大而变得越来越稀少，如此一来也使得判断两个足够大的相继质数问题变得更加困难．

1855 年，杰波夫(A. Desboves)提出：

任一个大于 6 的整数及该数的 2 倍之间至少有两个质数．

在相继两个平方数 n^2 与 $(n+1)^2$ 之间至少有两个质数.

上面问题中后者即称"杰波夫猜想",又称切比雪夫(Tschebyschef)猜想.

1845 年,伯特兰(J. Bertrand)研究了 X 与 $2X$ 之间是否存在质数问题且证明了:

当 n 大于 6 小于 6×10^6 时,在 $\frac{n}{2}$ 与 $n-2$ 之间一定至少有一个质数.

1854 年,切比雪夫又用初等方法证明了上述论断,同时他还得到:

对于每个大于 1/5 的数 ε 而言,一定存在数 ξ,使当 $X \geq \xi$ 时,在 X 与 $(1+\varepsilon)X$ 之间至少存在一个质数.

1888 年,西尔维斯特将 ε 改为 0.16688;稍后,1891 年又将 ε 改为 0.092.

1893 年,斯蒂吉斯和凯恩(E. Cahen)证明 ε 可为任意小的正数.

其实,前面的杰波夫猜想近似要证明:当 $\theta = \frac{1}{2}$ 时,在区间 $(X, X + X^\theta)$ 中存在质数,这里 X 为正整数.

1905 年,马伦特(Maillet)证明:在两个小于 9×10^6 的相继平方数之间至少有一个质数.

1930 年,豪海塞尔(G. Hoheisel)证明:当 X 充分大时,一定存在一个小于 1 的常数 θ,使区间 $(X, X + X^\theta)$ 中必存在质数. 他同时指出取 $\theta = 32999/33000$ 已足够.

1933 年,海伯伦(H. Heilbronn)证明:θ 可取 249/250.

1936 年,契达可夫(Н. Г. Чудаков)证明:θ 可取比 3/4 大的任何整数.

此后,英格汉姆(A. E. Ingham)、闵嗣鹤、赫克斯雷(M. N. Huxley)对上面结果又有改进.

1979 年,伊万涅斯(H. Iwaniec)等用筛法与解析方法结合证明:当 $\theta > 13/23$ 时,区间 $(X, X + Y^\theta)$ 中一定有质数.

同年,希斯-布朗(D. R. Heath-Brown)等证明 $\theta > 11/20$.

1981 年,伊凡涅斯证明:可取 $\theta > 17/31$;1983 年又证得:可取 $\theta > 23/42$.

1981 年,楼世拓、姚琦证明:$\theta > 35/64$;1984 年又证明 $\theta > 6/11$.

由是,到目前为止 θ 取值与猜想的数字相差很小,但最后这段路程显然是更为艰难.

顺便一提,如果杰波夫猜想成立,则有下面结论:相邻两质数差 $d_k = p_{k+1} - p_k$ 小于 $4n + 2$.

1940 年,爱尔特希证明 $d_k = O(\sqrt{p_k} \lg p_k)$ 即与 $\sqrt{p_k} \lg p_k$ 同阶.

最后我们简单介绍一下与"数论"课题有关但属于"组合论"中的两个未能获证的猜想.

8. 阿达玛(Hadamard)矩阵猜想

在"组合论"中,有一个关于阿达玛矩阵存在的猜想至今未能获证.

元素为 1 或 -1,且任意两行都正交的 n 阶方阵 $H = (a_{ij})_{n \times n}$,称为 n 阶阿达玛矩阵(简记为 H 阵),即

若 $H = (a_{ij})_{n \times n}$ 为 H 阵,则其满足 $|a_{ij}| = 1 (i, j = 1, 2, 3, \cdots, n)$, $HH^T = nI$(H^T 为 H 的转置,I 为 n 阶单位阵).

构造 n 阶 H 阵 H_n 等价于:在 $n-1$ 维空间中从有 2^{n-1} 个顶点的超正方体中选出 n 个顶点构成一个 $n-1$ 维单形.

比如,可从某正方体取出四个顶点 $(+, +, +), (+, -, -), (-, +, -), (-, -, +)$ 作为矩阵四行,然后再加一列 $(+, +, +, +)^T$(放在第 1 列),即

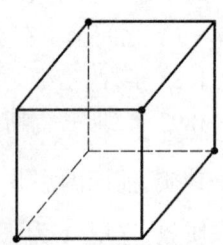

$$\begin{pmatrix} + & + & + & + \\ + & + & - & - \\ + & - & + & - \\ + & - & - & + \end{pmatrix} = \begin{pmatrix} + & + & + & + \\ + & + & - & - \\ + & - & + & - \\ + & - & - & + \end{pmatrix}$$

它便是一个四阶 H 阵 H_4.

这种矩阵除在"信息论"和"统计学"等方面有广泛应用外,由于它的许多美妙性质,曾吸引不少人.

比如,我们知道著名的阿达玛不等式:

若 $A = (a_{ij})_{n \times n}$ 是 n 阶复阵,且 $|a_{ij}| \leq 1$,则 A 的行列式 $\det A$ 满足 $|\det A| \leq n^{\frac{n}{2}}$,其中等号成立的必要条件是 $|a_{ij}| = 1$,且 $AA^H = nI$(A^H 表示 A 的转置共轭).

对于元素取值于区间 $[-1, 1]$ 上的实阵 H,当 $|\det H|$ 达到最大值 $n^{\frac{n}{2}}$ 时,恰好为阿达玛矩阵.

下面的诸矩阵

$$H_1 = (1), \quad H_2 = \begin{pmatrix} 1 & 1 \\ -1 & 1 \end{pmatrix}, \quad H_4 = \begin{pmatrix} 1 & 1 & 1 & 1 \\ -1 & 1 & -1 & 1 \\ -1 & 1 & 1 & -1 \\ -1 & -1 & 1 & 1 \end{pmatrix}$$

分别为一阶、二阶和四阶阿达玛阵.

西尔维斯特曾指出:3 阶 H 阵 H_3 不存在,且

$$H_2 = \begin{pmatrix} 1 & 1 \\ 1 & -1 \end{pmatrix}, H_4 = \begin{pmatrix} H_2 & H_2 \\ H_2 & -H_2 \end{pmatrix}, H_8 = \begin{pmatrix} H_4 & H_4 \\ H_4 & -H_4 \end{pmatrix}, \cdots$$

对于阿达玛阵有许多有趣的性质,比如,H 是 n 阶阿达玛矩阵,则

(1) $H^{-1} = n^{-1} H^{\mathrm{T}}$.

(2) $HH^{\mathrm{T}} = H^{\mathrm{T}} H = nI$($H$ 是正规阵).

(3) 用 -1 乘阿达玛阵的某一行或某一列,所得矩阵仍为阿达玛阵.

为此人们可将任一阿达玛阵的第一行和第一列全变为 $+1$,这种阿达玛阵称为规范化的.

对于阶数 $n \geqslant 3$ 的规范化的阿达玛,由 $HH^{\mathrm{T}} = nI$ 知其每行上 $+1$ 和 -1 各半,故可作列的置换使第 2 行上前 $n/2$ 个元素是 $+1$,后 $n/2$ 个元素是 -1,记第 3 行上前 $n/2$ 个位置中有 t 个 $+1$,后 $n/2$ 个位置中有 t' 个 $+1$,仍由 $HH^{\mathrm{T}} = nI$ 可有

$$2t + 2t' = n, 2t - 2t' = 0$$

由上故得 $n = 4t$.

综上我们有:阿达玛阵的阶数只能是 1,2 或 4 的倍数.反过来(考虑其反问题)有人猜测:

$4n$ 阶阿达玛阵总是存在的.

这却是一个至今未能获证的著名猜想.

首先,佩利(R. E. A. C. Paley)在 1933 年对 $4n-1$ 为质数幂和 $2n-1$ 为质数幂的情形(我们称之为佩利网眼)构造了 $4n$ 阶阿达玛阵.

1948 年,威廉森(J. Williamson)利用 n 阶循环阵 A, B, C, D 构造 $4n$ 阶阿达玛阵

$$H = \begin{pmatrix} A & B & C & D \\ -B & A & -D & C \\ -C & D & A & -B \\ -D & -C & B & A \end{pmatrix}$$

其中 A, B, C, D 为对称循环阵,且其元素为 ± 1,同时

$$A^2 + B^2 + C^2 + D^2 = 4nI$$

(请注意这里 H 中 A, B, C, D 的符号恰好与 4 阶阿达玛阵中 ± 1 的符号一致.)

利用这个方法对于佩利网眼漏掉的阶数 92,116,156,172,188,236,$\cdots$,威廉森构造了 $172 = 4 \times 43$ 阶阿达玛阵.

1961 年 9 月 27 日,帕萨德纳(Pasadena)利用电子计算机算出 92 阶的阿达玛阵,不久人们又得到了 116 阶和 156 阶阿达玛阵.

1967 年,比利时学者戈塔利斯(Goethals)和荷兰人森德尔(Seidel)给出形

如

$$H = \begin{pmatrix} A & BR & CR & DR \\ -BR & A & -D^HR & C^HR \\ -CR & D^HR & A & -B^HR \\ -DR & -C^HR & B^HR & A \end{pmatrix}$$

的阿达玛阵,这里 A,B,C,D 分别为具有分量 ± 1 的 n 阶循环阵,且 R 是反循环阵

$$R = \begin{pmatrix} 1 & 0 & \cdots & 0 \\ 0 & 0 & \cdots & 1 \\ \vdots & \vdots & \ddots & \vdots \\ 0 & 1 & \cdots & 0 \end{pmatrix}$$

且 $AA^H + BB^H + CC^H + DD^H = 4nI$(这里不再要求矩阵的对称性).

图茵(Turyn)等人在 1973 年和 1974 年分别给出 188 和 236 阶阿达玛阵.

1984 年 12 月 8 日,日本人泽出构造了 $268 = 4 \times 67$ 阶阿达玛阵.

此后,$n = 103,127,151$ 时 $4n$ 阶阿达玛阵也被构造出来. 至今仍未获解的最小的 n 是 107.

注 可以证明 2^k 阶阿达玛阵一定存在,又由于两个阿达玛阵的直积仍为阿达玛阵,故有结论:

若能证明 t 是奇数时,$4t$ 阶阿达玛阵都存在,便可证得 $4k$ 型的 n(即 $n \equiv 0 \pmod{4}$)阶的阿达玛阵均存在.

9. 范·德·瓦尔登猜想

在所谓双随机矩阵和积式中,有一个著名的但至今仍未获解的范·德·瓦尔登猜想.

前文我们曾经介绍过:所谓双随机阵是指一个元素均是非负的方阵,其各行、各列和均为 1.

又若 $A = (a_{ij})_{m \times n}$,则称 $\sum_{i_1, i_1, \cdots, i_m \in \mathbf{P}_m^n} a_{1i_1} a_{2i_2} \cdots a_{mi_m}$ 为矩阵 A 的和积式,记为 Per A. 这里 $\mathbf{P}_m^n$ 表示从 n 中任取 m 个元素的无重排列集.

范·德·瓦尔登曾猜测:若 A 是 n 阶方阵,则

$$\text{Per } A \geq \frac{n!}{n^n}$$

且仅当 $A = \frac{1}{n}J_n$ 时等号成立. 这里 J_n 是一元素全是 1 的 n 阶方阵.

这个猜想引起了人们的极大关注,且由此产生了对矩阵特别是 $(0,1)$ – 矩阵(元素全为 0 或 1 的矩阵)的广泛研究,且提出许许多多猜想.

遗憾的是范·德·瓦尔登猜想至今未获证.

10. 拉丁阵计数的估计问题

前面我们已经介绍过拉丁方阵,拓而广之人们把下面形式的矩阵称为 k 行 n 列拉丁阵:

其元素由 $1,2,\cdots,n$ 组成的矩阵中,其每行为 $\{1,2,\cdots,n\}$ 的一个 n-排列;每列为 $\{1,2,\cdots,k\}$ 的一个 k-排列.

若 $k \times n$ 的拉丁阵个数记为 $L(k,n)$.迄今为止,人们仅解决了 $k \leqslant 3$ 时拉丁阵个数 $L(k,n)$ 的显式表达式.

1973 年,林特(Light)给出一种计算 $L(4,n)$ 的方法.

但由于一般 $L(k,n)$ 表达式难以求出,人们开始转向寻求 $L(k,n)$ 的渐近表达式.

比如,1946 年爱尔特希和卡普拉姆斯基(Kaplamsky)证得

$$L(k,n) \sim (n!)^k \exp(-C_k^2), k < (\ln n)^{3/2-\varepsilon}$$

且他们猜测这一渐近式有效范围可扩展至 $k < n^{1/3-\varepsilon}$(其中 C_k^2 为组合数,又 ε 为一个小常数).

1951 年,山岛冒(Yamamoto)证明了这一猜想,他是利用双随机阵的积和式的估值完成的.

为了估计更大范围中的 $L(n,k)$ 值,人们借助于范·德·瓦尔登猜想(见上节内容)得到估计式

$$L(n,k) \sim \left(\frac{P_n^k}{n^k}\right)^n (n!)^k \quad (P_n^k \text{ 为排列数}) \qquad (*)$$

同时还可有

$$\frac{(n!)^{\frac{2}{n}}}{n} \leqslant [L(n,n)]^{n^{\frac{1}{2}}} \leqslant \left[\prod_{k=1}^{n-1}(k!)^{\frac{1}{k}}\right]^{\frac{1}{n}}$$

再由斯特林(Stirling)公式

$$n! \approx \sqrt{2n\pi}\left(\frac{n}{e}\right)^n\left(1+\frac{1}{12n}\right)$$

易知上式两边均近似于 ne^{-2},由之,奥内尔(O'Neil)于 1969 年提出

$$[L(n,n)]^{n^{\frac{1}{2}}} \sim ne^{-2} \qquad (**)$$

猜测 $(*)$ 与 $(**)$ 是基于范·德·瓦尔登猜想的,随着范·德·瓦尔登猜想的获证,上述两猜想即告解决.

11. 不定方程 $\frac{1}{n} = \frac{1}{x} + \frac{1}{y} + \frac{1}{z}$ 的解

1955 年,格雷汉姆的导师莱默(Lehmer)注意到在《美国数学月刊》的文章:

任意分母为奇数的非单位分数,皆可表为若干分母是奇数的单位分数之和.

格雷汉姆则对问题作了推广:考虑分数表为分母是完全平方的单位分数之和的问题,如

$$\frac{1}{3} = \frac{1}{2^2} + \frac{1}{4^2} + \frac{1}{7^2} + \frac{1}{54^2} + \frac{1}{112^2} + \frac{1}{640^2} + \frac{1}{4302^2} + \frac{1}{10080^2} +$$

$$\frac{1}{24192^2} + \frac{1}{40320^2} + \frac{1}{120960^2}$$

爱尔特希原打算将问题再度推广至分母为 $3,4,\cdots,n$ 次幂的单位分数表示问题.

1955 年,爱尔特希又提出猜测:

对于 $n > 3$ 的整数,方程

$$\frac{4}{n} = \frac{1}{x} + \frac{1}{y} + \frac{1}{z}$$

均有正整数解 x, y, z.

人们至今只验证了一些局部的情形,具体情况请见下表.

验 证 者	n 的 范 围
斯特拉斯(Straus)	$n < 5 < 10^3$
毕斯汀(Bernstein)	$n < 8 < 10^3$
沙皮洛(Shapiro)	$n < 2 < 10^4$
奥波兰(Oblath)	$n < 106128$
山本稔(M. Yamamoto)	$n < 10^7$
福兰西斯尼(Franceschine)	$n < 10^8$

1957 年,波兰数学家谢尔品斯基(Sierpiński) 提出

$$\frac{5}{n} = \frac{1}{x} + \frac{1}{y} + \frac{1}{z}$$

有正整数解的猜想,而后斯特瓦特(Stewart) 证明 $n \leqslant 1057438801$ 时猜想真.

1970 年范亨(R. C. Vanghen) 证明

$$\frac{m}{n} = \frac{1}{x} + \frac{1}{y} + \frac{1}{z}$$

$m \in \mathbf{N}$ 给出,对 n 几乎所有的 n 有正整数解 x, y, z.

且有估计,令 $E_m(N)$ 为大于 N 且使方程无解的 n 的个数有

$$E_m(N) \ll N \mathrm{e}^{-c(\lg N)^{\frac{2}{3}}}$$

三、希尔伯特问题中的未解决问题

众所周知:1900 年,德国数学家希尔伯特在巴黎国际数学家大会上以题为《数学问题》发表的著名演说,揭开了 20 世纪数学发展的序幕,演讲中提出的 23 个数学问题,一直引起数学家们的浓厚兴趣与密切关注.

由于这些问题难度很大(因而只要你解决了其中的某一个甚至它的一部分,你便会在数坛获得极高的荣誉且载入史册),有些至今仍未解决.

下面我们浅要地介绍其中的几个,关于它们请详见本书附录二"希尔伯特数学问题及其解决简况".

1. 哥德巴赫猜想问题

这个问题是"数论"中的一个著名问题,它蕴含于希尔伯特第八问题中.

德国数学家哥德巴赫(C. Goldbach)在一次与数学家欧拉的通信中提出这样的猜想(叙述稍有变化):

每一个大于 2 的偶数都是两个质数的和.①

欧拉在回信中说他相信这个猜想,但他不能证明.

1770 年,数学家华林将哥德巴赫的命题发表出来,且加上"每个奇数或者是质数,或者是三个质数和"②的结论.

历来不少著名数学家都涉猎过这个问题,但进展都不大,数学家朗道在 1912 年第 5 届国际数学家大会上曾指出:不用说证明哥德巴赫猜想,就是证明存在一个正整数 c,使得每个自然数都可表为不超过 c 个质数和的命题,也是现代数学家力所不能及的.

1921 年,数学家哈代认为该问题的困难程度无以比拟.

事出意外,1930 年,苏联数学家希尼莱曼(Л. К. Шнирельман)证明了朗道的命题.

1937 年,苏联学者维诺格拉道夫证明了"充分大的奇数可以表示为三个质数之和"(由此可推得每个充分大的自然数均为四个质数和,然而这个"充分大"却大得令人生畏).

1938 年,我国数学家华罗庚证明"几乎全部偶数均能表成两个质数之和".

---

① 有人曾验算,在 $n < 10^{10}$ 以内的偶数中,除 $12703943222 = 2029 + q$(q 为质数)外,其余偶数皆可表为 $p + q$ 形式,其中 $p < 2029$ 的质数,即其中之一为小于 2029 的质数.新的纪录是 $n < 4 \cdot 10^{14}$(至 2002 年底).

② 此又称奇哥德巴赫猜想,现已证明 $n > 10^{7 \times 10^7}$ 的奇数猜想成立,但验算 $10^{7 \times 10^7}$ 以内的工作远非易事.此外还有所谓强哥德巴赫猜想:每个大于 6 的偶自然数皆可表为不同的奇素(质)数之和.施齐尔(Schinzel)曾证明:哥德巴赫猜想隐含下面结论:每个大于 17 的奇整数是 3 个相异质数和,而后谢尔品斯基证明:强哥德巴赫猜想等价于:每个大于 17 的整数是 3 个相异质数和.

(这里是"几乎全部"而非全部)

1948年,瑞尼(A.Renyi)证明了"每个充分大的偶数均可表为一个质数与一个质因数个数不超过 c 的数(又称之为殆质数)之和",结论简记为 $(1,c)$.

1962～1963年,我国数学家王元、潘承洞证明了(1,4). 1965年,维诺格拉道夫和鲍姆毕利(E.Bombieri)证明了(1,3).

1966年,数学家陈景润证明了(1,2)(他的证明直到1973年才发表),即:

每个充分大的偶数都是一个质数与另一个质因数不超过2的殆质数之和.

这是迈向哥德巴赫猜想证明的重要一步,然而它离问题的完全解决,还有一段不小的距离.

下表给出了到目前为止哥德巴赫猜想研究的进展情况,表中 (s,t) 分别表示大偶数可表为两个质因子数不超过 s 和 t 个的数之和.

大偶数的 (s,t) 问题成果表

结　果	年代	成　果　获　得　者
(9,9)	1920	[挪威]布鲁恩(V.Brun)
(7,7)	1924	[德]拉德马切尔(H.A.Rademacher)
(6,6)	1932	[英]埃斯特曼(T.Estermann)
(5,7)(4,9)(3,15)(2,366)	1937	[意大利]黎西(M.Ricci)
(5,5)	1938	[苏]布哈希塔勃(А.А.Бухщтаб)
(4,4)	1940	同上
$(1,c)$	1948	[匈牙利]瑞尼
(3,4)	1956	[中]王元
(3,3)(2,3)	1957	[中]王元
(1,5)	1962	[中]潘承洞,[苏]巴尔巴恩(М.Б.Барбан)
(1,4)	1962	[中]王元
(1,3)	1963	[中]潘承洞,[苏]巴尔巴恩
	1965	[苏]布哈希塔勃,维诺格拉道夫
		[意大利]鲍姆毕利
(1,2)	1973	[中]陈景润

顺便一提,对于多项式环 $\mathbf{Z}(x)$ 上的哥德巴赫猜想在1965年已由美国人海斯(D.R.Hayes)证得,即:

在环 $\mathbf{Z}(x)$ 中,每个 $n(n \geq 1)$ 次多项式均可写为两个不可约 n 次多项式的和形式,这一点详见本书附录四.

2. 黎曼猜想

我们知道: 调和级数 $\sum_{k=1}^{\infty} \frac{1}{k}$ 发散. 进而我们也知道:

级数 $\sum_{k=1}^{\infty} \frac{1}{k^s}$, 当 $s > 1$ 时收敛, 当 $s \leq 1$ 时发散. 且 $s > 1$ 时, 级数 $\sum_{k=1}^{\infty} \frac{1}{k^s}$ 可表为无穷乘积

$$\prod_p \left(\frac{1}{1-p^{-s}}\right)^{-1} = \left(1 + \frac{1}{2^s} + \frac{1}{2^{2s}} + \frac{1}{2^{3s}} + \cdots\right)\left(1 + \frac{1}{3^s} + \frac{1}{3^{2s}} + \frac{1}{3^{3s}} + \cdots\right) \times$$
$$\left(1 + \frac{1}{5^s} + \frac{1}{5^{2s}} + \frac{1}{5^{3s}} + \cdots\right) =$$
$$\left(1 + \frac{1}{2^s} + \frac{1}{4^s} + \frac{1}{8^s} + \cdots\right)\left(1 + \frac{1}{3^s} + \frac{1}{9^s} + \frac{1}{27^s} + \cdots\right) \times$$
$$\left(1 + \frac{1}{5^s} + \frac{1}{25^s} + \frac{1}{125^s} + \cdots\right)$$

的形式, 这里 p 遍历所有质数, 这一点最早为欧拉发现.

以上这些讨论都是在实数范围内考虑的, 自然地人们会把级数

$$\sum_{k=1}^{\infty} \frac{1}{k^s} = 1 + \frac{1}{2^s} + \frac{1}{3^s} + \cdots + \frac{1}{n^s} + \cdots$$

中的指数 s 推广到复数中去, 这样便得到一个以复数 $s = \sigma + it$ 为变量的 (复变) 函数

$$\zeta(s) = 1 + \frac{1}{2^s} + \frac{1}{3^s} + \frac{1}{4^s} + \frac{1}{5^s} + \cdots$$

它被称为黎曼函数①. 由于某些需要, 黎曼考虑了 $\zeta(s)$ 的零点问题, 他证明了:

当 s 的实部 $\sigma > 1$ 时, $\zeta(s)$ 无零点; 当 $\sigma < 0$ 时, 除 $s = -2, -4, \cdots$ 外也无 (一次) 零点 (这种零点称为平凡零点).

1859 年, 黎曼进一步猜测:

$\zeta(s) = 0$ 的非平凡零点 (当 $0 \leq \operatorname{Re} s < 1$ 时无穷多个), 全部在 $\operatorname{Re} s = \frac{1}{2}$ 这条直线上. (这里 $\operatorname{Re} s, \operatorname{Im} s$ 分别表示复数 s 的实、虚部)

这便是著名的黎曼猜想 (其实, 关于 $\zeta(s)$ 函数黎曼共提出五个猜想, 其余四个已被证明). 这个问题至今未被人们证得, 也未能有人举出反例来推翻.

除此之外, 黎曼猜想还有许多不同的等价叙述. 比如:

---

① 黎曼函数 $\zeta(s)$ 当 $\operatorname{Re} s > 1$ 时收敛, $s = 1$ 为其唯一一阶极点. 黎曼曾证明
$$\xi(s) = \frac{1}{2}s(s-1)\pi^{-\frac{s}{2}}\Gamma\left(\frac{s}{2}\right)\zeta(s) = \xi(1-s)$$
这是一个令人惊奇的对称形式的函数方程.

设 A 是一个由元素 0 或 1 组成的 n 阶方阵,其元素定义为
$$A = (a_{ij})_{n \times n}, \quad a_{ij} = \begin{cases} 1, & j = 1 \text{ 或 } i \mid j \\ 0, & \text{其他} \end{cases}$$
此矩阵称为 Redheffer 矩阵. 黎曼猜想即可表为:

若对任意 $\varepsilon > 0$,有 $\det A = O(n^{1/2+\varepsilon})$.

该猜想的另一等价叙述为:若 $\pi(x)$ 是不超过 x 的质数个数,又
$$\text{Li}(x) = \int_2^x \frac{dt}{\ln t}, \quad |E(x)| = |\pi(x) - \text{Li}(x)|$$
则 $|E(x)| \leq Cx^{\frac{1}{2}} \lg x$,这里 C 为常数. 证明详见文献[18].

我们或许熟知法莱(J. Farey)分数的构成(分母小于 n 的非负不可约分数按其大小顺序排列的数列称为法莱数列. 如 5 阶 n 阶法莱数列为 $\frac{0}{1}, \frac{1}{5}, \frac{1}{4}, \frac{1}{3}, \frac{2}{2}, \frac{1}{2}, \frac{3}{5}, \frac{2}{3}, \frac{3}{4}, \frac{4}{5}, \frac{1}{1}$).

马丁·赫胥黎(M. Huxley)认为:法莱分数依分母大小排列顺序与它们的数值排列顺序完全不同. 这种差值的量化可用"均方"刻画(两种顺序差异越大均方就越小).

黎曼猜想化为法莱分数方式叙述即:法莱分数写成小数后的顺序与分数按分母递增顺序尽可能的不同(均方小).

此外,黎曼猜想还与 $1 - \left(\frac{\sin \mu \pi}{\mu \pi}\right)^2$ 及麦比乌斯函数 $\mu(n)$,数论函数 $\pi(x)$ 有联系. 这里再重申一下,$\mu(n)$ 是仅取 $0, \pm 1$ 值的算术函数. 当 n 为质数时 $\mu(n)$ 为 0;n 为合数时,若其有重素因子则 $\mu(n) = 0$,否则若 n 有偶数个不同素因子 $\mu(n) = 1$,若 n 有奇数个不同素因子时 $\mu(n) = -1$.

蒙哥马利(H. Montgomery)一直从事黎曼函数零点在临界线上分布的研究. 他算出两零点间平均间距,且提出一种函数,可分析零点间距离差所遵循的法则,它由公式 $1 - \left(\frac{\sin \mu \pi}{\mu \pi}\right)^2$ 给出,这里 μ 实则为麦比乌斯函数.

关于黎曼猜想与麦比乌斯函数 $\mu(n)$ 的联系,是由默顿斯给出的,这一点我们前文已有介绍.

另外,若记 $\pi(x)$ 表示不超 x 的质数个数,则 $\pi(x)$ 可精确表为
$$\pi(x) = \frac{x}{\ln x} + \sum \frac{1}{x^s}, \text{ 其中} \sum \frac{1}{x^s} \text{ 为 Zeta 函数}.$$
巴克兰德(R. Backlund)和赫特岑松(J. I. Hutchinson)实际计算了 $\zeta(s)$ 的零点,证实了:

至少在 $0 < |\text{Im } s| < 300$ 的范围内的零点确实在直线 $\text{Re } z = \frac{1}{2}$ 上.

1936 年,蒂奇马什(E. C. Titchmarsh)又进一步在 $0 < |\text{Im } s| < 1468$ 的范围

内作了验证.

1966 年,拉赫曼(R.S.Lehman)证明了 $\zeta(\sigma+it)$ 在 $0<t<170571.35$ 范围内,恰好有 2.5×10^6 个零点,在 $\sigma=\frac{1}{2}$ 这条直线上,而且全部都是单零点.

1969 年,罗塞尔(J.Rosser),约亥(J.M.Yohe)及舍恩弗勒(L.Schoenfielcl)把这个计算推进到前 3.5×10^6 个零点(在 $0\leqslant\sigma\leqslant1,0\leqslant t\leqslant1.6\times10^6$ 范围内,最初的六个零点分别为 14.13,21.02,25.01,30.42,32.93 和 37.58).

1979 年,布瑞特(R.P.Brent)验证 $\zeta(\sigma+it)$ 在 $0<t<32385736.4$ 内,恰有 7.5×10^7 个零点,在直线 $\sigma=\frac{1}{2}$ 上,且都是单零点.

1985 年,范德隆(J.van de Lune)和黎勒(H.J.te Riele)把计算再推进到 1.5×10^9 个零点的情形,猜想亦真.此后,安德鲁(O.Andrew)在 $10^{20},10^{21}$ 和 10^{22} 附近的数以百万计零点进行核算结果均说明猜想真.

尽管如此,这些验证对超出计算范围之外的无穷多个解来说,几乎算不得证明了任何确定的东西的(至多是对笃信猜想正确的一个支持).

经许多数学家的努力,人们得到某些大范围上较弱的结果:

$\zeta(s)=0$ 的有一部分非平凡解在直线 $\operatorname{Re} s=\frac{1}{2}$ 上.

1914 年,哈代证明:在 $\operatorname{Re} s=\frac{1}{2}$ 上,有 $\zeta(s)$ 无限多个零点.

1942 年,塞尔伯格(Atle Selberg)证明:$\zeta(s)$ 有 1% 的零点(非平凡)位于这条直线上.

1972 年,麻省理工学院的莱文森(N.Levinson)成功地证明了:$\zeta(s)$ 至少有 $\frac{1}{3}$ 的零点(非平凡)位于直线 $\operatorname{Re} s=\frac{1}{2}$ 上,后改进到至少有 $\frac{2}{5}$ 的零点的情形.

如今已证得至少有 99% 的零点 $\rho=\beta+i\gamma$ 满足

$$\left|\beta-\frac{1}{2}\right|<\frac{8}{\lg|\gamma|}$$

这些也许正在向猜想的最终证明一步步靠近,但前面的路也许还很遥远.

应该知道:黎曼猜想对于数学研究甚有用途,特别是对"数论"的研究.

1927 年,数学家兰道在其名著《数论讲义》中写道:在黎曼假设下可以改进"数论"的许多结果.

由

$$\zeta(z)=\sum_{n=1}^{\infty}\frac{1}{n^z} \qquad (*)$$

还可以推出欧拉等式

$$\sum_{n=1}^{\infty}\frac{1}{n}=\prod_{p\text{取素数}}\left(1-\frac{1}{p}\right)^{-1}$$

将式 $(*)-\frac{1}{2^z}$ 式 $(*)$,有

$$\left(1 - \frac{1}{2^z}\right)\zeta(z) = 1 + \frac{1}{3^z} + \frac{1}{5^z} + \frac{1}{7^z} + \cdots \qquad ①$$

将式① $- \frac{1}{3^z}$ 式①,有

$$\left(1 - \frac{1}{2^z}\right)\left(1 - \frac{1}{3^z}\right)\zeta(z) = 1 + \frac{1}{5^z} + \frac{1}{7^z} + \frac{1}{11^z} + \cdots \qquad ②$$

若将式② $- \frac{1}{5^z}$ 式②得式③,式③ $- \frac{1}{7^z}$ 式③得式④,如此下去可有

$$\left[\prod_{p\text{取素数}}\left(1 - \frac{1}{p^z}\right)\right]\zeta(z) = 1$$

从而

$$\prod_{p\text{取素数}}\left(1 - \frac{1}{p^z}\right)^{-1} = \sum_{n=1}^{\infty}\frac{1}{n^z}, \text{Re } z > 1$$

令 $z = 1$,故有

$$\prod_{p\text{取素数}}\left(1 - \frac{1}{p}\right)^{-1} = \sum_{n=1}^{\infty}\frac{1}{n}$$

黎曼猜想被收入希尔伯特的第八个问题里,当时就有人估计在20世纪内此问题解决无望,不幸被言中了.

顺便讲一句:布尔巴基(Bourbaki)学派的学者们,在其他数域上成功地证明了相应的黎曼猜想.就像人们在多项式环中已成功的证明了哥德巴赫猜想一样(见本书附录四).

黎曼猜想告诉人们:素数分布是极有韵律的,若猜想不成立,则素(质)数分布必有一些奇特的不规则,不在直线上的第一个零点将成为重要常数,但大自然似乎没有这么任性.

3. 连续统假设

集合基数(或势)是集合论中的基本概念之一,它是作为个数的自然数概念的扩张(或推广),也是对无穷大概念的另一种度量分类.

自然数的全体的基数称为可列的(或可数的),通常记作 $\aleph_0$;实数全体的基数称为连续统基数,记作 $\aleph_1$.

集合 A 的基数(或势)通常用 $\bar{A}$ 表示.

势的大小通常通过对等(一一对应)来定义.若存在以集合 A 为定义域,与以集合 B 为值域的一一对应,则称集合 B 对等于集合 A.对等的两集合称为等势或基数相同.设 A,B 为两个集合,假定 A 与 B 不对等,而 A 与 B 的一个(真)子集 B_0 对等,则称 A 的基数小于 B 的基数.

伯恩斯坦(F.Bernstein)曾经证明:设 λ,μ 为两个集合的基数(或势),若 $\lambda \leq \mu$,且 $\mu \leq \lambda$,则 $\lambda = \mu$.

又若集合 A 的基数为 μ,又 A 的一切子集所构成的集合(又称 A 的幂集)势

为 2^μ, 显然 $\mu < 2^\mu$.

这样一来,集合的基数(或势)也有不同层次,且不存在最大的集合的基数(或势).

1882年,现代集合论的创始人康托尔提出了连续统假设(简记为CH):若把所有集合的(超限)基数按从小到大的顺序排列: $\aleph_0, \aleph_1, \aleph_2, \cdots$,则 $2^{\aleph_0} = \aleph_1$. 即自然数集 **N** 的幂集合的基数(或势)是大于自然数集基数(或势)中最小基数(或势)的.

换句话说,使不等式 $\aleph_0 < \lambda < 2^{\aleph_0}$ 成立的集合基数 λ 不存在.

可以证明自然数集 **N** 的幂集合 $\mathscr{P}(\mathbf{N})$ 是和实数集对等的,故连续统假设实际是对实数个数问题所作的猜测.

对任意的集合基数 $\aleph$,使 $\aleph < \mu < 2^{\aleph}$ 成立的集合基数 μ 不存在的假设,称为广义连续统假设.

康托尔提出连续统假设以来,其真伪长期成为悬案. 谢尔品斯基探讨了与它有关的各种假设,康托尔本人晚年也曾努力谋求解决它,然而一切无果而终.

希尔伯特的 23 个问题中的第一个即是该问题(可见该问题的分量与难度).

1940年,奥地利的哥德尔(K.Gödel)证明了广义连续统假设和集合论另一条公理——选择公理;与集合论中 ZF 公理系统即策墨罗-弗兰克尔(Zermolo-Fraenkel)公理系统的无矛盾性(即若通常的集合论公理系统是协调的,那么加上 CH 后仍是协调的),换言之,通常的集合论的公理体系不能推演出 CH 的否定式.

1963年,美国数学家科恩证明了广义连续统假设和选择公理对于 ZF 公理系统的独立性,即若通常的集合论公理系统是协调的,则在该系统内加上 CH 的否定式仍协调. 换言之,通常集合论公理体系不能推演出 CH. 从而给出了希尔伯特第一问题的否定解决.

这一结果,使集合论面临跟欧几里得几何中证明第五公设独立于欧几里得几何其他公理后相类似的情形.

如何加强集合论公理系统以使连续统假设得以判定,即如何建立(加强)集合论公理系统,判断 CH 是否成立?至今仍然是一个未解决的问题.

4. 级数 $\sum_{k=1}^{\infty} \dfrac{1}{k^s} (s \in \mathbf{Z}^+)$ 和是否为无理数

希尔伯特第7问题即若 $\alpha \neq 0, 1$ 的代数数, β 是无理数. 试问 α^β 是否为超越数?这个问题我们前文曾有述及,这里再说几句.

1929年,苏联学者盖尔芳德曾证明: β 是虚二次无理数时, α^β 是超越数(故

知 e^π 是超越数,它被称为 Gelfond 常数,由欧拉公式显然 $i^{-i} = \sqrt{e^\pi}$,它也是欧拉等式 $1 + e^{-\pi i} = 0$ 的变形).

1930 年,库兹明(P.O.Кузьмин)证明:若 $\alpha \neq 0, 1$ 的整数,β 是实二次无理数时,α^β 是超越数(故 $2^{\sqrt{2}}$ 是超越数).

1934 年,盖尔芳德和德国的施奈德亦互相独立地证明:若 $\alpha \neq 0, 1$ 的代数数,β 是无理数,则 α^β 是超越数.

1966 年,结论又被巴克尔(A.Baker)推广和发展.

关于数的有理性讨论也是如此,有些看上去十分困难的问题逐一被攻克了,如早在 1761 年兰伯特(Lambert)就已证得,若 $x \neq 0$ 为有理数时,e^x 与 $\tan x$ 均为无理数.但是令人不解的是:下面诸看上去似乎相对不很困难的问题,如"底角与顶角之比是无理代数数的等腰三角形,底与腰之比为超越数"的结论,至今未能获证.

又如欧拉常数 $\gamma = \lim\limits_{n \to \infty} \left(\sum\limits_{k=1}^{n} \dfrac{1}{k} - \ln n \right)$ 的无理性、超越性问题亦不详.

再如,直到 1978 年前,$\sum\limits_{k=1}^{\infty} \dfrac{1}{k^3}$ 是有理数还是无理数问题仍不明,尽管人们已知道它的值约为 $1.2\cdots$.

(此前欧拉曾给出当 s 是小于 26 的偶数时级数 $\sum\limits_{k=1}^{\infty} k^s$ 的值,如

$$\sum_{k=1}^{\infty} k^{26} = \frac{76977927 \cdot 2^{24} \cdot \pi^{26}}{27!!}$$

但 n 是奇数时级数和的情况却不得知. 此外前文已述,欧拉还指出这种和可表为 $\prod\limits_{p}(1 - p^{-s})^{-1}$ 形式,其中 p 遍历全部质数.)

这些问题可视为希尔伯特第 7 问题的延伸,后一问题又可视为黎曼的 $\zeta(s)$ 函数,当 $s = 3$ 时无理性的判别问题. 1978 年法国人阿贝瑞(Apéry)解决了它(在当年芬兰赫尔辛基世界数学家大会即 ICM 上宣布),他证明了 $\zeta(3)$ 即 $\sum\limits_{k=1}^{\infty} \dfrac{1}{k^3}$ 是无理数,曾引起数学界轰动.

此外他引进了所谓"阿贝瑞数":$a_0 = 1, a_1 = 5$,且 $n \geq 2$ 时

$$n^3 a_n - (34 n^3 - 51 n^2 + 27 n - 5) + (n - 1)^3 a_{n-2} = 0$$

乔拉(S.Chowla)于 1980 年提出如下四个猜想:

(1) $a_{2n} \equiv 1 \pmod{8}, a_{2n+1} \equiv 5 \pmod{8}$.

(2) $a_{2n} \equiv 1 \pmod{3}, a_{2n+1} \equiv 2 \pmod{3}$.

(3) $p > 5$ 素数,$a_p \equiv 5 \pmod{p^3}$.

(4) p 奇素数,$a_p \equiv 0 \pmod{5}$.

1983年,我国学者楼世拓、姚琦证得上述猜想.

然而对一般的 s,级数 $\sum_{k=1}^{\infty} \frac{1}{k^s}$ 无理性的判别,仍未获结论.

5. 开普勒(Kepler)猜想

1611年,德国天文学家开普勒(J. Kepler)在一本论及雪花的书中,叙述了一种箱装球的方法,且认为那是最节省(密度最大)的方法.

接着他又指出:体积为 L 的箱子,装 n 个半径为 r 的球,称

$$\rho = \frac{4n\pi r^2/3}{L}$$

为"箱装球的密度",显然它小于1.开普勒猜测

$$\rho = \frac{4n\pi r^2/3}{L} \leqslant \frac{\pi}{3\sqrt{2}}(\approx 0.740480489\cdots)$$

且 $\rho = \frac{\pi}{3\sqrt{2}}$ 是最佳的.

这个问题也是希尔伯特第18问题的第3部分.

其实这类问题的平面情形早已为高斯所解决,他证明了:

面积为 L 的矩形放置 n 个半径为 r 的圆,则("裁圆密度")

$$\frac{n\pi r^2}{L} \leqslant \frac{\pi}{2\sqrt{3}}$$

且 $\frac{\pi}{2\sqrt{3}}$ 是最佳值.

对于开普勒猜想而言,人们得到了如下表所示的一些结果.

年 份	发 现 者	结 论
1958	罗杰斯(C. A. Rogers)	$\rho \leqslant 0.77963$
1986	林德塞格(J. H. Lindseg)	$\rho \leqslant 0.7736$
1988	穆德尔(D. J. Muder)	$\rho \leqslant 0.77836$
1993	穆德尔	$\rho \leqslant 0.773055$

显然,这与开普勒猜想的上限 $\pi/3\sqrt{2} \approx 0.740480\cdots$ 还有较大差距.

(1990年美国加州大学伯克利分校的项武义在一篇长达100页的论文中宣称解决了开普勒猜想,但未能获得数学界的一致认可.21世纪之初,托马斯(C. H. Thomas)宣称问题获解(但仍有争议),他使用了球面三角知识.)

注 与该问题相连的还有一个所谓"13球问题".

1694年,英国天文学家格雷戈里(D. Gregory)与牛顿讨论体积不一的星球在天空中分布情况,由此引出:

一个单位球能否与 13 个单位球都相切?

牛顿的答案是否定的,他认为与之相切球的个数至多 12 个,而格雷戈里则认为是 13.

该问题直至 200 余年后才由许特(K. Schütte)和范·德·瓦尔登于 1953 年解决.答案是:个数不超过 12.大约 6 年后,1959 年加拿大人里奇(J. Leech)才给出一个机巧的证明.

3 年后,里奇又给出上面结论的一个简证.

这个问题曾引起陈省身大师的重视与关注,且在他的多次演讲中提及.

除了希尔伯特问题之外,数学中还有许多未能解决的问题,如 1976 年在美国的一次国际数学会议上,与会者提出 200 多个未获得的猜想与问题.

1998 年,斯梅尔(Steve Smale) 在 *The Mathematical Intelligencer* (Vol.20, No.2, 1998) 发表题为"下个世纪的数学问题"中,又提出了 18 个数学问题,他的选题原则:① 陈述简单,同时也注意到数学上的确切性;② 作者本人较熟悉但已发现不易解决的;③ 问题及解或部分结果或为之作出的努力,可能对下个世纪数学发展有影响.这 18 个问题是:

(1) 黎曼猜想.

(2) 庞加莱(Poincaré)猜想.

(3) P = NP 吗?

(4) 多项式整数零点.

(5) 丢番图曲线高度的界.

(6) 天体力学中相对平衡态数目的有限性.

(7) 2 维球面上点的分布.

(8) 动力学引入经济理论中的问题.

(9) 线性规划多项式算法可行性.

(10) 紧致流形上的封闭引理.

(11) 一维动力学是否通常是双曲的?

(12) 微分同胚的中心化子.

(13) 希尔伯特第 16 问题.

(14) 动力学中洛伦兹(Lorenz)吸引子问题.

(15) 纳维斯 – 斯托克斯(Navies-Stokes)方程的解.

(16) 雅谷比(Jacobi)多项式映射猜想.

(17) 解多项式方程组.

(18) 智能的极限.

2000 年 5 月 24 日,Clay 数学促进会在巴黎召开会议,公布了七个新千年数学奖问题(CMI 数学奖),它们分别是:

(1) P 与 NP 问题(P = NP 吗?).

(2) 黎曼猜想(黎曼 ζ – 函数的每个非平凡零点的实部皆为 $\frac{1}{2}$).

(3) 庞加莱猜想(任何单连通闭 3 维流形同胚于 3 维球)①.

(4) 霍吉(Hodge)猜想(任何霍吉类关于一个非奇异复射影代数簇都是某些代数闭链类的有理线性组合).

(5) 量子杨 – 米尔斯(Yang-Mills)理论(证明量子杨 – 米尔斯场存在并存在一个质量间隙).

(6) 比奇(Birch)及斯维奈顿 – 戴尔(Swinerton-Dyer)猜想(对于建立在有理数域上的每一条椭圆曲线,它在 1 处的 L 函数变为 0 的阶等于该曲线上有理点的阿贝尔群的秩).

(7) 纳维斯 – 斯托克斯方程组解的存在及光滑性(在适当的边界及初始条件下,对 3 维纳维斯 – 斯托克斯方程组证明或否定其光滑解的存在性).

这些问题更深、更专业(希尔伯特试图以他的问题去指导数学,而 CMI 则试图去记载重大的未解决问题),这里不谈了,有兴趣的读者可参阅文献[14].

其实对任何事物来讲,问题总是层出不穷的,旧问题解决了,又会有新问题产生,数学当然也如此.

但我们坚信:随着某些数学问题的解决,将会打开一个我们不曾想到的数学新世界,开辟一个我们不曾熟悉的数学新领域,创造一个我们未曾见识的数学新天地.数学也正是这样被创造、发现、发展的.

参考文献

[1] 柯召,魏万迪.组合论(上、下)[M].北京:科学出版社,1981~1987.

[2] 曹富珍.数论中的问题与结果[M].哈尔滨:哈尔滨工业大学出版社,1996.

[3] 南北,卫人.数学的趣味[M].天津:天津教育出版社,1989.

[4] 斯蒂恩 L A.今日数学[M].马继芳,译.上海:上海科技出版社,1982.

[5] MULLEN G L. A Candidate for the "Next Fermat Problem"[J]. The Mathematical intelligencer,1995,17(3).

[6] LAGARLAS J C. The $3x + 1$ Problem and Its Generalizations[J]. The Amer. Math. Montyly,1985,92(1).

[7] SMALE S. Mathematical Problem for the Next Centyry[J]. The Mathematical Intlligencer,1998,20(2).

[8] Ivor Grattan-Guinness. A sideways look at Hilbert's twenty-three problemes of 1900[J]. Notices of the AMS,Vol.47,No.7.

[9] BLECKSMITH R,MCCALLUM M,SELFRIDGE J L. 3-Smooth Representation of Integers[J]. The Amer. Math. Monthly,1998,105(6).

[10] 吴振奎.省刻度尺刻度数的一个估计[J].天津商学院学报,1992(12).

---

① 猜想的推广即 n 维情形中,美国数学家斯梅尔、斯塔林格(J·Stallings)和泽曼(C·Zeeman),于 1960 年相继证明了 $n \geq 5$ 的情形(1966 年获菲尔兹奖),$n = 4$ 由美国数学家弗里德曼(M·Freedman)于 1981 年证明(1986 年获菲尔兹奖).

[11] 杨燕昌,王广选.关于两类图的优美性[J].北京工业大学学报,1985(13).
[12] GALLIAN J A. Journal of Graph Theory[J].1989,13(4).
[13] 马克杰.优美图[M].北京:北京大学出版社,1991.
[14] JACKSON A.设立百万美元数学大奖发布会[J].林长好,译.数学译林,2001,20(1).
[15] U.杜德利.基础数论[M].上海:上海科技出版社,1981.
[16] GAY R K. Unsolved Problems in Number Theory[J]. Springer-Verlag New York,1994.
[17] HAYES D R.整系数多项式的哥德巴赫定理[J].数学通报,1981(3)(原载 The Amer. Math. Math. Monthly,72(1965),No.1.)
[18] LANG S.大学生数学专题讲座[M].马进喜,译.北京:机械工业出版社,2002.
[19] 吴振奎,吴旻.数学中的美[M].上海:上海教育出版社,2002.
[20] 陈建国.等周毕达哥拉斯三角形的一个结论[J].中等数学,2005(7).

附录一　数学中的悖论

所谓**悖论**是指：一个论证能够导出与一般判断相反的结果，而要推翻它又很难给出正当的根据，则这个论证称做悖论.

悖论同样蕴含着真理.

通常，若一个命题及其否定均可以用逻辑上等效的推理加以证明，而又对其推导无法明确指出错误时，这种矛盾称为**谬论**，实用中也常常称之为悖论. 下面我们分别介绍一些数学中的悖论问题.

（一）基础数学中的悖论

与基础数学有关的重要悖论大抵可分为两类：

(1) 关于连续性的，即由于对运动（变换）的形而上学理解而导致的悖论.

(2) 关于集合论中的悖论.

下面我们分别扼要地谈谈它们.

1. 关于连续性的悖论

毕达哥拉斯派发现"线段不可公度"这一事实，突出了使所有希腊数学家迫切想解决的一个难点：离散与连续的关系. 整数代表离散对象，可公度比代表两批离散对象间的关系.

毕达哥拉斯学派的学者起初认为每个（线段）长度均为度量单位的离散集合，但事实上并非如此，比如存在不可公度线段.

当时的哲学家芝诺(Zeno)把离散与连续的关系问题惹人注意地提了出来.芝诺生于公元前495年前后,住在现今是意大利南部的厄里亚城.他提出了四个关于运动的悖论,据说这是对毕达哥拉斯学派相信"几何上的点是有大小但不能分的单元"的反驳.这四个悖论彼此是不相关的,但总体上讲芝诺的意图十分明朗.

古代人们对时空有两种对立的看法:一种认为时空无限可分,这样运动是连续而又平顺的;另一种认为时空是由不可分的小段组成,这样运动则是一连串的小跳动.

芝诺的悖论是针对这两种观点的,其中前两个是反对第一种学说;后两个是反对第二种学说,每对悖论中的前者考察一个物体的运动,后者考察若干物体的相对运动.

(1) 两分法悖论

运动的物体到达目的地前必须到达半路上的点,比如说物体通过 AB,必须先达到点 C;为达到点 C 必须先达到点 D(AC 中点),等等,换言之,若空间无限可分,从而有限长度含无限多的点,这就不可能在有限时间内通过有限长度.

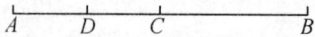

(也有人将此悖理论解为:要通过有限长度,须通过无穷多的点,这即意味着必须到达没有终点的某种"终点".)

这样运动将不存在.

(2) 阿基里斯(Achilles)和乌龟赛跑

阿基里斯(Achilles)是希腊神话中的人物,传说他跑得飞快,而乌龟则爬得很慢,若两者赛跑,阿基里斯却永远追不上在他前面的乌龟.

因为追赶者首先必须到达被追者出发之点,而行动较慢的被追者却总是跑在前头.

例如,阿基里斯速度是乌龟的 k 倍$(k>1)$,乌龟在阿基里斯前面相距 a 处.当阿基里斯达到乌龟出发点时,乌龟又向爬了 a/k;当阿基里斯再追了这 a/k 时,乌龟又向前爬了 a/k^2……这样被追赶者总是在追者的前面.

故阿基里斯永远追不上乌龟.

(3) 飞矢不动

飞行的箭在任一确定的时刻静止在空间的一个确定位置,把时间看做各个瞬间组成时,即得出:飞行中的箭是不动的.

(4) 操场(或游行队伍)问题

一组物体沿跑道挨着另一组个数相同的物体彼此相向移动,一组是从末端出发,另一组是从中间开始移动,两者移动速度一样,由此可推知一半的时间等于双倍的时间.

对于三列点 A,B,C,若点列 A 保持不动,点列 B,C 分别沿相反方向各自做等速运动,在最小的时间单位里,B 向左移动一单位,C 向右移动一单位,这样 C 相对于 B 向右移动了两单位,由之得出一个时间单位与它的双倍相等.

A	○	○	○	○	A	○	○	○	○
B	○	○	○	○	B	○	○	○	○
C	○	○	○	○	C		○	○	○	○

上面四个悖论,是亚里士多德(Aristotle)驳斥芝诺观点时,在他所著《物理》一书中陈述的.

2.关于集合论中的悖论

(1) 罗素悖论

关于集合论,哲人罗素在 1902 年提出:

把所有不属于自己的那些集合记为 T,试问集合 T 是否也是一种不属于自己的集合?

即构造 $T = \{x \mid x \notin x\}$,试问 $T \in T$ 是否成立?

若假定 $T \in T$,由 T 的定义将导致 $T \notin T$;反之,若假定 $T \notin T$,又由定义导致 $T \in T$.

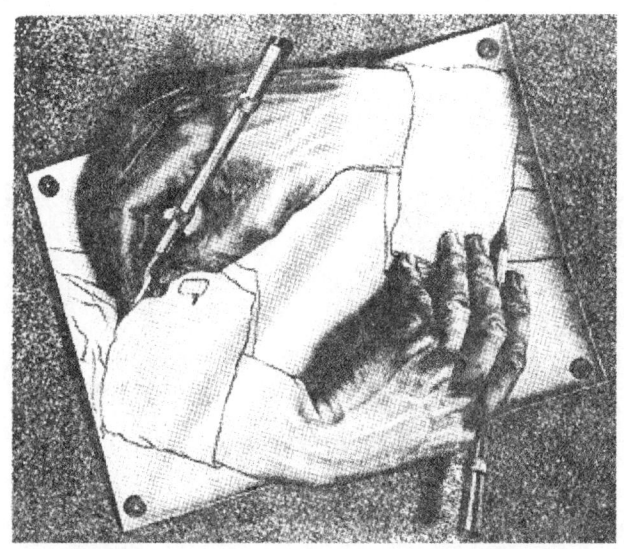

埃舍尔的《手画手》是罗素集合悖论一种诠释

这个悖论使用的论证方法很简单,且在数学中常被引用,故它很有名.为了从"集合论"排除这个悖论,罗素提出分歧类型论,但据此若想发展通常的实数理论将变得很困难.

另外这个悖论及下述的"布拉里 – 福蒂(Bruali-Forti)悖论",都表明对集合的定义方法应当加以限制,这也导致"公理集合论"的产生.

又罗素悖论的通俗提法是:某村有一位理发师,当地规定这位理发师必须而且只能给该村所有不自己刮胡子的人刮胡子,试问这位理发师的胡子由谁给他刮?

这里若假定理发师的胡子由他自己刮,这与规定"只能给不自己刮胡子的人刮"不符,他不应给自己刮胡子;若假定他的胡子由别人来刮,按规定他必须给"不自己刮胡子的人刮胡子",那他的胡子又应自己刮,这样无论如何总会导致矛盾.

该悖论实则是下面古希腊的克里特(Grete)岛说谎者悖论的发展:

克利特岛上的埃皮明迪斯(Epimenids)说:"克利特岛上的人都是说谎话的人." 试问这句话是真话还是谎话?

这里若假定他的话是真话,根据他的话及他又是该岛上的人,可推出他的话是谎话;又若假定他这句话是谎话,及他又是该岛上的人,可推出他是说真话的人,从而得到这句话是真话,因而他又是说谎者. 总之,终可导致矛盾.

这个悖论是古希腊人在大约公元前 6 世纪提出的.

2001 年初,上海大学的蒋星耀,将上述诸悖论作了统一处理,给出下面一个悖论模式定理:

(2) 布拉里 – 福蒂悖论

这是 1897 年由意大利数学家布拉里 – 福蒂提出的.

设 Ω 为由序数全体构成的集合: $\Omega = \{0,1,2,\cdots,w,\cdots\}$,则 Ω 为良序集.

由集合知,Ω 确定一个序数 ω,作为 Ω 的元素的序数 ω 都比 Ω 中的每一个序数大. 但是,Ω 是一切序数的集合,故序数 ω 亦为 Ω 的元素,故 $\omega < \omega$,矛盾. (或由自身亦在 Ω 中,这样就有 $\omega > \omega$)

(3) 康托尔悖论

康托尔在 1883 年证明了:任一集合的基数(或势),小于这一集合的幂集合(全体子集组成的集合)的基数(或势).

1899 年,康托尔发现:若记集合 U 的幂集合为 $P(U)$,试问集合 U 和集合 $P(U)$ 的基数(或势)哪个大?

由康托尔定理应有 $\overline{U} < \overline{P(U)}$(这里 $\overline{U}$ 表示 U 的基数);但又据子集关系 $P(U)$ 为 U 的子集,又应有 $\overline{U} \geq \overline{P(U)}$,矛盾.

(4) 理查德(Richard)悖论

这是一则语义悖论. 1905 年,法国数学家理查德提出下面的悖论:

考虑用有限个文字可描述的无限小数全体为 Q,则 Q 按字典顺序可以排成一个无限序列.今按康托对角线法可作一个与 Q 中任一数都不同的无限小数 α,则 α 即是 Q 中的数,又非 Q 中的数,矛盾.

理查德悖论的简化形式是由贝利(Berry)提出的,又利贝利悖论.该悖论可叙述为:

考虑"至少要用 100 个文字才能给予定义的自然数中的最小一个",这里显然定义了一个自然数,可是并没有用到 100 个文字(在汉语情形则更小),矛盾.

(5) 格雷林 – 尼尔松(Grelling-Nelson) 悖论

语义悖论之一,由德国逻辑学家格雷林(K.Grelling)和尼尔松(L.Nelson)于 1908 年提出.

一个形容词或适用于自身,或不适用于自身,前者例如"抽象的",后者例如"具体的".若称前一种为"自谓的",后一种称为"非自谓的".

今问:"非自谓的"一词本身是自谓的还是非自谓的?

无论回答肯定与否都将导致矛盾.

(6) 悖论的统一处理

2001 年初,上海大学的蒋星耀,将上述诸悖论作了统一处理,给出下面一个悖论模式定理.

所有悖论皆是如下抽象悖论的不同解释:

令 f 是从集合 A 到 B 的双射,其中 $B \subseteq \mathscr{P}(A)$($A$ 的幂集),令
$$M = \{a \in A \mid a \notin f(a)\}$$

如果把双射 f 下的反对角线集合 M 错误地认为属于 B(即 $M \in B$),就会产生悖论.

这个模式可简单地说明如下:

设 $M \in B$,已知 f 是 A 到 B 的双射,则存在 $m \in A$ 使 $f(m) = M$.今问:$m \in f(m)$ 吗?

首先假设 $a \in f(a)$,但 $f(a) = M$,故有 $a \in M$.

由于 $M = \{a \mid a \notin f(a)\}$,则有 $a \notin f(a)$.与前设矛盾!

因而 $a \in f(a)$ 假设不真!

其次,从上述结论 $a \notin f(a)$ 出发,可推知 $a \in M$.

再由已知 $M = f(a)$,有 $a \in f(a)$.

这样,同时可有 $a \notin f(a)$ 和 $a \in f(a)$,显然矛盾,由此即产生悖论.

如此一来,前述诸悖论皆可视为上命题的不同解释而已(对定理中的集合 A,B 和映射 f 给出适当的含义).

顺便讲一句,集合论中的"悖论",动摇了集合论的基础,因而对整个数学产生了强烈影响,这些曾被称为数学史上的第三次危机(前两次是:毕达哥拉斯学派的希伯斯发现无理数而使毕达哥拉斯学派认为"任何数均可表为两个整数之

比(分数)"的观点一个冲击,这被称为数学史上的第一次危机.18世纪微积分的诞生初期,由于关于无穷小量是否是 0 的争论使数学出现的混乱局面,称为数学史上的第二次危机).

由于这次的冲击,使得一些著名数学家也觉得悲观,比如外尔(C.H.H. Weyl)曾说:"数学的最后基础和终极意义仍旧没有解决,我们不知道沿着哪一个方向去寻找最后的解答,甚至也不知道我们是否能够希望找到一个最后的客观的回答."

数学家为了消除上述矛盾现象,提出各种不同的解决方案.例如,罗素本人主张把数学还原为逻辑,且做了大量工作,但最后发现无穷公理和选择公理不能还原为逻辑而失败.

荷兰数学家布劳威尔(L.E.J. Brouwer)主张在一定程度上限制使用"排中律",这可避免出现罗素悖论,但遭到一些数学家(如希尔伯特)的反对.近百年过去了,数学界至今未能给出解决此问题的完善方案.

集合悖论的研究,对于数学基础理论、逻辑学乃至哲学等均有重要意义,近代数学的三大流派(逻辑主义派、直觉主义派、形式公理派)的形成和发展均来自悖论问题的研究.

(二)其他数学分支中的悖论

除了集合论的悖论外,在数学其他分支上的悖论也是屡见不鲜,许多新概念的诞生,大都会招来一些悖论(这里的悖论意义略窄,有些只是反例而已),这也导致新概念的修正与完善.下面简述几例.

1. 数的悖论

(1) 单位正方形的对角线长与边长不可公度,导致"任何数均为两整数之比"的毕达哥拉斯学派的观点动摇.

(2) 负数的引入曾使当年著名物理学家帕斯卡(E. Pascal)认为是"胡说八道",他的密友阿尔诺(A. Arnauld)甚有蛊惑地说道:

"$(-1):1 = 1:(-1)$,即较小数:较大数 = 较大数:较小数,实在荒唐!"果然形式上看上去是一个悖论.

2. 对数 $\ln(-1)$

约翰·伯努利(J. Beernoulli)讨论积分

$$\int \frac{dx}{x^2 + a^2} = \int \frac{dx}{(x+ai)(x-ai)} = -\frac{1}{2ai}\int \left(\frac{1}{x+ai} - \frac{1}{x-ai}\right)dx =$$
$$-\frac{1}{2ai}[\ln(x+ai) - \ln(x-ai)] = -\frac{1}{2ai}\ln\frac{x+ai}{x-ai}$$

此后他与莱布尼茨讨论 ln(-1) 的意义时认为 ln(-1) 是实数,而莱布尼茨断定 ln(-1) 是虚数.

伯努利的理由是:由积分及其变换

$$\int \frac{1}{x}dx = \int \frac{1}{-x}d(-x)$$

得

$$\ln x = \ln(-x)$$

令 $x = 1$,则有

$$\ln(-1) = \ln 1 = 0$$

莱布尼茨从函数 Taylor 展开分析认为:由

$$\ln(1+x) = x - \frac{x^2}{2} + \frac{x^3}{3} - \frac{x^4}{4} + \frac{x^5}{5} - \cdots$$

令 $x = -2$,得 $\ln(-1) = -2 - \frac{4}{2} - \frac{8}{3} - \frac{16}{4} - \frac{32}{5} - \cdots$ 发散.

最后还是欧拉解决了这个争论,他从公式

$$e^{i\theta} = \cos\theta + i\sin\theta$$

出发,令 $\theta = \pi + 2n\pi$,有

$$\ln(-1) = i(\pi + 2n\pi)$$

当 $n = 0, \pm 1, \pm 2, \cdots$ 时即 ln(-1) 多值.

3. 连续函数的悖论

这方面例子我们已经介绍过,诸如函数连续性,可微性等方面的悖论.下面再来看一例.

关于连续性,柯西曾认为:连续函数的收敛级数和是连续的.

阿贝尔给出连续函数的收敛级数

$$f(x) = \sum_{n=0}^{\infty} \frac{\sin(2n+1)x}{2n+1}$$

在 $x = k\pi (k = 0, \pm 1, \pm 2, \cdots)$ 处不连续.

处处连续处处不可导(即无处可导)例子的构造,对于函数连续与可导判定也是一种挑战.

4. 曲线论中的悖论

曲线是什么?这是一个难以说得清楚的概念.

1887 年,若尔当给出曲线的一个定义:连续移动着的点的轨迹.

可三年后(1890 年),皮亚诺构造了能填满整个空间的曲线.

由此,庞加莱(J.H.Poincaré)认为若尔当的定义太宽了,必须修正.

但后来又有人指出:函数 $y = \sin\frac{1}{x}$ 的图像及其在 Oy 轴上的极限点,也是一条曲线,但它不是连续移动的点的像.这即是说:若尔当的定义太窄了.

门格尔(Menger)在敲定维数概念后将曲线定义为"一维连续统".它的正确性直到曼德布罗特引入"分数维"之前皆无问题.

5. 几何学中的悖论

几何学中悖论例子很多,其中较著名的是1924年巴拿赫(S.Banach)和塔斯基(A.Tarski)在集合论观点下给出关于几何剖分的论断:

(从集合角度考虑)任两个球(大小可不等)皆组成相等(可等度分解).

更一般的:(从集合角度考虑)在 $\mathbf{R}^n(n>2)$ 中任何两个有界集皆可等度分解.

(这里强调一点:以上结论是从集合论角度去考虑,意即,若集 A 能分割成有限多个互不相交的子集 A_i,这些 A_i 经一些运动(在符合集合公理下的、集合定义的平移、旋转)后组成集 B,则称集 A 与集 B 组成相等.否则即便是两个等积多面体也不一定组成相等,这一点我们前面已叙及)

前文已述,1990年匈牙利数学家拉茨科维奇(M.Laczkovich)证明了:圆与正方形可以组成相等(这也是从集合论观点出发的,圆被分成的有限多个小块(每块皆是不可测的)只需经过平移,用它们可拼成一个正方形.在其实现时要用到集合论的选择公理),从另外意义上讲:(由集合论观点出发)三大几何作图难题之一"化圆为方"可解(请注意,仅用尺规该问题不可解).

(三) 另类悖论

我们还想说明一点:由于论证(或作图)过程的缺陷而造成的显然矛盾结果,有时也称为悖论(这是从另外意义上讲的),它们与传统意义上的悖论有别,这种例子很多,这里仅举几例(它们往往不易被显然找出错来)作为管中窥豹.

1. 统计学中的困惑

(1) 药效问题

某药厂开发 A,B 两种治疗同样疾病的新药,为检验其疗效,决定在甲、乙两家医院进行临床试验.试验结果如下表所示.

A,B 两药在甲、乙两医院疗效统计表

药品	甲医院		乙医院	
	有效	无效	有效	无效
A	6	14	40	40
B	2	8	478	512

据上资料,试问 A,B 两药疗效哪个好?

对甲医院来讲,A,B 药效分别为

$$\alpha_A = \frac{6}{6+14} = \frac{6}{20}, \quad \alpha_B = \frac{2}{2+8} = \frac{2}{10}$$

显然 $\alpha_A > \alpha_B$.

对乙医院来讲,A,B 药效分别为

$$\beta_A = \frac{40}{40+40} = \frac{40}{80}, \quad \beta_B = \frac{478}{478+512} = \frac{478}{990}$$

显然 $\beta_A > \beta_B$.

对两医院分别去看,均是 A 药有效率高. 但综合两医院数据(合并讨论)后,人们却发现了怪异:

A 药有效率为

$$\eta_A = \frac{6+40}{6+14+40+40} = \frac{46}{100}$$

B 药有效率为

$$\eta_B = \frac{2+478}{2+8+478+512} = \frac{480}{1000}$$

显然此时 $\eta_B > \eta_A$,即 B 药反而较有效,岂非咄咄怪事!

由此可见,面对上述数据,笼统地问哪种药物更有效是较难回答的,因为这其中包含了三个问题:

① 两药在甲医院的疗效;

② 两药在乙医院的疗效;

③ 两药在两医院的疗效.

当两种药物在疗效上接近(或相差无几)时,提问及回答更应问题明确和"有的放矢"才妥.

(2) 饮水问题

有人做了调查,在 100 人中每天饮水杯数与人数如下表所示.

100 人中每天饮水杯数与人数

每天饮水杯数	0	1	2	3	4	5	6	7	大于7
人 数	20	10	15	16	12	8	5	9	5

从统计可以看出,人数最多的饮用情况为一杯不饮,这种人数(数学中称之为"众数")是 20 人,此即说:每天中一杯水也不喝的人居众.

仍用上表数据但换一种统计方式,如下表所示.

饮水情况及相关人数的另一种统计

类　　型	不饮	少饮	适中	大量饮用
饮用情况	0	1～3杯／天	4～6杯／天	大于6杯／天
人　　数	20	41	25	14

此时"众数"为41,这告诉我们此组人中少饮水者(而非不饮)居多.

同样一组数据,用不同的统计方式所得结论不一,孰对?

其实,两种结论似乎都不错,导致结论不一的症结在于统计者所制订的统计标准不一:前者较为细腻,后者较为粗糙.这样若想回答该问题,只有首先搞清楚统计标准,否则将无所适从.

2. 席位分配方案(Alabma 悖论)

美国乔治·华盛顿(G. Washigton)时代的财政部长哈密顿(Hamilton)于1790年提出解决国会议员席位分配方法,且于1792年被美国国会通过.其具体内容是:

设有 s 个州,每州人数为 p_i,国会议员总数为 n,则令

$$q_i = n\left(p_i \Big/ \sum_{i=1}^{s} p_i\right)$$

显然 $\sum_{i=1}^{s} q_i = n$ 或 $\sum_{i=1}^{s} \frac{q_i}{n} = 1$

再令 $r_i = q_i - [q_i]$,这里 $[\cdot]$ 表示取整运算,且将 r_i 由大到小依次排列.

先分配各州 $[q_i]$ 个名额,然后将余下的名额 $n - \sum_{i=1}^{s}[q_i]$(它小于 s)依 r_i 大小依次分配给大小靠前的各州一名,直至分完为止.

乍看上去,这种分配方案与常理不悖且十分合理(从几何角度考虑,它也是符合对称美的).

然而阿拉巴马(Alabama)却给出一个例子(实则是一个悖论)说明该方法的欠妥.例子是:

起初(三个州200人)的分配预案议员总数是20,具体数据及分配结果如下表所示.

20 席位时各州名额分配表

州别	人数	所占比例	按比例分配名额	实际应分名额
A	103	0.515	10.3	10
B	63	0.315	6.3	6
C	34	0.170	3.4	4
总和	200	1	20	20

但是当议员分配名额增加1个,而各州人数未曾变动时,分配结果却出人意料,如下表所示.

21席位时各州名额分配表

州别	人数	所占比例	按比例分配名额	实际应分名额
A	103	0.515	10.815	11
B	63	0.315	6.615	7
C	34	0.170	3.570	3
总和	200	1	21	21

看完上表你会发现:当议员名额增加1个时,C州分配名额不仅没有增加反而减少1个.

这个例子揭示了哈密顿分配方法的缺陷,因而人们不得不寻找其他令人满意的分配方法.

比如有人提出:合理的分配应使分配方案中票数与人数比例差额之和尽量小.

比如按11,7,3分配票,上述"差和"为

$$\left|\frac{11}{103}-\frac{7}{63}\right|+\left|\frac{7}{63}-\frac{3}{34}\right|+\left|\frac{11}{103}-\frac{3}{34}\right|\approx 0.0458$$

而若按11,6,4分配票,上述"差和"为

$$\left|\frac{11}{103}-\frac{6}{63}\right|+\left|\frac{6}{63}-\frac{4}{34}\right|+\left|\frac{11}{103}-\frac{4}{34}\right|\approx 0.0448$$

后者小于前者,相较而言后者分配方案似更合理些.这时当然不会再有前述"怪异"现象产生.

对于这类问题,数学家们已有更深入的讨论与对策.

1974年,巴林斯基(L.Balinskg)和杨(H.P.Yang)对这个问题进行了公理化处理(建立五条公理).

此后,1982年两人证明了绝对"合理"或"公平"的席位分配方法即满足公理条件的分法不存在.

这多少使人有些感到意外(换言之,任何分配方法都不尽完美).但这正是现实,因为公平、合理只是相对的.方法和结论对于资源分配(席位问题是离散性的,而资源分配性是连续性的)等问题也是同样适用.

3.表面积与体积

下图给出双曲线 $y=1/x(x>0)$ 的一个分支,若将它绕 Ox 轴旋转可得一个旋转双曲面.

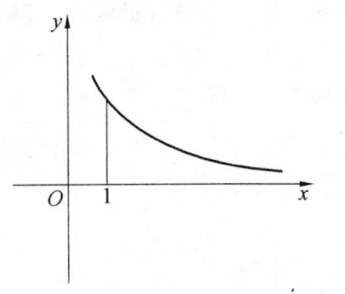
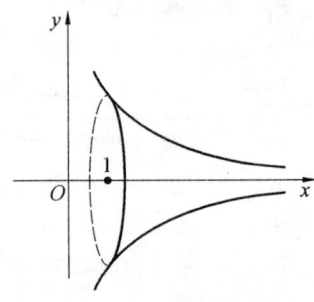

用微积分知识可以证明:

当 x 取值为 $[1, +\infty)$ 时,曲面面积(用曲面积分计算)是个无限大量;但它包含的体积(用旋转体体积积分公式)却是一个有限值.

这是说:一个用有限数量的油漆可以装满的容器,涂刷它的外表却要用无限多的油漆.

这个悖论至今尚无较初等的"解释"(其实这与该图形维数有关系,因为它或许并非整数维),可谓是一种无奈.

其实它不过是级数 $\sum_{k=1}^{\infty} \frac{1}{k}$ 发散,而 $\sum_{k=1}^{\infty} \frac{1}{k^2}$ 收敛的一个变形而已(它们几何意义是边长分别为 $1/k(k = 1,2,3,\cdots)$ 的正方形面积和为有限数,而它们的边长和为无穷).

4.几何概率的一个悖论

概率论的历史可追溯到 16 世纪.17 世纪则通过费马、帕斯卡、惠更斯等人的工作得到了发展.

1812 年,拉普拉斯首次给出了概率的定义,今称之为古典概率定义.

此前还有过几何概率的定义,几何概率于 19 世纪逐步发展起来.可是,贝特朗发现了关于几何概率的一个悖论.问题是这样的:

在圆内任作一弦,求其长超过圆内接正三边形边长的概率.

下面有几种不同的解法.

解 1 如右图,若设 AB 为圆的一铅直直径,C,O,D 为此直径之四等分点.过点 D 作 AB 的垂线 EF 交圆周于 E, F,以 EF 为边作正三边形即圆内接正三边形 AEF.

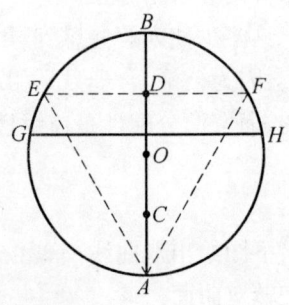

由于对称性,今设弦方向确定为与 AB 垂直或与 EF 平行的方向.当随机地作弦时,设弦与 AB 相交于各点的机会是相等的,即

交点出现是等可能的.

显然,这种平行于 EF 的弦,只有当它(如 GH)与线段 CD 相交时即交点落在 CD 内时才大于 EF(圆内接正三边形的边长),而这种弦出现的机会正是 AB 长度的一半(亦即 CD 之长),故所求概率为 1/2.

解 2 由于对称性,又可预先固定弦的一端.过圆周上一点 A 作圆的切线 l(右图),现在随机地过点 A 作弦.又设过 A 点作弦的任一方向是等可能的.

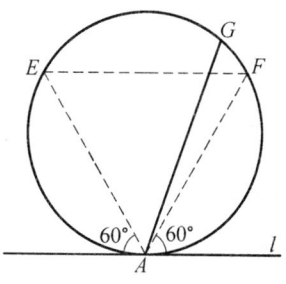

显然,当过 A 作弦时,只有当弦与 l 的夹角在 60°与 120°之间时(如 AG),弦的长才大于圆内接正三边形的边长,故所求概率为 1/3.

解 3 弦被它的中点的位置所唯一确定,又设该中点位置出现是等可能的.

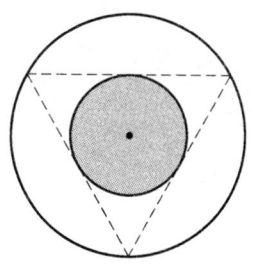

显然,只有当中心落在半径为已知圆的一半的那个同心圆内时(右图中阴影部分),弦的长才大于圆内接正三边形边长,而这个同心圆的面积是已给定圆面积的 1/4,故所求概率为 1/4.

同一个问题引出了不同的答案,这显然是一个悖论.悖论的产生根由,一是问题提法本身不够确切,二是几何概率的逻辑基础不够严谨.这就需要人们对概率公理化作出工作.

1933 年,苏联数学家柯尔莫哥洛夫(А.Н.Колмогоров)在其所著《概率论基础》中给出该学科一套严格的公理体系,且被人们普遍认可.

5.扣碗猜球(车库猜车)

美国电视娱乐节目主持人玛丽莲(Marilyn)小姐在电视中提出一个"车库猜车"问题.为方便计今改头换面为"扣碗猜球".

3 只倒扣的碗(记为 A,B,C)中一只下面扣着一颗小球,你先猜一下是哪只碗中扣着球.

如果你猜 B,无论你猜对与否,A,C 两只碗中至少有一只是空的.这时主持人告诉你其中某只碗(比如 A)下没有球,接下来她问道:

你可以坚持原来的选择(选 B),也可以重新选择(选 C),请问两种情况下猜中的可能(概率)是一样的吗?

绝大多数人会以为它们不会有差别,因为无论猜哪只碗,猜中的可能都是 1/3.

但仔细想来结论似乎并非如此,对于揭示了 A 碗下无球后,若人们改变主意要重新挑选的话,问题条件改变了(即在 A 碗无球条件下去猜 B,C 谁扣着球),从数学角度考虑此时变成了所谓条件概率问题(这当然也与球扣和未扣在 B 碗下有关)—— 这样,后者(改换选择)猜中的概率会大些.

有人做了一些试验后发现:"改换选择"比"坚持原方案"猜中的机会确实多些. 其实,两者概率可精确算得,后者的确大于前者.

这里,人们的错误根源显然在于仅凭先验与直觉,而缺少缜密、细微、全面的分析所致.

6. 多反而少现象

物资调运是国民经济生活中的一件大事. 在数学规划中,以满足客户要求而使调运成本最小的方案是人们期待和探求的.

然而在处理这种问题时人们同样遇到了麻烦.

有 A_1, A_2 两产地生产同一产品欲销往 B_1, B_2 两地,供(产)求(销)数量及任两地间单位运价(方格中左上角小框内数字)如下表所示.

产销量及单位运价表

	B_1	B_2	产量
A_1	1	3	1
A_2	4	1	1
销量	0	2	

依数学(运筹学)理论可以证明,下表所给的调运方案(方格中数字表示调运量)最优(总运价最小).

最优调运方案

	B_1	B_2	产量
A_1	1	3 1	1
A_2	4	1 1	1
销量	0	2	

此时总运费为 $3 \times 1 + 1 \times 1 = 4$(调运总量为 2).

但是,在任两地单位运价均不变的情况下,增加产销量,有时总运费不仅不增,反而减少,请看下表(已给出最优调运方案).

增加产销量后的最优调运方案

	B_1	B_2	产量
A_1	1 (1)	3	1
A_2	4	1 (2)	2
销量	1	2	

这里调运总量增至 3,但总运价为 $1 \times 1 + 1 \times 2 = 3$,不增反减.

这并非例子有毛病,也不是解法中有错误,人们只是适当调整了各产销地的产销量后,实施就近调往所致.

人们总习惯于调运量(供需量或以收量)增运费也增(单位运费不变),而对于"多反而少"现象必然产生迷茫与困惑.

不过这种例子却为人们寻找最优调运方案提供了另类方法 —— 适当增加某些调运量以降低总运价.

关于悖论问题我们就谈到这里.关于它其实还有很多论题可展开,所谓数学发展史上的"三次危机"浮现均与悖论的产生和提出有关.然而随之而来的争论与解决方案,却为数学发展提出了机会与素材,也使得数学研究走向纵深,这有时是革命性的、划时代的、里程碑的.数学因而也会变得越来越美。

附录二　　希尔伯特数学问题及其解决简况[①]

中国科学院数学研究所　　李文林　　袁向东

1900 年,德国数学家大卫·希尔伯特(David Hilbert,1862—1943),以题为《数学问题》的著名演说,揭开了 20 世纪数学发展的序幕.希尔伯特演说的主要部分是 23 个数学问题.八十年来,这些问题一直激发着数学家们浓厚的研究兴趣,不论是谁,只要解决其中之一,就足以在数学界赢得崇高的声誉.有的数学家甚至用希尔伯特问题的解决情况来衡量 20 世纪以来纯数学的进展.据了解,从 1936 年至 1974 年,被誉为数学界诺贝尔奖的菲尔兹(Fields)国际数学奖的 20 名获奖者中,至少有 12 人的工作与解决希尔伯特问题直接有关.

重要的问题历来是推动科学前进的杠杆之一,但一位科学家如此自觉、如此集中地提出一整批问题,并且如此持久地影响了一门学科的发展,这在科学

[①] 本文原载于《数学实践与认识》杂志 1982 年第 1 期,本书转载时文字略有修改(考虑到新的研究进展等).

史上却是不多见的,因而也是值得研究的例子.本文仅讨论一下希尔伯特问题提出的过程及到目前为止的研究简况,作为进一步探讨的线索.

(一) 问题的提出

1899年底,第2届国际数学家代表大会(ICM)筹备机构邀请希尔伯特在会上做主要发言,希尔伯特接受了邀请.当时正值世纪交替之际,他希望能做一个与此重要时刻相称的发言,但对于演讲题目,一时还拿不定主意.他有两个考虑:或者做一个为纯粹数学辩护的演讲;或者讨论一下新世纪数学发展的方向.为此,他曾写信给他的好友、天才的数学家闵可夫斯基(H. Minkowski)商量.闵可夫斯基在回信中(1900年1月5日)说道:"最有吸引力的题材莫过于展望数学的未来,列出在新世纪里数学家们应当努力解决的问题.这样一个题材,将会使你的演讲在今后几十年的时间里成为人们议论的话题."当然,闵夫可斯基同时也指出了做这类预见性发言会遇到的困难.

经过一番斟酌,希尔伯特决意抓住世纪转折的关头,认真总结19世纪数学的巨大发展,展望20世纪数学的诱人前景.于是,他选择了第二个题目:提出一批急需解决的重要数学问题.

希尔伯特做这种选择的原因主要有两点:

首先,希尔伯特认为,重大的个别问题是数学的活的血液.他在后来提出23个问题的讲演前言中指出:"某类问题对于一般数学进展的深远意义,以及它们在研究者个人的工作中所起的重要作用,是不可否认的,只要一门科学能提出大量的问题,它就充满着生命力;而问题缺乏则预示着其独立发展的衰亡或中止."

希尔伯特本人的科学生涯,是从解决著名的果尔丹问题开始的.这种通过直接攻击重要数学问题而达到一般方法和一般观点的做法,始终是希尔伯特从事科学研究的典型手法.但是,希尔伯特对数学问题重要性的认识,不仅仅是他个人经验的总结,更主要的是来自他对数学发展历史的洞察.

希尔伯特指出了数学史上三个典型的例子:

(1) 约翰·贝努利(Johann Bernoulli)的"最速降落线问题".这问题是现代数学重要分支——变分学的起源.

(2) 费马(Fermat)问题.这个"非常特殊,似乎不十分重要"的问题,有力地推动了代数数论的发展——在现代代数数论领域中占中心地位的理想数(ideal number)概念,正是人们努力想解决费马问题的结果.

(3) 三体问题.它对于现代天体力学的发展起了关键作用.

希尔伯特强调后两个例子乃是相反的典型:费马问题是"纯推理的发现",属于纯粹数学的范畴;而三体问题则是"理解最简单的基本自然现象的需要",

属于应用数学的范畴.

另一个原因是,希尔伯特希望通过提出适当的问题,来促使不同数学领域的相互渗透.在《数学问题》讲演的结束语中,希尔伯特指出:"我们面临着这样的问题:数学会不会遭到像其他一些科学那样的厄运——被分割成许多孤立的分支,它们的代表人物很难相互理解,它们的关系变得更松懈了?我不相信也不希望会出现这样的情况.我认为,数学科学是一个不可分割的有机整体,它的生命力正是在于各个部分之间的联系!"

19世纪数学的发展,开辟出许多新的分支,数学研究专门化的趋势日益增长,数学家们一般只关心各自研究领域中的问题.这种分门别类的研究是必要的,但是数学家们必须认识到数学是一个有机整体,否则他们的工作就会变成盲目的,数学就可能被分割为许多不重要的细支.希尔伯特希望从统一数学的高度出发,通过一些关键的问题来描绘一幅数学未来的整体图像,以增进数学家们的相互理解,防止数学过度分化的危险.

以上就是希尔伯特《数学问题》讲演的指导思想.那么,希尔伯特又是以什么标准来选择他将在讲演中提出的问题呢?最要紧的当然是这些问题必须具有重大的科学意义.此外,希尔伯特还提出了两个标准:一是问题本身必须提得"清晰"、"易懂";二是问题"应该是困难的,但却不应是完全不可解决而致使我们白费力气".

这项任务,显然远比从事具体数学问题的研究艰巨.当时,希尔伯特正值科学创造活动的盛年,业已在代数不变量、代数数域、几何基础、变分学等领域中作出了世所公认的第一流贡献.丰富的研究经历使他具有优越的条件来准备数学问题的讲演.但希尔伯特深知自己选择的这项困难、严肃的任务,单靠个人的知识决不能胜任.他对于以往(特别是19世纪)数学的研究成果和发展趋势,进行了广泛调研和深入总结.直到1900年6月份,他的讲演稿还没有写出来.8月即将在巴黎举行会议的日程表已发到代表们手中,其中没有列入希尔伯特的讲演.

直至此前半个月,即7月中旬,希尔伯特才给闵可夫斯基寄去讲演第一稿的清样.闵可夫斯基和希尔伯特的另一位好友数学家赫维茨(A.Hurwitz)对初稿进行了仔细研究,帮助希尔伯特作了修改.

如果从1899年底开始考虑选题算起,希尔伯特为了提出这23个数学问题花费了整整8个月的时间.

希尔伯特本人在当时指出:"想要预先正确判断一个问题的价值是困难的,并且往往是不可能的.因为最终的判断取决于科学从该问题得到的获益."全面评价希尔伯特问题的意义是件复杂的事情,因为任何科学家都会受到当时科学发展水平及其个人的科学素养、研究兴趣和思想方法的限制.

20世纪数学的发展,远远超出了希尔伯特演说所预见的范围.但20世纪数学通过解决希尔伯特问题的研究得到的巨大获益,已经对这些问题的价值作出了历史性的判断.

（二）解决情况

1. 连续统假设

1874年,集合论创始人康托尔(G. Cantor)猜测,在自然数集基数($\aleph_0$)与实数集基数($c = 2^{\aleph_0}$)之间没有任何中间基数(或势),这就是连续统假设.它后来被推广为下述更一般的形式(即广义连续统假设):对于任意无穷基数$\aleph$而言,$2^{\aleph}$是大于$\aleph$的最小基数.

1940年,哥德尔(K. Gödel,[奥地利])证明了广义连续统假设和另一集合论公理——选择公理与集合论 ZF 公理系统[1]的无矛盾性.

1963年,科恩(P. Cohen,[美])证明了广义连续统假设和选择公理对于 ZF 公理系统的独立性,从而给出了希尔伯特第一问题的否定解决.这一结果,使集合论面临着跟几何学中证明了平行公设独立于欧几里得几何其他公理后相类似的形势.科恩证明中采用的一种称之为"强迫法(Forcing Method)"的新方法,已在集合论中得到广泛应用.

希尔伯特第一问题的后半部分,是关于实数集的"良序性"(即实数集是否可被构造为良序集),也由康托尔首先提出.

1904年,策墨罗证明了一切集合都可以良序化.但策墨罗的证明用到一条集合论公理——选择公理,而关于选择公理真伪的判断如上所述到1963年才由科恩最终完成.

2. 算术公理的无矛盾性

贝尔特拉米(E. Beltrami, 1868)[2]和克莱因(F. Klein, 1873)曾给出非欧几何模型,将非欧几何的矛盾性归纳为欧几里得几何的无矛盾性.希尔伯特在《几何基础》(1899)中则将欧氏几何的无矛盾性归纳为实数算术的无矛盾性.希尔伯特最先明确地将算术公理的无矛盾性作为问题提出.他关于证明算术公理无矛盾性的设想,后来发展成系统的形式主义计划(即证明论,或称元数学——metamathematics).

1931年,哥德尔的"不完备定理"证明了希尔伯特的计划是行不通的:任一

---

[1] ZF 公理系统即策默罗(E. Zermelo) - 弗兰克尔(A. A. Fraenkel)公理系统的简称.
[2] 括号中的数字表示问题解决的年份.

足以包含实数算术的形式系统,必定存在着一个不可判定的命题 S(即 S 与 $\neg S$ 即非 S 皆成立,这里 $\neg$ 表示逻辑非或否定).

1936年,甘芩(G.Gentzen)在放宽希尔伯特元数学限制的情况下(允许使用超限归纳法)证明了算术公理的无矛盾性.但整个问题并未解决.

希尔伯特第二问题大大推动了数学基础的研究.尤其值得指出的是:哥德尔不完备定理的证明引导英国数学家图灵(A.Turing)提出图灵机的概念,对于现代计算机理论有意想不到的应用.

3. 两等底等高四面体体积之相等

在平面情形,通过剖分、拼补,无须阿基米德公理,就可建立多边形面积理论.能否类似地建立空间体积理论?关键在于体积度量相等的多面体是否一定剖分相等(即可剖分成全合四面体)或至少拼补相等(即通过拼补上全合四面体后变成剖分相等).希尔伯特猜测这是不可能做到的.

第三问题即是否存在两个等底等高且剖分相等甚或拼补相等的四面体.

这问题很快就被希尔伯特的学生戴恩(M.Dehn,1900)否定地解决,他证明了确实存在着这样的四面体,从而为正确建立体积理论奠定了基础.

第三问题是最早获得解决的希尔伯特问题.

4. 直线是最短联结

这个问题与那些其中包括通常的直线是最短曲线(或测地线)的几何有关.

希尔伯特要求构造并研究所有这样的几何.他当时并不知道这样的几何数量之多,因而问题提得过于一般.问题提出后,数学家们已经建立起多种特殊的与欧氏几何相并列的距离几何.

1973年,苏联的波戈列洛夫(A.V.Pogolelov)在对称距离情况下给出一种解决该问题的限定条件,而后他宣称在对称距离情形的问题获解.

5. 连续群的解析性

1870年,挪威数学家李(M.S.Lie)提出了现代数学中极为重要的连续变换群(后称李群)的概念,作为研究微分方程的新武器.李的定义要求定义群的函数满足适当的可微性条件,这要求是否必要?或更确切地说:是否每个局部欧几里得群都是李群?这就是希尔伯特第五问题.该问题的解决经历了一段漫长的历史:

1933年,冯·诺伊曼(Von Neumann)对于紧致群证明了希尔伯特第五问题.

1939年,庞特里雅金(Л.С.Понтрягин)解决了阿贝尔(N.H.Abel)群的情形.

1941年,舍瓦雷(C.Chevalley)解决了可解群的情形.

1952年,格里森(Gleason)、蒙哥马利(D.Montgomery)、席平(L.Zippin)共同解决了一般情形,即证明了每个局部欧氏群皆为李群.

6.物理学的公理化

希尔伯特希望用公理化方法来研究那些数学在其中起重要作用的物理学分支,首先是概率论与力学.

概率论的公理化工作已由原苏联数学家柯尔莫哥洛夫(A.H.Колмогоров,1933)等人解决.希尔伯特本人曾对气体力学、初等辐射理论、物质结构理论、广义相对论等进行了公理化处理.

希尔伯特之后,公理化方法在量子力学、量子场论等领域取得很大成功,但一般的公理化物理学意味着什么,尚不清楚,且对物理学能否全盘公理化表示怀疑.

7.某些数的无理性与超越性

超越数理论,1844年由法国数学家刘维尔(J.Liouville)开创.

1873年,埃尔米特(C.Hermite,[法])证明了e的超越性.

1882年,林德曼(Lindemann,[德])证明了π的超越性,从而使古希腊三大数学难题之一——化圆为方问题获否定解决.

希尔伯特在这里提出了更一般的超越数判定问题:设$\alpha(\neq 0,1)$为代数数,β为无理代数数,问α^β是否为超越数?

希尔伯特曾预示这一问题远较后面的第八问题困难,但结果相反.

盖尔芳德(A.O.Гелъфонд,[苏],1934)和施奈德(Th.Scheneider,[德],1935)各自独立对这一问题作出了肯定回答.他们的结果在1966年又被贝克(A.Baker,[英])等推广为更一般的情形.

8.质(素)数问题

希尔伯特在这里列出了著名的黎曼(G.F.B.Riemann)猜想、哥德巴赫(C.Goldbach)猜想及孪生素数等问题.

黎曼猜想是黎曼于1859年提出的:ζ-函数

$$\zeta(s) = 1 + \frac{1}{2^s} + \frac{1}{3^s} + \frac{1}{4^s} + \cdots$$

的零点,除了平凡零点即负偶整数($-2,-4,\cdots$)外,全都落在直线$\text{Re } z = \frac{1}{2}$上.

虽然已有大量的工作(特别是美国数学家莱维森(N.Levinson)证明了至少有 1/3 的零点落在该直线上)做出,但黎曼猜想至今尚未得到证明.

至于哥德巴赫猜想和孪生素数问题,目前最佳结果均属陈景润,但离最终解决尚有距离.

9. 任意数域中最一般的互反律之证明

古典互反律最早由欧拉(L.Euler)猜测到并由高斯(C.F.Gauss)给出了第一个证明. 古典二次互反律的形式是

$$\left(\frac{q}{p}\right) = (-1)^{\frac{p-1}{2} \cdot \frac{q-1}{2}} \left(\frac{p}{q}\right)$$

其中 p, q 为奇素数, $\left(\frac{q}{p}\right)$ 为勒让得(Legendre)符号

$$\left(\frac{a}{p}\right) = \begin{cases} 1, x^2 \equiv a(\mod p) \text{ 可解} \\ 0, a \text{ 被 } p \text{ 整除} \\ -1, x^2 \equiv a(\mod p) \text{ 不可解} \end{cases}$$

希尔伯特第九问题是要把古典互反律推广到任意代数数域.

该问题已被高木贞治([日],1921)和阿廷(E.Artin,[德],1927)解决,从而推动了数域理论的发展,至今亦然.

10. 丢番图方程的可解性

古希腊代数学家丢番图最先研究整系数不定方程的整数解,这类方程因之被称为丢番图方程. 著名的费马问题(求方程 $x^n + y^n = z^n$ 的整数解,$n \geq 3$)即为丢番图方程问题.

希尔伯特第十问题是要寻求判定任一给定的丢番图方程有无整数解的一般方法.

1950 年后,美国数学家戴维斯(M.Davis)、普特南(H.Putnam)、罗宾逊(J.B.Robinson)等在该问题的研究上取得重大进展.

1970 年,马蒂雅谢维奇(Ю.В.Матнясевич,[苏])最终证明:希尔伯特所期望的一般方法是不存在的.

这一问题的否定解决,却产生了一系列肯定的成果,其中有的在定理机械化证明方面可能有用. 近年来,丢番图分析已成为十分活跃的领域,许多数学问题(包括一些著名的尚未解决的问题如哥德巴赫猜想等)都可归纳为特定的丢番图方程有无整数解的问题.

11. 系数为任意代数数的二次型

德国人哈斯(H.Hasse,1929)和西格尔(C.L.Siegel,1936,1951)在这问题的

研究上获得重要结果.而 ideles(理想)和代数群的联系已由魏依(A.Weil)和小野孝得到(1965).

12. 阿贝尔域上的克朗内克(L. Kronecker)定理在任意代数有理域上的推广

该问题相当于求那样一种函数,它们在任意域中所起的作用,和指数函数在有理域、椭圆模函数在虚二次域中所起的作用一样.

围绕这一问题已做了许多工作,但离彻底解决还很远,但其影响很广,如类域论、群的上同调方法、L级数以及将二次互反律推广到非交换情形的"朗兰兹(Langlands)计划"等.

13. 不可能用仅有两个变数的函数解一般的七次方程

七次方程 $x^7 + ax^3 + bx^2 + cx + 1 = 0$ 的根依赖于三个参数 a,b,c 即 $x = x(a,b,c)$,这一函数可否用只含两个变量的函数表示?

1957年,阿诺德(В.И.Арнолвд)解决了连续函数情形,1964年维图斯金(Vituskin)又推广到连续可微函数情形.

如要求函数是解析函数,则问题仍未解决.

14. 相对整函数系的有限性

这是代数不变量问题,1958年,永田雅宜(Masayosi Nagata,[日])已给出否定解决,即证明了存在群 $\varGamma$,其不变式所构成的环不具有有限整基.

15. 舒伯特(Schubert)计数演算的严格基础

一个典型问题即:在 $\mathbf{R}^3$ 中有四条直线,问有几条直线能和它们都相交?

舒伯特(H.C.Schubert)本人曾给出一个直观解法.

这问题促进了代数几何学的发展,代数几何基础已分别由范·德·瓦尔登(Van der Waerden,1938~1940)和魏依(1950)建立,至于舒伯特演算,可计算几何已用几种方法建立起来,但舒伯特演算的合理性仍待解决.

16. 代数曲线和曲面的拓扑

哈那克(Harnack)曾确定了 n 阶平面代数曲线所具有的闭孤立分支的最大个数.希尔伯特希望进一步研究它们的相对位置,以及相应的研究空间代数曲面的叶的最大个数、类型和相对位置.

近年来在这方面得到了不少重要结果.

16问题的后半部分,要求讨论微分方程

$$\frac{\mathrm{d}y}{\mathrm{d}x} = \frac{Y}{X}$$

的极限环的最大个数和相对位置,其中 X,Y 是 x,y 的 n 次有理整函数.

前苏联的彼得洛夫斯基(И.Т.Петровский)曾声明他证明了 $n=2$ 时极限环的个数不超过 3. 但这一结论是错误的,已由中国数学家史松龄、王明淑相继给出了有 4 个极限环的反例(1979 年).

17. 正定形式的平方表示

一个实系数 n 元多项式对一切 $(x_1, x_2, \cdots, x_n) \in \mathbf{R}^n$ 皆恒大于或等于 0(即半正定),它能否表为平方和形式?

该问题已被阿廷(1926)解决.

18. 由全等多面体构造空间

问题的第一部分——欧氏空间中带基本域的运动群的个数的有限性,已被比贝尔巴赫(L.Bieberbach,1910)证明.

对于问题的第二部分——是否存在非运动群的基本域但经适当毗连仍可充满全空间的多面体,莱因哈特(K.Reinhardt,1928)和赫许(Heesch,1935)已先后给出三维和二维的例子.

而希尔伯特提到的另一个问题——将无限个相等的给定形式的立体在空间中给以最紧密排列,1941 年阿霍斯(Hajos)曾证明了有关的闵可夫斯基(H.Minkowski)假设,但问题仍然存在.

19. 正则变分问题的解是否一定解析

这个问题涉及变分学和椭圆型偏微分方程理论.

1904 年,伯恩斯坦(С.Бернштен,[俄])证明了一个两变元的、解析的非线性椭圆方程,其解必定是解析的. 这个结果后来又被伯恩斯坦本人和彼得洛夫斯基推广到了多变元椭圆组情形.

20. 一般边值问题

偏微分方程边值问题(在边界上给定函数值,或微商值,或函数值与微商值的某种关系时偏微分方程解的存在性)业已发展为现代数学中一大研究领域,它在数学本身的其他分支以及其他科学、工程技术部门都有重要应用.

自希尔伯特以来,已开辟了许多研究偏微分方程边值问题的现代途径,如仅根据方程结构、边界数据及区域对未知函数偏导数值进行"先验估计"的方法;保证给定问题"广义解"或"弱解"的存在性的泛函分析方法,等等.

21. 具有给定单值群的微分方程的存在性

长期以来一直认为该问题已由希尔伯特本人(1905)和普莱梅依(J. Plemely,1908)以及瑞尔(H. Röhrl,[德],1957)的工作解决,但几十年后人们发现了其中的漏洞.

1989年,苏联数学家鲍里布鲁克(А.А.Болибрчк)给出反例,从而使问题否定的解决.

22. 由自守函数构成的解析函数的单值化

这是解析函数论的一个基本课题,它涉及黎曼典面论.

1907年,凯贝(P. Koebe,[德])解决了用自守函数使两个变元间的任意解析关系单值化,同时解决了单变元的问题,但三个以上变元的情形则尚未解决.

23. 变分法的进一步发展

在这里,希尔伯特没有提确定的、特殊的问题,而是对变分法研究的重要性和进一步发展谈了一般性的看法.

20世纪变分法已有了长足的发展.

参考资料

[1] Hilbert D. Mathematische Probleme. 可参见 David Hilbert Gesammelte Abhandlungen. Band Ⅲ.290-329.

[2] Reid C. Hilbert,Springer,1970.

[3] Browder. F. Mathematical Developments Arising from Hilbert Problems[J].Proceedings of Symposia in Pure Mathematies of Ameriean Mathematical Soeiety.Vol. 28 1976.

[4] BOLTIANSKII V G. Hilbert's Third Problem[M].V. H. Winston & Sons,1978.

附录三　　数学中的巧合、联系与统一[①]

数学是上帝用来书写宇宙的文字.

—— 伽利略

"数学里有没有巧合?"这是戴维斯(P. J. Davis)教授在 *The American Mathematical Monthly* 88卷5期发表的一篇论文(《数学译林》1985年第2期中刊登了译文),文章中以许多生动的例子阐述了数学中存在着巧合.他认为数学中的共同特征即是人们从好多不同的角度观察到的形式上的一种巧合,即"共同

---

① 本文原发表在《数理化信息》1986年第2期上,这里文字略有修改.

特征的至少一个变种,可与巧合等同起来".

巧合到底是什么?作者没有确切地定义它,然而更重要的是文章似意犹未尽—— 这里我们想指出:仅有巧合是不够的.

1. 巧合是一种现象

数学中有无巧合?有,然而巧合只是一种现象,一种没有被人认识到的潜在规律或线索.

有些巧合是人们偶然发现的,然而也有些巧合是人造的.但是无论如何,规律总是潜在的、内涵的.

文献[1]中曾谈起"e 和 π 的第十三位数字是相同的"而且"第 17,18,21 及 34 位上也出现巧合":

	1	2	3	4	5	…	13	…	17	18	…	21	…	34	…
π	3	1	4	1	5	…	9	…	2	3	…	6	…	2	…
e	2	7	1	8	2	…	9	…	2	3	…	6	…	2	…

进而提到有人曾猜测:π 和 e 的十进小数数字,平均每隔十位数字发生一次重合.这一点既未被证实,也未被推翻.

然而我们想指出的是:欧拉公式中令 $\theta = \pi$ 有
$$e^{-i\pi} = -1$$
它把 1,e,π,i 四个重要数已经统一在一个式子里,那么它是否就是上述那种巧合的最生动的"解释"?这一点可以肯定:e 与 π 的数字之间有联系,有规律,只是人们尚未更清楚地认识它,或者尚无能力从式子中解读出内在奥秘.

再来仔细看看 e 和 π 的展式

$$\frac{\pi}{z} = \frac{2}{1} \cdot \frac{2}{3} \cdot \frac{4}{3} \cdot \frac{4}{5} \cdot \frac{6}{5} \cdot \frac{6}{7} \cdot \frac{8}{7} \cdots \quad \text{(Wallis 公式)}$$

$$\frac{e}{2} = \left(\frac{2}{1}\right)^{\frac{1}{2}} \left(\frac{2}{3} \cdot \frac{4}{3}\right)^{\frac{1}{4}} \left(\frac{4}{5} \cdot \frac{6}{5} \cdot \frac{6}{7} \cdot \frac{8}{7}\right)^{\frac{1}{8}} \cdots$$

(N.Pippener 公式)

你也许会从另外层面解读 e,π 数字的特征.

文献[1]中的第 3 个例子和第 6 个例子分别是:

$x = \sqrt{1141y^2 + 1}$,当 $1 \leq y \leq 10^{25}$ 时,不是整数,而 $y = 30693385322765657197397208$ 是使 x 为整数的第一个 y 值.

$e^{\pi\sqrt{163}}$ 与整数 262537412640768743 仅差 10^{-12} 的数.

它们纯是人造的,或者是在研究相关问题时的偶然发现.文中已经给出解释它们的依据(或者称自圆其说).

前者的构造利用了:佩尔方程 $x^2 - dy^2 = 1$, 如 $\sqrt{d}$ 的(周期)连分数展开有一个长周期,则其第一个解特别大;

对于后者,自然不会有人相信 $e^{\pi\sqrt{163}}$ 是一个整数(因为由 Gelfond-Schkeider 定理它是一个超越数),利用解析数论和代数数论是可以找到它与一个整数相差那么微小的原因的.

巧合(不管是偶然发现还是人为制造的)只是一种现象,它是人们发掘内在规律的线索与敲门砖.

2. 联系是内在的

巧合是现象,联系则是实质,只不过有些联系人们没有完全认清它.在数学中,那些看着似乎是风马牛不相及的事,有时却有着不可思议的缜密联系,请看例.

早在毕达哥拉斯时代,人们已经发现产生谐音的振动弦的长度均构成整数比,如 $1:2, 1:4, 1:8, \cdots$,而和谐的八度音程是由这样两条弦产生:其中一条是另一条弦的一半,这也是物理(音乐或声学)与数学相关联的例证.

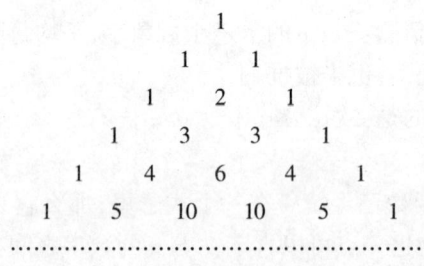

贾宪 - 杨辉三角

你也许熟悉几何中的黄金数 $\tau = 0.618\cdots$, 组合数学中的贾宪 - 杨辉三角 (Pascal 三角) 和由生小兔问题引起的、在现代数学中有着广泛应用的斐波那契 (Fibonacci) 数列 $\{f_n\}: 1,1,2,3,5,8,\cdots$ (即 $f_1 = f_2 = 1; f_{n+1} = f_n + f_{n-1}, n > 1$), 它们之间就有着耐人寻味的联系:

首先,斐波那契数列的前后两项之比的(随 n 增加的)极限是 τ, 即

$$\lim_{n \to \infty} \frac{f_n}{f_{n-1}} = \tau$$

又将杨辉三角改写(右图),再将它沿图中斜线相加之和记在竖线左端,它们分别是 $1,1,2,3,5,8,\cdots$, 它恰好是斐波那契数列.

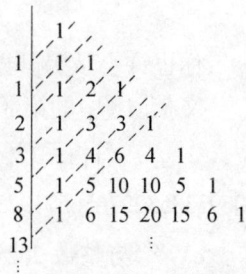

下面的三个例子也与黄金数有关.

1990 年美国人爱森斯坦(M. Eisenstein) 在 "勾三

股四弦五"的直角三角形中,发现 $\tan\left[\frac{1}{4}\theta + \frac{\pi}{2}\right] = \tau = 0.618\cdots$,其中 θ 为三角形最小的角.

这只须用 $\tan\frac{\alpha}{2} = \frac{\sin\alpha}{1+\cos\alpha}$ 去考虑,便有

$$\tan\left[\frac{1}{4}\theta + \frac{\pi}{2}\right] = \frac{\sqrt{5}-1}{\tau} = \tau$$

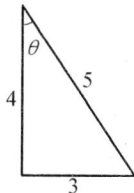
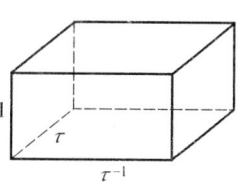

再有若长方体,长、宽、高之比为 $\tau : 1 : \tau^{-1}$,则长方体表面积与长方体外接球面积之比为 $\tau : \pi$.

还有若底面半径为 R,高为 a 的圆台体积恰好为同底同高圆柱体体积的 $2/3$ 时,且设从大圆锥截下的小圆锥高为 h,半径为 r,此时圆台上底为 r.

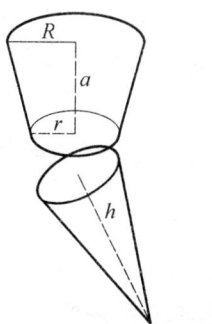
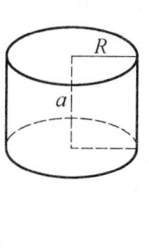

注意到:由 $\frac{R}{r} = \frac{h+a}{h}$,有 $h = \frac{ar}{R-r}$ 及 $h+a = \frac{aR}{R-r}$,这样可推得圆台体积为

$$\frac{\pi}{3}R^2(h+a) - \frac{\pi}{3}r^2 h = \frac{\pi(R^3-r^3)a}{3(R-r)} = \frac{\pi}{3}a(R^2+Rr+r^2)$$

从而由设有

$$\frac{1}{3}\pi a(R^2+Rr+r^2) = \frac{2}{3}\pi R^2 r$$

即

$$R^2 - Rr - r^2 = 0$$

或

$$\left(\frac{r}{R}\right)^2 + \left(\frac{r}{R}\right) - 1 = 0$$

从而

$$\frac{r}{R} = \frac{\sqrt{5}-1}{2} = \tau$$

再如丢番图方程 $x^2+y^2+z^2=3xy$ 的解与佩尔(Pell)数(佩尔方程 $x^2-2y^2=-1$ 的解)和斐波那契数列中的数之间,同样有着令人惊讶的联系:

马尔科夫(A.Markoff)指出丢番图方程
$$x^2+y^2+z^2=3xyz$$
有两组奇异解(平凡解)(1,1,1)和(2,1,1),由它们可以产生其他解(用该数组每组中两数代入原方程可得新解),它们产生的情况如下图:

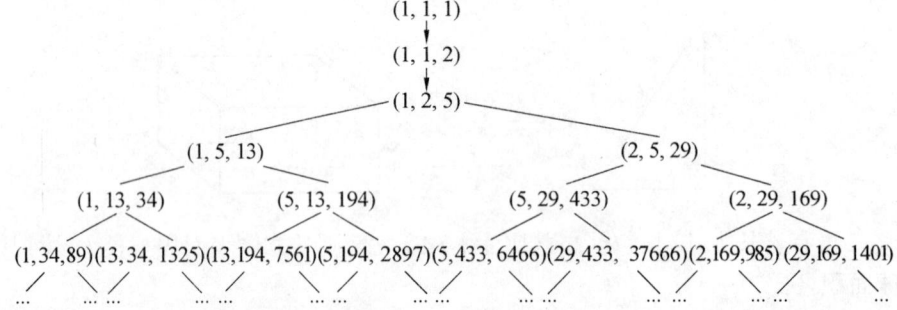

马尔科夫方程解的枝形链

换言之,方程每组解均与某三个另外解有关(有两个变之值相同).人们还称上述解中不同的解值(由小到大)
$$1,2,5,13,29,34,89,169,194,233,433,610,985,\cdots$$
为马尔科夫数.

约翰(K.H.John)还给出上面方程组解间关系的一个三叉戟图.

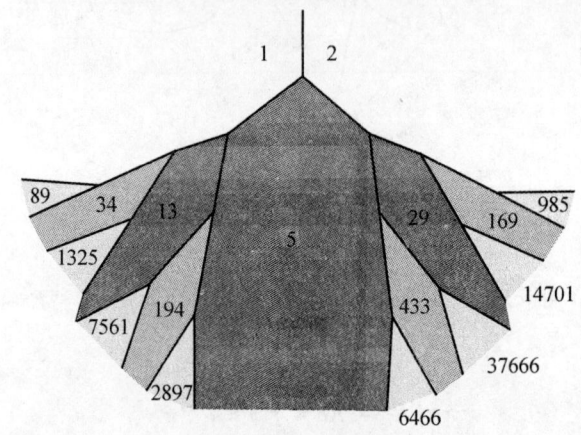

方程 $x^2+y^2+z^2=3xyz$ 的解的结构

图中任何有共同顶点的相邻三区域上的所标的数均为该方程的解.此外,图中任一线段上两端点处标号和等于夹此线段两侧区间标号乘积的3倍(如 $13+89=3\cdot 1\cdot 34$,$29+985=3\cdot 2\cdot 169$,$5+7561=3\cdot 13\cdot 194,\cdots$)

注意到与标有区域相邻的区域标号
$$1,2,5,13,34,89,\cdots$$
恰好是斐波那契数列
$$1,1,2,3,5,8,13,21,34,55,89,\cdots$$
中相间的项(奇数项).

与标有号码 2 的区域相邻的区域标号
$$1,5,29,169,985,\cdots$$
称为佩尔数,它恰好是佩尔方程
$$x^2 - 2y^2 = -1$$
的诸解中的 y 值:

x	1	7	41	239	1393	⋯
y	1	5	29	169	985	⋯

斐波那契数列还与 $3x+1$ 问题有着千丝万缕的联系,我们知道,$3x+1$ 问题可以表示成函数
$$C(n) = \begin{cases} \dfrac{n}{2}, & n \equiv 0 (\bmod\ 2) \\ 3n+1, & n \equiv 1 (\bmod\ 2) \end{cases}$$

若记 h 为使 n 化为 1 所经历的运算步骤数,而 $n(h)$ 为使 n 经 h 步可化为 1 的数 n 的个数,则有:

$n(h)$	1	1	2	3	5	⋯
n 的值	1	4	3,8	6,7,16	5,12,114,15,32	⋯

这里 $\{n(h)\}$ 恰好是斐波那契数列
$$1,1,2,3,5,8,13,21,34,\cdots$$
中的诸项[4].

文献[1]中提到的黎曼(Riemann)猜想(其实它有许多等价叙述,有的看上去似与猜想原形相去甚远):

对于 $0 \leq \mathrm{Re}\, z < 1$ 来讲,Zeta 函数
$$\zeta(z) = \sum_{n=1}^{\infty} \frac{1}{n^z} \quad (\text{Dirichlet 函数})$$
所有(非平凡)零点的实部都等于 1/2.

它至今未获证明,但这个猜想却和"数论"中不少结论有联系,即不少结果可在黎曼猜想成立假定下加以改进.著名数学家朗道(E.G.H.Landau)的《数论讲义》中,就有"在黎曼假设下"专门一章谈及这个问题.

比如,本书前文已提到,莫顿斯研究黎曼函数 $\zeta(s)$ 的零点(实部分布在

$a = \frac{1}{2}$ 的直线上)的间距可由函数

$$1 - \left(\frac{\sin \pi \mu}{\pi \mu}\right)^2, \mu \text{ 为麦比乌斯函数}$$

给出.而它是高斯单位总体随机矩阵特征值的相关密度.它们分属"数论"和"量子力学"两个不同学科(领域).后者由刻画原子特征的方式而给出的(即研究某种对称情形下哈密顿随机能量级理论中的计算问题),前者则是属于解析数论范畴.

费马猜想的证明运用了椭圆曲线理论中的谷山 – 志村 – 韦依猜想(简记TSW猜想),该猜想是说:

有理数域上每条椭圆曲线的 L – 函数可以和一个从模形式导出的傅里叶级数的积分变换等同,它其实是朗兰兹(Lang Lands)纲领(数学统一纲领)的特例.

当然它还与伽罗华表示、岩泽(Iwasawa)理论、科利瓦金(Kolyvagin) – 弗莱切(M.Flach)方法等有着联系.

此外我们也想指出:有些巧合人们暂时或许解释不了,或者找不出它与什么事情有联系,但人们迟早会认清它的规律.

那个名不见经传的乌拉姆(Ulam)现象(质数分布在按某些规则排布的数表的直线上,见下图),尽管现时人们仍未对它(那不仅仅是巧合)找到恰当的解释,然而下面的事实也许可以给出这个现象的看似肤浅而又能揭示本质的启示.

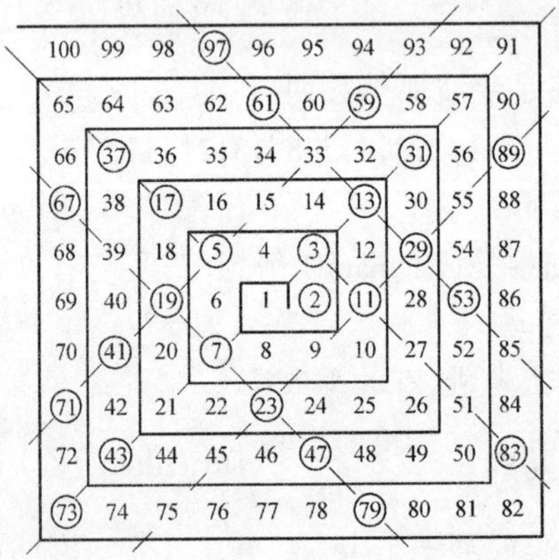

乌拉姆(Ulam)现象

数学家欧拉(L.Euler)曾验证:当 $x = 1,2,3,\cdots,16$ 时,多项式 $f(x) = x^2 + x + 17$ 均给出质数.当你把它依照乌拉姆的方法进行描绘时,它也有一个有趣的几何现象(下图).

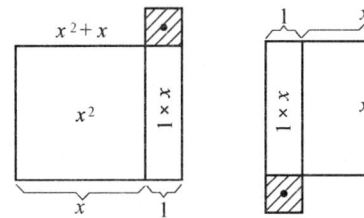

$x^2 + x + 17$ 表示的质数

即从17开始,把17,18,19,…依次按逆时针方向排成螺旋状,这时 $f(x) = x^2 + x + 17$ 当 $x = 1,2,\cdots,16$ 时,所给出的质数均在同一直线上.它的道理不难解释如:

式 $x^2 + x$ 恰好等于一个边长为 x 的正方形再加上一个 $1 \times x$ 的矩形,那么它的右上角或左下角(下图中阴影格处)恰好为下一个质数的位置(它至多只能转8圈,因为 x 从 $1 \sim 16$ 变化).

约翰(B.John)等人给出哥德巴赫猜想、晶体学约束(CR)和对称群的元素阶数间的联系.

对于群 G 的某元 g 的阶 $\mathrm{Ord}(g)$ 定义为:使 $g^{\mathrm{Ord}(g)} = \mathrm{id}$(理想数)成立的最小自然数,否则定义为 $\mathrm{Ord}(g) = \infty$.又 n 维晶体学约束定义为 $n \times n$ 整数矩阵取有限阶的集合 Ord_n

$$\mathrm{Ord}_n = \{m \in \mathbf{N} \mid 注意 A \in GL(n,\mathbf{Z}),这里 \mathrm{Ord}(A) = m\}$$

另外所谓"强哥德巴赫猜想"指"每个大于6的偶数皆为两个相异奇素(质)数之和".关于它们约翰等人指出,下述三个命题等价:

(1) 强哥德巴赫猜想成立.

(2) 对每个偶数 $n \geq 6$,都存在一个 pq(p,q 为不同的奇素数)阶的 $n \times n$ 整数矩阵,而且不存在同样阶的更小的整数矩阵.

(3) 对每个偶数 $n \geq 6$,群 S_n 有一个阶为 pq(p,q 为不同的奇素数)的元,而且 S_{n-1} 中不存在同样阶的元.这里 S_n 为对称群.

证明详见文献[5].

3. 统一才是归宿

仅仅发现了联系是不够的,更重要的是推广结论,统一它们.

我们已经看到 $e^{-i\pi} = -1$ 把 $1, e, \pi, i$ 这四个重要的数统一在一个式子中. 此外二次曲线椭圆、抛物线、双曲线这些早在两千多年前就引起古希腊人兴趣的曲线,都能统一在一个圆锥里——即它们可以通过用不同的平面截圆锥面而得到(这也正是圆锥曲线名称的来历).

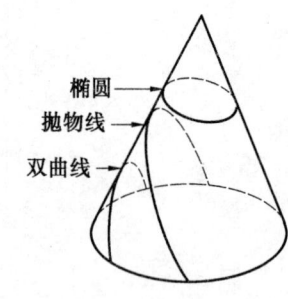

当然,人们同样不会忘记圆锥曲线在极坐标下的方程

$$\rho = \frac{\varepsilon p}{1 - \varepsilon \cos \varphi}$$

(当 $\varepsilon < 1$ 表示椭圆;$\varepsilon > 1$ 表示双曲线;$\varepsilon = 1$ 表示抛物线) 这也是将三种曲线方程统一的表示式.

当然二次曲线

$$ax^2 + bxy + cy^2 + dx + ey + f = 0 \qquad (*)$$

系数组成的三个(行列)式子

$$H = a + c, \quad \delta = \begin{vmatrix} b & 2a \\ 2c & b \end{vmatrix}, \quad \Delta = \begin{vmatrix} 2a & b & d \\ b & 2c & e \\ d & e & 2f \end{vmatrix}$$

决定着曲线的性状. 且 H, δ 与 Δ 是曲线经平移或旋转变换下的不变量, 又 $K = d^2 + e^2 - 4af - 4cf$ 是曲线在旋转变换下的不变量, 但在平移变换时会变化, 故称其为半不变量. 由它们可将二次曲线分类, 具体的可见下表.

平面二次曲线分类表

型别	判定条件		类别	简化后方程
$\delta > 0$ (椭圆)	$\Delta \neq 0$	$H\Delta < 0$	椭圆	$a'x_1^2 + c'y_1^2 = \dfrac{\Delta}{2\delta}$ $b > $(或$<$)0时,$a' > $(或$<$)$c'$ a', c' 是 $\lambda^2 - H\lambda - \dfrac{\delta}{4} = 0$ 的根
		$H\Delta > 0$	虚椭圆	
	$\Delta = 0$		点椭圆	
$\delta < 0$ (双曲)	$\Delta \neq 0$		双曲线	
	$\Delta = 0$		两相交直线	
$\delta = 0$ (抛物)	$\Delta \neq 0$		抛物线	$Hy_2^2 \pm \sqrt{-\dfrac{\Delta}{2H}} x_2 = 0 \ (b < 0)$
	$\Delta = 0$	$K > 0$	两平行直线	$Hy_2^2 - \dfrac{K}{4H} = 0 \ (b < 0)$
		$K = 0$	两重合直线	
		$K < 0$	两虚直线	

此外,从线性代数中二次型观点看,对于平面曲线,依其系数矩阵特征根符号情况,通过正交变换也可化为下面九种曲线之一:

① 椭圆　　　　　　$\dfrac{x^2}{\lambda^2} + \dfrac{y^2}{\mu^2} - 1 = 0$

② 虚椭圆　　　　　$\dfrac{x^2}{\lambda^2} + \dfrac{y^2}{\mu^2} + 1 = 0$

③ 点圆　　　　　　$\dfrac{x^2}{\lambda^2} + \dfrac{y^2}{\mu^2} = 0$

④ 双曲线　　　　　$\dfrac{x^2}{\lambda^2} - \dfrac{y^2}{\mu^2} - 1 = 0$

⑤ 两条直线　　　　$\dfrac{x^2}{\lambda^2} - \dfrac{y^2}{\mu^2} = 0$

⑥ 抛物线　　　　　$x^2 - 2py = 0$

⑦ 两条平行直线　　$x^2 - \mu^2 = 0$

⑧ 两条平行虚直线　$x^2 + \mu^2 = 0$

⑨ 两条重合直线　　$x^2 = 0$

其中 λ,μ,p 皆为正整数,且 $\lambda \geq \mu$.这里 $k\lambda,k\mu(k \neq 0)$ 即为二次曲线(二次型)相应矩阵 A 的特征根,这里 A 是式(*)的向量、矩阵写法里的矩阵

$$(x,y,1)A\begin{pmatrix}x\\y\\1\end{pmatrix} = 0$$

顺便说一句:圆锥曲线与物理或航天学中的三个宇宙速度问题也有联系.当物体分别以某种初始速度运动时,它们的轨道便是相应的曲线:

速度	第一宇宙速度	第二宇宙速度	第三宇宙速度
轨道	椭圆	抛物线	双曲线

此外,统一也是数学自身的一种性质,一种需要.人们往往在研究某个问题时,会偶尔发现它与一大批问题有联系.比如,1880 年里布克尔(A.Ribaucour)给出一种以积分表示的曲线,它囊括了几种曲线.这条曲线是这样叙述的:

一条平面曲线,在其任何一点 M 上的曲率半径 R 与法线和 Ox 轴交点 P 的连线段 MP 成正比.

在笛卡儿直角坐标中该曲线可表为

$$x = \int_0^y \frac{\mathrm{d}y}{\sqrt{(y/c)^{2\alpha} - 1}}$$

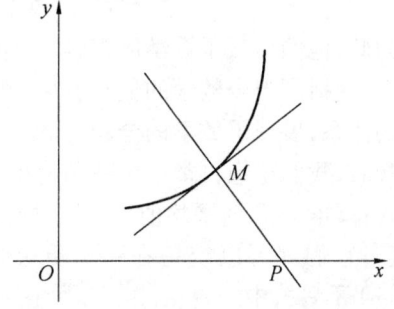

其中 $\alpha = \dfrac{|MP|}{R}$.

若 $\alpha = \dfrac{1}{n}$(这里 $n \in \mathbf{Z}$),则它的参数方程是
$$x = C(m+1)\int_0^t \sin^{m+1}t\,\mathrm{d}t, \quad y = C\sin^{m+1}t$$
其中,$m = -\alpha(\alpha+1)$.

当 $m = 0$ 时,它表示一个圆;当 $m = 1$ 时,它是摆线;当 $m = -2$ 时,它是悬链线;当 $m = -3$ 时,它是抛物线.

我们还想指出:统一也是数学家们梦寐以求的愿望与目标.

当年克莱因(F. Klein)曾用变换群观点统一了全部现有的几何.

大数学家希尔伯特(D. Hilbert)提出的著名的 23 个问题中第六个问题,便是物理学的公理化问题,即用公理手法推演整个物理内容.

在这种思想启发下,前苏联数学家柯尔莫哥洛夫(А. Н. Колмогоров)将概率公理化获得成功,后来公理化在量子力学和量子场论方面也获成功 —— 但物理学的公理化问题,至今未能解决.

数学统一思想最杰出的典范,莫过于 20 世纪 30 年代在法国出现的一个以布尔巴基(Bourbaki)为笔名的青年数学家团体,他们试图用数学结构的观念和公理化方法,去整理和概括全部现代数学.

布尔巴基学派的学者们

为此,他们出版了数学巨著《数学原本》(共 40 卷),该书以严谨又别具一格的方式,囊括了当今数学的最新成果,涉及了数学的各个分支,以全新的结构,全新的体系,展现了数学的全貌.

最后,我们还想再举一个稍稍简单一点的例子:在分析中我们遇到了许多不等式:算术 – 几何平均值不等式、柯西不等式、三角形不等式、幂平均不等式等,其实它们都可以统一在一个更可强的、结论更普遍的不等式 —— 詹森(Jensen)不等式中:

```
┌─────────────────────────────┐         ┌─────────────────────────────┐
│      三角形不等式            │         │      幂平均不等式            │
│ $(\sum_{i=1}^n x_i^2)^{1/2}+(\sum_{i=1}^n y_i^2)^{1/2} \geq$ │         │ $(\frac{1}{n}\sum_{i=1}^n a_i)^r \lessgtr \frac{1}{n}\sum_{i=1}^n a_i^r \quad (r \lessgtr 1)$ │
│ $[\sum_{i=1}^n (x_iy_i)^2]^{1/2}$ │         │ $a_i \geq 0, i=1,2,3,\cdots,n$ │
└─────────────────────────────┘         └─────────────────────────────┘
                ↑                                       ↑
         ┌──────────────────────────────────────────────────┐
         │             詹森(Jensen) 不等式                   │
         │ 若$f''(x)<0$(即$f(x)$是上凸即下凹函数),则对任     │
···  ←   │ 意$(x_1,x_2,\cdots,x_n) \in \mathbf{R}^n$ 有       │  →  ···
         │ $f(\frac{x_1+x_2+\cdots+x_n}{n}) \geq \frac{1}{n}[f(x_1)+\cdots+f(x_n)]$ │
         └──────────────────────────────────────────────────┘
                ↓                                       ↓
┌─────────────────────────────┐         ┌─────────────────────────────┐
│    算术 – 几何平均值不等式     │         │      柯西(Cauchy) 不等式     │
│ 若$a_k>0(k=1,2,\cdots,n)$,则  │         │ 若$x_i,y_i>0(i=1,2,\cdots,n)$,则 │
│ $\frac{1}{n}\sum_{k=1}^n a_k \geq \sqrt[n]{\prod_{k=1}^n a_k}$ │         │ $\sum_{i=1}^n x_i^2 \sum_{i=1}^n y_i^2 \geq (\sum_{i=1}^n x_iy_i)^2$ │
└─────────────────────────────┘         └─────────────────────────────┘
```

这样即使你在这些不等式中发现某些"巧合"的东西,你也不会感到意外或惊讶!

4. 拓广是统一的手段

文献[1]中,作者还认为勾股定理(Pythagoras 定理)在三维空间的推广:长方体的对角线 d 的平方为该长方体三度平方和是一种巧合,这显然忽视了"推广"在数学的作用.

从长方形(直角三角形)推广到长方体,从长方体推广到超长方体,一直到可数维希尔伯特空间的长方体 …… 正是这种推广,同时也把数学中许多内容统一了.

再如从一般求和推广到无穷级数求和,(把离散问题化为连续问题)再推广到黎曼积分,(遇到麻烦后)再推广到勒贝格(Lebesgue)积分和斯蒂吉斯(Stieltjes)积分,而后又出现勒贝格 – 斯蒂吉斯积分,它统一了 n 维 Euclid 空间点集上的不同积分概念.

综观数学发展的历程你会看到:数学是在不断地推广中发展的(比如数概念的推广).

推广是人们认识世界、研究世界的重要手段,在数学中,新概念的产生,多是旧结论推广的产物;新方法的出现,多是推广中使用的工具的改进和发展.推广是从具体到抽象、从特殊到一般、从表面到本质、从低维到高维的过渡.

由上看来,巧合是引起人们注意的现象,联系是人们分析巧合后的推断,而统一则是推断后的发展,而这其中的重要手段是推广.

在数学中人们可以看到:概念、结论推广了,人们又在试图寻找更一般的推广;概念、结论统一了,人们又在力求探索更广泛的统一,这也正是数学发展的根蒂.

整个自然界,不过是你所不知道的艺术;

所有机会,不过是你看不见的方向.

正因为此,我们才应去发现、去探求、去寻觅、去创造……

参考文献

[1] DAVIS P J. Are The Coincidences in Mathematics[J]. American Mathematical Monthly,1981,88(5).

[2] 克莱因 M.古今数学思想(1~4卷)[M].张理京,译.上海:上海科学技术出版社,1979~1981.

[3] 柯朗 R,罗宾斯 H.数学是什么[M].汪浩,朱煜民,译.长沙:湖南教育出版社,1985.

[4] ANDERSON S, PROLEM J. Prolem B - 546[J]. Fibonacci Quarterly 1986(24):182-183.

[5] BAMBERY J, CAIRNS G, KILMINSTER D. The Crystallographic Restriction, Permutations, and Gold-bach's Conjecture[J]. The Amer. Math. Monthly,2003,110(3):202-209.

附录四　　数学命题推广后的机遇[①]

粗略地讲,数学是在推广中发生、发展起来的,比如人们对于数的认识与研究就是如此,其间经历了:

自然数 ⟶ 分数 ⟶ 有理数 ⟶ 无现数 ⟶ 实数 ⟶ 复数 ⟶ 多元数 ⟶ …
　　　↳ 整数 ⟶ 负分数 ⤴

数概念如此,其他数学概念亦然(如指数、对数它们几乎与数概念平行拓展),故数概念扩充之后,数学本身也得以发展.[1]

数学命题推广的方式、方法很多,一般来讲它有下列方式或种类.[1]

命题推广 { 从低维向高维(维数上)
向问题纵深(削弱前提、增强结论)
类比横向推广(不同分支、不同领域)
反向推广(寻找充要条件等)
联合推广(综合几类推广模式共用)

---

① 本文发表在《科学》,2006 年第 2 期.

通常说来,当数学命题推广后或变得困难,或变得无解,或变得面目全非……比如:

算术 – 几何平均值不等式
$$2xy \leq x^2 + y^2$$
即
$$\sqrt{xy} \leq \frac{1}{2}(x + y)$$
其中,$x, y \in \mathbf{R}^+$.

推广到 n 维空间变为
$$\sqrt[n]{\prod_{i=1}^{n} x_i} \leq \frac{1}{n}\sum_{i=1}^{n} x_i$$
其中,$x_i \in \mathbf{R}^+, (i = 1, 2, \cdots, n)$.其证明变得相对困难(尽管迄今已发现它有多达数十种证法).

伯奴利(Rernoulli)不等式
$$(1 + x)^n \geq 1 + nx, \quad x > -1, x \in \mathbf{N}$$
当指数 n 推广到实数域后变为,$x > -1$ 且 $x \neq 0$ 时
$$(1 + x)^\alpha \begin{cases} < 1 + \alpha x, & 0 < \alpha < 1 \\ > 1 + \alpha x, & \alpha < 0 \text{ 或 } \alpha > 1 \end{cases}$$
其结论变得复杂,证明甚至要使用新的工具(原不等式可用数学归纳法,推广后要用微积分方法).

完美正方形(可剖分成大小完全不等的小正方块)[9] 的存在,人们已不再怀疑(如右图,图中数字代表该正方形边长),然而将此概念推广到 3 维空间的结果令人失望——完美立方块却不存在.

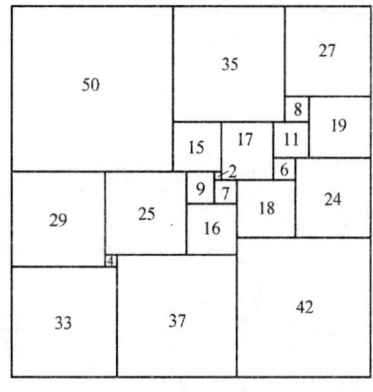

21 阶完美正方形

人们很熟悉一元二次方程
$$ax^2 + bx + c = 0$$
的求根公式
$$x_{1,2} = \frac{-b \pm \sqrt{b^2 - 4ac}}{2a}$$
当方程的次数推广到三、四次时,类似的求根公式分别由卡尔达诺(G.Cardano)和他的学生费拉利(L.Ferrari)给出.但对于四次以上代数方程却不存在这类公式,严格的证明由挪威数学天才阿贝尔(N.H.Abel)和法国数学家伽罗华(E.Galeis)相继完成.

再如果毕达哥拉斯(Pythagoras)数或勾股数,即满足
$$x^2 + y^2 = z^2$$

的正整数组有无穷多组解,但当幂次推广后
$$x^n + y^n = z^n, n \geqslant 3$$
却无 $xyz \neq 0$ 的非平凡解,且它被称为费马(P. de Fermat)大定理. 该命题是在费马 1637 年发现它之后、大约 350 年才由英国数学家威尔斯(A. Wiles)解决(他动用了高深的数学工具).

命题推广后至今未能获解的例子更是不胜枚举,比如球堆积问题是由高斯(C. F. Gauss)关于面积为 S 的长方形内裁半径为 r 的等圆,其个数 N 满足: $\frac{N\pi r^2}{S} < \frac{\pi}{2\sqrt{3}}$,且 $\frac{\pi}{2\sqrt{3}}$ 最佳的结论推广到 3 维空间后,由开普勒(J. Kepler)提出的:

体积为 V 的长方体堆放半径为 r 的球,其个数 N 满足
$$\left(N \cdot \frac{4}{3}\pi r^3\right) \Big/ V < \frac{\pi}{2\sqrt{3}}$$

且上界 $\frac{\pi}{2\sqrt{3}}$ 最佳[10].

此结论至今未能获解.

由上看来,数学命题推广后其难度会加大,解决起来亦较困难. 命题推广后反而易解,或问题原本无解推广后反而有解的例子,当属数学的另类,但它们同样可从另外方向带给我们启示与思考,本文正是想谈谈这个问题.

说到这里我们首先会想到图论中著名的"四色定理"——平面或球面上的地图仅用四种颜色即可将图中任何两相邻区域区分开.

该命题是由英国人古特列(F. Guthrie)发现、棣·摩根(De Morgae)提出的(1852 年前后),大约 30 年后肯普尔(A. B. Kempe)给出一个证明. 又 10 年后有人指出证明有瑕疵(1886 年 F. Temple 也给出另一证明,1906 年 J. C. Wilson 亦指出其证明有错).

而后,英国人希伍德(P. Jeawood)证明了五色定理(较四色定理结论弱).

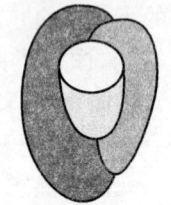

需要四种颜色区分的地图

1968 年,奥尔(A. C. Ore)等人对国家数(地区数)不多于 40 的情形给出严格证明.

直到 1976 年美国黑肯(W. Haken)和阿佩尔(K. Appel)在大型电子计算机上(花 1200 个机时,进行 60 亿个逻辑判断)完成了定理的证明.

1987 年,科恩(P. Cohen)对计算机程序作了改进,缩短了机上时间. 然而人们对此并非全都认可(从证明手段上考虑).

有趣的是:相对于平面和球面而言,四色定理在其他更复杂曲面上的染色结论,早在四色定理证明得之前就已完成,希伍德曾证明:

环面上的地图仅需七种颜色可将相邻区域区分开(七色定理).

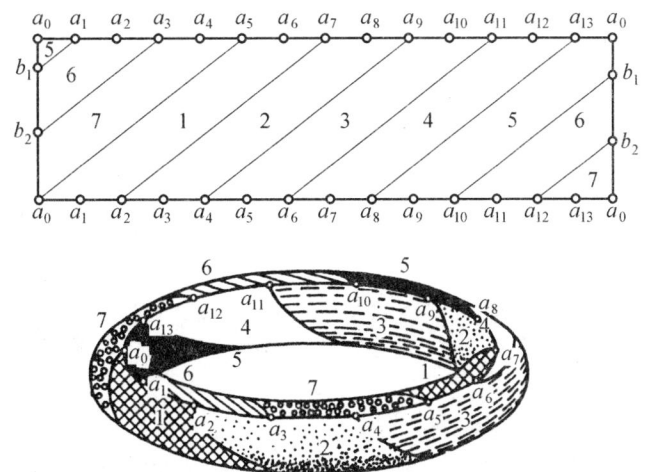

需七种颜色区分的环面上的地图

对于麦比乌斯(A.F.Möbius)带和克莱因(C.F.Klein)瓶上的地图仅需六色便可区分(六色定理).

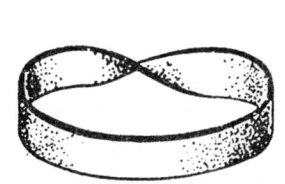　　　　　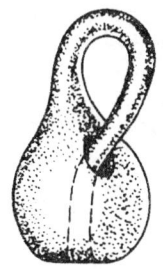

麦比乌斯带　　　　　　　　　克莱因瓶

即是说四色定理的推广命题先于原命题获解.

数学中这类例子也许鲜见,但这也同时告诉人们,数学命题推广后既带来挑战又带来机遇,尽管或许是千载难逢,或许是万里挑一,但把它们剥离出来(特别是其中的典例)能让我们进一步体会到数学的美妙与奇特.

我们先来看两个原问题不曾获解,但其推广命题却已获解的例子. 这也是两个著名的数学问题.

1. 多项式环上的哥德巴赫(C.Goldbach)猜想

1742年,德国数学家哥德巴赫在给欧拉(L.Euler)的信中提到(大意):每个大于2的偶数皆可表为两个质数和.

欧拉回信:他相信这个结论正确,但他本人证不出.

1770年,华林(E. Waring)将命题发表,且加上"每个奇数或者是质数,或者可表为三个质数和"(又称奇哥德巴赫猜想).

到2002年末,人们已对 $n < 4 \times 10^{13}$ 的数进行验证,发现结论无误.但对一般情形人们至今只证明"大偶数可表为一个质数与另一不超过两个质数乘积之和(简称1+2),这距猜想的最终证明尚有距离.

上述问题是在整数环上考虑的,但将它推广到多项式环后则是另一番情景.

早在20世纪70年代,美国人哈耶斯(D. R. Hayes)就曾证明了[2]:

整系数多项式即环 $\mathbf{Z}[x]$ 上每个次数不小于1的多项式皆可表成两个不可约多项式之和.

这里的多项式环 $\mathbf{Z}[x]$ 是整数环 $\mathbf{Z}$ 的推广,而不可约多项式相当于整数环中的质数,该命题的证明不很困难(相对于整数环上的命题而言),只是用了下面结论.

命题 若 p, q 为相异奇质数,则存在整数 c 和 d,使 $pc + qd = 1$,且 $p \nmid c, q \nmid d$,这里 $\nmid$ 表示不整除.

证明大意为:设 $\psi = \sum_{k=0}^{n} m_k x^{n-k}$,其中 $n \geq 1$. 选相同奇质数 p, q 使 $p \nmid m_r, q \nmid m_r (r = 0, n)$.

再选 a'_0, b'_0 使 $qa'_0 + pb'_0 = m_0$,令 $a_0 = qa'_0, b_0 = pb'_0$,则
$$m_0 = a_0 + b_0$$
其中,$p \nmid a_0, q \nmid a_0$.

又选 a'_i, b'_i 使 $pa'_i + qb'_i = m_i$,令 $a_i = pa'_0, b_i = qb'_0 (1 \leq i \leq n-1)$ 从而有
$$m_i = a_i + b_i, p \mid a_i, q \mid b_i, 1 \leq i \leq n-1$$

由前述结论选 a'_n, b'_n 使 $pa'_n + qb'_n = m_n$,且 $p \nmid a'_n, q \nmid b'_i$. 令 $a_n = pa'_n, b_n = qb'_n$,则
$$m_n = a_n + b_n, p \mid a_n, q \mid b_n$$
但 $p^2 \nmid a_n, q^2 \nmid b_n$.

作多项式 $f = \sum_{k=0}^{n} a_k x^{n-k}, \varphi = \sum_{k=0}^{n} b_k x^{n-k}$,由上及埃森斯坦(F. G. M. Eisenstein)判别法知 $\psi = f + \varphi$.

2. 庞加莱(J. H. Poineare)猜想

2000年5月,Clay数学促进会在巴黎召开会议,会后向世界公布了七个"新千年数学问题",其中第3个即为"庞加莱猜想".

19世纪人们已经认清了2维流形(曲面拓扑)上光滑紧可定向曲面(Compact orientable group)种类,即曲面可依亏格(直观上可理解为"洞"的个数)来分类.又2维球面上每条封闭简单曲线可连续收敛到一个点.然而高维情形则困难得多.

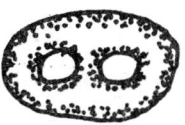

2维流体上的曲面可依"洞"的个数分类

1904年,法国数学家庞加莱提出[4]:

没有空洞、没有形如麦比乌斯扭曲、没有手柄、没有边缘的3维空间是否必为一个三维球面?

用稍专业点的数学语言可表述为:

若一光滑3维紧流形(cmopact manifold)M^3上每条简单闭曲线可连续收缩到一个点,那么M^3同胚于3维球S^3吗?(即每个单连通闭3维流形是否同胚于3维球?)

20世纪中叶,由于人们对于基本群研究取得进展,加之了解到基本群与一般流形研究的紧密联系,人们发现上述问题在高维流形上的研究(即推广情形)要比3维容易.

1960年,斯麦尔(S.Smale)证明了较大维数流形上庞加莱猜想成立.

而后,斯塔林格斯(J.Stallings)证明了7和7以上维数流形上的庞加莱猜想成立.

稍后,泽曼(C.Zeeman)证明了5和6维流形上的情形.

20年后,1981年弗利德曼(M.Freedman)证明了4维流形上的庞加莱猜想成立.

至此4维和4维以上流形上的庞加莱猜想皆获解,但3维流形上的情形(庞加莱猜想的原始命题)研究到2003年前仍未能完成.

2003年4月俄罗斯Steklov数学研究所的佩雷尔曼(G.Perelman)在麻省理工学院的三次讲座中给出庞加莱猜想一个"可能的、不拘一格的"的证明.此前,即2002年11月、2003年3月他先后在Internet上公布了两个电子邮件,给出一个与猜想证明有关的蕴涵流形曲率的发展方程(据报载,封顶工作由我国的朱熹平给出).2006年世界数学家大会上宣布,将当年的菲尔兹奖授予佩雷尔曼,这也是对他的庞加莱猜想证明的最佳肯定.

对数学命题而言,原问题有解,推广后的问题未见得有解;但原问题无解,推广后有解的情形较为罕见.我们来看例子.

3. 关于6阶欧拉立体正交拉丁方

文献[6]中曾经谈到过：1779年欧拉在《谈一种新形式幻方》的文章中，提出了"36军官问题"（从6个不同军团各抽出6名不同军衔的军官排成一个6×6方队，使得每行、每列既有不同军衔，又有来自不同军团的军官），而后又将问题作了推广，且用拉丁字母大小写表示不同军团和军衔，人称"正交拉丁方"问题，他还猜想不存在$4n+2$阶正交拉丁方.

如今人们知道，除了$n=2$和6之外，任何整数n阶正交拉丁方皆存在.

对于$n=6$的情形，当问题推广到3维时，居然有解（即存在3维6阶正交拉丁方）.

aA	bC	cB
bB	cA	aC
cC	aB	bA

3阶正交拉丁方

所谓3维n阶正交拉丁方是指一个$n\times n\times n$的立方体（它有n行、n列、n竖）每行、列、竖上分别写（标）有$0,1,2,\cdots,n-1$这n个数，使得每一有序三重数$000,001,002,\cdots,\overline{n-1}\,\overline{n-1}\,\overline{n-1}$均出现，这里$\overline{n-1}\,\overline{n-1}\,\overline{n-1}$是表示数组$n-1,n-1,n-1$. 或者记$a_0,a_1,\cdots,a_{n-1};b_0,b_1,\cdots,b_{n-1};c_0,c_1,\cdots,c_{n-1}$，使三重有序数组$(a_0,b_0,c_0),(a_0,b_0,c_1),(a_0,b_0,c_2),\cdots,(a_{n-1},b_{n-1},c_{n-1})$均出现（显然仅出现一次）.

此前人们认为这种3维6阶正交拉丁方不会存在，但1982年阿尔肯(J. Aekin)、施密斯(P. Smith)和斯通(E. G. Strans)给出了这种正交拉丁方（由18个平面拉丁方叠合），它的六层数字分别是：

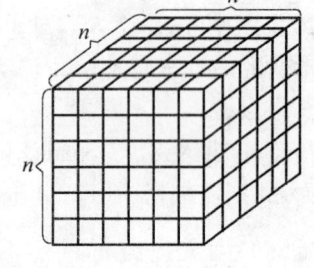

```
         I                                II
313  435  241  522  000  154      201  353  415  134  542  020
402  541  350  014  133  225      330  422  501  245  054  113
534  050  423  105  242  311      443  514  030  351  125  202
045  123  512  231  354  400      552  005  143  420  211  334
151  212  004  340  425  533      024  131  252  513  200  445
220  304  135  453  511  042      115  240  324  002  433  551

         III                               IV
455  221  333  040  114  502      120  504  052  315  431  243
521  310  442  153  205  034      213  035  124  401  540  352
010  403  554  222  331  145      302  141  215  530  053  424
103  532  025  314  440  251      434  250  301  043  122  515
232  044  111  405  553  320      545  323  430  152  214  001
344  155  200  531  022  413      051  412  543  224  305  130
```

		V						VI			
032	140	524	203	355	411	544	012	100	451	223	335
144	253	015	332	421	500	055	104	233	520	312	441
255	322	101	444	510	033	121	235	342	013	404	505
321	414	230	555	003	142	210	341	454	102	535	023
410	505	343	021	132	254	303	450	525	234	041	112
503	031	452	110	244	325	432	523	011	345	150	204

上面的情形虽然在数学中并不多见,但数学家们对此却不会轻易放过,这显然在给人们带来新的课题和机会.

利用命题或概念推广后的方法解决原问题,这在数学中常会遇到,比如计算概率积分

$$\int_{-\infty}^{+\infty} e^{-x^2} dx$$

是通过计算二重积分

$$\int_{-\infty}^{+\infty}\int_{-\infty}^{+\infty} e^{-(x^2+y^2)} dx dy$$

而得到的(也可用其他方法).用立体几何方法去证明平面几何问题虽不常用,可一旦有机会此法将显得极为巧妙.说到这里,我们必然会联想到20世纪中叶美国科罗拉多大学的工程师斯威特(J.E.Sweet)用立体几何方法巧妙地证明了一道平面几何难题的故事.这道题目是:

平面上三个不等圆的两两外公切线的交点共线.(Monge 定理)

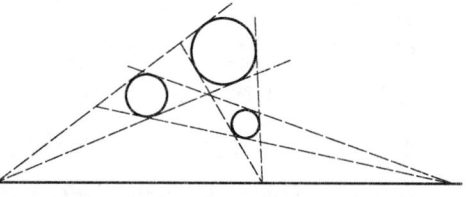

其实该命题是达朗贝尔(d'Alembert)首先提出的,而蒙日第一个给出了证明.

直接证明这个命题有一定难度(比如可见文献[3]),但斯威特将问题的思维方式先作了推广[8]:

首先他把圆换成了球,把线换成了平面,于是他便有分析:因为每两个球皆存在唯一外接圆锥,这样半径不一的3个球可确定3个圆锥,若将它们平放在平面 M 上,则它们均有母线在此平面 M 上,故3个顶点俱在该平面 M 上.

又设想有另一平面 N 放在3球上,显然它与3球皆相切,进而与3圆锥皆相切,故3圆锥顶点亦在平面 N 上.

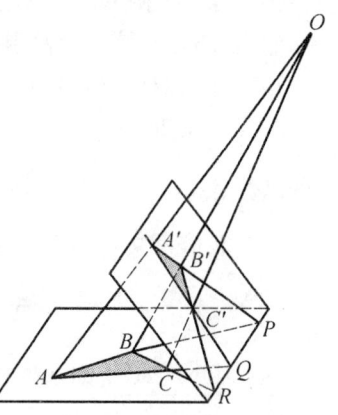

从而三圆锥顶点在平面 M,N 的交线上.平面上三圆的情形可视为空间球、圆锥的正投影即可.

(这不禁使我们想起立体几何中笛沙格(G.Desargues)定理,结论、证法如出一辙[8].)

显然这里先将问题推广的处理方法变得相对容易.

4. 黎曼(B. Riemann)猜想

德国数学家黎曼于 1876 年提出 Zeta 函数 $\zeta(s) = \sum_{n=1}^{\infty} \frac{1}{n^s}$ 的非平凡零点的五个猜想中最著名的一个：

函数 $\zeta(s)$ 的所有非平凡零点均位于直线 $\operatorname{Re} s = \frac{1}{2}$ 上.

而迪利克雷(P.G.L.Dirichlet)将 Zeta 函数推广,引入 Dirichlet 级数.这样 Zeta 函数 $\zeta(s)$ 是 $x \equiv 1$ 时 Dirichlet 级数 $L(s,\chi)$ 的特例,所谓 Dirichlet 级数是指

$$L(s,\chi) = \sum_{n=1}^{\infty} \frac{\chi(n)}{n^s} \qquad (*)$$

形式的级数.这里是将全体有理数按模 m(自然数)分类,所有与 m 互素的 $h = \varphi(m)$ 个类对乘法构成一个群(Abel 群), χ 是该群的特征标①,以 (n) 表示 n 对模 m 的剩余量,当 $(n,m) = 1$ 即互素时,记 $\chi((n))$ 为 $\chi(n)$,当 $(n,m) \neq 1$ 时,设 $\chi(n) = 0$,而 s 为一个复数.

(1873 年,迪利克雷作为实变元引入 $(*)$,用以证明：首项为 l ,公差为 d 的算术数列中素数个数是无穷的.)

对于 Dirichlet 级数,广义黎曼猜想是：当 $\operatorname{Re} s > \frac{1}{2}$ 时, $L(s,\chi) \neq 0$.

1948 年,魏尔(Weil)提出高维代数簇($Z/(p)$ 上代数簇)的 Zeta 函数零点分布假设,即有限域上黎曼猜想(假设).

1973 年,迪林格(P.Deligne)证明了上述假设.

其实早在 20 世纪 40 年代,函数域上的黎曼猜想就已获证(黎曼猜想中的 Zeta 函数 $\zeta_\kappa(s) = \sum_{n=1}^{\infty} \frac{1}{n^s}$ 是在代数数域 κ 上的).

最后我们再来看一个稍简单些的例子.

5. 一道平面几何题

这原本是一道平面几何计算题,题目是这样的：

---
① 定义整数集合的函数 $\chi(n) = \chi(n,m)$,它满足
①$\chi(n) \neq 0$,②$\chi(n)\chi(l) = \chi(nl)$,③$\chi(n) = \chi(n+m)$
换言之,它是一个不恒等于 0 的算术函数.算术函数泛指据有特殊算术性质的一类函数.

M, N 为正方形 $ABCD$ 边 BC, CD 上一点,且 $CM + CN = AB$.联结 AM, AN 分别交 BD 于点 P, Q,试证:BP, PQ, PD 必能组成一个有 $60°$ 内角的三角形.

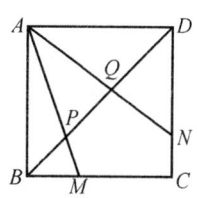

用平面几何方法去证明这个命题将不会轻松,可是从立体几何角度思考,结果却出人意料(即无须计算便可获解)[5].

先将平面正方形化为空间立方体,即以正方形 $ABCD$ 为底作立方体 $ABCD - A_1B_1C_1D_1$.在 A_1B_1 和 A_1D_1 上分别取点 N_1 和 M_1,使 $A_1N_1 = CM, A_1M_1 = CN$.又 AN_1 与 A_1B 交于 Q_1,AM_1 与 A_1D 交于 P_1.

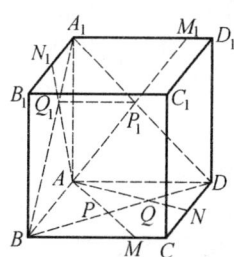

由 $A_1D = DB = A_1B$,知 $\angle DA_1B = 60°$.

又 $M_1N_1 = MN$,且 $A_1M_1 = CN = BC - CM = BM$,故 $AM_1 = AM$.同理 $AN_1 = AN$.

故 $\triangle AM_1N_1 \cong \triangle AMN$,有 $\angle M_1AN_1 = \angle MAN$.

仿上由 $AP_1 = AP, AQ_1 = AQ$,故 $\triangle P_1AQ \cong \triangle PAQ$,有 $P_1Q_1 = PQ$.

又 $A_1M_1 = BM$,注意到 $\square A_1B_1C_1D_1 \cong \square ABCD$,有 $A_1P_1 = BP$.同理可证 $A_1Q_1 = DQ$.

综上,$\triangle A_1Q_1P_1$ 的三边长分别与 BP, PQ 和 QD 相等,从而该三线段组成的三角形有一内角为 $60°$.

这里的方法给我们的启示很多,比如我们也许会想到许多困难的平面几何问题如何去从立体几何方法中去找寻答案.比如所谓莫利(F.Morley)定理(他于 1899 年给出):

三角形三内角的三等分线交点,恰为正三角形三个顶点.

如果用纯平面几何方法去证明,将是件困难的事情(有人甚至用群论工具解答).但若细细品味,问题似乎只是下面的变换与投影过程而已(这里是正投影):

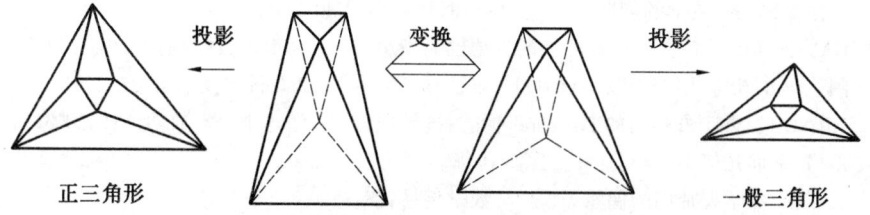

命题对正三角形而言无非是左图中几何体的正投影
左面几何体底面实施仿射变换后再投影即为右图

如前所言数学中的这类例子并不鲜见,文献[7]中曾介绍过,用 Jensen 不等

式:

若 $f''(x) > 0, x \in D \subset \mathbf{R}^n$，则对任意 $x_i \in D (1 \leq i \leq n)$ 有

$$f\left(\frac{x_1 + x_2 + \cdots + x_n}{n}\right) \leq \frac{1}{n}[f(x_1) + f(x_2) + \cdots + f(x_n)]$$

可以得到一大批著名不等式(这些不等式只是 Jensen 不等式的特例,而 Jensen 不等式可视为这些不等式的推广),如算术 – 几何平均值不等式,Canchy 不等式,幂平均不等式等,但相对而言,Jensen 不等式的结论却似乎是显然的(下图),而那些特例的证明却远不轻松.

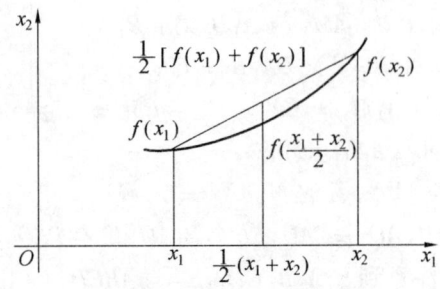

2 维情形下的 Jensen 不等式

文献[6]中还指出:不少数学命题(特别是未解决的)会期待某个更一般命题的解决,比如,假若黎曼(Riemann)猜想获证,数论中将会有一大批问题获解,然而 Riemann 猜想的解决却远不如上面列举的诸例那样"幸运"了,但这也许才是数学的真谛,才是自然的规律,才是世界的原本,正因为此,前面列举的例子弥足珍贵,它们堪称数学花园中的奇葩,慢慢欣赏、细细品味,总能悟出些许道理,得到点滴启示:数学命题的推广在带来挑战的同时,有时也会带来机遇,关键是如何去把握、不错过,虽然机会也许不多.

参考文献

[1] 吴振奎,吴旻.数学的创造[M].上海:上海教育出版社,2003.

[2] HAYES D R.整系数多项式环上的哥德巴赫猜想[J].惠仰淑译.数学通报,1981(3).

[3] 阿达玛 J.初等几何教程(上册)[M].朱德祥,译.上海:上海科学技术出版社,1964.

[4] MILNOR J.九十九年后的 Poincaré 猜想:进展报告[J].潘建中,译.数学译林,2003(3).

[5] 单墫.平面几何中的小花[M].上海:上海教育出版社,2002.

[6] 吴振奎.数学大师们的偶然失误[J].数学传播,28(3).

[7] 吴振奎.数学中的巧合,联系与统一[J].数学传播,27(3).

[8] 吴振奎,吴旻.数学中的美[M].2 版.上海:上海教育出版社,2002.

[9] 吴振奎.从 Lucas 的一则方程说起[J].数学传播,27(2).

[10] 单墫.十个有趣的数学问题[M].上海:上海教育出版社,1999.

附录五　运筹学中的转化思想[①]

运筹学是一门应用数学,因而它具备了数学的某些特征,然而它又有别于一般抽象数学.

运筹学又是一种方案选优(简言之,即多、快、好、省)的学科,由于求优(或极值、最值)问题千变万化,因而产生许多分支 —— 它们往往是从不同角度研究各种问题的结果.

不同分支的出现,相应的会产生不同的模型,而不同问题的解决,相应的又会出现不同的方法.这样一来往往使人(特别是初学者)产生认识的偏颇:运筹学的方法(分支)过于零乱、庞杂(这是一个不争的事实)而难以掌握,这里面一个重要的原因是他们没能很好地掌握运筹学中的转化思想.

转化思想在数学中司空见惯(尽管它并不为所有人熟悉),比如

$$\left.\begin{array}{l}\text{多元方程组}\\ \text{一元高次方程}\end{array}\right\}\xrightarrow{\text{转化}}\text{一元一次方程}$$

$$\left.\begin{array}{l}\text{多重积分}\\ \text{曲线积分}\\ \text{曲面积分}\end{array}\right\}\xrightarrow{\text{转化}}\text{一重积分}$$

这个思想,数学家 G.Polya、徐利治等均有过精辟的阐述.如徐先生曾提出过 RMI 原则(即关系 – 映射 – 反演原则):

给定一个含有目标原像 x 的关系结构系统 S,如能找到一个可定映映射 φ,将 S 映入或映满 S^*,则可从 S^* 通过一定的数学方法把目标映像 $x^* = \varphi(x)$ 确定出来,从而通过反演即逆映射 φ^{-1} 便可把 $x = \varphi^{-1}(x^*)$ 确定出来.这个过程可用框图表示,如右图所示.

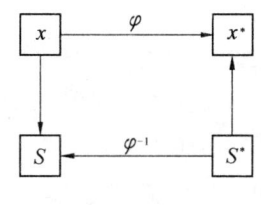

关系 – 映射 – 反演原则

该过程简言之,即:关系 – 映射 – 定映 – 反演 – 得解.

其实运筹学中不少问题也存在这种转化,一旦掌握它,你便会对其深刻的内含有所了解,对其中的方法有更深的领会.

下面我们先给出一个运筹学诸分支间的转化关系(显然,从另一角度看,这

[①] 本文发表在《运筹与管理》杂志 2003 年第 1 期.

种转化关系归根结底也是一种统一形式)图,如下图所示.

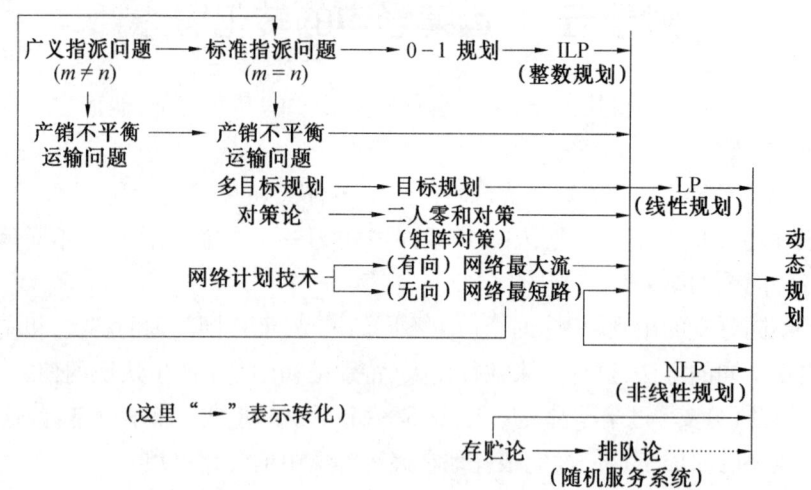

运筹学各分支的转化关系

上图对运筹学中大部分内容间的横向关系及最终化归有所诠释(是从运筹学问题整体上分析的).当然,我们也想再强调一点,上图只是给出这些分支间的转化关系,但并非是说每个问题都要化成终结问题,然后再去解,因为针对每个分支特点,往往会有更为简单且有效的解法.换言之,上述图只是对运筹学中这些分支间的关系加以梳理,从而更清楚地了解这些分支,即它们的归属.

我们还想指出:运筹学中转化思想的寻求,首先基于对运筹学各分支数学模型的建立,从这些模型中一方面寻求共同的东西,同时也找出它们间的差异,然后"求同存异",所谓"求同",即把它们共同的属性设法用数学方法进行转化或统一;"存异",即针对各个分支间差异寻找各自有效的方法.

比如运输问题、指派问题等,从模型上看,它们属于LP问题(更确切地讲指派问题属于ILP或0-1规划),当然可用解LP问题的各种方法(如单纯形法等).然而针对问题变元个数多、约束系数矩阵稀疏等特点,人们已找到这类问题的简便解法(当然,从实质上讲,它们仍属于单纯形法).例如,解运输问题用表上作业法,解指派问题用匈牙利法等.

此外,运筹学中的转化也借助于数学方法或技巧,如"矩阵对策"(二人零和)中策略较多的情形,常转化为拟LP问题,而这类问题正是通过数学变换而将它转化为LP问题的.

将未知转化为已知,将复杂(问题)转化为简便(问题)是数学研究的主题与核心,也是运筹学工作者研讨的目标.

我们还想指出一点:有些转化的逆过程便是推广(拓广)(更确切地讲,特例的逆过程才是推广),这个关系可见下图.

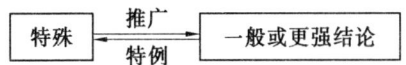

特殊 – 一般 – 特殊

显然,这里的特例推广均蕴含着转化思想且转化的含义更广.

这种寻求推广或特例的思想在数学中有着广泛应用,在运筹学中同样常常遇到(它们多出现在一些分支或局部问题上).

在"存储论"中,有下面的模型及公式(设 R 为需求率,P 为生产率,c 为订货费,c_1 为单位货物单位时间存储费,c_2 为缺货损失费).

(1) 不允许缺货瞬时进货模型的最佳经济批量公式为

$$Q^* = \sqrt{\frac{2cR}{c_1}} \quad (\text{E.O.Q}) \quad \text{①}$$

(2) 不允许缺货非瞬时进货(边生产边消耗)模型的最佳经济批量公式为

$$Q^* = \sqrt{\frac{2cRP}{c_1(P-Q)}} \quad \text{②}$$

(3) 允许缺货要补充瞬时进货模型的最佳经济批量公式为

$$Q^* = \sqrt{\frac{2cR(c_1+c_2)}{c_1 c_2}} \quad \text{③}$$

(4) 允许缺货要补充非瞬时进货(边生产边消耗)的一般模型的最佳经济批量公式

$$Q^* = \sqrt{\frac{2cR(c_1+c_2)}{c_1 c_2(1-R/P)}} \quad \text{④}$$

它们之间的关系可用下图表示,其中 $\xi = \sqrt{\dfrac{P}{P-R}}$,$\eta = \sqrt{\dfrac{c_1+c_2}{c_2}}$.

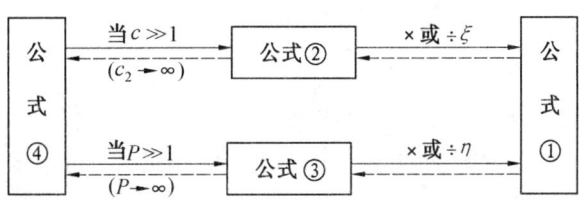

存贮论中各模型间转化

当然图中"——→"表示特例,而"←----"表示推(拓)广,"——→"和"←----"均可视为转化.

说到这里,我们自然还会想起"排队论"一章里模型 M/G/1 中的 P –

K(Polaczek-Khintchine) 公式

$$L_s = \rho + \frac{\rho^2 + \lambda^2 \mathrm{var}[T]}{2(1-\rho)}$$

这个队长公式显然囊括了 M/M/1, M/D/1 等模型中的队长公式.

此外,关于队长与排队时间之间关系的所谓 Little 公式

$$L_s = \lambda W_s, \quad L_q = \lambda W_q$$

不仅适用于 M/M/1 模型,对于 M/M/c/k, M/M/c/∞, M/G/1 等诸多模型同样适用(它源于 M/M/1 模型).

对于这些,人们往往只需记住一般的公式,然后再据某些特例的特殊条件推得它们即可. 显然,这些应视为另一种形式的转化.

我们还想指出一点,在数学转化中有时还会遇到另一类与原题互反的命题(注意它非逆命题)即所谓"反问题",这在运筹学中亦有体现,如 LP 问题的对偶问题,它与原问题即可视为另一类问题的"反问题","反问题"(也是一种转化)的研究也越来越为数学家们关注,因而在运筹学问题研究中也不例外.

总之,转化思想在运筹学中有着深刻的运用(当然它在数学其他分支中亦有运用),人们应该了解它、重视它,这些对于运筹学的教与学,乃至整个数学,甚至整个自然科学研究都是至关重要的.

参考文献

[1] 吴振奎,王全文.运筹学[M].北京:中国人民大学出版社,2006.
[2] 徐利治.数学方法论选讲[M].武汉:华中理工大学出版社,2000.
[3] 吴振奎.数学方法选讲[M].沈阳:辽宁教育出版社,1993.

附录六 无约束优化中几种算法间关系的一点注记[①]

引 言

最优化问题常分为无约束与有约束两类. 而无约束最优化问题对于全部优化问题研究来讲是重要和基础的,因为从"转化"角度来看,约束优化问题往往可以转化为无约束问题.

人们对于无约束优化算法的研究,已取得不少成果,有了许多可行和有效的算法. 本文想从另外角度谈谈这个问题,即从方法论及方法的数学内涵的角度谈点体会.

---

① 本文发表在《天津商业大学学报》2008 年第 12 期上.

1. 无约束最优化方法的求解手段是迭代

众所周知:无约束最优化问题:$\min\{f(x) \mid x \in \mathbf{R}^n\}$ 解法的实质是迭代. 说得具体点:求 $f(x)$ 的极值问题是从点 x_k 出发沿着 p_k(使目标函数下降)方向,选取适当步长 λ_k 后到达 x_{k+1}.

这里 p_k 称为搜索方向,λ_k 为步长因子.

关于 λ_k 的选择,基本上已由"一维搜索"彻底解决(缩区间法、插值法、迭代法及精确求导法等),因而余下的问题是寻找、确定使目标下降的方向——搜索方向 p_k,由于方法不同而产生了不同的优化算法.

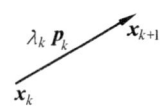

2. 常用的寻找搜索方向的算法

对于无约束最优化方法而言,选择搜索方向 p_k 的方法,常有下面几种:

(1) 最速下降法

该方法基于 $f(x)$ 的一阶 Taylor 展开,其中 p_k 采用了 $f(x)$ 负梯度方向为搜索方向,即 $p_k = -\nabla f_k$,这里 $-\nabla f_k = -\nabla f|_{x=x_k} = -\nabla f(x_k)$.

(2) Newton 法

Newton 法选取搜索方向(因为其考虑了二阶 Taylor 展开)满足:$\nabla^2 f_k p_k = -\nabla f_k$(或当 $\nabla^2 f_k$ 可逆时,$p_k = -(\nabla^2 f_k)^{-1} \nabla f_k$),当然这里须考虑 $\nabla^2 f_k$ 的可逆性:

$\nabla^2 f_k$ 正定时,$p_k = -(\nabla^2 f_k)^{-1} \nabla f_k$;

$\nabla^2 f_k$ 可逆时,$p_k = \alpha \nabla f_k$,对 α 进行一维搜索;

$\nabla^2 f_k$ 奇异时,用 $-\nabla f_k$(这里是综合或兼顾利用最速下降法的整体收敛性和 Newton 法靠近极小点的收敛速度较快(具有二阶收敛速度的优点)).

(3) 共轭梯度算法

其搜索方向 p_k 是由上一次迭代方向 p_{k-1} 与负梯度方向 ∇f_k 的线性组合,即
$$p_k = -\nabla f_k + \beta_{k-1} p_{k-1}$$

其中 β_k 选择不同又产生不同的公式,不过常用的有

Fletcher-Reeves 公式(FR 公式)
$$\beta_{k-1} = \frac{\nabla f_k^T \nabla f_k}{\nabla f_{k-1}^T \nabla f_{k-1}}$$

Polak-Ribiere-Polyak 公式(PRP 公式)
$$\beta_{k-1} = \frac{\nabla f_k^T (\nabla f_k - \nabla f_{k-1})}{\nabla f_{k-1}^T \nabla f_{k-1}}$$

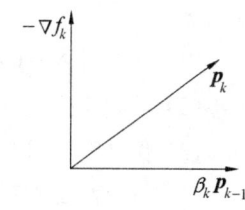

该算法关键是利用了它所产生的搜索方向是相互共轭的这一特点.

(4) 变尺度法(拟 Newton 法)

为了避免 Newton 法中计算$(\nabla^2 f_k)^{-1}$即对 Hesse 矩阵$\nabla^2 f_k$求逆运算(如果$\nabla^2 f_k$可逆),人们对$\nabla^2 f_k$(或$\nabla^2 f_k)^{-1}$用其近似B_k或H_k来取代(当然这里是基于拟 Newton 方程$Bs = y$或$Hs = y$的,这里$s_k = x_{k+1} - x_k, y_k = \nabla f_{k+1} - \nabla f_k$),这时搜索方向分别是

$$p_k = -\alpha_k B_k^{-1} \nabla f_k \quad (\text{基于 } B_{k+1} s_k = y_k)$$

$$p_k = -\alpha_k H_k \nabla f_k \quad (\text{基于 } H_{k+1} y_k = s_k)$$

其中

$$H_{k+1} = H_k + \frac{s_k s_k^T}{s_k^T y_k} - \frac{H_k y_k y_k^T H_k}{y_k^T H_k y_n} (\text{DFP 公式,简记 } H_{k+1}^{(\text{DFP})})$$

$$B_{k+1} = B_k + \frac{y_k y_k^T}{y_k^T s_k} - \frac{B_k s_k s_k^T B_k}{s_k^T B_k s_k} (\text{BFGS 公式,简记 } B_{k+1}^{(\text{BFGS})})$$

将上两式中分别两次利用 Sherman-Morrison 公式

$$(A + uu^T)^{-1} = A^{-1} - \frac{A^{-1} uu^T A^{-1}}{1 + u^T A^{-1} u}$$

这里$u \in \mathbf{R}^n, A \in \mathbf{R}^{n \times n}$且非奇异;可得到$H_k$的 BFGS 校正和$B_k$的 DFP 校正:

$$H_{k+1}^{(\text{BFGS})} = \left(I - \frac{y_k s_k^T}{s_k^T y_k}\right) H_k \left(I - \frac{y_k s_k^T}{s_k^T y_k}\right) + \frac{s_k s_k^T}{s_k^T y_k} \quad (H_k \text{ 的 FGS 公式})$$

$$B_{k+1}^{(\text{DFP})} = \left(I - \frac{y_k s_k^T}{y_k^T s_k}\right) B_k \left(I - \frac{s_k y_k^T}{y_k^T s_k}\right) + \frac{y_k y_k^T}{y_k^T s_k} \quad (B_k \text{ 的 DFP 公式})$$

其中$s_k = x_{k+1} - x_k, y_k = \nabla f_{k+1} - \nabla f_k$.

3. 关 系

无约束优化中常用的搜索方向的算法基本上为前述四种,其他算法均为它们的衍生或修正.这些方法看上去似乎有很大差异,但它们之间的内在联系却是深邃的,从下面分析我们将可以看到,这些方法都是基于最速下降法即搜索方向$p_k = -\nabla f_k$这种一种方法和类型的.

(1) 首先对 Newton 法而言:显然,当$\nabla^2 f_k = I$时,此时即为最速下降法.

(2) 对共轭梯度算法而言:当$\beta_{k-1} = 0$时,此时亦转化成为最速下降法.

(3) 变尺度法(拟 Newton 法)自不待言,它只是 Newton 法的另一种处理,取$B_k = \nabla^2 f_k$或$H_k = (\nabla^2 f_k)^{-1}$拟 Newton 法即化为 Newton 法,另外,只要$H_k = I$或$B_k^{-1} = I$它也可化成最速下降法.

反之,Newton 法、拟 Newton 法、共轭梯度法均可视为最速下降法的拓广、修

正或衍生. 这样以上诸算法间的关系可见下图:

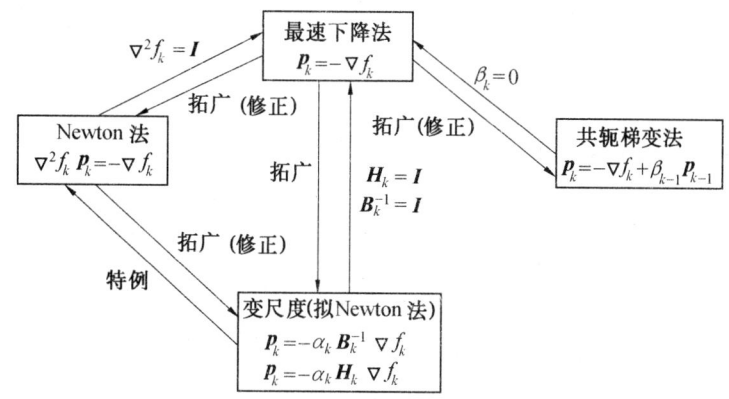

诸算法间关系及转化

从上面关系中可以看出,最速下降法是最基本、也是最重要的原创方法(注意到:无约束问题 $\min f(x)$ 的最优解 x^* 满足一阶必要条件 $\nabla f(x^*) = 0$,其正如一元可微函数的极值满足 $f'(x_0) = 0$ 的条件类同).

(4) 从另一个更高的角度,即在某种矩阵范数下度量的角度看此问题,上述诸算法不过是在不同范数度量下的最速下降法的不同形式而已.

在尺度矩阵 A 下的算子范数 $\|\cdot\|_A$ 意义上[6]~[8]: $\|x\|_A = (x^T A x)^{\frac{1}{2}}$,这里 $\forall x \in \mathbf{R}^n$,且 $A \in \mathbf{R}^{n \times n}$ 给定,上述诸算法中:

①Newton 法是在尺度矩阵 G_k 下算子范数 $\|\cdot\|_{G_k}$ 意义上的最速下降法[4].

由一阶 Taylor 展开近似
$$f(x_k + d) \approx f(x_k) + \nabla f_k^T d$$

考虑 $\min\limits_{d \in \mathbf{R}^n} \dfrac{\nabla f_k^T d}{\|d\|}$ 的解 d_k,其依赖于所取范围,若采用 2-范数时,$d_k = -\nabla f_k$ 即为最速下降法,而采用算子范数 $\|\cdot\|_{G_k}$ 时,$d_k = -G_k^{-1} \nabla f_k$ 为牛顿法.

② 而拟 Newton 法是在尺度矩阵 B_k 或 H_k 下的范围 $\|\cdot\|_{B_k}$ 或 $\|\cdot\|_{H_k}$ 意义上的最速下降法[3]. 事实上由 $f(x_k + d)$ 的一阶 Taylor 展开
$$f(x_k + d) = f(x_k) + \nabla f_k^T d + o(\|d\|)$$

知使上式下降最快方向 d 的求解问题可转化为
$$\min\{\nabla f_k^T d \mid \|d\|_{B_k} = 1\}$$

其解即为 $f(x)$ 在尺度矩阵 B_k 或椭球算子范围 $\|\cdot\|_{B_k}$ 意义下 $x = x_k$ 处最速下降方向. 由 Cauchy-Schwartz 不等式
$$(\nabla f_k^T d)^2 \leqslant (\nabla f_k^T B_k^{-1} \nabla f_k)(d^T B_k^{-1} d)$$

当 $d = -B_k^{-1} \nabla f_k$ 时上式等号成立,此时 $\nabla f_k^T d$ 取极小,故有

$$d = -\frac{B_k^{-1}\nabla f_k}{\|B_k^{-1}\nabla f_k\|_{B_k}} = \frac{B_k^{\mathrm{T}}\nabla f_k}{[(B_k^{-1}\nabla f)^{\mathrm{T}}B_k(B_k^{-1}\nabla f)]^{\frac{1}{2}}} = \frac{-B_k^{-1}\nabla f_k}{(\nabla f_k^{\mathrm{T}}B_k^{-1}\nabla f_k)^{\frac{1}{2}}}$$

此即说拟 Newton 方向 $d_k = -B_k^{-1}\nabla f_k$ 是在椭球算子范数 $\|\cdot\|_{B_k}$ 意义下, $f(x)$ 在 $x = x_k$ 处最速下降方向.

③ 我们还可以从另一个角度理解这个问题: DFP 与 BFGS 校正中 $B_k^{(\mathrm{DFP})}$ 或 $H_k^{(\mathrm{BFGS})}$ 是在某种意义下满足拟 Newton 方程 $Bs = y$ 或 $Hy = s$ 最接近的矩阵[3]. 事实上, 矩阵 $B_k^{(\mathrm{DFP})}$ 是问题

$$\min_{B}\{\|B - B_k\|_{W,F} | B = B^{\mathrm{T}}, Bs_k = y_k\}$$

的唯一解, 其中矩阵 W 是满足 $W^2 y_k = s_k$ 的非奇异对称阵, 算子范数

$$\|B\|_{W,F} = \|WBW\|_F$$

代表算子的 Frobenius 范数. 类似的矩阵 $H_k^{(\mathrm{BFGS})}$ 是问题

$$\min_{H}\{\|H - H_k\|_{W,F} | H = H^{\mathrm{T}}, Hy_k = s_k\}$$

的唯一解, W 及 $\|\cdot\|_{W,F}$ 意义同上.

(5) 对某些特殊函数而言, 比如对于正定二次函数来说, 算法 DFP 和 BFGS 方法产生的方向是共轭的, 这时两方法已转化为共轭方向法.

特别的 DFP 算法对二次函数而言, 如 H_k 初始近似选取单位阵, 即 $H_0 = I$, 则方法即为共轭梯度法. 这是由方法的遗传性质得出的, 事实上由

$$H_{i+1}Gs_j = s_j, \quad j = 0,1,2,\cdots,n$$

此表明 s_j 是矩阵 $H_{i+1}G$ 对应于特征值 1 的特征向量, 故它们是 G 共轭的[4].

简言之, Newton 法、拟 Newton 法是在某种范数度量下的最速下降法, 而共轭梯度法其迭代方向是将最速下降方向加上一个修正方向(上次迭代方向)而得, 如前所说它也是最速下降方向的衍生.

这样以上诸算法间关系及其转化又可有下图:

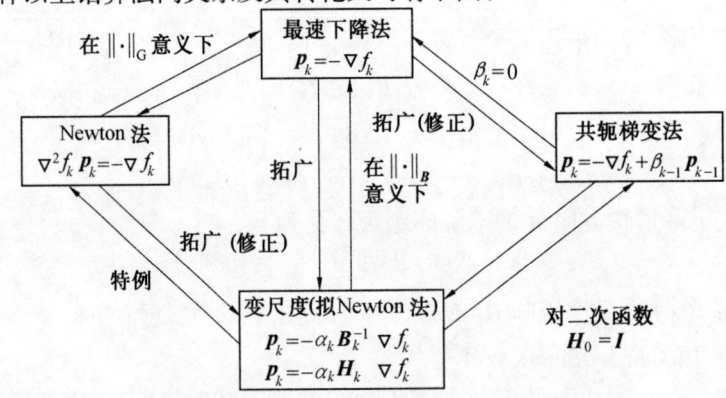

在不同矩阵范数度量下诸算法关系

至于拟 Newton 法中 $H^{(DFP)}, H^{(BFGS)}, B^{(DFP)}, B^{(BFGS)}$ 所对应的算法间关系文献[4]已给出(下图):

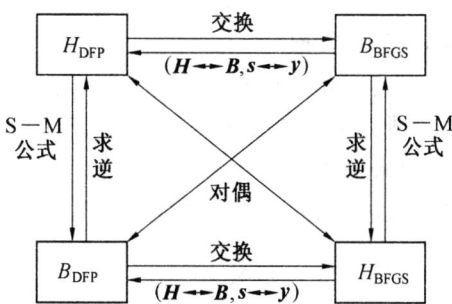

顺便讲一句:DFP 和 BFGS 校正(秩 2)均由 Hy 和 s 构成,故它们可分别成各自一族:

$$H_{k+1}^{\varphi} = (1-\varphi)H_{k+1}^{(DFP)} + \varphi H_{k+1}^{(BFGS)} \quad (\text{Broyden 族校正})$$

这里参数 φ 取值不同可得到不同的矫正公式.

$$H_{k+1} = H_k + s_k u_k^T + H_k y_k v_k^T \quad (\text{Huang 族校正})$$

其中 $u_k = \alpha_1 s_k + \beta_1 H_k^T y_k, v_k = \alpha_2 s_k + \beta_2 H_k^T y_k,$ 而 $\alpha_i, \beta_i (i=1,2)$ 待定.

至于它们更深层次的内涵与背景可见文献[4].

4. 结　语

由上我们可以看到:无约束优化中的这些方法间原本是相通的(这是一个重要的事实),它们也都是基于最速下降法基础上的,当人们对某种方法的缺点试图修正时(当然,这些方法本身均具有优缺点,如文献[3]所云:最速下降法是最基本的方法,Newton 法是最重要的方法,共轭梯度法是解大型优化问题的首选方法,拟 Newton 法是截至目前最成功的方法),新方法便会产生,然而万变不离其宗,其中的关联也许在方法发现始初并不曾意识到,但是,一旦人们冷静下来再思考时,便会发现其中的奥秘.

当然从数学转化思想理解这一切[1][5],似乎这些方法的创构也许是理所当然和势在必行的.

顺便讲一句:对于有约束最优化问题,最优解存在的必要条件 K-T 或 K-K-T(Kuhn-Tucker)条件,显然是微积分中约束多元极值问题里拉格朗日(Lagrange)乘子法的延拓与自然推广.

同时还应看到约束优化问题也可利用惩罚因子使之转化为无约束问题.

比如约束问题
$$\min f(x), x \in S, \text{其中 } S = \{x | g_i(x) \leq 0, h_j(x) = 0\}$$
可化为无约束问题

其中
$$\min\{f(x) + \alpha(x)\}$$
$$\alpha(x) = \begin{cases} 0, & 若\ x \in S \\ +\infty, & 若\ x \notin S \end{cases}$$

这里再一次显现数学中的"推广"与"转化"方法的威力,这对我们学数学,教学数,做数学都是极有启发和借鉴的.

数学中转化是数学研究和发现的重要手段,当结论推广后,人们应从中找出转化关系,使之化为原来问题或找到其与原问题的关联,此时不仅为推广后的结论较方便地找到了根源,也为其找到解决问题的方法和思路.

参考文献

[1] 吴振奎,王全文,刘振航.运筹学中的转化思想[J].运筹与管理,2003,12(1):6-8.
[2] 邓乃杨.无约束最优化计算方法[M].北京:科学出版社,1982.
[3] 孙文瑜,徐成贤,朱德通.最优化方法[M].北京:高等教育出版社,2004.
[4] 袁亚湘,孙文瑜.最优化理论与方法[M].北京:科学出版社,1997.
[5] 吴振奎,吴旻.数学的创造[M].上海:上海教育出版社,2002.
[6] 孙继广.矩阵扰动分析[M].北京:科学出版社,1987.
[7] 斯图尔特 G W.矩阵计算引论[M].王国荣,译.上海:上海科学技术出版社,1980.
[8] 威尔金森 J H.代数特征值问题[M].石钟济,邓健新,译.北京:科学出版社,1987.

哈尔滨工业大学出版社刘培杰数学工作室
已出版(即将出版)图书目录

书　名	出版时间	定　价	编号
新编中学数学解题方法全书(高中版)上卷	2007-09	38.00	7
新编中学数学解题方法全书(高中版)中卷	2007-09	48.00	8
新编中学数学解题方法全书(高中版)下卷(一)	2007-09	42.00	17
新编中学数学解题方法全书(高中版)下卷(二)	2007-09	38.00	18
新编中学数学解题方法全书(高中版)下卷(三)	2010-06	58.00	73
新编中学数学解题方法全书(初中版)上卷	2008-01	28.00	29
新编中学数学解题方法全书(初中版)中卷	2010-07	38.00	75
新编平面解析几何解题方法全书(专题讲座卷)	2010-01	18.00	61

书　名	出版时间	定　价	编号
数学眼光透视	2008-01	38.00	24
数学思想领悟	2008-01	38.00	25
数学应用展观	2008-01	38.00	26
数学建模导引	2008-01	28.00	23
数学方法溯源	2008-01	38.00	27
数学史话览胜	2008-01	28.00	28

书　名	出版时间	定　价	编号
从毕达哥拉斯到怀尔斯	2007-10	48.00	9
从迪利克雷到维斯卡尔迪	2008-01	48.00	21
从哥德巴赫到陈景润	2008-05	98.00	35
从庞加莱到佩雷尔曼	即将出版	98.00	

书　名	出版时间	定　价	编号
历届IMO试题集(1959—2005)	2006-05	58.00	5
历届CMO试题集	2008-09	28.00	40
全国大学生数学夏令营数学竞赛试题及解答	2007-03	28.00	40
历届美国大学生数学竞赛试题集	2009-03	88.00	43
历届俄罗斯大学生数学竞赛试题及解答	即将出版	68.00	

哈尔滨工业大学出版社刘培杰数学工作室
已出版（即将出版）图书目录

书 名	出版时间	定 价	编号
数学奥林匹克与数学文化（第一辑）	2006—05	48.00	4
数学奥林匹克与数学文化（第二辑）（竞赛卷）	2008—01	48.00	19
数学奥林匹克与数学文化（第二辑）（文化卷）	2008—07	58.00	36
数学奥林匹克与数学文化（第三辑）（竞赛卷）	2010—01	48.00	59
数学奥林匹克与数学文化（第四辑）（竞赛卷）	2011—03	48.00	87
发展空间想象力	2010—01	38.00	57
走向国际数学奥林匹克的平面几何试题诠释（上、下）（第2版）	2010—02	98.00	63,64
平面几何证明方法全书	2007—08	35.00	1
平面几何证明方法全书习题解答（第2版）	2006—12	18.00	10
最新世界各国数学奥林匹克中的平面几何试题	2007—09	38.00	14
数学竞赛平面几何典型题及新颖解	2010—07	48.00	74
初等数学复习及研究（平面几何）	2008—09	58.00	38
初等数学复习及研究（立体几何）	2010—06	38.00	71
初等数学复习及研究（平面几何）习题解答	2009—01	48.00	42
世界著名平面几何经典著作钩沉——几何作图专题卷（上）	2009—06	48.00	49
世界著名平面几何经典著作钩沉——几何作图专题卷（下）	2011—01	88.00	80
世界著名平面几何经典著作钩沉（民国老课本）	2011—03	38.00	113
世界著名数学经典著作钩沉——立体几何卷	2011—02	28.00	88
世界著名三角学经典著作钩沉（平面三角卷Ⅰ）	2010—06	28.00	69
世界著名三角学经典著作钩沉（平面三角卷Ⅱ）	2011—01	28.00	78
几何学教程（平面几何卷）	2011—03	78.00	90
几何变换与几何证题	2010—06	88.00	70
几何瑰宝——平面几何500名题暨1000条定理（上、下）	2010—07	138.00	76,77
三角形的五心	2009—06	28.00	51
俄罗斯平面几何问题集	2009—08	88.00	55
俄罗斯平面几何5000题	2011—03	48.00	89
500个最新世界著名数学智力趣题	2008—06	48.00	3
400个最新世界著名数学最值问题	2008—09	48.00	36
500个世界著名数学征解问题	2009—06	48.00	52
400个中国最佳初等数学征解老问题	2010—01	48.00	60
500个俄罗斯数学经典老题	2011—01	28.00	81

哈尔滨工业大学出版社刘培杰数学工作室
已出版（即将出版）图书目录

书　名	出版时间	定　价	编号
超越吉米多维奇——数列的极限	2009－11	48.00	58
初等数论难题集（第一卷）	2009－05	68.00	44
初等数论难题集（第二卷）（上、下）	2011－02	128.00	82,83
谈谈素数	2011－03	18.00	91
平方和	2011－03	18.00	92
数论概貌	2011－03	18.00	93
代数数论	2011－03	48.00	94
初等数论的知识与问题	2011－02	28.00	95
超越数论基础	2011－03	38.00	96
数论初等教程	2011－03	28.00	97
数论基础	2011－03	18.00	98
数论入门	2011－03	28.00	99
解析数论引论	2011－03	48.00	100
基础数论	2011－03	28.00	101
闵嗣鹤文集	2011－03	68.00	102
吴从炘数学活动三十年（1951～1980）	2010－07	99.00	32
俄罗斯函数问题集	2011－03	38.00	103
俄罗斯组合分析问题集	2011－01	48.00	79
博弈论精粹	2008－03	58.00	30
多项式和无理数	2008－01	68.00	22
模糊数据统计学	2008－03	48.00	31
解析不等式新论	2009－06	68.00	48
建立不等式的方法	2011－03	98.00	104
数学奥林匹克不等式研究	2009－08	68.00	56
初等数学研究（Ⅰ）	2008－09	68.00	37
初等数学研究（Ⅱ）（上、下）	2009－05	118.00	46,47
中国初等数学研究　2009卷（第1辑）	2009－05	20.00	45
中国初等数学研究　2010卷（第2辑）	2010－05	30.00	68
数学奥林匹克超级题库（初中卷上）	2010－01	58.00	66

哈尔滨工业大学出版社刘培杰数学工作室
已出版（即将出版）图书目录

书　名	出版时间	定　价	编号
中等数学英语阅读文选	2006－12	38.00	13
统计学专业英语	2007－03	28.00	16
数学 我爱你	2008－01	28.00	20
精神的圣徒　别样的人生——60位中国数学家成长的历程	2008－09	48.00	39
数学史概论	2009－06	78.00	50
斐波那契数列	2010－02	28.00	65
数学拼盘和斐波那契魔方	2010－07	38.00	72
数学的创造	2011－02	48.00	85
数学中的美	2011－02	38.00	84
最新全国及各省市高考数学试卷解法研究及点拨评析	2009－02	38.00	41
高考数学的理论与实践	2009－08	38.00	53
中考数学专题总复习	2007－04	28.00	6
向量法巧解数学高考题	2009－08	28.00	54
新编中学数学解题方法全书(高考复习卷)	2010－01	48.00	67
新编中学数学解题方法全书(高考真题卷)	2010－01	38.00	62
高考数学核心题型解题方法与技巧	2010－01	28.00	86
方程式论	2011－03	28.00	105
初级方程式论	2011－03	28.00	106
Galois 理论	2011－03	18.00	107
代数方程的根式解及伽罗华理论	2011－03	28.00	108
超越数	2011－03	18.00	109
线性偏微分方程	2011－03	18.00	110
N 体问题周期解	2011－03	38.00	111
三角和方法	2011－03	18.00	112

联系地址：哈尔滨市南岗区复华四道街 10 号哈尔滨工业大学出版社刘培杰数学工作室
邮　　编：150006
联系电话：0451－86281378　　13904613167
E-mail：lpj1378@yahoo.com.cn